W0049717

Alltag in der Weimarer Republik

ALLTAG IN DER WEIMARER REPUBLIK

Erinnerungen an eine unruhige Zeit

Herausgegeben von
Rudolf Pörtner

ECON Verlag
Düsseldorf · Wien · New York

Bildnachweis:
Das Copyright an Fotos und Illustrationen liegt,
soweit nicht anders angegeben, bei den Autoren.

CIP-Titelaufnahme der Deutschen Bibliothek

Alltag in der Weimarer Republik: Erinnerungen an eine
unruhige Zeit / hrsg. von Rudolf Pörtner. – Düsseldorf; Wien;
New York: ECON Verl., 1990
ISBN 3-430-17514-3
NE: Pörtner, Rudolf [Hrsg.]

Copyright © 1990 by ECON Verlag GmbH, Düsseldorf, Wien und New York.
Alle Rechte der Verbreitung, auch durch Film, Funk und Fernsehen, fotomechanische
Wiedergabe, Tonträger jeder Art, auszugsweisen Nachdruck oder Einspeicherung und
Rückgewinnung in Datenverarbeitungsanlagen aller Art, sind vorbehalten.
Gesetzt aus der Aldus, Berthold
Satz: Dörlemann-Satz, Lemförde
Papier: Papierfabrik Schleipen GmbH, Bad Dürkheim
Druck und Bindearbeiten: Bercker Graphische Betriebe, Kevelaer
ISBN 3-430-17514-3

Inhalt

Vorwort

Dieses Buch hat zwei Vorgänger, zu denen sich Verlag und Herausgeber schon deshalb gern bekennen, weil sie Erfolg hatten. Doch das allein war nicht der Grund, nach »Elternhaus« und »Kindheit im Kaiserreich« den Versuch zu wagen, nun auch den »Alltag in der Weimarer Republik« mosaikartig abzubilden. Das schon den beiden ersten Büchern der Reihe zugrundeliegende (und inzwischen vielfach kopierte) Verfahren hat sich offensichtlich bewährt. Die Zeugen des Jahrhunderts, die sich in diesen Büchern zu Wort melden, haben in ihrem Gedächtnis so viel an historischer Eigenerfahrung gespeichert, daß es lohnt, ihre Erinnerungen zu aktivieren und in gleichsam eingedampfter Form an den zeitgeschichtlich interessierten Leser weiterzugeben.

Was für den in Amerika erfundenen Begriff der *oral history* gilt, zählt auch hier – die aus der subjektiven Rückschau gewonnenen Bilder und Szenen kommen zwar nicht mit den geschwellten Segeln historischen Tiefsinns daher, doch sagen sie über die Veränderungen der Welt und der von diesen Veränderungen betroffenen Lebensformen – das Generalthema der Geschichtswissenschaft – sehr viel aus; selbst die unvergessene deutsche Wohnküche – Gott hab sie selig – ist ja, mit Verlaub gesagt, so etwas wie ein historisches Phänomen.

Verlag und Herausgeber haben sich auch bei der Vorbereitung dieses Buches an eine Hundertschaft bekannter und verdienter Zeitgenossen gewendet, von denen anzunehmen war, daß sie etwas zu sagen, vielleicht sogar zu definieren, zu interpretieren, zu korrigieren hätten. Die Rechnung ist, es sei offen bekannt, nicht in jedem Fall aufgegangen. Doch enthalten selbst die sehr persönlich gefärbten Erinnerungsprotokolle so viel zeitgeschichtlich Typisches und Symptomatisches, daß viele Leser ihr eigenes Leben darin wiedererkennen werden. Auch das Gesamtbild der

»ungeliebten Republik« – der unglücklichen »Vorbehaltsrepublik«, die schon bei ihrer Geburt zu Krankheit und frühem Tod verurteilt war – zeichnet sich mit fortschreitender Lektüre deutlich ab.

Fast jeder Beitrag, ob links oder rechts gewirkt, läßt etwas von dem Alpdruck ahnen, dem der Nachfolgestaat des Kaiserreiches allein durch den Versailler Vertrag kontinuierlich ausgesetzt war – wobei es gleichgültig ist, ob man »das Diktat« als Produkt hybriden Siegerwahns oder, schlimmer noch, als Höchstleistung menschlicher Dummheit betrachtet. Jedenfalls negierte er den simpelsten aller Erfahrungssätze: daß man die Kuh, die man melken will, nicht verhungern lassen darf. Die erste deutsche Republik hat aber nicht nur den Hunger leibhaftig zu spüren bekommen, sondern auch den Hochmut und die Willkür der glücklichen Gewinner, die in Artikel 231 des ominösen Vertragswerkes die alleinige Kriegsschuld der Verlierer fixierten und daraus ihren Anspruch auf Dauerbestrafung und Quarantäne ableiteten.

Die Folgen für den Weimarer Staat waren verheerend. Die »Novemberrepublik« hat vom Tag ihrer Entstehung an darunter gelitten, daß sie von den Siegern sowohl mit ständigen Aderlässen als auch mit wohlkalkulierten Demütigungsakten traktiert wurde. Der unbekannte Herr Jedermann hat, wie die in diesem Buch vereinigten Betrachtungen und Reminiszenzen fast einmütig bestätigen, schwer daran getragen. Seine Leidensfähigkeit wurde einem haßdiktierten, törichten Dauertest unterworfen. Auch ihm, dem »kleinen Mann«, fehlte wie dem Staat, in dem er lebte, die Luft zum Atmen. Auch er lebte schließlich in einer psychischen Gemengelage, in der Niedergeschlagenheit und Trotz, Angst und Zorn, Scham und verletzter Stolz das Sagen hatten.

Das der Tagespolitik verhaftete parlamentarische Erscheinungsbild entsprach diesem Aufruhr der Gefühle. Das Wort »Parteienhader« spiegelt bis heute das Übermaß der Emotionen und den Mangel an *common sense* wider, die das Innenbild der Republik beherrschten. Versailles trug auch daran ein gerüttelt Maß an Schuld. Dazu kam jedoch ein weiterer unheilstiftender Tatbestand – die neuen Herren waren vom ersten Tag an gezwungen, sich ihrer linksradikalen Räte-Missionare zu erwehren, und mußten zu diesem Zweck eine unheilige Allianz mit den militaristisch-antidemokratischen Kräften des rechten Spektrums eingehen: ein fatales Bündnis, das fatale Folgen hatte. Die Sozialdemokraten, die widerwilligen Schöpfer dieses Staates, waren schon nach zwei Jahren so ausgepowert und verschlissen, daß sie über zwei Drittel der Strecke das Regieren den Parteien der bürgerlichen Mitte überlassen mußten, die wiederum zu schwach waren, das Entstehen republikfeindlicher rechtsextremer Bewe-

gungen zu verhindern. Am Ende war jeder gegen jeden, die Risse gingen
häufig mitten durch die Familien und erzeugten selbst dort Hader und
Feindschaften.

Auch die wirtschaftliche Not hat die Weimarer Republik nie aus den
Klauen gelassen. Die Arbeiterfamilien lebten am Rande des Existenzmini-
mums, die des mittelständischen, einst so gut betuchten Bürgertums kaum
besser – ein Faktum, das sich in den vorliegenden Erinnerungen ebenfalls
vielfältig niedergeschlagen hat. Die fürchterlichste Geldentwertung der
Geschichte, die deutsche Inflation 1922/23, hat zwar die Staatsschulden
radikal getilgt, zugleich aber Millionen vormals kaufkräftiger Bürger ans
Messer der Armut geliefert. Den Rest besorgte nach einigen Jahren der
Scheinblüte die 1929 beginnende Weltwirtschaftskrise, die nirgendwo
derart katastrophale Wirkungen zeitigte wie in der durch Reparationen
und Kapitalmangel ohnehin überstrapazierten Wirtschaft der Weimarer
Republik.

Die unselige Dreieinigkeit von Friedensdiktat, selbstzerstörerischem
Parteiegoismus und teils anämischer, teils sterbenskranker Volkswirtschaft
hat den Weimarer Staat, wie wir wissen, regelrecht stranguliert und einer
würgenden Dauerkrise überantwortet. Die Republik schritt von Abgrund
zu Abgrund, immer vom tödlichen Absturz bedroht. Sie war noch keine
sechs Wochen alt, als ihr Bestand erstmals ernstlich gefährdet wurde.
Schon um die Jahreswende 1918/19 war die aus der Revolution hervorgegangene sozialdemokratisch geführte Regierung gezwungen, legale und
illegale Truppen gegen konkurrierende »Räteregierungen« einzusetzen.
Ein gutes Jahr später ging der von kaiserlich-konservativen Demokratie-
feinden inspirierte Kapp-Putsch über die politische Bühne, ein kurzfristi-
ger Spuk, der die amtierende Reichsregierung jedoch zwang, einen blama-
blen Ortswechsel nach Stuttgart vorzunehmen und dort die Wirkung ihrer
Gegenmaßnahmen – u. a. des von den Gewerkschaften organisierten Generalstreiks – abzuwarten. Wer weiß heute noch davon? Wer weiß noch,
daß im Anschluß an die dilettantische Aktion des ostpreußischen Generallandschaftsdirektors kommunistische Kampfeinheiten in Sachsen und im
Ruhrgebiet den Streik in militärische Aufstände umfunktionierten, die
ebenfalls nur mit Waffengewalt niedergeschlagen werden konnten?

Wer weiß noch von den Kämpfen gegen polnische Insurgenten in
Oberschlesien 1921, die zwar erfolgreich bestanden wurden, die vom
Völkerbund verfügte widerrechtliche Teilung der Provinz jedoch nicht
verhinderten? Wer kann sich noch erinnern, daß im Jahre 1923 gleich eine
ganze Kettenreaktion blutiger Ereignisse das Weiterbestehen der Republik
rigoros in Frage stellte: Der Ruhrkampf und die rheinische Separatistenbe-

wegung, die zweite Reichsexekution gegen das rote Sachsen, ein kommunistischer Umsturzversuch in Hamburg, die Kämpfe von »proletarischen Hundertschaften« und rechtsradikalen Einheiten an der thüringisch-bayerischen Grenze, der Ausnahmezustand in Bayern und, rechtzeitig zum fünften Geburtstag des Weimarer Staates, der Hitler-Ludendorff-Putsch in München?

Schließlich, nach knapp fünfjährigem Atemholen, die Marathonkrise der letzten vier Jahre: der erbitterte Kampf um den Young-Plan, Hochverratsprozesse und Legalitätseide, der Sturmlauf der Nazis, »Blutsonntage« und Straßenkämpfe, Saalschlachten und nächtliche Schießereien – das alles begleitet von einer Vielzahl gespenstischer Neuwahlen, die das Ende des Weimarer Staates unmißverständlich ankündigten, bevor er sang- und klanglos abtrat, mit längst gebrochenem Rückgrat, nicht einmal mehr willens und fähig, seinen Widersachern wenigstens symbolisch die Zähne zu zeigen.

Nein, mit dem Weimarer Staat war, um eine schon damals gern gebrauchte Wendung zu zitieren, kein Staat zu machen, schon gar nicht im Vergleich zum selbstbewußten, repräsentationsfreudigen und sogar von seinen inneren Feinden respektierten Kaiserreich, dessen Illuminierung und Verklärung von den Feinden der Republik nun mit ebensoviel Methode wie Erfolg betrieben wurde.

Die Republik hatte nicht die Kraft, ihre Bürger zu integrieren; ihr armseliger Alltag ließ weder Hoffnung noch Zuversicht keimen, selbst das Ja der »Dennoch-Republikaner« klang gequält, war mehr Pflichtübung als Herzenssache und mit schmerzlichen Zweifeln durchsetzt. Aus einer unerwarteten Niederlage hervorgegangen, von den Siegern mißhandelt, von seinen inneren Gegnern gehaßt und verachtet, stellt sich dieser Staat – auch in der Mehrzahl der hier gesammelten Berichte – als ein Staat ohne Mythos dar, ohne gemeinschaftsbildende Kraft, ohne Stolz und Wir-Gefühl. Aber nicht nur die innere, auch die äußere Attraktivität war unterentwickelt, die Fähigkeit der Selbstdarstellung gleich Null.

Nach übereinstimmendem Urteil der Zeitgenossen ist es der Weimarer Republik nur dreimal gelungen, sich als demokratisches Gemeinwesen öffentlich in Szene zu setzen, ausgerechnet – ein makabrer Einfall der Geschichte – bei drei Beerdigungen: nach der Ermordung des Außenministers Walther Rathenau im Juni 1922; nach dem Tod des Reichspräsidenten Friedrich Ebert, der nach einer Blinddarmoperation im Februar 1925 starb, psychisch schon vorher ein menschliches Wrack; und nach dem plötzlichen Ende von Gustav Stresemann, der sich im Dienst der Republik regelrecht zu Tode geschunden hatte.

Die in diesem Buch gesammelten Erinnerungen bestätigen aber auch, daß die vierzehn Jahre dieses Staates – dennoch und trotz allem – eine schöpferische Epoche im Auf und Ab der deutschen Geschichte markieren. Die Republik war besser als ihr Ruf und ihr schmählicher Abgang. Ihre Parlamentarier verstanden nicht nur zu knüppeln, sondern auch mit Geist zu fechten. Die Reichsregierungen plagten sich redlich und bewiesen in den Dauerkrisen, zu denen sie verurteilt waren, eine bewundernswerte Standfestigkeit. Und ihren verantwortlichen Politikern ist es in zäher und geduldiger Arbeit, zeitweilig auch mit beachtlichem taktischem Geschick, gelungen, den Versailler Vertrag so weit aus den Angeln zu heben, daß seine endgültige Liquidierung schon beim Machtantritt Hitlers nur noch eine Frage der Zeit war.

Auch die von Reparationen, später von der großen Weltwirtschaftskrise arg gebeutelte Wirtschaft hat damals mehr geleistet, als ihre mageren Bilanzen verraten. Chemie und Elektrotechnik, Optik, Textil und Maschinenbau verteidigten ihren internationalen Rang. Mit der I.G. Farben entstand 1925, ausgerechnet im kujonierten und schikanierten Deutschland, der größte Chemiekonzern der Welt. Pionierleistungen wie die Kohleverflüssigung, das Haber-Bosch-Ammoniak-Verfahren (»Brot aus der Luft«) oder die Kautschuksynthese verschlugen der internationalen Konkurrenz den Atem. Technische Großtaten wie der »Zeppelin«, die Junkers-Ganzmetall-Flugzeuge oder der Krukenbergsche »Schienenzepp« leben bis heute als Signale unbeirrten Erfindergeistes weiter.

Aber auch die Geisteswissenschaften waren fruchtbar wie eh und je; noch 1932, den Zusammenbruch fast schon vor Augen, konnte der (in Theresienstadt gestorbene) Literarhistoriker Max Herrmann die Berliner Universität mit gutem Gewissen die »gottlob immer noch beste Universität der Welt« nennen.

Überhaupt Berlin ... Die damalige Reichshauptstadt setzte, anders als das malträtierte, sozusagen an Krücken gehende Staatsgebilde, das sie repräsentierte, Maßstäbe weit über die Grenzen hinaus. Berlin war damals die bestverwaltete und aktivste, die lebendigste und amüsanteste Hauptstadt der Kontinente, Paris nicht ausgenommen: Europas größtes Wirtschaftszentrum, ein Industriegigant sondergleichen, Kapitale der Technik und Naturwissenschaften, strahlende Residenz der Künste, der Maler- und Dichterkolonien, des Kabaretts, des Films, der E- und der U-Musik; das Mekka der Warenhäuser und der Lichtspielpaläste, der Ballsäle und der Stehbierhallen, der Rummelplätze und der Laubenkolonien, der Nachtschwärmer und der Tagtotschläger; Metropole der Großmacht Presse, der »rasenden Reporter«, der Leitartikelkaiser und der Kritikerpäpste, der

»schweren Jungs« und der leichten Mädchen, der Gangsterklubs und der »Sparvereine«, der Kokotten und der Spekulanten – kurzum: ein Universum des Lebens, berstend von Vitalität, auf Leistung getrimmt, auf Erfolg abonniert.

Die »goldenen Zwanziger« waren, wenn überhaupt, in Spree-Athen zu Hause, offenbar unberührt, wenn nicht sogar gespeist vom Countdown der Republik. Auch davon ist in den folgenden Augen- und Ohrenzeugenberichten ausgiebig die Rede.

Das Thema »Alltag in der Weimarer Republik« gewinnt gerade in den von der »Hauptstadt« inspirierten Beiträgen eine brennende Aktualität, die weder beabsichtigt war noch einen Angelhaken auszuwerfen trachtet. Das schließt nicht aus, daß Verlag und Herausgeber von Anfang an von der unterschwelligen Aktualität dieses Buches überzeugt waren. Die Gedanken, die sie dabei bewegten, hat Hagen Schulze, Professor für Neuere Geschichte in Berlin, in einem Essay über »Das Scheitern einer Republik« auf drei kurze Sätze komprimiert. »Unser Interesse an Weimar«, so heißt es da, »ist politisch, nicht antiquarisch. Die erste deutsche Republik ist die große Negativfolie, auf der sich die Wirklichkeit der zweiten spiegelt, das Menetekel unserer derzeitigen politischen Existenz.« Und eine Seite weiter: »Was nicht erinnernd aufgearbeitet wird, das macht sich als Neurose oder Hysterie bemerkbar.«

Das folgende Buch fühlt sich der einen wie der anderen Einsicht verpflichtet.

Rudolf Pörtner
Bonn, August 1990

Ludwig Metzger

Wurde am 18. März 1902 in Darmstadt geboren. Nach Abschluß einer Ausbildung in der Verwaltung studierte er Jura und Volkswirtschaft. War schon vor 1933 Mitglied der SPD, wurde nach dem Krieg Oberbürgermeister von Darmstadt (bis 1950), von 1951 bis 1954 hessischer Minister für Erziehung und Volksbildung; war bis 1969 Mitglied des Bundesvorstands der SPD, Mitglied des Bundestages (1953–1969), Mitglied der Synode der Deutschen Evangelischen Kirche bis 1973 und der Landeskirche Hessen u. Nassau, Mitglied der Bekennenden Kirche, des Fraktionsvorstandes der SPD, und schließlich Mitglied und Vizepräsident des Europäischen Parlaments (bis 1970). Mitglied der Synoden der Deutschen Evangelischen Kirche, bis 1973 nur der Landeskirche Hessen und Nassau, Mitglied der Bekennenden Kirche. Arbeitet in verschiedenen Vereinen und Verbänden mit und ist seit 1976 Ehrenbürger der Stadt Darmstadt.

LUDWIG METZGER

Die »Fahrt« war unser Lebenselement

Kniefrei und im Schillerkragen – Im Bund der religiösen Sozialisten

Für mich begann die Weimarer Zeit in eindrücklicher Weise am 9. November 1918, als ich auf der Rheinstraße in Darmstadt als Sechzehnjähriger in ein Menschenknäuel geriet, der sich um ein paar Offiziere gebildet hatte, denen die Achselklappen abgerissen worden waren.

Das empörte mich, und ich ergriff Partei für die in diesem Augenblick hilflosen Soldaten. Ich hatte natürlich aus der Presse erfahren, daß es in Deutschland in vielen Teilen des Landes rumorte, konnte mir aber bis kurz vor Ende des Krieges – als der Zusammenbruch offensichtlich wurde – nicht vorstellen, daß wir ihn verlieren könnten. Doch belehrten mich schon die nächsten Tage und Wochen eines anderen, obwohl die Entwicklung in Darmstadt verhältnismäßig lautlos vor sich ging.

Die Parteien waren nach der Flucht des Kaisers im wesentlichen dieselben geblieben wie vor dem Krieg. Die Sozialdemokraten sahen sich in den schweren Auseinandersetzungen der ersten Zeit und auch nachher als die Garanten der demokratischen Republik. Dabei waren sie gezwungen, Kompromisse zu schließen, die oft nicht verstanden wurden. Ihnen fiel vor allen Dingen die Aufgabe zu, den verlorenen Krieg durch alle Mühsale hindurch in eine – immer wieder gestörte – neue Ordnung zu führen. Ein Volk, das jahrelang bitteren Hunger litt, war jedoch von der Notwendigkeit unpopulärer Maßnahmen nicht leicht zu überzeugen.

Am 19. Januar 1919 war die Wahl zur Nationalversammlung, bei der die SPD von 421 Sitzen 163 erlangte. Am 11. Februar 1919 wurde Ebert in Weimar zum Reichspräsidenten gewählt. Ein dorniger Weg begann für ihn. Es wird ihm bis heute vorgeworfen, er sei zu schwach und kompromißbereit gewesen. Aber aus dem Chaos wäre nie ein geordneter Staat geworden, wenn Ebert und seine Freunde, auch die aus anderen Parteien, nicht selbstlos gehandelt und auf jedwede Kraftmeierei verzichtet hätten.

Ich kann schon aus diesem Grund bezeugen, daß ich auf die Weimarer Zeit mit Dankbarkeit zurückblicke. Viele von uns – mehr, als man wahrhaben will – haben damals die Kraft und die Einsicht gewonnen, in den noch folgenden furchtbaren Jahren der Gewaltherrschaft zu widerstehen.

Kurz nach Beginn der Weimarer Zeit wurde ich als Schreibgehilfe im Kreisamt Darmstadt tätig. Mit vierzehn Jahren hatte ich die Mittelschule – eine gehobene Volksschule mit nur acht Klassen – verlassen. Mein Vater war stolz darauf, mich bei einer Behörde untergebracht zu haben. Ich war darüber weniger glücklich; ich wäre gerne weiter zur Schule gegangen und beneidete meine Altersgenossen, die auf der höheren Schule frei und unbesorgt lernen konnten.

Ich mußte Tag für Tag acht Stunden, von montags bis samstags, in langweiliger mechanischer Tätigkeit absitzen. Vom ersten Tag an stand für mich fest, daß ich mich aus dieser Öde des Alltags herausarbeiten werde. Ich wollte auf eigene Faust das Wissen erwerben, das die höhere Schule so freigebig bot. Da war allerdings niemand, der mich beraten konnte. Es gab zwar die Möglichkeit, die fehlenden Schulprüfungen »extern« abzulegen, aber wie man zu dem nötigen Wissen kam, blieb der eigenen Findigkeit überlassen. Amtliche Kurse gab es noch nicht.

Ich fand einen »abgebrochenen« katholischen Theologen, der mit einigen Helfern in den Abendstunden versuchte, uns in den einzelnen Schulfächern etwas beizubringen. Doch mußte ich die Nacht- und frühen Morgenstunden zu Hilfe nehmen, um das Notwendige zu lernen. Beim Kultusministerium beantragte ich die Zulassung zur Einjährigenprüfung, als ich glaubte, genügend vorbereitet zu sein. Ich wurde zur Prüfung an die Realschule in Groß-Gerau bestellt. Dort traf ich weitere dreizehn Kandidaten. Sie waren alle schon einmal auf einer höheren Schule gewesen und vom Erfolg ihrer Bemühungen überzeugt. Wie kannst du in dieser illustren Gesellschaft bestehen? fragte ich mich, als wir zur mündlichen Prüfung unter dem Vorsitz des Staatsrates Block zusammengerufen wurden. Von den vierzehn Kandidaten bestanden nur drei die Prüfung, alle anderen waren durchgefallen. Ich war unter den dreien.

An der Situation auf dem Kreisamt änderte das sehr wenig. Wir saßen in der »Schreibstube« und hatten die handschriftlich verfaßten »Verfügungen« auf der Schreibmaschine »ins reine« zu schreiben (mit zwei Fingern). Es ging ziemlich primitiv zu. Gegen Abend wurde »kollationiert«, das heißt, die Verfügungen wurden durch den Vorsteher der Schreibstube mit unseren Reinschriften verglichen und daraufhin geprüft, ob sie schreibfehlerfrei waren. Den Tag über waren wir sozusagen an unsere Stühle gebunden. Wenn wir es unternahmen, aufzustehen und einen Blick durchs

Fenster zu werfen, kam sofort der Ruf des Vorstehers der Schreibstube: »Mach, daß du vom Fenster wegkommst, sonst maane die Leit, mir hätte nix zu duhn.«

Die Veränderungen im staatlichen und politischen Bereich betrafen mich nicht unmittelbar. Ich nahm sie im wesentlichen durch das Studium der Zeitung wahr. Das konnte allerdings nicht sehr gründlich sein, denn ich mußte ja die knappe Freizeit für die Vorbereitung meiner Examen verwenden.

Die Luft zum Atmen in Freiheit verschaffte ich mir dadurch, daß ich nach meiner Konfirmation an den Zusammenkünften der Konfirmierten der Johannesgemeinde in Darmstadt teilnahm. Hier konnte ich nicht nur mit Gleichaltrigen und Älteren singen, tanzen und Theater spielen, sondern auch an Lesungen und Diskussionen teilnehmen. Freundschaften entstanden, und der Blick für religiöse Fragen und die Umwelt wurde geschärft. Ich habe mich in diesem Kreis von dem täglichen Bürobetrieb befreit gefühlt.

Nach einiger Zeit kam in die Gemeinde ein junger Geistlicher, der Zeit für uns hatte und mit uns lebte. Ihm, dem Pfarrer Rudolf Goethe, habe ich viel zu verdanken. Ohne Zwang wuchsen wir in eine Haltung hinein, die prägend auf unser Leben wirkte und unseren Lebensstil beeinflußte.

Die Jugendvereinigung der Johannesgemeinde gehörte in loser Verbindung dem *Hessenbund* an, der die Jugendgruppen der hessischen Kirchengemeinden umfaßte und Mitglied des »Reichsverbands der evangelischen Jungmännerverbände« war. Die Arbeit des Verbandes geschah im Stil der kirchlichen »Jugendpflege«. Uns war dieses Klima zu pietistisch. Wir wehrten uns gegen religiöse Fesseln. Auf einer Bundestagung in Kassel revoltierten wir und machten unserem Herzen Luft.

Meine Gefährten drängten mich, in einer Aussprache das Wort zu ergreifen. Ich war noch sehr schüchtern und hätte das für mich nicht gewagt. Die Forderung meiner Freunde gab mir Mut, und ich redete. Als ich mich setzte, kam ein Mann auf mich zu und bekundete sein Einverständnis. Er war in Wanderkluft und älter als ich. Er genoß aber schon einen großen Ruf und war in der Jugendbewegung, so im *Neuwerk*, führend tätig. Es war der Pfarrer Hermann Schafft. Mit ihm war ich von da bis zu seinem Tod eng befreundet. Mit meiner ersten Diskussionsrede hatte ich meine Scheu, öffentlich zu reden, überwunden.

Jahr um Jahr hat sich unser Umkreis dann erweitert. Die »Fahrt« war unser Lebenselement. In den Jugendherbergen, die meist noch sehr primitiv waren (was uns nicht gestört hat), kamen wir mit Gleichgesinnten aus anderen Bünden zusammen. Das kameradschaftliche Du war eine Selbst-

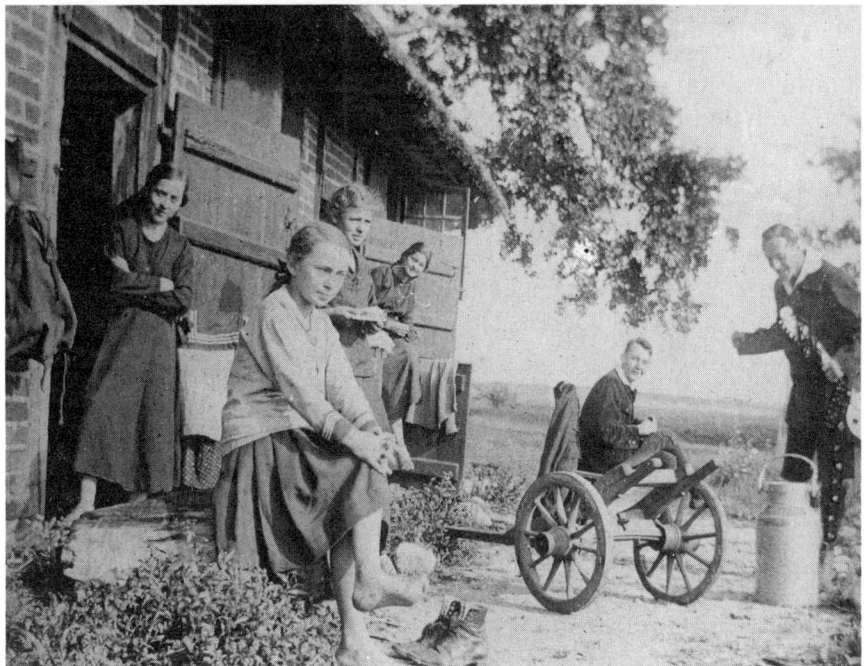

Der Autor als junger Mann und heute.

Jugendliche Wanderer um 1921. *(Bildarchiv Preußischer Kulturbesitz)*

verständlichkeit, gegenseitiges Vertrauen die Grundlage des Umgangs. Ungezwungenheit zwischen den Geschlechtern bei selbstverständlicher Achtung erzeugten eine reine Atmosphäre, über manche Erscheinungen der Zeit fühlten wir uns erhaben.

Im Jahre 1921 hielt der »Bund Deutscher Jugendvereine« (BDJ), ein evangelischer Bund, der mit der Jugendbewegung verwachsen war, seine Bundestagung in Heidelberg ab. Hunderte von Buben und Mädchen aus allen Teilen Deutschlands kamen zusammen, sangen und tanzten, standen um das Bundesfeuer, zu dem sie in langem Zug schweigend gezogen waren, hörten Vorträge und diskutierten. Das Thema des Tages war »Jesus und die Jugend«. Wilhelm Stählin, der Bundesvorsitzende, damals Pfarrer an der St.-Lorenz-Kirche in Nürnberg, dann Professor der Theologie in Münster und später Bischof in Oldenburg, hielt den Hauptvortrag. Eine Arbeitsgemeinschaft saß unter einer der Neckarbrücken und führte unter dem Vorsitz von Stählin lebhafte Gespräche.

Ich war hineingerissen in diese Welt, die über dem Alltag stand, und begeistert und – hingerissen.

Unter tatkräftiger Mithilfe von Rudolf Goethe habe ich dann erreicht, daß unsere Darmstädter Vereinigung sich vom Reichsverband löste und dem BDJ beitrat. Wir haben unsere mehr als hundert Mitglieder in verschiedene Gruppen unter jeweils einem Führer aufgeteilt, ohne den Zusammenhalt des Ganzen aufzugeben. In den Gruppenabenden lasen und sprachen wir miteinander, unter anderem über Stählins Bücher *Vom Sinn des Lebens* und *Fieber und Heil in der Jugendbewegung*.

Jedes Jahr einmal trafen sich auf der Bundestagung alle Gruppen aus Deutschland und Österreich. Von 1921 bis 1932 kamen wir unter anderem in Brieg (Schlesien), Lüneburg, Gotha, Köln, Eberswalde, Darmstadt und Weimar (die letzte vor dem Beginn der Nazidiktatur) zusammen. Nach Lüneburg (1923) sind die Bundesbrüder und -schwestern aus dem besetzten Ruhrgebiet illegal über die Grenze gekommen. Sie wurden besonders herzlich begrüßt.

Ausgerechnet einen von ihnen hat ein trauriges Schicksal ereilt. Er ist in der Ilmenau ertrunken. Die Trauerfeier ist mir unvergeßlich. Wir sangen das Lied »Es ist ein Schnitter, heißt der Tod«. Als wir zu der Strophe kamen: »...trotz Tod komm her, ich fürcht' dich net«, war plötzlich ein unheimliches Schweigen, bis das »Trotz komm und tu einen Schnitt« hundertstimmig die Stille ablöste.

Wir eroberten uns unseren Freiraum auch den Erwachsenen gegenüber. Für mich wuchs auf dem Kreisamt allmählich, wenn auch in begrenztem Umfang, mein Tätigkeitsfeld. Ich wurde zum Beispiel mit der Aufnahme des Protokolls bei Sitzungen des Kreistages beauftragt. Ich muß meinen Vorgesetzten hoch anrechnen, daß sie mein jugendbewegtes Äußere (kniefreie Hosen, Schillerkragen ...) sogar bei diesen Sitzungen ertrugen.

Wenn ich in der Verwaltung eine höhere Stufe erreichen wollte, mußte ich jedoch die Primareife erwerben. Ich arbeitete also auf die nächste Prüfung hin. Nach ihrem Bestehen wurde ich zum Vorbereitungsdienst als mittlerer Verwaltungsbeamter zugelassen. Regulär dauerte er drei Jahre, ein Jahr wurde mir erlassen. Nach bestandener Prüfung wurde ich als Verwaltungspraktikant bei der Hessischen Hauptfürsorgestelle für Kriegsbeschädigte in Darmstadt verwandt. Hier wurden mir die Folgen eines Krieges für den einzelnen Menschen besonders klar.

Mein Trieb ins Weite blieb allerdings ungestillt. Als nach einiger Zeit bei der hessischen Gesandtschaft in Berlin eine Praktikantenstelle ausgeschrieben war, meldete ich mich. Ich hatte Erfolg. Zum erstenmal hieß es Abschied nehmen, nicht nur von dem elterlichen Heim, in dem ich mich trotz der Dürftigkeit der Lebensführung wohl fühlte, sondern auch von dem Jugendkreis, der mir Heimat geworden war. Ich stand am Fenster des Zuges, der mich nach Berlin brachte, und sah, wie etwa hundert Buben und Mädchen auf dem Bahnsteig standen, die mir singend Abschied winkten.

Als ich in Berlin ankam, regnete es, und ich stand allein. Auf dem Stadtplan suchte ich den Kurfürstendamm, wo die hessische Gesandtschaft ihr Büro hatte. Meine wenigen Habseligkeiten hatte ich in einem Pappkarton; einen Koffer besaß ich nicht. Ich packte meine Habe unter den Arm und marschierte durch den Regen zur Gesandtschaft. Mein Pappkarton war durchweicht, als ich vor der Tür der Gesandtschaft stand. Mit einiger Verwunderung hat man den neuen Praktikanten gemustert, aber man war nicht unfreundlich. Bei einem Bundesbruder aus dem BDJ, der ein Zimmer in der Guerickestraße bei einer Witwe gemietet hatte, habe ich bis zum Schluß meines Aufenthalts in Berlin gewohnt.

Die Gesandtschaft hat später ein geräumiges Haus am Rande des Tiergartens bezogen. Der Gesandte, Freiherr Dr. von Biegeleben, hatte die Aufgabe, die Rechte Hessens im Reichsrat wahrzunehmen, soweit nicht Minister oder hohe Ministerialbeamte von Darmstadt nach Berlin reisten, um Hessen in den Sitzungen des Reichsrats zu vertreten. Da mir alle Papiere durch die Hand gingen, lernte ich einiges von dem föderalistischen Aufbau des Reiches und den Aufgaben des Reichsrats kennen. Wenn ich Schriftstücke zum Reichstag zu bringen hatte, geschah das immer zu Fuß.

In meiner Freizeit habe ich das weit ausgedehnte, aber überall pulsierende Berlin von einem Ende zum anderen durchschweift und mich vor

allem auch im Norden und Osten der Stadt umgesehen. Über die Wohn-
und sozialen Verhältnisse in diesen Vierteln war ich entsetzt. Häuser
standen tief gestaffelt mit mehreren engen Hinterhöfen, in denen Kinder
spielten, die nie einen Strahl Sonne empfingen. Beim Bauen hatte der
Profit sichtlich vor dem menschlichen Wohl rangiert. Solche Begegnungen mit einer schlimmen Wirklichkeit wurden für meinen weiteren politischen Weg sehr wichtig.

In Berlin gab es viele lebendige Bünde der Jugendbewegung. Der BDJ
war in allen Stadtteilen vertreten und umfaßte junge Menschen aus allen
Bevölkerungskreisen. Ich suchte und fand zu ihnen nahe Verbindung und
Gemeinschaft, die fern jeder Sentimentalität war. Ich lernte die manchmal
schnoddrige, aber herzliche und direkte Berliner Art schätzen. Das Wandern zu den Wäldern und Seen Berlins war für unsere Gemeinschaft
Lebenselement.

Das geschah auf die billigste Weise. Anders war das auch gar nicht
möglich, denn die Inflation schritt mit Riesenschritten voran. Da mir mein
Gehalt von Darmstadt überwiesen wurde, war das Geld bereits entwertet,
wenn es in meine Hände kam. Trotzdem war ich guten Muts, vor allem
dank der Gemeinschaft des Bundes und seiner optimistischen Hoffnung
dem Leben gegenüber. Theater und Konzerte allerdings konnte ich mir
angesichts meiner Armut – ich gebrauche das Wort ganz bewußt – kaum
leisten. Im übrigen arbeitete ich weiter auf das Abitur hin, ohne allerdings
geregelte Kurse zu besuchen. Allzu selbstbewußt geworden, meldete ich
mich zu früh. Ergebnis: ein perfekter Durchfall. Jetzt setzte ich der Kühnheit die Krone auf; ich ließ mich aus dem Staatsdienst beurlauben und fuhr
nach Darmstadt zurück. In meiner Begleitung waren zwei Darmstädter
Mädchen aus dem Bund, die bei einem älteren Freund des Bundes, einem
Bankdirektor in Potsdam, als Haustöchter beschäftigt gewesen waren. Mit
den beiden Mädchen habe ich mich enger angefreundet, als das bei den
anderen Mitgliedern unseres Bundes der Fall war.

Kurz nach unserer Heimkunft, Pfingsten 1923, fand in Schlüchtern die
alljährliche Tagung des *Neuwerk* statt, einer freien Vereinigung der Jugendbewegung, die christlich war und sich sozialistischen Ideen verpflichtet fühlte. Stark vertreten waren Studenten aus Marburg. Verbunden mit
Neuwerk war der *Habertshof*, der eine Volkshochschule beherbergte, in der
vor allem Arbeitslose längere Zeit in enger Lebensgemeinschaft mit der
Jugendbewegung verbrachten. Leiter war der Schweizer Pfarrer Emil Blum,
der sich im Geiste des *Neuwerks* seiner Arbeit und seiner Menschen
verschrieben hatte.

Ich fuhr zur Pfingsttagung, und eines der Mädchen fuhr mit. Es war

Marga Rückert, die später, nach dem Assessorexamen, meine Ehefrau wurde, mit der ich bis zu ihrem Tod – sie starb mit 75 Jahren – glücklich zusammengelebt habe. Hier sei erwähnt, daß aus unserem Bund viele vorbildliche Ehen hervorgegangen sind. Die gemeinsame geistige Grundlage war und ist ein haltbares Band.

Nach dem extern bestandenen Abitur am Realgymnasium in Darmstadt stand ich vor der Frage: Was studieren? Meine Neigung ging zur Germanistik. Ich lebte mit Leib und Seele in der deutschen Dichtung. Oft saßen Marga und ich auf dem Prinzenberg bei Darmstadt in der Gabelung eines Baumes und lasen Hölderlin, wobei wir die übrige Welt vergaßen. Aus finanziellen Gründen mußte ich aber darauf bedacht sein, so schnell wie möglich mit dem Studium fertig zu werden. Außerdem war mein Interesse für politische Fragen und das Wirken für die Allgemeinheit ständig gewachsen.

Intensiv habe ich mich damals mit dem religiösen Sozialismus befaßt. Ich habe Blumhardt und die Schweizer Ragaz, Lejeune, Bachmann kennengelernt und studiert und vor allem Paul Tillich eingehend gelesen. Außer Blumhardt habe ich sie alle auch persönlich kennengelernt, da ich einige Jahre, bis zur Hitlerherrschaft, Vorsitzender des *Bundes der religiösen Sozialisten* war. In dieser Zeit bin ich der SPD beigetreten.

Schließlich entschied ich mich für das Studium der Jurisprudenz und Volkswirtschaft, das ich in Gießen begann. Ich arbeitete in der Studentenhilfe und wohnte dafür kostenlos im Egerheim (nach dem Rechtsprofessor Eger, dem Vorsitzenden der Studentenhilfe in Gießen benannt) und hatte Freitisch in der Mensa. Ich hospitierte aber auch in Fakultäten, die fernab der Jurisprudenz lagen.

Nach zwei Semestern ging ich nach München. Dort fand ich bei einem Schuldiener eine kostenlose Wohnstatt; ich gab dafür einem seiner Söhne Nachhilfeunterricht. Fast jeden zweiten Tag besuchte ich die Alte Pinakothek. Die nahen Alpen waren oft das Ziel meiner Wanderungen und Bergbesteigungen. Die Nähe Österreichs weckte neue Wünsche und Möglichkeiten. Ich war unter den ersten reichsdeutschen Studenten, die sich an der Universität in Wien bewarben, um Professoren wie den berühmten Staatsrechtler Kelsen oder den nicht weniger renommierten Soziologen Otmar Spann zu hören.

Ich wohnte im Studentenheim in Meidling, am Rande der Stadt, von dem aus ich täglich zu Fuß zur Universität und zurück ging. Das Studentenwohnheim war eine ehemalige Kaserne. Mir wurde ein Schlafsaal angewiesen, in dem dreißig Betten nebeneinanderstanden. Unsere Kleider brachten wir in einigen wenigen Schränken unter. Meine Schlafkameraden waren Österreicher und vor allem Volksdeutsche aus den Ländern des

Balkans. Wir führten oft heftige Diskussionen. Manche Kameraden waren vom Antisemitismus angesteckt, an den Abenden ging es mitunter hoch her. Selbstverständlich bot ich den Rassisten kräftig Paroli. Es gab aber auch freundschaftliche Gespräche, und oft fanden wir uns im gemeinsamen Singen, vor allem mit Sudetendeutschen, zusammen.

Von Wien ging ich wieder nach Gießen, um mein Referendarexamen abzulegen. Bei den Prüflingen war ein jüdischer Kommilitone aus Wieseck, Julius Katz, mit dem ich mich schon vorher angefreundet hatte. In meiner elterlichen Wohnung in Darmstadt haben wir gemeinsam zum Staatsexamen gearbeitet. Als er später vor den Nazis fliehen mußte, fand er Zuflucht in São Paulo, wo meine Frau und ich ihn und seine Frau wiederholt besucht haben.

Nach dreijähriger vorgeschriebener Ausbildung bei Gericht, Staatsanwaltschaft und in der Verwaltung bestand ich 1932 das Assessorexamen. Als frischgebackener Gerichtsassessor kam ich an den Amtsgerichten Darmstadt und Gießen zur richterlichen Tätigkeit. In Gießen arbeitete ich in Grundbuchsachen und freiwilliger Gerichtsbarkeit und lernte die Arbeit der Inspektoren und Oberinspektoren respektieren. Sie beherrschten vor allem die vielen Formalitäten besser als ich und waren hervorragende Fachleute. Ich sagte ihnen, sie möchten mir freiheraus sagen, wenn ich etwas falsch gemacht habe; und wenn ich etwas nicht wisse, werde ich sie ohne falsche Scham fragen. So sind wir ausgezeichnet miteinander ausgekommen. Meine Offenheit hat meinem Ansehen keineswegs geschadet. Für Vorgesetzte – ob jung oder alt – ist es allemal gut, wenn sie nicht so tun, als ob sie alles wüßten.

In Darmstadt und Mainz übernahm ich dann staatsanwaltliche Funktionen. Die politische Lage wurde immer stürmischer, politische Prozesse und Anklagen wurden daher immer häufiger, aber meine Kollegen bemühten sich, »objektiv« zu sein. Ich selbst hatte wiederholt Straßenschlachten zwischen Nationalsozialisten und Kommunisten – teils mit Todesfolge – zu bearbeiten.

Junge Assessoren mit gutem Examen wurden auf definitiven Stellen verwandt, die vorübergehend vakant waren. So entstanden für uns beschäftigungslose Zwischenzeiten. Jede erreichbare Arbeit habe ich angenommen. Einige Wochen war ich auf der Landessteuerstelle des Finanzamts Darmstadt als Hilfskraft beschäftigt. Man setzte mir einen Stoß Rückstände vor, um sie zu bearbeiten. Am ersten Tag sah ich mir die in Frage kommenden Bestimmungen an, am nächsten Tag fing ich an, die schon lange liegenden Eingänge in Angriff zu nehmen; am Abend waren sie zur Hälfte bearbeitet. Einer der Inspektoren sagte voller Entsetzen: »Ei,

Herr Assessor, so schnell derfe Sie net arweite, Sie nemme uns ja die ganze Arweit weg.«

Als etwas später Hitler ans Ruder kam, trug dieser Beamte (zusammen mit den meisten seiner Kollegen) das Parteiabzeichen offen und stolz auf dem Revers, das er vorher unter dem Revers versteckt hatte.

Als eine Stelle als Regierungsassessor am Kreisamt Heppenheim an der Bergstraße frei wurde, wechselte ich – meinem Wunsch entsprechend – aus der Justiz in die Verwaltung. Im letzten freien Wahlkampf sprach ich für die SPD in Rheinhessen, von Dorf zu Dorf ziehend, auf den Markplätzen in gutbesuchten Versammlungen. Vergebens ... Am 1. Mai 1933 marschierten die Beamten Heppenheims, von denen viele sich bei mir als Gegner der Nazis geäußert hatten, im Maizug, zu dem sie gezwungen waren, mit kräftig erhobenem rechten Arm und grüßten die NSDAP-Kreisleitung, die den Zug abnahm. Es dauerte nur noch kurze Zeit, bis ich als »politisch unzuverlässig« aus dem Staatsdienst entlassen wurde. Die Weimarer Zeit war zu Ende.

CURT RIESS

Am 21. 6. 1902 in Würzburg geboren. Die Mutter zog mit ihm 1912 nach Berlin, wo er, mit Ausnahme der Studienjahre in Heidelberg, seine Jugend verbrachte. Er wurde Sportberichterstatter am »12-Uhr-Blatt«, wo er später auch Film- und Theaterkritiken schrieb, bevor er zum Ullstein-Verlag ging. 1931 erschien sein erstes Buch, *Der Kampf seines Lebens*, ein Band von Sportnovellen. Im Februar 1933, also kurz nachdem Hitler Reichskanzler geworden war, ging er in die Emigration, und zwar nach Paris, wo er für den »Paris soir« arbeitete. Diese auflagenstärkste Zeitung des europäischen Kontinents schickte ihn Ende 1933 als Sportkorrespondenten in die USA. Wenig später wurde er Korrespondent dieses Blattes, auch was Politik und Film- und Theaterkritiken anging. Seit 1936 schrieb er auch für amerikanische Blätter und eine große Anzahl von Büchern, von denen einige die Bestsellerlisten erreichten. Als Hitler den USA den Krieg erklärte – Ende 1941 – wurde er Kriegsberichterstatter für ein großes Syndikat, so daß seine Berichte und Nachkriegsberichte in über dreihundert amerikanischen Zeitungen erschienen. 1946 ging er nach New York zurück und schrieb seine *Goebbels-Biographie*, die ein Weltbestseller werden sollte. 1938 holte ihn General Clay nach Berlin zurück, da er einen in Deutschland aufgewachsenen Mann während der bevorstehenden Berliner Blockade an seiner Seite haben wollte. Riess blieb dann noch einige Zeit in Berlin, um 1954 mit seiner Frau, der bekannten, kürzlich verstorbenen Heidemarie Hatheyer, in die Schweiz überzusiedeln, wo er noch heute in dem Dorf Scheuren, unweit von Zürich, lebt. Er hat über neunzig Bücher geschrieben, Romane, Sachbücher, Biographien, auch einige Drehbücher für Hollywood.

CURT RIESS

Weltbühne Berlin

Der Film, das Kabarett, der Bubikopf –
Blitzlichter aus der »unzensierten« Reichshauptstadt

Dies ist kein amtliches oder halbamtliches Papier, auch kein Bericht über amtliche Vorgänge. Ich hatte in der Weimarer Republik nicht mitzureden – wie wäre das auch in meinen jungen Jahren möglich gewesen? Aber ich habe in dieser Republik gelebt – vom verwirrenden Anfang bis zum katastrophalen Ende. Wer kann das heute noch von sich sagen? Wie viele Menschen gibt es noch, die diese vierzehn Jahre bewußt miterlebt haben? Die noch in der Lage sind, darüber zu schreiben?

Was hier aufgezeichnet ist, soll daher kein Bericht über die großen politischen Zusammenhänge sein. Ich saß während der Weimarer Republik in keiner Amtsstube, sondern auf der Schulbank und in den Kollegien der Münchner und Heidelberger Universitäten. Und dann in Redaktionen.

Über das, was sich – sozusagen – mit mir als Zuschauer oder Zuhörer ereignet hat, möchte ich einiges erzählen. Nur darüber. Über »mein Weimar« – mein Berlin.

*

Die Revolution vom November 1918 vollzog sich für die meisten von uns unsichtbar. Wir erfuhren von ihr nur aus den Zeitungen. Sie lief auch nicht so ab, wie sich, laut Geschichtsunterricht, eine Revolution zu vollziehen hat.

In Kiel, so wissen wir heute, meuterten Anfang November 1918 die Matrosen. Im Berliner Zeitungsviertel gab es Gefechte zwischen Polizei und Soldaten und Arbeitern, die dem linken Flügel der Sozialdemokraten angehörten. Aber schon ein paar Straßen weiter hörte man nichts mehr von diesen Straßenkämpfen, die ja auch nur ein paar Stunden oder allenfalls einige Tage andauerten.

Die weithin unsichtbare Revolution ging hinter geschlossenen Türen über die Bühne. Daß aus ihr nichts wurde, was ihr die Berechtigung gegeben hätte, sich Revolution zu nennen, begriffen die meisten von uns nie, und wenn, dann erst viel später. Dabei war es nur logisch, daß es so kommen mußte, denn trotz der schweren Kriegszeiten gab es eigentlich keine innere Empörung des Volkes gegen den Krieg.

Er war hingenommen worden wie eine kaiserliche Verordnung, die er ja auch war. Infolgedessen gab es auch keine echten Revolutionäre – die gab es in Deutschland überhaupt sehr selten – und schon gar keine mit einem entsprechenden Programm.

In Weimar wurde die Revolution dann sehr schnell sanktioniert. Eine Regierung entstand. Der Erste Vorsitzende der sozialdemokratischen Partei, Friedrich Ebert, ein gutmütiger, anständiger Mann, der aber keine politischen Visionen hatte und überhaupt keine Ausstrahlung besaß, wurde der erste Präsident der Republik.

Also eine höchst unblutige Revolution. Und fast ohne Leidtragende.

*

Zu den wenigen Leidtragenden glaubte mein Vater zu gehören. Sein Geschäft basierte seit seinem Bestehen auf der Lieferung von Livreen an die diversen Fürstenhöfe. Es hatte ja zahlreiche »Höfe« gegeben: den Kaiserhof, den Hof des Kronprinzen, den sächsischen Königshof, den württembergischen Königshof, den bayerischen Königshof und viele, viele andere. Und sie alle hatten eine Menge Lakaien, und die mußten natürlich uniformiert werden. Am Vormittag anders als am Nachmittag, am Nachmittag anders als an Galaabenden; anders zur Jagd, anders im Sommer, anders im Winter, anders bei vielen weiteren Gelegenheiten.

Mir ist noch in Erinnerung, daß es im Geschäft meines Vaters eine Kammer gab, deren Inhalt nur aus Knöpfen bestand. Denn natürlich gab es auf den Livreen oder Uniformen Knöpfe, meist goldfarbige, auf die das betreffende fürstliche Wappen eingestanzt war. Es gab Hunderte, nein Tausende von solchen Knöpfen in dieser Kammer.

Und vor dem Laden meines Vaters prangten die Embleme der verschiedenen Höfe, deren »Hoflieferant« er war.

Als die Revolution ausgerufen wurde, eilten mein Vater und seine Sozii ins Berliner Regierungsviertel, um ihr »Geschäft« zu schützen. Sie erwarteten, daß die Revolutionäre sich über ihre Livreen hermachen, vielleicht sogar den ganzen Laden zerschlagen würden. Aber nichts dergleichen geschah. Es gab eine Menge Passanten, die mehr oder weniger eilig an dem Laden vorbeigingen. Keiner dachte daran, Anstoß an den fürstlichen Emblemen zu nehmen. Sie hingen noch lange dort. Soviel ich weiß, während der gesamten Dauer der Weimarer Republik.

Doch spürten wir Deutschen bald, daß sich etwas verändert hatte. Kurz nach Kriegsende begann nämlich die Inflation. Zu Anfang schien es sich um eine Inflation in Maßen zu handeln, bis sie nach zwei, drei Jahren eine Inflation von Ausmaßen geworden war, die in der Weltgeschichte einmalig waren. Der Wert einer Mark sank innerhalb eines Tages auf die Hälfte des Wertes vom Vortag, dann auf ein Zehntel, ein Hundertstel, ein Tausendstel, bis schließlich ein Laib Brot Milliarden kostete.

Es ist sehr viel über diese Inflation geschrieben worden, die kleine Sparer zugrunde richtete, aber auch die Leute mit großem Vermögen, die sich von ihren Geschäften zurückgezogen hatten. Die Industrie dagegen, die Sachwerte besaß, kam entweder mit einem blauen Auge davon oder profitierte sogar von der Inflation. Ich erinnere mich, daß ein Großindustrieller namens Hugo Stinnes in jenen Tagen ganze Schiffahrtslinien, ganze Hotelketten, ganze Straßen mit Mietshäusern aufkaufte. Er machte einen Vertrag zu soundso viel Millionen, um diese Millionen ein paar Wochen später zu zahlen, wenn sie nur noch Pfennige wert waren.

Diejenigen aber, die alles verloren, waren in der großen Mehrheit. Was uns persönlich anging – mein Vater begriff erst, woran er war, als er feststellen mußte, daß die Rechnung für 3,20 Meter Tuch, aus dem ein Anzug gemacht werden konnte, höher war als die Rechnung, die er einem Kunden für den Anzug ausstellen konnte. Von diesem Tag an fertigte er nur noch Anzüge gegen Dollar an. So blieb ihm sein Geschäft erhalten. Aber nicht jeder deutsche Kaufmann reagierte so schnell. Viele gingen zugrunde.

Und wie stand es um die sogenannten kleinen Leute, die Gehaltsempfänger? Sie mußten am Ende des Monats feststellen, daß sie sich für den Lohn, den sie erhielten, so gut wie nichts mehr kaufen konnten. Um diesem Desaster abzuhelfen, wurde es zur Regel, daß Angestellte und Arbeiter nicht mehr monatlich bezahlt wurden, sondern wöchentlich, dann jeden dritten Tag, schließlich täglich. Dann sausten sie mit Erlaubnis der Geschäftsleitung oder auch der Betriebsleitung in die nahen Geschäfte und kauften ein. Und die Geschäftsinhaber brachten das eingenommene Geld so schnell wie möglich auf die Bank und kauften dafür, wenn irgend möglich, fremde Währungen, vor allem Dollar, Pfund oder Schweizer Franken.

Ich erinnere mich noch, wie grotesk die Zustände wurden, weil ich sie am eigenen Leib zu spüren bekam. Ich war krank geworden, und ich sollte zur Erholung in den »Weißen Hirsch«, den damals noch feudalen Kurort oberhalb von Dresden. Mein Vater hatte mir für vierzehn Tage vierzehn Dollar mitgegeben, in Scheinen, die man in Mark umwechseln konnte. Er

Curt Riess mit seiner Ehefrau Heidemarie Hatheyer. *(Hipp-Foto)*

hatte mir eingeschärft, jeden Tag zu warten, bis der jeweils neue Dollar-
kurs verkündet wurde. Das war so um 15 Uhr.

Um 15 Uhr wechselte ich also einen Dollar und bekam dafür die
entsprechende Marksumme und konnte die tägliche Pensionsrechnung
bezahlen, auch die Straßenbahn nach Dresden, eine Karte für die Oper
oder das Schauspielhaus und die Fahrt zurück. Und das alles für einen
Dollar, wenn ich überhaupt den ganzen Dollar, will sagen die Unsummen
an Mark, innerhalb von 24 Stunden ausgeben konnte.

Und dann wartete ich wieder bis drei Uhr mittags, wechselte wieder
einen Dollarschein ein und bekam einen Haufen Geld. Natürlich erhöhte
auch die Pension ihre Tagesrechnungen, die elektrische Straßenbahn ihre
Gebühren, natürlich mußte man auch für einen Platz im Opernhaus im
Laufe von zwei Wochen mehr und mehr zahlen. Aber so schnell konnten
die Behörden mit ihren Preisen gar nicht nachziehen, wie die Mark stürzte.

Freilich, ich war in einer bevorzugten Position. Wer konnte schon von
Dollarscheinen leben?

*

Noch bevor die Inflation zu Ende ging, wurde ich Student in München.
Dort hörte ich beiläufig von einem gewissen Adolf Hitler, der im Zirkus
Krone gelegentlich Reden hielt, die große Aufregung verursachten. Mit
einigen Freunden zusammen hörte und sah ich mir den Mann einmal an.
Er faszinierte uns überhaupt nicht. Ich fand seine Reden langatmig, vulgär,
sein Deutsch miserabel. Aber er riß die Massen mit, die den Riesenbau des
Zirkus Krone bis zum letzten Platz füllten; er raubte ihnen den Verstand, er
hypnotisierte sie.

Eigentlich hätte mir schon damals klarwerden müssen, wohin das führen könnte. Aber es wurde mir nicht klar; und was wichtiger ist, es wurde
wohl niemandem klar, auch dann nicht, als Hitler Arm in Arm mit Ludendorff 1923 jenen Putsch versuchte, der in die Geschichte als der »Marsch
zur Feldherrnhalle« einging. Er bekam dafür ein paar Jahre Festungshaft,
die er, stark verkürzt, in der Festung Landsberg absaß. Hier fand er Zeit,
zwischen Festivitäten mit Gleichgesinnten, seinem Schützling Rudolf Heß,
der dort ebenfalls einige Monate verbringen mußte, ein Buch zu diktieren,
das den Titel *Mein Kampf* erhielt.

Es wurde beim Erscheinen, 1927, kaum beachtet. Hätten viele Deutsche
es gelesen, wäre vielleicht manches anders gekommen. Ich gehörte übrigens zu den wenigen, die *Mein Kampf* bald nach Erscheinen lasen. Ich weiß
nicht mehr, wer mich auf das Buch aufmerksam machte, ich kaufte es und
las es. Abgesehen von dem interessanten Kapitel 7 über Propaganda – ein

absurdes, lächerliches, verrücktes Geschreibsel. Ich war überzeugt, dieser Mann würde nie eine wichtige politische Funktion übernehmen dürfen. Sollte es dennoch geschehen, das nahm ich mir damals bereits vor, dann nichts wie raus aus Deutschland.

Heute kann ich daher sagen, daß dieses Buch meine Lebensrettung war.

*

Zurück zu dem plötzlichen Ende der Inflation. Alles war wie verwandelt. Hunger, Not und Elend verflüchtigten sich. Hektik breitete sich aus. Es begannen – etwas verspätet – die »goldenen zwanziger Jahre«.

Schon das äußere Bild änderte sich total, besonders in den größeren Städten. Es hatte vor dem Krieg sehr wenige Privatautos gegeben, während des Krieges noch weniger, die meisten waren ja von den Behörden »eingezogen«. Jetzt vermehrten sich die Autos und auch die Taxis kaninchenartig. Als der Krieg begann, walteten in Berlin allenfalls fünfzig Verkehrspolizisten ihres Amtes, jetzt waren es bald einige hundert. Parkprobleme plagten die Autobesitzer allerdings noch nicht. Die meisten hatten eine Garage. Wenn nicht, so war auf den Straßen Platz genug, die Vehikel abzustellen.

Die meisten deutschen Frauen waren im Kaiserreich »züchtig« gekleidet. Es galt lange als undenkbar, daß eine Dame die Reize ihrer Beine preisgab. Jetzt wurden die Röcke kürzer und kürzer. Seidenstrümpfe kamen auf; und dann, etwa 1924, sogar fleischfarbene Strümpfe. Gleichzeitig begannen viele Frauen, Bubikopf zu tragen anstatt der turmartigen Frisuren von einst.

Auch das Habit der Männer veränderte sich. Bis etwa 1920 war es selbstverständlich gewesen, daß die Bessersituierten, aber auch Beamte, die etwa hinter Schaltern saßen, wenn schon nicht gestärkte Hemden, so doch gestärkte Kragen trugen. Es hatte auch noch keine Kragen gegeben, die Teil eines Hemdes waren. Man mußte sie mittels Kragenknöpfen, die ewig verlorengingen, am Hemd befestigen. Auch mußte man gestärkte Manschetten tragen oder doch wenigstens »Röllchen«, die man über die Hemdsärmel und unter die Ärmel der Anzüge schob. Und wer sich kein gestärktes Hemd leisten konnte, trug wenigstens gestärkte Hemdbrüste, die man sich wie einen Brustpanzer vorschnallte.

Legere Hemden tauchten erst Anfang der zwanziger Jahre auf. Dazu die sogenannten halbsteifen Kragen. Erst Ende der zwanziger Jahre kamen dann Hemden mit angenähtem »weichem« Kragen auf den Markt. Auch die gestärkten Manschetten verschwanden aus dem Arsenal der Herrenkleidung.

Aber »golden« waren diese Zwanziger nicht. Der Begriff wurde eigentlich erst im nachhinein geboren. Doch aufregend und amüsant waren sie schon, vor allem in den Großstädten – eine Zeit zum Atemholen zwischen den Kriegs- und Inflationsjahren und all dem Schrecklichen, was nachher kommen sollte.

Aber die Kehrseite der Medaille haben damals nur wenige gesehen. Am ehesten noch die plötzlich aus dem Nichts emporschießenden politischen Kabaretts. Über sie allein könnte man ein ganzes Buch schreiben. Ich will mich hier auf einige Namen beschränken.

*

An erster, allererster Stelle muß hier Kurt Tucholsky erwähnt werden. Ich hatte das Glück, ihn gut zu kennen, der in jenen Jahren das härteste und zarteste, das böseste und durchsichtigste Deutsch seiner Zeit schrieb. Er war kein typischer Jude, wie seine zahllosen Gegner behaupteten, schon weil er ein wenig aus den Fugen geraten war. Dick, viel zu dick. Und sein Gesicht verriet so gar nichts von dem, was in seinem Kopf steckte.

Zudem litt er an zahllosen Idiosynkrasien, an geradezu krankhaften Überempfindlichkeiten. Wenn man mit ihm in einem Café saß, mußte man ständig damit rechnen, daß er den Tisch wechselte, weil es ihm dort, wo er gerade saß, »zu laut« war. Geräusche aller Art störten ihn, vor allem Hundegebell. In seinen zwei Pariser Jahren ist er immer wieder umgezogen, weil dort, wo er sich gerade eingemietet hatte, Hunde bellten, die gerade nicht gebellt hatten, als er die Wohnung besichtigte.

Irgend etwas stimmte auch mit seinem Gleichgewicht nicht. Wenn er erregt war, geriet er ins Stolpern. Ich werde niemals seinen Auftritt bei der Trauerfeier für Siegfried Jacobsohn vergessen, der die Theaterzeitschrift *Schaubühne* gegründet und sie gegen Ende des Ersten Weltkrieges in *Weltbühne* umbenannt hatte, weil er Theater nicht mehr für so wichtig hielt wie Politik. Jacobsohn hatte »Tucho« testamentarisch zu seinem Nachfolger bestimmt, und da die beiden eng befreundet gewesen waren, hatte ihn Max Reinhardt, in dessen *Deutschem Theater* die Trauerfeier stattfand, zum Hauptredner erkoren. Tucholsky trat auf und fiel hin.

Später, viel später erzählte mir die Schauspielerin und Chansonsängerin Gussy Holl, in den zwanziger Jahren die Frau des Schauspielers Emil Jannings, Tucholsky habe ihr einige Jahre zuvor einen glühenden Liebesbrief geschrieben. Sie habe ihn darauf eingeladen. Er erschien mit einem Blumenstrauß, aber noch bevor er ihr die Hand drücken oder küssen, ja auch nur ein Wort hervorbringen konnte, stolperte er und lag horizontal zu ihren Füßen.

Eine weitere Idiosynkrasie, die vielen seiner Freunde auf die Nerven ging, war sein überentwickelter Geruchssinn. Fand er, es rieche nach irgend etwas, suchte er unverzüglich einen anderen Tisch oder ein anderes Lokal auf.

Kurt Tucholsky wurde 1890 in Berlin geboren, aber er war kein typischer Berliner. Er konnte zwar berlinern wie kaum ein anderer, aber er konnte eben auch anderes. Obwohl er sein Spree-Athen liebte, ging es ihm auf die Nerven. So lebte er zwischendurch gern in Paris; wiederholt suchte er die Pyrenäen auf, besuchte fast regelmäßig die Schweiz. Als er sich 1935 in der Emigration umbrachte, noch nicht 46 Jahre alt, lebte er in einem kleinen Ort in Schweden, dem Land, das er schon vor seiner Emigration geliebt hatte.

Aber mit Sicherheit war er einer der scharfsinnigsten und gnadenlosesten Polemiker, die Deutschland je aufzuweisen hatte. Er konnte Menschen, besonders Politiker, entlarven wie keiner außer ihm, und er hatte ein außerordentliches Gespür für das, was einer wert war oder nicht wert war. Seine Buchkritiken waren stets zutreffend, seine Theaterkritiken und vor allem seine Porträts von Schauspielern *poignant,* er wußte politische Gegner auf die eleganteste Manier fertigzumachen. Er war, natürlich, gegen den Krieg und jeglichen falschen Patriotismus.

Er war fast immer kämpferisch gestimmt, aber eben nur fast. Er schrieb so ganz nebenbei, noch nicht 22, unter dem Titel *Rheinsberg* die heiterste und zauberhafteste Liebesgeschichte seiner Zeit und noch kurz vor seinem Freitod eine so komplizierte Liebesgeschichte wie *Schloß Gripsholm.* Er schrieb unzählige Chansons für kleine und größere Revuen, die politisch oft sehr gewagt waren: Chansons, in denen er vor nichts, aber wirklich nichts halt machte.

Eine Klasse für sich waren die Artikel, in denen er die Telefongespräche eines gewissen Herrn Wendriner wiedergab, eines gerissenen jüdischen Geschäftsmannes, der in einer unnachahmlich skeptisch-gescheiten Art Zeitkritik übte.

Aber von wenigen Ausnahmen abgesehen, einigen lyrischen Gedichten vor allem, war alles, was Tucholsky schrieb, Zeitkritik. Und er schrieb unheimlich viel. So viel, daß Jacobsohn und wohl auch andere ihm sagten, er müsse sich ein Pseudonym zulegen, die Leser wollten nicht immerfort Tucholsky lesen. Das sah er ein. Aber er wählte nicht ein Pseudonym, er nahm gleich deren vier. Er schrieb als Theobald Tiger, als Ignaz Wrobel, als Peter Panter, als Kaspar Hauser. Und er schrieb natürlich nicht nur in der *Schau-* bzw. *Weltbühne.* Er schrieb auch für das *Berliner Tageblatt* – er war sogar, noch nicht einmal dreißigjährig, eine Zeitlang Chefredakteur des *ULK,* einer Beilage zum *Berliner Tageblatt,* in der auch der »Berliner Abort-

und Kloakenkünstler« Heinrich Zille, der große Maler und Karikaturist, ständig vertreten war.

Als er sich in einem schwedischen Dorf das Leben nahm, hieß es, das sei aus Verzweiflung über Hitler und das Dritte Reich geschehen. Die ihn kannten, wußten es besser. Hitler hätte einen Tucholsky, der noch bei Kräften war, nicht in die Verzweiflung, sondern in erhöhte Kampfesstimmung versetzt. Er hätte ihn laufend lächerlich gemacht, auch als er gar nicht mehr lächerlich war. Nein, nicht Hitler brachte Tucholsky zur Verzweiflung. Er, der so fröhlich schreiben konnte, war eigentlich immer verzweifelt gewesen.

»Tucho« schrieb ein Leben lang »aus dem Tag für den Tag«. Er kritisierte, was gestern geschehen und morgen zu befürchten war. Nichts deutete darauf hin, auch nicht für diejenigen von uns, die ihn kannten, daß er mit der Nachwelt rechnete. Und doch wird fünfzig Jahre nach seinem Tod noch immer alles oder doch fast alles gelesen, was er hinterlassen hat; vor allem, und das würde ihn sicher freuen, von jungen Menschen.

Die Mächtigen, die er bekämpfte, sind vergessen. Er selbst lebt weiter.

*

Es war die Rede davon, daß Tucholsky, wann immer es verlangt wurde, Chansons für das Kabarett schrieb. Durchweg für Berliner Kabaretts. Für jene *Nudelbretter* (wie man die Kleinkunstbühnen damals nannte), die Dinge beim Namen nannten, die man in keiner Zeitung, keiner Zeitschrift und schon gar nicht in einem Theater sagen konnte.

Die meisten seiner Chansons schrieb Tucholsky für Rudolf Nelson, einen rundlichen, glatzköpfigen Mann, der einmal in der Berliner »Konfektion« tätig gewesen war, ehe er in den ersten Jahren unseres Jahrhunderts begonnen hatte, in Kabaretts Klavier zu spielen – und wie er spielte, einfach göttlich. Später hatte er dann selbst ein Kabarett aufgemacht, erst in einer Nebenstraße der »Linden«, dann am Kurfürstendamm. Als Hitler kam, emigrierte er nach Holland, wo ihn sogar die Nazis verschonten, weil er mit einer Arierin verheiratet war: der Chansonette Käthe Erholz, die über Dutzende von Jahren Berlin bezaubert hatte.

Kleine Revuen schrieb und komponierte auch Friedrich Hollaender, Sohn von Victor Hollaender, der um die Jahrhundertwende dem Berliner Metropol-Theater zahlreiche Schlager geliefert hatte, die durch die ganze Welt gingen, wie etwa »Willst du mein Cousinchen sein, später nehm' ich dich zur Frau!« Der Bruder von Victor Hollaender war Felix Hollaender, jahrelang, vor allem in den »Zwanzigern«, ein vielgelesener Romanautor. Zu seinem Glück mußte er Hitler nicht mehr erleben.

Der junge Friedrich Hollaender produzierte viele Kammerrevuen, was Ende der zwanziger Jahre nicht mehr ganz ungefährlich war. Aber Hollaender hatte Mut – und ein Publikum, das ihn verehrte und seine Lieder und Couplets begeistert mitsang. Ich denke an das Chanson »Daran sind nur die Juden schuld – warum sind denn die Juden schuld!«, das er nach der Melodie der Habanera aus »Carmen« schrieb. Oder »Feiertage müssen ungemütlich sein . . .« Seine Protagonistin war seine erste Frau, Blandine Ebinger, Typ Berliner Kellerkind. Unvergeßlich.

Zu Weltruhm gelangte Friedrich Hollaender allerdings erst mit der Musik zu einem der ersten deutschen Tonfilme, dem »Blauen Engel«, und dem großen Chanson in diesem Film: »Ich bin von Kopf bis Fuß auf Liebe eingestellt«. Der Text stammte übrigens auch von ihm. Nach Hitlers Machtantritt floh er nach Hollywood (den schon sehr alten Vater nahm er mit) und blieb auch dort einer der beliebtesten Filmkomponisten.

Hier sollte ich noch Erich Kästner erwähnen, der dem Kabarett ebenfalls viele provozierende Chansons geliefert hat: einer der wenigen seines Metiers, die nicht emigrierten, vielleicht weil er sich arisch nennen durfte. Er hat auch im Dritten Reich publiziert, wenn auch nur selten und natürlich immer unter Pseudonymen, und auch das Textbuch zu dem großartigen »Münchhausen«-Film verfaßt. Sein Grund dafür, in Deutschland zu bleiben: »Einer muß später sagen können, wie alles war!« Er überlebte und schrieb nachher auch einiges – leider wenig darüber, wie es gewesen war.

*

Wichtig für die zwanziger Jahre war die Entwicklung des Films, genauer gesagt: die Entwicklung des Films zu einem künstlerischen Ereignis.

Filme hat es schon vor dem Ersten Weltkrieg gegeben. Die meisten dieser Filme waren freilich alles andere als Kunstwerke. Sie wollten auch keine sein, sie wollten einem verblüfften Publikum nur vorführen, was technisch alles möglich war. Hinzu kam, daß ernsthafte Schauspieler sich weigerten, vor der Kamera zu arbeiten. Nur zögernd gaben sich schließlich einige Stars dazu her, Filme zu machen. Einer der ersten war der damals bedeutendste deutsche Schauspieler Albert Bassermann, Charakterdarsteller in Max Reinhardts berühmtem Ensemble.

Aber wirklich ernst wurde die Sache erst mit der Ufa und Ernst Lubitsch. Die Ufa war – übrigens unter einem anderen Namen – während des Krieges gegründet worden, um Propagandafilme für die deutsche Sache herzustellen. Das klappte freilich nicht, denn die damit beauftragten Offiziere hatten nicht die blasseste Ahnung, wie man einen Film macht. Ernst Lubitsch verstand um so mehr davon.

Obwohl zehn Jahre älter als ich, war er einer meiner Freunde (schon weil unsere Väter Geschäftsfreunde waren) und schon in der Zeit, als er noch mit wenig Erfolg kleine Rollen und meist noch in zweiter Besetzung an Reinhardts *Deutschem Theater* spielte.

Nach einigen lustigen Filmchen war er dann zur Ufa gegangen, als diese in kundigere Hände übergegangen war, nämlich die eines jüdischen Polen namens Davidsohn, der das Handwerk in Paris gelernt und dort als Filmregisseur Karriere gemacht hatte. Der Star seiner Filme war Pola Negri, eine schöne polnische Tänzerin, die Max Reinhardt während des Krieges aus dem damals von den Deutschen besetzten Warschau geholt hatte. Richtig deutsch sprechen konnte sie immer noch nicht, aber das war im Stummfilm auch nicht nötig. Ihr Liebhaber war stets Harry Liedtke, wie Lubitsch ein Reinhardt-Schauspieler, ungewöhnlich charmant und elegant, der geborene Liebhaber.

Seinen ersten ganz großen Film machte Lubitsch allerdings erst Ende 1918 mit »Madame Dubarry«, einem historisch kaum haltbaren, aber höchst spannenden Opus. Der Film hatte fünf oder sechs Akte, seinerzeit eine ungewöhnliche Länge, eine unvergleichliche Ausstattung und tolle Massenszenen. Lubitsch drehte im Ufa-Atelier Tempelhof mit zweieinhalbtausend Statisten, unter denen auch ich mich gelegentlich befinden durfte.

Das allererstaunlichste an diesem Film – daß er unter Bedingungen gedreht wurde, die als ungünstig zu bezeichnen eine Untertreibung wäre. Es war – zum Beispiel – für die Komparsen fast unmöglich, rechtzeitig zum Drehort zu kommen. Es war kalt, es gab kaum Heizung, auch im Atelier nicht, und die Leute froren nicht nur, sie hungerten auch. Außerdem war es unheimlich schwer, die notwendigen Dekorationen – barocke Innenräume etwa oder Pariser Straßen, in denen »Revolution stattfand« – zu bauen oder historische Kostüme zu beschaffen respektive anfertigen zu lassen. Wer hatte damals schon Stoffe, wer besaß Nähmaschinen?

Und doch entstand ein Meisterwerk. Der Film war so gut, daß er selbst in Amerika gezeigt werden konnte, das sich theoretisch noch im Kriegszustand mit Deutschland befand. Später auch in England und Frankreich. In den USA versuchte man freilich, seine Herkunft zu verschleiern. Er lief dort unter dem Titel »Passion«. Der Name Lubitsch wurde zwar genannt, aber es wurde behauptet, er sei Österreicher, wie überhaupt die gesamte Produktion als österreichisch verkauft wurde. (Warum die Österreicher, die ja den Krieg an der Seite Deutschlands mitgemacht hatten, damals salonfähiger waren als die Deutschen, ist mir nie klargeworden; anderen wohl auch nicht.)

Mit der »Dubarry« wurde Lubitsch weltberühmt, der deutsche Film wieder hoffähig, und das in einer Zeit, in der die meisten Länder der Welt wenig erfreuliche Beziehungen zu Deutschland unterhielten.

Lubitsch machte dann noch eine Reihe von kleineren Lustspielen, aber seine Domäne blieb der Kostümfilm, der historische Film, meist mit Harry Liedtke und Pola Negri, später auch mit Emil Jannings und Henny Porten, die bis dahin als Schauspielerin kaum ernst genommen worden war und nun zum Star der zwanziger Jahre avancierte.

Lubitsch ging dann nach Amerika, zunächst als Spezialist für historische Prunkfilme. Bald aber machte er fast nur noch moderne Komödien, sehr elegante, mondäne Lustspiele, sozusagen im Kammerspielton, mit stets wachsendem Erfolg. Lange hoffte er, trotz Ruhm und Erfolg, nach Berlin zurückkehren zu können. Hitler machte das unmöglich.

*

Unmöglich, hier alle Filme, Filmregisseure, Filmschauspieler aufzuführen, die den zwanziger Jahren ihr Gesicht gaben. Es mag immerhin erwähnt werden, daß damals die erste Sintflut von Detektivfilmen über Deutschland hereinbrach, deren Helden fast alle englische Namen trugen. Diese Filme gingen allerdings kaum über die deutschen Grenzen, schon weil die Engländer und Amerikaner von diesem Handwerk mehr verstanden.

Die Grenzen sprengte ein Film, den man als erstes expressionistisches Filmwerk bezeichnen kann: »Das Kabinett des Dr. Caligari«. Er stand ganz im Zeichen von Werner Krauss, der als mysteriöser Bösewicht durch eine unwirkliche Kulissenwelt wandelte. Erst ganz zuletzt stellt sich heraus, daß es ihn gar nicht gibt, daß er die Hauptfigur der Angstträume eines Irren ist, dargestellt von dem damals ebenfalls schon recht populären Conrad Veidt. Caligari ist der zuständige Irrenarzt. Zum »Caligari«-Film inspirierte das Studio ein junger Österreicher, der damals zahllose Drehbücher verfaßte, die alle mit dem Übersinnlichen zu tun hatten: Fritz Lang, der ursprünglich Malerei studierte, dann aber dem Film verfallen war. Er schrieb nicht nur Drehbücher, er inspirierte nicht nur zu Filmen, in deren Vorspann er niemals erwähnt wurde, er inszenierte auch von 1921 an Filme selbst. Nachdem Lubitsch nach Hollywood gegangen war, wurde er der Starregisseur der Ufa.

Schon vorher, aber vor allem nachher, schrieb und inszenierte er Filme, die alle mit dem Übersinnlichen zu tun hatten und ungemein phantastisch und aufregend waren, wie etwa »Der müde Tod« oder »Dr. Mabuse, der Spieler« oder »Die Nibelungen« oder »Metropolis«. Alle waren unverkennbar Fritz-Lang-Filme. Niemand sonst hätte sie schreiben oder inszenieren können. Alle waren in jedem Sinne »groß«, das heißt, sie waren überlang, sie spielten – wie zum Beispiel »Der müde Tod« – in drei verschiedenen Zeitaltern oder – wie etwa »Metropolis« – in völlig irrealen Milieus. Sie waren äußerst prunkvoll und, was sowohl die Dekorationen als auch die Kostüme anging, ganz zu schweigen von den Massenszenen, kostspielig. Sie wurden immense Publikumserfolge und trotzdem für die Ufa Verluste. Trotzdem hielt die Ufa an Lang fest, schon aus Prestigegründen. Und er selbst, der sehr wohl wußte, daß er sich diese Extratouren nirgends als in Berlin leisten konnte, widerstand auch allen Verlockungen Hollywoods. Das Verdienst, ihn schließlich trotzdem nach Kalifornien gebracht zu haben, kommt allein Goebbels und den Nazis zu.

Ich muß hier noch eine weitere Spezialität des Films der Weimarer Republik erwähnen: den Sitten- und Aufklärungsfilm, der von Richard Oswald »erfunden« wurde, einem Regisseur, der auch sein eigener Produzent und Besitzer der Gesellschaft war, die seine Filme herausbrachte.

Sein erster Aufklärungsfilm – »Es werde Licht!« – beschäftigte sich mit den Gefahren der Syphilis. Oswald behauptete, vor den Gefahren dieser Geschlechtskrankheit, die damals noch lebensgefährlich war, warnen zu müssen. Aber um zu warnen, mußte er zeigen, wie man Syphilis bekam. Das hätte vordem keine Zensur der Welt gestattet. Jetzt war es möglich. Das Publikum stand Schlange, um sich aufklären zu lassen.

Das enorme Geschäft veranlaßte Oswald, einen zweiten und dritten Teil zu schreiben und zu inszenieren, in denen er nicht nur vor Syphilis warnte, sondern vor allen nur denkbaren »Lastern«: auch Homosexualität und Drogen. Kokain war damals gerade in Mode gekommen. Der Erfolg blieb Oswald treu. Vergebens warnten die Kirchen vor der Besichtigung dieser Filme. Ihre Predigten wirkten sich eher als Propaganda aus.

Trotz allem – in den zwanziger Jahren wurde der Film salonfähig, nachdem er bis dahin als billiges Amüsement gegolten hatte.

Ich errinnere mich noch gut des »Kinos um die Ecke« mit dem dazugehörigen einsamen Klavierspieler, der die stummen Szenen begleitete, und zwar mit bekannten Musikstücken, je nachdem, was auf der Leinwand gerade vor sich ging. Wenn es zum Beispiel Verfolgungsjagden gab, und die gab es in neun von zehn Filmen, war die Ouvertüre zu »Wilhelm Tell« an der Reihe, bei Sterbeszenen der zweite Satz der 5. Symphonie von Tschaikowsky. Es kam freilich auch vor, daß der Musikant den Kontakt zur Leinwand verlor und dann eine Verfolgungsjagd mit dem Trauermarsch von Chopin begleitete oder eine Sterbeszene mit einem Walzer aus der »Lustigen Witwe«.

Das hatte nun ein Ende. In den großen Kinopalästen, die aus dem Boden schossen, wurde der einsame Klavierspieler durch kleinere – gelegentlich auch größere – Orchester ersetzt, deren Dirigenten die Musik vorher auf die Sekunde genau auf den Film ausgerichtet hatten. Es wurden sogar »reine« Filmmusiken komponiert.

Nur das kleine Kino um die Ecke blieb bei dem Klavierspieler – mehr konnte es sich nicht leisten; denn es wurde nur noch von denen besucht, die sich den Besuch größerer und natürlich teurerer Lichtspieltheater nicht leisten konnten; oder von jungen Menschen, die nach dem Gesetz erst ins Kino gehen durften, wenn sie »achtzehn« waren. Aber die Besitzer der kleinen Kinos, die meistens an ihren eigenen Kassen saßen, drückten da beide Augen zu.

Trotzdem, das kleine Kino um die Ecke verschwand langsam. Und der Besuch von Filmtheatern wurde zur Regel im Leben des deutschen Bürgers und Konsumenten.

*

Auch die ersten Radiosendungen – Anfang der zwanziger Jahre – habe ich noch im Ohr. Mittels eines recht komplizierten Apparats konnte man, nachdem man Hörmuscheln über die Ohren gestülpt hatte, mehr oder weniger genau vernehmen, was in einem sogenannten Sendezentrum gesprochen, gesungen und gespielt wurde. Das Radio machte dann sehr schnell Karriere.

Genau wie beim Film war es zunächst das technische »Wunder«, das die Menschen anzog. Nicht, was gesendet wurde, war die Sensation, sondern daß es möglich war zu senden. Bald wurden die Apparate einfacher, nun konnte man Radio auch ohne Hörmuscheln hören, sogar von einem Programm ins andere schalten.

Die Sendezentren blieben einstweilen klein. Die Berliner »Funkstunde« befand sich in den ersten Jahren in der dritten Etage eines Bürohauses am Potsdamer Platz – von eigenen Sendegebäuden war noch nicht die Rede. Trotzdem gab es bald auch Sendestars: Personen, gelegentlich auch Frauen, die von den Hörern zwar nicht gesehen wurden, aber durch ihre Stimme oder durch ihre Fähigkeit, Vertrauen in die Verläßlichkeit ihrer Meldung zu wecken, sehr bald eine Art anonymer Popularität erlangten.

An der Spitze dieser Stars stand ohne Zweifel Alfred Braun: ein nicht mehr ganz junger, aber gutaussehender Schauspieler zweiter Garnitur, der am Schillertheater in der Bismarckstraße engagiert gewesen war (nebenbei: dem sogenannten Schillertheater-West, nicht zu verwechseln mit dem Schillertheater-Ost, das im Zentrum Berlins lag). Im Schillertheater hatte Alfred Braun fast jedes Jahr ein paar Wochen lang den Prinzen Karl-Heinz

gespielt, den Helden des unverwüstlichen Rührstücks »Alt-Heidelberg«.
Als solcher wurde er von vielen älteren Damen, die von diesem Stück nie
genug bekommen konnten, umschwärmt. Das machte seinen Marktwert
aus. Ein Theater von Rang hätte ihn trotzdem nicht geholt.

Im Radio spielte er von Anfang an eine Rolle, die er nie vorher gespielt
hatte: die eines Reporters. Er las die Texte, die die Nachrichtenbüros
lieferten. Später berichtete er »vor Ort« über Sportereignisse, zum Beispiel
über Sechstagerennen und Boxkämpfe. Und *wie* er berichtete! Er wurde
über Nacht zu einem Begriff. Er konnte, was seine Popularität anging,
durchaus mit den Filmstars konkurrieren. Mit Recht, denn er erfüllte die
Aufgabe, ein Publikum mitzureißen, das er weder sehen noch hören
konnte, mit Geschick und Gespür.

Bis die Nazis kamen . . . Die verhafteten ihn, weil er ein (übrigens völlig
passives) Mitglied der Sozialdemokratischen Partei gewesen war. Zwar
wurde er, da er viel zu populär war, um festgehalten zu werden, bald
wieder freigelassen. Aber ans Mikrofon kam er, solange Hitler regierte,
nicht mehr heran.

*

Auch ich war inzwischen Reporter geworden. Sportreporter: ebenfalls
Spezialist für Sechstagerennen und Boxen. Und ich übte den Beruf mit
Leib und Seele aus, obwohl ich nie die Absicht gehabt hatte, Sportjourna-
list zu werden.

Als ich mein Studium in Heidelberg bei dem damaligen Literaturpapst
Friedrich Gundolf machte, für den einige Jahre zuvor der Student Joseph
Goebbels außerordentlich geschwärmt hatte, obwohl Gundolf Jude war
und Goebbels überhaupt nicht schätzte, war ich eigentlich entschlossen,
Bücher und Theaterstücke zu schreiben.

Der Zufall (?) entschied anders. Ich war gerade in Paris, als ein mir
bekannter Berliner Redakteur mich anrief, es beginne am nächsten Abend
in Paris ein Sechstagerennen, sein Korrespondent sei erkrankt, ob ich . . . ?
Ich sagte zu. Ich wurde Sportreporter und habe nie bereut, in diesem
Metier tätig gewesen zu sein. Viel später, während meiner New Yorker
Jahre, sagte mir Ernest Hemingway, der ebenfalls als Sportjournalist begonnen hatte: »Jeder Schriftsteller sollte sich zunächst dem Sport widmen.
Nur bei der Sportberichterstattung lernt man, ein Ereignis korrekt wieder-
zugeben: trocken, aber lebendig und ohne blumige Ausschmückungen.«

Sechstagerennen waren nun aber auch in Deutschland Mode geworden.
In Berlin gab es mindestens zwei in der Saison, in Breslau, Stuttgart,
Dortmund und etlichen anderen Städten jeweils eines. Aber sie alle waren

nicht nur sportliche, sondern auch gesellschaftliche Ereignisse. Viel Prominenz nahm daran teil. Berühmte Film- und Theaterstars pflegten in Berlin noch zu später Nachtzeit in den Sportpalast zu kommen. Dort tranken sie Sekt in den Logen des Innenraums und ließen sich von den Minderbemittelten auf dem oberen Rang anhimmeln (oder anpöbeln, je nachdem). Berühmte Sänger sangen gelegentlich zur Begeisterung der Massen, andere mußten Autogramme geben.

Mit dem Boxsport war es ähnlich. Er war nach dem Krieg schnell populär geworden. Es gab fast in jeder größeren Stadt Säle, in denen wöchentlich einmal geboxt wurde. Auch der Berliner Sportpalast, in dem ja auch die Sechstagerennen stattfanden, war neben den großen Hallen in Dortmund und Breslau Schauplatz interessanter, manchmal bedeutender Kämpfe, vor allem solcher, die um die Meisterschaft in den verschiedenen Kategorien gingen.

Es kam zu einer rasanten Entwicklung, besonders in Berlin und im Rheinland. International waren die deutschen Boxer (die die Kunst der »Pugilistik« zum größten Teil als Kriegsgefangene in England oder Amerika erlernt hatten) zunächst wenig gefragt. Doch auch das änderte sich bald. Mitte der zwanziger Jahre wurde der deutsche Schwergewichtsmeister Franz Diener sogar in die Vereinigten Staaten verpflichtet – wo er allerdings versagte, ein Opfer seiner Disziplinlosigkeit und seines wenig sportlichen Lebens.

Viel gescheiter, auch viel sympathischer, war der glänzend aussehende Max Schmeling, der als bestes deutsches Halbschwergewicht fast alle Schwergewichtler k. o. schlug, zuletzt auch Diener, dann nach Amerika ging und dort Sensation machte. Ich erinnere mich noch seines ersten großen amerikanischen Kampfes, der vom Radio übertragen werden sollte. Zehn Uhr abends in New York bedeutete vier Uhr früh in Europa. Die Deutschen saßen also schon ab zwei Uhr an ihren Rundfunkapparaten. Von Zeit zu Zeit hörten sie den vielgeliebten Alfred Braun aus Berlin, der versicherte, die Technik funktioniere im Moment nicht, aber der Schaden dürfte in wenigen Minuten behoben sein. Es wurde drei, es wurde vier, es wurde fünf, es wurde sechs – nichts kam. Hunderttausende, vielleicht Millionen Deutsche hatten eine ganze Nacht vor den Lautsprechern verbracht – vergebens.

Über den Fußball soll hier nicht gesprochen werden. Er war immer sehr volkstümlich gewesen und blieb es auch weiterhin. Doch erwuchs ihm in den zwanziger Jahren in der Leichtathletik eine starke Konkurrenz. Der Siegeszug der Leichtathletik begann schlagartig, als wenige Jahre nach Kriegsende ein Finne namens Paovo Nurmi auftauchte. Dieser Finne, der

nie einen Trainer hatte oder gar staatliche Förderung genoß, lief Mittel-
strecken, Langstrecken und »Marathon«, aber weniger gegen seine Konkurrenten als gegen die Zeit, in der rechten Hand eine Stoppuhr, damit er
sich kontrollieren konnte. Und er stellte neue Rekorde serienweise auf.
Nein, er zerbrach sie geradezu, er deklassierte sie. Seine neuen Rekorde
waren für damalige Zeiten unerhört.

Er füllte die Stadien Europas und Amerikas. Die Sportveranstalter verdienten riesige Summen an ihm. Er selbst verdiente nichts. Er war ja Ama-
teur. Aber die Veranstalter steckten ihm gelegentlich etwas zu, keine
großen Summen, vielleicht ein paar hundert Mark über seine Spesen
hinaus. Bis sie das Gefühl hatten, daß seine Zugkraft nachgelassen habe.
Dann zeigten sie ihn an.

Sie? Es waren deutsche Veranstalter, die sich dazu hergaben. Er hatte sie
zwar reich gemacht, aber nun denunzierten sie ihn. Und kurz vor Beginn
der Olympischen Spiele in Los Angeles, im Jahre 1932, wurde er disqualifi-
ziert. Kein Ruhmesblatt in der Geschichte des Sports, schon gar nicht in der
Geschichte der deutschen Sportveranstalter.

Die andere Person, die einen relativ wenig populären Sport ins Schein-
werferlicht der Öffentlichkeit brachte, war eine blutjunge Norwegerin,
Sonja Henie. Sie war noch im Schülerinnenalter, als ihr ehrgeiziger und
wohl auch wohlhabender Vater sie Tag und Nacht trainieren ließ – im
Eiskunstlauf: ein elitärer Sport, der bis dahin nur wenig interessierte. Aber
das kleine Mädchen aus dem Norden, das sehr hübsch war, vollbrachte
Wunder auf dem Eis. Jedenfalls gewann sie spielend alle internationalen
Konkurrenzen. Und bei den Olympischen Winterspielen, an denen sie
teilnahm, gewann sie die goldenen Medaillen. Die Berliner ernannten sie
sozusagen zur Ehrenbürgerin. Als »Häseken« ist sie in die Geschichte des
Sportpalastes eingegangen.

*

Den höchsten Ruhm in den zwanziger Jahren genossen allerdings die
Theater, vor allem die in Berlin, die ihre Konkurrenz in Paris oder London –
sportlich gesprochen – weit hinter sich ließen; und das unter heute kaum
noch vorstellbaren Bedingungen. Sie alle kamen nämlich ohne Subventionen aus. Nicht nur das, viele Städte vermieteten ihre Theater an professio-
nelle Theaterdirektoren, die nicht nur keine Zuschüsse erhielten, sondern
auch noch »Pacht« zahlen mußten – und trotzdem innerhalb weniger Jahre
wohlhabende, wenn nicht reiche Männer wurden.

Freilich, die Ansprüche waren bescheidener. Die Stadttheater hatten
einen Fundus von Kulissen und historischen Gewändern, und die wurden

immer wieder eingesetzt. So konnte es durchaus vorkommen, daß man einen Saal, in dem Wallenstein seine Befehle erteilte, in der »Lustigen Witwe« wiedersah. Das störte aber niemanden.

Ich erinnere mich an viele neue Gesichter, die damals in Berlin auftauchten. Da war etwa Käthe Dorsch, die hinreißende Blondine, die jahrelang in Mainz Operette gespielt hatte, ehe sie, vom Rhein an die Spree gekommen, von einer Stunde zur anderen ein Star als Schauspielerin geworden war: eine der großen Entdeckungen der zwanziger Jahre.

Die andere war die unvergessene Elisabeth Bergner. Sie kam aus Wien, wo sie freilich kaum gespielt hatte, war am Stadttheater einer kleinen österreichischen Provinzstadt durchgefallen, dessen Direktor sie für total talentlos hielt, und über Zürich in die Münchner Kammerspiele gelangt. Dort fiel sie auf. Aber der Direktor des Theaters war mit einer Schauspielerin namens Sybille Binder verheiratet, die genau das Rollenfach der Bergner spielte und, da sie die Frau des Direktors war, dominierte. Die Binder war unbeschreiblich schön, nicht eigentlich schön, aber unverwechselbar in ihrer Eigenart: gaminhaft und grazil.

Nach Berlin kam die Bergner 1922 und wurde bald ein Star, ja, der Star schlechthin. Man himmelte sie an, man liebte sie, jedes junge Mädchen wollte aussehen wie die Bergner. »Ganz Berlin hat ein Verhältnis mit der Bergner«, sagte Fritz Kortner von ihr, und das hieß schon etwas. Denn Berlin war in den zwanziger Jahren *die* Theaterhauptstadt der Welt.

Das war nach wie vor – wie schon vor dem Krieg – vor allem das Verdienst von Max Reinhardt, dem letzten unter den großen Regisseuren, die Klassiker spielten, wie sie gespielt werden wollen (nicht – wie seit den sechziger Jahren – so, wie die jeweiligen Regisseure es wollen). Aber auch Leopold Jessner muß hier genannt werden, der Intendant des früheren Königlichen Schauspielhauses, das sich jetzt Staatstheater nannte. Er begann mit einem *Wilhelm Tell* auf Treppen, obwohl in Schillers Schauspiel eigentlich die Natur die Kulisse sein soll. Das wirkte zuerst recht befremdend, wurde aber dennoch ein enormer Erfolg. Man erklärte ihn damit, daß nun endlich das »Wort« Schillers zu seinem Recht gekommen sei.

Ich erinnere mich auch noch an die vieldiskutierten Inszenierungen von Erwin Piscator. Er war als Regisseur an der Berliner Volksbühne aufgefallen, einer Gründung der Gewerkschaften, die mehr oder weniger sozialdemokratisch ausgerichtet war. Piscator war jedoch Kommunist und mußte daher die Volksbühne verlassen. Einige vermögende Berliner gaben ihm das notwendige Kleingeld, und so konnte er sein eigenes Theater im »Theater am Nollendorfplatz« aufmachen.

Was immer er dort spielte, war kommunistisch inspiriert, auch wenn das

Stück gar nicht kommunistisch war – es gab ohnehin kaum kommunistische Stücke. Piscator ließ einen Schauspieler etwa eine Leninmaske, einen anderen eine Trotzkimaske tragen und demonstrierte so, was er sagen wollte. Dem Premierenpublikum, lauter reichen Leuten, die es als »schick« empfanden, kommunistisch zu sein, gefiel das. Dem großen Publikum gefiel es gar nicht.

Was Piscator immer gewollt haben mag, sein Theater ging pleite. Die linke und die liberale Presse beklagten das wortreich, auch dann noch, als durch einen Prozeß herauskam, daß er, der Kommunist, seine Bühnenarbeiter monatelang nicht bezahlt hatte. Er bezahlte sie auch später nicht, obwohl er inzwischen eine millionenschwere Frau geheiratet hatte.

Auch Bert Brecht, der Edelkommunist par excellence, hegte, wie Piscator, eine durchaus kapitalistische Einstellung, wenn es um seine Interessen ging. Beispielsweise schloß er unausgesetzt Verträge mit Theateragenturen, denen er jeweils exklusive Rechte einräumte, die sich sozusagen automatisch ausschlossen. Zu seinen Besonderheiten gehörte auch, daß er seine Freunde – und ich war mit ihm eine Zeitlang sehr befreundet – nach Kräften ausnutzte. Die letzten Tage vor der Uraufführung seiner *Dreigroschenoper* waren wir alle in seinem Dienst. Wir hatten Kulissen aufzustellen, Inspizientenaufgaben zu versehen und den Vorhang zu bedienen – und so weiter, und so weiter.

An der *Dreigroschenoper* verdiente er viel Geld, nach Ansicht all derer, die Bescheid wußten, viel mehr, als ihm zukam. Das Stück war ja eine Bearbeitung der englischen *Beggar's Opera*, die Brecht gar nicht kannte – er sprach kein Wort englisch. Seine schöne Sekretärin, mit der er ein Verhältnis hatte (er hatte mit unzähligen Frauen ein Verhältnis), übersetzte es für ihn. Trotzdem kassierte er 50 Prozent der Tantiemen, während Kurt Weill, der die Musik schrieb, die ja wohl der eigentliche Erfolg des Werkes war, nur 25 Prozent erhielt. Und wann immer es Brecht möglich war, als erster an der Kasse zu sein, nicht einmal die.

Noch bevor es Mode wurde, Brecht und Piscator zu verehren, galt der literarische Expressionismus als Inbegriff des »Fortschritts«. Der einzige, der wirklich gutes expressionistisches Theater schrieb, war Ernst Toller, ein schöner Junge jüdischer Herkunft, der in der Münchner Räterepublik eine Rolle gespielt hatte und dafür mehrere Jahre einschlägige Erfahrungen im Zuchthaus sammeln durfte.

Auch Georg Kaiser entrichtete dem Expressionismus den fälligen Tribut, und zwar mit ungewöhnlicher Produktivität. Es gab Jahre, in denen er drei oder gar vier Stücke schrieb und in Berlin gleichzeitig an zwei oder drei Theatern aufgeführt wurde. Er muß unheimlich viel Geld verdient haben, aber doch wohl nicht genug. Eines Tages wurde er wegen Diebstahl angeklagt, da er aus einer von ihm möbliert gemieteten Wohnung einen Teppich verkauft hatte. Niemand wußte, warum, denn selbst wenn er schlecht bei Kasse gewesen wäre, hätten sich doch zahlreiche Theaterdirektoren oder Schauspieler bereit gefunden, ihm auszuhelfen. So kam er ins Gefängnis, allerdings nur kurzfristig.

Eine Erscheinung wie Georg Kaiser wäre gleichfalls nicht möglich gewesen, als es noch eine Zensur gab. Aber in den »goldenen Zwanzigern« konnte eigentlich alles aufgeführt werden. So gelangte Frank Wedekind noch nach seinem Tod in Berlin zu hohen Ehren. Wichtiger noch, jedenfalls damals, daß Walter Hasenclevers *Sohn*, während des Krieges geschrieben, im Kaiserreich verboten, endlich aufgeführt werden durfte. Es war programmatisch im weitesten Sinne des Wortes, Revolution. Auch im höchsten und besten Sinne des Wortes.

Mit Hasenclever, der später, nach einer bemerkenswerten *Antigone*, nur noch Konversationslustspiele schrieb, sehr hübsche und erfolgreiche, kam übrigens sein Freund, der blutjunge Prager Ernst Deutsch, nach oben, den die Theatergeschichte zu den bedeutendsten deutschen Schauspielern dieses Jahrhunderts zählt.

Von den »Alten«, das heißt von denen, die schon vor dem Krieg geschrieben hatten, aber – mit der Zensur im Nacken – nicht nach Gebühr aufgeführt worden waren, erlebte der Satiriker Carl Sternheim ein spektakuläres Comeback. Ab Mitte der zwanziger Jahre gelang ihm freilich nichts mehr von Bedeutung. Dafür gab es viele Gründe. Der entscheidende war wohl, daß er dank Erbschaft ein reicher Mann geworden war und es eigentlich »nicht mehr nötig hatte«. Außerdem steigerte er sich immer mehr in eine Art von Verfolgungswahn. Er hielt sich für mißverstanden und setzte sich, mit Deutschland und den Deutschen hadernd, nach Brüssel ab. Dort wurde er zweifellos verrückt, auch im medizinischen Sinn.

Die wirklich große Entdeckung der Weimarer Republik war Carl Zuckmayer. Der stämmige junge Mann, 1896 in Nackenheim geboren, in Mainz aufgewachsen und »mainzerisch« sprechend, volontierte nach kurzem Studium an einigen deutschen Theatern als Dramaturg, schrieb sein expressionistisches Stück *Kreuzweg*, das durchfiel, sowie ein zweites ebenso erfolgloses Schauspiel, *Pankraz erwacht*, dann aber eine ganze Reihe von Volksstücken, die alle Erfolge waren: 1925 *Der fröhliche Weinberg*, 1927 *Schinderhannes*, 1929 *Katharina Knie* (übrigens für die Schauspielerin Käthe Dorsch, mit der er, wie die Kenner der Szene wohl wußten, zeitweise liiert war), wieder ein Jahr später *Der Hauptmann von Köpenick*.

Zuckmayer konnte Menschen formen wie keiner in Deutschland seit

Gerhart Hauptmann. Seine Akteure standen mit beiden Beinen auf der
Erde, sprachen keine Bühnensprache und waren unverwechselbar. Zuck-
mayers Stücke waren Volksstücke in des Wortes wahrster und bester
Bedeutung, voll innerer und äußerer Spannung.

*

Die Erfolge, die Carl Zuckmayer beim Theater einbrachte, wurden Vicki
Baum und Erich Maria Remarque in der erzählenden Literatur zuteil.
Auch sie gehörten meinem Freundes- und Bekanntenkreis an – und auch
ihre Karriere war typisch für das, was in den zwanziger Jahren in Berlin
möglich war.

Vicki Baum war Österreicherin, sogar waschechte Wienerin. Von Beruf
Harfenistin. Und als solche sehr geschätzt, sogar von Arthur Nikisch, bis zu
seinem Tod im Jahre 1922 Dirigent der Berliner Philharmoniker, der sie
immer kommen ließ, wenn er irgendwo »Carmen« dirigierte, wo im
Vorspiel zum dritten Akt die Harfe eine dominierende Rolle spielt. Vicki
heiratete einen jungen Ungarn, der Journalist war, Korrespondent irgendwelcher ausländischer Zeitungen, aber sehr oft so viel trank, daß er seinen
Verpflichtungen nicht nachkommen konnte. In solchen Fällen übernahm
die junge Ehefrau die Arbeit, und sie machte sie offenbar so gut, daß die
betreffenden Zeitungen sich wunderten, warum der sonst recht mittelmä-
ßige Journalist plötzlich ins Schwarze traf.

Dann, eben wegen der chronischen Trunkenheit, Scheidung und neue
Heirat, diesmal mit dem Dirigenten Hans Lert, dem sie nach Darmstadt
und dann nach Hannover folgte. Lert, ein ungewöhnlich gut aussehender
Mann, hatte ungewöhnlichen Erfolg bei Frauen – oder wie die sachliche
Vicki es mir gegenüber einmal erklärte: »Ein Generalmusikdirektor hat
eben ein Verhältnis mit der Hochdramatischen!«

Aber schließlich wurde es ihr doch zu bunt, immer nur in ihrer Harfen-
ecke zu sitzen. Konnte sie etwa nichts als Harfe spielen? Konnte sie nicht
auch schreiben? Sie versuchte es und schrieb einen Roman über das, was
sich hinter der Bühne eines Theaters abspielte. Sie schickte das Manuskript
ohne viel Hoffnung an den Ullstein-Verlag in Berlin und bekam postwen-
dend Bescheid, man würde es drucken!

Der Roman wurde ein riesiger Erfolg, brachte ihr finanziell so gut wie
nichts ein, da die Honorare von der Inflation aufgefressen wurden. Nach
der »Stabilisierung« fragte sie beim Ullstein-Verlag deshalb an, ob man sie
vielleicht brauchen könne. Sie habe allerlei anzubieten, sie könnte ausgezeichnet kochen und Kochrezepte schreiben, sie sei eine begabte Zeichne-
rin, auch in Sachen Mode. Sie könnte auch Kreuzworträtsel erfinden. Und

auch diesmal reagierte Ullstein prompt positiv. Sie möge sich in Berlin einfinden.

Sie wurde in einen Raum im dritten Stock des Ullstein-Hauses geführt, wie sie mir haarklein erzählt hat. Dort fanden sich alle Großen des Verlags ein, des Buchverlags, des Zeitschriftenverlags, des Zeitungsverlags, was immer Ullstein an Prominenz aufzubieten hatte. Nur: Vicki wußte es nicht. Aber schon erklärte Hermann Ullstein, der Leiter der Zeitschriftenabteilung, man würde sich freuen, sie zu engagieren. Nur solle sie sich keine übertriebenen Vorstellungen machen, was den Verdienst angehe.

Vicki hatte an etwa 800 Mark gedacht. Aber bevor sie ihren Wunsch aussprach, fuhr Hermann Ullstein fort: »Wir bieten Ihnen für den Anfang 6000 pro Monat.« Als Redakteurin der *Dame*, einer sehr eleganten Frauenzeitschrift; selbstverständlich könne sie auch weiterhin Romane schreiben, und die würden natürlich extra bezahlt.

Und so wurde sie Redakteurin und Romanautorin zugleich. Die *Berliner Illustrirte* druckte ihre Geschichten zu enormen Honoraren vorab, der Verlag brachte sie dann als Buch heraus. Und alle, alle erzielten astronomische Auflagen, mit dem Erfolg, daß Vicki viel, viel mehr verdiente als ihr Mann, der, ihren Spuren folgend, an der Berliner Staatsoper tätig wurde. Sie war nicht mehr die Harfenistin in der Ecke.

Die meisten ihrer Romane wurden verfilmt, in Deutschland oder Frankreich. Am erfolgreichsten wurde gegen Ende der zwanziger Jahre *Menschen im Hotel*. Der Roman, der bereits die ohnehin hohe Auflage der *Berliner Illustrirten* noch weiter hochgetrieben hatte, wurde, noch bevor er auf englisch im amerikanischen Verlag Doubleday and Doran erschien, von Hollywood angekauft; und brachte Vicki eine Einladung nach Hollywood ein.

In Amerika wurde ihr klar, was aus deutschen Zeitungen damals noch nicht so klar zu erkennen war: daß Hitler im Anmarsch war. Aus Hollywood nach Berlin zurückgekehrt, erklärte sie ihrem Mann und ihren beiden Söhnen, die Familie müsse in die USA auswandern. Der Familie war es recht. Die Ullsteins protestierten, konnten Vickis Entschluß aber nicht ändern.

Da gerade von den Ullsteins die Rede ist, sei noch auf ein weiteres Phänomen jener Tage hingewiesen. Bücher, auch die bei Ullstein, kosteten durchschnittlich 2,50 bis 3 Mark. Eines Tages – ich meine, schon vor dem Krieg – entschloß man sich im Hause Ullstein, billigere Bücher herauszugeben. Das »Ullstein-Buch« für eine Mark entstand: Vorläufer des später in Amerika erfundenen *pocket-book*. Damals eine Sensation.

Allerdings verstanden die Ullsteins auch, gute Propaganda für ihre

Ullstein-Bücher zu machen. Zu geflügelten Worten wurde der Text ihrer Annonce: »Das Ullstein-Buch blieb im Coupé, was tu' ich nun am Stölpchen-See?«

Nun also Erich Maria Remarque: ein gutaussehender junger Mann, der den Krieg mitgemacht hatte, dann in die Propagandaabteilung der Continental-Reifenwerke in Hannover geraten und schließlich nach Berlin gekommen war. Dort hatte er als Redakteur von *Sport im Bild* eine Anstellung gefunden. Er war also, wie ich, Sportjournalist.

Wir trafen uns öfter bei Sportereignissen. Wir sprachen bisweilen miteinander, aber von einer Freundschaft, wie sie sich später entwickelte, konnte noch keine Rede sein. Doch eines Nachts, auf der Pressetribüne des Berliner Sportpalastes bei einem Sechstagerennen, fragte er mich unvermittelt, ob ich ihm raten könne. Er habe einen Roman geschrieben – und diesen Roman habe er überall angeboten, doch nichts wie Absagen erhalten.

Ehrlich gesagt, ich bezweifelte damals seine Fähigkeit, überhaupt einen Roman zu schreiben. Mehr der Form halber erkundigte ich mich, wovon das Opus handele, und er antwortete: »Vom Krieg.« Vom Krieg? Ich konnte mir nicht vorstellen, was weniger hätte interessieren können. Der Krieg war vergessen, weil man ihn hatte vergessen wollen; man könnte auch sagen, man hatte ihn verdrängt. Ich war mir sicher, daß ein Buch über den Krieg überhaupt nicht zu verkaufen sei, und sagte: »Wenn Sie meinen Rat haben wollen – werfen Sie das Manuskript in den Papierkorb.«

Glücklicherweise folgte er meinem Rat nicht. Das Buch kam zunächst in Fortsetzungen in der *Vossischen Zeitung* heraus, deren Auflage sich mit seinem Erscheinen blitzartig verdoppelte, und wurde dann zu dem größten deutschen Bucherfolg aller Zeiten, zu einem Bestseller, überall in der Welt. Sein Titel: *Im Westen nichts Neues.*

*

Das Bild »meines Weimar« wäre nicht vollständig ohne die Feststellung, daß es, namentlich in den deutschen Großstädten, damals recht »frei« herging. Alles war erlaubt. Rauschgifte wurden Mode, Transvestitenlokale »interessant«. Homosexuelle und Lesbierinnen schossen gleichsam aus dem Boden. Und es gab viele Sexualmorde, was es früher offenbar nicht gegeben hatte.

In den Nachtlokalen, auch in den großen Hotels, entwickelte man ein Faible für den soeben aus den Vereinigten Staaten eingeführten Jazz. Er war, natürlich, umstritten. Die sogenannten völkischen Kreise, vertreten durch die Presse des Geheimrats Hugenberg, erst Generaldirektor bei

Krupp, jetzt Leiter eines eigenen Zeitungsimperiums, das alles »Undeutsche« verdammte, waren gegen diese musikalischen Importe. War denn der Wiener Walzer nicht gut genug? Mußte man Foxtrott oder Onestep tanzen? Verstieß das nicht gegen das gesunde Volksempfinden?

Angeblich verstießen auch die Nackttänze, die damals aufkamen, gegen das gesunde Volksempfinden, obwohl die Lokale, in denen sie vorgeführt wurden, stets überfüllt waren. Eine Zeitlang, ach, nur kurze Zeit, war eine Nackttänzerin, die niemals ganz nackt auftrat, Anita Berber die ungekrönte Königin von Berlin. Eine schöne Frau, ein herrlicher Körper! Aber wie sich bald herausstellte, war sie tödlichen Drogen verfallen. Sie verschwand sehr schnell von der Bildfläche. Dann hörte man aus Ägypten, sie liege dort ohne einen Penny in einem drittklassigen Hotel. Freunde holten sie nach Berlin zurück, wo sie wenig später starb.

Nachtlokale, politische Revuen. In vielen dieser Revuen war eine fast unbekannte Schauspielerin namens Marlene Dietrich zu hören und zu sehen. Sie sang mit einer bezaubernd sinnlichen, heiseren Stimme. Und wenn sie tanzte ... Ja, wie tanzte sie? Ich erinnere mich nicht mehr. Es erinnert sich wohl niemand mehr. Denn wir alle starrten auf ihre Beine – die schönsten Beine der Welt, wie wir fanden.

Niemand von uns konnte damals so recht verstehen, warum sie noch keine Karriere gemacht hatte. Bis ein gewisser Josef von Sternberg aus Amerika kam, um mit Emil Jannings seinen ersten Tonfilm zu drehen; den »Blauen Engel«, der die Dietrich, einschließlich ihrer Beine, weltberühmt machte. Denn es wurde kein Jannings-, sondern ein Dietrich-Film.

Sie war im besten Sinne Berlinerin: unsentimental, gescheit und schick. Und sie wäre liebend gerne in Berlin geblieben. Aber die Ufa verpaßte ihre Chance. Die Ufa hatte eine Option auf einen weiteren Film mit ihr. Nach Besichtigung des »Blauen Engel«, vor seiner Uraufführung, entschlossen sich die Herren, von dieser Option – es war von 35000 Mark Gage die Rede – keinen Gebrauch zu machen. Und so ging Marlene in die Vereinigten Staaten, wo sie für ihren ersten Film den Gegenwert von etwa 200000 Mark erhielt und ein internationaler Star wurde.

Auch der sagenhafte Hans Albers wurde durch den Tonfilm ein Star: ein vortrefflich aussehender junger Mann, der, als der Tonfilm aufkam, gar nicht mehr so jung war und, was nur wenige wußten, schon ein Toupet trug. Er hatte bis dahin hauptsächlich Operetten gespielt, meist komische Rollen und meist viel zu penetrant. Als Schauspieler wurde er nicht ernst genommen.

Dann, so um 1927 herum, probte man im Deutschen Theater das Schauspiel *Die Verbrecher* von einem gewissen Bruckner, von dem man damals nur wußte, daß dieser Name ein Pseudonym war. Für die Hauptrolle eines etwas schmierigen Kellners und Verführers war der beliebte Oskar Homolka vorgesehen, der Mann der blutjungen Schauspielerin Grete Mosheim. Doch Homolka sagte in letzter Minute ab. Man ersetzte ihn, schlechten Gewissens, durch den Komiker Hans Albers. Und es wurde ein Sensationserfolg.

Der Erfolg blieb Albers auch in seinen nächsten Bühnenrollen treu, dem von Heinz Hilpert inszenierten *Liliom*, einem Stück des Ungarn Franz Molnar, der sich diesen Liliom auch als Ungarn gedacht hatte. Der Hamburger Hans Albers spielte ihn berlinisch und hatte mit seiner »Fassung« nicht nur an der Spree, sondern in ganz Deutschland Erfolg – und das auf Jahre und Jahre hinaus.

Als bald darauf der Tonfilm kam, wurde er *der* deutsche Filmstar. Und blieb es auch unter den Nazis. Er war genau das, was sie sich unter einem idealen Arier vorstellten. Er hatte nur eines, was ihnen nicht paßte: Charakter. Er lehnte es daher auch immer wieder ab, in einem Propagandafilm aufzutreten. Er war zu populär, als daß man ihn hätte maßregeln können; zu populär auch, als daß man ihn hätte zwingen können, sich von seiner jüdischen Freundin Hansi Burg zu trennen. Erst kurz vor Kriegsbeginn schob er sie nach England ab und nahm sie mit offenen Armen wieder auf, als sie 1945 aus London zurückkehrte.

Hans Albers – ja, er sah großartig aus, er war ein herrlicher Schauspieler, die Lebensfreude in Person, der ideale »Kerl«, ein Mann mit Rückgrat. Solche gab es in jenen Tagen nicht viele, schon gar nicht unter den Schauspielern.

Es wäre noch viel zu erzählen, auch über die Presse im damaligen Deutschland, über das Haus Ullstein, das außer großen Zeitungen und vielen Zeitschriften die *Berliner Illustrirte* herausgab, die wohl wichtigste Illustrierte Deutschlands, die leider unpolitisch war – und es auch blieb, als sich die drohende Gefahr bereits sichtbar abzeichnete.

Was mich selbst betrifft, es waren nicht die Saalschlachten, nicht die Attacken auf jüdische Passanten, die sich die SA erlaubte, nicht die Siegeszuversicht der aufkommenden Nazipresse, die mich stutzig machte, es war die Erinnerung an die frühe Lektüre von *Mein Kampf*. Ich hatte mir damals geschworen, falls »die« an die Macht kommen würden – »nichts wie raus«!

Meine Bekannten und Verwandten hielten mich für verrückt, als ich ihnen meinen Entschluß mitteilte. Der »Spuk«, meinten sie, würde allenfalls drei Monate dauern. Ich erwiderte, dann käme ich nach drei Monaten zurück. Ich kam aber erst zwölfeinhalb Jahre später zurück. Mit der amerikanischen Armee.

Hans Sahl

Geboren 1902 in Dresden. Kritiker, Lyriker, Prosaist, Übersetzer. War nach dem Studium der Kunstgeschichte, Literaturgeschichte und Philosophie Mitarbeiter mehrerer deutscher Zeitungen. Er emigrierte 1933 aus Deutschland und gelangte über verschiedene Stationen schließlich 1941 nach New York. Schrieb Theaterstücke, Gedichte, Hörspiele und Romane, zuletzt: *Das Exil im Exil – Memoiren eines Moralisten II* (1990), und übersetzte unter anderem Werke von Thornton Wilder, Tennessee Williams, Arthur Miller, Arthur Kopit und John Osborne.

Hans Sahl

Bettler und Butler bei Piscator

Leichenfeier für eine Frühverstorbene –
Szenen aus der linken »Szene« in Berlin

Die Iherings liebten es, am Sonntagnachmittag Gäste in ihr Haus in Zehlendorf einzuladen. Es führte ein langer Kiesweg von der Pforte durch den Garten, und als wir die Gartentür öffneten, sah ich in einiger Entfernung auf der Terrasse die Elite des deutschen Theaters in liegender, sitzender oder stehender Haltung malerisch angeordnet, wie auf einem Gruppenbild, wie für die *Berliner Illustrirte*. Sie hielten Gläser in den Händen und sprachen aufeinander ein.

»O Gott«, flüsterte mir mein Freund Fritz Walter zu. »Da sind sie«, sagte er. »Wer?« fragte ich. »Alle«, sagte er dumpf.

Es war ein langer, sehr langer Gang auf dem Kiesweg durch den Garten, und als wir die Terrasse endlich erreicht hatten, stellte uns Frau Ihering den Gästen vor.

»Lotte Lenya«, sagte Frau Ihering. »Sehr angenehm«, sagten wir beide im Chor. Dabei stieß ich aus Verlegenheit ein Glas auf dem Tisch um.

»Kurt Weill«, sagte Frau Ihering. »Sehr angenehm«, sagten wir; und so ging es weiter mit Vorstellungen, Verbeugungen, zaghaftem Händedrücken und lebhaftem Herzklopfen unsererseits, von Erwin Piscator bis zu Helene Weigel, von Fritz Kortner bis zu Ernst Busch und Gustaf Gründgens. »Sehr angenehm, sehr angenehm.«

Man reichte mir ein Glas, es war aber kein Stuhl mehr da, und als ich um die Ecke bog, um mir einen zu holen, sah ich zwei Mülleimer, auf denen zwei Männer saßen und die Beine baumeln ließen. »Brecht«, sagte der eine, »Bronnen«, sagte der andere. Da ergriff ich die Flucht.

Auf dem Nachhauseweg kam ich mit Erwin Piscator ins Gespräch. Wir standen auf dem Vorderperron der Straßenbahn 76, und der Wind blies uns das Haar ins Gesicht. Piscator hatte mich eine Weile aufmerksam beobachtet, bevor er das Gespräch begann. Wir mußten schreien, weil es so laut und windig war, und vielleicht hatten deshalb unsere Worte an jenem Abend ein besonderes Gewicht. Jedenfalls war es der Beginn einer zuerst noch tastenden, dann aber, vor allem im Exil, intensiven Freundschaft bis zu seinem Tode, mit langen Unterbrechungen über Länder und Kontinente hinweg.

Piscator war ein Genie und wie alle Genies einseitig und unerschütterlich in seinen Prinzipien. Aber er war nicht intolerant. Er gehörte einer Generation an, die durch den Krieg hindurchgegangen und über den Pazifismus zum Kommunismus gekommen war. Er haßte den Krieg so sehr, er fand ihn so verabscheuenswert und menschenunwürdig, daß er sogar eine Theorie akzeptierte, die erklärte, daß der Krieg aus dem Kampf der kapitalistischen Mächte um neue Absatzmärkte entstehe und daß es keinen Krieg mehr geben würde, wenn man den Kapitalismus abschaffte.

Er war voller Widersprüche und doch ganz einfach und unmittelbar in seinem hartnäckigen Wunsch, verstanden zu werden. Er liebte den Luxus, den ihm später seine zweite Frau, die schöne Maria Ley, selbst eine Künstlerin von Rang, zur Verfügung stellte. Er führte ein großes Haus, wo immer er war, in Paris und New York. Bettler und Millionäre waren bei ihm zu Gast, Kapitalisten und Antikapitalisten, und Butler in weißen Handschuhen servierten den Genossen Champagner. Aber es korrumpierte ihn nicht, er blieb niemandem etwas schuldig. Er zahlte zurück mit der baren Münze seiner Freundschaft und seiner Kunst.

*

Auf der Rednertribüne des Sportpalastes herrschte ein Kommen und Gehen. Funktionäre drängten sich um das Pult, Jupiterlampen waren rings um das Podium aufgestellt und beleuchteten grell die geisterhaft bleichen Gesichter, Parteifotografen mit roten Armbinden knipsten kniend Prominente, rote Banner mit sozialistischen Parolen hingen wie orientalische Teppiche von den Wänden herab. Hammer und Sichel.

Ich zeigte meine Pressekarte und wurde auf das Podium gelassen. Männer gingen bedeutungsvoll umher, tuschelten miteinander, händeschüttelnd. Licht, furchtbar viel Licht. Ich erkannte Erich Weinert und schüttelte ihm vorschriftsmäßig die Hand. Man duzte sich, natürlich duzte man sich. Der *Montag Morgen* hatte regelmäßig Gedichte von Erich Weinert gebracht. Jetzt waren wir Genossen. Ich erkannte Kantorowicz und Heinz Pol und trat zu ihnen. Sie redeten jeden mit »Genosse« an, nur mich nicht.

Warum sollten sie auch? Sie hatten einmal bei Herrn Mackensen den Tango getanzt, und wollten nicht an ihre keineswegs proletarische Kinderstube erinnert werden. Sie waren es sich selbst und ihrer neuen Aufgabe schuldig, mich, der viel zu spät zu ihnen gestoßen war, nur mit Vorbehalten zur Kenntnis zu nehmen.

Ich stellte mich an den Rand des Podiums und sah hinunter auf die Menge. So viele Köpfe, die dasselbe dachten. Die Partei hat tausend Augen, du hast nur zwei, und die tausend Augen sahen mich an und sagten: »Was willst du da oben? Du hast hier nichts zu suchen. Scher dich davon! Du stehst zwischen den Fronten, du bist schwankend und unentschlossen, ein Revolutionär mit Vorbehalten, du willst nicht, daß Blut fließe, wenn es darum geht, einen Menschheitstraum zu verwirklichen. Wir hier unten haben keine höhere Schule besucht, wir konnten es uns nicht leisten, Hölderlins Fahnen im Winde klirren zu hören. Wir schlagen zu, wenn man uns schlägt. Wir wollen an die Macht. Wir wollen uns befreien, mit dir oder ohne dich.«

Es war nun schon so voll geworden auf dem Podium, daß ich befürchtete, heruntergestoßen zu werden. Ich wollte mich zurückziehen, aber es war schon zu spät. Eine Stimme hinter mir rief: »Wir können anfangen.« Es mußte wohl einer gewesen sein, der etwas zu sagen hatte, denn im selben Augenblick fingen die Parteifotografen wieder zu knipsen an, und dann geschah das, worauf die Menge die ganze Zeit gewartet hatte.

Die Türen öffneten sich weit, und herein marschierten mit Pauken und Trommeln und Fahnen die Mitglieder des »Roten Frontkämpferbundes«, während der Mann mit den tausend Augen sich erhob wie einer, der nur zwei hatte und tausendstimmig das Lied, das man ihn bereits als Kind gelehrt hatte, das Lied von den »Verdammten dieser Erde« sang.

Ich gestehe, daß es mich mitriß. Es war die Antwort auf die Ungewißheit der Stunde, es hatte die Ungebrochenheit eines geschichtlichen Appells, es war positiver, hoffnungsvoller als der zwar poetische, aber im Grunde todestraurige Sterbegesang »Brüder zur Sonne, zur Freiheit« und doch bei weitem nicht so schön wie die noch immer unübertroffene Marseillaise, die auf einer Caruso-Platte zum musikalischen Ereignis geworden war.

Willi Münzenberg sprach als erster. Er sprach mit der geschulten Beredsamkeit eines Parteiredners, der weiß, wo er innezuhalten hat, um dem Applaus eine Chance zu geben. Er wolle sich kurz fassen, sagte er bescheiden, denn ein anderer, ein Größerer würde heute abend zum deutschen Arbeiter sprechen.

Er trat ab und überließ das Pult einem Redner, dessen Name mir ebenso unbekannt war wie die der beiden anderen, die ihm folgten. Sie ernteten nur mäßigen Beifall. Man wußte, sie waren nur die Herolde des mit Spannung erwarteten Mannes, dessen Bild sie von überall her mit tausend Augen ansah, das proletarische Vaterbild des Mannes aus dem Volke.

Abschied am Anhalter-Bahnhof in Berlin, 1933.
Hans Reimann, Erwin Piscator und Max Brod im Gespräch. *(Ullstein Bilderdienst)*

Im Gegensatz zu dem weltgewandten Willi Münzenberg, dem Theoreti-
ker und Strategen, dem Organisator von Zeitungskonzernen, die den
Klassenfeind mit denselben Unterhaltungsmitteln zu schlagen versuchten,
war Ernst Thälmann, der nun zu sprechen begann, von einer gewinnenden
Einfachheit und Offenheit, keine Führernatur, das merkte man sofort,
sondern einer, mit dem sich's gut Kirschen essen ließe und der die Kerne in
hohem Bogen ausspuckt. Schweißgebadet unter den Jupiterlampen, die
ihn schmorten und blendeten, führte er seinen Kampf mit den marxistischen Fremdwörtern und setzte dreimal an, bevor ihm die »Expropriation
der Expropriateure« gelang.

Tobender Beifall belohnte ihn, der sich mit einem großen Taschentuch
das Gesicht und den kahlen Schädel abwischte, zu seinen redlichen Bemühungen um die Sprache der Gebildeten, die nun auch bald die ihre sein
würde. Dann wurde wieder die Trommel gerührt zum Abmarsch des
Roten Frontkämpferbundes, die Jupiterlampen verlöschten, die Versammlung löste sich auf.

*

Ernst Blass hat eine unsterbliche Gedichtzeile geschrieben: »Die Straßen komme ich entlanggeweht.« Er hat sie im »Romanischen Café« geschrieben, wo die »Entlanggewehten« sich trafen, die Einhergewehten,
diesem Obdachlosenasyl für die Unbehausten im Geiste, die Maler, Dichter, Denker sowie ihre Nutznießer, die mit den Unbehausten ins Geschäft
kommen wollen, die Händler, Makler, Filmverleiher, Buchhändler, Verleger, Impresarios, die Einhergewehten brauchten Schrittmacher, die ihnen
das Buch vom Munde ablesen, es in den Satz geben, und ihnen die
Korrekturfahnen feierlich überbringen, die Bürstenabzüge, die Probe-
drucke, den Satzspiegel. Dafür dürfen sie bis auf Widerruf an den Tischen
der Unbehausten Platz nehmen und ihren Gesprächen lauschen, in denen
sie zugleich gepriesen und verflucht werden.

Freund der Einhergewehten, ihr Ratgeber und Geburtshelfer, war der
Frauenarzt Dr. Klapper, der über eine Wohnung mit vielen Zimmern im
Erdgeschoß eines Hauses am Kurfürstendamm verfügte. Man verlief sich
in den vielen Zimmern seiner Wohnung, wie man sich in dem müden
Lächeln des Dr. Klapper verlief, der, wenn er sprach, dem anderen nicht ins
Gesicht sah, sondern müde ins Leere zu lächeln schien.

Klapper war für die Liebe und hatte in Vorträgen und Abhandlungen für
die Abschaffung des Paragraphen 218, der die Abtreibung unter Strafe
setzte, gekämpft. Seine Utopie einer Welt von morgen sah er in einer
Gesellschaft verwirklicht, in der es keine gehemmten Menschen mehr
geben würde, keine Ängste und Phobien, weil jeder seinen Neigungen und

Trieben gemäß leben, sie ausleben würde. Für die unausbleiblichen Folgen dieser Utopie würde er bis zu ihrer Verwirklichung und zwar ohne jede Honorarforderung Sorge tragen.

Man ging zu Dr. Klapper nach dem Theater oder noch später, nach Mitternacht, wurde auf ein Klopfzeichen hereingelassen und kam in einen immensen, mit Polstermöbeln ausgestatteten Raum. Gedämpftes Licht; ein paar Kandelaber brannten; ein Tisch mit Getränken, die man sich selbst holte. Ein Grammophon spielte aus einer Ferne, die jenseits des Ozeans zu liegen schien, Gershwins »Rhapsody in Blue« oder einen eben importierten neuen Negersong.

In den Sesseln saßen Menschen herum, die einander rauchend und trinkend musterten, der Hausherr Dr. Klapper saß, als ginge ihn das Ganze nichts an, weltabgewandt in einem Polsterstuhl, ein einsamer Mensch, der müde ins Leere lächelte. Ab und zu stand jemand aus seinem Sessel auf und verschwand mit einem anderen, nachdem sie sich durch einen Blick verständigt hatten, in einem der von Dr. Klapper zu diesem Zweck zur Verfügung gestellten Zimmer.

Eine Zeitlang war ich häufig bei Dr. Klapper, ohne freilich von den Möglichkeiten, die sich dort boten, Gebrauch zu machen. Wahrscheinlich, weil ich zu scheu war, jemanden aufzufordern, oder weil sich niemand fand, der mich aufforderte.

Was mich jedoch beeindruckte, war, wie hier eine erotische Phantasie verwirklicht wurde, eine Insel der Seligen, der ewige Traum vom Nehmen und Geben aufgrund gegenseitiger Vereinbarung, freilich mit einer schon an das Zynische grenzenden Unbekümmertheit, die diesem Traum wiederum seine Unschuld nahm, seine Anmut und ihn in einen Nachtspuk tief umschatteter Augen und Gesichter, auf denen sich die Schminke verwischte, verwandelte, in dieser dahindämmernden Zeit zwischen Mitternacht und Morgen.

*

Die letzte Versammlung des Schutzverbandes deutscher Schriftsteller fand in einem Lokal am Halleschen Tore statt. Es war an demselben Tage, an dem die Polizei ermächtigt worden war, von der Schußwaffe Gebrauch zu machen, falls ihr jemand verdächtig erscheinen sollte – und verdächtig war jeder, der in diesen Tagen keine Uniform trug. Vor den Türen des Versammlungslokals standen Polizisten mit Maschinengewehren.

Innen war es ganz hell, zu viele Lampen brannten, als wollte man den Schriftstellern, die gekommen waren, um Abschied von der Republik zu nehmen, eine letzte Chance geben, gesehen zu werden. Es war wie bei einer Leichenfeier. Man drückte einander stumm die Hand, schritt stumm an einem (unsichtbaren) Sarg vorbei und setzte sich, in Erwartung der Leichenredner, die bereits verstört ihre Brillen putzten.

Was sollten sie der Verstorbenen nachsagen? Sie wußten nicht einmal, woran sie gestorben war. War sie einem Verkehrsunfall zum Opfer gefallen? Hatte sie lange gelitten, oder war sie eines plötzlichen Todes gestorben? Hm, schwer zu sagen, schwer zu sagen.

Wir kannten sie schon, als sie noch ganz klein war. Zangengeburt, anämisch. Wußte nie recht, was sie mit sich anfangen sollte, zuwenig Selbstvertrauen. Schielte nach rechts und links.

Dann blühte sie plötzlich auf. Sang, tanzte, spielte Theater. Toll. Dann fing sie zu hinken an, zuerst auf dem einen Bein, dann auf dem anderen, und dann ging es bergab mit ihr, sofern sie überhaupt noch laufen konnte, und dann – nun, Sie kennen das Ende. Wir hätten uns mehr um sie kümmern sollen. Zu spät. Schade.

»Ich erkläre die Versammlung für eröffnet«, sagte Werner Schendell. Er war von Beruf Vorsitzender, wie andere von Beruf Kunstschlosser oder Totengräber sind. Hatte er überhaupt je ein Buch geschrieben? Man brauchte kein Buch geschrieben zu haben, man brauchte nicht einmal ein Schriftsteller zu sein, um anderen sagen zu können, sie sollten sich kurz fassen. Heinz Pol faßte sich kurz, Ludwig Renn faßte sich kurz, Ludwig Marcuse, Alfred Kantorowicz.

War ich mir bewußt, daß dies ein historischer Augenblick war? Ich hatte bereits mehrere historische Augenblicke erlebt, zum Beispiel damals, 1914, als ich mit meinem Vater vor dem königlichen Schloß stand und der Kaiser den Ersten Weltkrieg für eröffnet erklärte. Vier Jahre später hörte ich Scheidemann auf den Stufen des Alten Museums die Republik ausrufen.

Jetzt standen jene, die für ihren Tod verantwortlich waren, auf der Rednertribüne und machten, ohne es zu wissen, Geschichte. Im Grunde ging es ja nur darum, zu zeigen, daß man dabei war. Sie waren besorgt und verbargen ihre Besorgnis hinter zögernd vorgetragenem Gleichmut. Oder sie bekannten sich zu ihrer Ratlosigkeit und vertrösteten die trauernd Hinterbliebenen der Republik mit Hoffnungen auf ein besseres politisches Jenseits.

Von all den Rednern, die an jenem Abend auftraten, ist mir allein Carl von Ossietzky in Erinnerung geblieben, eben weil er sich nicht scheute, feierlich zu sein, und mit jedem Wort, das er sagte, ein Bekenntnis ablegte. Hier hatte ein bedeutender Schriftsteller, Herausgeber der *Weltbühne* und ein Meister der politischen Polemik, den Mut zu einer ganz einfachen, ganz persönlichen Aussage, Ossietzky verstand etwas von Geschichte. Er wußte, daß sie von Menschen gemacht wird, die sogar bereit sind, für sie zu sterben. Er sah, daß sein Augenblick gekommen war.

»Wir werden uns wahrscheinlich nicht mehr wiedersehen«, sagte Ossietzky, »aber in dieser Stunde, in der wir zum letztenmal zusammenkommen, wollen wir uns eines geloben: nämlich uns selber treu zu bleiben und mit unserer Person und unserem Leben für das einzustehen, woran wir geglaubt und wofür wir gekämpft haben.«

Ich starrte auf die Glastür, hinter der zwei Polizisten standen, und versuchte, das Wort, das auf ihr in Spiegelschrift eingeätzt war, zu entziffern. GNAGNIE. Jetzt sind wir noch unter uns, dachte ich, bald wird die Versammlung zu Ende sein, wir werden uns nicht mehr wiedersehen. Nur eine Glasscheibe trennt uns noch von den Polizisten, die auf uns schießen können, wann immer es ihnen paßt. Nur eine Glasscheibe trennt uns noch von etwas, das so unverständlich ist wie das Wort, das in Spiegelschrift auf ihr geschrieben steht.

Es war eine kühle Nacht. Ich ging mit Ossietzky zum Halleschen Tor. Er hatte den Mantelkragen hochgeschlagen. Er war krank und hustete. Ich betrachtete ihn heimlich von der Seite. Sein Gesicht hatte mich schon immer beschäftigt. Es war hart und kantig, mit einem mächtigen Kinn, ein Nußknackergesicht. Man war versucht, ihm eine Nuß in den Mund zu stecken und sie krachen zu hören.

»Sie müssen fliehen«, sagte ich. »Warum sind Sie noch hier? Sie sind einer der ersten, die man abholen wird. Wir brauchen Sie, aber nicht als Märtyrer.«

Wir hatten das Hallesche Tor erreicht. Er blieb plötzlich stehen, sah mich an. »Ich bleibe«, sagte er, und ich glaubte, eine Nuß krachen zu hören. »Sollen sie kommen und mich abholen. Ich habe es mir lange überlegt. Ich bleibe.«

Carl von Ossietzky befand sich in einem deutschen Konzentrationslager, als man ihn in Stockholm mit dem Nobelpreis ehrte. Von denen, die ihn an jenem Abend hörten, dürften nur noch wenige am Leben sein.

*

»Hauptmann Frenzel von der Richthofenstaffel. Der Mann steht unter meinem persönlichen Schutz. Danke.« Er schob mich durch die Sperre. Die beiden SA-Leute traten zurück, salutierten.

Es war unheimlich still in der großen, einsamen Bahnhofshalle. Nur das Zischen der Lokomotive und der Singsang des Windes in der weißen Jacke des Mannes, der einen gläsernen Verkaufsladen vor sich herschob. »Erfrischungen. Belegte Brote. Zigarren, Zigaretten.« Hier, hier und dort ein paar Verängstigte, ihre Köpfe zusammensteckend. Kein lautes Zeremoniell des Abschiednehmens. Keine Blumen. Uniformierte mit umgehängten Gewehren schritten den Zug entlang und sahen in die Abteile.

»Frenzel«, sagte ich, »sieh mich an. Fällt dir nichts an mir auf? Nein? Hier ist ein Mann, der im Begriff ist, den Staub des Vaterlandes von den Füßen zu schütteln.«

Wir waren beide etwas angetrunken. Wir hatten am Nachmittag lange Abschied gefeiert. Er hatte einen spanischen Süßwein, der »Don Fernando« hieß, im Keller, und er hatte eine neue Kiste aufgemacht. Ich spielte mit dem »Pour le mérite« an seinem Halse. Er schlug mir auf die Finger. »Laß das Ding in Ruh'. Man weiß nie, wozu es noch gut sein kann.«

»Glaubst du, daß sie mich an der Grenze herausholen werden?« fragte ich. »Sie haben Listen, sagt man. Wenn ich auf der Liste stehen sollte . . .«

»Courvoisier oder Asbach Uralt?« fragte Frenzel und ging auf den Mann zu, der den gläsernen Verkaufsladen schob.

Ich nahm die Flasche und stieg ein. Der Zug war fast leer, ein Zug fast ohne Menschen, ein Geisterzug. Ich ging den Korridor entlang, es roch nach Ordnung, deutscher Ordnung, desinfizierter Ordnung. In einem Abteil saß ein Herr, der anscheinend nicht erkannt werden wollte. Er hatte die Vorhänge zugezogen und saß, den Hut tief ins Gesicht gedrückt, hinter einer Zeitung, die er viel zu aufmerksam las.

»Verzeihung«, sagte ich und ging wieder hinaus. Ich hatte ihn sofort erkannt. Es war gut zu wissen, daß man mit Max Reinhardt ins Exil fuhr. Man befand sich in guter Gesellschaft.

Hans Wendt

Geboren 1903 in Magdeburg. Journalist. Nach dem Studium in Berlin ab 1923 Redakteur an der *Deutschen Allgemeinen Zeitung*. Dann Auslandskorrespondent in Paris, London, Kopenhagen, Stockholm. Seit 1947 stellvertretender Chefredakteur der *Kieler Nachrichten*. 1950–1956 von Dr. Adolf Grimme, Generaldirektor des Nordwestdeutschen Rundfunks, als Chefredakteur ins Bonner NWDR-Studio Bundeshaus berufen; dort ab 1953 auch Einführung des Bundestagsfernsehens. Langjährig Mitarbeiter des Österreichischen Rundfunks und von INTER NATIONES. Viel europäische Arbeit. 1962–1970 Europakorrespondent und Stellvertretender Studioleiter Bonn; Mitarbeiter bis 1983. Freier Journalist. Lebt in Hinterzarten.

Hans Wendt

Journalist im Krisenreichstag

Das parlamentarische System der Weimarer Republik

Über die Weimarer Republik und ihr Parlament, den Deutschen Reichs-
tag, werden, soweit sich überhaupt Aufmerksamkeit auf sie richtet,
häufig sehr ungerechte Urteile gefällt. Es ist begreiflich, daß die neuen
Generationen, hinreichend mit der eigenen Gegenwart und Zukunft in
Anspruch genommen, gerade von diesem Teil der Vergangenheit wenig
Kenntnisse besitzen. Aber auch die Krisenperiode zwischen Versailles und
Hitler ist ein schwerwiegendes Stück deutscher Geschichte im 20. Jahr-
hundert, aufschlußreich für vieles Spätere.

Ich sehe die Weimarer Republik, die sich weiter »Deutsches Reich«
nannte, und die damalige Volksvertretung einer verspäteten, vielfach mit
sich selbst zerstrittenen, damals international geächteten Nation in einem
tragischen Licht. Diese erste deutsche Demokratie, die aus dem Bismarck-
schen und kaiserlichen Staatsgebilde hervorgegangene Republik, scheiterte nicht, wie gerne behauptet wird, am Fehlen von Demokraten und
Republikanern. Als Staat der Besiegten scheiterte sie an den ihr auferleg-
ten Verlusten und Amputationen, Schuldvorwürfen und der Isolierung,
vor allem an Überbürdung und Mißachtung – gewiß auch an manch
innerer Erblast und politischen Unzulänglichkeiten.

Als Berliner Journalist, jahrelang Reichstagsjournalist, konnte und mußte
ich dieses Schicksal aus der Nähe, im Zentrum des Berliner Geschehens,
beobachten und miterleben. Dies sind persönliche Erinnerungen, mit
Lücken und wohl auch Irrtümern – Erinnerungen aus dem verzweifelten
Existenzkampf der Weimarer Republik mit ständigem Ringen gegen das
Verhängnis von Versailles, das ein Verhängnis für ganz Europa war.

Es werden sich daraus, ohne näheres Eingehen, Vergleiche ergeben
zwischen der inneren und äußeren Lage Deutschlands und Europas nach
den beiden Weltkriegen, zwischen dem jeweiligen Verhalten der Sieger

und dem der Deutschen, soweit diese nach 1945 trotz der totalen Hitlerkatastrophe ihr Geschick mitbestimmen konnten, diesmal gerettet durch Aufnahme und Bewährung der Bundesrepublik in der demokratischen Völkergemeinschaft. Beim Rückblick auf die wechselvollen Zeiten wird man sich dankbar der Gnade bewußt, noch viele Jahre des Friedens und deutschen Wiederauflebens erlebt zu haben, bis hin zur neuen Einheit im freien Europa.

Ab 1949 als Journalist im Deutschen Bundestag langjährig tätig, konnte ich als Zeitzeuge beobachten, wie hier, anders als im tragischen Reichstag von Weimar, für viele damals vergeblich angestrebte Ziele, vor allem für Völkerverständigung und Frieden in Freiheit, für demokratischen Rechts- und Sozialstaat, anerkannt Vorbildliches geleistet wurde und wird.

*

Aus dem Dunkel des Novemberabends 1921 und dem Nebel von der nahen Spree her tauchte, matt beleuchtet, aber ragend wie eine Burg, das Reichstagsgebäude auf.

Zum erstenmal hatte der Chef des Büros der *Magdeburgischen Zeitung*, bei dem ich nach Wochen des Suchens seit Ankunft in Berlin Anfang September als »Redaktionsassistent« auf Halbzeit angenommen war, mich zum Abholen von Pressematerial ausgeschickt.

Hinter dem beinahe versteckten Eingang für Presse an der Rückfront prüfte ein uniformierter Pförtner meinen Ausweis. Der Fahrstuhl brachte mich in einen überfüllten, verräucherten Raum; an den Wänden Telefonkabinen, dahinter zwei Türen, durch die es ständig hinein- und hinausströmte. Hier lagen die beiden Agenturen, die, wie mir gesagt worden war, das Material über die Arbeit des Parlaments ausgaben: neben der Telegraphen-Union, Kennzeichen »TU«, das Büro des »VDZ«, des Vereins Deutscher Zeitungsverleger. Drin händigte man mir einen Stoß hektografierter Blätter aus – schon war der nächste dran und drängte mich zurück.

Inmitten des Gewühls sah ich an einigen Tischen, dicht umlagert, Leute lesen oder schreiben, hörte andere lautstark diskutieren oder bei offenen Kabinentüren telefonieren. Erregt gaben einige Berichter wie besessen die neuesten Dollarkurse weiter, denn es war ja Inflation. Manche hasteten eilig davon, andere schienen sich dagegen auf einen langen Abend einzurichten, wie ich das später ebenfalls kennenlernte. Aber davon ahnte ich noch nichts, kam mir sehr fremd vor unter all diesen vielbeschäftigten, mit der wenig einladenden Stätte sichtlich wohlvertrauten Menschen.

Ja, sehr gastlich wirkten diese Presseräume des Deutschen Reichstags nicht. Erst nach einiger Zeit lernte ich, ein Stockwerk darüber, das Reservat für die höhere Schicht der Parlamentsjournalisten kennen. Zunächst aber war ich nichts als ein hungriger Student, Jahrgang 1903, bei armen Verwandten notdürftig untergekommen und zwischen Vorlesungen, journalistischen Erkundungen und dem »Büro Nagel« hin und her hastend.

Seit dem ersten Eindruck 1921 ist das Bild vom nebelumhangenen Reichstag in mir haftengeblieben. Es schien mir bezeichnend für Situation und Schicksal dieses Parlaments. Ich lernte früh, wie wenig populär der Reichstag war und blieb. Ich wurde Zeuge der Konflikte, die sich in ihm entluden, und ich traf mit vielen Akteuren der dramatischen Ereignisse zusammen, die sich hier abspielten. Von einem Fenster des Reichstags aus hatte der Sozialdemokrat Philipp Scheidemann am 9. November 1918 – ein Jahr später wurde er in Weimar der erste Reichskanzler des dort geschaffenen neuen demokratischen Staates – vor einer großen Volksmenge die Republik ausgerufen, stürmisch begrüßt. Aber schon am 13. Januar 1920 war es ebendort, vor der Prachtfront des Reichstags, auf dem Königsplatz nach einer zunächst friedlich verlaufenen kommunistischen Kundgebung zu einer blutigen Schießerei gekommen. Ein düsteres Vorzeichen für die Jahre, die heraufzogen.

Später, nach der Niederlage 1945 und dem Zusammenbruch des Hitlerreiches, wurde dann im Zuge der Teilung Deutschlands, direkt hinter dem Reichstag, jene Mauer neuer Tyrannei errichtet, die das knapp wiederhergestellte Gebäude, wie es schien, von aller Zukunft trennen sollte. Oft hatte ich bei Besuchen in Berlin von den früheren Fraktionssälen aus hinübergeblickt in das trostlos menschenleere Gelände jenseits der Mauer, auf die Wachanlagen und Hundelaufzonen, die jede Flucht oder Annäherung verhinderten. Ein Wirklichkeit gewordener Alptraum, ein Stück Hitler-Stalin-Erbe ... Bis endlich das Jahr 1989 dazu führte, daß die DDR-Zwingmauer, zugleich ein Denkmal sowjetischen Strebens nach Oberherrschaft in Europa, ins Wanken geriet und das Brandenburger Tor wieder geöffnet wurde.

Hätten doch – um eine Äußerung der *Times* von 1989 zu zitieren – »die Staatsmänner des Westens nach 1918 soviel Verständnis wie die nach 1945 für das damalige Deutschland mit Männern wie Rathenau und Stresemann aufgebracht! Wieviel Unglück wäre uns allen erspart geblieben!«

Aber nach dem Ersten Weltkrieg bestimmten bei den Siegern nicht Staatsmänner wie Schuman oder Marshall die Politik. Und die Weimarer Republik hatte sowohl mit Übermacht draußen wie mit inneren Gegnern zu ringen, im Kampf ums Überleben leider oft gehemmt auch durch eigene Mängel und Streit um deutsche Kriegsmitschuld.

*

Der Autor vor dem Reichstagsgebäude
1925.

Blick in das Restaurant des Reichstages
um 1928. *(Ullstein Bilderdienst)*

Auf dem Reichstag von 1921 lag, so kurze Zeit nach Kriegsende und Revolution, ersten Wahlen und Warten auf den Frieden, eine ungeheure Verantwortung. Die ganze Atmosphäre, in die ich unvermutet hineingeriet, schlug mich in ihren Bann. Bei aller Jugend war ich nach dem Zusammenbruch der Monarchie und auch durch erste Erfahrungen, die wir Schüler beim Freiwilligen Hilfsdienst während des Krieges gesammelt hatten, aus Überzeugung für Republik und Demokratie, gegen Kommunismus und Reaktion. Ich suchte nicht nur Studium und Arbeit, ich wollte auch dem neuen Staat, soweit möglich, nützen und helfen.

Bürochef Hauptmann a.D. Nagel, der wie andere ehemalige Weltkriegsoffiziere zu einem bürgerlichen Beruf gelangt war und einen Berliner Dienst für eine Gruppe namhafter Provinzblätter betrieb, von seiner Wohnung am vornehmen Reichstagsufer aus, nahm sich schon bald nach meinem Eintritt, eines Abends beim Warten auf Telefonverbindungen, die Zeit, den Anfänger in die Reichstagssituation und die politische Aktualität einzuführen.

Während der Nationalversammlung, die ja nach den blutigen Spartakistenkämpfen in Berlin und im Reich aus Sorge vor neuen kommunistischen Machtergreifungsversuchen nach Weimar verlegt worden war, hatte er dort alle Schwierigkeiten des Ringens um den neuen demokratischen Staat miterlebt, unter dem Doppeldruck innerer Not und Gefahren sowie ständigen Drängens der Siegermächte zur Anerkennung und Unterzeichnung von Versailles.

Aus der Sicht unmittelbarer Zeugenschaft schilderte Nagel den verzweifelten Widerstand, den die Parlamentarier gegen die Bedingungen des sogenannten Friedensvertrages geführt hatten. Drohungen, die Feindseligkeiten wiederaufzunehmen, hatten unheilvoll über den Beratungen der Nationalversammlung gelastet, auch das Entstehen der Verfassung überschattet.

Wir alle, die wir dem Krieg entgangen waren, Kinder wie Eltern, hatten mit Bewunderung den Kampf verfolgt, den führende Sozialdemokraten zusammen mit anderen Politikern und gemäß der Volksstimmung gegen drohende Demütigung und Dauerniederhaltung geführt hatten. In Zeitzeugnissen von damals, wie im Buch des ehemaligen *Vorwärts*-Chefredakteurs und Abgeordneten Friedrich Stampfer von 1947 über die Weimarer Republik, ist festgehalten, wie sie sich gegen Gewalt und Unrecht, für freie Entwicklung ihres Staates gewehrt haben, tragischerweise vergeblich. Sie mußten, wie Nagel es schilderte, sich beugen, unterzeichnen.

Das Schicksal der Weimarer Demokratie stand von Anfang an unter diesen düsteren Vorzeichen. Vieles noch Dunklere zog herauf. Schon wurde von namhafter alliierter Seite ein kommender neuer Krieg prophezeit. Die Amerikaner zogen sich aus Europa zurück.

Aber Nagel ließ auch nicht das Bild der schon in Weimar zutage getretenen deutschen Zerrissenheit beiseite – die Auseinandersetzungen zwischen rechts und links, Monarchisten und Republikanern, Konservativen und Liberalen. Der Kampf um die neue Verfassung – obwohl sie zum Schluß mit eindrucksvoller Mehrheit angenommen worden war – werde weitergehen, lautete Nagels Prognose, zusätzlich zu der äußeren und der kommunistischen Bedrohung.

Hohe Anerkennung zollte er dem sozialdemokratischen Reichspräsidenten Ebert, der 1918 gegen die Spartakisten entschlossen Truppen und Freiwillige eingesetzt hatte, um den Staat zu retten. Ihm hatten schon die Sympathien des Jugendlichen gegolten, als der Arbeiterführer inmitten der Niederlage Reichskanzler wurde. Daß es nach den Revolutionswirren und der Gefahr kommunistischer Machtergreifung überhaupt zu demokratischer Ordnung und einem freien Parlament gekommen sei, führte Nagel auf die Ablehnung des Rätesystems durch die demokratisch gesinnten Führer der Mehrheitssozialdemokraten zurück, wie die Ebert-Partei seit Abspaltung des linken Flügels, der »Unabhängigen« Sozialisten, im Kriege genannt wurde. Die größten Teile der Arbeiterschaft standen hinter ihr.

So war es, wie Nagel zusammenfaßte, realpolitisch zum Verzicht auf eine gewaltsame Sozialisierung und zu anderen Kompromissen gekommen. Dazu rechnete er auch Konzessionen an den Föderalismus, der aus den früheren Fürstentümern, verwurzelt besonders in Süddeutschland, entstanden war, aber in der Weimarer Staatsstruktur schon damals vielerlei Probleme zwischen Reich und Ländern aufwarf. In der SPD hätten manche, darunter Stampfer, einen zentralistischen Staat gewollt.

Anders als Scheidemann, der die Republik in den Revolutionswirren hastig proklamiert hatte, um den Kommunisten unter dem Spartakusführer Liebknecht zuvorzukommen, hatte Ebert die Monarchie möglicherweise als Element der Kontinuität auch für Krisenzeiten bewahren wollen. Unter solchen Einflüssen sei die starke Stellung des Reichspräsidenten zustande gekommen, beinahe wie ein Gegengewicht zum Reichstag. Das parlamentarische System war zwar dominierend, die vom Reichspräsidenten berufenen Kanzler und Minister brauchten die Zustimmungen des Reichstags. Aber dem vom Volk zu wählenden Staatsoberhaupt waren in dieser Weimarer Demokratie wichtige Vollmachten vorbehalten – beinahe größere als die des Kaisers, sagte mein kundiger Gesprächspartner. Er machte geltend, daß dadurch in Krisensituationen notfalls rasch zur Rettung des Staates gehandelt werden könne. Ohne daß sich ahnen ließ, was sich daraus ab 1930 als Folge des Fehlens jeder Regierungsmehrheit ergeben würde.

Klar und einleuchtend kritisierte er das Verhältniswahlrecht, das zwar den Schutz von Minderheiten garantiere, aber Mehrheitsbildung und Koalitionen erschwere. Er sah schon damals das parlamentarische System und den Reichstag gefährdet, wie er überhaupt der Zukunft des aus der Not geborenen Weimarer Staates mit Sorgen entgegenblickte. Über dem, wie er sich ausdrückte, ein dreifacher Unstern walte: der Fluch von Versailles – Unfreiheit ohne Frieden –, dazu die permanente kommunistische Gefahr und die Zerreißkräfte des Parteiwesens.

*

Das bei meinem Antritt 1921 regierende Kabinett des Zentrumspolitikers Dr. Wirth war schon das fünfte seit dem Weimarer Beginn. Im ersten war der Sozialdemokrat Scheidemann durch besonders leidenschaftlichen Kampf gegen Unterzeichnung der Versailles-Bedingungen hervorgetreten, die trotzdem 1919 erzwungen worden waren. Vieles darin war unter Druck der Sieger hingenommen worden: der Verlust des Außenbesitzes mitsamt der Kolonien, der Verlust großer Teile des Reichsgebietes einschließlich Elsaß-Lothringens. Aber besonders wurde, auch in allen Debatten, denen ich beiwohnte, das aufgezwungene Bekenntnis zur Alleinschuld am Kriege bekämpft, dann die nicht abreißende Folge ständiger Drohungen zur Leistung faktisch unerfüllbarer Reparationen. Da folgte im Laufe der Jahre eine Pression nach der anderen. Und wenn, weil nichts anderes übrigblieb, eine neue Zusage erfolgt war, reagierte die Reichstagsopposition mit agitatorisch zugespitzten Vorwürfen.

Dazu kam die offensichtliche Verletzung wichtigster Teile des Vierzehn-Punkte-Programms des amerikanischen Präsidenten Wilson, aufgrund dessen doch das Waffenstillstandsgesuch 1918 erfolgt war; kam die Mißachtung des Selbstbestimmungsrechts durch das alliierte »Nein« zu dem von Österreich begehrten Anschluß an das Reich, kam die entgegen den Abstimmungsergebnissen erfolgte Zuteilung wertvollster oberschlesischer Industriegebiete an Polen. Ohnehin war durch den Polnischen Korridor das deutsch-polnische Verhältnis von Anfang an aufs schwerste belastet. Der Schnitt durch die restlichen Reichsgebiete wurde vielfach auch im Ausland als gefährlich betrachtet.

Ich wurde Zeuge, wie in allen Reichstagsdebatten immer wieder die Revision von Versailles gefordert wurde, von »linken« Friedenspolitikern ebenso wie von Nationalisten. Auf Revision zielten auch die viel angefeindeten »Erfüllungspolitiker«, ja selbst ein Verständigungsvorkämpfer wie Stresemann.

Nagel nannte Revisionspolitik die einzige Möglichkeit zum Frieden. Auch ich fühlte mich, sobald ich glaubte, die Dinge beurteilen zu können, als »Revisionist« und bemühte mich in all diesen Jahren um Unterstützung dieses als lebensnotwendig erkannten Ringens. Revisionspolitik blieb ein Hauptfaktor im Dasein der Weimarer Republik, für alle demokratischen Regierungen. Daß die Westmächte das zu spät begriffen, war ein schicksalhaftes Verhängnis.

*

Im Reichstag hatte ich, obwohl Neuling, bald Gelegenheit, im Dienste des Büros auf die Pressetribüne zu kommen und wichtige Szenen zu beobachten. Ich hörte den Bericht von Wirths Außenminister Rathenau über den Vertrag, den er zur Verblüffung der Welt am 16. April 1922 im Anschluß an die steckengebliebene Konferenz von Genua mit der Sowjetdelegation in Rapallo abgeschlossen hatte – um dem Westen vor Augen zu führen, wohin dessen harte, unfruchtbare Politik zu treiben drohte. Das Wort »Rapallo«, bis heute ein umstrittener, aber vielgebrauchter Begriff, wurde uns damals zu einem ersten Zeichen deutschen Selbstbehauptungswillens.

Um so schrecklicher traf es uns alle, als sich am 24. Juni nachmittags die Nachricht verbreitete, Rathenau sei auf der Fahrt zum Reichstag im Auto erschossen worden. Im August des Vorjahrs war bereits der Zentrumspolitiker Erzberger – der 1918 an den Waffenstillstandsverhandlungen teilgenommen hatte – durch Angehörige derselben ultrarechten, antijüdischen Geheimorganisation ermordet worden, die das Attentat auf Rathenau verübt hatte. Ich hatte bereits auf den rechtsgerichteten Kapp-Putsch 1920, der am Generalstreik scheiterte, empört reagiert und war entsetzt über den neuen Mord. Antisemitismus war uns fremd, erschien uns lächerlich. Aber ich hatte wahrgenommen, wie er sich ständig ausbreitete, zuerst gegen Schieber und Kriegsgewinnler gerichtet, in der Inflation gegen die »Nutznießer des deutschen Ausverkaufs«, nun auch gegen jüdische Politiker.

Es war eine der aufregendsten Plenarsitzungen, denen ich in jenen Jahren beiwohnte, als Reichskanzler Wirth nach dem Rathenau-Mord seine Anklagerede hielt und damit zugleich das folgende Republikschutzgesetz begründete. Saal und Tribünen überfüllt, die Stimmung zum äußersten gespannt. Als Wirth mit dem Satz schloß: »Und dieser Feind steht rechts!«, brach ein allgemeiner Tumult aus. Abgeordnete der Rechten sprangen auf und protestierten mit erhobenen Fäusten. Die Journalisten um mich herum stimmten, was sonst streng verpönt war, in den Beifall für Wirth mit ein, auch ich. Alle waren mitgerissen.

Die Trauerfeier für den Reichsaußenminister war eines jener Ereignisse, bei denen der imponierende Sitzungssaal, würdevoll ausgeschmückt, viele gegenteilige Eindrücke wettmachte. Verbindend wirkte auch die noch einmal vom Parlament durchgeführte Wiederwahl Eberts zum Reichspräsidenten im Oktober 1922. Im Zeichen seines Bemühens um nationale Versöhnung hatte er das Deutschlandlied zur Nationalhymne erklärt. Aber weiterhin gab es Lärmszenen, die dem Ansehen des »Hohen Hauses« im Volke schadeten, ebenso langwierige Parteienstreitigkeiten und sich häufende Regierungskrisen.

*

Das Reichstagsgebäude hatte ich schon als Schüler bewundert, wenn wir unsere Verwandten in Berlin besuchten, vor allem die stolze Säulenfront und die Kuppel. Während des Krieges hatte ich in die große Holzstatue des »Eisernen Hindenburg«, die neben dem Reichstag aufgestellt worden war, für fünfzig Pfennig neben vielen anderen meinen Nagel eingeschlagen. Der »Sieger von Tannenberg« bedeutete uns mehr als der Kaiser, nachdem er 1914 den erschreckenden Russeneinfall nach Ostpreußen zurückgeschlagen hatte. Sein Ansehen überdauerte bei vielen die Niederlage.

Von Eltern und Lehrern hatte ich manch Ungünstiges über die Parteiauseinandersetzungen im Reichstag gehört. Erste eigene Erfahrungen im politisch-parlamentarischen Raum hatte ich als Wahlhelfer der Deutschen Demokratischen Partei, als Werber zu den Volksabstimmungen im Osten und dann als Volontär im Bereich der Kommunalpolitik im Stadtparlament gewinnen können. Von meinem Verlag mit Lieferung wöchentlicher »Berliner Bilder« betraut, lernte ich das Leben in der von Not und Bürgerkriegsgefahr ständig beunruhigten Hauptstadt gründlich kennen: von den Kriegskrüppeln am Straßenrand bis zu den Massendemonstrationen, vom Ku'damm bis zum Scheunenviertel nahe dem Alex, wo ich bei meinen armen Tanten wohnte. Die Tausende eingewanderter Ostjuden, die in großem Elend alle benachbarten Straßen füllten, erregten mein Mitleid. Erst später erfuhr ich, wie sehr eingesessene jüdische Deutsche gegen diese Einwanderer gewesen waren, deren schlechten Ruf sie fürchteten.

Schlimm waren die nächtlichen Heimwege vom Reichstag in mein Proletarierviertel, durch halbdunkle Straßen mit Frauen, von denen viele sich gewiß nur aus Not anboten, mit rotleuchtenden Bars für Devisenausländer. Als Bürochef Nagel einmal kurz Urlaub nahm und mich für diese Zeit in seine Wohnung oberhalb der Spree einquartiert hatte, wurde ich nachts von Schreien Ertrinkender geweckt. Es gab viele, die sich aus Verzweiflung das Leben nahmen.

Die Not der Hauptstadt und des ganzen Volkes lastete auch auf dem Reichstag, auf Regierung und Wirtschaft. Die Folgen der Niederlage und der Inflation prägten das Ringen ums Überleben – ähnlich wie nach dem Zweiten Weltkrieg. Doch gab es ab 1947 wenigstens in den westlichen Besatzungszonen nach den ersten Jahren bedrückender Not Hoffnung, sogar Hilfe und Neuaufbau – kein zweites Versailles, trotz Jalta, trotz Stalin. Der Reichstag von 1921 hatte es mit vielen Anklagen zu tun, aber noch nicht mit Hitlerschuld.

Bei aller berechtigten Kritik kann man die »Weimarer« Politiker und Parlamentarier, die – zwischen innen- und außenpolitischen Gefahren lavierend – weder gegen die Massenverelendung noch die unaufhörlichen Reparationsforderungen ein Rezept fanden, auch für die unglückliche Republik keine Liebe zu wecken verstanden, nicht verurteilen. Ich fühlte mich mit ihnen verbunden, wenn ich bei erregten Auseinandersetzungen im Reichstag von der Pressetribüne hinabblickte auf Regierungsbank und Abgeordnetenreihen. Das ungewohnte Milieu war mir rasch vertraut geworden. Ich fand mich bald zurecht in dem Gewirr der Gänge, die zum Plenum oder zu den Ausschuß- und Fraktionsbereichen führten. Der Plenarsaal mit seinen schweren Vorhängen und schönen Holzverkleidungen sowie dem Licht aus der majestätischen Kuppel prägte sich ein. Wie feierlich, wenn Präsident Löbe seinen Sitz einnahm! Alles wirkte ehrwürdig, stark, voller Tradition. Es wäre damals unvorstellbar gewesen, daß dieser Saal einmal durch Feuer zerstört werden könnte. Doch hat 1933 vermutlich gerade die Fülle an Holz und Stoffen sowie der Sog aus der Kuppel die Brandkatastrophe ermöglicht.

Ende 1922 mußte Herr Nagel wegen der Inflationsschwierigkeiten sein Büro auflösen. Er folgte einem Ruf als Ressortchef für Innenpolitik bei der neugegründeten *Deutschen Allgemeinen Zeitung* und holte mich nach. Da die Zeitung in den Verlagsgebäuden der ehemals Bismarck nahestehenden *Norddeutschen Allgemeinen* ihren Sitz hatte, waren Regierungs- und Parlamentsviertel nah. In der Redaktion, unter Leitung von Professor Lensch zusammengesetzt aus angesehenen Fachleuten und ehemaligen Offizieren, fand der Jüngste kollegiale Aufnahme.

*

In diesen bewegten Zeiten war das Jahr 1923 ein besonderes Unglücksjahr, tragisch vor allem für die deutsch-französischen Beziehungen. Am 11. Januar erfolgte, unter Berufung auf nichterfüllte Reparationsteile, der Einmarsch französischer Truppen ins Ruhrrevier, oft angedroht, nun exekutiert. Schon vorher waren weitere Gebiete um Rhein und Main besetzt und Pariser Pläne für einen Separatstaat durchschaubar geworden. Ich war in der Redaktion, als der Aufruf des Reichspräsidenten zum passiven Widerstand erging, aus dem sich, wie bekannt, wegen der brutalen Methoden der Besatzer bald beiderseitige blutige Gewaltakte entwickelten.

Im Reichstag gingen die Wogen der Proteste hoch, besonders nach dem schlimmen Blutbad unter Krupp-Arbeitern in Essen. Streiks und Ausweisungen, Verhaftungen und Attentate deutscher Untergrundkämpfer lösten einander ab. Der Ruhrkampf wurde das düsterste Kapitel seit Versailles: Höhepunkt der damaligen Pariser Gewaltpolitik gegen Deutschland. Die Folgen waren schrecklich – zusammen mit sozialem Elend und der wütenden Inflation entstand radikaler Nationalismus. Neben Frankreich trugen Polen, auch die Tschechoslowakei und andere zu dieser Wechselwirkung bei.

Im Reichstag versuchte 1922/23 Reichskanzler Cuno, vorher Schiffahrtsgeneraldirektor, als Nachfolger des zurückgetretenen Dr. Wirth mit einem »Kabinett der Fachleute«, zu dem auch einige Minister der Deutschen Volkspartei Stresemanns gehörten, eine Politik der nationalen Sammlung. Doch entglitten ihm inmitten des Ringens um die Ruhr und der hochgepeitschten Leidenschaften die Zügel. Wiederum eine Situation von katastrophaler, staatsbedrohender Tragweite für die Weimarer Republik.

In dieser Not kam nach Cunos Rücktritt im August 1923 unter Führung des DVP-Vorsitzenden Stresemann erstmals eine Große Koalition zustande – von der SPD bis zur gemäßigten Rechten. Es gelang Stresemann, vor der völligen Katastrophe den hoffnungslos gewordenen Ruhrkampf im September 1923 abzubrechen. Überstürzt mußten wegen Erschöpfung der Reichsfinanzen durch ein Ermächtigungsgesetz außerordentliche Eingriffe ins Wirtschafts- und Sozialleben getroffen werden. Trotzdem blieb die Währungslage verheerend, die Mark sank immer tiefer, auch das Vertrauen.

Das nützten die von Frankreich geförderten Separatisten im Rheinland zu einem Aufstand, der allerdings von der Bevölkerung mit Gewalt niedergeworfen wurde. Auch in den mitteldeutschen Ländern, in denen schon nach dem Krieg nächst dem Ruhrgebiet die heftigsten kommunistischen Rebellionen getobt hatten, wurde die Berliner Zentralgewalt ernsthaft herausgefordert, nachdem im Freistaat Sachsen 1923 eine Regierung mit Kommunisten gebildet worden war. Nach blutigen Straßenkämpfen und Einsetzung eines Reichskommissars gelang es zwar, die Krise zu bewältigen, doch traten wegen des militärischen Eingreifens in Sachsen die SPD-Minister aus der Reichsregierung aus – entgegen dringender Warnung des

Reichspräsidenten Ebert an die eigene Partei. Er betraute Stresemann, der drei Wochen danach zurücktrat, mit der Fortsetzung der Kanzlerschaft.

*

Kurz danach ein neues Unglück. In München wagte, Spannungen zwischen Bayern und der Reichsregierung in Berlin nutzend, der radikale Agitator Hitler mit seiner durch die Zeitumstände angewachsenen Anhängerschaft seinen Putschversuch. Ich entsinne mich der dramatischen Situation in der *DAZ* – wie damals in manchen Berliner Kreisen – während der Nacht zum 9. November 1923, als die Redaktion angesichts der undurchsichtigen Haltung der bayerischen Führung, auch der davon beeinflußten dortigen Reichswehr, mitten im Umbruch für die Morgenausgabe über die schwer durchschaubare Lage beriet. Wir wußten um bayerische Neigungen zu einer Sonderrolle und kannten auch das sich ausbreitende Rufen nach einem »starken Mann«.

Vorsorglich waren die Maschinen angehalten. Eine Notausgabe wurde vorbereitet. Plötzlich ein Anruf: Reichskanzler Stresemann selbst war es, der dem amtierenden Chefredakteur Dr. Klein die Überzeugung vermittelte, daß die Reichsregierung Herr der Lage und ein Ausweg in ihrem Sinne nahe sei. Am nächsten Tag scheiterte Hitlers Marsch zur Feldherrnhalle blutig. Ende November verbot der mit der vollziehenden Gewalt betraute Chef der Heeresleitung General von Seeckt die KPD und die NSDAP.

Bei der Mehrheit im Reichstag wurde das, wie ich beobachten konnte, trotz »linker« Vorbehalte gegen Seeckt zustimmend aufgenommen. Die Spannungen mit Bayern blieben jedoch bestehen – beispielhaft für das wenig ersprießliche Verhältnis zwischen Reich und Ländern. Gegen Berlin und das Übergewicht Preußens, das nicht zuletzt von der stabilisierenden Wirkung einer stetigen SPD-Regierung unter dem Ostpreußen Braun profitierte, regten sich rivalisierende Kräfte.

Immerhin zeigten sich nun die ersten »Silberstreifen am Horizont«. Die Ruhrniederlage wurde dadurch wettgemacht, daß die Standhaftigkeit der deutschen Bevölkerung und Poincarés Chauvinismus der Außenwelt einen Begriff von der brisanten Situation vermittelten. In England, auch in Amerika zum erstenmal, seit sich die USA nach Versailles aus den europäischen Wirren zurückgezogen hatten, entstand Einsicht, daß dem deutschen Problem besser mit anderen Mitteln beizukommen wäre.

So konnte Stresemann die lange vorbereitete Währungsreform durchführen lassen – von Finanzminister Luther und Währungskommissar Schacht. Die Papiermark wurde beim Kurs von eins zu einer Billion durch die Rentenmark ersetzt. So hart der Schnitt auch war, man atmete auf. Die Rentenmark setzte sich durch, aber mit welchen Folgen! Ersparnisse vernichtet, ganze Schichten, besonders des Mittelstands, verarmten. Auch meine Eltern waren fortan auf Hilfe des Sohnes angewiesen. Die Währungsreform nach dem Zweiten Weltkrieg war gewiß nicht minder einschneidend – aber durch die damit verbundene Erhardsche Wirtschaftsbefreiung gemildert.

Nach dem Ende der Stresemann-Regierung November 1923 berief Reichspräsident Ebert den Zentrumsführer Marx zum Reichskanzler. Stresemann übernahm das Außenministerium. Seine Autorität trug dazu bei, das Geschick des Reiches aus dem Krisenjahr 1923 in ruhigeres Fahrwasser zu lotsen.

*

In der *DAZ* entstand unerwartet durch den Wechsel des Parlamentsredakteurs Dr. Klein-Reckhard zur *Kölnischen Zeitung* 1924 eine Lücke. Auf seine Empfehlung wurde der Jungredakteur, der ihn bisher schon häufig in einem der beiden Berliner Parlamente vertreten hatte, mit der Nachfolge betraut, zunächst provisorisch, dann endgültig. Sie bedeutete eine große Verantwortung, der ich mit der Absicht gerecht zu werden suchte, nach besten Kräften, keiner Partei zugehörig, objektiv zu berichten und, soweit möglich, dem unpopulären Reichstag und dem demokratischen Staat zu dienen.

So »pendelte« ich täglich zwischen Redaktionskonferenz, Reichstag, Preußischem Landtag, Ministerien und der mittäglichen autonomen Pressekonferenz, in der die Regierungsvertreter informierten, sich aber auch Fragen stellten, hin und her; immer zu Fuß, über den Leipziger Platz oder durchs Brandenburger Tor. Den »Reichstagsrhythmus« und alles, was sonst zur Arbeit notwendig war, kannte ich ja schon.

Die Vormittage gehörten den Ausschüssen, bei denen das Schwergewicht der parlamentarischen Beratungen lag und die, anders als im Bonner Bundestag, halböffentlich tagten. Das Plenum trat erst nachmittags zusammen. Die Sitzungen dehnten sich oft bis zum Abend aus. Auch Nachtsitzungen waren nicht selten, erst recht lange Beratungen der Fraktionen oder Koalitionsverhandlungen.

Als *DAZ*-Vertreter hatte ich den Traditionsplatz der ehemaligen *Norddeutschen Allgemeinen* in der ersten Reihe der Pressetribüne direkt an der Brüstung, so daß ich alle Vorgänge im Saal genau übersehen konnte. Den Platz daneben hatte der Schnellberichter der VDZ-Agentur (VDZ = Verein deutscher Zeitungsverleger) inne, der mit kopierfähiger Tinte mitschrieb. Seine Berichte, laufend abgeholt und verbreitet, waren unentbehrlich, da

man ja an normalen Tagen nicht ständig auf der Tribüne saß, sondern
genug anderswo zu tun hatte. Heute wird im Büro mitgehört.

Am ergiebigsten für Einholung politischer Informationen waren die
Fraktionssäle im Obergeschoß und die große Wandelhalle, die »Lobby«,
die mir in ihrer Architektur, sobald ich Zutritt erlangt hatte, zu Anfang ein
wenig den Atem nahm. Hier traf man Politiker aller Parteien, Minister
und hohe Beamte. Flanierend wurden aktuelle Fragen diskutiert, Entscheidungen vorbereitet, vielleicht Kompromisse ausgehandelt. Bei wichtigen
Vorgängen im benachbarten Plenarsaal konnten Abgeordnete oder Regierungsmitglieder im Nu zur Stelle sein. Für Nichtberechtigte war die
Wandelhalle streng tabu, ebenso wie das zum Brandenburger Tor hin
gelegene Abgeordnetenportal. Trotzdem gab es in der Halle einmal einen
Schießzwischenfall durch einen Verrückten, dem es gelungen war einzu-
dringen – ohne Folgen.

Zum Königsplatz wurden die großen hohen Türen, die hinaus zur
Freitreppe zwischen den Säulen führten, nur bei feierlichen Anlässen
geöffnet. Seitlich befanden sich, streng abgeschirmt, die ehrfurchtgebie-
tende Reichstagsbibliothek und das Abgeordnetenrestaurant, in das mich
als erster Ernst Lemmer zum Essen am Demokratenfraktionstisch mitnahm, weil er sich als jüngstes MdR mit dem jüngsten Parlamentsjournalisten verbunden fühlte. Nach 1949 nahmen wir den vertrauten Kontakt im
Bundestag in Bonn wieder auf, zugleich mit anderen Altabgeordneten.

Da es im Reichstag noch keine Rundfunk- oder Fernsehübertragungen
gab, war der Publikumsandrang rege, besonders zu »großen Tagen«. Dann
sah man auch nicht, wie im Parlamentsalltag, leere Bänke. Neben speziellen Anlässen wie Regierungserklärungen zogen die großen Debatten die
Aufmerksamkeit auf sich. Es wurde damals weniger »vom Blatt« gesprochen als heutzutage. Einige Redner konnten immer mit vollem Haus
rechnen, so der in Reportagen zuweilen »Arbeiterlord« genannte Sozialdemokrat Breitscheid, der deutschnationale Professor Hoetzsch, ein für
seine Sachlichkeit bekannter Außenpolitiker, oder der Zentrumsfinanzex-
perte Brüning, um nur einige zu nennen. Drohte Geschäftsordnungsstreit,
so stand für die Rechtsopposition der Abgeordnete Schulze-Bromberg
stets sprungbereit an der Treppe zum Präsidium. Präsident Löbe zögerte
nicht, wenn nötig, mit Eingreifen oder Ordnungsrufen.

Die bevorzugten Arbeitsräume, die den etablierten Vertretern wichtiger Zeitungen im Obergeschoß vorbehalten waren, hatten einen Nachteil;
sie lagen relativ weit vom Plenarsaal. Der war, wenn das Alarmklingeln zu
wichtigen Abstimmungen oder das Hupsignal zum »Hammelsprung« erscholl, nur über Gänge und Treppen zu erreichen. Aber man hatte einen

hochqualifizierten Kollegenkreis mit regem Gedanken- und Informations-
austausch (obwohl man natürlich gern in einer der Berliner Ausgaben
mit einer Erstinformation herauskam). Ich besaß auch in diesem Arbeits-
zentrum eine angesichts der begrenzten Raumverhältnisse begünstigte,
ebenfalls »ererbte« Klause mit ständiger eigener Telefonverbindung zur
Redaktion. Ähnlich arbeitete nebenan der befreundete ältere Kollege
Sarwey vom *Berliner Tageblatt*. Für Abgeordnete gab es wenige Räume.

In der Nähe unseres Arbeitsbereichs lag versteckt der »Entenpfuhl«, das
kleine Journalistenlokal des Reichstags. Häufiger aß man jedoch mit Abgeordneten oder anderen Gewährsleuten im unweit gelegenen renommierten »Schwarzen Ferkel« oder einem der politischen Klubs. Die meisten von uns hüteten sich, auch ich, in Parteienabhängigkeit zu geraten.
Um Gerechtigkeit bemüht, schrieb ich gelegentlich über die schweren Aufgaben der geplagten Fraktionsvorsitzenden, auch in Tagungspausen. Einige
Jahre hindurch brachen regelmäßig »Weihnachtskrisen« aus, die dem parlamentarischen Ansehen besonders abträglich waren. Sachliche Aufklärung über Hintergrundvorgänge war schwierig, aber notwendig. Schlimm
für das Ansehen der Demokratie wurden mehrere Skandalaffären.

*

Die Grundfaktoren, die die Arbeit im Reichstag bestimmten und oft genug
auch erschwerten, blieben sich leider gleich. Dazu gehörten zwangsläufig
die Schwächen des parlamentarischen Systems, aber vor allem die tragische Lage des Landes. Die Weimarer Republik hatte als »Deutsches Reich«
nicht nur die schwere Hinterlassenschaft des Kaiserreichs zu tragen, sie
sollte auch der Garant einer besseren Zukunft sein, die aber unter den
damaligen Verhältnissen nicht zu verwirklichen war. Zwar hörten die
direkten Gewaltversuche von französischer und auch polnischer Seite
allmählich auf, die zeitweise die noch bewahrten Grenzen bedroht und
den Bestand des Reiches in Gefahr gebracht hatten, aber es blieb die
exponierte Lage in der Mitte Europas, die es den Deutschen schon immer
so schwer gemacht hatte, einen Nationalstaat ähnlich denen der Nachbarn
zu schaffen. Zu besonderen Sorgenthemen des Völkerbunds gehörte unter
anderem die ständige Bedrohung der »Freien Stadt« Danzig.

Schon früh hatte ich begriffen, und jeder Tag in der Parlamentsarbeit
bestätigte es, wie lebenswichtig die Außenpolitik für die deutsche Zukunft
war. So verfolgte ich alle außenpolitischen Debatten mit leidenschaftli-
chem Interesse. Eine willkommene Ergänzung des Dienstes im Reichstag
waren Auslandsreisen. So flog ich 1925, von einem welterfahrenen älteren
Kollegen beraten, von Königsberg mit der DERULUFT nach Moskau, wo

ich mit dem deutschen Botschafter Graf Brockdorff-Rantzau, dem früheren Außenminister, und durch seine Vermittlung mit dem stellvertretenden Außenkommissar Litwinow sprach, auch kurz die Wolgadeutschen besuchte. Lenin hatte die Neue Ökonomische Politik (NEP) hinterlassen, einen Reformversuch. Stalin stand noch vor den Toren der Macht. Bei aller Sympathie für Rußland, auch für Annäherung und wirtschaftliche Zusammenarbeit, waren die damaligen Beziehungen aber kaum mehr als ein Gegengewicht zu den schwierigen Westbeziehungen.

Den Westproblemen ging ich, mit vielen Enttäuschungen, bei Besuchen in Paris und in Genf beim Völkerbund nach, dessen »Vielrednerei« die Hoffnung auf seine Friedensmission schon stark lädiert hatte. Weithin herrschten in der Welt Gewalt und Machtpolitik, von den Kolonialreichen bis Europa – schlechter Anschauungsunterricht für die Deutschen. Gutes erlebte ich in Wien und Rom, auch in Skandinavien. Traurige Eindrücke hinterließ die Lage im verlorenen Elsaß, Heimatbündler schilderten ihren Kampf für einen Eigenweg, auch um Bewahrung deutscher Kultur. Hoffnungsvoll stimmten mich Aufenthalte in England, wo ich London geradezu liebgewann und mir vornahm, wo immer möglich, für deutschenglische Verständigung zu arbeiten, am besten dortselbst. Zurück kehrte ich mit der verstärkten Überzeugung, daß Gleichberechtigung und Revision von Versailles noch in weiter Ferne lagen, daß es aber nicht nur im deutschen Interesse, sondern in dem ganz Europas notwendig blieb, auf diese Ziele hinzuarbeiten.

*

Aus den Debatten und meinen Kontakten zum Außenministerium wußte ich, daß auch im damaligen Berlin bereits »europäisch« gedacht wurde. Das politische Streben nach Revision war nicht als Revanchetreiberei zu begreifen. Gewiß, es gab auch im Reichstag, wie in den öffentlichen Diskussionen bis hin zum Stammtischgerede, das durchaus in manchen Debattenbeiträgen auftauchte, nationalistische Töne. An ein vereintes Europa wurde noch kaum gedacht, die Paneuropaparolen des Grafen Coudenhove-Kalergi fanden wenig Widerhall. Die Reichshauptstadt fühlte sich trotzdem als eines der europäischen Zentren. Selbst im Unglück strahlte sie weit über die Grenzen hinaus.

Stichwort »Goldene Jahre«. Natürlich gab es vor dunklem Hintergrund manches Helle. Für die Abgeordneten gehörte dazu, genau wie heute, die Aussicht aufs – damals gerade entdeckte – »Wochenende«. Wie heute eilten sie nach der Freitagssitzung nach Hause zur Familie oder in den Wahlkreis. Zwar bestand generell kaum der Verdacht, die MdR könnten dem »Sündenbabel« erliegen. Aber ohne Kontakt mit heimischen Vereinen und Parteifreunden gab es keine Wiederwahl.

Privat hatte man als junger Journalist mit zahlreichen Freundschaften viel Abwechslung. Aber die Politik verfolgte überall. Das galt auch für Freude über manche internationale Bemühungen um Entspannung oder über die erfolgreichen »Zeppelin«-Flüge. Viel bedeuteten mir Besuche in den geliebten Museen, vom Pergamonaltar bis zu den »Blauen Pferden«, auch Wannsee-Sonntage.

Daneben bot das Berliner Leben eine wahrhaft »goldene« Fülle an kulturellen und gesellschaftlichen Ereignissen. Dazu gehörten außer den alljährlichen großen Kunstausstellungen unvergessene Theatererlebnisse von den Reinhardt- bis zu den Staatstheatern: Begegnungen mit Elisabeth Bergner, Friedrich Kayssler, Gustaf Gründgens, Tilla Durieux und vielen anderen. Auch der Kollegenkreis oder andere Formen der Geselligkeit kamen zu ihrem Recht: Abende im Admiralspalast oder in Kabaretts wechselten mit Nächten auf Künstlerfesten. Geradezu Berufspflicht war der Presseball, der in den glanzvollen Zoosälen Politiker und Journalisten aller Richtungen mit einflußreichen Gesellschaftsschichten zusammenbrachte.

Seltsam stand es mit dem einzigen politischen Feiertag, dem 11. August, zur Erinnerung an die Weimarer Grundlegung »Verfassungstag« genannt. Die Festrede im Reichstag wurde jeweils von einem als ideenreich geltenden Mann gehalten, meist vom Volksparteiler Siegfried von Kardorff. Ihm oder seinesgleichen oblag es, bei dieser Gelegenheit Vorschläge zur Verfassungsreform zu machen, konkret brachte das wenig. Das zeigte sich auch, als einige Zeit später die Reichsregierung den Versuch unternahm, die Beziehungen zu den mit der Zeit erstarkten Ländern im Sinne einer Verwaltungsvereinfachung neu zu regeln.

Bei solchen Gelegenheiten trat zutage, wie heikel die Probleme des Föderalismus geblieben waren. Zwar sprach die Präambel der Weimarer Verfassung vom »deutschen Volk, einig in seinen Stämmen«, aber die Beziehungen blieben gespannt. Ich bemühte mich auch in diesem Bereich um einen kleinen Beitrag zum Nützlichen, indem ich meist, wenn der Bayerische Ministerpräsident Held nach Berlin kam, ein Interview mit ihm machte. Bezeichnend für das Reich-Länder-Verhältnis war der abgelegene, fast versteckte Bezirk des Reichsrats im Reichstagsgebäude. Dem entsprach geringer Einfluß; kein Vergleich mit dem Bundesrat.

*

Aus der Sicht des Reichstags kennzeichnete mehreres den Übergang von den überstandenen Unglücksjahren Anfang der Zwanziger zu stabileren

Verhältnissen: innenpolitisch die für den Staat günstigen Wirkungen der Währungsreform, außen- und weltpolitisch die Initiative der amerikanischen Regierung zur Regelung international verketteter Fragen. Ungelöst war ja sowohl das Problem der alliierten Kriegsschulden wie das der deutschen Reparationslasten.

In dieser Konstellation war es für die Weimarer Republik besonders wichtig, daß Gustav Stresemann auch im neuen Kabinett Marx 1924 und darüber hinaus noch jahrelang als Außenminister wirken konnte. Nach dem Ersten Weltkrieg als vorheriger Befürworter annexionistischer Kriegsziele zunächst heftig umstritten, verfügte er über anerkannte Erfahrung aus dem Vorkriegsreichstag und hohes internationales Ansehen. Ich hatte oft Gelegenheit, seine trotz etwas schriller Stimme rednerischen Fähigkeiten zu bewundern, wenn ich ihn auf parteiinternen Veranstaltungen bei Abwehr seiner Kritiker beobachten konnte.

Sein Nachfolger als Reichskanzler, der von Ebert sehr geschätzte Zentrumspolitiker Marx, war als ein redlicher Mann bekannt, auf den immer wieder zurückgegriffen wurde, Typ hoher Gerichtspräsident. Er wechselte 1924/25 mehrfach mit dem parteilosen Fachmann Dr. Luther ab, der als früherer Oberbürgermeister und als Finanzminister in der Zeit der Währungsumstellung Ansehen genoß. Aber noch während Marx sich im Reichstag bemühte, die zur Sanierung der Finanzen erforderlichen Maßnahmen zu treffen, begann außenpolitisch ein neuer Zeitabschnitt.

Der Plan des amerikanischen Sachverständigen Dawes, der neben Begrenzung der Reparationen auf eine Reihe weiterer Reformen abzielte, wurde zum großen Thema des Jahres 1924. Vielerlei Verhandlungen und Vorbereitungen waren nötig, auch in Reichstagsausschüssen und Fraktionen, leider dort sehr kontrovers.

Bei einem innerpolitischen Zwischenspiel mit Krise um Notverordnungen und Reichstagswahl mußten die Sozialdemokraten starke Verluste hinnehmen – unerwartete Wirkung ihrer Wiedervereinigung mit den im Kriege abgesplitterten »Unabhängigen«. Die Kommunisten profitierten davon. Sie kehrten mit 62 Abgeordneten ins Plenum zurück, wo sie vermehrt Lärmszenen produzierten. Verstärkt zog auch »die Rechte« ein, darunter eine Gruppe der antisemitischen »Völkischen Freiheitspartei«, die vierzehn Nationalsozialisten einbegriff. Die erfolgreichen Deutschnationalen erhoben erstmals die Forderung nach Mitregierung, nicht nur im Reich, sondern auch in Preußen, dort freilich ohne Aussicht auf Erfolg.

Im Reichstag jedoch gewann, nach Abschluß der Dawesplan-Verhandlungen, dieser Vorstoß überraschend aktuelle Bedeutung. Denn nach Einigung mit den Alliierten ergab sich für die Annahme des Dawesplans die

Notwendigkeit einer verfassungsändernden Mehrheit, und dafür kam nur Hilfe aus den Reihen der Deutschnationalen in Frage. In ihrer Fraktion wurde in langen stürmischen Beratungen darum gestritten.

Zu der entscheidenden Plenarsitzung am 29. August 1924 sahen wir wieder mal ein »volles Haus«. Für Reichskanzler Luther und Außenminister Stresemann, denen besorgte Spannung anzusehen war, bedeutete dieser Tag mehr als eine Wegemarke. Lange war um den Dawesplan gerungen worden, der nach kompetenter Meinung eine neue Ära für die Weimarer Republik bedeutete. In Geheimverhandlungen war es darum gegangen, ob den Deutschnationalen, falls sie »Dawes« passieren ließen, künftig die Tür zum Mitregieren geöffnet würde. Jetzt im Saal gab es Kommunistentumulte, hinter den Kulissen eine letzte Fraktionssitzung der DNVP unter Vorsitz des Grafen Westarp. Ich hatte Kontakt auch zu solchen Politikern der gemäßigten Rechten, die bereit waren zur Übernahme von Verantwortung.

Als die ausschlaggebende Abstimmung begann, sah ich einige bekannte Abgeordnete mit verdeckten Karten zur Urne eilen. Das Ergebnis: 311 Ja-, 127 Neinstimmen. Die Dawesgesetze waren gerettet. Ohrenbetäubender Lärm, Beifall in der Mitte, wütende Proteste der KPD-Fraktion. Zur Entscheidung, bei der die Deutschnationalen »halb und halb« abstimmten – was ihnen diesen Spottnamen eintrug, den Namen einer bekannten Berliner Likörmarke –, hatte zweifellos beigetragen, daß die Londoner Dawes-Schlußkonferenz mit versöhnlichen Tönen von alliierter Seite geendet hatte. Die Reichsregierung stellte den Antrag zur Aufnahme in den Völkerbund. Die Aufnahme wurde dann als Fortschritt empfunden.

Ins nächste Kabinett Luther wurden einige Politiker der »Deutschnationalen Partei« als Minister aufgenommen. Man konnte daraus die Hoffnung auf breitere Zusammenarbeit mit mehr Stabilität ableiten. Obwohl es wieder zu alliierten Vorhaltungen wegen angeblich ungenügender Entwaffnung kam, wirkte sich der Dawesplan günstig aus.

*

Am 28. Februar 1925 wurden die Weimarer Republik und speziell auch der Reichstag, wo die bei ihrer Gründung vorherrschenden drei »Weimarer« Parteien ohnehin viel verloren hatten, von einem neuen schweren Schlag getroffen: Reichspräsident Ebert erlag den Folgen einer Blinddarmoperation. Vermutlich hatte die Vielzahl ungerechter Angriffe seine Gesundheit schon vorher zermürbt. Die ergreifende Trauerfeier im Reichstagssaal bewegte mich sehr. Ebert hatte sich zweifellos große Verdienste um das Reich und die neue demokratische Ordnung erworben.

Nachdem der Streit um die Nachfolge dazu geführt hatte, daß das rechtsbürgerliche, konservativ-liberale Lager nach ergebnislosem erstem Wahlgang ohne Führer dastand, hatte für die Sammelkandidatur des Generalfeldmarschalls Paul von Hindenburg nur nach langem Widerstreben seine Zustimmung gewonnen werden können. Entsprechend knapp fiel das Ergebnis aus: 14,7 Millionen für Hindenburg; 13,8 Millionen für den vom Zentrum und der gesamten gemäßigten Linken unterstützten Marx. Zwei Millionen stimmten für den Kommunistenführer Thälmann.

Als *DAZ*-Vertreter war ich dabei, als der neue Reichspräsident auf dem Vorortbahnhof feierlich begrüßt wurde. Ich konnte auch seine Fahrt durch die Straßen Berlins beobachten, die gesäumt waren von einer jubelnden Menge. Als ich bei der Vereidigung den neuen Reichspräsidenten, der doch als Monarchist gegolten hatte, den Eid auf die Republik ablegen hörte, erfüllte mich und gewiß viele die Hoffnung, daß diesem Mann, dem auch Gegner Respekt vor religiösem und staatsbürgerlichem Gewissen nicht versagten, ein Brückenschlag zwischen den inneren Fronten gelingen werde. Die 1914 einmal erlebte Volksgemeinschaft war ja noch immer der patriotische Traum vieler.

Tatsächlich schienen für eine Weile die Verhältnisse stabilisiert. Obwohl Frankreich die vereinbarte Räumung des Ruhrreviers noch lange verzögerte, gab es einen außenpolitischen Durchbruch von sensationeller Tragweite. Im Zuge der Stresemannschen Außenpolitik kam, für die Parlamentarier überraschend, im Oktober 1925 nach wechselvollem Notenaustausch der Vertrag von Locarno zustande: ein Erfolg, der vor allem den drei hauptbeteiligten Außenministern zuzuschreiben war, neben Stresemann dem Franzosen Briand und dem Engländer Chamberlain. Darüber wird meist vergessen, daß an der Locarnokonferenz auch andere teilnahmen, Mussolini zum Beispiel und der Außenminister Polens (das freilich durch Ausweisung von hunderttausend deutschen »Optanten«, Volksdeutschen aus den polnisch gewordenen Reichsgebieten, nicht lange zuvor zu gefährlichen Spannungen beigetragen hatte).

Ich erlebte im Reichstag mit, wie sich, trotz der Opposition gegen den Verzicht auf Elsaß-Lothringen, Stresemanns Idee der französisch-deutschen Versöhnung und des auch von London unterstützten Beginns einer europäischen Zusammenarbeit durchsetzte. Entscheidend war dabei die Hoffnung, daß sich daraus Revisionen am Versaillesstatus ermöglichen lassen würden. Der Locarnovertrag wurde mit 292 gegen 174 Stimmen angenommen. Aber unter dem Druck ihrer Fraktion und einer verbreiteten Skepsis gegenüber einseitiger Bindung an Frankreich – wo sich Briand leider nicht auf Dauer halten konnte – traten die deutschnationalen Mini-

ster zurück. Die Krise wurde zwar mit der Wiederbetrauung von Reichskanzler Luther durch den Reichspräsidenten beendet, aber es kam nur zu
einer Minderheitsregierung.

Tage- und nächtelange Beratungen der Fraktionen hatten uns Journalisten wieder einmal in Atem gehalten; leider hatte sich dabei erneut
gezeigt, daß kein Verlaß war auf die für das parlamentarische System
nötige Mehrheitsbildung, Koalitionen blieben schwierig und brüchig. Die
nächste Regierungskrise konnte jederzeit wieder ausbrechen.

Das Verhältniswahlrecht (das erst in der Bundesrepublik mit der 5-Pro-
zent-Hürde abgesichert wurde) wirkte sich fatal aus: Es begünstigte durch
Förderung von Splittergruppen und auch aller Radikalen ein Vielparteien-
wesen, das die Parlamentsarbeit zusätzlich erschwerte und im Volk die
Stimmung für die Extremen steigerte. Noch war es nicht soweit. Noch
fand sich eine Mehrheit und eine Regierung, die sogar Verständigungspolitik zu treiben suchte.

Reichspräsident von Hindenburg hatte trotz der bei ihm weiter vermu-
teten Rechtseinstellung, um korrekte Amtsführung und Überparteilich-
keit bemüht, Locarno und die Stresemannsche Verständigungspolitik mit
ermöglicht, obwohl er gewiß, wie viele, den Elsaßverzicht schmerzlich
empfand.

Nach den täglichen, oft ermüdenden Parlamentsarbeiten war es mir ein
besonderes Erlebnis, von Reichstagspräsident Löbe bei einem Empfang,
den er in seinem hinter dem Reichstag (nach 1945 auf »Ost-Berliner«
Seite) gelegenen Palais gab, dem Reichspräsidenten vorgestellt zu werden.
Ich spürte einen festen Händedruck, sah freundliches Kopfnicken zu Löbes
erläuternden Worten, behielt aber vor allem den Blick des »alten Herrn«,
wie er meist genannt wurde, im Gedächtnis – sehr ernst, doch gütig. Ich
bewahrte das Vertrauen zu diesem Mann, erhoffte von ihm die für diesen
schwachen, stets bedrohten Staat nötige feste Führung. Obwohl ich wußte,
wie begrenzt seine Vollmachten waren, eigentlich nur für Notfälle bestimmt, dann freilich auch durch die Lücken und Ausfälle im parlamentarischen System bedingt.

*

Reichsaußenminister Dr. Stresemann konnte auch noch den Völkerbunds-
eintritt erreichen. Danach und nach dem Sturz seines Partners Briand
schloß er 1926 den Berliner Freundschaftsvertrag mit der Sowjetunion, der
vielfach als eine Wiederaufnahme von Rapallo gedeutet wurde und ihm
den Vorwurf der »Schaukelpolitik« eintrug.

Doch schon folgte wieder eine ganze Reihe innerpolitischer Krisen. Als
schlechtes Zeichen mußte es schon gelten, daß Reichskanzler Luther mit

einem Minderheitskabinett dastand. Durch den aus heutiger Sicht unbegreiflichen Flaggenstreit um Schwarz-Rot-Gold und Schwarz-Weiß-Rot wurde er gestürzt. Dem Nachfolgekabinett Marx erging es nicht besser. Diesmal brachten die Sozialdemokraten die Kugel ins Rollen, die nach einem mißlungenen Volksentscheid zur Enteignung der Fürsten – zwar 14,5 Millionen, aber nicht die nötigen 20 Millionen Jastimmen – dringend einen Erfolg benötigten. Nachdem der von ihnen seit langem bekämpfte General von Seeckt, weil er einem Hohenzollernprinzen die Manöverteilnahme ohne Kenntnis des Reichswehrministers Geßler ermöglicht hatte, zum Rücktritt genötigt worden war, führte Scheidemann als Sprecher der SPD mit einer großen Rede im Plenum einen Generalangriff gegen die Reichswehr. Der Kabinettssturz folgte.

In das neue Kabinett Anfang 1927 nahm der wiederbetraute Marx wieder einige deutschnationale Minister auf und versuchte damit eine neuerliche Öffnung nach rechts, auf die viele gehofft hatten, um endlich die nationale Opposition vor radikalem Abrutschen zu bewahren. Das freilich gelang nicht. Die neue Krise wurde ausgelöst durch eine Affäre, die wie im Falle von Seeckt den Eindruck erweckte, daß Minister Geßler die komplizierte Reichswehrorganisation, stets bedrängt zwischen alliierten Kontrollen und geheimen Umgehungen der Versaillesbeschränkungen, nicht mehr im Griff hatte; er trat resigniert zurück.

Dieser Sturz eines Mannes, der seit 1920 die wohl schwierigste Position in der ganzen Weimarer Republik gehalten hatte, traf Reichswehr und Regierung tief. Er berührte auch mich als Parlamentsjournalisten, denn ich hatte seit Jahren im Auftrag der Redaktion oft Kontakt mit dem demokratischen Minister gehabt. Nach dem Kapp-Putsch 1920 zum Nachfolger des Sozialdemokraten Noske zur Führung des 100 000-Mann-Heeres berufen, hatte sich der Zivilist und frühere Oberbürgermeister in wechselnden Kabinetten als Säule der Stabilität bewährt. Auf ehrgeizige Generäle und ein größtenteils noch monarchisches Offizierskorps angewiesen, hatte Geßler für Loyalität zur Republik gesorgt, freilich nicht verhindern können, daß die in eiserner Disziplin gedrillte Truppe so etwas wie ein »Staat im Staat« geworden war.

Ich erfuhr von Geßler manches über seine Sorgen mit der »Schwarzen Reichswehr«, Resten von Fronttruppen, die es aufzulösen galt, und hörte seine Klagen über die »Berliner Asphaltpresse«. Von der geheimen Zusammenarbeit mit der Roten Armee, die bereits früh mit Zustimmung von Reichspräsident Ebert aufgenommen war, war nicht die Rede. Schließlich wurde dem integren Politiker ein Skandal im eigenen Ministerium Anlaß zum Rücktritt: eine der persönlichen Tragödien der Weimarer Zeit.

Die diversen politischen Krisen hatten die Regierung Marx inzwischen
so geschwächt, daß die sie tragenden Parteien bei der Reichstagswahl 1928
eine Niederlage erlitten. Gewinner waren die in Opposition gegangenen
Sozialdemokraten und die Kommunisten, die zusammen, obwohl untereinander verfeindet, über 42 Prozent der Reichstagssitze verfügten. Rund
hundert Abgeordnete verteilten sich, als Folge des Verhältniswahlrechtes,
auf kleinere Gruppen, die für eine Regierungsbildung nicht in Frage
kamen; verhängnisvolle Zersplitterung des Parteienwesens.

In dieser Notsituation wurde noch einmal der Versuch einer Zusam-
menfassung aller demokratischer Kräfte unternommen. Eine Große Koalition entstand – von der SPD bis zur Deutschen Volkspartei mit dem
Sozialdemokraten Hermann Müller als Reichskanzler und Gustav Stresemann wieder als Außenminister, »Siegelbewahrer« der Stabilität. Gleichzeitig nahm jedoch im Reichstag die Opposition zersetzende Formen an,
bei den Deutschnationalen als Folge der Übernahme der Führung durch
den reaktionären, aber über Pressemacht und viel Kapital verfügenden
Hugenberg. Er hatte starken Anteil an allem kommenden Unheil.

Reichskanzler Müller, der schon kurz nach Schaffung der Republik in
Weimar Regierungschef gewesen war, muß als eine äußerst tragische Figur
gelten: ein redlich bemühter Mann, aber schwach. Daß er es dann doch auf
anderthalb Jahre Regierungszeit brachte, war wohl gerade auf die Bedrängnis zurückzuführen, in die das parlamentarische System geraten
war. Müllers Regierung wurde nicht nur von rechten und linken Extremisten bekämpft, sie hatte auch dauernd mit latenten inneren Spannungen
und Konflikten zu kämpfen. Vielleicht nahm all das die Beteiligten so in
Anspruch, daß sie gar nicht merkten, was sich draußen zusammenbraute.
Wir Journalisten hatten den Eindruck, daß man sich in der »Reichstags-
burg« wie in einer abgeschirmten Welt fühlte. Aber an den Fundamenten
des demokratischen Staates nagte die Erosion, und gehässige Kritik an der
»Schwatzbude« trug dazu bei. Wir sahen Radikalismus profitieren.

Auf der außenpolitischen Bühne gab es gelegentliche Aufmunterungen
in Debatten des Völkerbunds oder beim Abschluß des Kelloggpakts zur
Ächtung von Angriffskriegen. Aber die schwelende Krise der Weltwirt-
schaft führte dazu, daß schon im Winter 1928/29 die Arbeitslosenziffer auf
über zwei Millionen gestiegen war. Die Kommunisten nutzten die ver-
schärften sozialen Spannungen durch Unruhen in dem von ihnen damals
bevorzugten Sachsen und lieferten damit dem – nicht genügend beachte-
ten – Wachstum der Hitleranhängerschaft neuen Auftrieb.

Den schwersten Schlag für die Regierung der Großen Koalition bildete
der Tod Gustav Stresemanns. Der gesundheitlich bereits geschwächte

Reichsaußenminister war immer noch das stärkste Bindeglied in dieser
Koalition und auch die wichtigste Figur für die Beziehungen zwischen der
Weimarer Republik und der Außenwelt gewesen. Im Völkerbund warb er
noch einmal mit Briand im September für Europafrieden. Wie andere
Weimarer Politiker hatte er sich nicht zuletzt an internen Widerständen in
der eigenen Partei zerschlissen. Deren Fraktionsvorsitzender Scholz gehörte, wie ich wußte, zu seinen Intimgegnern.

Noch am Vorabend seines Todes hatte Stresemann in heiklen innenpolitischen Fragen um eine Kompromißlösung gerungen. Als uns am Morgen
des 3. Oktober im Reichstag die Nachricht erreichte, wirkte sie ähnlich
aufrührend und zugleich lähmend wie der Tod seines Vorgängers Rathenau. Selbst wer Stresemann reserviert oder kritisch gegenübergestanden
hatte, sah die Lücke, die dieser Mann hinterließ. Wie auf Geßler als
Notlösung der ehemalige General Groener gefolgt war, folgte auf Stresemann sein Parteifreund Curtius, der Typ eines fleißigen Rechtsanwalts, der
sein Bestes leistete, aber manchen Mißerfolg hinnehmen mußte.

Dabei waren international neue Signale der Hoffnung gesetzt: Anfang
1929 zum Beispiel eine amerikanische Initiative zur Korrektur des Dawesplans, die bei den Westmächten Interesse fand: der Youngplan. Der Widerstand gegen weitere Reformen und das Unverständnis für die Lage
Deutschlands wichen bei den internationalen Wirtschaftssorgen einer
neuen Neigung zu mehr Realismus. Vielleicht war inzwischen sogar här-
testen Gegenspielern aufgegangen, daß aus Not und Ausweglosigkeit der
Weimarer Republik auch schwere Nachteile für die Nachbarn und Partner
erwachsen waren und daß größere Gefahren drohten.

Zu den Reichstags- und Landtagsdebatten, denen ich beiwohnte, auch
in den Vorgängen hinter den Kulissen, die man angestrengt verfolgte,
dominierten freilich die innenpolitischen Streitfragen. Bei den Deutschnationalen hatte die zweimalige Regierungsteilnahme und die bereits ein-
setzende Konkurrenz durch die Nationalsozialisten eine Schwächung der
Gemäßigten bewirkt. In meiner Freundesgruppe sahen wir diese Entwicklung mit Sorge, besonders wegen der Treibereien des reaktionären Hugenberg. Unter dem Namen »Jungnationaler Ring« (kleine Übertreibung)
veröffentlichten wir mit Hilfe eines angesehenen Verlages zwei Schriften,
die infolge der parlamentarischen Spannungen Aufsehen erregten. Unter
den Titeln »Der Niedergang der nationalen Opposition« und »Nationale
Republik« setzte ich mich in diesen Broschüren gegen den Rechtsradikalismus und für nationale Politik mit Bejahung des demokratischen Staates
ein. Einzelbemühungen mit freilich wenig Chancen.

Die neuen Konfrontationen im Reichstag und zwischen, auch innerhalb der Parteien spitzten sich auf das Ringen um den Youngplan zu. Hugenberg, der dabei ein Bündnis mit Hitler einging, brachte ein Volksbegehren in Gang und konnte die für die Einleitung eines Volksentscheides nötige Stimmenziffer mit 4,1 Millionen erreichen. Zwar gelang es, den Volksentscheid zum Scheitern zu bringen. Die Lage in Staat und Parlament blieb aber weiter äußerst kritisch, obwohl im Gefolge der deutschen Zustimmung zum Youngplan die Räumung der Kölner Besatzungszone und die Zusicherung für Gesamträumung des Rheinlandes bis Mitte 1930 erreicht wurde. Solche Fortschritte konnten neue Hoffnungen wecken.

Das heftige parlamentarische Ringen um eine Gesamtrevision ging aber weiter, aus dem Volk eher noch angestachelt durch die verspäteten Konzessionen. Verursacht durch die zunehmende Wirtschaftskrise, aber auch mit durch die Zahlungsverpflichtungen ans Ausland entstanden für das Reich akute große Finanzschwierigkeiten. Ende 1929 gab es bereits fast drei Millionen Arbeitslose.

*

Anfang 1930 wiesen die Kassen des Reiches ein Defizit von 1,7 Milliarden Mark auf, für damalige Verhältnisse bedenklich. Reichsbankpräsident Schacht, der seine oppositionelle Haltung speziell gegen den sozialdemokratischen Reichsfinanzminister Hilferding richtete, bereitete durch ein geharnischtes Memorandum schon das eigene Ausscheiden und Umschwenken nach rechts vor.

Der Rücktritt Minister Hilferdings war ein schlechtes Signal für die Regierung Müller. Zu seinem Verzicht trug auch die bedenklich um sich greifende antisemitische Agitation bei. Krisengeruch ging um. In den Fraktionsgängen des Reichstags sah man geheime Konventikel. Es schwirrte von Gerüchten über ein nahendes Ende der Koalition.

Dem Endkampf um die Große Koalition mit ihrer – letzten – parlamentarischen Mehrheitsregierung sahen die meisten Reichstagsjournalisten wie einem unaufhaltsamen Schicksal entgegen, einem Unglück ohne Ausweg. Wir alle hatten die Mängel und Grenzen des parlamentarischen Systems, dieses Kernstücks im Weimarer Staat, aus der Nähe miterlebt. 1930 fehlte vollends ein starker Vermittler wie Stresemann. Reichskanzler Müller war der Situation kaum noch gewachsen. Und hinter den Kulissen arbeitete, wie man sich zuraunte, der als Intrigant geltende General von Schleicher – der als »politischer Kopf der Reichswehr« auch in den Ratgeberkreis des Reichspräsidenten gelangt war – auf Müllers Sturz hin. Als sein Favorit für die Ablösung Müllers galt der Zentrumspolitiker Brüning (den er später stürzen half zugunsten seines Freundes von Papen).

Friedrich Stampfer stellt im Buch über die Weimarer Republik ausdrücklich fest, Hindenburg selbst habe sich Reichskanzler Müller gegenüber stets loyal verhalten. Aber als der Regierungschef, wie man sich in
Parlamentskreisen zuflüsterte, beim Reichspräsidenten vorgefühlt hatte,
ob die notwendigen Finanzreformen nicht über den Artikels 48 der Verfassung in Kraft gesetzt werden könnten, soll der »alte Herr« energisch
abgewinkt haben. Nach der einen Version, weil er dieses für äußerste
Notfälle vorgesehene Instrument nicht vorzeitig einsetzen wollte, nach
einer anderen Version, weil er über das Versagen der Müller-Regierung
enttäuscht und schon auf ihre Ablösung bedacht war.

Ein geflügeltes Wort in Abgeordnetenkreisen besagte, Hindenburg habe
sich bitter über den »parlamentarischen Marasmus« geäußert. Gleichzei-
tig wurde jedoch bekannt, daß er den Führer der Deutschnationalen,
Geheimrat Hugenberg, als dieser sich zur Übernahme der Regierung
anbot, abgewiesen hatte. Trotz wachsender Skepsis blieb ein Rest von
Hoffnung. Denn darüber waren wir uns klar – nach einem Scheitern
Müllers gab es keine Aussicht auf Mehrheitsbildung mehr, auch nicht bei
Neuwahlen. Daher rechneten viele Reichstagsexperten bereits mit Berufung eines Präsidialkabinetts mit Anwendung des Artikel 48. Trotz aller
Spekulationen und Gerüchte wurde jedoch weit erwartet, daß Reichspräsident von Hindenburg sich streng an die Voraussetzungen dieser nur für
Notfälle vorgesehenen Vollmachten halten werde. Aus diesem Vertrauen
und auch mit den SPD-Stimmen gegen Hitler resultierte einige Jahre
danach die Wiederwahl Hindenburgs zum Reichspräsidenten. Von dem
späteren Reichskanzler Brüning, der mit ihm über Vorteile einer Einführung der Monarchie als Stabilisator übereinstimmte, stammt das Zeugnis,
der Reichspräsident habe in einem Gespräch über solche eventuell zu
erwägenden Möglichkeiten erregt erklärt, er werde nie etwas tun, was mit
seinem Eid auf die Verfassung unvereinbar sei.

Daß die Weimarer Republik sich einer Staatskrise näherte, zeichnete
sich schon zu Beginn des Jahres 1930 ab. Zwar konnte im Januar auf einer
nochmaligen Reparationskonferenz in Den Haag der Schlußstrich unter
den Youngplan gezogen werden. Für die Reichsfinanzen ergab sich trotzdem die Notwendigkeit, einschließlich des Dienstes für die Dawesanleihe
ab 1. April 1930 insgesamt pro Jahr zwei Milliarden zu leisten. Was sich
schon im nächsten Jahr als unmöglich erwies und durch eine weitere
amerikanische Intervention, das Hoovermoratorium, aufgehoben werden
mußte. Die Entlastung kam für den Kampf der Regierung Müller zu spät.
Statt dessen wurde sie durch den Stopp amerikanischer Anleihen für die
Wirtschaft erneut schwer getroffen.

Als am 12. März 1930 die Youngplan-Gesetzgebung im Reichstag mit 277 gegen 169 Stimmen bei 13 Enthaltungen angenommen und ein deutschnationaler Mißtrauensantrag gegen Reichskanzler Müller abgelehnt worden war, keimte noch einmal Hoffnung. Aber die Gnadenfrist war kurz. Nach zwei Wochen war nur noch ein Scherbenhaufen übrig.

Die entscheidende parlamentarische Auseinandersetzung konzentrierte sich auf die notwendig gewordene Erhöhung der Arbeitgeber-Arbeitnehmer-Beiträge zur Arbeitslosenversicherung. Die Erhöhung sollte 3,5 Prozent betragen, der trotzdem zu erwartende Fehlbetrag durch einen Reichszuschuß von 150 Millionen Mark gedeckt werden. Aber in der SPD-Fraktion erhob sich unter gewerkschaftlichem Einfluß plötzlich Widerstand, nicht zuletzt aus Sorge um die kommunistische Unterwanderung der Gewerkschaften. Außerdem war die Fraktion nicht einig. Es gab, wie Zeuge Stampfer bestätigt, einen Flügel, der die Koalitionspolitik des Reichskanzlers Müller bekämpfte. Von zwei Seiten unter Druck genommen, beschloß die Fraktion die Ablehnung des Kompromisses.

Nachdem der volksparteiliche Finanzminister Moldenhauer mit Rücktritt gedroht und Regierungschef Müller aufgrund pessimistischer Beurteilung der Gesamtlage auch persönlich resigniert hatte, beschloß das Kabinett der Großen Koalition am 27. März 1930 den Rücktritt.

Die letzte Mehrheitsregierung war gestürzt, das parlamentarische System praktisch am Ende; der Reichstag hatte von da an keinen Entscheidungseinfluß mehr. Das Los der Republik nahm seinen Lauf.

Friedrich Stampfer, nicht nur M.d.R., sondern auch als *Vorwärts*-Chefredakteur einer der renommiertesten Männer der SPD und der Berliner Pressewelt, schreibt in seinem Buch rückblickend mit unverkennbarem Vorwurf gegen die eigene Partei und ihren Kanzler Müller, aber auch gegen die Koalitionspartner: »Hätte man damals die Dinge kaltblütiger beurteilt, so hätte es aus diesem Anlaß nicht zu einer politischen Krise mit so ungeheuren Konsequenzen kommen dürfen.« Und er zitiert die *Frankfurter Zeitung*, die in dem großen Debakel an die sozialdemokratische Reichstagsfraktion die Anklage richtete: »Hat sie bedacht, was für unsere ganze innerpolitische Entwicklung, was für die Zukunft der Demokratie in Deutschland daraus erwachsen kann?« Aber viele trugen Mitschuld.

*

Die Bilanz aus heutiger Sicht? Am schwersten lasteten auf der Weimarer Republik, neben vielen anderen Übeln, einerseits die innenpolitische Zerrissenheit, andererseits die Ungewißheit, ob und wann es zu einer entscheidenden Revision des Versailler Vertrages und damit zu einer Annullierung der Reparationen kommen werde. Neben anderen Zeugen haben die britischen Botschafter in Paris und in Berlin bekundet, daß vor allem die französische und die Reparationspolitik schuld daran gewesen sei, daß die Weimarer Republik scheiterte. Theodor Heuss, damaliger Abgeordneter, ab 1949 Bundespräsident in Bonn, hat das später auf die bekannte kurze Formel gebracht, »Hitler sei in Versailles gezeugt worden«.

Gewiß sind die extremen Kräfte im Weimarer Staat nicht allein durch Versailles mit all den internationalen und deutschen Krisen stark geworden. Neben der sozialen Verelendung durch Inflation und Arbeitslosigkeit haben auch die ständige innenpolitischen Misere und das Versagen von Wahlrecht und Parteiwesen zum verhängnisvollen Wachstum der Kommunistischen und Nationalsozialistischen Partei geführt: links die Parolen der Weltrevolution, rechts fanatischer Nationalismus mit dem auch in bürgerlichen Krisen verbreiteten Glauben an ein »neues Reich«.

Aber auch der Einfluß von Geschehnissen in Europa und der Welt darf nicht übersehen werden. Das reichte von Krisen der Demokratien und ihrer Kolonialreiche bis zum Krieg innerhalb Chinas und den »Säuberungsaktionen« und Massenverfolgungen in der Sowjetunion. Es war die große Zeit für Agitatoren und Demagogen, schlecht für Anhänger der parlamentarischen Demokratie. Es kam zu Radikalismus und Gewaltakten aller Art. Selbst im Keller des Reichstages explodierte eines Tages eine Bombe. Bald sollten bürgerkriegsähnliche Zustände folgen.

Auch die in vielen Massenversammlungen fanatisch verfochtenen Forderungen gegen die Macht des internationalen Kapitals oder zur Beseitigung des Polnischen Korridors taten ihre Wirkung. Im Zeichen von Regierungsverhandlungen über einen deutsch-österreichischen Handelsvertrag tauchte der Ruf nach dem Anschluß wieder auf. Aber der Völkerbundsappell Briands für »Vereinigte Staaten von Europa« fand kaum einen Widerhall. Die Welt und besonders die europäischen Völker waren voller Konfliktstoffe und Nationalismen, die Menschen in Deutschland verwirrt, von Not und Zweifeln am Parlamentarismus befallen, auch die Parlamentarier ohne Zukunftsglauben.

Die Bundesrepublik Deutschland und ihre Bundestage seit 1949, das Grundgesetz und die gesamte Bonner Friedens-, Europa- und Deutschlandpolitik haben Konsequenzen aus den bitteren Lehren der Vergangenheit gezogen. Der deutsche Weg bleibt schwer. Aber keine Isolierung, keine Schaukelpolitik mehr. Nur so konnte der Friede bewahrt, das Tor zu Europa 2000 geöffnet, die deutsche Einheit ermöglicht werden.

Wolfgang Stresemann

Geboren am 20. Juli 1904. Erste Klavierunterweisung mit 5 Jahren, später während der Schulzeit Unterricht auch in Musiktheorie, Komposition und Instrumentation. Nach dem Abitur Jurastudium, um mit seinem Vater, dem Reichskanzler und Außenminister Gustav Stresemann, in die Politik zu gehen. Nach dessen frühem Tod 1929 Fortsetzung und Beendigung der juristischen Ausbildung mit dem Assessorexamen 1932, dann Sachbearbeiter bei einem Bankhilfeinstitut (Tilgungskasse für gewerbliche Kredite) von 1933–1938. Während dieser Zeit Studium des Dirigierens und der Orchestration. 1939 Auswanderung nach den USA, wo er seine dirigentische Ausbildung fortsetzte. Nach 1945 zuerst Musikberichterstatter bei der New Yorker Staatszeitung, dann bei verschiedenen Orchestern als Dirigent tätig, darunter dem »Toledo-Orchestra«, Toledo, Ohio, das er von 1949–1955 leitete. Nach Deutschland kam er zunächst als Gastdirigent zurück, wurde Intendant des Radiosymphonieorchesters, Berlin (1956–1959), und schließlich Intendant des Berliner Philharmonischen Orchesters (1959–1978), eine Position, die er nochmals kommissarisch von 1984–1986 übernahm. Mitarbeit in den fünfziger Jahren an einem Film über seinen Vater und Autor einiger Bücher, unter anderem »Mein Vater Gustav Stresemann« (1979) sowie »... und abends in die Philharmonie« (1981).

WOLFGANG STRESEMANN

Mein Vater, der Kanzler und Außenminister

Alltag im Hause Stresemann –
Eine Jugend im Scheinwerferlicht der Politik

Er begann im Bett. Seit Spätherbst 1918 grassierte an den Fronten wie in ganz Deutschland die Grippe, damals Angina genannt. Für viele unterernährte Menschen verlief sie tödlich, für meinen jüngeren Bruder und mich – meine Eltern blieben verschont – bedeutete sie: keine Schule, schön im Bett bleiben, Prießnitz-Umschläge sowie vom Arzt verschriebene »bittere Arzeneien«. Immerhin durfte ich am 9. November nachmittags, in einen Schlafmantel gehüllt, die revolutionären Ereignisse, wie sie sich aus der Sicht unserer Wohnung in der Tauentzienstraße 12a abspielten, vom geschlossenen Fenster aus beobachten.

Viel war es nicht. Ich sah einige Lastwagen, auf denen rote Fahnen schwenkende Menschen irgendwelche Parolen ziemlich gleichgültig reagierenden Passanten zuriefen.

Abends kam mein Vater nach Hause. Als ich ihm meine Beobachtungen mitteilte, erwiderte er erregt: »Aber in der Stadt war es anders, da haben sie den Roten zugejubelt, die Republik ist ausgerufen!«

An die tiefe – heute sagt man – Betroffenheit meines Vaters erinnere ich mich, wie wenn es heute wäre. Sein Zorn richtete sich besonders gegen »kaisertreue« Offiziere, die sich die Kokarden von den Aufständischen abreißen ließen oder es selbst taten, auch gegen hohe Beamte, wie den Polizeipräsidenten von Jagow, der, anstatt Widerstand zu organisieren, bei einem Bankier in der Tiergartenstraße Zuflucht gesucht hatte, mit der Begründung, sein Leben sei bedroht!

Der politische wie moralische Zusammenbruch von Adel und Bürgertum und der würdelose Verzicht vieler regierender Häupter hatten ihn schwer getroffen.

Bald ging es zurück in die Schule. In unserer Klasse, die sich aus Schülern der zusammengelegten Bismarck- und Joachim-Friedrich-Gymnasien zusammensetzte, wurde viel politisiert. Ein »Schülerrat« bildete sich, dem auch ich kurze Zeit angehörte, und eine Schülerzeitschrift *Discipulus* erschien, die es allerdings nur auf einige Ausgaben brachte. Grund für ihr frühes Ende war, wenn ich mich recht erinnere, der Vorwurf des »Sadismus« gegen Lehrer, sicherlich eine unberechtigte Anschuldigung, wenn ich an unsere »Pauker« zurückdenke.

Die meisten von ihnen setzten ihren »autoritären« Unterricht unbeirrt fort, ihr »Setzen« nach Eintritt in die stehende Schulklasse glich nach wie vor dem schneidigen Befehl eines schneidigen Feldwebels.

Zwei rühmliche Ausnahmen: unser Mathematik- und Physiklehrer Fuchs, der zu seinen Schülern eine menschliche Verbindung suchte und sogleich auch fand, und unser Geschichtslehrer Böhm, dem es auf geschichtliche Zusammenhänge ankam, der uns auf die Bedeutung von Cromwell und die Französische Revolution eingehend hinwies, ohne auf Geschichtszahlen großen Wert zu legen; dies im Gegensatz zu seinem Vorgänger Helmcke, bei dem das »Zahlengerüst«, das heißt die genauen Regierungszeiten von Karl dem Großen bis zum letzten »Römischen Kaiser deutscher Nation«, Franz II., sowie die einiger prominenter Päpste entscheidendes Gewicht besaß.

Da ich, von der Natur mit einem besonders guten Zahlengedächtnis ausgestattet, diese Zahlen herunterschnattern konnte, erhielt ich bei Helmcke stets eine »Eins«. Doch auch Böhm erkannte mein echtes Interesse für Geschichte und gab mir gute Noten. Nur einmal mißfiel ihm, daß ich die erbrechtliche Begründung Friedrichs des Großen für die Annexion von Schlesien nicht wußte bzw. sagte, daß der König eben dieses Gebiet seinem preußischen Staat einverleiben wollte.

Zweimal wurde der Schulbesuch jäh unterbrochen. Als sich in den ersten Monaten des Jahres 1919 wirkliches revolutionäres Geschehen anbahnte – nämlich der Versuch der Linken, in Deutschland eine Räterepublik zu errichten – und es in allen Teilen Deutschlands, insbesondere im Zentrum von Berlin, zu blutigen Kämpfen kam, schickte mein Vater die Familie in den Harz, zumal er selbst wegen des einsetzenden Wahlkampfes nicht in Berlin sein konnte. Er kandidierte damals im westlichen Hannover, schrieb meiner Mutter regelmäßig über seine Wahlversammlungen, zum Beispiel über die haßerfüllten Angriffe seiner Gegner in der bürgerlichen Linken, daß er in Nordhorn fast ums Leben gekommen wäre, und äußerte sich erfreut über einen Bericht, den ich ihm über eine sozialdemokratische Wahlversammlung in Braunlage gegeben hatte, wo es relativ sittsam und gemäßigt zuging.

Dann muß ich noch eine zweite, diesmal ganz kurze Unterbrechung erwähnen. Am Freitag, dem 12. März 1920, wurde ich in der Kaiser-Wilhelm-Gedächtniskirche eingesegnet. Aus diesem Anlaß hatte mein Vater einige Freunde und Bekannte der Familie zu einem Abendessen eingeladen, wollte nicht gestört werden und stellte, was damals möglich war, kurzerhand das Telefon ab. Am nächsten Morgen fand der Kapp-Putsch statt. Vergeblich, das hörten wir später, war am Vorabend mein Vater immer wieder angerufen worden, um ihn von dem geplanten Abenteuer zu unterrichten und ihn zu bitten, seinen damals erheblichen Einfluß in den Rechtskreisen geltend zu machen, um sie von ihrem Vorhaben abzuhalten.

So nahm das Unheil seinen Lauf. Mein Vater, der am frühen Morgen von dem Putsch und der Flucht des Reichspräsidenten wie der sozialdemokratisch geführten Regierung erfuhr, erwartete Schießereien und hielt es für geboten, meinen Bruder und mich zu Hause zu halten. Dort versammelten sich Mitglieder seiner Partei zu tagelangen Beratungen, denen heimlich zuzuhören ich mir nicht versagen konnte. So erfuhr ich gleichsam aus erster Hand, daß mein Vater das Vorgehen von Kapp für hellen Wahnsinn hielt. Er befürchtete, daß nach dem Scheitern des dilettantischen Putsches Linksradikale und Kommunisten – schon war der Generalstreik ausgerufen – Berlin »übernehmen« würden, und versuchte daher, mit allen Mitteln eine glimpfliche Kapitulation der Putschisten herbeizuführen, was ihm auch mit Hilfe von Parlamentariern aus anderen Parteien gelang.

Ein unerhört aufregendes Wochenende ... dann ging es wieder in die Schule.

In meiner Klasse spielte aber nicht nur die Geschichte, sondern auch die Musik eine Rolle. Bedeutende Ereignisse wurden tagelang diskutiert. Als der berühmte Tenor Josef Mann während einer »Aida«-Vorstellung tot zusammenbrach und die Darstellerin der Titelrolle, die nicht minder berühmte Barbara Kemp, neben ihm in Ohnmacht fiel, gab es in der Klasse größte Aufregung sowie Belehrung für die, die nichts wußten oder denen die damaligen Opernstars (oder die Oper überhaupt) unbekannt waren.

Ein anderes die Klasse tief beeindruckendes Erlebnis: der unerwartete Tod Arthur Nikischs, des (nach Hans von Bülow) zweiten Spitzendirigenten des Berliner Philharmonischen Orchesters, der auch das Leipziger Gewandhausorchester leitete und dort an den Folgen einer sich plötzlich verschlimmernden Grippe Anfang Januar 1921 starb.

Ich verdanke es meiner Mutter, die übrigens eine sehr schöne Sopranstimme besaß und bis weit in die zwanziger Jahre Gesangsunterricht nahm, daß ich schon als »Pennäler« viele Konzerte wie Opernauffüh-

Dr. Gustav Stresemann im Garten des Auswärtigen Amtes. *(Keystone)*

rungen besuchen konnte. Lebhaft erinnere ich mich an eine der ersten
Aufführungen der »Frau ohne Schatten« von Richard Strauss, ein Werk,
dessen Textbuch mir lange unverständlich blieb, wie die Berliner Erstauf-
führung der »Alpensymphonie«, ebenfalls von Strauss, ein – trotz gegen-
teiliger Auffassung des Komponisten – weniger inspiriertes Opus, das den
Vergleich mit anderen symphonischen Dichtungen dieses genialen Musikers nicht aushält. Ich bin ihm im Hause meiner Eltern übrigens persönlich
mehrfach begegnet.

Im Frühjahr 1922 ging die Schulzeit mit dem Abitur zu Ende. Direktor
Bottermann hielt in Gegenwart der Eltern, auch der meinigen, eine flam-
mende Abschiedsrede, die er auch hätte während der Kaiserzeit halten
können; das neue republikanisch-demokratische Deutschland fand darin
keine Erwähnung. Auch aus heutiger Sicht kann ich nur wiederholen – die
sogenannte Novemberrevolution hatte zwar zur Ausrufung der Republik
wie zu einer fast zu weit gehenden demokratischen Verfassung geführt,
aber der Lehrer- und Beamtenapparat, eine der tragenden Säulen des
Bürgertums, hatte sich in seiner Grundauffassung kaum geändert. Die
meisten Jugendlichen, vor allem die Studenten, zeigten alles andere als
revolutionäre Begeisterung.

Mit Friedrich Ebert, dessen staatsmännische und menschliche Größe
immer noch nicht voll gewürdigt wird, war ein Reichspräsident gewählt,
dem es an Würde und Weitsicht nicht fehlte, der aber nicht – wie später
Churchill oder de Gaulle – mitzureißen vermochte, der im Zeichen dro-
hender Niederlage oder des nationalen Notstandes das noch immer dar-
bende Volk zusammenhalten, zu einer verschworenen Gemeinschaft hätte
aufrufen können. Überdies wurde die junge deutsche Demokratie von den
in einer Demokratie lebenden Alliierten schmählich im Stich gelassen.
Die vierzehn Punkte Wilsons erwiesen sich im Versailler Friedensdiktat als
leere Zusagen, man behandelte die deutschen Vertreter bei Entgegen-
nahme der Friedensbedingungen fast wie Parias. War es verwunderlich,
daß der republikanisch-demokratische Gedanke nicht Wurzeln schlug,
daß die Mehrheit, die für die Weimarer Verfassung gestimmt hatte, sich
bereits Mitte 1920 bei den ersten Reichstagswahlen in eine Minderheit
verwandelte?

Unglücklich auch die Abschaffung der Fahne, unter der das Heer gekämpft hatte. Wie oft konnte man nun hören: »Schwarz ist die Zukunft, rot
die Gegenwart, golden war die Vergangenheit.« Auch bei uns zu Hause
blieb es bei »Schwarz-Weiß-Rot«, obwohl mein Vater, ehemaliger Reform-
Burschenschafter und glühender Anhänger der Revolution von 1848, die
alten-neuen Reichsfarben »Schwarz-Rot- Gold« stets hoch in Ehren hielt.

Wann immer wir vor November 1918 die Ferien am Strand der Nord- oder Ostseeküste verbrachten, achtete er streng darauf, daß beide Flaggen gehißt wurden; nicht selten war es gar nicht einfach, eine schwarzrotgoldene Fahne zu erhalten.

Erst ganz allmählich fand er einen inneren Zugang zur Weimarer Republik und ihrer Verfassung. Ein erster Schritt war getan, als Ebert das Deutschlandlied zur Nationalhymne bestimmte. Alsbald galt es, die Bedrohung dieser Republik durch Mörder abzuwenden, denen zuerst der Zentrumsführer Erzberger, dann Walther Rathenau, der deutsche Außenminister, zum Opfer fielen. Die Nachricht von der Ermordung Rathenaus traf meinen Vater zutiefst; seine Erschütterung werde ich nie vergessen. In Erinnerung steht auch die gewaltige Protestkundgebung, die unter anderem durch die Tauentzienstraße führte. Unsere Fensterrolläden mußten heruntergelassen werden, da man Aufruhr und Gewaltanwendung befürchtete. Als ich die Rollade eines kleinen Seitenfensters für einen Augenblick hochzog, ballten sich sofort Fäuste.

Nun stimmte auch die Deutsche Volkspartei, die Partei meines Vaters, für ein Gesetz zur Sicherung der Republik, zu der es sowieso keine Alternative gab, und endlich setzte sich die Erkenntnis durch, daß man mit Haßgefühlen gegen den »Erbfeind« Frankreich am Ende in eine Sackgasse geraten werde, daß noch so berechtigte Emotionen weder in der Innennoch in der Außenpolitik weiterführen würden. Mein Vater wies von der Reichstagstribüne darauf hin, daß aufgrund der riesigen Reparationen Frankreich und Deutschland, Gläubiger und Schuldner, sich in einer Art Schicksalsgemeinschaft befänden.

Als Rathenau und Loucheur wegen deutscher industrieller Leistungen an Frankreich verhandelten und ich deswegen meinen Vater befragte, meinte er, daß eine wirtschaftliche Verbindung beider Länder vielleicht einmal auch zu einer politischen Allianz führen könne; aber, so fügte er hinzu, um dies zu erreichen, werde noch lange Zeit verstreichen ...

Dem Abitur folgte das Universitätsstudium, das damals – von Ausnahmen abgesehen – nur Söhnen und Töchtern einigermaßen begüterter Eltern möglich war. Wenn auch meinem Bruder und mir der Besuch der Universität offenstand, bedeutete dies keineswegs, daß die Familie, wie oft behauptet, dank einer angeblich großen Mitgift meiner Mutter sich in einer besonders günstigen finanziellen Lage befand. Diese fünfstellige Mitgift in Form einer Hypothek zerrann während der Inflation. Daß das Einkommen meines Vaters als Kanzler und später als Außenminister (er hatte sofort seine Aufsichtsratsposten niedergelegt) geringer war als zuvor, sei am Rande vermerkt.

Gewiß, die Wohnung meiner Eltern in der Tauentzienstraße gehörte zu den modernsten jener Zeit – sie zogen 1910 dort ein – und eignete sich vortrefflich für jene repräsentativen Aufgaben, die die allmählich an Bedeutung wachsende Stellung meines Vaters mit sich brachte. Aber trotz einer Köchin und zwei Hausgehilfinnen (die es noch in den meisten bürgerlichen Haushaltungen gab) hatte ich niemals den Eindruck, daß aus dem vollen gewirtschaftet wurde. Im Gegenteil, es ging zu Hause stets einfach zu. Keine aufwendigen Mahlzeiten. Unsere Anzüge, wenn abgetragen, wurden gewendet, zu diesem Zwecke kam eine Schneiderin ein- bis zweimal im Jahr ins Haus; desgleichen ein Schuhmacher, ein Berliner Original, der die Schuhe so lange wie möglich mit neuen Sohlen und Absätzen versah.

Meine Mutter, die sich – übrigens auch später in der Villa des Außenministers – um jede Kleinigkeit im Haushalt selbst kümmerte, war ein Muster an Sparsamkeit. Lange Zeit ließ sie sich ihre Abendkleider von einer Schneiderin aus selbstgekauften Stoffen nähen; ich erinnere mich an Anproben, die nicht immer sogleich zu ihrer Zufriedenheit ausfielen.

Ein lustiger und zugleich bezeichnender Vorfall: Eines Spätnachmittags kam sie nach Hause und sagte ihren »drei Männern« (mein Vater war bereits anwesend), sie habe – ich glaube, im Fenster eines Geschäfts in der Nürnberger Straße – ein herrliches, aber viel zu teures Kostüm gesehen. Sie beschrieb hingerissen Farbe und Schnitt, aber monierte den Preis. Später nahm mich mein Vater zur Seite, gab mir Geld und schickte mich in das Geschäft, um das Kostüm zu kaufen. Die Freude war riesig, als ich mit dem Kleidungsstück zurückkam, aber gleich groß das Entsetzen, als ich sagte, den im Fenster genannten Preis bezahlt zu haben. Meine Mutter hatte nämlich versucht, den Preis herunterzuhandeln, und verabredet, am nächsten Tag wiederzukommen, in der offenbar begründeten Hoffnung, das Kostüm dann billiger erwerben zu können. Nun hatte mein Vater seine Frau durch den ältesten Sohn überboten!

Zurück zum Studium. Trotz meiner Hinneigung zur Musik empfahl mein Vater mir das Studium der Rechte, dies insbesondere im Hinblick auf meine stets lebhaft bekundete Anteilnahme an der Politik, speziell an seinen politischen Auffassungen. Aus ihm »strömte« Politik, wie es schon damals oft hieß, sie war Hauptgesprächsthema im Hause Stresemann, sogar während der Mahlzeiten. Noch spätabends telefonierte er des öfteren mit politischen Freunden, manchmal diktierte er ganze Aufsätze durchs Telefon, und ich hörte gebannt zu. »Ich rate dir, Jura zu studieren«, so mein Vater, »denn ich weiß nicht, ob du so begabt bist wie dein Vater, der es auch ohne dieses Studium weit gebracht hat.«

Ich gestehe, daß mich lediglich das Studium des Staatsrechts, des Strafrechts und des Arbeitsrechts wirklich interessierte, während mir Zivilrecht und noch mehr das Zivilprozeßrecht fremd blieben. Gerne erinnere ich mich an die großen Berliner Professoren Kohlrausch (Strafrecht), Triepel (Staatsrecht) und Stammler (Einführung in die Rechtswissenschaft), während ich die Vorlesungen des würdigen Professors Kipp (Römisches Recht) und des faszinierend überragenden Martin Wolff (Handelsrecht) weniger fesselten. In Heidelberg, wo ich vom Frühjahrssemester 1923 an studierte, folgte ich Graf Dohna (Strafrecht) und Professor Anschütz (Staatsrecht) mit glühendem Interesse, deren Vorlesungen zwischen 8 und 9 Uhr bzw. 12 und 1 Uhr stattfanden. Dazwischen besuchte ich Vorlesungen von Prof. Heinsheimer (Sachenrecht), Prof. Neubauer (Familienrecht) und des oft sehr witzigen Prof. Endemann (Erbrecht).

Der Tag war ausgefüllt. Mittags und abends ging es auf das Haus der »Rupertia«, einer sogenannten »schwarzen«, also nicht farbentragenden Verbindung. Den Nachmittag in meinem gemieteten Zimmer in der Ziegelhäuser Landstraße (jenseits des Neckars, fast gegenüber der Schloßruine) nutzte ich zum Komponieren. Damals arbeitete ich an meiner ersten Symphonie, im Rückblick keine allzu schlimme »Jugendsünde«.

Mein Vater hatte mir ein kleines Konto eingerichtet, das aber bald nicht mehr ausreichte; nicht weil ich verschwenderisch lebte (nur einmal fuhr ich nach Darmstadt, um Pfitzners Kantate »Von deutscher Seele« zu hören), sondern weil die wachsende Inflation zu immer höheren Preisen führte. Lange Schlangen bildeten sich vor den Banken, schon bedeuteten hunderttausend Mark keine gewaltige Summe mehr. Ohne daß ich darum bat, füllte mein Vater rechtzeitig das Konto, ich fürchte, es war nicht das einzige Mal. Zweimal kam er nach Heidelberg, düster seine Stimmung. Die Franzosen waren im Januar 1923 widerrechtlich ins Ruhrgebiet einmarschiert, die zur Rechten neigende Deutsche Regierung Cuno hatte den »passiven Widerstand« ausgerufen, der auch befolgt wurde, aber die Gold- und Devisenreserven der Reichsbank aufzehrte, da alle am passiven Widerstand beteiligten Arbeiter und Angestellten von Berlin aus bezahlt werden mußten.

Wie sollte die hierdurch noch mehr angeheizte Inflation unter Kontrolle gebracht werden, wie konnte es überhaupt weitergehen?

Die Versuche meines Vaters, die Regierung zu bewegen, einen Ausweg zu finden oder auch nur anzustreben, blieben vergeblich. Kein Wunder, daß er sich bei seinem zweiten Besuch äußerst pessimistisch äußerte.

Abends waren wir mit Hjalmar Schacht zum Essen verabredet, dem späteren Reichsbankpräsidenten und Finanzgewaltigen unter den Nazis.

Auch er war düsterer Stimmung, aber primär aus einem anderen Grund. Er hatte sich zuvor mit seiner überaus »gebieterischen« Ehefrau verabredet und diese Verabredung aus irgendwelchen Gründen nicht einhalten können. Nun vernahm er, daß diese inzwischen im Hotel eingetroffen, aber nicht zu bewegen war, an dem Abendessen teilzunehmen. Offenbar grollte sie. Schacht sah mehrfach auf die Uhr und verließ alsbald den Tisch, ohne die Diskussion über die verfahrene Lage an Rhein und Ruhr fortzusetzen.

Diese wurde immer bedrohlicher, galoppierende Inflation, erste Anzeichen eines abbröckelnden passiven Widerstandes ...

Anfang August verließ ich Heidelberg, ohne sicher zu sein, ob ich ein weiteres Semester in der so herrlich gelegenen Stadt verbringen würde. Die nächtliche Rückreise dritter Klasse (der heutigen zweiten Klasse), damals nur mit Holzbänken »ausgestattet«, war nicht gerade komfortabel, entsprach aber der zu Hause herrschenden Sparsamkeit.

Dort dachten meine Eltern nicht an die sonst gewohnten Ferienvorbereitungen. Die Stimmung meines Vaters verriet bedrückte Spannung. Nun waren wir fast alle »Millionäre«. Ich erinnere mich, wie mein Vater einen Haufen von Geldscheinen – die eine Seite nannte riesige Beträge, die andere war weiß – in ein Buch seiner umfangreichen Bibliothek legte, um im Bedarfsfall Geld zu haben. Dieser Fall trat schnell ein. Ich sehe meinen Vater noch, wie er das Buch suchte, ohne es zu finden, wie sich mein Bruder und ich an der Suche beteiligten – ohne Erfolg.

Viel ernster das Geschehen an der Ruhr, wo der passive Widerstand immer weniger Wirkung zeigte und nur noch zum Teil befolgt wurde. Dazu eine Reichsregierung, die auf ihrem alten Kurs beharrte. In der zweiten Augustwoche hielt mein Vater eine Rede im Reichstag, der ich, wie häufig, von der Tribüne aus beiwohnte. Es herrschte im auffallend gut besuchten Plenum bemerkenswerte Ruhe, wie sie sonst nur bei Reden des Kanzlers oder eines bekannten Ministers üblich war. Später hörte ich, daß man in meinem Vater den kommenden Reichskanzler sah und daher seinen Ausführungen besondere Aufmerksamkeit schenkte.

In der Tat: Cuno trat wenige Tage später zurück, und Reichspräsident Ebert beauftragte Gusav Stresemann mit der Regierungsbildung. Bald darauf saß ich – diesmal mit meiner Mutter – wiederum auf der Tribüne, um seine Antrittsrede zu hören.

Das Erbe, das mein Vater antrat, war fürchterlich. Der Kampf an der Ruhr war verloren, die Franzosen verlangten den sofortigen Abbruch des passiven Widerstandes, mein Vater mußte »kapitulieren«. Die Unruhe in dem von der galoppierenden Schwindsucht der Währung geplagten Land wuchs von Tag zu Tag. In Bayern, das sich de facto vom Reich ablöste, putschte Hitler, wenn auch ohne Erfolg. In Sachsen und Thüringen unterminierten kommunistische Regierungsmitglieder die Autorität der Regierung in Berlin. Das Rheinland drohte mit Loslösung von Preußen und damit von der Reichshoheit; nicht nur die üble von den Franzosen unterstützte Separatistenbewegung unter Dorten, sondern auch führende Politiker und Wirtschaftler befürworteten die Trennung.

Es ist hier nicht der Platz, die wechselvolle, nur 103 Tage dauernde Kanzlerschaft meines Vaters im einzelnen darzustellen; daß es damals gelang, das allgemein erwartete *finis Germaniae* abzuwenden und die Einheit des Reiches zu erhalten, bleibt mir auch heute fast unbegreiflich.

Die Tage in der Reichskanzlei, in die die Familie Stresemann am 17. September 1923 umzog, können kaum als »Alltag« bezeichnet werden. Unvergessener dramatischer Höhepunkt: die Kabinettsitzung unter Vorsitz des Reichspräsidenten Ebert in der Nacht vom 8. zum 9. November 1923, als es darum ging, auf den Hitlerputsch zu reagieren. Mein Vater war fest entschlossen, in Berlin zu bleiben und sich den Revolutionären zu stellen. »Ich gehe nicht nach Stuttgart«, erklärte er, wie es die Reichsregierung 1920 beim Kapp-Putsch getan hatte.

Ruhiger gestalteten sich die Monate und Jahre in der Villa des Außenministers in der Budapester Straße, in die wir am Jahresende 1923/24 übersiedelten, nachdem mein Vater, der nach seinem Sturz als Kanzler seine politische Karriere als beendet angesehen hatte, im neuen Kabinett Marx Außenminister geworden war. In diese Villa, die einst Herbert von Bismarck, dem Sohn des Eisernen Kanzlers, als Amtssitz gedient hatte, verlebte die Familie Stresemann trotz aller schwierigen politischen Probleme glücklichere Zeiten.

Es ging, wenn auch langsam, wieder aufwärts, politisch wie wirtschaftlich und – sehr rasch – in kultureller Hinsicht. Die vorläufige Regelung der Reparationsfrage (Dawesplan), der Abschluß des Locarno-Vertrages (erste Vision einer deutsch-französischen Versöhnung und damit eine neue Richtung in der deutschen Außenpolitik!), der Eintritt Deutschlands in den Völkerbund mit dem anschließenden Treffen von Thoiry, bei dem Aristide Briand, der französischen Außenminister, und sein deutscher Kollege eine schnelle Liquidation der Folgen des Ersten Weltkrieges ins Auge faßten, all dies stimmte optimistisch. Die neue deutsche Währung blieb stabil, ausländisches Kapital unterstützte (vielleicht in zu hohem Maße) den nun einsetzenden wirtschaftlichen Aufschwung.

Kurzum, der »Silberstreifen am Horizont« vergrößerte sich deutlich. Sicherlich ist es unrichtig, ganz allgemein von den »goldenen Zwanzigern« zu sprechen. Aber was sich kulturell, vor allem in Berlin und anderswo abspielte, verdient auch heute noch das Prädikat »Gold«. Es vergoldete in der Tat den »Weimarer Alltag«.

Für diese kurze, aber äußerst intensive Blütezeit auf allen Gebieten der Kunst gab es vornehmlich zwei Gründe. Mit dem Zusammenbruch der österreichisch-ungarischen Doppelmonarchie hatte Wien einen großen Teil seines Hinterlandes eingebüßt und damit notwendigerweise an Bedeutung verloren, während Berlin mit seinen rund vier Millionen Einwohnern, Hauptstadt eines ungeteilten Deutschlands, nunmehr Anziehungspunkt auch für Wiener Kunst und Künstler geworden war. Dann war es die Kunstszene selbst, die Berlin begünstigte. Neue schöpferische wie nachschöpferische Ideen hatten schon vor dem Ersten Weltkrieg Aufmerksamkeit und natürlich auch Widerspruch ausgelöst, konnten sich aber wegen des Kriegsgeschehens kaum entfalten. Nun, nach Kriegsende, kam es immer stärker zur großen Auseinandersetzung zwischen Alt und Neu. Gab es hierfür einen besseren Schauplatz als die alte deutsche Hauptstadt?

Schon Goethe bezeichnete ihre Einwohner als »verwegen«, wörtlich: »abseits vom Wege«, im weiteren Sinne »kühn«, »an neuen Wegen interessiert«. In der Tat, Neuerungen jeglicher Art haben in Berlin fast immer starken Widerhall gefunden, wie dies nun auch in jenen fast schon legendär gewordenen »zwanziger Jahren« geschah, als sich Tradition und »Avantgarde« gegenüberstanden.

Einige wenige Beispiele. Im Berliner Musikleben, in dem während der ersten beiden Jahrzehnte dieses Jahrhunderts Richard Strauss und Pfitzner dominierten, drängten alsbald der aus Wien übergesiedelte Arnold Schönberg, später Paul Hindemith – aus dem Frankfurter Umkreis stammend – nach vorne. Bartók und Strawinsky waren häufige Gastsolisten und Interpreten ihrer eigenen Werke, die mit ebenso großem Beifall wie heftigem Zischen aufgenommen wurden. Die erste atonale Oper, Alban Bergs »Wozzeck«, fand in der Staatsoper Unter den Linden ihre Uraufführung, damals eine gewaltige Sensation. Auf nachschöpferischem Gebiet: Furtwängler und Bruno Walter, die »Spätromantiker«, ihnen gegenüber Otto Klemperer, der, Toscanini ähnelnd, großartig-notengetreu, ohne jegliche Temposchwankungen, im Ausdruck eher zurückhaltend, dirigierte.

In den führenden Theatern der oftmals prunkvoll inszenierende Max Reinhardt, auf der anderen Seite Leopold Jessner, Generalintendant der Staatsbühnen, der »Revolutionär«, der eine »Treppe« als einziges Szenarium benutzte, der erste den »Hamlet« verfremdende Regisseur. – In der Malerei: Kandinsky, der eine Zeitlang in Dessau wirkte, versus Liebermann, um nur ein Beispiel zu nennen. Die neue Architektur mit Gropius,

Mies van der Rohe und Poelzig an der Spitze setzte sich gegen die traditionellen Bauweisen durch.

Berlin war aber auch ein Zentrum der Filmkunst, insbesondere des stummen Films mit enormer Spannweite: auf der einen Seite der noch lange beeindruckende kubistische Streifen »Das Kabinett des Dr. Caligari«, auf der anderen »Fridericus Rex«, dessen Riesenerfolg auch als Protest gegen die Siegermächte und Versailles mit dem Verbot einer deutschen Wehrpflicht zu werten war.

Schließlich die leichte Muse: die großen Alten von Franz Lehár bis Leo Fall, auf der Gegenseite die *Dreigroschenoper* von Brecht und Weill, die sich trotz vieler Einwände schnell durchsetzte. Man nahm diese kulturelle Vielfalt – die Stadt besaß eine Zeitlang vier Opernhäuser und mehr als dreißig Sprechtheater – als selbstverständlich hin. Lord D'Abernon, britischer Botschafter in Berlin, spricht in seinen Erinnerungen von einer kulturellen Hochblüte, wie sie es in der Welt nie zuvor gegeben habe und auch nicht wieder geben werde. Er hat recht. Selbst wenn sich alle großen Künstler wieder in Berlin ansiedeln würden, es wird keine »zwanziger Jahre« mehr geben, schon weil es an jenem besonderen, jüdisch durchsetzten Publikum fehlt, das – übrigens in beiden Lagern vertreten – fasziniert mitging und für die so wichtigen Impulse sorgte, die Kunst und Künstler zu allen Zeiten benötigen.

Noch einige Worte zum damaligen gesellschaftlichen Leben. Nachdem 1923/24 das Schlimmste überwunden und Ruhe eingekehrt war, mußten meine Eltern an Repräsentationspflichten denken, die auch in einer Republik ihre Bedeutung besitzen. Da ist zum Beispiel von zahlreichen Einladungen an Mitglieder des diplomatischen Korps zu berichten. Meist handelte es sich um spätabendliche Diners, bei denen selbstverständlich auch prominente Berliner Gäste, auch jüngere Ehepaare, zugegen waren. Mein Vater, von Natur durchaus gesellig, nahm gerne Einladungen an, vorausgesetzt, daß man sich klug und amüsant unterhielt. Er liebte es, wenn sich bei besonderen Gelegenheiten, wie Geburtstagen oder Silvesterfeiern, Gäste einfanden, traf sich oftmals – im Bühnenklub oder zu Hause – mit Künstlern und freute sich stets, wenn die Jugend in der »Villa« zusammenkam.

Meine Mutter, die natürlich die Hauptlast für alle Geselligkeiten zu tragen hatte, folgte der zu jener Zeit üblichen Sitte, einmal in der Woche einen nachmittaglichen »Jour fixe« zu geben, zu dem in der Regel weit über hundert Personen kamen. Mit einem sehr guten Namengedächtnis ausgestattet, begrüßte sie jeden Besucher ohne weitere Vorstellungsmodalitäten mit Namen, überwachte stets selbst alle Vorbereitungen für einen

solchen Empfang und sah darauf, wo nötig, daß sich ihre Gäste kennen-
lernten. Hierbei halfen ihr bisweilen junge Attachés, die das Auswärtige
Amt sandte, um sie für spätere Repräsentationsaufgaben ein wenig zu
schulen.

Allgemein wurde anerkannt, daß meine Mutter ihre Aufgabe als »hostess«
leicht, zuweilen auch schlagfertig löste. Ein kleines Beispiel: Eine ältere
Dame, die noch zur kaiserlichen Gesellschaft gehörte und entgegen den
üblichen Gepflogenheiten zu fast allen Empfängen kam, bemerkte beim
Anblick eines Attachés wohl ein wenig hämisch: »Nun, immer wieder ein
anderer Attaché!« Meine Mutter sogleich: »Was würden Sie sagen, wenn
es immer derselbe wäre?« – Die Fragestellerin verschwand sehr schnell
unter den Gästen ...

Die schwere Erkrankung meines Vaters kurz vor seinem fünfzigsten
Geburtstag und seine nur teilweise Genesung führten zur Einschränkung
aller gesellschaftlichen Verpflichtungen. Mit seinem sich allmählich ver-
schlechternden Gesundheitszustand verdüsterte sich auch der innen- und
außenpolitische Horizont. In Paris torpedierte Poincaré, der französische
Ministerpräsident, die Vereinbarungen seines eigenen Außenministers
Briand. In Berlin hetzte Hugenberg gegen die Republik und insbesondere
gegen die Außenpolitik meines Vaters. In einer letzten langen, kräftever-
zehrenden Konferenz im Haag, bei der ich anwesend war, setzte mein
Vater eines seiner Hauptziele, die vorzeitige Räumung der Rheinlande,
durch. Kurz danach beschwor er in seiner letzten Völkerbundrede die
Vision eines wirtschaftlich geeinten Europas. Noch am letzten Tage seines
Lebens rettete er die Regierung, die sich aus Sozialdemokraten und den
Mittelparteien zusammensetzte.

Als man ihn im Wintergarten der »Villa« aufbahrte, kam auch jener
zuvor erwähnte Schuhmacher mit Tränen in den Augen, sah die Unzahl
von Kränzen und erklärte, als er von der bevorstehenden Überführung des
Sarges in den Reichstag hörte, tief bewegt: »Na, det wird 'ne Fuhre.«

Die Totenwache hielten vier junge Mitglieder des Auswärtigen Amtes.
Als einer von ihnen plötzlich von einem Unwohlsein betroffen wurde,
nahm mein Bruder seinen Platz ein.

Nach dem Tode meines Vaters kündigte sich die große Weltwirtschaftskrise bald an, die Zahl der Wähler radikaler Parteien wuchs. Hauptmanns
Vor Sonnenuntergang, eine der letzten unvergeßlichen Reinhardt-Inszenie-
rungen, besaß symbolträchtige Bedeutung. Während meiner Tätigkeit als
Referendar spürte ich hier und da einen Vorgeschmack kommender Dinge,
wenn auch die Mehrzahl der Richter und Staatsanwälte, denen ich zugeteilt war, keine Nazianhänger waren. Aber dann wurde Brüning als Reichs-

kanzler schmählich vom Reichspräsidenten Hindenburg entlassen und
ließ sich dies auch gefallen, obwohl er im Reichstag über eine Mehrheit
verfügte. Sein Nachfolger von Papen hingegen vertrat im Parlament nur
eine kleine, erzkonservative Minderheit. Mit ihm begann das Verhängnis.

In den letzten Monaten 1932 war ich in England, um meine Sprach-
kenntnisse zu verbessern. Dort wie in Deutschland kam noch einmal
Hoffnung auf, als die Nazis bei den Dezemberwahlen 1932 über zwei
Millionen Stimmen verloren. Der Zufall wollte es, daß ich am 30. Januar
1933 nach Berlin zurückkehrte. Als abends in der Zeitung zu lesen war,
daß ein Koalitionskabinett Hitler–Papen–Hugenberg gebildet sei, ahnten
die wenigsten – auch ich nicht –, daß es sehr bald keinen »Alltag in der
Weimarer Republik« mehr geben würde.

Anton Zischka

Am 14. September 1904 in Wien geboren. War dort zunächst Mitarbeiter der *Reichspost* (1923), dann als Redakteur der Wiener *Neuen Freien Presse* und als Europakorrespondent für verschiedene Zeitungen der USA, Dänemarks und Deutschlands tätig (1924–1929). 1929 machte er seine Pilotenprüfung, wurde Weltreisereporter für *L'Intransigeant* und für *Paris Soir*. Als freier Schriftsteller verlegte er schließlich seinen Wohnsitz auf Mallorca. Sein erstes Buch, *Le Monde en Folie*, erschien 1932, sein letztes, *Die alles treibende Kraft. Weltgeschichte der Energie*, 1988. Schrieb dazwischen etliche andere Bücher, machte Datensammlungen, wirtschaftliche und politische Analysen für verschiedene Unternehmer und unternahm viele Vortragsreisen in Deutschland und der Schweiz.

ANTON ZISCHKA

Das Weimarer Saatbeet

Erfindungen, Entwicklungen und Erfolge, von denen man noch heute
spricht, aus einer Zeit, über die man lieber schweigt

Die Weimarer Republik ist durch Parteienkompromisse zustande gekommen.

Ihre am 14. August 1919 in Kraft getretene Verfassung hat deshalb einen
Parteienstaat geschaffen, und zur Reichstagswahl von 1928 zum Beispiel
traten 31 Parteien an, vierzehn zogen in den Reichstag ein. In England gab
es damals drei Parteien, in den Vereinigten Staaten zwei. In Polen allerdings siebzehn. Und so hat es durch Mißtrauensanträge während der
vierzehn Jahre der Weimarer Republik zwanzig Regierungen gegeben.

Danach wird sie beurteilt. Sie ist untergegangen, und so gilt die Zeit von
1919 bis 1933 als Periode des Versagens. Nur an ihre Rolle beim Großwer-
den des Nationalsozialismus wird gedacht.

Aber in dieser Zeit haben auch hervorragende deutsche Forscher gelebt
und große, global denkende Organisatoren. Da ist eine Saat gesät worden,
die Deutschlands Überleben nach 1945 ermöglicht hat und ohne die nicht
nur das heutige Deutschland, sondern die heutige Welt undenkbar sind.

Ich habe erlebt, wie das geschah, denn durch meinen Beruf bin ich in
engen persönlichen Kontakt mit Nobelpreisträgern wie Fritz Haber, Carl
Bosch, Friedrich Bergius, Hermann Staudinger und Ernst Ruska gekommen. Ich habe diese wie den Gründer der Vereinigten Stahlwerke, Alfred
Vögler, und den der I. G. Farben, Friedrich Carl Duisberg, bei ihrer Arbeit
gesehen und als Menschen kennengelernt. Ebenso den Luftfahrtpionier
Hugo Junkers und heute nicht mehr Bekannte wie den Mikropaläontolo-
gen Johannes Weigelt, durch den Foraminiferen zu Leitfossilien geworden sind und mit dessen Hilfe mehr Öl gefunden worden ist als in der
gesamten Zeit vor ihm. Die Arbeit all dieser »Weimaraner« wirkt weiter,
und von dem »Brot aus der Luft«, das Haber und Bosch geschaffen haben,
werden Hunderte und aber Hunderte Millionen Menschen noch dann

leben, wenn niemand mehr weiß, daß es einmal eine Weimarer Republik gegeben hat.

Daß ich miterlebte, wie damals durch den Zwang der Notwendigkeit neu gedacht und neu gearbeitet werden mußte, liegt, wie gesagt, an meinem Beruf und daß ich seit meinem zwanzigsten Lebensjahr in diesem Beruf tätig bin. Die Möglichkeit, ihn ergreifen zu können, verdanke ich verschiedenen Glücksfällen, zu denen gehört, daß ich mehrsprachig aufwuchs. Im Jahr 1904 im damals kaiserlichen Wien als einziges Kind meiner Eltern geboren, verbrachte ich meine frühe Jugend am Erzherzog-Karl-Platz, in einem nur durch einen großen Park von der Donau getrennten Mietshaus, weil das unweit der österreichischen Siemens-Schuckert-Werke lag, in denen mein Vater arbeitete. Der sollte, wie mein Großvater, Goldschmied werden, begeisterte sich aber für die im Aufstieg begriffene Elektrizität und stieg mit ihr, aber ganz aus eigener Kraft, vom Elektriker zum stellvertretenden Betriebsleiter auf.

Das Haus gehörte einem ehemaligen Kavallerieoffizier, der aus dunkel gebliebenen Gründen seinen Dienst in einem Nobelregiment quittierte und »Großfuhrwerksbesitzer« wurde. Herr von Stromer hatte in unserem riesigen Hinterhof Stallungen für etwa 120 Paar Pinzgauer, Percherons und schwere flämische Zugpferde bauen lassen, darüber Schlafsäle für seine Kutscher, und davor gab es Platz genug für seine Lastwagen. Seine Mieter machte das zu Kurzschläfern, denn wenn die Kutscher um fünf Uhr morgens mit dem Anschirren begannen, geschah das nicht gerade leise.

Aber nicht mehr nur die Gewohnheit des frühen Wachwerdens (und damit bis zum Aufstehen einer Zeit des »Ruminierens«, der Einfälle und des halb instinktiven Erkennens von Zusammenhängen und Hintergründen) verdanke ich unserem Hausherrn. Wohlhabend genug, um sich in der Kriau Rennpferde zu halten, war Herr von Stromer eng mit Frau Anna Sacher befreundet, der Erbin des Wiener Luxushotels, und da er 1913 mein Firmpate war, veranlaßte er Frau Sacher, meine Firmpatin zu sein. Diese wiederum besaß gute Beziehungen zum Klosterneuburger Chorherrn Friedrich Piffl, der gerade Fürst-Erzbischof von Wien geworden war (und 1914 Kardinal wurde), und Herr von Stromer meinte, man könne nie wssen, wozu es eines Tages gut sei, wenn der mich firme. Und es erwies sich als gut.

Ungleich wichtiger für meine berufliche Laufbahn aber war, daß Herr von Stromer seine Frau auf einer Pferdekaufreise in Frankreich kennengelernt hatte. Frau von Stromer war Erzieherin auf dem Schloßgut gewesen, das ihr »Zukünftiger« besuchte, und da die Ehe kinderlos blieb, kamen ihre pädagogischen Talente und ihre umfassenden Geschichts- und Literaturkenntnisse mir zugute. Wir wohnten neben den Stromers im ersten Stock, und so wuchs ich praktisch zweisprachig auf, und nur das ermöglichte mir 1929 die Verlegung meiner journalistischen Tätigkeit von Wien nach Paris; für die damals zwei auflagenstärksten Abendblätter der Welt drei Weltreisen zu machen und für die Editions de France 1932 mein erstes Buch und den berühmten Pariser Verlag Payot 1933 – französisch – mein zweites und drei weitere Bücher zu schreiben.

Ebensogut wie Französisch lernte ich aber auch schon als Kind Englisch, denn die Dienstwohnung des »reichsdeutschen« Direktors der nahen Siemens-Schuckert-Werke befand sich im obersten Stock des Bürotrakts der Fabrik. Wie meine Eltern besaß das Ehepaar Schiller nur ein Kind, Fredy Schiller, der fast genauso alt war wie ich. Er war einer Engländerin anvertraut, die nicht ganz Erzieherin, aber auch nicht ganz Kindermädchen war, und ich sollte möglichst oft an ihrem Englischunterricht teilnehmen. Diese Miss Plimsoll brachte uns zwar kein Oxfordenglisch bei, aber in Wort und Schrift ein sehr solides Englisch – bis ihr Konsul sie kurz vor Ausbruch des Ersten Weltkrieges nach Hause zurückbeorderte.

Während dieses Krieges wurden wir als Elfjährige als Rotkreuzhelfer eingesetzt und hatten unter anderem Kaffee an die Lazarettzüge zu bringen, die von der Ostfront kamen. Ich hatte einer Schwester die Thermosflasche zu reichen, die sie einem Mann an die Lippen setzte, der keine Hände und Arme mehr besaß. Wir sahen Soldaten mit leeren Augenhöhlen und halben Gesichtern – »Nie wieder Krieg!« wurde für uns aus einem Schlagwort zu einem Teil unseres Ichs. Obwohl ich später im Mandschureikrieg, im brasilianischen Bürgerkrieg, im Chacokrieg, im Abessinienund im Spanischen Bürgerkrieg sehr viele Menschen auf fürchterliche Art sterben sah, so tief wie 1915 war die Wirkung nie wieder.

»Prägend« waren auch meine »Kriegskinder«-Aufenthalte während der damals zu diesem Zweck verlängerten Sommerferien 1916 und 1917. Ich kam auf ein großes Gut unweit Temesvar im damals ungarischen Banat, im Jahr darauf nach Drammen in Norwegen, zu einem Lokomotivführer. Dessen Frau war Lehrerin gewesen und brachte mir so gut Norwegisch bei (das sich damals von Dänischen kaum unterschied, erst später zum nationalen »Landsmaal« gemacht wurde), daß ich 1924 Südosteuropakorrespondent des Kopenhagener *Politiken* werden konnte. Diese zwei Reisen brachten meinen Drang in die Weite zum Durchbruch, der meine Zukunft bestimmte.

Die hatte ich 1923 selber in die Hand zu nehmen. Meine damals 41 Jahre alte, aus Iglau stammende Mutter vergiftete sich, weil sie der Mann, dessentwegen sie sich von meinem Vater scheiden ließ, enttäuschte. Das

Der junge Anton Zischka
mit seinen Eltern.

Zischka in seinem
»Phönix-Sport-Flugzeug« 1929.

Verhältnis zu meinem Vater war nicht gut, vor allem aber wollte ich die Welt sehen. Das schien mir als Journalist möglich, und so fuhr ich nach Berlin, um Volontär bei der *Vossischen Zeitung* zu werden, die ich für die beste aller deutschsprachigen Zeitungen hielt. Sie gehörte seit 1914 dem Ullstein-Verlag, dem damals größten Medienkonzern der Welt, der nicht nur ein Zeitungs- und Zeitschriften-, sondern auch ein großer Buchverlag war. Er hatte zum Beispiel 1916 von Günther Plüschows *Der Flieger von Tsingtau* über 610 000 Exemplare abgesetzt und von Paul Königs *Die Fahrt der Deutschland* (der Bericht des Kapitäns des ersten und letzten Handels-unterseebootes der Welt) 556 0000: Das waren »Sachbücher«, wie auch ich sie eines Tages schreiben wollte.

Berlin hatte damals nicht nur die meisten Zeitungen aller Großstädte, sondern auch die meisten Theater. Direktor des Deutschen Theaters und der Berliner Kammerspiele war von 1905 bis 1920 und 1924/33 Max Reinhardt, 1920 auch einer der Gründer der Salzburger Festspiele. Das Berlin der zwanziger Jahre hat unübertrefflich Carl Zuckmayer in seinem *Als wär's ein Stück von mir* beschrieben: »Diese Stadt fraß Talente und menschliche Energien mit beispiellosem Heißhunger, um sie ebenso rasch zu verdauen und wieder auszuspucken. Wer immer in Deutschland und nicht nur in Deutschland nach oben strebte, saugte sie mit Tornadokräften in sich hinein, die Echten wie die Falschen ... jeden lockte sie an, jedem schlug sie zunächst die Tür vor der Nase zu ... Auch die, die echte Substanz mitbrachten, hatten es im Anfang schwer, bekamen ihr Miß-trauen und ihre Launischkeit, ihre hochmütige Abwehr zu spüren ... Aber wer Berlin hatte, dem gehörte die Welt.«

Ich »hatte« Berlin nie. Und sah vorerst nur schmutzige Straßen mit bettelnden Kriegskrüppeln und an jeder Ecke eine »Diele« voller Schieber und magerer Huren: Ich sah die Folgen des verlorenen Krieges und der Ruhrbesetzung. Dieser Einmarsch französischer und belgischer Truppen ins Ruhrgebiet am 11. Januar 1923 ist heute vergessen, aber *der* hat die Weimarer Republik zu Fall gebracht und die Welt verändert, nicht zuletzt hat er unsere heutige Welt der Supergroßen und des zerteilten Europas geschaffen.

Auch vom Ruhrgebiet ist, seit das Öl die Kohle verdrängt hat, kaum mehr die Rede, aber in den zwanziger Jahren war es das eiserne Herz Deutschlands und Europas und bis zum Verlust der Erze Lothringens und der Saar das produktivste Industriegebiet der Erde. Vor allem durch den Kohle-Eisen-Verbund hatte Deutschland lange die niedrigsten Stahlpreise aller Industrieländer, und das wirkte sich auf die Maschinenindustrie, das Bauwesen und Dutzende andere Wirtschaftszweige aus. Aus den etwa zweihunderttausend Menschen, die hier um 1820 gelebt haben, sind binnen einem Jahrhundert sechs Millionen geworden, denn die Ruhr ist »Europas eigenes Amerika« gewesen, hat Einwanderer aus Polen und den fernsten Randgebieten des Kontinents angezogen. Binnen wenig mehr als drei Generationen sind hier sechshundert Schächte niedergebracht und ein unterirdisches »Labyrinth des Fleißes« geschaffen worden, das einmalig ist – ein Bergwerksverkehrsnetz von 6800 Kilometern, von Tunnels, länger als die Entfernung zwischen Essen und Chicago. Zwölf Großstädte sind hier entstanden und mehr als 12 000 Fabriken. Kohle und Stahl haben Duisburg-Ruhrort zum größten Binnenhafen der Welt gemacht und den Rhein zur intensivst genutzten Wasserstraße der Erde.

Die Ruhrbesetzung, ausgelöst angeblich durch 1923 nicht erfüllte Holz- und Kohle-Reparationslieferungen, hat zum passiven deutschen Widerstand geführt. Darauf folgten die französische Grenzsperre und die praktische Lostrennung des Gebietes vom übrigen Deutschland und schließlich nicht nur zu keiner Kohleförderung mehr für Frankreich, sondern auch für die deutsche Industrie. Damit vor allem zu einer Inflation, wie sie bis dahin unvorstellbar gewesen war: In der Weimarer Republik kostete ein Dollar am 1. Januar 1923 amtlich 7260 Reichsmark. Im Juli stand er auf 160 000, und als ich am 1. Oktober in Berlin eintraf, lautete die Dollarnotierung 242 Millionen. Als ich am 10. Oktober Berlin verließ, kostete ein Dollar drei Milliarden Mark, und das war bekanntlich keineswegs sein höchster Preis: Am 20. November 1923 betrug er 4,2 Billionen Mark. Dies war auch der Umtauschkurs für Reichsmark in Rentenmark – 4200 Milliarden Reichsmark ergaben eine neue Mark. Natürlich hatte die Reichsdruckerei all dieses Papiergeld alleine nicht herstellen können. Wie sämtliche Lohndruckereien mußten die Zeitungsrotationsmaschinen eingesetzt werden, und abgesehen von den für das Notgeld der Behörden und der großen Konzerne tätigen spien im Oktober 1923 Tag und Nacht 1723 Druckmaschinen Reichsbanknoten aus. Mehr Banknoten als im November 1923 konnten nicht gedruckt werden, weil nun die Kapazität aller deutschen Papierfabriken voll ausgenutzt war.

Daß diese Inflation ungeheure Gewinne ermöglichte, ist klar und ebenso, daß Millionen und aber Millionen Deutsche ihre Ersparnisse verloren, zahllose Pensionisten und andere alte Leute buchstäblich verhungerten und vor allem der deutsche Mittelstand total enteignet wurde, der das der Republik nie vergaß. Denn die Reichsbank und die Reichsregierung taten so gut wie nichts, um die Inflation zu stoppen. Ob das daran lag, daß sie auf das Gold hoffte, das Professor Fritz Haber aus dem Meer gewinnen wollte? Er hatte 1908 sein »Ammoniak-Synthese-Patent« und 1909 sein »Ammoniak-Synthese-Hochdruck-Patent« erhalten, auf denen die deutsche und die Welt-Luftstickstoff-Industrie beruht. Seit 1914 war er Direktor des für ihn geschaffenen Kaiser-Wilhelm-Instituts für physikalische Chemie in Berlin-Dahlem und alles andere als ein Phantast. Ebensowenig war das Svante Arrhenius, einer der Begründer der physikalischen Chemie und Chemienobelpreisträger des Jahres 1903, der den Goldgehalt der Ozeane auf acht Milliarden Tonnen berechnete. Haber wollte die Reparationen nun mit diesem Gold aus dem Meer bezahlen, dazu hätten etwa 50000 Tonnen genügt. Er entwickelte – von der Reichsregierung finanziert – Verfahren, die die praktische Möglichkeit der Goldgewinnung aus Meerwasser eindeutig bewiesen. Nur ging er dabei davon aus, daß jeder Kubikmeter Meerwasser mindestens fünf Milligramm Gold enthält, und dies erwies sich als falsch. Ob das an den Reagentien, an den Analysemethoden oder daran lag, daß die Wasserproben zufällig aus Meeresgegenden stammten, in denen Metalle durch (die damals noch unbekannte) hydrothermische Aktivität angereichert sind, ist nicht bekannt. Jedenfalls ergaben die Analysen an Bord des deutschen Forschungsschiffes »Meteor«, dessen Südatlantikfahrt 1924 bis 1928 nicht zuletzt der systematischen Entnahme von 6000 Wasserproben diente und auf der ein Speziallabor eingerichtet worden war, daß je Kubikkilometer (je Milliarde Kubikmeter) Meerwasser nur Gold im damaligen Wert von 93 Millionen Mark und Silber im Wert von 5,9 Millionen zu gewinnen gewesen wäre. Im Jahre 1927 mußte die Haber-Idee aufgegeben werden.

Ich selber wohnte im Oktober 1923 dank »schwarzer« Dollars meiner Firmpatin und ihres Empfehlungsschreibens im Hotel »Bristol« Unter den Linden, denn Frau Sacher meinte, man werde danach beurteilt, in welcher Art Hotel man wohne. Erfolg hätten vor allem die Erfolgreichen – und geholfen werde viel eher Leuten, die es (wenn auch nur anscheinend) nicht brauchen, als den Hilfsbedürftigen. Ich konnte also auf Briefpapier des vornehmeren der beiden Berliner Tophotels Georg Bernhard, den Chefredakteur der *Vossischen,* um einen Termin ersuchen, und schon für den nächsten Tag erhielt ich ihn.

Bernhard hatte nach seinem Volkswirtschaftsstudium eine nach dem griechischen Gott des Reichtums *Plutos* genannte Zeitschrift gegründet und Bücher geschrieben, die ihm den Ruf eines hervorragenden Kenners des deutschen Bank- und Börsenwesens eintrugen. Er war 1908 Verlagsdirektor im Hause Ullstein geworden, seit 1920 Chef der *Vossischen Zeitung* und 1929 der höchstbezahlte Journalist der Welt: Er bezog ein Jahresgehalt von 82000 Mark und eine »Aufwandsentschädigung«, die doppelt so hoch wie die des Reichskanzlers war. Im Jahre 1923 beschäftigte er sich besonders mit der Selbstverwaltung der Wirtschaft, und ich hatte mich gut über ähnliche Bestrebungen in Österreich informiert. Es kam zu einem sehr interessanten Gespräch, aber nicht zu einem Posten bei Ullstein. Bernhard zitierte den Gründer der ersten Journalistenschule der Welt, Joseph Pulitzer: »Niemand kann Journalist werden, der es nicht schon ist.« Journalist sei nicht ein Beruf, sondern eine Berufung, erfordere einerseits angeborenes Talent wie das eines großen Musikers, andererseits harte Schulung und Erfahrung. Dazu sei ich noch zu jung. In drei Jahren solle ich wiederkommen.

Immerhin durfte ich mir die Ullstein-Zentrale anschauen. Der Redaktionssekretär Richard Weber gab mir für meinen Berlin-Aufenthalt Ratschläge und brachte mich persönlich ins »Ullstein-Hauptarchiv«, was für meine berufliche Laufbahn wichtig wurde und mir zugleich die Ruhrbesetzung und die Weltpolitik von einem ungeahnten Blickwinkel aus zeigte. Dieses Archiv ging durch drei Stockwerke und war einmalig nicht nur durch die Fülle des Datenmaterials, sondern auch durch dessen Erschließungsmethoden und einen »Archivredakteur«, damals Alfred Lorek. Der hielt Dokumentation nicht nur für die Voraussetzung jeder erfolgreichen journalistischen Arbeit, sondern *jeder* rationellen, geistigen Tätigkeit. Zum Sammeln und Ordnen des Materials gab es Hilfskräfte, er selber widmete sich dem »Durchleuchten und Komprimieren« des Wissensstoffes, und seine Spezialität waren »aktuelle Chronologien«. Lorek sagte: »Wir haben in der Schule endlos Jahreszahlen gebüffelt, aber nie etwas über die Ursachen und Zusammenhänge der Ereignisse gehört. Die aber ergeben sich oft schon aus ihrer genauen Datierung und ihrer richtigen Aneinanderreihung.« Er nahm einen Durchschlag von seinem Schreibtisch, den ich behalten durfte und auf dem stand:

15. Mai 1919: Mit der Landung der Griechen in Smyrna beginnt, finanziert von Basil Zaharoff und gutgeheißen von Paris und London, der Griechisch-Türkische Krieg. Ziel Venizelos': ein »Großhellenisches Reich«. Ziel der Alliierten: Vertreibung der Türken von den Mosul-Ölfeldern Mesopotamiens.

23. August–13. September 1921: Schlacht am Sakarya-Fluß unweit Ankara. Furchtbare Kämpfe, die 22 Tage und 21 Nächte dauern und mit der Vernichtung des griechischen Heeres enden.

22. März 1922: Besuch des englischen Außenministers Lord Curzon bei Präsident Poincaré in Paris. Keine Verlautbarung der Ergebnisse, aber Folgen evident: Zustimmung Frankreichs zu britischem Völkerbundsmandat über den Irak. Freie Hand Frankreichs in der Deutschlandpolitik.

7. April 1922: Bereinigung des angloamerikanischen Ölkonflikts durch John Cadman von der Anglo-Persian Oil und Walter C. Teagle von der Standard Oil of New Jersey. Neuverteilung des Mosul-Öls mit 23 ¾ Prozent amerikanischem Anteil.

11. Oktober 1922: Einigung Englands und Frankreichs mit den Türken in Mundania: Evakuation aller Griechen (rund eineinhalb Millionen Überlebende) aus Kleinasien nach Griechenland, damit Ende einer dreitausendjährigen Kolonisation.

1. November 1922: Kemal Pascha verkündet die Gründung der Türkischen Republik.

28. November 1922: Sechs griechische Exminister werden hingerichtet.

11. Januar 1923: Französisch-belgische Besatzung des Ruhrgebietes.

Ich habe später für meine Arbeit viele ähnliche Chroniken erstellt, und allein schon durch die Mühe, die sich der Ullstein-»Archivredakteur« mit mir gab, hat mein erster, kurzer Berlin-Aufenthalt mein ganzes Leben geprägt. Aber auch ein Rat Richard Webers beeinflußte meine spätere Laufbahn entscheidend, machte mir die Bedeutung des Fliegens klar (und gab Veranlassung, es selber zu lernen) und mich 1930 zum ersten Weltreisereporter mit einem eigenen Flugzeug. Weber hatte gesagt: »Schauen Sie sich doch die Arbeit am Tempelhofer Feld an. Dort wird jetzt der größte Zivilflughafen der Welt gebaut.«

In der südlichen Berliner Vorortgemeinde Tempelhof gab es den größten Exerzierplatz des deutschen Heeres, vielfach größer als der im Ersten Weltkrieg als Flugfeld benutzte Truppenübungsplatz Döberitz im Regierungsbezirk Potsdam. Diese leere Fläche sollte nach der Revolution in den Besitz der Stadt Berlin übergehen, aber die Verhandlungen mit dem Militärfiskus zogen sich endlos hin. Daher schossen Hugo Junkers und der »Deutsche Aero Lloyd« der Gemeinde das Geld für die Planierungsarbeiten und den Bau der ersten Abfertigungs- und Bürogebäude eines »Berliner Zentralflughafens« vor, denn Berlin ist naturgegeben das »Luftkreuz« Europas und war bei den damaligen Flugzeugreichweiten weder im Ost-West- noch im Nord-Süd-Verkehr zu umgehen. 1938 schließlich hat es mit 9660 Starts diese Funktion auch gehabt. Aber 1923 gab es für die Bürokratie noch keinerlei Anlaß, den »Zentralflughafen« an das ganz nahe Berliner Elektizitäts- und Wassernetz anzuschließen, es mußten kilometerlange Leitungen von Tempelhof herangeführt werden.

Nichtsdestoweniger ist die deutsche Zivilluftfahrt und dank deutscher Erfindungen die der ganzen Welt in der Weimarer Zeit entstanden. Heute erscheint die Existenz der Lufthansa den Bundesbürgern so selbstverständlich wie die KLM oder die Air France.

Aber nur Schmutz bildet sich von selber. Auch die deutsche Luftfahrt ist nicht von selber entstanden, sondern buchstäblich durch Weimar: Da es damals in Berlin die Spartakuskämpfe gab, trat die Deutsche Nationalversammlung am 6. Februar 1919 im Weimarer Hoftheater zusammen. Und *deshalb* wurde als erste Luftverkehrsgesellschaft der Welt die Deutsche Luft-Reederei gegründet, die den Liniendienst Berlin–Leipzig–Weimar aufnahm. Die älteste noch bestehende und erste internationale Gesellschaft, die KLM, ist erst am 7. Oktober 1919 ins Amsterdamer Handelsregister eingetragen worden. Im Jahre 1921 gründeten dann die Junkers-Werke eine »Abteilung für Luftverkehr«, 1923 entstand der »Deutsche Aero Lloyd«, und die haben, wie gesagt, mit allergrößter Mühe den Bau des Tempelhofer Flughafens durchgesetzt. Im Jahre 1924 eröffnete Junkers den ersten regelmäßigen Nachtluftverkehr Europas, obwohl es eine Funkpeilung damals so wenig gab wie eine Streckenbefeuerung. Dieser Dienst wurde durch die Regierung subventioniert, was sie zwang, auch den Aero Lloyd zu unterstützen. Da die Konkurrenz dieser beiden Firmen sinnlos war, wurde am 6. Januar 1926 die Deutsche Luft-Hansa AG gegründet, die ein Stammkapital von 25 Millionen Reichsmark erhielt. Das Deutsche Reich übernahm 26 Prozent der Aktien, die Länder 19 Prozent und die in der neuen Gesellschaft aufgehenden Gesellschaften und private Geldgeber je 27,5 Prozent. Mit 162 Flugzeugen wurde im April 1926 der planmäßige Liniendienst auf sieben Strecken aufgenommen.

Die Konstruktionen der heute vorwiegend amerikanischen Flugzeuge beruhen ebenfalls (was kaum jemand noch weiß) auf Prinzipien, die aus jener Zeit stammen. Denn die Ganzmetallbauweise und die freitragenden Flügel der heutigen Düsenflugzeuge entwickelte der Rheydter Webereibesitzersohn Hugo Junkers. Der war einer der ersten, die sich mit den Grundproblemen des Fliegens beschäftigt haben und erkannte, daß Flugzeuge nicht nur leicht und schnell, sondern auch fest und groß sein müssen. Dazu sagte er 1917, daß sie »auch die Fähigkeit besitzen müssen, Hunderte Passagiere über den Ozean zu tragen«. Die Vorstellung von Tragflächen aus Blech war vor und während des Ersten Weltkrieges derart grotesk, daß kein Fachmann Junkers ernst nahm. Aber dessen Berechnungen stimmten, und Meister Knick aus seiner Badeofenfabrik hatte die Idee, auf eine dünne Eisenhaut Wellblech aufzuschweißen, und so hielt sie 89 Kilogramm je Quadratmeter aus. Im Jahre 1915 konnte Junkers fünfzehn Arbeiter auf seinen ersten freitragenden Flügel stellen. Am 12. Dezember des gleichen Jahres machte die Ju-1, das erste Ganzmetallflugzeug der Welt, in Döberitz ihren Jungfernflug. Sie erreichte die damals sensationelle Stundengeschwindigkeit von 170 Kilometern.

Erst 1918 erhielt Junkers mit seinem Mitarbeiter Mader das Tiefdeckerpatent, aber schon 1919 flog die Ju-9, die ganz aus Leichtmetall bestand. Drei Tage bevor der Friedensvertrag von Versailles unterzeichnet werden mußte, erhob sich die Junkers F-13 als das erste aller für den Passagierverkehr gebauten Flugzeuge in die Lüfte.

Durch den Versailler Vertrag schien es mit Junkers' Werk in Dessau vorbei zu sein, aber am 2. Juni 1920 wurde die F-13 den Behörden in Washington vorgestellt und das US-Post Office kaufte acht dieser Maschinen – mit diesen wurde der amerikanische Luftpostverkehr eröffnet. Die 1923 von Junkers gegründete Luftverkehrs AG eröffnete Linien in Persien, in Südamerika, in China und Rußland. Auch die »Deru-Luft«, durch die die Lufthansa ihren Ostasiendienst einrichten konnte, ist durch Hugo Junkers zustande gekommen. Er hat die ersten Frachtflugzeuge der Welt gebaut, durch die selbst die Goldminen in dem ansonsten unzugänglichen Inneren von Neuguinea erschlossen werden konnten, und bekanntlich ist er auch der Erfinder des Leichtdieselmotors für Flugzeuge. Junkers war einer der vielseitigst gebildeten Menschen, die ich kennengelernt habe, aber erstaunlicherweise auch einer der unpünktlichsten. Seinen elf Kindern hinterließ er, als er 1935 starb, kein nennenswertes Vermögen. Wohl aber einen Namen, der Weltgeltung hatte und noch hat, obwohl auch er ein »Weimaraner« war.

Mir ging 1923 in Berlin außer der Bedeutung des Fliegens und der exakten Datenfeststellung noch manches andere auf, was meinen Entschluß, Journalist zu werden, bestärkte, und so schrieb ich, nach Wien zurückgekehrt, einen Brief an die *Neue Freie Presse*. Ich erhielt am 19. Oktober 1923 eine Antwort, die lautete: »Sehr geehrter Herr! Journalist kann einer nur werden, wenn sein Talent die Zeitung zwingt, seine Berichte aufzunehmen. Für ein Talent, aber nur für ein wirkliches, hat die Zeitung immer Wohlwollen. Hochachtungsvoll, die Redaktion.« Ich mußte also noch bescheidener werden und die Hilfe der älteren Schwester meiner Mutter erbitten. Die hatte durch jahrzehntelange Wohltätigkeitsarbeit im Rahmen der Christlich Sozialen Partei unter anderem das Wohlwollen des erwähnten Kardinals Piffl gewonnen und erinnerte ihn nun daran, daß er mich gefirmt hatte. Er schrieb einen Empfehlungsbrief an Dr. Friedrich Funder, den Chefredakteur der *Reichspost*, der führenden katholischen Zeitung Österreichs, und Organ der regierenden Partei, denn Monsignore Ignaz Seipel war von 1922 bis 1924 und von 1926 bis 1929 Bundeskanzler.

Und so wurde ich Journalist. Zwar berichtete ich vorerst fast nur über Parteiversammlungen, aber wiederum hatte ich bald Glück. In einem altangesehenen Gasthof der Lerchenfelder Straße fand Ende Januar 1924 ein Parteifaschingsabend statt. Vom Gasthofbesitzer hörte ich, er habe einen interessanten Gast, nämlich Stjepan Raditsch. Der hatte mit seinem Bruder die kroatische Bauernbewegung gegründet und versuchte, wie der 1923 ermordete bulgarische Bauernführer Alexander Stambulijski, eine »Grüne Internationale« zuerst der Bauern Südosteuropas und schließlich aller Bauern Europas zustande zu bringen. Raditsch saß jahrelang im Gefängnis, hatte aber schließlich so viele Gefolgsleute, daß ihn Belgrad freilassen mußte. Nun war er auf der Heimreise von einer großen Europatournee, auf der er auch mit Wirtschaftsführern wie Dannie Heinemann, dem Chef der SOFINA, zusammenkam, um sie für Balkaninvestitionen zu interessieren. In Wien traf er sich unauffällig mit den polnischen, slowakischen und tschechischen Bauernführern Vitos, Svehla und Hoscha. Raditsch war an keinerlei Aufsehen interessiert, gab mir aber dennoch ein Interview, weil einerseits auch er schon als neunzehnjähriger Gymnasiast in Prag Artikel geschrieben hatte, und andererseits mit mir Französisch sprechen konnte, das er weit besser als Deutsch beherrschte.

In diesem Gespräch erklärte Raditsch, es gebe nicht ein, sondern zwei Europa: das wohlhabende industrialisierte und das arme agrarische. Agrareuropa bliebe arm, da die Reichen Kolonialpolitik trieben, statt im vernachlässigten Teil Europas genügend Kaufkraft zu schaffen und damit die ständigen Wirtschaftskrisen zu verhindern. Diese Zweiteilung Europas sei eine Kriegsgefahr und Wahnsinn. Vor allem Frankreich sei schlimm, was die Militarisierung seiner Satelliten finanzierte, während zahllose Bauern mit Holzpflügen arbeiten mußten, Tausende und aber Tausende Dörfer kein elektrisches Licht besaßen, es im ganzen Balkan keine ordentlichen Straßen gab und weitaus zu wenige Schulen.

Bereits 1924 erkannte Raditsch: »Ich werde es nicht erleben. Aber all die Möglichkeiten, die es in Südosteuropa gibt, werden genutzt werden. Wenn nicht von den blinden Städtern des Westens, so von den Russen. Wir Bauernführer tun dagegen, was wir können. Uns wird niemand die Schuld geben können, wenn Europa endgültig zerrissen und zerteilt wird!«

Raditsch war damals 52 Jahre alt. Kurz vorher war in London ein Attentat auf ihn verübt worden, und vier Jahre später, am 20. Juni 1928, wurde er in der Belgrader Skuptschina, in offener Parlamentssitzung, mit seinem Neffen Pawle und drei anderen in der vordersten Oppositionsbank sitzenden Abgeordneten ermordet.

Mein Interview erschien in der *Reichspost* entstellend gekürzt. Aber ich hatte mein Manuskript von Raditsch bestätigen und unterschreiben lassen; das war mein »Talentbeweis« für die *Neue Freie Presse*. Am 16. Juni 1924 erhielt ich meinen Anstellungsvertrag der »Österreichischen Journal-Aktiengesellschaft« und trat meinen Dienst in der Nachtredaktion an. Ich war der jüngste Redakteur Österreichs. Auch der weitaus jüngste der *Neuen Freien Presse*, und so hatte ich auch bis ganz zuletzt in der Redaktion zu bleiben. Das, die Kenntnis der jeweils allerletzten Nachricht sowie die in meiner Kindheit und Jugend erworbenen Viersprachigkeit machten mich zum Österreich- und Südosteuropakorrespondenten von acht Zeitungen, darunter der *Nachtausgabe* in Berlin, des *Politiken* in Kopenhagen und der *World* in New York. Die letztgenannte vor allem öffnete mir alle Türen in der Weimarer Republik, denn sie war durch Joseph Pulitzer nicht nur ein »Weltblatt«, sondern deren Leitartikler war seit 1914 Walter Lippmann, der Wilson zur Friedenskonferenz in Versailles begleitete, die Außenpolitik von schließlich acht Präsidenten der Vereinigten Staaten kommentierte und dessen Artikel und Bücher Pflichtlektüre in allen Außenministerien waren. Lippmann stand schon seit einem Besuch im Jahre 1922 in Beziehungen zur *Neuen Freien Presse*, nicht zuletzt, weil bei der ja auch Theodor Herzl, der Begründer des politischen Zionismus, Redakteur gewesen war, und besuchte sie erneut 1925. Natürlich war ich von deren Mitarbeitern der am wenigsten bekannte und erfahrene. Aber keiner außer mir konnte so gut englisch wie deutsch schreiben. So hatte ich nicht nur wichtige Meldungen telegraphisch nach New York zu geben, sondern per Post auch »Hintergrundmaterial«, Wirtschaftsdaten etc. dorthin zu schicken. Und dies nicht nur aus dem gesamten deutschsprachigen Raum, sondern ebenso aus Südosteuropa, denn der Mitarbeiterstab der *Neuen Freien Presse* galt als einer der besten Europas und unsere Haltung als »strikt neutral«. All mein Material wurde von der *World* sehr gut honoriert, aber das mir am interessantesten Erscheinende nicht immer publiziert. Erst später wurde mir der Grund klar: Chefredakteur der *World* war von 1920 bis 1929 Herbert Bayard Swope. Der gehörte zu den engsten Vertrauten von Bernard Mannes Baruch. Und privates Wissen ist oft wertvoller als aus der Zeitung gewonnenes ...

Hatte ich meinen Urlaub des Jahres 1925 als Schlepper in der Zeche »La Providence« im belgischen Borinage verbracht und so aus erster Hand erfahren, wie Kohle gewonnen wird, und den Urlaub 1926 als Ölarbeiter in Ploesti in Rumänien, so konnte ich den von 1927 für den *World*-Sonderauftrag benutzen, Material zur Geschichte der I. G. Farbenindustrie AG zu sammeln und Interviews mit den Protagonisten über ihre Zusammenarbeit mit der Standard Oil in New Jersey (der heutigen Exxon) zu machen, durch die sie damals ein Welt-Trust zu werden schien.

Diese Zusammenarbeit initiierten die Amerikaner. Im Jahre 1926 hatte Frank A. Howard, Präsident der Standard Oil Development Company, den riesigen Chemiekomplex der Badischen Anilin- und Sodafabrik in Ludwigshafen kennengelernt. Deren Vorstandsvorsitzender, Carl Bosch, hatte ihm auch die Kohleverflüssigungsanlagen gezeigt, die so weit entwickelt waren, daß am 1. April 1927 im berühmten Leuna-Werk bei Merseburg in Mitteldeutschland ein Großbetrieb in Gang kommen sollte. Die Standard Oil erlebte damals gerade schwere Enttäuschungen mit einigen ihrer hoffnungsvollsten Ölfelder und befand sich ihren Konkurrenten gegenüber überhaupt im Nachteil, weil ihr Gründer John D. Rockefeller senior es so lange wie möglich vermieden hatte, eigene Ölfelder zu besitzen oder gar zu suchen. Dazu kam damals die Angst vor einem allgemeinen Ölmangel.

Noch interessanter als die Kohleverflüssigung war für die Standard Oil die Bergius-Bosch-Hydriertechnik, durch die aus schweren Ölsorten und Raffinerieabfällen Benzin zu gewinnen ist, sowie das »Bergius-Verfahren«, das die Benzinausbeute enorm steigerte. Howard bat Walter C. Teagle, den erwähnten Chef der Standard Oil of New Jersey, der sich in Paris aufhielt, sofort nach Heidelberg zu kommen. Im Haus von Carl Bosch am Wolfsbrunnenweg fand im Beisein von Friedrich Bergius und dem Aufsichtsratsvorsitzenden der I. G. Carl Duisberg eine Unterredung statt, mit der eine Entwicklung begann, die Weltbedeutung hätte erlangen können und durch die der Abschluß eines Zusammenarbeitsvertrages für 1927, nach der Inbetriebnahme des Benzinsynthesewerkes, vereinbart wurde.

Hierfür kam Teagle im August 1927 nach Deutschland. Die Standard Oil erhielt die Hydrierlizenz, die I. G. die zur Herstellung von Isooktan, die Flugbenzinlizenz der Amerikaner. Eine weltweite Zusammenarbeit wurde abgesprochen, der entsprechende Vertrag allerdings erst am 29. November 1929 unterzeichnet. Durch diesen entstand die je zur Hälfte den Amerikanern und den Deutschen gehörende »Standard-I. G. Company«, die nicht nur weltweit Hydrieranlagen, sondern auch Luftstickstoff- und Kautschuksynthesewerke bauen und betreiben sollte. Der Vertrag schloß weitgehende Finanzierungsabkommen ein und einen allgemeinen Erfahrungs- und Patentaustausch. Die Standard Oil begann sofort mit der Errichtung von Großanlagen für die Schwerölhydrierung, woraufhin bereits 1930 die entsprechenden Werke in Bayway/New Jersey, Baytown/Texas und Baton Rouge/Louisiana ihren Betrieb aufnehmen konnten.

Ich hatte 1927 im Leuna-Werk ein Gespräch mit Walter Teagle, in dem er sagte: »Wenn zwei Menschen wie Haber und Bosch, unterstützt durch die Wirtschaftskraft eines großen, nationalen Unternehmenszusammenschlusses, Brot für Hunderte Millionen buchstäblich aus der Luft schaffen können, was erst muß an neuem, zusätzlichem Reichtum entstehen, wenn es zu einer intensiven, internationalen Zusammenarbeit schöpferischer Geister und potenter Firmen kommt, wie wir sie jetzt in Gang bringen?«

Diese deutsch-amerikanische Zusammenarbeit war bekanntlich kurz, 1932 kam Franklin D. Roosevelt an die Macht und 1933 Adolf Hitler. Auch die I. G. Farben besteht nicht mehr. Aber nie hätten ihre drei Nachfolgegesellschaften ihre heutige Produktion und Bedeutung ohne die während der Weimarer Zeit gesäte Saat erlangt, ohne das damals gebildete Kapital an Wissen und Erfahrung und ohne den aus dieser Zeit stammenden Übergang der Betriebsführung der großen Unternehmen von deren Besitzern auf angestellte Fachleute wie Bosch oder Duisberg.

Die am 9. Dezember 1925 gegründete »I. G. Farbenindustrie Aktiengesellschaftf« mit Sitz in Frankfurt war mit 1100 Millionen Mark das potenteste Privatunternehmen Deutschlands und beschäftigte 135 000 Leute. Diese damals größte Chemiefirma der Welt hatte Carl Duisberg zustande gebracht, der 1861 in einem kleinen, bergischen Schieferhaus Barmens im Wuppertal zur Welt kam. Der Vater betrieb mit einem Gesellen eine Seidenbandweberei und die Mutter eine kleine Landwirtschaft mit drei Kühen. Duisberg sollte Kaufmann werden, aber die Mutter richtete dem für Chemie Begeisterten ein kleines Laboratorium im Keller ein, setzte durch, daß er in Jena Chemie studieren konnte, und verschaffte ihm durch ihren ehemaligen Lehrer, der mit Friedrich Bayer befreundet war, eine Stelle in den Elberfelder Farbenfabriken: Monatsgehalt 150 Mark. Zwischen 1882 und 1892 erfand Carl Duisberg zwanzig neue Farbstoffe, fünf Zwischenprodukte und ein Arzneimittel. Vier seiner Farbstoffe waren derartige Verkaufserfolge, daß sie Bayer zu einer der führenden Farbstoffabriken Europas machten. Mit 27 Jahren wurde Duisberg Prokurist der 1881 in eine AG mit 5,4 Millionen Mark Kapital umgewandelten Firma und setzte durch, daß ein Forschungslaboratorium und eine hervorragende Referenzbibliothek mit allen einschlägigen Patentschriften gegründet wurde. Bald erwies sich das Wuppertal für das Unternehmen zu eng, und so begann 1891 die Umsiedlung in die Rheinebene 10 Kilometer südlich von Köln, wo bei Wiesdorf eine von Bayer übernommene Firma Dr. C. Leverkus & Söhne eine Alizarin-Fabrik betrieb. Duisberg setzte durch, daß hier ein völlig neuartiges und »die Entwicklung von Generationen verwegnehmendes« Werk und zugleich vorbildliche Wohngelegenheiten für die Beschäftigten geschaffen wurden.

Seit 1912 war Duisberg Generaldirektor der Bayer-Werke. Mit Friedrich Bayer junior machte er 1903 eine Amerikareise und erkannte, daß die weit überlegene Finanzkraft der dortigen Konkurrenz eine Gefahr für die damalige deutsche führende Stellung auf dem Chemieweltmarkt bedeutete. Er verfaßte eine hervorragend dokumentierte Denkschrift, die 1904 allen maßgebenden Leuten der deutschen Chemie zuging. Als Folge entstand noch in diesem Jahr der »Dreibund«. Die Farbenfabriken Bayer, die Badische Anilin- und Sodafabrik und die AG für Anilin-Fabrikation in Berlin, die AGFA, schlossen sich zu einer losen Interessengemeinschaft zusammen. Das löste ein Gegenbündnis der Farbwerke Hoechst mit den Farbwerken Casella in Mainkur aus, dem sich 1906 die Kalle & Co. AG in Wiesbaden-Bieberich anschloß. Erst 1916 vereinigten sich aufgrund der Kriegsprobleme diese beiden konkurrierenden Gruppen, und schließlich zwang der verlorene Erste Weltkrieg zur großen deutschen Chemiefusion. Denn zwischen dem 10. April 1919 und dem 21. Februar 1921 hatte der amerikanische Verwalter des feindlichen Eigentums nicht weniger als 4767 entschädigungslos enteignete deutschte Patente für 250 000 Dollar an die »Chemical Foundation« verkauft, die sie gegen eine geringfügige Gebühr allen amerikanischen Interessenten zur Verfügung stellte. Auch alle deutschen Marken waren enteignet worden, und so konnte das in Jahrzehnten aufgebaute Ansehen eines Namens nicht mehr selber genutzt werden. Vor allem aber: Um nicht die eigenen und nun fremd gewordenen Patente zu verletzen, mußten völlig neue Fabrikationsverfahren und völlig neue Produkte entwickelt werden.

Das geschah in der Weimarer Zeit vor allem auf dem Gebiet der Arzneimittel. Die erste wirksame Hilfe gegen die Bilharzia, gegen die Malaria und gegen die Schlafkrankheit stammen, nebst vielem anderen wie zum Beispiel den Sulfonamiden, aus Deutschland und dieser Zeit. Möglich wurde dies weitgehend nur dadurch, daß nun alle Kräfte zusammenwirkten und die I. G. beispielsweise 1927 über 162 Millionen Mark für Forschung ausgeben konnte, 12,7 Prozent ihres Gesamtumsatzes. Dabei blieben diese Ausgaben stets weit höher als die Dividenden.

In diesem Jahr empfing mich Duisberg in seinem großen, sonnendurchfluteten Arbeitszimmer in Leverkusen. Klein, gedrungen, einen schneeweißen Schnurrbart im geröteten Gesicht, steckte er mir, wie allen Besuchern, eine Nelke aus seiner Blumenvase auf dem Schreibtisch ins Knopfloch. Denn alle Menschen sollten seine Blumenliebe teilen, sein japanischer Garten war berühmt. Ich fragte ihn, was seiner Meinung nach· am entscheidensten zum Erfolg der I. G. und damit zu seinem eigenen beigetragen habe. Er antwortete ohne Zögern: »Das Nutzen der naturgegebenen Vorteile der Chemie. Die Aufgabe der chemischen Industrie ist es, zu beschaffen, was es in der Natur an Stoffen nicht gibt; was die Natur nicht in brauchbarer Form bietet oder in so geringen Mengen, daß es zu teuer wäre, es zu nutzen. Sinn der Chemie ist Wertsteigerung durch Stoffbeherrschung. Das setzt Forschung voraus. Aber auch Großreaktionsgefäße statt der Zehnliterflaschen, die wir ursprünglich benutzten, Fließtransport durch Rohrleitungen etc. und vor allem volle Nutzung des Kapitals. Der I. G.-Erfolg beruht unter anderem darauf, daß fast alle unsere Anlagen Tag und Nacht in Betrieb sind und wir so den Produktionsindex auf das mehr als Fünffache des Industriedurchschnitts gebracht haben: Ist eine Fabrik nur 40 der 168 Stunden einer Woche in Betrieb und ihre Kapazität nur zu 75 Prozent genutzt, so lautet die Rechnung $40 \times 75 = 3000$. In der Chemie kann er $168 \times 100 = 16800$ betragen, und dieses Maximum haben wir durch unseren Zusammenschluß sehr oft erreicht.« Eine scheinbar sehr einfache Rechnung. Aber heute leider von den Gewerkschaften, den Regierungen und vielen Unternehmern vergessen.

Duisbergs Nachfolger im Aufsichtsratsvorsitz der I. G. wurde Carl Bosch, der von 1925 bis 1935 ihr Vorstandsvorsitzender war und sowohl die Stickstoff- wie Benzinsynthese großtechnisch reif machte. Das konnte er vor allem dadurch, daß er nicht nur Chemie, sondern auch Maschinenbau und Hüttenkunde studiert hatte und praktische Erfahrungen schon in der Kölner Werkstatt seines Vaters sammeln konnte, der ein Installationsgeschäft betrieb. Das Problem der Haber-Bosch-Ammoniak-Drucksynthese war, daß die Reaktionsgefäße aus hochfestem Stahl bestehen müssen, der Wasserstoff aber den Stahl zurück in Eisen verwandelt. Bosch löste es durch das Einziehen eines Futterrohres aus weichem Eisen, das der Wasserstoff nicht angreift, während der Stahlmantel den Druck aufnimmt.

Ich traf Bosch 1927 auf dem Bauplatz in Leuna, salopp gekleidet, die Hände in den Hosentaschen, den Hut weit im Nacken, die Augen hinter der randlosen Brille blitzend von Tatendrang. Er war damals fest überzeugt, Wissenschaft und Technik seien dabei, weltweit Hunger und Not zu überwinden, Kriege sinnlos zu machen. Ich sprach mit ihm dann auch noch in Heidelberg und Ludwigshafen und fragte ihn ebenfalls nach dem Erfolgsrezept der BASF und damit seinem eigenen. Er antwortete: »Wohl meine feste Überzeugung, daß das Kapital nie ruhen, immer wieder neue Lebensmöglichkeiten schaffen muß. Ein neues Verfahren braucht zehn Jahre, um fabrikreif zu werden. Weitere zehn Jahre bringt es Nutzen. In den nächsten zehn Jahren sackt es ab, und da muß schon ein neues Problem gelöst sein. Alles, was eine neue Erfindung einbringt, muß in neue Produkte gesteckt werden, was ich stets durchgesetzt habe, und Duisberg oder

Vögler und viele andere auch. Ich glaube, daß dabei eine Rolle spielt, daß wir keinen geerbten Familienbesitz verwalten, sondern eine neue Art Geschäftsführer sind, kein eigenes Vermögen besitzen, sondern das von Hunderttausenden Aktionären zu erhalten und zu vermehren haben. So hat die Stickstoffsynthese das Kapital für die Benzinsynthese geschaffen, und die wird die Kautschuksynthese finanzieren. Diese beruht auf Forschungen, die schon die Indigo-Synthese ermöglicht haben. Aber die zukünftigen Aufgaben sind schon allein durch die rapide Weltbevölkerungszunahme so enorm, daß auch die Kapitalkraft der I. G. nicht genügt. Deshalb arbeiten wir jetzt mit den Amerikanern zusammen. Aber wie die I. G. entstehen mußte, so muß unbedingt auch eine Europäische Wirtschaftsgemeinschaft entstehen und als deren Kristallisationskern eine enge deutsch-französische Zusammenarbeit.«

Bosch selber hatte den ersten Schritt in dieser Richtung bereits durch einen Vertrag getan, der am ersten Jahrestag des Waffenstillstands von 1918, am 11. November 1919, unterzeichnet wurde: Eines der französischen Kriegsziele war die »Schleifung« aller deutschen Ammoniakerzeugungsstätten, weil sie als »Munitionsfabriken« galten. Bosch überzeugte General Patard von der Unsinnigkeit dieser Forderung und bot der französischen Regierung im Namen der BASF an, moderne Luftstickstoffwerke in Frankreich zu errichten. Es folgte 1921 das Abkommen der damals acht I. G.-Firmen mit der staatlichen französischen Compagnie Nationale des Matières Colorantes und 1927 das der I. G. mit dem Kuhlmann-Konzern. Denn Bosch wollte nicht nur Deutschland »blockadesicher« machen, sondern ganz Europa und alle Industriestaaten. Er sah die Möglichkeit eines dauernden Friedens nur darin, daß niemand mehr erpreßt werden konnte. Stets standen I. G.-Lizenzen allen Interessenten zur Verfügung, und so gab es beim 75-Jahr-Jubiläum der Haber-Bosch-Synthese rund 700 Fabriken auf der Welt, die sie benutzten. Die Jahres-Reinstickstoff-Weltkapazität betrug 1983 130 Millionen Tonnen. Jedes Kilogramm Reinstickstoff aber bedeutet eine Mehrernte von 15 bis 20 Kilogramm Getreidewert. Da stammten von den 1800 Millionen Tonnen der Weltgetreideernten drei Viertel buchstäblich aus der Luft, hatte der durch den Luftstickstoff erzielte Mehrertrag einen Wert von etwa 34 Milliarden Dollar.

Natürlich sprach ich 1927 auch mit Friedrich Bergius, der damals Chemieprofessor in Heidelberg war und dessen Haus am Philosophenweg seine berühmte elegante und fließend vier Sprachen sprechende Frau zu einem geistigen Zentrum der Stadt machte. In dem Antrag, der Bergius am 9. August 1913 das Kohleverflüssigungspatent brachte, schrieb er: »Kohlenstoff und Wasserstoff sind die Aufbauelemente sowohl von Kohle wie von Erdöl, nur die Molekulargrößen sind verschieden: Benzin enthält etwa 14,5 Prozent seines Gewichts an Wasserstoff. Braunkohle nur 6 Prozent und Steinkohle nur 5,5 Prozent. Da die Kohlevorräte der Erde unendlich viel größer sind als ihre Ölvorräte, ist es Aufgabe der Chemie, der Kohle den fehlenden Wasserstoff künstlich anzulagern und dadurch den zu erwartenden Ölmangel rechtzeitig zu verhindern.«

Das gilt heute noch genauso, obwohl nur Südafrika großtechnisch Kohlenwasserstoffe aus Kohle gewinnt und kein Mensch an Ölmangel denkt. Denn die armen Öl-Länder müssen Öl um jeden Preis fördern, auch wenn ihre Vorräte rapide abnehmen und in den abgelaufenen zwanzig Jahren nirgends ein wirklich bedeutendes neues Ölvorkommen entdeckt worden ist. Das Nordseeöl ist ein Glücksfall für Europa, aber auch die optimistischsten Vorratsschätzungen entsprechen mit etwa 5 Milliarden Tonnen weniger als zwei Jahren Weltverbrauch.

Bosch und Bergius empfahlen mich an Hermann Staudinger, den Begründer der Makromolekularchemie. Was die für die heutige Kunststoff-, die Chemiefaser- und die Synthesekautschukindustrie bedeutet, kann hier nicht erörtert werden und noch weniger, wie sie zur Mikrobiologie und Genetik führte. Aber auch Staudingers über 400 Publikationen mit zusammen 6000 Seiten sind in der Weimarer Zeit entstanden, 1921 bis 1928. Staudinger mußte Jahrzehnte um Anerkennung kämpfen, erst die Nobelpreisverleihung des Jahres 1953 entschied den Streit. Damals sagte er: »Mein Glück waren meine vielen Feinde. Ich hätte nicht so hart an der Sache gearbeitet, wenn man mich nicht immer wieder ausgelacht hätte. Ich bin aus Trotz Nobelpreisträger geworden.«

Aus dem Jahre 1927, in dem ich ihn kennenlernte, stammt seine für die Praxis grundlegende Arbeit. Groß und massig glich er mit seiner überdimensionierten Nase in einem runden, roten Gesicht eher einem erfolgreichen Landtierarzt als einem Gelehrten. Aber er war auch nicht nur Gelehrter, sondern finanzierte zum Beispiel seine Forschungen, indem er nach dem Ersten Weltkrieg synthetischen Pfeffer (der besser als der echte war) und ein Kaffeearoma (das sich als dem echten nicht gewachsen erwies) herstellte. Staudinger erhielt 1925 ein Patent auf sein Polyoxy-Methylen, auf die erste vollsynthetische Faser der Welt, welche nie auf den Markt kam. Die größte Einnahme seines Lebens waren die 140 000 DM des Nobelpreises. Aber auch dieser »Weimaraner« hat die Welt reicher gemacht, und auch durch ihn ist ein Sieg über den Hunger errungen worden. Denn heute decken Chemiefasern die Hälfte des Gesamttextilfaserbedarfes der Welt. Das heißt, ohne sie müßte die Baumwollanbaufläche mindestens doppelt so groß sein, als sie es ist. Es würden statt etwa

40 Millionen Hektar mindestens 80 Millionen benötigt und damit eine zusätzliche Fläche der Nahrungsmittelproduktion entzogen, die fast sechsmal größer als die gesamte Ackerfläche Deutschlands ist.

Auch nur annähernd alles zu nennen, was in der Weimarer Zeit an Bleibendem geschaffen wurde, ist hier unmöglich. Denn auf den verschiedensten Gebieten ist es zu umwälzenden Neuerungen gekommen: Im Jahre 1926 ist ja nicht nur die Lufthansa gegründet worden, sondern zum Beispiel auch die ursprünglich als »Aktiengesellschaft für Kohleverwertung« firmierende Ruhrgas AG, die nicht nur die Energiewirtschaft Deutschlands, sondern Europas verändert hat.

Ich erinnere mich noch gut an die Zeit, wo eine nächtliche Eisenbahnfahrt durch das Ruhrgebiet (wie damals durch alle Schwerindustriegebiete der Erde) einen einzigartigen Eindruck hinterließ. Hunderte Feuerfackeln röteten den Himmel, man fuhr wie durch eine gigantische Festbeleuchtung. Denn fast das gesamte Kokereigas wurde »abgefackelt«, nutzlos verbrannt, weil es keine Abnehmer gab. Das bedeutete eine geradezu wahnwitzige Energievergeudung, weil je Tonne Koks etwa 400 Kubikmeter Gas erzeugt werden. Aber damals gab es in Deutschland mehr als tausend »Stadtgaswerke«, meist in Gemeindebesitz befindliche »Gasanstalten«, die an Hüttengas keinerlei Interesse besaßen. Schließlich siegte dann doch der gesunde Menschenverstand, und nicht zuletzt durch Fritz Thyssen und Albert Vögler kam es zur Ruhrgas AG. Vor allem dank der Zähigkeit Dr. Fritz Gummerts konnte sie binnen fünfzehn Jahren 2300 Kilometer Ferngas-Leitungen bauen. Das waren die ersten ihrer Art in der ganzen Welt. Endlich war es möglich, Großstädte wie Hannover mit Ruhrgas zu versorgen, schließlich auch die revierfernsten Industrien und Haushaltungen. Heute besitzt die Ruhrgas ein Leitungsnetz von 7680 Kilometern (was der Entfernung Mittelmeer–Baikalsee entspricht), sie ist der größte Erdgaskäufer der Welt, hat die Sowjetlieferverträge abgeschlossen und entscheidend am Aufbau eines europäischen Gasnetzes mitgewirkt. Nur durch diese »Weimarer« Gründung hat der deutsche Pro-Kopf-Gasverbrauch von 68 Kubikmetern im Jahre 1926 auf heute über tausend steigen können.

Immer wieder ist hier von Wirtschaftserfolgen die Rede. Aber auch die »reine« Wissenschaft ist in der Weimarer Zeit unendlich bereichert worden. Da ist z. B. die heutige Gehirnforschung und weitestgehend die Schlafforschung, deren Bedeutung sich schon daraus erhellt, daß wir ein Drittel unseres Lebens schlafend verbringen. Der heutige Wissensstand dieser Forschungszweige wäre undenkbar ohne den Elektroenzephalographen, den der Neurologe Hans Berger an der Universität Jena 1923 bis 1928 entwickelt hat und der durch die Verstärkung und die Registrierung der Gehirnströme die Tätigkeit des lebenden Gehirns zu beobachten erlaubt. Da erfindet der damals am Hamburger Observatorium in Bergedorf tätige Bernhard Schmidt 1929 das nach ihm benannte Teleskop, das die Astrofotografie revolutioniert und von dem der Schweizer Astrophysiker Fritz Zwicky 1947 gesagt hat, es sei »eine der wirkungsreichsten Neuerungen in der Geschichte der Astronomie, nur mit der ersten Fernrohrverwendung durch Galilei zu vergleichen«. Und wie erst die Schmidt-Instrumente die ganze Weite des Makrokosmos enthüllen, so wird der Mikrokosmos völlig erst durch das Elektronenmikroskop erschlossen, das heute für Dutzende Wissensbereiche unentbehrlich ist. Wenn Ernst Ruska 1986 (zwei Jahre vor seinem Tod) zusammen mit Heinrich Rohrer und Gerd Binnig den Physiknobelpreis erhalten hat, so deshalb, weil auf seinen seit 1928 erarbeiteten Erkenntnissen und seinen seit 1931 gebauten Prototypen *alle* Arten von Elektronenmikroskopen beruhen. Diese haben innerhalb eines halben Jahrhunderts die menschliche Wahrnehmungsfähigkeit buchstäblich vermillionenfacht: Naturgegeben kann der Mensch noch zwei 0,1 Millimeter auseinanderliegende Punkte oder Linien als solche erkennen. Im Jahre 1970 machte ein Elektronenmikroskop erstmals Atome sichtbar, beträgt das »Auflösungsvermögen« ein zehnmillionstel Millimeter. Durch die Wellenlänge des Lichts bedingt, beträgt die maximale Vergrößerung eines Lichtmikroskops das etwa Fünfzehnhundertfache. Heute gibt es elektronische Instrumente, die auf das Zwanzigmillionenfache vergrößern, aber nach den gleichen Grundprinzipien konzipiert sind, die Ruska entwickelt hat, als ich ihn 1928 als Diplomanden unter Professor Matthias im Hochspannungsinstitut der TH in Berlin-Neubabelsberg kennengelernt habe.

Ruska wie alle hier Genannten hat Mitarbeiter und Schüler gehabt und diese wiederum Schüler und Mitarbeiter – auf diese Leistungsketten und auf diese Schneeballwirkung kommt es an. Von diesen ständigen Wechselbefruchtungen und der Weitergabe von Ideen, Erkenntnissen und Erfahrungen hängt die *dauernde* Geltung eines Volkes ab und seine Fähigkeit, auch die ärgsten Zusammenbrüche zu überstehen. Was davon aus der Weimarer Zeit stammt, wiegt auf, was das Weimarer Versagen an Schuld und Elend in die Welt gebracht hat.

Karola Bloch

Kam 1905 in Lodz zur Welt. Nach der Schulzeit, die sie in Lodz, Moskau und Berlin verbrachte, studierte sie Architektur. Zu ihrem Bekanntenkreis zählten Künstler, Literaten und gleichgesinnte Intellektuelle, im gleichen Zuge engagierte sie sich mehr und mehr beruflich und auch politisch. Entscheidend war schließlich die Begegnung mit Ernst Bloch, den sie 1934 heiratete. Ein Jahr zuvor begann ihre Flucht vor den Nationalsozialisten, die sie nach Zürich, Wien, Paris, Prag und die USA führte. Nach dem Krieg kehrten sie nach Deutschland, nach Leipzig, zurück; 1961 siedelte das Paar nach Tübingen über. 1981 veröffentlichte sie ihre Erinnerungen unter dem Titel *Aus meinem Leben*.

KAROLA BLOCH

Im »Roten Block« am Laubenheimer Platz

Arme Teufel, Antifas und unvergessene Genies – Wir »Kommunisten« und die braune Pest

Als mein Vater 1921 beschloß, Lodz zu verlassen und nach Berlin zu ziehen, waren wir Kinder glücklich. Die armselige Stadt Lodz hat uns nie gefallen. Wir freuten uns auf die Großstadt. Warum mein Vater Lodz verließ, weiß ich nicht genau. Wahrscheinlich wollte er den heranwachsenden Kindern bessere Bildungschancen bieten. Die Wohnung in Lodz wurde nicht aufgegeben, eine Haushälterin versorgte sie. Mein Vater pendelte zwischen Berlin und Lodz, wo er eine Bleibe brauchte. Seine Fabrik vergrößerte sich. Ende der zwanziger Jahre hatte sie, glaube ich, 600 Arbeiter.

Nach Berlin fuhren wir im Schlafwagen. Wir Kinder hatten ein Abteil mit vier Betten, die Eltern eins mit zwei. Es war ein schöner französischer Zug, die Abteile mit eleganten Schnörkeln verziert, Fin de siècle. Wir lagen in unseren Betten, übermütig und lustig, machten eine Kissenschlacht und schliefen erst ein, als wir, am nächsten Morgen, schon fast in Berlin waren.

Mit zwei Pferdedroschken fuhren wir in den Westen der Stadt, wo wir in der Pension Simon, Joachimsthaler Straße, angemeldet waren. Unterwegs entzückten uns die Dekorationen der Schaufenster auf dem Kurfürstendamm. Deutschland war arm nach dem verlorenen Krieg, man sah Krüppel und Bettler, aber an den Auslagen merkte man die Armut nicht. Auch die Pension Simon war hübsch eingerichtet. Die Besitzerinnen, eine alte Frau und ihre ältliche Tochter, bemühten sich sehr um ihre Gäste. Wir bezogen mehrere Zimmer. Das Essen allerdings war mäßig, das ewige Pflaumenkompott als Nachtisch schmeckte nach Gummi. Aber wir waren Schlimmeres gewöhnt.

Wir waren schon einmal in Berlin gewesen, 1914, hatten damals aber nur die Gegend um das Schloß und die Prachtstraße Unter den Linden kennengelernt. In den Berliner Westen kamen wir 1921 zum erstenmal. Die Atmosphäre dort nahm uns sogleich gefangen, sogar die Häuser aus der Gründerzeit beeindruckten uns – trotz ihrer Häßlichkeit. Wir gingen in Ausstellungen, lernten die Dada-Bewegung kennen, die nach dem Krieg aus der Schweiz gekommen war und als vehementer pazifistischer Protest viele Kriegsgegner begeisterte. In Berlin gehörten George Grosz, John Heartfield, Wieland Herzfelde und viele Expressionisten diesem Kreis an. Die Zeichnungen und Bilder von George Grosz, Max Beckmann, Rudolf Schlichter überzeugten uns, sahen wir doch in den Straßen diese Krüppel, diese Dirnen, diese noch immer wilhelminischen Polizisten, die auch auf den Bildern der Maler zu sehen waren.

Meine Brüder mußten sich, wie auch ich, für eine deutsche Schule vorbereiten. Ein Lehrer wurde engagiert, der ins Haus kam. Er hieß Kretzer. Ich sehe ihn noch vor mir – groß, hager, mit Brille und dünnen schwarzen Haaren. Er war sehr gebildet, hatte mehrere Doktortitel, war sympathisch und sachlich. Während meine Brüder, die in Lodz in ein deutsches Gymnasium gegangen waren, sehr bald in einem Berliner Gymnasium unterkamen, geriet ich in Schwierigkeiten. Mein Deutsch war nicht gut genug, um das große Pensum für das Abitur zu bewältigen. Auch sonst war der Schulstoff schwieriger als in Lodz. Herr Kretzer riet vom Abitur ab.

Da ich sowieso einen künstlerischen Beruf ergreifen wollte, entschied ich mich für die Kunstgewerbeschule Reimann, von wo ich später auf die *Hochschule für bildende Künste* am Steinplatz überwechseln wollte. Dort mußte ich eine Aufnahmeprüfung ablegen. Dazu brauchte ich vorbereitenden Zeichenunterricht, und jemand empfahl mir den expressionistischen Maler Ludwig Meidner als Lehrer. Er sei arm und halb verhungert; es täte ihm gut, etwas in den Bauch zu kriegen. Mit Geld konnte man in der Inflation nicht zahlen, es war bereits am nächsten Tag völlig entwertet. Man gab Naturalien: Brot, Butter, Fleisch.

Ich bekam die Adresse von Meidner, er wohnte in der Motzstraße. Dorthin ging ich also und stieg, stieg, stieg die Treppen. Natürlich wohnte er ganz oben, fünftes Stockwerk. Ich klopfte an die Tür. Ein Spalt öffnete sich, und ich sah ein ganz kleines Männchen, häßlich, mit einem runden schwarzen Käppi auf dem Kopf. Er fragte: »Was wünschen Sie?« Ich sagte meinen Namen, ein bißchen eingeschüchtert, und nannte denjenigen, der ihn mir empfohlen hatte. »Ich möchte Zeichenunterricht haben, da ich eine Prüfung an der Hochschule für bildende Künste ablegen will.« Das alles sagte ich durch die Türritze. Darauf Meidner: »Kommen Sie rein.«

Ich betrat einen Raum, in dem eine Unordnung herrschte, wie ich sie noch nie gesehen hatte. Da lagen haufenweise irgendwelche Papiere, Lappen oder ich weiß nicht was in dem sehr kleinen Zimmer verteilt. Es stand da allerdings auch eine Staffelei, und es gab in einer Ecke eine ganz winzige Küche mit einem Kocher und einem Ausguß. Damit ich mich setzen konnte, mußte erst ein Stuhl frei gemacht werden. Meidner warf den ganzen Wust kurzerhand auf den Fußboden. »Bitte nehmen Sie Platz.«

Wir fingen an, miteinander zu sprechen, und verstanden uns sofort. Er zeigte mir einige seiner Zeichnungen und Bilder. Ich war entzückt und sagte ihm, wie sehr mir seine Arbeiten gefielen, wie stolz ich sei, bei ihm lernen zu dürfen.

Meidner war ein gläubiger Jude, trug immer eine kleine runde Kappe, wie ich sie von den polnischen Juden her kannte, aber in Deutschland bis dahin nicht gesehen hatte. Mich faszinierten seine klugen Augen, ungewöhnlich kluge, wie mir schien. Er war überhaupt gescheit, konnte auch schreiben, nicht nur zeichnen und malen. Später schenkte er mir sein Buch *Im Nacken das Sternenmeer* mit einer sehr schönen Widmung, in der er mich als Kanarienvogel gezeichnet hatte.

Bald darauf fing der Unterricht an. Es wurde ein Modell bestellt, ich zeichnete den Akt mit Kohle. Meidner setzte sich dann zum Korrigieren neben mich, und da konnte man sehen, was für ein leidenschaftlicher Zeichner er war. Besessen davon, nach einem Modell zu zeichnen, aber zu arm, um selbst eins zu bezahlen, war er froh, durch mich eines zu bekommen. Manchmal dachte ich, ich käme auf gar keinen grünen Zweig, weil nur er zeichnete. Doch er nahm sein Lehren sehr ernst, machte mich aufmerksam auf die Dinge, die bedeutungsvoll waren. Unter seinen Bildern, die er mir zeigte, beeindruckte mich besonders eines, das »Ich und die Stadt« hieß. In der Mitte Meidners Kopf, Entsetzen im Gesicht, rund um ihn hohe Steinhäuser, die auf ihn niederzufallen schienen. Apokalyptische Stimmung.

Und doch, wenn ich an Meidner zurückdenke, stehen im Mittelpunkt für mich nicht der Zeichenunterricht, so notwendig und schön er auch war, sondern die Gespräche mit ihm und die Begegnungen mit seinen Freunden und Bekannten im Atelier. Eines Abends, als ich nach Hause gehen wollte, sagte er mir: »Wollen Sie nicht noch ein bißchen bleiben, heute abend kommt ein junger Dichter, Johannes Becher, kennen Sie ihn?« – »Ja, dem Namen nach.« – »Vielleicht kommt auch Alfred Wolfenstein.« Manchmal stieß auch ein schlesischer Landsmann von Meidner zu dieser Gesellschaft: Hermann Stehr. Die kleine Bude war oft ganz voll von Besuchern. Viele von ihnen waren junge Leute, ehemalige Schüler Meidners.

Ich blieb häufig abends in der Motzstraße. Manchmal kam ich erst um

Mai-Umzug einer kommunistischen Kinderorganisation in Berlin, 1925. *(Keystone)*

Demonstration der Berliner SA unter Polizeischutz vor der Zentrale der KPD.
(Keystone)

2 Uhr in der Nacht nach Hause. Ich erzählte dann, was für interessante Menschen zu Meidner kämen und wie spannend die Gespräche waren, da könnte ich mich nicht von der Gesellschaft trennen.

Zu diesen Zusammenkünften bei Meidner brachte jeder seine Stulle mit, es waren ja alle arm. Man sprach über Gott und die Welt. Und die Politik spielte eine große Rolle. Die Weimarer Republik erlebte eine heiße Zeit: kommunistische Unruhen in Hamburg, im Ruhrgebiet, Räterepublik in München, Rechtsextremismus, Mord an Erzberger, Rathenau, Leviné. Die Meidner-Gäste waren zum Teil Kommunisten wie Becher, aber es kamen auch bürgerliche Demokraten.

Wenn ich mit Meidner allein war, erzählte er viel von sich. Er war ein verzweifelter Mensch, nicht nur für seine Person, er sah schwarz für die Welt und hatte geradezu prophetische Visionen von der Zukunft der Menschheit. Das sah man in seinen apokalyptischen Bildern. Im Ersten Weltkrieg hatte er sich den expressionistischen revolutionären Malern angeschlossen und mit ihnen den Sozialismus als den einzigen Ausweg aus der Misere gefordert. Aber als ich ihn kennenlernte, 1922/23, war er desillusioniert, flüchtete in die Religion, suchte Trost in der Bibel. Er mokierte sich etwas über meinen Kommunismus. »Sie kommen doch aus einem reichen Haus, warum machen Sie das? Sicher wollen Sie nur Ihre Eltern ärgern.«

*

Bei Meidner lernte ich auch eines Tages Fränze Hersfeld kennen. Sie kannte Ernst Bloch, schätzte ihn außerordentlich, aber nicht so sehr als Philosophen, sondern als Schriftsteller, Erzähler und vor allem als fabelhaften Gesellschafter. Bloch hatte damals schon *Geist der Utopie* und *Thomas Müntzer* veröffentlicht. Aber ich hörte seinen Namen zum erstenmal und in erster Linie als den eines »entzückenden Menschen«. »Den müssen Sie mal kennenlernen, der wird Ihnen bestimmt gefallen«, sagte Fränze Hersfeld und lud mich zu sich ein. Aber Ernst Bloch habe ich damals nicht bei ihr gesehen. Ich sollte ihn erst einige Jahre später kennenlernen, und Fränze behielt recht – er gefiel mir sehr gut.

Durch die Begegnung mit Fränze Hersfeld, die sehr viel von Philosophie wußte (später hat sie in Paris, als die Deutschen die Stadt besetzten, Selbstmord begangen), kam mir der Gedanke, daß mir auf die Dauer Zeichnen allein nicht genügen würde. Ich begann also, mich mit Philosophie zu beschäftigen. Ich erfuhr von Bekannten, daß in unserer Nähe ein Philosoph lebte, Kurt Sternberg, der Unterricht in Geschichte der Philosophie gab und auch Bücher schrieb. Ich ging zu ihm und wurde schnell handelseinig. Auch diese Stunden mußten mit Naturalien bezahlt werden.

Er begann, mich mit den großen Griechen bekannt zu machen, mit den Vorsokratikern, mit Platon. Er ging ziemlich systematisch vor, übersprang jedoch die mittelalterliche Philosophie, um vor allem zu seinem Philosophen zu kommen: zu Kant. Er war, wie sich herausstellte, ein Neukantianer.

Später haben wir uns überworfen, denn plötzlich kamen wir auf politische Themen zu sprechen, und da stellte sich heraus, daß Sternberg ein typischer deutschnationaler Jude war. Er gehörte zu jenen Menschen, die mir später, nach 1933, besonders leid taten, eben weil sie als Juden so begeisterte Deutsche waren. Sternberg sprach von Deutschland mit großer Liebe, die deutsche Philosophie ging ihm über alles. Aber politisch war er ganz konservativ.

Ich wurde immer wütender und sagte schließlich: »Wie können Sie bloß so denken in dieser Zeit, in der die Welt sich ändert, so oder so, nicht nur in Rußland. Denken Sie nur an das, was heute bei uns passiert, denken Sie an die Schieber, es wimmelt von ihnen, sie verdienen an der Inflation, sie haben gutes Geld, das Volk hat nichts. Finden Sie nicht, daß hier etwas getan werden muß, Herr Sternberg?« Von Marx wußte ich damals sehr wenig, aber ich hatte von seiner Bedeutung gehört. Gelesen hatte ich nur das *Kommunistische Manifest*, von Lenin *Was tun?* und *Der linke Radikalismus, die Kinderkrankheit des Kommunismus*. Dazu auf russisch einige seiner kleinen Schriften und Aufsätze.

Natürlich wurde auch im Meidner-Kreis viel über diese Dinge gesprochen. Ich brachte russisches Material mit, Bilder der bemalten Eisenbahnzüge, Plakate usw. Die Abende wurden immer länger. Und meine Mutter war jedesmal außer sich, wenn ich so spät nach Hause kam. Sie dachte: »Vielleicht hat Karola ein Techtelmechtel mit diesem Maler, man weiß ja, wie die Künstler sind.« Ich versicherte ihr, daß ich mich nie in einen Mann wie Meidner verlieben könnte. »Damit du dich aber selbst überzeugen kannst, lade ihn doch zu uns zum Abendessen ein.« Meine Mutter war einverstanden.

Ich sage ihr, sie dürfe Fleisch und Milch nicht zusammen anbieten, denn Meidner war ein frommer Jude, der nur koscher esse, und schlug ein fleischloses Essen vor. Meine Mutter war baß erstaunt. Am Abend wurde der Tisch schön gedeckt, das Essen von einem Hausmädchen aufgetragen. Meidner kam herein, mit einem Käppchen auf dem Kopf, ging an den Tisch und sagte: »Erst kommt das Gebet.« Er blieb stehen und sprach ein jüdisches Gebet.

Dann gab's Blumenkohl auf polnisch, und dann sprach der Gast von der jüdischen Religion. Nicht von der Malerei. Er sah gleich, daß meine Eltern nicht viel davon verstanden, sondern sich eher in den jüdischen Gesetzen auskannten. So verlief der Abend glimpflich, meine Mutter war beruhigt, und ich konnte weiterhin zu Meidner gehen und ohne Vorwürfe die halben Nächte bei ihm verbringen.

*

Aus der Pension Simon zogen wir 1922 in eine große möblierte Wohnung in der Kleiststraße. Während dieser Zeit wurde an einem eigenen Domizil für uns gebaut. Mein Vater besaß ein Haus in der Lietzenburger Straße 7 und ließ über dem ganzen Haus eine Etage aufstocken. Es wurde eine schöne Zehnzimmerwohnung mit zwei zusätzlichen Zimmern für Köchin und Hausmädchen und einem Frühstücksraum, dessen Wände von meinem Bruder, mir und jungen Freunden mit lustigen Sprüchen und ulkigen Bildern ausgemalt wurden.

Einer dieser jungen Freunde war Xanti Schawinsky, der später Meister im Bauhaus wurde. Xanti war ein vitaler, lebenslustiger Mensch, ein gerngesehener Gast in der Lietzenburger Straße. Auch er bereitete sich auf die Prüfung an der *Hochschule für bildende Künste* vor. Wir studierten eine Zeitlang zusammmen, bis Xanti ins Bauhaus nach Weimar übersiedelte. Dort konnte man Malerei, Bildhauerei, Industrial Design, Architektur, auch Innenarchitektur, kurz alles, was mit der bildenden Kunst zusammenhing, studieren.

Einmal lud mich Xanti zu einem Bauhaus-Fest ein. Es dauerte drei Tage und drei Nächte. Ich war wie berauscht. Xanti ging mit mir auch in die Ateliers der Meister, besonders gefiel mit Paul Klee – nicht nur seine Bilder, auch seine schönen, großen braunen Augen fand ich herrlich, Augen, wie man sie nur bei Malern erlebt. Moholy-Nagys montierte Kästchen, Zahnräder, Glassplitter faszinierten mich sehr. Dieser Ungar sprach mit starkem Akzent, voller Leidenschaft.

Wunderbar fand ich das Triadische Ballett, das Oskar Schlemmer geschaffen hatte. Ich erinnere mich noch an die phantastischen pyramiden- und kugelförmigen Kostüme der Tänzer. Ich war hingerissen von den Einfällen, die die Künstler des Bauhauses hatten, der Art, wie sie Gedichte vortrugen, unsinnige Worte skandierten, die dann sinnvoll wurden. Es war eine akustische Pantomime.

Die Phantasie kannte keine Grenzen.

*

Im Sommer 1923 war ich in Heringsdorf an der Ostsee gewesen und hatte dort Alfred Kantorowicz kennengelernt. Er war groß und hager, das Gesicht markant und sensibel. Von Beruf Journalist, schrieb er für die *Vossische Zeitung*, war arm und ziemlich bedürfnislos, aber ehrgeizig. Er träumte davon, Romanschriftsteller zu werden. Politisch stand er mir nicht links genug, aber die Zuneigung überwog die politischen Differenzen. Kanto, wie er von Freunden genannt wurde, hoffte, daß die bürgerliche Demokratie eine soziale Gerechtigkeit schaffen würde. Als junger Mensch war er Zionist gewesen. Das Thema seiner Dissertation hieß: »Die völkerrechtlichen Grundlagen des nationaljüdischen Heims in Palästina«.

Diese Phase war vorbei, als ich ihn kennenlernte. Während seines Studiums in Erlangen hatte er böse Erfahrungen mit nationalistischen, völkischen, antisemitischen Kommilitonen gemacht. Er haßte dieses »Pack«, wie er sagte. Um so mehr liebte er das bessere Deutschland, seine Dichter und Denker. Heinrich Mann verehrte er sein Leben lang. Mir schenkte er den *Untertan* und meinte, daß der Autor den deutschen Kleinbürger wie mit Röntgenstrahlen durchleuchtet hätte. Natürlich las ich den Roman sofort und kann bis heute jene Stelle nicht vergessen, wo der Held des Romans seine Geliebte schwängert und, als sie ihn bittet, sie zu heiraten, zur Antwort gibt: »Du wirst doch nicht erwarten, daß ich eine Frau heirate, die keine Jungfrau mehr ist!«

Die Verachtung solchen Kleinbürgertums verband uns sehr und sorgte dafür, daß uns der Gesprächsstoff auch später in Berlin nie ausging. Hier wohnte Alfred mit einigen Freunden in einer möblierten Wohnung in der Kleiststraße. Das waren junge Intellektuelle, die es nicht weit gebracht hatten. Bohemiens mit allen Vor- und Nachteilen. Ich kam in eine Räuberhöhle, verglichen mit unserer eleganten Wohnung. Es gab oft nichts zu essen. Ich schleppte von zu Hause fort, was immer ich konnte. Unsere gutmütige, kugelrunde Köchin Marie packte mir Pakete, meine Mutter merkte kaum etwas.

Damals in der Kleiststraße war die Bude immer voll und immer etwas los. Zusammenkünfte, Diskussionen, Partys. Geld wurde gepumpt, Geselligkeit mußte sein. Zu einer solchen Party kam eines Tages auch Ernst Bloch mit seiner zweiten Frau Linda, einer Malerin aus Frankfurt. Ich sah ihn zum erstenmal. Er war in Nordafrika gewesen und trug einen Burnus und arabische Pantoffeln. Ich tanzte mit ihm wie mit anderen auch. Zu einem Gespräch, das mir in Erinnerung geblieben wäre, kam es nicht. Ich liebte Alfred so sehr, daß mich andere Männer nicht nachhaltig zu interessieren vermochten.

*

Im Jahre 1926 hatte Kantorowicz eine Stelle in Mannheim bekommen als Redakteur an der *Mannheimer Zeitung.* Mein Bruder und ich beschlossen, auf dem Heimweg von Nizza in Mannheim halt zu machen, um Alfred zu besuchen. Wir wohnten in Heidelberg in einer Pension in der Hauptstraße. Eines Tages sagte Kanto, Ernst Bloch sei auch in Heidelberg, ob wir nicht zusammenkommen wollten?

Bloch sah anders aus als damals auf der Party in Berlin. Er war sehr mager geworden, was ihm gut stand. Zu dieser Zeit war er ziemlich heimatlos. Seine zweite Ehe mit Linda war nicht glücklich gewesen, sie hatten sich getrennt, ihr Haus in Berlin-Zehlendorf aufgegeben und die Möbel irgendwo eingelagert. Bloch hatte sich eine Zeitlang in Ludwigshafen, seiner Geburtsstadt, aufgehalten, wo er bei seinem Schulfreund Max Hirschler und dessen Frau gewohnt hatte. Und nun saßen wir mit Bloch an einem schönen Frühlingstag in einem Heidelberger Kaffeehaus oben am Berg auf einer Terrasse, von der man das Schloß sehen konnte, den Neckar, die prachtvolle alte Brücke, die herrliche Landschaft.

Wie verblaßten alle Gestalten, die ich bis dahin in meinem Leben getroffen hatte, im Vergleich mit diesem Vulkan von einem Menschen! Ich spürte das Gewicht, das diese Begegnung für mich hatte, und auch Bloch schien nicht unbeeindruckt. Wir verabredeten uns für den nächsten Tag.

Seit diesem Tag sah ich Ernst täglich in Heidelberg. Er erzählte mir aus seinem Leben. Seine Kindheit war unglücklich gewesen. Sein Vater, ein Eisenbahnbeamter in Ludwigshafen am Rhein, war ein ungebildeter Mensch, der kein Verständnis für seinen einzigen Sohn hatte. Die Mutter war geistig beweglicher als der Vater, aber auch sie hatte keine Ahnung davon, was für ein ungewöhnliches Kind sie hatte.

Da Ernst ein schlechter Schüler war, wurde er immer für seine Zeugnisse bestraft. Und als er schon in frühen Jahren philosophische Bücher las, wurde ihm das von den Eltern verboten, er sollte lieber französische Vokabeln pauken. So versteckte er die Bücher, ging heimlich in die Mannheimer Bibliothek und begann sich die Grundlagen seines philosophischen Wissen anzueignen. In der Schule kam er zunächst mit den Kameraden nicht zurecht. Erst als er in der Obertertia sitzengeblieben war und in eine neue Klasse kam, fand er plötzlich Freunde unter den Mitschülern. Sehr bald wurde er zur führenden Figur und fand Trost in der Schule. Mit dem Abitur sah es allerdings schlecht aus – seine Schulzeugnisse waren so miserabel, daß er fürchten mußte durchzufallen.

Mit seinem besten Freund, Fritz Heckert, schmiedete er einen Plan für den Fall, daß er durchfallen sollte. Die Mutter des Freundes sollte ihm Geld für eine Reise in die Schweiz geben. Er wußte, daß man dort auch ohne

Abitur Philosophie studieren konnte. Aber mit Ach und Krach bekam er dann doch das Reifezeugnis. Als ihn der Schuldirektor fragte, was er studieren wolle, sagte Ernst: »Philosophie.« – »Was, Philosophie? Dazu sind Sie ja viel zu dumm!« Nicht von ungefähr hieß dieser Gymnasialdirektor Stumpf.

Im Herbst 1927 ging ich nach Berlin und wohnte bei meiner Freundin. Ernst hatte ein möbliertes Zimmer »In den Zelten«. Wir sahen uns täglich, und ich lernte wie zuvor seine Heidelberger, so jetzt seine Berliner Freunde kennen. Da waren vor allem Theodor Adorno, der damals Wiesengrund hieß, Walter Benjamin, Siegfried Kracauer, Kurt Weill und Otto Klemperer.

Die Freundschaft mit Klemperer war älteren Datums. Als Bloch 1917 sein erstes Buch *Geist der Utopie* schrieb, hatte er das Manuskript dem Verlag Duncker & Humblot gegeben. Der aber wußte nicht recht, ob er das Buch drucken sollte, und schickte es an Georg Simmel nach Straßburg, um eine Beurteilung einzuholen. Da die Philosophie der Musik einen großen Teil des Buches ausmacht, hatte Simmel das Manuskript an den Dirigenten Otto Klemperer weitergegeben, der sehr positiv beeindruckt war. So kam durch Klemperers Intervention 1918 *Geist der Utopie* im Verlag Duncker & Humblot heraus. Bloch und Klemperer, der Ende der zwanziger Jahre in Berlin dirigierte, wurden Freunde und blieben es bis zu Klemperers Tod 1973.

Klemperer gründete 1927 in Berlin die Kroll-Oper. Es solllte ein Experimentiertheater werden mit Malern wie Moholy-Nagy, Schlemmer, de Chirico als Bühnenbildner. Das preußische Kulturministerium, repräsentiert durch den Musiker und Reformer Leo Kestenberg, hatte großes Interesse an diesem neuen Haus, obwohl Berlin schon zwei Opern besaß. Klemperer beabsichtigte, aus dem Haus eine erstrangige Bühne zu machen, wo bis zur Perfektion gearbeitet und geprobt wurde. Er verpflichtete zunächst den Bühnenbildner Dülberg und den Musiker und Theaterfachmann Hans Curjel, mit dem sich Bloch sehr anfreundete.

Bloch war sehr angetan von dem Stil des neuen Hauses, er besuchte viele Proben, ich ging mit, wann ich nur konnte. Klemperer und Curjel besprachen oft mit Ernst Fragen der Aufführungen und holten seinen Rat. Höhepunkt für Ernst war damals die Aufführung des »Fidelio«. Selten habe ich ihn so bewegt im Theater gesehen. Ich sah viele glanzvolle Aufführungen in der Kroll-Oper.

Von den Zeitgenossen war es vor allem Strawinsky, den Klemperer verehrte und in seinem Theater viel dirigierte – nicht nur die Opern, sondern auch Konzertstücke: Apollon Musagète, die Psalmensymphonie und viele andere. Zu der Vorstellung von »Oedipus Rex« kam Strawinsky selbst nach Berlin. Ich hörte in diesem Jahr 1927/28 sehr viel Musik, vor allem lernte ich von Ernst auf diesem Gebiet. Bis dahin hatte ich kein besonderes Interesse für Opern gehabt. Aber Ernst liebte diese Form der Musik. Er besaß Klavierauszüge von vielen Opern und spielte und sang diese vom ersten bis zum letzten Akt in einer Weise, daß es jeden mitriß.

Die Kroll-Oper wurde sehr bald von reaktionären politischen Kräften scharf angegriffen. Die Nationalsozialisten tobten gegen dieses »bolschewistische« Theater, auch das Geld war knapp, und schließlich wurde die Kroll-Oper 1931 geschlossen.

Ernst war sehr traurig darüber, obwohl auch ihm manches Bühnenbild zu übertrieben schien. So hatte Moholy-Nagy in der »Zauberflöte« die Dekoration aus Glas und Stahl gestaltet und die Schlange durch einen Staubsaugerschlauch ersetzt; das brachte Ernst auf die Palme.

*

Walter Benjamin habe ich auf originelle Weise kennengelernt. Wir trafen ihn auf dem Kurfürstendamm, Ernst machte mich mit ihm bekannt. Benjamin sagte zu mir: »Gnädigste, ist Ihnen schon einmal das kränkliche Aussehen der Marzipanfiguren aufgefallen?« Er zog aus seiner Tasche eine halbe Walnußschale, in die eine Krippe mit Maria und dem Jesuskind aus Marzipan kunstvoll eingearbeitet war. Wir gingen zu dritt in die Mampe-Stube und bewunderten die Walnuß. Dann begann das Erzählen. Benjamin war unlängst in Rußland gewesen, erzählte von Moskau und seiner Freundin, der lettischen Regisseurin Asja Lacis, die ihn auf den Weg des Marxismus gebracht hatte. (Sein Buch *Einbahnstraße* ist ihr gewidmet.)

Gerschom Scholem, Benjamins Jugendfreund und Zionist, der in Palästina lebte, hatte vergeblich darum gekämpft, Benjamin zum Zionismus zu bekehren und ihn ins Land der Väter zu holen. Bloch war Benjamin bereits 1918 in der Schweiz begegnet, dann traf er 1925 oft mit ihm in Paris zusammen. Es war eine sehr intensive geistige Beziehung. Die Liebe für das Kleine, Unscheinbare, hinter dem sich etwas Tiefes verbirgt, war beiden eigen. Benjamin war ein glückloser Mensch. Sein Versuch, sich zu habilitieren, scheiterte, seine Ehe war nicht glücklich. Er war arm, wohnte in einem möblierten Zimmer. Als wir ihn einmal besuchten, lag er auf dem Sofa und schrieb in dieser zum Schreiben nicht gerade geeigneten Stellung (ähnlich wie Proust, nur daß Proust krank war und liegen mußte). Obwohl Benjamin keine Wärme, keine Heiterkeit ausstrahlte, war er mir sympathisch, seine Originalität und sein Intellekt beeindruckten mich sehr.

Dann und wann trafen wir auch Adorno. Er hatte mit neunzehn Jahren *Geist der Utopie* mit solcher Begeisterung gelesen, daß er sagte, er würde nie ein Wort schreiben, ohne den *Geist der Utopie* im Kopf zu haben. Er war liiert mit einer Chemikerin, Gretel Karplus (seiner späteren Frau), bei der man sich öfters traf. Ich erinnere mich vor allem an Adorno und Benjamin, auch an Kracauer, den ich viel mehr mochte als Adorno.

Ich lernte »Krac« 1928 kennen, als er kurz in Berlin war. Sonst arbeitete er in der Feuilletonredaktion der *Frankfurter Zeitung.* 1930 jedoch wurde er nach Berlin versetzt, und in diesen frühen dreißiger Jahren sahen wir uns oft. Ich empfand große Sympathie für ihn – es beruhte auf Gegenseitigkeit.

Seltsamerweise hatte ich eine mütterliche Neigung für Krac. Vielleicht lag es daran, daß er von der Natur so benachteiligt war: klein, nicht schön, dazu stotternd. Aber diese Äußerlichkeiten wurden überstrahlt von großer Klugheit. Da Krac von Hause aus Architekt war (er arbeitete zuerst wegen Geldmangels in diesem Beruf), gerieten wir oft in Fachsimpelei und tauschten manche sarkastischen Bemerkungen über moderne Architektur aus. Aber hauptsächlich beschäftigten mich die Kracauerschen Analysen sozialer Zusammenhänge der damaligen Zeit.

*

In den Weihnachtsferien 1930/31 traf ich Sternberg wieder, und er schlug vor, Silvester zu Brecht zu gehen, dort fände eine Party statt. Ernst war woanders eingeladen. So ging ich allein mit Sternberg in das schöne große Atelier, wo Brecht mit Helene Weigel lebte. Ich kannte ihn flüchtig von früher.

Das Gespräch kam bald auf Ernst Bloch. Wir erinnerten uns beide, wie die zwei Männer sich kennengelernt hatten. Bloch saß in einer Berliner Kneipe. Da sagte ihm sein Begleiter, daß Brecht an der Theke stünde. Bloch ging auf ihn zu und sagte: »Barzan läßt es sein.« Dies war der Titel einer früheren Kurzgeschichte von Brecht, die Ernst gefesselt hatte. Der Kontakt war sofort hergestellt und blieb immer gut. Bloch nannte Brecht in *Erbschaft dieser Zeit* den »Leninisten der Schaubühne«.

Die Silvesterfeier war nicht so lustig, wie solche Partys sonst zu sein pflegen. Die politische und wirtschaftliche Weltlage war nach dem Schwarzen Freitag im November 1929, an dem die amerikanische und nach ihr die europäische Börse zusammengebrochen waren, verheerend. Die Arbeitslosigkeit hatte schwindelnde Höhen erreicht, die Nationalisten errangen im Parlament immer mehr Mandate.

Fritz Sternberg war an jenem Abend ziemlich pessimistisch, beklagte, daß die KPD durch Fraktionskämpfe zerrissen, keine Kraft hätte, dem Nationalsozialismus entgegenzuwirken. Brecht äußerte sich vorsichtig, was die KPD anbelangte, obwohl sein Freund und Lehrer, Karl Korsch, aus der Partei ausgeschlossen war. Aber Brecht hatte nun einmal auf das Pferd KPD gesetzt und wollte nicht abspringen.

Ich ging nach Mitternacht noch zu Kanto, das hatte ich ihm versprochen. Auch das Gespräch mit ihm drehte sich um Politik. Kanto war nahe daran, der KPD beizutreten, als der einzigen Partei, die konsequent eine antifaschistische Politik verträte. Er hatte in der Zwischenzeit große politische Erfahrung gesammelt. Wir trennten uns als gute Freunde.

*

Aus Wien zurückgekehrt und wieder in Berlin, wohnten wir zunächst in Steglitz in einem Junggesellenhaus, wo man schlafen und essen konnte. Dort wohnte auch Arthur Koestler – damals ein fanatischer Kommunist und, ebenso wie Kanto, der sich um diese Zeit der Partei anschloß, ein entschiedener politischer Kämpfer.

Auch ich selbst begann jetzt politisch zu arbeiten: zunächst auf der Technischen Hochschule in Charlottenburg, wo ich mich gleich nach meiner Ankunft immatrikulierte. Dort gab es einen »Roten Studentenbund«, der eine Zeitschrift *Der rote Student* herausgab. Ich trat der Gruppe, die fünfzehn bis zwanzig Mitglieder hatte, bei. Ihre Hauptaufgabe war, den Einfluß der Nazis auf die Studenten soweit wie möglich zu verhindern und die Diskussionen mit Sympathisanten, vor allem aber mit dem Gegner selbst zu führen.

Ich hatte gleich am Anfang ein charakteristisches Erlebnis. Da ich aus Wien kam, mußte ich erst den Stundenplan näher kennenlernen. Ein liebenswürdiger Student meines Semesters erklärte sich sofort bereit, mir zu helfen. Die Zusammenarbeit war gut, der junge Mann hofierte mich sehr. Als wir uns einmal auf dem Gang unterhielten, begegnete uns ein Kommilitone, der prononciert jüdisch aussah. Mein »Freund« sah ihn verächtlich an: »Hoffentlich dauert es nicht mehr lange, bis wir diese jüdischen Fratzen nicht mehr zu sehen brauchen. Gucken Sie sich selbst an, wie Sie aussehen und wie dieser abscheuliche Goldberg aussieht!« – »Aber Herr Kommilitone, ich bin auch eine Jüdin.« Der junge Mann wurde leichenblaß. »Nein, das ist nicht möglich! Sie können keine Jüdin sein!« – »Aber wieso denn, ich bin rein jüdisch, habe keinen arischen Blutstropfen.«

Er wandte sich ab und grüßte mich nicht mehr seit diesem Gespräch. Ich habe damals zum erstenmal an mir selbst erlebt, wie tief vielen Deutschen der Judenhaß eingeimpft worden war.

Wir wechselten dann die Wohnung und zogen nach Wilmersdorf in den sogenannten »Roten Block«, auch Künstlerkolonie genannt, am Laubenheimer Platz. Um den Platz herum hatten die *Bühnengenossenschaft* und der *Schutzverband Deutscher Schriftsteller* für ihre Mitglieder drei Wohnblocks gebaut. Die Wohnungen waren billig und nicht unkomfortabel. Wir zogen in die Kreuznacher Straße 52. Mehrere Freunde waren im selben Haus unsere Nachbarn. So Peter Huchel und Gustav Regler. In der Nähe wohnten auch Kantorowicz mit seiner klugen, reizenden Frau Friedel – sie war Schauspielerin, vorher mit dem Tänzer Wagner-Regeny verheiratet (Sohn des Komponisten) –, der Regisseur Erich Engel, der Sänger Ernst Busch, Susanne Leonhard mit ihrem Sohn Wolfgang, Hermann Budzislawski, Axel Eggebrecht, Alfred Sohn-Rethel und viele andere.

Der »Rote Block« bildete eine erfreuliche Gemeinschaft, in der Parteilose, Kommunisten und Sozialdemokraten versammelt waren. Bei uns wehten nur die Fahnen Schwarz-Rot-Gold und Rot. In der kleinbürgerlichen Nachbarschaft Steglitz und Friedenau dagegen wimmelte es von schwarzweißroten und Hakenkreuzfahnen.

Es war lustig, die Lebensgewohnheiten der einzelnen Nachbarn kennenzulernen. Huchels zum Beispiel (seine damalige Frau Dora war eine deutsche Rumänin aus Siebenbürgen) verwandelten den Tag zur Nacht. Das Leben begann mit der Abenddämmerung. Wenn ihre Katze miaute, wußte ich, die Huchels waren auf. Dora selbst glich einer Katze mit ihren großen Augen und grazilen Bewegungen. Wann immer die Zeit es zuließ, ging ich zu Huchels. Ernst kam manchmal mit, er schätzte die Bohemeatmosphäre. Peter oder Piese, wie ihn seine Freunde nannten, las dann oft ein neues Gedicht vor mit seiner schönen ruhigen Stimme. Ich liebte seine Gedichte, die Natur, die Landschaft in ihnen. Oft kamen agronomische Ausdrücke vor, altertümlich und wohlklingend. Die mußte ich mir erst erklären lassen.

Bei den Parlamentswahlen vom 14. September 1930 hatte die NSDAP mächtig zugenommen, sie wurde die zweitstärkste Partei. Piese, der in keiner Partei war, wollte von mir wissen, was wir »Roten« gegen die braune Pest unternähmen. Auch ich begann, mir diese Frage eindringlicher zu stellen, und nachdem Alfred Kantorowicz 1931 der KPD beigetreten war, folgte ich ihm 1932.

Es war kein einfacher Entschluß, obwohl ich schon so lange Jahre mit dem Kommunismus sympathisierte. Ich wußte, daß in der KPD strengste Parteidisziplin herrschte, daß man sich den Beschlüssen der oberen Instanzen fügen und eigene Meinungen, wenn sie gegen die Parteilinie gerichtet waren, unterdrücken mußte. Mir wäre eine Rosa Luxemburgsche Linie lieber gewesen, die da sagte: »Freiheit ist immer nur die Freiheit des anders Denkenden.« Aber die gefährliche politische Situation in Deutschland erforderte einen disziplinierten Kampf gegen die Nazis, und ich war überzeugt, daß nur die KPD ihn exemplarisch führen konnte.

So schob ich die Bedenken zur Seite und trat in die sogenannte Straßenzelle des »Roten Blocks«, die bei Kantorowicz tagte, ein. Wir trafen uns, etwa zehn Genossen, einmal wöchentlich. Der politische Leiter war Kanto, der organisatorische Leiter Gustav Regler. Ein Genosse regelte die Finanzen (wir zahlten Beiträge je nach den Möglichkeiten des einzelnen Mitglieds). Ich übernahm die Arbeit für die *Rote Hilfe*, eine Organisation, die sich um Arbeitslose kümmerte und um kommunistische Gefangene. Denn der Justizapparat der Weimarer Republik war derselbe wie zu Kaisers Zeiten – genauso wie der Beamtenapparat –, die Sozialdemokraten hatten nicht viel daran geändert.

Neben den Straßenzellen, als den kleinsten Einheiten der Partei, gab es Betriebszellen. Die Genossen des »Roten Blocks«, die gewerkschaftlich organisiert waren, wurden Mitglieder dieser Zellen. Wir arbeiteten mit ihnen zusammen, wenn es um Demonstrationen oder sonstige Veranstaltungen ging. Die Politik der KPD wurde von der Komintern bestimmt, die Kräfte in der Partei von den Russen entschieden. So hat das Politbüro der Sowjetunion Thälmann an die Spitze der KPD gehievt.

Ich selbst begann neben meinem Architekturstudium an Kursen der »Masch« (Marxistische Arbeiterschule) teilzunehmen. Diese Schule war im Winter 1926/27 eröffnet worden und hatte sich im Laufe der Jahre zu einer ansehnlichen Lehranstalt entwickelt, die in vielen deutschen Städten Zweigschulen gründete. Als Lehrer fungierten bewährte Marxisten wie Hermann Duncker und viele prominente kommunistische Intellektuelle. Denn die »Masch« war eine Bildungsstätte der KPD. Der Lehrplan umfaßte die ökonomischen Grundlehren des Marxismus-Leninismus, die Geschichte der deutschen Arbeiterbewegung, Grundfragen der Gewerkschaftsbewegung, die Analyse des Faschismus, die Weltanschauung des Marxismus-Leninismus.

Für mich war die »Masch« nicht nur eine Schule des Marxismus, in der ich manches lernen konnte, sondern auch eine Möglichkeit, näheren Kontakt mit Proletariern zu finden. Mit manchen von ihnen schloß ich Freundschaft, sie besuchten mich, ich besuchte sie in ihren ärmlichen Behausungen. Das war für mich wichtig, denn im »Roten Block« wohnten keine Arbeiter, der einzige Prolet, den ich dort kannte, war Johnny, der uns die »Rote Fahne« brachte.

In der Technischen Hochschule war ich – abgesehen von politischen

Zwischenfällen – sehr zufrieden. Meine beiden wichtigsten Lehrer waren
Hans Poelzig und Bruno Taut. Hans Poelzig war nicht nur ein hervorragender Architekt (Großes Schauspielhaus in Berlin, im Krieg zerbombt, Ver-
waltungsgebäude der I. G. Farben in Frankfurt am Main, das noch heute
steht), sondern auch ein geistreicher Mensch und aufrechter Demokrat.
Als einmal Studenten in brauner Uniform sein Seminar betraten, stand er
wütend auf und warf sie hinaus. »In meinem Seminar haben Uniformierte
keinen Zutritt!« Er haßte die Nazis so, daß er nach ihrem Machtantritt
Deutschland verließ und einen Lehrstuhl in Istanbul übernahm. Dort
ergab er sich aus Verzweiflung und Heimweh derart der Trunksucht, daß er
nach kurzer Zeit starb.

Auch Bruno Taut war ein politisch fortschrittlicher Mensch. Er interessierte sich sehr für die frühe revolutionäre russische Architektur, reiste
öfters in die Sowjetunion und hat dort auch einiges gebaut. Allerdings
mußte er die große Enttäuschung erleben, daß unter Stalin die russische
Architektur völlig degenerierte. Aus einer anfänglich originellen, eigen-
ständigen Bauweise der frühen Nachrevolutionszeit geriet die Baukunst
auf ein falsches Gleis und entartete zu einer völlig unfunktionalen epigo-
nalen Architektur, ähnlich der des Fin de siècle. Karyatiden überschatteten
die Fenster, so daß die Zimmer schlecht beleuchtet waren. An einen Bau
von Bruno Taut, der in Moskau erstellt wurde, klebten die Russen nachträglich Halbsäulen mit ionischen Kapitellen an die glatte Fassade. Taut
war entsetzt.

Wir Architekturstudenten waren durch unsere Lehrer Poelzig, Tesse-
now, Bruno Taut im Geiste der modernen Baukunst erzogen worden, lasen
vor allem Bücher wie Siegfried Giedeons *Bauen in Frankreich*, Bruno Tauts
Neue Baukunst oder Schriften von Le Corbusier. Schönheit und richtige
Funktion waren für uns eine Einheit und bedeuteten gute Architektur.
Repräsentative Bauten standen im Lehrplan nicht im Zentrum des Inter-
esses. Der große Wohnungsmangel erforderte in erster Linie den Entwurf
von Wohnsiedlungen und sozialen Einrichtungen. Die Wohnungen mußten billig sein, man konnte deshalb nicht großzügig planen und strengte so
die Phantasie an, um beim kleinen Wohnvolumen durch guten Grundriß
das Beste herauszuholen.

*

Eigentlich war mit dem Sturz der Regierung Müller (SPD) 1930 die
parlamentarische Weimarer Republik zu Ende gegangen. Notverordnungen traten an die Stelle von Parlamentsbeschlüssen. Die Wirtschaftskrise
hatte sechs Millionen Arbeitslose zur Folge. Die Nationalsozialisten pak-

tierten mit den Deutschnationalen, das Bürgertum rückte immer mehr nach rechts. Am 30. Januar 1933 ernannte der Reichspräsident von Hindenburg Hitler zum Reichskanzler. Ich sah den Fackelzug, der unter fanatischem Jubel an der Reichskanzlei vorbeimarschierte.

Viele Genossen mußten untertauchen, wagten nicht mehr, in ihren Wohnungen zu bleiben. Am 27. Februar 1933 läutete es frühmorgens an meiner Tür. Draußen stand Johannes R. Becher. Er kam herein und sagte: »Nimm dich in acht – der Reichstag brennt. Die Nazis haben ihn angezündet, um die Kommunisten der Brandstiftung zu beschuldigen, man wird uns jetzt ausräuchern.«

Er ging bald weg, um andere Genossen zu warnen. Das erste, was ich tat, war, die Bibliothek durchzukämmen. Alle Bücher, die marxistisch waren, packte ich in eine Kiste und brachte sie mit Hilfe eines Genossen in eine nicht gefährdete Wohnung außerhalb des »Roten Blocks«. Dann bat ich den Genossen, zwei Koffer mit Ernsts Manuskripten aus dem Haus zu schaffen. Er versprach, am nächsten Morgen zu kommen. Das tat er auch, aber gleich nachdem er die Wohnung betreten hatte, forderte er mich auf, ans Fenster zu gehen. Ich blickte hinaus. Der ganze Laubenheimer Platz war von SA-Leuten und Polizisten umstellt, sie hatten ihre Maschinengewehre gegen unsere Fenster gerichtet.

»Sie kommen in jede Wohnung, kommen auch zu dir«, sagte Willy, der Genosse, »zunächst müssen mal die Koffer auf den Boden, vielleicht haben wir Glück, und sie suchen da oben nicht.« Willy brachte die Konterbande auf den Speicher und ging gleich danach weg. Er war Arbeiter, und es wäre nicht günstig gewesen, wenn man bei mir einen Proletarier angetroffen hätte. Ich zog mich besonders elegant an und nahm mir vor, die polnische Dame zu spielen. Da läutete es schon an meiner Tür, ein SA-Mann und ein Polizist standen draußen. »Wir müssen Ihre Wohnung durchsuchen.« Sie gingen an jeden Schrank, an jedes Regal. Gottlob waren die verdächtigen Bücher weg, aber sie fanden Tolstois *Über die Religion*, und argwöhnisch nahmen sie das Buch mit. »Wo ist denn Dr. Bloch?« fragten sie. »Er ist auf Reisen, ich weiß nicht, wo er sich zur Zeit aufhält.«

Die Männer nahmen alle meine Wäschestücke heraus, suchten Verdächtiges zwischen Unterkleidern, fanden nichts. Ich dachte schon, ich sei über dem Berg, als der SA-Mann sagte: »Jetzt zeigen Sie uns noch Ihren Dachboden.« Die Stufen, die ich nach oben stieg, waren wie Stufen aufs Schafott. Nun werden sie dich verhaften, wenn sie die Manuskripte finden. Mein Gehirn arbeitete konzentriert. Wie kannst du dich retten?

Da fiel mir ein, daß an meinem Schlüsselbund auch der Schlüssel zum Boden von Peter Huchel hing. Wir hatten bei ihm eine mittelalterliche

Holzplastik, eine Madonna mit Kind, untergebracht, die auf unserem Boden keinen Platz mehr gefunden hatte. Ruhig öffnete ich das Vorhängeschloß an Pieses Bodentür. Ich wußte, daß er, unpolitisch, wie er war, nichts Verdächtiges bei sich hatte – und die Madonna mit dem Kind lächelte uns heiter entgegen.

Die Männer verabschiedeten sich sogleich, die Manuskripte waren zunächst gerettet, ich auch. »Madonna hat geholfen«, schrieb Ernst später in einem Aufsatz.

Hans-Günther Sohl

Kam am 2. Mai 1906 in Danzig zur Welt. 1932 bestand er sein Bergassessorexamen und begann seine Karriere als Praktikant bei den Stinnes-Zechen in Essen. Ein Jahr später wechselte er ins Rohstoffdezernat von Krupp, was er ab 1935 leitete; bald darauf wurde er zum stellvertretenden Vorsitzenden der Vereinigten Stahlwerke AG ernannt. Nach seiner Entlassung aus alliierter Internierung, wo er seit Kriegsende für eineinhalb Jahre saß, kam er zur August-Thyssen-Hütte. Unter seiner Leitung als Generaldirektor entwickelte sie sich zum größten und ertragsstärksten Unternehmen der Branche. 1973 schied er altershalber aus dem ATH-Vorstand aus und wechselte in den Aufsichtsrat des Unternehmens. Auch über seine Tätigkeit bei Thyssen hinaus engagierte er sich überall dort, wo es um die Interessen der Stahlindustrie ging. Er war Vorsitzender mehrerer Verbände, zum Beispiel des BDI, und Mitglied verschiedener Aufsichtsräte. Am 13. November 1989 ist er gestorben.

HANS-GÜNTHER SOHL

»Zehngroschenjunge« nach achtjähriger Ausbildung

So wurde man »damals« Bergassessor – Mein Weg von Berlin nach Essen

Die Zeit der Weimarer Republik von 1919 bis 1933 umfaßt meinen Lebensabschnitt vom 13. bis zum 27. Lebensjahr. Mein Wohnsitz in dieser Zeit war Berlin. Hier verbrachte ich meine Schulzeit bis zum Abitur 1924 auf der Herderschule in Berlin-Charlottenburg, hier studierte ich an der Technischen Hochschule Bergbau, hier absolvierte ich von 1929 bis 1932 meine Ausbildung als Bergreferendar. Im August 1932 legte ich mein Examen als Bergassessor im Preußischen Handelsministerium ab. Meine berufliche Laufbahn begann mit einer halbjährigen Tätigkeit als Wirtschaftsingenieur auf der Zeche Mathias Stinnes in Essen-Karnap. Am 1. April 1933 fand ich im Rohstoffdezernat der Fried. Krupp AG eine Anstellung.

Meine Familie stammte väterlicher- und mütterlicherseits aus Darmstadt. Bei meiner Geburt am 2. Mai 1906 war mein Vater als Militärjurist Kriegsgerichtsrat bei den Danziger Husaren des späteren Generalfeldmarschalls August von Mackensen. Meine ersten Kindheits- und Schuljahre verbrachte ich daher zusammen mit meinem jüngeren Bruder Werner in Zoppot, das damals ein kleiner Badeort in der Nachbarschaft des Fischerdorfes Gdingen war. Im Jahre 1917 wurde mein Vater als Oberheeresanwalt an das Reichsmilitärgericht in Berlin versetzt. So habe ich meine entscheidenden Jugendjahre als Schüler, Student und Referendar in Berlin verlebt. Ich fühle mich seitdem als »Berliner«, wenn auch meine Beziehungen zu den Häusern meiner Großeltern in Darmstadt nach wie vor eng blieben und die Bindungen an Danzig und Zoppot, die ich auch nach dem Krieg wiederholt besucht habe, niemals abgerissen sind.

Ich habe noch recht lebhafte Erinnerungen an das Berlin der frühen zwanziger Jahre. Das Straßenbild wurde durch Kinder auf Rollschuhen geprägt; Autos waren eine Seltenheit, und auf den Straßen verkehrten noch Pferdedroschken. Der private Telefonverkehr lag auch in den Anfängen. Radioübertragungen wurden durch sogenannte Detektorapparate vermittelt, bei denen man mit beweglichem Draht auf einem Kristall den Sender suchen mußte.

Die Wohnung meiner Eltern lag in Berlin-Charlottenburg, Bismarckstraße 61. Die Bismarckstraße gehörte zur Berliner Ost-West-Achse, die vom Schloß über die »Linden« durch das Brandenburger Tor und den Tiergarten über den Kaiserdamm zum Reichskanzlerplatz und zur Heerstraße führte. In der Nähe des Reichskanzlerplatzes lag *meine* Herderschule. Den Schulweg von etwa einer halben Stunde legte ich, um das Straßenbahngeld zu sparen, meist zu Fuß zurück. Später erfuhr ich, daß zu den »prominenten« Herderschülern Viktor-Emanuel Preusker, der frühere Bundeswohnungsbauminister, der Schauspieler Curd Jürgens und der Industrielle Harald Quandt gehörten. Alle drei waren jünger als ich.

In Berlin erlebten wir das Kriegsende und die Revolution. Vom Balkon unserer Wohnung haben wir viele Aufmärsche mit angesehen, die sich über die »Achse« bewegten: militärische und revolutionäre, rote und braune, die mich alle stark beeindruckten und mir das Gefühl vermittelten, das jeweils herrschende System sei unüberwindlich. Im Laufe der Jahre ist dieser Eindruck gründlich beseitigt worden: Demonstrationen erwecken bei mir keinerlei Respekt mehr, sondern vielfach das Gegenteil.

Eine Parade besonderer Art, die an unserem Haus vorbeiführte, war die Fahrt des Königs Aman Ullah von Afghanistan durch Berlin im Jahre 1929. Nach dieser Europareise wurde er wegen seiner Reformen gestürzt. Viele Jahre später, in meiner Kruppzeit, hörte ich von diesem Besuch eine lustige Geschichte, die mir Bertha Krupp von Bohlen und Halbach bestätigte.

Bei den Abendeinladungen in die Kruppsche Villa Hügel ließ Gustav von Bohlen zum Abschluß immer eine Flasche sehr alten Cognac aus dem Keller holen. So geschah es auch bei dem Besuch von Aman Ullah, der mit seinem Gefolge auf dem »Hügel« wohnte. Aber wenig später war die Cognacflasche leer, und der Hausherr ließ wider alle Gewohnheit noch eine zweite Flasche heraufholen. Kurz darauf war der Abend beendet, und die Hausgäste begaben sich zu Bett. Dem Kammerdiener der Familie Krupp fiel auf, daß die gerade angebrochene Flasche fehlte; sie wurde vergeblich gesucht.

Am nächsten Morgen erschien Aman Ullah verspätet, verabschiedete sich von seinen Gastgebern und fuhr mit seinem Sonderzug vom Bahnhof Hügel ab. Kurz darauf kam der Kammerdiener zum Hausherrn: »Herr von Bohlen, ich bin nun schon vierzig Jahre in Ihrem Hause und habe Kaiser und Könige ein und aus gehen sehen; aber daß ich im Bett eines regieren-

den Königs unter der Matratze eine leere Cognacflasche gefunden habe,
das ist mir zum erstenmal passiert!«

In meinem Elternhaus ging es sehr sparsam, um nicht zu sagen, spartanisch zu. Ich kann mich nicht entsinnen, daß Ferien je in einem Urlaubsort
verbracht wurden; man blieb zu Hause oder fuhr nach Darmstadt. Eine
Rheinfahrt, die wir Jungen mit unserem Vater unternahmen und von der
wir lange Briefe an unsere Mutter schrieben, war ein einmaliges großes
Erlebnis. Eine Flasche Wein war bei uns eine Seltenheit und wurde nur bei
besonderen Anlässen spendiert. Dieses einfache Leben wirkte erziehe-
risch; damals habe ich nicht nur Rechnen gelernt, auch mein Erwerbstrieb
erhielt starke Impulse. Das war mir während meiner ganzen Schul- und
Studentenzeit zugute gekommen, während deren ich keinen Pfennig an
öffentlichen Zuschüssen erhielt, obwohl die Möglichkeiten meiner Eltern
trotz aller Sparsamkeit recht begrenzt waren.

Damals habe ich begonnen, anderen Schülern Nachhilfeunterricht zu
geben. In der Gegend des Reichskanzlerplatzes wohnten viele wohlhabende Leute. Es machte einen bleibenden Eindruck auf mich, als mir der
Vater eines Mitschülers, dem ich Nachhilfestunden geben sollte, auf meine
Frage nach dem Entgelt großzügig erwiderte: »Bitte bestimmen Sie das
selbst!« Ich nahm von ihm das gleiche, was ich auch von anderen bekam.
Auf diese Art verdiente ich bis zu 200 Mark monatlich, was damals sehr
viel Geld war; damit habe ich mir als Schüler und Student ein ganz gutes
Leben machen und vor allem das kulturelle Leben Berlins in vollen Zügen
genießen können.

Die Erinnerung an diese Jahre wird von dem Berliner Musik- und
Theaterleben beherrscht, bis in meine Studentenzeit hinein. Das Berlin der
»goldenen zwanziger Jahre« gehört zu meinen stärksten Jugendeindrük-
ken.

Schon in Zoppot hatte meine musikliebende Mutter dafür gesorgt, daß
wir Klavierunterricht erhielten. Ich ließ ihn ohne besondere Begeisterung
über mich ergehen. Immerhin eignete ich mir dabei eine gewisse Grund-
kenntnis im Klavierspiel an, auf der ich dann bei einer intensiveren piani-
stischen Ausbildung in Berlin aufbauen konnte.

Entscheidend für meine musikalische Entwicklung war mein erster
Opernbesuch im Königlichen Opernhaus Unter den Linden, wie es damals
noch hieß, zu dem mich meine Mutter bereits mitnahm, als ich noch kurze
Hosen trug. Es gab »Lohengrin«, und ich war schon beim Vorspiel so in die
Musik versunken, daß ich das Aufgehen des Vorhangs gar nicht bemerkte
und erst durch meine Mutter auf das Bühnenbild aufmerksam gemacht
werden mußte. Ohne die Anregungen, die ich dann ständig durch Opern-

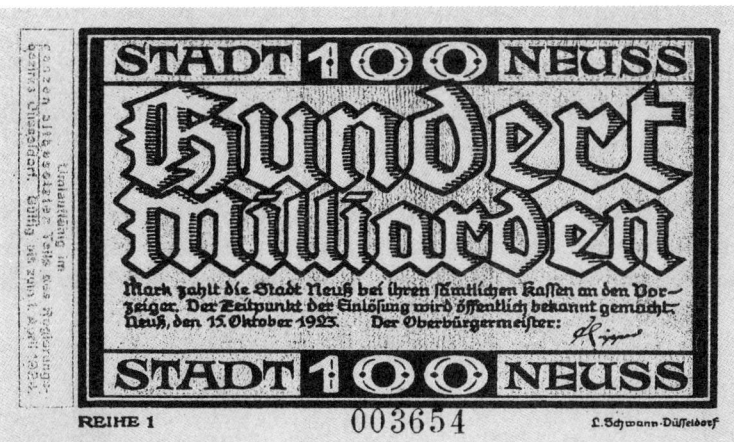

Inflationsgeld: Eine Million, hundert Milliarden – das Papier war dennoch nichts wert.

und Konzertbesuche erhielt, wäre wohl auch aus dem eigenen Musizieren
nicht viel geworden.

So gewann ich auch Freude am Klavierspielen. Eines Tages fragte mich
meine Klavierlehrerin, ob ich an einem Wohltätigkeitskonzert mitwirken
wollte, und so kam es zu meinem ersten und auch letzten öffentlichen
Auftreten als Pianist. Auf einem ziemlich verstimmten Klavier spielte ich
recht und schlecht ein Schubert-Impromptu und einen Polnischen Tanz
von Franz Xaver Scharwenka. Zu meiner Überraschung drückte mir der
Veranstalter danach einen Zwanzigmarkschein in die Hand: das einzige
Entgelt, das ich in meinem Leben durch Musik verdient habe.

Mit meiner Mutter, die eine schöne Sopranstimme hatte und die die
damalige Gesangliteratur durchaus beherrschte, habe ich viel und regelmäßig musiziert. Ich begleitete sie zu Liedern von Franz Schubert, Robert
Schumann, Johannes Brahms und Hugo Wolf; auch Richard Strauss stand
schon auf unserem Programm. Ihr Lieblingslied war die »Freundliche
Vision« von Richard Strauss.

Woche für Woche besuchte ich dann regelmäßig die Oper. Meinen
Eltern bin ich heute noch dankbar, daß sie es duldeten, wenn ich jeden
Sonntagmorgen um 4 Uhr mit dem ersten Stadtbahnzug von Charlottenburg zum Bahnhof Friedrichstraße fuhr. Dort bot sich ein sonderbares Bild.
Vor dem Halten standen schon zahlreiche Passagiere auf den Trittbrettern
ihrer Wagen und sprangen dann ab, um im Laufschritt durch die Bahnhof-
sperre in Richtung Staatsoper zu eilen. Dort fand man bereits eine lange
Schlange von Opernfans vor, die schon während der Nacht dort angestan-
den hatten. Aber sie hatten sich eine eigene Regel gegeben, die für Ordnung sorgte und das Anstehen erleichterte. Jeder erhielt von seinem
Vordermann seine Nummer mitgeteilt und gab die nächste an den Folgenden weiter. Stündlich wurde aufgerufen, und wer bei diesem Aufruf zweimal fehlte, wurde vom weiteren Anstehen ausgeschlossen. So war es
möglich, daß man zwischendurch, vor allem auch nachts, zum Bahnhof
Friedrichstraße gehen konnte, um sich im Warteraum aufzuwärmen.

Eines Tages geißelte die *Vossische Zeitung* diese Zustände mit der Folge,
daß die Polizei das Anstehen an der Oper vor Sonntag früh 8 Uhr verhinderte. Daraufhin sammelte sich die Meute der Karteninteressenten gegenüber an der Hauptwache, und Punkt 8 Uhr setzte ein Hundert-Meter-
Wettlauf über die Linden zur Oper ein. Aber das gab natürlich nur ein
heilloses Durcheinander und wurde nach kurzer Zeit wieder aufgegeben.
Beim Anstehen wechselte man meist mit einem Freund ab, mit dem die
vier Stehplätze, die jedem zustanden, geteilt wurden. Am Abend selbst
mußte man etwa zwei Stunden vor Beginn der Aufführung dasein; eine

Stunde vorher wurden die Türen zum vierten Rang geöffnet, und es begann das »Stürmen« nach oben, um einen möglichst günstigen Stehplatz zu ergattern.

So habe ich schon in meiner Schulzeit die gesamte Opernliteratur kennengelernt und viele Opernaufführungen mehrfach besucht. An der Spitze stand »Tristan und Isolde«, die ich schon bei meinem Abitur in- und auswendig kannte. Ich habe heute noch die Isolde der Helene Wildbrunn in Erinnerung; wohl die bedeutendste »Hochdramatische« ihrer Zeit. Ich habe wenige Aufführungen versäumt, in denen sie die Isolde oder die Brünnhilde sang.

Einem besonderen Ritual unterlagen damals die »Parsifal«-Aufführungen, die nur in der Osterzeit stattfanden, dann aber täglich. In der Karwoche habe ich »Parsifal« meist zweimal gesehen. Eine dieser Aufführungen in der Staatsoper ist mir noch wegen eines Zwischenfalls in Erinnerung. Der Sänger des Gurnemanz hatte in letzter Stunde abgesagt. Da am selben Abend auch im Deutschen Opernhaus der »Parsifal« auf dem Programm stand, gab es niemand, der diese Partie übernehmen konnte. Es wurde dann angesagt, daß ein Gast aus Dresden die Rolle übernehmen würde, der sich auf dem Wege nach Berlin befinde. Mit einiger Verspätung begann die Vorstellung.

Als sich der Vorhang öffnete, bot sich das gewohnte Bild; aber nach einer Weile fiel auf, daß Gurnemanz bei seinem Gespräch mit den beiden Knappen unbeweglich sitzen blieb und sich auch nicht erhob, als Amfortas vorübergetragen wurde. Schließlich stand er doch auf, und das Rätsel löste sich. Der Sänger des Titurel war für den noch nicht eingetroffenen Gast aus Dresden eingesprungen und sang die Rolle des Gurnemanz aus einem Klavierauszug, den er unter seinen Händen auf den Knien verborgen hatte. Er sang dann, an der Rampe stehend, weiter und blätterte ungeniert in den Noten, bis endlich – von Richard Wagner nicht vorgesehen – ein zweiter Gurnemanz, geleitet von zwei Pagen, die Bühne betrat und seinem singenden Kollegen auf die Schulter klopfte. Der verließ dann, mit dem Klavierauszug unter dem Arm, die Bühne, um im weiteren Verlauf des Abends »seinen« Titurel zu singen.

Etwas ernster war ein Zwischenfall, der sich im Sommer 1922 bei einer Aufführung des »Ritter Blaubart« von Emil Nikolaus von Reznicek ereignete. Die Titelrolle sang der großartige Baßbariton Leo Schützendorf, Dirigent war Leo Blech. Ich hatte die Oper schon zweimal gesehen und erwartete nun die Szene, in der Blaubart bei der Beisetzung einer seiner Frauen vor der Schwester der Verstorbenen niederkniet und ihr eine Liebeserklärung macht. In diesem Augenblick sank Schützendorf lang-

sam nach hinten und fiel rücklings in das offene Grab. Leo Blech klopfte
ab, der Vorhang fiel, und ein Ansager verkündete, Kammersänger Schützendorf habe einen Ohnmachtsanfall erlitten; das Eintrittsgeld werde an
der Kasse erstattet.

Da wenige Monate zuvor der bekannte Tenor Joseph Mann während
einer »Aida«-Aufführung einem Schlaganfall erlegen war, befürchteten
wir eine Duplizität der Ereignisse und verließen in gedrückter Stimmung
die Staatsoper. Erfreulicherweise war aber Schützendorfs Ohnmachtsanfall leichterer Art. Außerdem war er bei seinem Sturz von zwei Bühnenar-
beitern aufgefangen worden und konnte wenig später wieder auftreten.

Neben Helene Wildbrunn war damals Barbara Kemp die überragende
Sängerin der Berliner Staatsoper. Sie heiratete ihren Intendanten Max von
Schillings, in dessen Oper »Mona Lisa« sie die Titelpartie sang. Ihre
Hauptrollen waren unter anderem »Carmen«, »Salome« und »Elektra«.

Eine der faszinierendsten Stimmen dieser Zeit war der Bariton von
Heinrich Schlusnus. Ende 1919 wurde eine Aufführung der »Hugenotten«
von Giacomo Meyerbeer wegen einer Erkankung im letzten Moment
abgesagt. Statt dessen gab es Verdis »Rigoletto«. Nach anfänglicher Enttäuschung war ich wie elektrisiert, als Schlusnus zu singen begann. Er
stand damals am Beginn seiner Opernkarriere. Auch heute noch gehört
seine Stimme zu denen, die ich – selbst auf alten Platten – mit Sicherheit
unter allen anderen wiedererkenne. Viele Opernsänger der Jahre 1918 bis
1925 habe ich aus ihren Auftritten in Berlin noch in guter Erinnerung.
Mein Verzeichnis reicht von Margarete Arndt-Ober bis Mafalda Salvatini,
von Karl Armster bis Theodor Scheidl.

Neben der Staatsoper Unter den Linden gehörte das Deutsche Opernhaus in Charlottenburg zu den führenden Opernhäusern des Reichs. Dort
habe ich, vor allem in meiner Studentenzeit, moderne Opern gesehen, wie
»Jonny spielt auf« von Ernst Krenek und »Hin und Zurück« von Paul
Hindemith, ein originelles Stück, in dem die Handlung, nachdem sie ihren
dramatischen Höhepunkt erreicht hat, wieder zurückläuft. Die Oper beginnt mit dem »Hatschi« einer niesenden alten Tante, die mit Handarbeiten beschäftigt ist, und schließt mit einem »Tschiha« derselben Tante.

Ende der zwanziger Jahre war es – in der Welt einmalig – in Berlin
möglich, an einem Abend vier verschiedene Opernaufführungen zu hören: in der Staatsoper, in der Charlottenburger Oper, in der Kroll-Oper im
Tiergarten und im heutigen Theater des Westens in der Kantstraße, in dem
die Göttinger Händelrenaissance für Berlin lebendig wurde. Es war auch
die Zeit, in der man die »Salome« am selben Abend als Schauspiel von
Oscar Wilde oder als Oper von Richard Strauss erleben konnte.

Neben den Opern besuchte ich regelmäßig Konzerte, vor allem die des Berliner Philharmonischen Orchesters. Ihr Dirigent war zunächst Arthur Nikisch, dessen Pathétique von Peter Tschaikowsky sich meinem Gedächtnis besonders stark eingeprägt hat. Sein Nachfolger wurde Wilhelm Furtwängler.

Besonders beeindruckt hat mich die Uraufführung der »Dreigroschenoper« von Bert Brecht und Kurt Weill, 1928 im Theater am Schiffbauerdamm. Ich kaufte mir den Klavierauszug und studierte ihn so gründlich, daß ich die meisten Songs selber auswendig spielen und singen konnte. Auch die Uraufführung des »Weißen Rössel«, die Eric Charell als Revue im Großen Schauspielhaus aufgezogen hatte, ist mir noch in guter Erinnerung. Für die heutige Generation ist es schwer vorstellbar, daß Zuckmayers Volksstück *Der fröhliche Weinberg* bei seiner Uraufführung 1925 im Theater am Schiffbauerdamm moralisch Anstoß erregte und laute Proteste hervorrief, insbesondere von studentischer und kirchlicher Seite.

Aber das alles sind einige wenige Schlaglichter auf die bewegte und erregende Musik- und Theaterzeit in Berlin, die mich entscheidend geprägt hat. Ein so intensives und anspruchsvolles Kulturleben habe ich nie wieder und in keiner anderen Stadt der Welt erlebt.

Im Frühjahr 1924 machte ich das Abitur an der Herderschule. Eine Weile dachte ich daran, Musiker zu werden. Immerhin hatte ich schon im November 1922 mein erstes Lied komponiert auf den Text des Gedichtes »Fahrewohl« von Gottfried Keller; mein letztes Lied schrieb ich zu meiner Hochzeit im August 1938 auf den Bibeltext »Wo du hingehst, da will auch ich hingehn«. Auch im Klavierspielen hatte ich es zu einer gewissen Fertigkeit gebracht. Zu meinen Lieblingsstücken gehörten das »Scherzo b-Moll« und »Fantasie-Impromptu« von Chopin sowie die »Bilder einer Ausstellung« von Modest Mussorgski. Den letzten Teil dieses großen Zyklus, »Das große Tor von Kiew«, habe ich später einmal in einem alten Landhaus in Schlesien mit solcher Wucht gespielt, daß bei den Schlußakkorden der Flügel in den Fußboden des Musikzimmers einsank, der vielleicht schon etwas morsch war, aber Gott sei Dank zu ebener Erde lag.

Noch rechtzeitig setzte sich bei mir aber die Erkenntnis durch, daß es Berufe gibt, zu denen man berufen sein muß und die ein Mensch nur dann ergreifen soll, wenn er fest überzeugt ist, gerade in diesem Beruf etwas Außerordentliches leisten zu können. Wie wohl die meisten Schüler war ich daher wegen meiner Berufswahl ziemlich unschlüssig. Da wollte es der Zufall, daß mein Vater einen Kollegen hatte, dessen Sohn sich entschlossen hatte, Bergbau zu studieren. Ich erkundigte mich bei ihm nach diesem unserer Familie völlig fremden Beruf und erfuhr, daß man mit einer halbjährigen Praxis »unter Tage«, also in einer Grube, beginnen müßte, die während der Semesterferien auf insgesamt ein Jahr auszudehnen war. Nach vier Jahren Hochschulstudium konnte man als Diplom-Bergingenieur entweder in die Praxis gehen oder einen Antrag auf Ernennung zum Bergreferendar stellen. Die Ausbildung als Referendar dauerte drei weitere Jahre und war außerordentlich vielseitig. Neben einer Steigertätigkeit standen die Verwaltungsausbildung an Bergrevierämtern, eine kaufmännische und eine Banktätigkeit, eine Reisezeit durch Bergbau- und Hüttenbetriebe in ganz Deutschland und zum Abschluß eine neunmonatige Zeit an einem der preußischen Oberbergämter auf dem Programm. Das Bergassessor-Examen umfaßte nicht nur technische, sondern auch kaufmännische, verwaltungsmäßige und juristische Fächer.

Mein Entschluß, Bergbau zu studieren, wurde letztlich jedoch ausgelöst von dem Wunsch, die »Welt« kennenzulernen. Ich war bisher aus meinem Elternhaus, das ich sehr liebte, nicht herausgekommen. Bei einem Jurastudium wäre ich, schon aus pekuniären Gründen, bestimmt in Berlin geblieben. Das war beim Bergbaustudium zwar auch der Fall, aber ich kam zunächst einmal »heraus« und hatte die Aussicht, es immer wieder zu können.

Den Entschluß, Bergmann zu werden, habe ich nie bereut. Es ist einer der schönsten und vielseitigsten Berufe, die es gibt, ein Beruf, in dem Kollegialität und Geselligkeit besonders stark ausgeprägt sind. Man lernt viele verwandte Berufszweige und viel von der Welt kennen. Nicht umsonst haben Bergleute immer wieder leitende Funktionen in den verschiedensten Bereichen der Wirtschaft und Verwaltung innegehabt.

Ich wurde »Bergbaubeflissener« des Preußischen Oberbergamts Breslau und verfuhr am 1. April 1924 meine erste Schicht auf der Fürstlich Pleßischen Grube »Tiefbau« in Waldenburg in Niederschlesien. Noch nicht ganz achtzehn Jahre alt, wurde ich zunächst unter Tarif bezahlt. Aber auch mit dem Normaltarif ließen sich keine großen Sprünge machen, zumal es mit den Nachhilfestunden vorläufig zu Ende war.

Meine Bergbaupraxis in den nächsten Ferien führte mich in das Kalibergwerk Ronnenberg bei Hannover, in den Eisenerzbergbau bei Weilburg an der Lahn sowie die Steinkohlengrube »Königin Luise« bei Hindenburg in Oberschlesien. Für meine spätere berufliche Laufbahn war die Praxis in Weilburg besonders wichtig, wo ich mit dem stellvertretenden Leiter der Kruppschen Bergverwaltung, Joachim Fürer, viel gemeinsam musizierte und Freundschaft schloß.

So kannte ich bei meinem Diplomexamen 1929 die deutschen Bergbaureviere und ihre führenden Männer recht gut. Die Technische Hochschule

Berlin beging damals ihre Fünfzigjahrfeier. Als ich das Examen ablegte, ahnte ich nicht, daß ich bei der Hundertjahrfeier 1979 die Festrede halten würde und daß sich meine berufliche Laufbahn zwischen diesen Terminen in dem einzigen deutschen Revier abspielen würde, das ich bis dahin noch nicht kennengelernt hatte: dem Rheinisch-Westfälischen Industriegebiet.

Meine Ausbildung als Bergreferendar begann mit einer Steigertätigkeit auf der Schachtanlage »Zweckel« bei Gladbeck, wurde durch die Tätigkeit an verschiedenen Bergrevierämtern fortgesetzt und fand ihren Abschluß in einer neunmonatigen Oberbergamtszeit in Breslau. Für meine anschließende berufliche Laufbahn war entscheidend, daß während meiner Oberbergamtszeit ein neuer Berghauptmann die Leitung des Oberbergamts übernahm. Es war der bisherige Oberbergamtsdirektor in Dortmund, Heinrich Schlattmann, ein drahtiger, energischer und dynamischer Westfale, dem der Ruf voranging, kritisch und hart zu sein, und der in der Bergverwaltung gefürchtet war. Als ich mich nach meinem Assessorexamen bei ihm verabschiedete, drückte er mir drei Briefe in die Hand mit dem Bemerken: »Sie gehören ins Ruhrgebiet.« Es waren Empfehlungsbriefe an führende Persönlichkeiten des Ruhrkohlenbergbaus.

Wie schwierig die wirtschaftliche Situation im Jahre 1932 war, beweist der Verlauf unserer Assessorprüfung, die ich gemeinsam mit drei Kollegen im August 1932 in den Räumen des Ministeriums für Handel und Gewerbe in Berlin am Leipziger Platz ablegte. Es war ein glühendheißer Sommertag; aber die Vorschrift erforderte es, daß wir trotz der 32 Grad im Schatten im Frack erschienen. Das Examen dauerte den ganzen Tag, unterbrochen durch eine Mittagspause. Nach Abschluß der Prüfung wurden wir zur »Urteilsverkündung« gerufen. Die Prüfungskommission erhob sich, und Oberberghauptmann Flemming hielt eine kurze Ansprache, die mit folgenden Worten schloß: »Meine Herren, Sie haben alle Ihr Examen bestanden, zwei mit ›ausreichend‹ und zwei mit ›gut‹. Für die Herren, die mit ›ausreichend‹ bestanden haben, habe ich im Staatsdienst keine Verwendung. Für die Herren, die mit ›gut‹ bestanden haben, habe ich im Staatsdienst *zur Zeit leider auch* keine Verwendung.«

Damit standen wir, wie man bei uns sagte, im »Bergfreien«. Nach einer Ausbildung von mindestens acht Jahren war das nicht sehr ermutigend, aber wir hatten uns ohnehin vorgenommen, unser Heil in der Privatindustrie zu suchen. Es waren die Jahre, in denen bei der Hochzeit eines Kollegen der Brautvater in seiner Tischrede die Frage stellte: »Was ist ein Bergassessor?« und selbst die Antwort gab: »Ein Bergassessor ist ein Mann, der von seinem Vater so lange unterhalten wird, bis ihn der Schwiegervater übernimmt.«

Deutschland hatte damals über fünf Millionen Arbeitslose, und mancher Jugendliche ließ sich von der Hoffnungslosigkeit in Bann schlagen, die diese Arbeitslosigkeit um sich verbreitete. Dennoch habe ich im Kreise meiner Freunde und Kollegen keinen Fall erlebt, wo die wirtschaftliche Lage und die düsteren Zukunftsaussichten zu einem Engagement für den aufkommenden Nationalsozialismus geführt haben. Die Hitlerbewegung wurde eher zurückhaltend und kritisch diskutiert. Dagegen bewegte uns zunehmend der sichtbare Verfall der Weimarer Republik. Auch später habe ich immer wieder erfahren, daß System- oder Strukturänderungen in Politik und Wirtschaft meist im Versagen des bestehenden Regimes ihren Ursprung haben.

Damals hatte der Ruhrbergbau eine neue Berufsgruppe, die sogenannten »Zehngroschenjungen«, geschaffen, um junge Diplom-Bergingenieure und Bergassessoren nicht beschäftigungslos zu lassen; man bekam ein Gehalt von 100 DM netto im Monat und mußte sich verpflichten, spätestens nach einem Jahr wieder auszuscheiden.

Mein letzter Besuch mit den Empfehlungsschreiben von Schlattmann führte mich zu Herrn Hold, dem Generaldirektor der Stinnes-Zechen. Der sagte mir: »Von diesen 100-Mark-Stellungen halte ich nichts. Ich bin der Meinung, wer seinem Vater so lange auf der Tasche gelegen hat, muß sich dann halbwegs selbst ernähren können. Ich biete Ihnen 200 Mark.«

Am 1. Oktober 1932 begann ich als Wirtschaftsingenieur bei Stinnes und blieb dort ein halbes Jahr. Jeden Morgen fuhr ich in aller Herrgottsfrühe mit der ersten Straßenbahn von Essen nach Karnap und trat um 6 Uhr meine Schicht auf *Mathias Stinnes* an. Bei der Auswahl meiner »Bude« in Essen hatte ich die Wahl zwischen zwei möblierten Zimmern, das eine oberhalb, das andere unterhalb des Essener Saalbaus. Obwohl mir das zweite weniger zusagte, entschied ich mich dafür, weil das Straßenbahnabonnement von dort nach Karnap 50 Pfennig billiger war.

In Essen habe ich mit gleichaltrigen Kollegen eine sehr vergnügliche Zeit verlebt. Wir gründeten den Zehn-Groschen-Stammtisch bei der »Blonden Gefahr«, einem Essener Altstadtlokal, wo wir wöchentlich Doppelkopf spielten. Dieser Stammtisch hat sich bis heute gehalten: er hält in jedem Jahr Anfang Dezember den im Bergbau traditionellen Barbaraabend ab. Die Reihen der ehemaligen Zehngroschenjungen sind inzwischen gelichtet, aber eine Restbelegschaft macht unverzagt weiter.

So befand ich mich am Anfang einer Laufbahn, die normalerweise im Steinkohlenbergbau geendet hätte. Der entscheidende Wechsel kam jedoch schon im Frühjahr 1933 und wurde letztlich durch meine Neigung zur Musik herbeigeführt. Während meiner Stinnes-Zeit musizierte ich regelmäßig mit meinem alten Weilburger Bekannten Joachim Fürer, der inzwischen unter Karl Hennecke Assistent im Rohstoffressort der Fried. Krupp AG geworden war. Er war damals fünfundvierzig Jahre alt, ich sechsundzwanzig. Anfang 1933 starb Hennecke nach einer Magenoperation, und Fürer wurde sein Nachfolger. Er schlug mir vor, bei ihm Assistent zu werden und sein bisheriges Arbeitsgebiet zu übernehmen. Grundsätzlich sagte ich sofort zu, bat aber noch um eine Besprechung bei seinem eigenen Chef, dem Kruppschen Direktoriumsmitglied Arthur Klotzbach.

Klotzbach empfing mich zu einem Gespräch unter vier Augen, das ich heute noch in allen Einzelheiten in Erinnerung habe. Zum Schluß fragte er: »Was verdienen Sie denn jetzt?«, worauf ich erwiderte: »200 Mark.« Dann sagte er sehr langsam und betont: »Ich bin einverstanden, daß Sie zu Krupp kommen, und wäre bereit, Ihnen auch ein höheres Gehalt zu bieten. Ich schlage vor, daß Sie monatlich – 250 Mark bekommen.« Daraufhin verließ ich etwas enttäuscht den Raum und bat meinen Freund Fürer um Rat. Er war auch überrascht und fragte Klotzbach später, warum er mir nicht mehr geboten habe. Dessen Antwort war: »Wenn dieser junge Mann, der Herr Sohl, nicht begreift, welche Chance er hat, als erster Bergassessor seit 1926 bei uns eingestellt zu werden, dann soll er ruhig bei Stinnes bleiben.«

Mein Dienst bei Krupp begann mit einem Kameradschaftsabend, bei dem ich Fürer zu zwei Liedern von Hugo Wolf begleitete. Leider fand meine Zusammenarbeit mit Joachim Fürer nach kurzer Zeit ein jähes Ende. Im September 1934 verunglückte er tödlich mit dem Auto. Es war ein schwerer Verlust, an dem ich lange getragen habe. Mit seiner Witwe »Mami« Fürer und mit ihren Kindern hielt ich bis zu ihrem Tod enge Freundschaft.

Nach Fürers Tod bot mir Klotzbach das Rohstoffressort der Firma Krupp an. Auch seine persönliche Assistenz übernahm ich von Fürer, und gerade in dieser Tätigkeit habe ich besonders viel gelernt, weil ich alle Ein- und Ausgangspost des Kruppschen Direktoriums sehen und eingehend lesen konnte. Später habe ich mich bemüht, den Dank für dieses Vertrauen, das ich damals genoß, dadurch abzustatten, daß ich meinen eigenen Assistenten die gleichen Möglichkeiten einräumte.

Nach dem Tod von Arthur Klotzbach wurde Alfried Krupp von Bohlen als sein Nachfolger im Direktorium mein Vorgesetzter. Mit ihm verband mich eine enge und freundschaftliche Zusammenarbeit, die meinen späteren Übertritt in den Vorstand der Vereinigten Stahlwerke im Jahre 1941 überdauerte und bis zu seinem Tode 1967 anhielt.

Heinz Flügel

Geboren am 16. März 1907 in São Paulo (Brasilien), verlebte einen Teil der Kindheit in Finnland, später in Berlin. Studierte dort und in Kiel Philosophie, arbeitete als freier Schriftsteller unter anderem an Rudolf Pechels *Deutscher Rundschau* mit. War Autor des »Verlags die Rabenpresse«. Während des Zweiten Weltkriegs hatte er die Stellung des Lektoratsleiters der Deutschen Akademie in Gent (Flandern). Wurde am Ende des Krieges Soldat. Danach zog er nach Tutzing bei München. War Redaktionsmitglied des *Hochland*, später Herausgeber des *Eckart* und ist seit 1950 ständiger Mitarbeiter der Evangelischen Akademie Tutzing. Er unternahm Vortragsreisen unter anderem in Lateinamerika, Kanada und den USA und schrieb mehrere Bücher (Essays und Hörspiele), zuletzt die autobiographischen Aufzeichnungen *Zwischen den Linien*. Ist Mitglied des PEN-Clubs.

Heinz Flügel

Wir träumten vom verborgenen Reich ...

... aber Zilles »Milljöh« kannten wir nicht –
Der Weg von der menschlichen Unordnung
zur unmenschlichen Ordnung

Als im November 1918, nach dem verlorenen Ersten Weltkrieg, das Kaiserreich zusammenbrach und mit den Hohenzollern auch alle anderen fürstlichen Potentaten im Deutschen Reich ihre Throne und Privilegien verloren, war ich elf Jahre alt.

Die beiden letzten Kriegsjahre 1917 und 1918 waren düster und trostlos gewesen. Wir hatten zu hungern und zu frieren gelernt. Der Geist der Hoffnungslosigkeit teilte sich auch uns, den Kindern, mit. Obwohl wir in der eigenen Familie keinen auf dem sogenannten Feld der Ehre Gefallenen zu beklagen hatten – der Tod war überall spürbar. Es gab keine Siege mehr. Die lang hinausgezögerte Niederlage war offenkundig, das Leben hatte sich atmosphärisch verändert. In der Erinnerung kommt mir das Dasein jener Jahre gespenstisch vor.

Auch der Abend des 9. November, an dem die Abdankung Wilhelms II. und seine klägliche Flucht bekannt wurde, war für mein Empfinden von einer lastenden Traurigkeit – ohne Dramatik, geschweige denn Größe. Vielleicht hatte ich mir in meiner von deutschen Heldensagen und klassischer Literatur gespeisten Phantasie den Sturz eines Kaisers als tragisches Ereignis vorgestellt. Aber wie man alsbald des näheren erfuhr – es geschah nichts, als daß einer, der sich so pompös in Szene zu setzen verstanden hatte, sich klanglos aus der Geschichte verdrückte.

Meine Mutter und ich begaben sich an jenem trüben Novemberabend zum Bahnhof des Berliner Vorortes Zehlendorf, wo, wie wir gehört hatten, Extrablätter verteilt wurden. Meiner Mutter kamen die Tränen. Nicht dem demissionierten Kaiser trauerte sie nach; aber für sie ging eine Epoche zu Ende, in der sich – sie war nunmehr eine Fünfzigjährige – die besten Jahre ihres Lebens abgespielt hatten. Das scheinbar glanzvolle Wilhelminische Zeitalter war liquidiert.

Wie mein Vater reagierte – dessen kann ich mich nicht mehr erinnern. Ich weiß nur von einer im Lauf der folgenden Jahre zunehmenden Verdüsterung seines Wesens. Er war bis dahin kaiserlicher Beamter im Auswärtigen Amt gewesen, Generalkonsul, ein loyaler Vertreter des Reiches, aber beileibe kein Freund des geschwätzigen, arroganten Monarchen, für den im Ausland einzutreten ihm nicht immer leichtgefallen sein mag. Mit der Wilhelminischen Ära war nun auch seine eigene Karriere zu Ende gegangen, nicht plötzlich, nicht abrupt; doch was danach kam, war nur noch eine Existenz zur Disposition, ein Abschied in Raten.

Pünktlich fuhr er jedoch nach wie vor in das AA in der Wilhelmstraße, auch wenn es dort zu Schießereien zwischen regulärem Militär und revolutionären Arbeitern und Soldaten kam. Wenn gestreikt wurde und die Vorortbahn nicht verkehrte, wanderte er stundenlang, an Sperren und Barrikaden vorbei, ins Zentrum von Berlin, uns, seine Familie, in Angst und Sorge zurücklassend, bis er, oft sehr spät, in winterlicher Dunkelheit, wiederum zu Fuß, bei uns eintraf. Wir waren begierig auf dramatische Schilderungen, abenteuerliche Details; er gab indessen, wie es seiner ruhigen, gemäßigten Art entsprach, nur sparsame, unterkühlte Berichte.

Als Kinder waren wir uns der Niederlage des Reiches und des Zusammenbruchs der Monarchie als einer radikalen Veränderung auch unseres Familienlebens nicht bewußt. Wir glaubten, uns nur in einer unfreundlichen Zwischenphase, einem vorübergehenden Tief, aber nicht in einem endgültigen Niedergang zu befinden. Noch träumten wir, über den Weltatlas gebeugt, von fernen, phantastischen Ländern, wohin wir uns unseren Vater samt seiner Familie auf einem pittoresken Posten versetzt wünschten.

Wir waren in Brasilien und Finnland gewesen und hatten uns noch längst nicht damit abgefunden, daß uns die Welt von nun an nicht mehr offenstand, daß unser Vater, nachdem er noch einige Zeit im Auswärtigen Amt der neuen Republik beschäftigt gewesen war, zur Disposition gestellt und 1924 endgültig in den Ruhestand versetzt wurde. Ich habe zahllose Einzelheiten vergessen, aber die Szene steht mir noch deutlich vor Augen, als das amtliche Schreiben des AA, wie erwartet, bei uns eintraf, das meinen Vater unwiderruflich aus jener Welt, in der er für unser Empfinden etwas Besonderes dargestellt hatte, in der er nach unserem Verständnis »groß« gewesen war, ausschloß. Wir standen um ihn herum, als er den Brief öffnete und das Dokument zur Kenntnis nahm.

Ich selbst war mittlerweile siebzehn Jahre alt geworden und durchaus imstande, die Legalität des Vorgangs richtig einzuschätzen; dennoch war mir, als träfe uns alle ein Schicksalsschlag, als wäre meinem Vater doch irgendwie ein Unrecht zugefügt worden.

Mir war es schon in den vergangenen sechs Jahren seines vorläufigen Ruhestands immer etwas Peinliches gewesen, wenn ich über die bei weitem jüngeren Väter meiner Mitschüler beiläufig erfuhr, wie sie aktiv waren, befördert wurden, eine Rolle in der Gesellschaft spielten. Wir – so empfand ich es – standen draußen. Die damalige Pension, zumal für ehemalige kaiserliche Beamte, war niedrig; und die Inflation zehrte das Vermögen auf, das zu Kaisers Zeit bei einem höheren Beamten im Auswärtigen Dienst als unerläßlich vorausgesetzt worden war.

An eine dürftige Existenz hatten wir uns bereits während des Krieges gewöhnt; in den ersten Nachkriegsjahren, nach der Pensionierung meines Vaters, waren wir gezwungen, uns noch weiter einzuschränken. In den Ferien reisten wir in der Eisenbahn vierter Klasse in den Abteilen für Fahrgäste mit großem Gepäck, vor allem für Marktfrauen mit ihren Körben und Kiepen. Hölzerne Sitzplätze gab es nur an den vier Wänden des Waggons. So mußte man auf der Fahrt nach Thüringen oder Süddeutschland oft stundenlang in der Mitte zwischen verdrossenen, mißmutigen Mitreisenden stehend ausharren.

Meine Eltern hatten an alldem schwerer zu tragen als wir Kinder. Ich sehe in der Erinnerung, wie mein Vater, der es gewohnt war, daß man ihn bediente, in unserer Wohnung die Öfen versorgte, und während wir mit unseren Schularbeiten beschäftigt waren, die schweren Kohleneimer, ohne zu klagen, aus dem Keller in die erste Etage schleppte. Heute verwundert dergleichen wohl weniger; damals wirkte der Umschlag abrupt.

Wir hausten, nachdem uns der Kriegsausbruch im August 1914 während des Sommerurlaubs im Harz überrascht und eine Rückkehr nach Finnland an den Dienstsitz meines Vaters ausgeschlossen hatte, von da an halb möbliert zwischen unseren Koffern provisorisch, ohne unsere Habe und ohne jeden Komfort, in einer Mietwohnung mit schlecht funktionierenden Öfen und kümmerlicher Gasbeleuchtung. Die Umstellung auf Elektrizität in den späteren Jahren begrüßten wir als enormen Fortschritt.

Wir bekamen die Misere zu spüren, und rückblickend empfinde ich Kummer, wenn ich mir vergegenwärtige, wie sehr meine Eltern unter diesem Absturz von der Höhe einer konsularischen Existenz in den grauen, beschwerlichen Alltag jener Nachkriegsjahre gelitten haben mögen. Die Fallhöhe war nicht unbeträchtlich. Sie trugen es, ohne sich, jedenfalls in unserer Gegenwart, zu beschweren, aber sie trugen es mühsam.

Mitte der zwanziger Jahre, vor seiner Pensionierung, war mein Vater als Kurier des Auswärtigen Amtes noch einmal in Helsinki gewesen und hatte bei dieser Gelegenheit einen Teil unserer Habe, soweit sie nicht an Ort und Stelle versteigert worden war, auf dem Dienstwege nach Zehlendorf trans-

Die elterliche Villa in Zehlendorf.

portieren lassen. Für mich, einen Büchernarr, war die Wiederkehr der Bibliothek meines Vaters eine Sensation ohnegleichen. Unvergeßlich sind mir die Abende, wenn ich mit ihm zusammen bei Kerzenlicht in den Keller, wo die Kisten standen, hinabstieg, um die von meinem Vater lang entbehrten Schätze auszupacken und in die Wohnung hinaufzutragen.

Unter dem Gepäck, in der Garderobe meiner Eltern, befand sich auch als Relikt einer untergegangenen Welt die konsularische Galauniform meines Vaters: ein mit Gold reich bestickter Cutaway, ein schmucker Dreispitz als Kopfbedeckung und ein zierlicher Degen. In der Welt, in der wir nun lebten, wirkte die Uniform auf mich wie das Kostüm eines Theaterstückes aus vergangener Zeit. Mein Bruder, der größeren Wert auf gesellschaftliche Auftritte legte, hätte unseren Vater gerne noch einmal in seiner konsularischen Pracht gesehen; doch mein Vater, jeglicher Maskerade abgeneigt, gab sich zu einer solchen Verkleidungsszene nicht her. So war es denn mein Bruder, der sich bei irgendeiner Geselligkeit in der Uniform präsentierte, wodurch der Umbruch der Zeit erst recht demonstriert wurde. Mein Bruder war es auch, der sich später, als die Nazis im Kommen waren, die braune Uniform anzog.

Mein Vater war ein liberaler, auch der Weimarer Republik gegenüber loyaler Staatsbürger. Ich habe von ihm niemals etwas Verächtliches oder gar Gehässiges über die Repräsentanten des neuen Staates vernommen, während man sich in der damaligen bürgerlichen Gesellschaft nicht schämte, den redlichen Friedrich Ebert, den ersten Reichspräsidenten, auf hämische Weise in den Schmutz zu ziehen. Aber die neue Republik, obschon sich ihre Väter sehr sinnvoll, sehr ehrenhaft auf das geistige Erbe Weimars, auf die Humanität der deutschen Klassik beriefen, blieb auch für uns ohne Glanz, ohne Faszination. Sie strahlte nichts aus. Man konnte sich nicht für sie begeistern. Sie war viel zu bieder, als daß sie für uns etwas bedeutet hätte.

Sie war ja nicht das heißersehnte Resultat einer das gesamte Leben umfassenden, aus geistiger Tiefe sich erhebenden Revolution, sondern das für die ungebrochene bürgerliche und erst recht für die zutiefst reaktionäre aristokratische Gesellschaft fragwürdige Ergebnis einer Niederlage. Kein tragischer Sturz eines verzweifelt kämpfenden Monarchen war ihr vorangegangen, sondern der schäbige Bankrott eines maroden Regimes.

Man trauerte, wenn ich mich recht erinnere, von den Erzkonservativen abgesehen, wahrhaftig nicht diesem Monarchen nach, dessen Posen an das Lächerliche grenzten. Das von einem mittelmäßigen Literaten bearbeitete Erinnerungsbuch des Exilierten in Doorn wirkte auf mich ebenso dürftig wie die sentimentalen Aufzeichnungen des abgedankten Kronprinzen:

Noch ist mir der fade Geschmack auf der Zunge. Ich weiß heute nicht
mehr, wie ich überhaupt zu den Büchern gekommen bin. Sollte sie mir
jemand zu meiner Erbauung zum Geburtstag geschenkt haben, eine ihrem Kaiser nachtrauernde Tante, ein nationalistischer Onkel? In unserer
engeren Familie gab es allerdings keinen Vertreter dieser wilhelminischen
Fraktion, die – allen Ernstes – von Adolf Hitler die Wiederherstellung der
Hohenzollernmonarchie erhoffte, wie jene konfuse alte Dame, die Anno
1933 im Park des Schlosses Doorn den dort spazierenden Exkaiser mit
dem enthusiastischen Ausruf grüßte: »Heil Hitler, Majestät!«

Mit ihren Büchern bestätigten Exkaiser und Exkronprinz ihre Bedeu-
tungslosigkeit. Für meinen Vater, der auch nach seiner Pensionierung
jeden Vormittag nach Berlin fuhr, um im Café Kranzler Unter den Linden
die dort ausliegenden englischen und französischen Zeitungen zu studieren, waren die Erinnerungsschmöker der beiden Abgedankten keine Lektüre.

Dennoch, im Widerspruch zu dieser Gleichgültigkeit gegenüber dem
von der Zeit so rasch überholten Exmonarchen – eine gewisse wehmütige
Erinnerung an den Glanz der Wilhelminischen Epoche, in der man sich
gesonnt hatte und die auch uns als Kinder imponiert hatte, ließ sich nicht
unterdrücken. Wir lebten im Widerspruch, ohne besondere Zuneigung zu
der immer wieder gedemütigten Republik, aber voller Sehnsucht nach
Würde, Größe und Lebenssinn. Wir befanden uns in einer grauen Gegenwart, schwankend zwischen einer Zukunft ohne Perspektive und dem
vagen Traum von einem mythischen Reich jenseits der zweifellos schuld-
haft zugrunde gerichteten kaiserlichen Herrlichkeit. Die Versuchung zum
Selbstbetrug, zur Flucht ins Illusionäre, war groß.

Wir waren besiegt; aber das in seiner Existenz bedrohte Bürgertum und
erst recht die in ihrer soldatischen Ehre gekränkten Offiziere sowie die
ihrer Privilegien beraubte Aristokratie, sie alle weigerten sich, die Niederlage zu akzeptieren. Man fand sich mit der Tatsache, besiegt zu sein, nicht
ab: Es grassierte die betrügerische Parole: »Im Felde unbesiegt …« Man
wähnte sich, durch die Machenschaften von Sozialisten und Juden, um den
Endsieg betrogen. Man richtete sich in der Lebenslüge ein.

Die mit der fatalen Hypothek der Niederlage belasteten Männer der
neuen Regierung aber wurden von den Nationalisten, den potentiellen
Nazis, als »Novemberverbrecher« gebrandmarkt und quasi zum Tode
verurteilt. Der politische Mord, von seiten der »Rechten« begangen an
Eisler, Erzberger, Rathenau, wurde weithin von der innerlich verkrampften
bürgerlichen Gesellschaft um seiner nationalen Motive willen mit anderen, milderen Maßstäben gemessen als die Gewalttaten der »Roten«. Die

eigentlichen Verbrecher waren in den Augen der reaktionären Gesellschaft die Ermordeten, so Karl Liebknecht und Rosa Luxemburg, deren grausamer Tod von besonderer Tragik war, weil man sie am gründlichsten verkannte.

In unserer Familie war der brutale Jargon der militanten revanchistischen »Rechten« nicht gebräuchlich. Erst später, nach 1930, bekamen wir das neue Vokabular von meinem älteren Bruder, der sich den Nazis – nicht aus Reflexion, sondern aus unklaren Emotionen – angeschlossen hatte, zu hören. Die Resonanz blieb aus, die Familie spaltete sich, mein Bruder geriet ins Abseits. Nach seinem Verständnis waren wir, namentlich mein Vater und ich, verkalkt und rückständig.

In dieser Phase – ich war nunmehr Student – begann mein eigener politischer Lernprozeß; ich gewann, wenn auch mit Verspätung, Verständnis für das staatsbürgerliche Postulat der geschichtlichen Stunde. Es war nicht leicht, sich in jenen chaotischen Jahren nach 1918 zu orientieren, einen verläßlichen Halt zu finden. Man war nicht mehr Untertan SM, man war Bürger einer Republik. Der Pflichtmensch, der in unverbrüchlichem Gehorsam, in streng geregelter militärischer und ziviler Disziplin nach einem sakrosankten moralischen Kodex unter dem Doppelgestirn von Thron und Altar sein Lebenspensum absolvierte – dieser »Pflichtmensch« sah sich mit einemmal einer Freiheit ausgesetzt, die ihm aus Willkür, Unordnung, Sittenlosigkeit zu bestehen schien.

Das bis dahin in einem übersichtlichen sozialen Raster gegliederte Volk, das im wesentlichen aus Herrschaften und »Leuten«, aus Standespersonen und Dienstpersonal, aus privilegierten Befehlshabern und abhängigem Proletariat bestand, hatte sich in eine anscheinend diffuse Masse von »Stimmberechtigten« verwandelt, die nach dem Verständnis der »besseren« Gesellschaft doch nur »Stimmvieh« waren, nach wie vor unmündig, der Führung bedürftig. Aber wo waren die zur Führung Legitimierten, die Garanten einer restaurierten gesellschaftlichen und sittlichen Ordnung? Sm, soviel man auch an ihm auszusetzen hatte, war immerhin »von Gottes Gnaden« gewesen. Wer von den neuen Männern hatte die »Gnade«?

Was Wunder, daß angesichts der in einen tristen Friedensalltag entlassenen, desillusionierten Masse von Soldaten, die demonstrierten und revoltierten, ohne daß eine echte Revolution stattfand, angesichts einer sich ständig vermehrenden Unzahl von Arbeitslosen, aus denen sich Kommunisten und Spartakisten rekrutierten, was Wunder, daß die verängstigten Bürger ihre ganze Hoffnung auf den legendären Sieger von Tannenberg und auf die aus der alten Armee herausgefilterte Reichswehr setzten, die damit eine höchst fragwürdige politische Funktion erhielt!

Man liebäugelte aber auch mit den aus dem Kriege übriggebliebenen Freikorps und befreundete sich schließlich mit den neuen militanten Formationen der NSDAP. Auch die Putschisten im Stile von Kapp durften auf Wohlwollen in der bürgerlichen Gesellschaft rechnen. Man war primär an der Ordnung, am formalen Recht interessiert; Gerechtigkeit rangierte an zweiter Stelle und wurde zumeist als Gleichmacherei mißverstanden, als Nivellierung, als Niedergang der bürgerlichen Kultur.

Ich selbst, gespeist von der geistigen Tradition der vorrevolutionären bürgerlichen Gesellschaft, ließ mich in jenen turbulenten Jahren allzuleicht bezaubern von formaler Größe, ästhetischer Ordnung, moralischer Disziplin. Von daher erklärt es sich wohl, daß ich, vorübergehend, vom Glanz des *Stahlgewitters* Ernst Jüngers geblendet und von seinen Mythologimena betört wurde. Ein Schulfreund hatte mich angesteckt. Wir schwafelten viel vom »Heldischen«, vom »Heroischen«. Der Krieg, die Niederlage wurde von uns nicht reflektiert, sondern als »nibelungischer« Untergang mythologisiert. Wir träumten vom verborgenen Reich und einem heimlichen geistigen Führer, der auf seine Stunde wartete.

Für mich, einen Musenjünger, war dies ganz gewiß kein Führer von der ordinären Machart Adolf Hitlers. Ich dachte ihn mir von elitärem Format, wie er in den Schriften des Stefan-George-Kreises ersehnt und beschrieben wurde. An Jüngers Militanz, an seinem Manierismus verlor ich bald den Geschmack. Ich eiferte Stefan George nach. Der Zugang zur Weimarer Republik, das Verständnis für die Demokratie wurde freilich auch durch ihn nicht gefördert. Im Gegenteil, statt Demokratismus wurde Hierarchismus im George-Kreis praktiziert: der Kult des Meisters und der raunende Hinweis auf das »neue Reich«.

Mein politisches Interesse war unterentwickelt. In der Zeitung, der nationalliberalen *Täglichen Rundschau*, die damals zweimal am Tage erschien, interessierte mich ausschließlich der kulturelle Teil, das Feuilleton. Auch meinem Freundeskreis fehlte das politische Organ. Wir waren, unserer Herkunft nach, selbstverständlich »national«, aber ohne bewußt staatsbürgerliche Gesinnung; zu fein für die banale Demokratie. Wir verkannten, um nicht zu sagen verachteten, die sich im Alltagsgeschäft beschmutzenden Demokraten. Man konnte damals wahrlich keinen Ruhm und nur wenig Ehre im Existenzkampf der von allen Seiten, von den radikalen Rechten wie von den extrem Linken, befehdeten Republik gewinnen.

Wir diskutierten über Oswald Spenglers *Untergang des Abendlandes*, aber wir versäumten es, uns rechtzeitig mit dem Programm der schon in den zwanziger Jahren agitierenden NSDAP auseinanderzusetzen. Ich kann mich keiner konkreten politischen Debatte in meinem Freundeskreise entsinnen. Man lamentierte wie allenthalben über den – allerdings vom Rachegeist diktierten und jeder politischen Perspektive entbehrenden – Friedensvertrag von Versailles. Man zerbrach sich den Kopf über die Frage der Kriegsschuld, aber die sozialen Probleme ließen uns ziemlich kalt.

Das Eingeständnis ist schmerzlich – wann kamen wir, die auch jetzt noch selbstbewußte »Jeunesse dorée« der Villenvororte im Westen Berlins, schon je in die Arbeiterviertel im Osten und Norden der Großstadt, in das »Milljöh« Heinrich Zilles, wovor es mich, geradeheraus gesagt, damals ekelte; wann nahmen wir die Wirklichkeit des Proletariats, die Jammergestalten der Käthe Kollwitz wahr?

Wir Bürgersöhne waren doch im Klassendenken befangen. Die Geschichte der demokratischen Idee, die Rolle des Parlaments in der Frankfurter Paulskirche, das tragische Ende der Revolution 1848 oder gar der Aufstand der Bauern in der Reformationszeit – dies alles bedeutete uns nichts. Wir kannten sie nicht, die Väter der Republik.

Der Schulunterricht war uns die Aufklärung über den Geist der Revolution schuldig geblieben; dafür lernten wir die heillose Kettenreaktion der nationalen Kriege auswendig. Man traktierte uns mit Bismarck; August Bebel aber gehörte nicht zu unserem Pensum. Mein Bruder bekam zur Konfirmation von irgendwem – nicht von unseren Eltern – Ludendorffs Schriften geschenkt; mir selbst wurden Hindenburgs Erinnerungen aufgetischt.

Später, an der Universität, fand, wer ernsthaft wollte, freilich Gelegenheit zur Einübung in die Dialektik des demokratischen Denkens; doch wenn ich mir Rechenschaft ablege über meinen eigenen, nicht untypischen Lebensweg, muß ich zugeben, daß ich es am politischen Engagement fehlen ließ gerade zu jener Zeit, als sich faschistische Mentalität allmählich auch des Universitätsgeistes bemächtigte.

Wir, meine Freunde und ich, hatten alles mögliche im Sinn; aber dem Aufmarsch von Hitlers braunen Kolonnen leisteten wir keinen dezidierten Widerstand; als wir endlich Partei ergriffen, war es zu spät; und viele oder die meisten ergriffen sowieso die falsche Partei.

Wir hatten nicht vorausgesehen, was uns mit dem Untergang der Weimarer Republik, mit dem großen Exodus liberaler Kultur, mit der brutalen Unterdrückung des kritischen Intellekts, mit der Verteufelung des freisinnig progressiven Geistes verlorenging. Voller Wehmut gedenke ich heute der von uns, von der bürgerlichen Gesellschaft insgesamt so gering geschätzten, so lieblos behandelten Weimarer Republik. Inmitten der wirtschaftlichen Misere und des sozialen Elends der Nachkriegsjahre, in der

Zeit der Inflation und der Reparationen, strahlen doch die sogenannten »goldenen« zwanziger Jahre einen phosphoreszierenden Glanz aus, dessen Farbenreichtum mir freilich erst jetzt im Rückblick ganz zum Bewußtsein kommt. Und zugleich befällt mich so etwas wie Reue, weil ich, solange wir die Freiheit dazu besaßen, das geistige Angebot jener von Hitler und seiner Meute geschmähten »vierzehn Jahre der Schmach« nicht genügend, nicht dankbar genug wahrgenommen habe.

Freilich auch damals schon nörgelte die bürgerliche konservative Gesellschaft an der »Asphaltliteratur« herum: Werke von hohem Rang wie Alfred Döblins *Berlin Alexanderplatz* wurden als undeutsch, als jüdisch dekadent verworfen; Frank Wedekinds Theaterstücke *Frühlings Erwachen* oder gar *Die Büchse der Pandora* als unsittlich verschrien. Man entrüstete sich über die Kunst der George Grosz, Otto Dix und Max Beckmann. Der elementare und in diesem Bereich revolutionäre Aufbruch verstörte jene Bildungsbürger, denen Rainer Maria Rilkes *Weise von Liebe und Tod des Cornetts Christoph Rilke* auf der Zunge zerging, während sie Gottfried Benns Gedichte aus der Krebsbaracke wieder ausspien.

Nichts gegen Hans Carossas *Rumänisches Tagebuch* und seine *Verwandlungen einer Jugend*! Doch fanden sich nicht auch seine Leser später damit ab, daß man Kurt Tucholskys kritische Schriften, daß man Emil Ludwigs respektlose Biographien, daß man Lion Feuchtwangers Romane und unendlich vieles, was nicht evozierte, sondern provozierte, daß man die halbe Literatur der Weimarer Republik verbrannte?

Was mich betrifft – ich war unsicher, schwankte zwischen Verklärungskunst und Enthüllungsliteratur. Die goldenen zwanziger Jahre waren so faszinierend, weil damals sowohl das eine wie auch das andere seine Daseinsberechtigung hatte. Der Spielraum war groß genug für das Nebeneinander derer, die voller Enthusiasmus zu verzaubern trachteten, und jener, die ohne jede Pietät entzauberten, desillusionierten, »zersetzten«.

Der wie ein Geschwür wuchernde Antisemitismus fand für seinen schmutzigen Verdacht, daß das »artfremde« Judentum für die Perversion deutschen Wesens verantwortlich sei, scheinbar hinreichend Nahrung. Antisemitismus gehörte zum »guten«, das heißt zum schlechten Ton der bürgerlichen Gesellschaft, ohne daß man sich ernsthaft Gedanken über den Beitrag des Judentums zur deutschen Kultur machte.

Damals kursierte in bürgerlichen Kreisen Arthur Dinters antisemitischer Roman *Die Sünde wider das Blut*. Auch als Halbwüchsiger erkannte ich, daß es ein literarisch miserables Machwerk war; doch infizierte es die durch den Zusammenbruch des Kaiserreichs geistig zutiefst verunsicherte Gesellschaft mit einem neuen geistfeindlichen Virus, dem Rassismus. Nun war es nicht nur die jüdische Intellektualität, geschweige denn die christusfeindliche jüdische Religion, von der sich die deutsche »Art« bedroht wähnte, sondern das Blut einer fremden Rasse, etwas Irrationales, quasi Syphilitisches.

Mein Kieler Universitätslehrer, der Philosoph Richard Kroner, selbst jüdischer Herkunft, protestantischen Glaubens, sah darin eine Herabwürdigung des Menschen zur Kategorie der »Fauna«; das Gefährliche daran war die Mythisierung der bis dahin religiös oder ökonomisch, theologisch oder gesellschaftlich begründeten Judenfeindschaft.

Mir sind manche antisemitische Äußerungen aus den zwanziger Jahren in Erinnerung, Ausdruck spontaner Verärgerung, Indiz primitiver Reaktion auf die Herausforderung einer überlegenen Intelligenz, angesichts kultureller Hochleistungen jüdischer Mitbürger, Angst vor der Konkurrenz. Mein Vater meinte dazu lakonisch, es sei eigenes Versagen, eigene Dummheit, wenn man den Juden unterlegen sei. Er war ohne das geringste Ressentiment; aber ein alter Freund unserer Familie, ein pensionierter General, ein kreuzbraves, einfältiges Gemüt, entwarf am Kaffeetisch den Plan einer Aktion zur Erledigung des jüdischen Problems. Man möge doch die ganze Mischpoke mit einem Schiff aufs Meer transportieren und dort das Schiff samt seiner Ladung einfach versenken. Als einige Jahre später dergleichen faktisch unternommen wurde, entsetzte er sich ehrlich, ohne sich seines eigenen Geredes zu erinnern. Aber so wurde in der Atempause zwischen den Kriegen der Untergang der Humanität herbeigeredet.

Die Bilder, die sich mir in der Zeit zwischen dem Ende des Kaiserreiches und der unter Heilgeschrei erfolgenden nationalsozialistischen »Machtergreifung« eingeprägt haben, sind diffus, verwirrend, widerspruchsvoll. Danach war alles unwidersprechlich eindeutig, »gleichgeschaltet«. Erst als die diktatorische »Gleichschaltung« alles auf den einen Nenner des völkischen Provinzialismus gebracht hatte, gingen mir die Augen auf. Auch wenn wir uns über manche Provokation und Perversion, über das verzweifelte Wühlen im Schmutz, über den Kult des Häßlichen geärgert hatten (all dies war ja möglich in jenen goldenen zwanziger Jahren), der Reichtum des kulturellen Pluralismus, der auf dem Boden der Weimarer Republik gedieh, erschien uns, nachdem die Stiefel der braunen Kolonnen alles eingestampft und eingeebnet hatten, im Rückblick als ein unwiederholbarer Glücksfall. Angesichts der Verluste, die uns der drakonische Friedensvertrag von Versailles zugefügt hatte, waren wir indessen voller Ressentiments und Revanchismus, voreingenommen gegenüber dem Neuen, das aus dem radikalen Bruch mit der alten, desavouierten Gesellschaft resultierte.

Ich selbst, pendelnd zwischen der Bewunderung für Stefan Georges *Teppich des Lebens* und dem Schauder vor Franz Kafkas *Verwandlung*, war, wie ich es heute sehe, das Produkt einer Ära des Übergangs; ich schwamm, wie es Robert Musil in seinem Roman *Der Mann ohne Eigenschaften* beschreibt, »in einer allgemeinen Nährflüssigkeit«, noch ohne Kontur, wie auch die Gesellschaft der jungen Republik konturlos war, uneins mit sich selbst, zwitterhaft.

Die vierzehn Jahre der Weimarer Republik, die, unter der Last einer verfehlten Geschichte um ihr eigenes Selbstverständnis ringend, auf allen Seiten angreifbar war, reichten nicht aus für den Lernprozeß, der uns insgesamt zugemutet wurde. Auch die Kirche, soweit ich sie an der Basis erlebte, die Gemeinde und ihre Pastoren, die sich der Revolution versagt hatten, leisteten keinen Beitrag zu dem unerläßlichen Lernprozeß. Gewiß, es gab einige großartige theologische Entwürfe. Ich denke an Paul Tillichs Interpretation des Protestantismus, an die kühnen Versuche, das Christentum unter dem Aspekt des Sozialismus zu verstehen und umgekehrt. Aber ich nahm sie erst wahr, als schon die Ära unter den Konvulsionen der wirtschaftlichen und politischen Krise in den dreißiger Jahren ihrem Ende entgegenging. Ich erinnere mich nur an etwas Versäumtes.

Was mir sonst im Gedächtnis geblieben ist, sind einzelne Momentaufnahmen, die das traditionelle fatale Schema »Protestantismus und Patriotismus«, in dem die kirchliche Basis befangen war, illustrieren. Das gilt auch von meiner durchaus nicht reaktionären Familie ebenso wie wohl von den meisten bürgerlichen Protestanten. Ein bemerkenswertes Detail hat sich meinem Gedächtnis eingeprägt, ein Bild: der Tisch, auf dem meinem Bruder und mir die Gaben zur Konfirmation Anfang der zwanziger Jahre präsentiert wurden, war von unserer Mutter mit einer schwarzweißroten Fahne, der Flagge des Kaiserreichs, gedeckt.

Das war nicht etwa als politisches Programm gedacht. Es war einfach eine sentimentale Geste, die jene selbstverständliche Verbundenheit von Religion und Nation, von Kirche und Vaterland bezeugen sollte. Die schwarzrotgoldenen Farben der neuen Fahne sprachen das patriotisch-protestantische Empfinden nicht an.

Bei weitem eklatanter als dieser relativ harmlose häusliche Vorgang war indessen die öffentliche Veranstaltung, zu der einige Jahre später das protestantische Pfarramt unseres Berliner Vorortes einlud. Auf der Bühne des Gemeindesaales trat zunächst der preußische Heros Fridericus Rex in dem berühmten Rechtsstreit mit dem Müller von Sanssouci auf. Immerhin, wie sich der alte Souverän schließlich dem zivilen Recht unterwarf, das zeugte von preußischem Ethos, das hatte eine protestantische Pointe.

Doch was dann folgte, war nichts als eine wüste revanchistische Demon-
stration. Derselbe Primaner, der Sohn des Pfarrers, der eben den toleranten
Preußenkönig gemimt hatte, brüllte nun die von dem seinerzeit beliebten
Versemacher Paul Warncke gereimten nationalistischen Phrasen in den
Saal, die an all das, was Deutschland »groß« gemacht habe, erinnern
sollten, um mit der – in der Tat unvergeßlichen – Haßtirade zu schließen:
»Was der Feind uns angetan, das sei ihm nicht vergessen!«

So bereitete man in der Kirche, ideologisch nach wie vor im Bann der
archaischen Verklammerung von Thron und Altar, überzeugt von der
Wesensverwandtschaft von Vaterland und Gottesreich, dem Aufmarsch
der Hitlerkolonnen den Boden. Der »Schandfriede« von Versailles, aber
nicht der vorangegangene Krieg war in ihren Augen die Sünde. Dem Geist
des Sozialismus und des Internationalismus, dem Programm der für die
Menschenrechte, für die Freiheit der Unterdrückten, für Toleranz und
kulturellen Pluralismus streitenden Revolution blieb sie, was den größeren
Teil ihrer Basis betrifft, verständnislos, weithin feindselig verschlossen.

War die Weihnachtspredigt jenes Gottesmannes im westlichen Vorort
von Berlin, desselben, der Paul Warnckes Machwerk statt zum Beispiel des
Matthias Claudius eindringliche Klage »'s ist leider Krieg, o Gott im
Himmel, wehre . . .« vortragen ließ – war also seine Ansprache am Heiligen
Abend, die mir ebenso unvergeßlich ist wie jener Gemeindeabend, war sie
eine skurrile Ausnahme, oder war sie ein Symptom?

Durch den Anblick der mit Kerzen und mit bunten Kugeln, mit silbernen Sternen und glitzernden Ketten geschmückten Weihnachtsbäume
hatte sich unser eloquenter Kirchenmann zu einer grotesken Paraphrase
hinreißen lassen. Die Metapher »Ketten« hatte es ihm angetan; und mit
Donnerstimme schreckte er die Gemeinde aus ihrem Weihnachtstraum
auf, indem er sie mit seiner Metapher konfrontierte: »Auch wir liegen in
Ketten!«

Aber wie? An welche Ketten dachte der Seelenhirt? Waren wir, die
Gemeinde, in seinen Augen lauter mit silbernen Ketten der Liebe um-
schlungene Weihnachtsbäume? Oder meinte er im Gegenteil die Ketten
der Sünde? Das wäre, wenngleich ein scheußlicher Mißbrauch der Metapher, jedenfalls theologisch vertretbar gewesen. Aber nein, der so unfeier-
lich aufgebrachte Gottesdiener hatte nichts anderes als die Ketten des
Friedensvertrags von Versailles im Sinn.

Ich frage mich, indem ich meine Erinnerungen sortiere, warum sich mir
ausgerechnet solche Szenen, obwohl doch seitdem beinahe siebzig Jahre
vergangen sind, so untilgbar eingeprägt haben. Wurden in der Kirche denn
nicht auch andere, glaubwürdigere Zeichen gesetzt?

Man würde allerdings die damalige religiöse Situation gründlich verkennen, wenn man nicht an die gerade in jenen kritischen Jahren wie eine Erweckungsbewegung wirkende Wiederbelebung der geistlichen Musik der Barockzeit erinnerte und in diesem Zusammenhang an die Aufführungen von Johann Sebastian Bachs *Matthäuspassion*, die mir zu einem einzigartigen geistlichen Erlebnis wurden und mich in meinem Innersten trafen. Der Vater eines jüngeren Schulgefährten war der seinerzeit wohl berühmteste Evangelist, der Oratoriensänger Georg A. Walter, und ich glaube, seine zu einem reinen Instrument des Geistes sublimierte Stimme über die Jahrzehnte hinweg zu vernehmen – genauso wie von einer anderen Seite die schmerzhaft präzise, sinnlich suggestive Stimme Fritz Kortners in Leopold Jessners Berliner Staatlichem Schauspielhaus, wo ich ihn noch als König Ödipus oder als Herodes in Hebbels Tragödie genau vor mir sehe.

Indessen, je intensiver ich jenen Stimmen und den vielen anderen, die sich dazugesellen, lausche, desto tiefer bekümmert es mich, wie diese mitunter gewiß auch verwirrende Vielfalt der Stimmen übertönt werden konnte von dem monotonen Gebrüll, das in Paul Warnckes Haßtiraden und in dem fatalen Pathos der patriotischen Predigt intoniert worden war.

Nein, verklären möchte ich sie nicht, die vierzehn Jahre der Weimarer Republik. Sie brachten wahrhaftig keine Erfüllung, sie boten aber eine einzigartige Chance. Den Deutschen von damals fehlte es jedoch, falls eine solche Verallgemeinerung statthaft ist, an Geduld. Die Ungeduld galt ihnen als eine »faustische« Tugend. Weil sie den Krieg nicht verloren haben wollten, konnten sie, die angeblich im Felde Unbesiegten, nicht zum Frieden gelangen. Der Friede war für sie ein »Schandfriede«. Eine Friedenspolitik, die eine Revision des Vertrages von Versailles Schritt für Schritt zum Ziele hatte, wurde in der revanchistisch aufgeheizten Endphase der Weimarer Republik schlicht als Verbrechen perhorresziert.

Man wollte nicht warten; man erwartete ein neues Kommando. Das Kommando erfolgte: »Deutschland, erwache!« Das Angebot der Freiheit wußte man nicht zu würdigen. Das faszinierende demokratische Miteinander und Durcheinander der geistigen Elemente der zwanziger Jahre war den meisten von uns weniger wert als die uniforme Ordnung, die Gleichschaltung, der Gleichschritt. Man wollte marschieren.

Die menschliche Unordnung wurde einer unmenschlichen Ordnung geopfert. Man fand, es müsse endlich Ordnung geschaffen werden; es wurde Ordnung geschaffen, indem man die Gerechtigkeit abschaffte. So ging die Weimarer Republik zugrunde, bevor wir noch die Idee der Demokratie wirklich begriffen hatten.

Franz Cornelsen

Am 22. Juli 1908 in Minden/Westfalen geboren. Nach Abschluß des Studiums als Dipl.-Ing. tätig bei Siemens in Berlin (1933–1945). Gründete 1946 den Cornelsen Verlag. 1954 übernahm er aus einem Vergleichsverfahren den Verlag Velhagen & Klasing. Gründungsvorsitzender des Verbands der Schulbuchverlage (1955–1960) und des Verbands der Kartographischen Verlage und Institute (1956–1963). Ehrenamtliche Tätigkeit im Berliner Verleger- und Buchhändlerverband und in der Kommission für Schulbuchfragen. 1978 erhielt er die höchste Auszeichnung der Stadt Berlin, die Ernst-Reuter-Plakette. 1987 Ernennung zum Professor ehrenhalber der Stadt Berlin und 1988 Verleihung der Ehrendoktorwürde der Freien Universität Berlin. Gestorben am 31. Oktober 1989.

FRANZ CORNELSEN

Die Landratsfamilie Cornelsen in Stade

Eine norddeutsche Kleinstadt, die TH in München und S & H in Berlin

Für mich begann die Weimarer Republik am 8. November 1918, als abends vier oder fünf bewaffnete Matrosen vor unserem Hauseingang standen, klingelten und mich – den Zehnjährigen – fragten, wo der Landrat Cornelsen sei. Mein Vater befand sich noch im Büro um die Ecke herum. Ich konnte gerade noch durch den Garten jagen und ihm vom Hintereingang des Büros aus zurufen: »Sie sind da!«

Das Ende der Weimarer Republik erlebte ich am 27. Februar 1933. Ich stand auf einem S-Bahnhof im Norden Berlins. Eine riesige rote Fackel leuchtete vom Stadtinnern her. Es war der brennende Reichstag, der Auslöser des Terrors durch Hitler.

Dazwischen wie ein Blitz die Reichstagswahl am 14. September 1930. Ich fuhr als Maschinenpraktikant auf einem Schiff von New York zurück nach Hamburg. Während wir in der Ingenieursmesse beim Essen saßen, verkündete der Lautsprecher: »Die NSDAP hat 107 Reichstagsmandate erhalten!« Es folgten unflätige Schmährufe der Schiffsingenieure. Ein Nazi war nicht dabei.

*

Die Kleinstadt Stade (damals 12 000 Einwohner) war vorzugsweise eine Beamtenstadt: Regierungshauptstadt, Landgericht, Amtsgericht, Landratsamt – und so weiter. Die Beamtenschaft spielte während der Weimarer Republik in solchen Städten eine überragende Rolle. Beamte waren die routinierten Weitermacher nach dem Zusammenbruch 1918, politisch relativ indifferent, in der Grundhaltung aber konservativ, dabei offen für alle Neuerungen im wirtschaftlichen und sozialpolitischen Bereich.

Der zweite bestimmende Faktor, zumindest während der ersten zehn

Jahre der Weimarer Republik, war die allgemeine Armut, die vollständige Geldentwertung bis 1923. Man lebte in größter Bescheidenheit, mehr oder weniger jeder einzelne.

Eine dritte wichtige Prägungsmöglichkeit für die heranwachsende Jugend in jenen Jahren war die geradezu atemberaubende Entwicklung in der Physik, im astronomischen Bereich, in der Literatur und vor allem auch in der darstellenden Kunst. Wir waren fasziniert von dem, was sich da abspielte. Alle waren arm, aber geradezu besessen von einer Gier nach geistiger und kultureller Nahrung, genau wie nach dem Zweiten Weltkrieg.

*

Mein Vater war preußischer Verwaltungsbeamter, pflichtbewußt, fleißig und konservativ. Meine Mutter stammte aus einer wohlhabenden Bankiersfamilie in Königsberg. Mein Großvater, Inhaber der damals größten Privatbank Königsbergs, war ein weitgereister, weltoffener Mann. Er starb 1922, aber ich war doch alt genug, um seinen liberalen Gedankengängen folgen zu können. So betrachtete ich den meiner Meinung nach etwas engen Patriotismus meines Vaters schon als Schüler mit einiger Distanz.

Über Politik wurde zu Hause wenig gesprochen. Meine Eltern kannten Gustav Stresemann, der ab und zu einen Freund in Stade besuchte. Stresemanns Partei, eine von mehr als dreißig Parteien der Weimarer Republik, war es, der meine Mutter und ich am nächsten standen, während mein Vater eher deutschnational war.

Mein Vater war 1917 nach einigen Jahren beim Militär Landrat in Stade geworden. Die beiden schönen Trakehnerpferde, die er schon vorher als Landrat in Minden/Westfalen besessen hatte, hatten ihn den Krieg hindurch begleitet, und er konnte sie mit nach Stade bringen. Auch für die Kutschwagen war Platz in den Ställen und Wagenremisen, die zu der geräumigen Dienstwohnung gehörten. Wir hatten einen Kutscher, der in einem Zimmer neben den Pferden schlief. 1926 mußte dann ein Auto angeschafft werden, damit mein Vater häufiger nach Bremen fahren konnte, wo er einer der Antreiber für die Elektrifizierung des Nordteils der damaligen Provinz Hannover war: Jeder Bauernhof sollte einen Anschluß an das Elektrizitätsnetz haben!

Dies war ein anfänglich geradezu utopisches Unterfangen. Aber es ging dann doch voran, und als mein Vater 1932 in Pension ging, konnte er voller Stolz erzählen, er habe seit 1918 insgesamt 4000 Kilometer Straßen bauen können, und alle größeren Dörfer hätten nun Elektrizität. Auch das gehört zum Alltag in der Weimarer Republik: die großen Leistungen der Städte und auch der Kreise während dieser Zeit, trotz großer finanzieller Bescheidenheit. Hierzu ein Beispiel: Eines Abends – wohl 1924 – kam mein Vater müde und abgeschlagen nach einer langen Verhandlung nach Hause: Ein Bauer hatte versucht, die Abfindungssumme für die geplante Straßentrasse hochzutreiben. Dann beichtete mein Vater: »Es war so anstrengend, daß ich mir eine zweite Tasse Kaffee bestellt habe!« Diese kostete damals 40 Pfennige, viel Geld, auch für einen Staatsdiener.

Manchmal nahm ich an einer dieser Sitzungen teil, bei denen mein Vater mit den Bauern plattdeutsch sprach. Und nach den Verhandlungen dann die Seligkeit des Weges zurück, neben dem Kutscher sitzend, die Trakehner kraftvoll ausgreifend, um in den Stall zu kommen. Der Kutscher fuhr nicht auf dem gepflasterten Teil der Straße, sondern auf dem Feldweg. Alle Chausseen hatten noch Bäume an den Rändern, und im Sommer, wenn sie belaubt waren, gab es dieses wunderbar raschelnde Crescendo und das ebenso raschelnde Decrescendo durch die Schallreflexionen der einzelnen Bäume. Später wurden die Straßen verbreitert und die Bäume abgeholzt.

Wenn mein Vater auf Jagd fuhr (zur Mühle in Deinste), brauchte der Kutscher nicht zu warten. Dann fuhr mein Vater die sechs Kilometer mit der Bahn. Damals gab es noch die vierte Wagenklasse, eine Art Großraumabteil mit zwei Bänken längs zur Fahrtrichtung und dazwischen sehr viel Platz für die Mitnahme von Geräten und Gepäck.

*

Ein besonders einschneidendes Datum während der Weimarer Republik war der 16. November 1923. An diesem Tag »schmolzen« die inneren Kriegsschulden des Reiches von 115 Milliarden Mark auf 11,5 Pfennige aus der Vorkriegszeit. Alle hatten alles verloren, sofern sie nicht über Realbesitz verfügten.

In der Hochinflation hatten wir hinten im Stall des Diensthauses sechs oder acht schwarzweiß gesprenkelte Hühner und einen Hahn, der seinen ehelichen Pflichten fleißig nachkam. In meiner Erinnerung dämmert die Bezeichnung »Silberbrake« noch, eine Sorte, die es wahrscheinlich nicht mehr gibt. Für unsere Pferde gab es ein gewisses Haferkontingent, und ich nehme an, daß das die eigentliche Quelle für unseren Eiersegen war. Es waren wunderbar bräunlich gefärbte frische Eier!

Vom Hof unseres im Innern der Stadt Stade gelegenen Hauses ging eine Tür in einen Raum, der nur einmal in der Woche benutzt wurde: in die Waschküche, einen Raum von 24 Quadratmeter Größe, hinten ein riesiger Kessel, unter dem ein Holzfeuer entfacht werden konnte. Jede Woche kam unsere Waschfrau, eine kräftige, gutgelaunte Person. Da wurde dann

Das Lehrerkollegium des Athenaeums in Stade um 1918. *(Stadtarchiv Stade)*

Die kleine Schmiedestraße. *(Stadtarchiv Stade)*

Wäsche gekocht und auf dem Waschbrett rauf und runter bearbeitet. Milchige Wrasen zogen in den Hof. Elektrische Waschmaschinen gab es noch nicht, aber Arbeitskräfte waren preiswert.

Mein sehr vielseitig interessierter und energischer Vater konnte es schaffen, daß in Stade 1922 eine Reit- und Fahrschule für den bäuerlichen Nachwuchs eingerichtet wurde, mit etwa dreißig Pferden. Während der Erntezeit mußten die jungen Landwirte zu Hause sein. Während dieser Zeit gab es Schülerkurse zu sehr niedrigen Preisen, verbunden natürlich mit sorgfältiger Pferdepflege: Striegeln, Bürsten, Pflege der Hufe, Ausmisten und so weiter. Aber dafür gab es dann einen hervorragenden Reit- und Fahrunterricht, auch Springen, Voltigieren und Ausritte in die Umgebung gehörten dazu.

Wenn Vater Cornelsen von seiner Jagd Hasen mit nach Hause brachte, wurden diese von meinem Bruder und mir fachgerecht abgezogen und auf dafür hergerichtete Bretter aufgespannt, die Haare nach innen, die dünne, transparente Haut nach außen. Doch Hasen durften ja nur während einiger Monate im Herbst geschossen werden. Wir aber brauchten so dringend auch in der übrigen Zeit eine Nebeneinnahme. So verlegten wir uns auf die Maulwurfsjagd. Wir erkundeten vor allem reiche Jagdgebiete in der Umgebung von Stade, wo die Weiden von den lichtscheuen Tierchen besonders intensiv aufgewühlt wurden. Die Bauern freuten sich über unseren Jagdeifer. Auch hier kam es dann zum fachgerechten Präparieren der Felle zu Hause.

Einmal waren wir besonders erfolgreich und beschlossen, uns einen riesigen Luxus zu gönnen: Wir kauften uns zwei grüne Fahrkarten zweiter Klasse (damals gab es, wie erwähnt, noch vier Wagenklassen nach Agathenburg, der ersten Station von Stade auf dem Wege nach Hamburg, um wenigstens einmal in den grauen Polstern mit den dunklen Streifen zu schwelgen. Zurück sind wir beiden schmächtigen Jüngelchen dann die sechs Kilometer zu Fuß gegangen, glücklich über unsere Luxusfahrt.

Lange bevor die Inflation zu galoppieren begann, fanden in Stade Tanzstunden für Zwölf- bis Dreizehnjährige statt. Da gab es Polka, Walzer, vor allem aber Quadrillen, die allen Beteiligten riesigen Spaß machten, obwohl der Klavierspieler nicht zur Weltklasse gehörte. Die Jungen auf der einen, die Mädchen auf der anderen Seite des Saales und dann immer wieder der sportliche Sprint der Jungen zu der jeweils Angebeteten. Der Tanzlehrer, Herr Bröhan aus Hamburg, hatte Lackschuhe an, dazu weiße Handschuhe. Die Krönung war dann der Abschlußball im Hotel Birnbaum. Später gab es noch einmal Tanzstunden für die »Obersekundaner«.

Von den vierzehn Jahren der Weimarer Republik habe ich neun Jahre auf dem Athenäum in Stade zugebracht und vier Jahre an den Technischen Hochschulen in München und Hannover, ein Jahr als Praktikant in der Industrie, in Stade und in Berlin.

Natürlich war das Athenäum damals eine reine Jungenschule. Das Zusammengehörigkeitsgefühl in den einzelnen Klassen war erstaunlich groß, obwohl der Begabungsunterschied wohl noch viel größer als heute war. In der Beamtenstadt Stade mit ihrer Regierung, dem Landgericht, Amtsgericht und Landratsamt gab es einen ziemlich hohen Anteil von Akademikersöhnen. Die Eltern hielten sich aus dem Schulbetrieb heraus und wurden herausgehalten; wie üblich kam der gute Vater erst zum Klassenlehrer, wenn die Versetzung des Sohnes gefährdet war.

Das Gymnasium der kleinen Stadt war nach 1918 ziemlich erstarrt. Von den hochfliegenden Plänen des preußischen Schulreformers Adolf Grimme war wenig zu spüren. Aber das Gymnasium in einer Kleinstadt mit großem Einzugsgebiet ist in jedem Fall ein einzigartiger *melting pot* von Lehrern und Schülern. In der Sexta waren wir über fünfzig Schüler, bei den beiden Abituren (beim ersten Abitur bin ich durchgefallen!) waren wir jeweils acht oder neun Absolventen.

Das Athenäum war auch unter den Mitschülern ein *melting pot*: Die größte und nachhaltigste Begegnung war der gleichaltrige Franz Wieacker, geboren 1908, Sohn eines Juristen. Er brachte mir die Wunder der Physik nahe. Bei ihm bauten wir eine drahtlose Telegrafenstation für »Hertzsche« Strahlen auf. Er weihte mich in die Wunder der Astronomie ein. Damals war der Himmel über Stade so klar, daß man Tausende und aber Tausende von Sternen sehen konnte. Franz Wieacker wußte auch viel über Albert Einstein und über die Atomtheorie. Er schenkte mir ein Radiumpräparat, mit dem wir Versuche machten über den Atomzerfall. Ich hatte Angst vor den Folgen der Gammastrahlen und deponierte das Präparat an der hintersten Stelle des Bodens in unserem Haus.

Damals gab es noch jene heute fast verschwundene Krankheit, die auf das Schulleben in manchen Fällen großen Einfluß hatte: die Lungenkrankheit. So mußte ich während des Ersten Weltkrieges für einige Monate ins Sanatorium nach Garmisch-Partenkirchen. Und dann erwischte mich im Jahre 1925 die Krankheit noch einmal, so daß ich mehrere Monate fehlen mußte und 1926 nicht in die Oberprima versetzt werden konnte. Das geschah erst entgegen allen Regeln im Spätherbst 1926, und der zuständige Oberschulrat in Hannover fand es unglaublich, daß man mich 1927 nach nur drei Monaten Oberprima zum Abitur zulassen wollte. So kam er dann persönlich zum Abitur nach Stade, griff in die Prüfung ein, und damit war mein Schicksal in Latein und Griechisch besiegelt! Aber man weiß nie, wie sich solche Schicksalsschläge langfristig auswirken können.

Eine ähnliche »Katastrophe« war die Schulreform der zwanziger Jahre in Stade: Man hatte beschlossen, zusätzlich zu dem altsprachlichen Gymnasium mit den Hauptsprachen Latein und Griechisch einen realgymnasialen Zweig einzurichten, der auch bis zum Abitur führen sollte. Für diesen Zweig hatte ich mich entschieden. Meiner Erinnerung nach wurde das Projekt nach zwei Jahren abgeblasen, weil die preußischen Kassen zu erschöpft waren, um die Zweigleisigkeit zu finanzieren. Nun mußte ich in der Obertertia ein Jahr »ausspannen« und Griechisch im Privatunterricht nachholen. Diese Lücke konnte nie aufgeholt werden. So verkroch ich mich dann immer mehr in nichtschulische Fächer wie Klavier- und Harmonielehre, Philosophie, moderne Literatur und Naturwissenschaften.

Die Schulbücher waren auch nach der Währungsreform 1923 eher ärmlich. Relativ gut ausgestattet war die *Biologie* von Schmeil. Mitte der zwanziger Jahre kam dann im Verlag Teubner ein neues Geschichtsbuch von Ernst Schnabel heraus: eine anstrengend zu lesende, aber faszinierende Darstellung der gesellschaftspolitischen Entwicklungen der Neuzeit. Diese Art der Darstellung war für uns Schüler eine wahre Sensation! Die dauerhafteste Wirksamkeit aber hatte für mich der *Historische Atlas* von Putzger, der uns von der Quarta an begleitete. Der *Putzger* gab mir während meiner Schulzeit und im späteren Leben das optische Erinnerungsgerüst für die Entwicklung der westlichen Welt. Damals konnte ich nicht ahnen, daß ich später einmal der Verleger und Neugestalter des *Putzger* sein würde, des seit 1877 mit einer Auflage von über 6 Millionen erfolgreichsten Geschichtsatlasses der Erde.

*

Im Kino von Stade gab es keine Bühne. Sie konnte aber notdürftig errichtet werden, und dort habe ich Schillers *Räuber* gesehen. Es gab noch eine kleine Bühne in einem Vorstadtrestaurant, die den Aufführungen einer erfolgreichen plattdeutschen Spielgruppe diente, der »Camper Speeldeel«. Auf dieser Bühne kam es zu dem einzigen Theaterspektakel meines Stader Lebens, bei dem ich als Schauspieler mitwirkte: Wir Gymnasiasten führten 1925 eine Moritat auf: *Das Schwert des Damokles*.

Richtiges Theater konnten wir Gymnasiasten erst 1926 an einem Nachmittag im Hamburger Schauspielhaus erleben, wo Ibsens *Peer Gynt* mit der Musik von Grieg aufgeführt wurde, ein unvergeßliches Erlebnis, eine Bühne mit schöner Ausstattung, wunderbare Kostüme, gute Schauspieler, dramatische Musik: »der« große Nichtalltag.

Im Sommer 1925 begann der Norddeutsche Rundfunk mit der Ausstrahlung von Sinfoniekonzerten. Rundfunkgeräte waren damals für uns zu teuer. Rundfunkapparate selbst bauen durfte nur jemand, der eine sogenannte »Audionversuchserlaubnis« erworben hatte, nach einer ziemlich sorgfältigen Prüfung, zu der man vom sechzehnten Lebensjahr an zugelassen war. Ich mußte zur Ablegung dieses Examens nach Hamburg fahren. Mit dem bestandenen Examen habe ich dann nicht nur für die eigene Familie, sondern auch für Bekannte Rundfunkgeräte gebaut und diese relativ preiswert verkaufen können.

Es blieb gerade so viel Geld übrig, daß ich davon einige Autofahrstunden und auch die Führerscheingebühren bezahlen konnte. Zur Führerscheinprüfung kam eigens ein Prüfingenieur aus Hamburg nach Stade.

Durch den Rundfunk öffnete sich für den Schüler in einer kleinen Stadt eine völlig neue Welt. Wir hatten zwar ein Grammophon, aber die Platten hatten nur eine Spieldauer von acht Minuten je Seite, sie waren außerdem für uns unerschwinglich. Der Rundfunk brachte uns nun die ganze Fülle der Musik, die Sinfonien, die Klavierkonzerte Mozarts und Beethovens und die Kammermusik Schuberts und Brahms'. Das Leben bekam für mich eine völlig neue Dimension, auch durch wissenschaftliche Vorträge aller Art.

Meine Eltern hielten für mich den *Guten Kameraden,* später *Kosmos:* eine Fundgrube für naturwissenschaftlich interessierte junge Menschen. Die *Berliner Illustrirte* und die *Münchener Illustrierte* waren die Marktführer unter den Wochenzeitschriften. Beide waren schwarzweiß und kosteten 20 Pfennige. Sie wurden viel gelesen, auch von uns jungen Menschen.

Für den politisch und kulturell interessierten jungen Menschen in einer Kleinstadt war der Lesezirkel von außerordentlicher Bedeutung: Dort gab es unter anderem *Die Woche,* vor allem aber *Velhagen & Klasings Monatshefte.* Franz Marc, Klee, Nolde, Beckmann, Kirchner, Schlemmer und die Franzosen – Matisse! – sickerten so auch in die Kleinstadt ein. *Velhagen & Klasings Monatshefte* zeichneten sich auch durch Vorabdrucke von Arbeiten bedeutender Schriftsteller aus wie Thomas Mann, Hermann Hesse, Alfred Döblin, Gerhart Hauptmann, Otto Flake, Frank Thieß. Es gab darin hervorragende Wiedergaben moderner Maler. Für den »Provinzler« war dies damals der wesentlichste Zugang zu den Werken des Expressionismus und des Kubismus. Bei uns zu Hause hingen »nur« Originale von Menzel, Lenbach und Slevogt, die der Vater meiner Mutter, ein erfolgreicher Vorkriegsbankier, größtenteils noch in deren Ateliers gekauft hatte.

Zur Konfirmation 1922 hatte ich das Buch von Engel *Goethe – Der Mann und das Werk* bekommen, in dem ich viel las, ebenso wie in den roten

Goethe-Prachtbänden der väterlichen Bibliothek. So wurde der alte Herr
aus Weimar für mich sehr früh das Leitbild eines Menschen, der sich für
alles interessierte, vor allem auch für die Naturwissenschaften. (Die anderen Leitbilder früherer Zeit waren Benjamin Franklin, Naturwissenschaftler und Politiker, und Werner Siemens, Naturwissenschaftler, Unternehmer und Kosmopolit.)

Mindestens zweimal in der Woche wanderte ich zur Buchhandlung
Schaumburg, um dort herumzustöbern und irgendein kleines Buch zu
kaufen. Damals gab es keine Taschenbücher, aber es gab die Reclam-Hefte
für 40 Pfennig, die ich dann zu Hause in meiner kleinen Werkstatt mit
schönen Papier- oder Leineneinbänden haltbar machte. Besonders geliebt
habe ich eine Zeitlang die kleinen Bändchen der »Miniaturbibliothek«. Sie
waren zwei Streichholzschachteln groß, und man konnte zum Beispiel
über Philosophie, über die Literatur der Romantik und so weiter bequem
lesen, was dort gut aufbereitet dargeboten wurde. Diese Heftchen kosteten
nur einige Groschen.

Rückblickend ist mir rätselhaft, wie wir damals an die gesamte moderne
Literatur herangekommen sind. Wir trieben den *Zauberberg* auf, Hermann
Hesse, Werfel, den jungen Robert Musil, Wassermann, Schnitzler. Zum
Anschaffen waren für uns diese Bücher viel zu teuer, aber wir kannten sie
trotzdem sehr genau. Eine große Hilfe damals war Albert Sörgels *Dichter
und Dichtung der Zeit*, das wir uns irgendwie ausleihen konnten.

Während der Weimarer Republik gab es noch ein Bildungsbürgertum.
Es wurde als selbstverständlich angesehen, daß man die bedeutenden
Neuerscheinungen kannte, natürlich mußte man auch mit Rudolf Herzog
und *Zwei Menschen* von Voss fertig werden.

Nach dem Abitur habe ich kaum noch deutsche Literatur gelesen,
sondern zunächst nur englische, später auch französische Schriftsteller,
um mir einen großen passiven Wortschatz in diesen Sprachen anzueignen.
Die Editionen Tauchnitz und Albatros waren wertvolle Hilfen, weil man an
die englische, französische und amerikanische Originalliteratur sonst
schwer herankam. So widmete ich als Student täglich mindestens eine
Stunde der Lektüre von John Galsworthy, Aldous Huxley, Sinclair Lewis
oder William Somerset Maugham. Mir schien damals die angelsächsische
Lteratur unglaublich reich und von großer Fülle.

*

Vier Semester habe ich in München an der Technischen Hochschule
studiert, bis zum Diplom-Vorexamen, dann noch einmal vier Semester in
Hannover und mit dem »Diplomingenieur« der Elektrotechnik und Wirt-

schaftswissenschaft abgeschlossen. Die Technische Hochschule München mit damals viertausend Studenten war eine der größten des Deutschen Reiches. Im großen Hörsaal gab es wohl etwa achthundert Sitzplätze, die bei den Einführungsvorlesungen in höherer Mathematik und in Mechanik überfüllt waren. Viele Professoren waren berühmte Gelehrte und zugleich auch hervorragende Didaktiker, besonders der Physiker Josef Zenneck, ein humorvoller, geistreicher Dozent, und der Nobelpreisträger Sommerfeld.

Unter den Studenten gab es ein sehr freundschaftliches Miteinander, großen Austausch der Erlebnisse während der Faschingszeit, die auch damals sehr ungezwungen und heiter war und ein buntes Gemisch aller Altersstufen darbot. Um Erfolg zu haben, mußte man gut tanzen können und geistreich sein. Geld hatten wir alle nicht, das spielte keine Rolle. Die Älteren luden uns Junge gelegentlich zu einem Drink ein.

Die Examina waren sowohl in München als auch in Hannover sehr schwer. Ohne Repetitoren konnte man in München schon damals das Vorexamen in vier Semestern kaum schaffen. Auch in Hannover waren die Anforderungen des Diplomexamens sehr hoch, weil die Wirtschaft wegen der enormen Arbeitslosigkeit darauf drängte, daß nicht zu viele Diplomingenieure längere Zeit arbeitslos waren, bevor sie endlich eingestellt werden konnten. Die Industrie hielt es für das kleinere Übel, den Hochschülern eine noch höhere Qualifikation zu geben: Der internationale Wettbewerb war in den Industrieländern härter geworden, in den überseeischen Ländern genauso wie in dem damals besonders wichtigen Markt UdSSR. Als ich 1933 bei Siemens anfing, machte der Export 50 Prozent des Umsatzes aus, und davon ging wieder die Hälfte in die UdSSR.

Meine Mutter hatte es mir ermöglicht, in den Semesterferien 1929 einige Wochen in der Nähe von London in einer Architektenfamilie zuzubringen. 1931 lebte ich einige Wochen bei einem *Hachette*-Redakteur und seiner Frau in Paris. Bei diesen Aufenthalten wurde natürlich viel über politische Probleme gesprochen, ohne Aggressionen irgendwelcher Art, aber mit der Schwierigkeit, sich zum Beispiel über die Interpretation von Begriffen wie Patriotismus und Nationalismus zu einigen.

Alle waren sich darüber klar, daß der Vertrag von Versailles mit seinen 132 Milliarden Goldmark Schulden des Deutschen Reiches für Europa ein Wahnsinn sei, daß die steigenden Arbeitslosenzahlen überall in der Welt, besonders aber in dem sehr mitgenommenen Deutschen Reich, die Wähler immer mehr in die Arme der ganz rechten und ganz linken Parteien drängen würde. Wirklich verwirrend war, daß man trotzdem gerade im Ausland auf Sympathisanten Hitlers stieß, denen man vergeblich auseinandersetzte, wie gefährlich diese Entwicklung für Westeuropa sei.

Zurückblickend wundere ich mich heute, daß wir als Studenten an Politik erschreckend wenig interessiert waren. Erst nach der Reichstagswahl 1930 wuchs eine beklommene Angst vor den Nationalsozialisten. Aber man sah sie kaum. Wir Praktikanten bei Siemens hatten einmal in der Woche Unterricht in Materialkunde und Herstellungstechnik bei sehr guten Fachleuten. Unter den etwa dreißig Kursteilnehmern gab es nur einen NSDAP-Anhänger, und der hatte einen sehr schweren Stand. Der Normalslogan ihm gegenüber war etwas gönnerhaft: »Na, das machen wir, wenn dein Drittes Reich gekommen ist.«

Merkwürdigerweise gab es auch im Jahr 1932 im Zeichensaal der Technischen Hochschule Hannover mit zirka vierzig Plätzen nur einen Studenten, der sich offen zur NSDAP bekannte. Auch er hat keine Resonanz unter uns Mitstudenten gefunden. Um so erschreckender war dann – überraschend im Frühjahr 1933 – zu sehen, mit welcher Geschwindigkeit sich Bekannte »gleichschalteten«, bei denen man eine solche Entwicklung vorher für völlig unmöglich gehalten hatte, so auch unter den Hochschulprofessoren in Hannover. Es hieß dann: »Ja, die Deutschen sind eben sehr anpassungsfähig.«

*

Die Lehrlinge und Praktikanten wurden bei Siemens & Halske hervorragend, wenn vielleicht auch etwas altmodisch ausgebildet. Als Praktikant mußte man zunächst einen Grundkurs in der Lehrlingswerkstatt absolvieren. Je schneller man damit fertig wurde, um so rascher kam man anschließend in die Werkstätten. In der Lehrlingswerkstatt herrschte ein ziemlich strenger Ausbildungsmeister, aber trotzdem war die Stimmung unter den Lehrlingen und Praktikanten heiter. Aber wie anders sah es aus, wenn man in die Werkstätten kam: Hier herrschte die nackte Angst!

Von Monat zu Monat stiegen damals die Arbeitslosenzahlen, und auch Siemens mußte schmerzhafte Entlassungen vornehmen. Die Angestellten und Arbeiter gingen montags früh mit verkniffenen Mienen an ihren Arbeitsplatz: Wer war der nächste, der den gefürchteten blauen Brief vorfand, man müsse sich von ihm trennen? Verglichen mit heute war die Arbeitslosenunterstützung kärglich, vor allem aber war das Ende der weltweiten Depression überhaupt nicht abzusehen. Trotzdem war das Gefühl der Loyalität sowohl bei den Arbeitern als auch bei den Angestellten zu Siemens deutlich spürbar. Alle empfanden dieses Unternehmen als gut geleitet und sozial. Diese Einstellung habe ich auch in den zwölf Jahren bei Siemens von 1933 bis 1945 beobachten können: Als die Russen im Mai und Juni 1945 sämtliche fünfzehntausend Werkzeugmaschinen bei Siemens abmontierten, haben Facharbeiter unter Lebensgefahr besonders wichtige Spezialwerkzeuge mit nach Hause genommen und versteckt. Dieses mutige Verhalten hat dem in einigen Bereichen geradezu sensationellen Wiederaufbau von Siemens großen Auftrieb gegeben!

Während der Praktikantenzeit bei Siemens 1930/31 hatte ich das große Glück, zu den Sonntagvormittagskonzerten in der damaligen Philharmonie – Wilhelm Furtwängler dirigierte sie ausnahmslos selbst – ein Abonnement zu bekommen. Diese Konzerte waren unbeschreiblich in ihrer nachhaltigen Wirkung.

Vergleicht man die heutigen Konzerte der Berliner Philharmoniker mit den damaligen Sonntagvormittagskonzerten (sie wurden am Montagabend wiederholt!), so kann man heute eher von Alltag sprechen: heute fast nur noch Alltagskleidung, Alltag in den Gesichtern und in den Gesprächsfetzen im Vorübergehen; damals sorgfältige Kleidung, eine Art Hochstimmung vor dem Konzert, in der Pause und danach. Man schämt sich heute manchmal über die Nonchalance unserer Wohlstandsgesellschaft dem kulturellen Überangebot gegenüber! Ähnliches galt für die Berliner Bühnen, die einzigartig waren.

Von der hektischen nächtlichen Betriebsamkeit der »Golden Twenties« habe ich wenig miterlebt. Ich hatte ein sehr bescheiden möbliertes Zimmer in einer Querstraße vom Kurfürstendamm, und wenn ich abends zu Fuß nach Hause ging, gab es wie eh und je die gemütlichen Kneipen, wo der Bürger abends seine Molle trank und in die rauchgeschwängerte Gemeinschaft unter ähnlich Denkende eintauchen konnte, aber nur wenige exklusive Nobelrestaurants.

*

Warum verleihen anhaltende Jahre der Entbehrung dem Individuum eine Kraft und Ausdauer für das weitere Leben, die es offenbar im anhaltenden Wohlstand nicht geben kann? Wir waren in besonderer Weise aufgeschlossen für das Neue und auch für das Weltweite, ohne große Reisen unternehmen zu können. Damals reisten wir mit unseren Gedanken in den Reichtum der Bücher, und *The Human Bondage* und *Main Street* gaben unserem Alltag eine große Schubkraft. Diese Schubkraft der damaligen Jahre hat wohl einen wesentlichen Anteil an der rastlosen Freude der »Wirtschaftswundermänner« in der Zeit nach dem Zweiten Weltkrieg.

Dieses Phänomen war zumindest in Berlin nicht Zeichen von Raffgier und Reichtumsstreben, es war Glück und Erfüllung beim Aufbau eines gutfunktionierenden eigenen Betriebes und der Volkswirtschaft.

Franz Meyers

Am 31. Juli 1908 in München-Gladbach geboren. Studierte erst in Freiburg, später in Köln Jura, wo er auch promovierte. Nach der Referendar- und Assessorzeit wurde er Rechtsanwalt in seiner Heimatstadt, dann 1950 Landtagsabgeordneter der CDU in Nordrhein-Westfalen (NRW). 1952 war er Stadtrat und Oberbürgermeister in (nunmehr) Mönchengladbach, 1952 bis 1956 Innenminister. Anschließend Tätigkeit in der Bundesgeschäftsstelle der CDU in Bonn. Von 1957 bis 1958 war er Bundestagsabgeordneter von Aachen, danach bis 1966 Ministerpräsident von NRW. 1970 schied er aus dem Landtag aus und übernahm bis 1984 das Amt des Präsidenten der Deutschen Gesellschaft für Freizeit.

Franz Meyers

Zu Fuß von Köln nach München-Gladbach

Vom passiven zum aktiven Widerstand –
Wie meine Heimatstadt mit den Separatisten fertig wurde

Als Reichskanzler Max von Baden am 9. November 1918 die Geschäfte an Friedrich Ebert übergab und Philipp Scheidemann die Deutsche Republik ausrief, war ich zehn Jahre alt und lebte bei meiner Tante. Einige Jahre vorher, als die Geburt meines Bruders bevorstand, hatten meine Eltern mich zu der kinderlos verheirateten Schwester meiner Mutter gebracht, die auf der gegenüberliegenden Straßenseite im Fuhrpark meiner Heimatstadt München-Gladbach (damals noch mit »ü« geschrieben) wohnte. Mein Onkel leitete dort als Stallmeister den städtischen Pferdebetrieb. Noch war ja die Straßenbahn eine Pferdebahn; ihre Gleise führten in unseren Hof, wo auch die Schuppen für die Wagen lagen.

Die schönsten Tage im Fuhrpark waren allerdings schon vorbei. Vater und Onkel, Arbeiter und Pferde waren zum Kriegsdienst eingezogen. Die Ställe standen leer. Frauen verrichteten die noch anfallenden Arbeiten. Es herrschte eine unwahrscheinliche Ruhe in dem großen Gelände, auf dem es neben dem Wohnhaus, den Pferdeställen und den Wagen-, Heu- und Strohschuppen noch Handwerksunterkünfte, einen großen Brandweiher und erhebliche Freiflächen gab.

Seit Ostern 1918 war ich in der Sexta des stiftisch-humanistischen Gymnasiums. Da auch die Lehrer im Felde waren, erhielten wir den Unterricht von Lehrerinnen. Unter diesen war die Frau des Direktors weniger darauf bedacht, uns in den Schulfächern weiterzubringen, als zu erfahren, was unsere Mütter in dieser schwierigen Zeit kochten. Wenn sie von einem besonders interessanten Gericht – zum Beispiel Brennesselgemüse – erfuhr, ruhte sie nicht, bis sie das zur Zubereitung erforderliche Rezept besaß. Wir lernten naturgemäß in dieser Zeit wenig.

Von unserer Wohnung aus sah ich den Rückmarsch deutscher Truppen. Für mich war es ein buntes Bild. Manche Verbände marschierten in militä-

rischer Ordnung mit ihren Offizieren an der Spitze. Viele jedoch liefen
völlig ungeordnet daher. Sie hatten Schulterklappen und Abzeichen abgerissen und trugen rote Tücher oder Armbinden.

Anfang Dezember änderte sich das Bild. Nunmehr zogen belgische
Soldaten vorbei. Dieses militärische Schauspiel lockte die Anwohner an
den Straßenrand. Auch mein Großvater, der bei uns wohnte, gesellte sich
dazu. Zum Schutze seiner Glatze trug er wie immer eine Schirmmütze. Als
die schwarzgelbrote Fahne Belgiens vorbeikam, grüßte er sie nicht, sei es,
daß ihm die Ehrenbezeigung vor einer fremden Fahne unbekannt war, sei
es, daß er als ehemaliger Düsseldorfer Ulan mit pommerschem Dickschä-
del diese nicht grüßen wollte. Ein belgischer Gendarm schlug ihm daraufhin die Mütze vom Kopf. Als er sich gegen diesen zur Wehr setzen wollte,
rissen ihn besonnene Arbeiter des Fuhrparks zurück und brachten ihn
trotz seines Sträubens in Sicherheit. Es war sein Glück; denn ein Leben
war damals wohlfeil, wenn Widerstand gegen die Besatzung geleistet
wurde.

Da es keine Kriegsschäden gab, nahm das Leben allmählich wieder
seinen gewohnten Gang. Ich durfte den Kutschern helfen, die bei gutem
Wetter die annähernd fünfzig Pferde im Freien putzten und anschließend
anschirrten. Eine Freude war es, wenn ich ein Pferd zu der Karre führen
durfte, in die es angespannt wurde. Mein Vater, der von sich reimte: »Er
war auf dieser Erde ein Schutzmann und zu Pferde«, hatte sein Dienstpferd
im Fuhrpark stehen. Deshalb sah ich ihn jeden Tag, wenn er zum Dienst
kam.

Ich spielte mit den Kindern der Arbeiter, die im Umkreis wohnten.
Welche Möglichkeiten gab es für uns in einem solchen Gelände! Alles
machten wir unsicher. Wir trieben uns in den Ställen umher und belager-
ten die Stallburschen, um zu erfahren, welche Pferde sich nachts losgeris-
sen hatten und durch den Stall gelaufen waren. Besonders gern leisteten
wir den Handwerkern Gesellschaft. Beim Schreiner Schroers war zu sehen, wie er ganze Wagen baute. Für uns fiel bei ihm immer etwas ab, sei es
Holz für Säbel und Lanzen, seien es Latten für Windvögel. Wenn es
regnete oder kalt wurde, war es beim Schmied Classen am schönsten. Wir
durften den Blasebalg für das Schmiedefeuer ziehen und sogen den eigen-
artigen Geruch der angebrannten Hufe beim Anpassen der Hufeisen ein.
Wenn Schmied Classen mit gewaltigem Getöse die Eisenreifen auf Schreiner Schroers' Wagenräder schlug, mußten wir vor den Funken Schutz
suchen.

Durch den Umgang mit den Arbeitern lernte ich ihre Lebensgewohnheiten kennen. Sie waren im allgemeinen zufrieden. Der Lohn reichte für

ein bescheidenes Leben. Dank Sozialversicherung waren sie bei Krankheit und im Alter geschützt. Ihre Wohnungen bestanden aus Küche, Wohn- und Schlafzimmer. Badezimmer gab es nicht. Gebadet wurde in einer zu diesem Zwecke in die Küche beförderten »Waschbütte« oder, wie im Fuhrpark, in einer abgelegenen Waschküche. In mehrstöckigen Häusern lagen die Toiletten im Zwischenstock und wurden von mehreren Familien benutzt.

Trotz des einfachen Lebens gab es damals Besonderheiten, die man heute eigentlich nicht mehr kennt. Während wir es als selbstverständlich ansehen, daß sich jedermann selbst rasiert, ließ sich mein Onkel mehrmals in der Woche beim Friseur rasieren, der auch seinen Schnurrbart behandelte. Meine Tante beschäftigte eine Waschfrau, und dreimal in der Woche kam eine Friseuse, mit der alle Neuigkeiten ausgiebig besprochen wurden. Das Essen war bei uns reichlicher als in vergleichbaren Haushalten. Das mochte daher kommen, daß mein Onkel aus Kleve, nahe der holländischen Grenze, stammte und meine Tante dort im Hotel kochen gelernt hatte. Deshalb gab es in unserem Hause auch bei jeder Gelegenheit Kaffee.

Daß das Leben in Familien mit höherem Einkommen erheblich einfacher sein konnte, lernte ich, als ich mich mit dem Sohne unseres Oberbürgermeisters Gielen, einem Mitschüler, befreundete. Dort saßen allerdings neben den Eltern sechs Kinder am Tisch. Ich mußte mit der Familie Schwarz- und Graubrot sowie Mohrrüben und »Kappes« essen. Das war für mich eine wichtige Erfahrung.

Mein Vater und mein Onkel hatten die Kaiserzeit als Beamte erlebt. Sie verstanden den Verlust des Kaiserreiches nicht. Mit der Republik, die ihnen fremd war, konnten sie nichts anfangen. Sie erledigten ihre Dienstgeschäfte loyal und pflichtgetreu. Da sich in ihrem Berufsleben nichts änderte und sie ihre Gehälter wie früher bezogen, waren sie zufrieden.

Wir Schüler verstanden von Politik nichts. Genausowenig begriffen wir die wirtschaftliche Entwicklung. Auf dem Nachhauseweg von der Schule fand ich eines Tages einen Fünfzigmarkschein. Freudestrahlend brachte ich ihn nach Hause und war sehr enttäuscht, als man mir sagte, er sei nichts mehr wert. Es mag sein, daß ich bei dieser Gelegenheit das Wort »Inflation« hörte, verstanden habe ich es nicht. Was das zu bedeuten hatte, ist mir erst später bewußt geworden.

Vater und Onkel waren als Beamte von der Geldentwertung stark betroffen. Ihre Gehälter wurden daher sofort nach Empfang in Ware umgesetzt; denn sie hatten schon von der Fälligkeit bis zur Auszahlung sehr an Wert verloren. Während die meisten Familien auch unter den durch die Geldentwertung entstehenden Versorgungsschwierigkeiten zu

Elterliches Wohnhaus, Waschküche und Pferdestall.

Der Autor im Kreise seiner Freunde aus der Jugendbewegung »Neudeutschland«.

leiden hatten, betraf dies unsere Familie nicht. Mein Großvater hatte bereits während des Krieges vorgesorgt, indem er einen großen Garten mit Kartoffeln und Gemüse anlegt sowie Hühner, Gänse und sogar eine Ziege aufzog. So konnten wir noch Bekannten und Verwandten abgeben. Ab und zu spannte mein Vater die Ziege vor einen kleinen Leiterwagen und fuhr mit mir durch die Gegend. Ich war stolz, wenn ich die Ziege lenken durfte.

Die Jugendbewegung, die seit der Jahrhundertwende bestand, erlebte Anfang der zwanziger Jahre eine neue Blüte. Sie lehnte sich gegen den Zeitgeist auf und suchte nach der »Blauen Blume der Romantik« und einer ihr entsprechenden neuen Lebensform. Alkohol und Nikotin waren verpönt. Ich schloß mich als Gymnasiast begeistert der Gruppe »Neudeutschland« an. Bei Lagerfeuern und Nestabenden verlebten wir gefühlvolle Stunden mit gleichgesinnten Freunden. Wir erfreuten uns an alten Liedern und sangen überzeugt: »Mit uns zieht die neue Zeit.«

Im Sommer 1923 unternahmen wir eine große Fahrt nach Bayern zur Hirschburg und anschließend nach München. Dort übernachteten wir auf der Bühne eines Kolpinghauses. Verpflegung erhielten wir aus öffentlichen Küchen. Da wir kein Geld hatten, wurde unsere Lage immer schwieriger, bis wir eines Tages überraschend »Cunorente« erhielten (so genannt nach dem damaligen Reichskanzler Cuno). Wir lernten sie in Gestalt einer Eisenbahnfahrt in geschlossenen Abteilen von München nach Köln kennen. Von dort aus hätten wir mit der sogenannten »Regiebahn« nach Hause fahren können. Diese Bahn war der von den Franzosen okkupierte und unter ihrer Regie betriebene Teil der Deutschen Reichsbahn. Wir gingen aber von Köln aus zu Fuß nach München-Gladbach; denn wie unsere Eltern lehnten wir als Deutsche es ab, mit dieser Bahn zu fahren.

Der Marsch fiel uns nicht schwer, da wir an unserer Schule sportlich sehr trainiert wurden. Es gab zwei Stunden Sportunterricht je Woche. Das genügte uns aber nicht. Wir turnten dazu im Turnverein des Gymnasiums und trieben daneben Leichtathletik im Sportklub. Den sportlichen Höhepunkt in meiner Schulzeit erreichten wir, als wir im Jahre 1926 in einem aus Turnen und Leichtathletik bestehenden Wettkampf der höheren Schulen mit unserer Mannschaft zum drittenmal hintereinander und damit endgültig das Banner der rheinischen höheren Schulen erkämpften. Wir errangen auch jedes Jahr im Gladbacher Bereich der deutschen Turnerschaft die Meisterschaft im Faustball, bis eines Tages die Turner uns als angebliche Berufsspieler offiziell ausschlossen! Auch im Schlagball waren wir Spitze. Jahr für Jahr kämpfte das Düsseldorfer Hohenzollerngymnasium mit uns um die Meisterschaft des Rheinlandes.

Ich betätigte mich in diesen Jahren aber nicht nur in der Jugendbewegung und im Sport, ich liebte auch die Musik sehr. Unser Gymnasium besaß ein Schulorchester, das der Musiklehrer mit einer geradezu märchenhaften Geduld formte. Nachdem ich von der zweiten Violine in die erste aufgestiegen war, schulte er mich auf die Bratsche um. Jedes Jahr gab es ein großes Konzert. Die Aula war dann für die Besucher fast zu klein. Der Erfolg war allerdings nicht immer gut, weil vor allem die jüngeren Schüler sehr aufgeregt waren. Erfolgreicher waren Pilgerfahrten auf dem Rhein, die ein von der Mosel stammender Pfarrer mit seinen Pfarrkindern und unserem Orchester veranstaltete. Rheinaufwärts intonierten wir fromme Lieder. Nach dem Verlassen des Wallfahrtsortes erklangen rheinabwärts Märsche und frohe Trinklieder.

Die wirtschaftliche Entwicklung war in ganz Deutschland unerfreulich, vor allem in der besetzten Zone. Hier litt das Wirtschaftsleben vor allem unter den von den Alliierten verordneten schikanösen Sanktionen. Die schnell fortschreitende Inflation erschwerte alles Planen und Schaffen. In den Nachbarstädten kam es wegen der allgemeinen Teuerung zu erheblichen Unruhen. In unserer Stadt ging es ruhiger zu. Dies lag sicher daran, daß hier die Zentrale des »Volksvereins für das katholische Deutschland« lag. Seine Arbeit trug wesentlich dazu bei, katholischen Politikern und Sozialarbeitern ein gediegenes Rüstzeug zu vermitteln. Sie schulten den einfachen Arbeiter so, daß er imstande war, für die mißliche Lage Verständnis aufzubringen.

In der Gladbacher Zentrale des *Volksvereins* waren damals hervorragende Männer tätig, etwa Johannes Giesberts, der spätere Minister, sowie der weit über unsere Stadt hinaus bekannte Dr. Carl Sonnenschein, daneben der Reichstagsabgeordnete Joseph Joos sowie Heinrich Brauns, der von 1920 bis 1928 in dreizehn (!) Kabinetten Reichsarbeitsminister war und das Gesetz über Arbeitsvermittlung und Arbeitslosenversicherung schuf.

Am 10. Januar 1923 rückten französische und belgische Truppen in das bis dahin nicht besetzte Ruhrgebiet ein. Das hatte zur Folge, daß in München-Gladbach rücksichtslos Wohnungen für durchmarschierende Soldaten beschlagnahmt wurden. Im ganzen verschlechterte sich die Lage noch dadurch, daß die Reichsregierung zum »passiven Widerstand« gegen die Anordnungen der Besatzung aufrief. Demzufolge lehnten am 23. Januar die Angehörigen des Zollamtes ab, unter dem Befehl der Besatzung weiterzuarbeiten. Am 6. Februar wurde das Bahnhofspersonal durch die Besatzung entlassen. Es hatte sich geweigert, die Kohlenzüge aus dem Ruhrgebiet weiterzubefördern. Auf die immer wieder vorkommen-

den Anschläge gegen die von der »Regie« betriebenen Eisenbahnlinien
antwortete die Besatzungsmacht jedesmal mit mehrtägigen Verkehrssper-
ren von 9 Uhr abends bis 5 Uhr morgens. Während dieser Zeit war
jeder Verkehr verboten. Die fortschreitende Geldentwertung verstärkte
die Unsicherheit der wirtschaftlichen Verhältnisse; auch die Stadtspar-
kasse München-Gladbach konnte nur durch Ausgabe von Notgeld flüssig gehalten werden. Gewisse Kräfte in Frankreich nutzten die durch
die Rheinlandbesetzung und die Geldentwertung ausgelöste Not, um
die Loslösung des Rheinlandes vom Deutschen Reich zu betreiben. Am
5. August 1923 wurde in Düsseldorf die »Rheinische Unabhängigkeits-
partei Freies Rheinland« (im Volksmund »Separatisten« genannt) gegründet. Ihr Programm enthielt unter anderem: 1. Das Rheinland wird
selbständiger Staat. 2. Diese Unabhängigkeit muß völkerrechtlich garan-
tiert werden.

Mitte August bekam die Stadtverwaltung von München-Gladbach ein
Schreiben dieser Partei, in dem die Überlassung der städtischen *Kaiser-
Friedrich-Halle* für eine Großveranstaltung am Sonntag, dem 26. August,
verlangt wurde. Für den Oberbürgermeister und seine Verwaltung gab es
kein Zögern. Den Separatisten ein städtisches Gebäude zur Verfügung zu
stellen hätte ihrer innersten Überzeugung widersprochen und wäre ein
Verrat an Deutschland gewesen. Das Ansinnen wurde deswegen abgelehnt. Während vor dem Ruhreinmarsch die Stellung der Besatzung zu
den Separatisten unklar gewesen war, wurde sie danach eindeutig positiv;
da die Politik Poincarés die Abschnürung des Rheinlandes vorsah.

Die Haltung des Oberbürgermeisters konnte deshalb nicht verhindern,
daß nunmehr der belgische Kreisdelegierte mit schriftlicher Genehmigung der Interalliierten Kommission die Halle für den 26. August be-
schlagnahmte und sie den Separatisten »zwecks Aufrechterhaltung der
öffentlichen Ordnung« zur Verfügung stellte. Nachdem es damit der
Verwaltung unmöglich gemacht worden war, die Veranstaltung zu verhindern, schalteten sich die Bürger ein. In der Nacht zum 26. wurde ein Aufruf
verteilt, der zu einer Kundgebung gegen die Separatisten am nächsten
Tage aufforderte. An diesem Tag versammelte sich schon vor 13 Uhr eine
große Menschenmenge vor der Halle. Ansprachen wurden gehalten, in
denen die Treue zum deutschen Vaterlande bekundet wurde.

Inzwischen brachten Sonderzüge aus allen Richtungen Separatisten in
meine Heimatstadt. Sie marschierten kurz vor 3 Uhr nachmittags vom
Bahnhof zur Halle. Durch ihr Auftreten reizten sie die Bevölkerung derart,
daß diese gewalttätig wurde. Die grünweißroten Fahnen wurden zerrissen
und verbrannt, die Teilnehmer des Aufzuges verprügelt. Als aus der Kaiser-

Friedrich-Halle geschossen wurde, kannte die Erregung der Menge keine Grenzen mehr. Unter dem Schutz von Militärpolizisten erschien der Kreisdelegierte der »Besatzung« und verlangte das sofortige Einschreiten der städtischen Polizei (zu der auch mein Vater gehörte). Die Polizei lehnte das Verlangen ab, da sie von ihrer vorgesetzten Behörde, dem Oberbürgermeister, nur die Weisung erhalten habe, in Alarmbereitschaft zu bleiben.

Diese Vorfälle wurden noch in der Nacht in ganz Deutschland und im Ausland bekannt. Von Paris kamen schon am folgenden Morgen Ankündigungen, daß Zwangsmaßnahmen gegen die Stadtverwaltung ergriffen werden müßten. Die Kundgebung habe gezeigt, mit welch geringer Mühe es möglich sei, Tausende von Menschen auf die Straße zu bringen. Ein solcher Vorgang könne sich auch gegen die Besatzung richten. Deshalb sei ein besonders scharfes Vorgehen gegen die Verantwortlichen geboten.

Während der nächsten Tage wurden Oberbürgermeister Gielen, Beigeordneter und Polizeichef Vins sowie die Polizeiinspektoren Lennartz und Frehn »ausgewiesen«. Als Begründung wurde angegeben, die Beamten hätten nicht für die Aufrechterhaltung der öffentlichen Ordnung gesorgt. Wie hergeholt diese Begründung war, zeigte sich, als gleichzeitig der Gewerkschaftssekretär Trawinsky und der Verbandspräses der katholischen Arbeitervereine Prälat Dr. Müller abgeholt wurden, die wirklich nicht für die Aufrechterhaltung der öffentlichen Ordnung verantwortlich gewesen waren.

Die Ausgewiesenen wurden unter Bedeckung belgischer Gendarmerie zum Regiebahnhof Krefeld gebracht und dort auf einen offenen Lastwagen verladen. Man nahm ihnen die Pässe, fuhr sie bis kurz vor Wesel und setzte sie dort auf der Straße ab. Drei Tage später mußte auch die Frau des Oberbürgermeisters mit ihren Kindern das Rheinland verlassen. Jeder durfte nur einen Koffer mit Gepäck mitnehmen. Die Lage der Ausgewiesenen war deswegen besonders bedrückend, weil mit der Ausweisung das Verbot jeder Gehaltzahlung durch die Stadtkasse verbunden war. Während sie zunächst gar kein Geld erhielten, wurden ihre Gehälter später vom preußischen Innenministerium gezahlt. Sie erreichten ihre Empfänger nach mehreren Verbuchungen aber regelmäßig erst Wochen nach der Fälligkeit. Bei der galoppierenden Inflation war dann für ein Monatsgehalt nicht einmal mehr ein Brot zu erwerben.

Am 15. November 1923 trat mit der Schaffung der Rentenmark eine schnell wirksame Währungsstabilisierung ein. Für die Ausgewiesenen ging die schwere Zeit aber erst im Frühjahr 1924 zu Ende. Im März dieses Jahres genehmigte die Rheinlandkommission, daß Gielen, Vins und Frehn ihre Amtsgeschäfte wiederaufnahmen.

Die Jahre 1924 und 1925 standen unter dem Einfluß der Abkommen von London und Locarno. Die politische Lage gestaltete sich dadurch einigermaßen erträglich. Nach und nach wurden die Besatzungsdienststellen aufgehoben. Aber erst am 1. Januar 1926 wurde die erste Zone und damit meine Heimatstadt von der Besatzung vollständig geräumt. In einer erhebenden Feier gab die Bürgerschaft um Mitternacht auf dem Marktplatz ihrer Freude über die wiedererlangte Freiheit Ausdruck.

Die Wirtschaftslage aber erreichte erst jetzt ihren Tiefpunkt. Die in München-Gladbach beheimatete Textilindustrie erhielt fast keine Aufträge; es gelang ihr nicht, die in der Zeit des »passiven Widerstandes« verlorenen Absatzgebiete zurückzugewinnen. Ein Betrieb nach dem anderen stellte seine Produktion ein oder arbeitete nur noch an ein oder zwei Tagen in der Woche. 20 Prozent der Bevölkerung, also jeder fünfte Einwohner, lebten von öffentlicher Unterstützung. München-Gladbach war neben Remscheid die Stadt mit den meisten Arbeitslosen im Deutschen Reich.

Ostern 1927 bestand ich das Abitur und studierte anschließend an der Universität in Freiburg Jura. Dort trat ich einer aus der Jugendbewegung hervorgegangenen Studentenvereinigung bei. Hierdurch änderte sich einiges in meiner Lebensführung. Der herrliche Badener Wein ließ keinen weiteren Alkoholverzicht zu. Wer hätte auch ein Viertele zu 25 Pfennig verschmäht? Da der Universitätsunterricht am Freitagmittag zu Ende war, verbrachten wir das Wochenende meist im Schwarzwald. Im Sommer waren ausgedehnte Wanderungen die Regel, im Winter lernte ich Skilaufen. Es war herrlich. Ich blieb vier Semester in Freiburg. Da ich in dieser Zeit nicht allzuviel gearbeitet hatte, ging ich im Sommersemester 1929 nach Köln, um an einer »Arbeitsuniversität« das Versäumte nachzuholen.

In Köln hatte ich meine Studentenbude in der Wohnung einer jüdischen Familie. Es wäre niemandem aus unserer Bekanntschaft in den Sinn gekommen, darin etwas Besonderes zu finden. Meine Arbeit beschäftigte mich so sehr, daß die politische Entwicklung, insbesondere die häufigen Regierungswechsel in Berlin, mich nicht berührte. Am 21. Februar 1931 bestand ich vor dem Oberlandesgericht in Düsseldorf das Referendarexamen. Die nächsten Jahre verbrachte ich auf den verschiedenen Stationen des Landgerichts Gladbach-Rheydt. Ich erinnere mich nicht, in dieser Zeit mit einem der mir bekannten jungen Juristen ein Gespräch über politische Fragen geführt zu haben. Ohne mit jemandem darüber gesprochen zu haben, trat ich trotzdem in die Zentrumspartei ein, von der ich jedoch in der Folgezeit niemals etwas hörte.

Professor Ebers in Köln gab mir das von mir ausgewählte Thema für meine Doktorarbeit. Es lautete »Reichspräsidentenwahl und Ausnahme-maßnahmen«. Dieses Thema war nicht das Ergebnis einer politischen, sondern einer verwaltungsmäßigen Überlegung. Ich wollte wie Gielen rheinischer Oberbürgermeister werden. Dazu war die Promovierung im öffentlichen Recht dienlich.

Im übrigen lebte ich weiter wie bisher. Ich durchlief die einzelnen Ausbildungsstationen ohne Schwierigkeiten. Den Vormittag verbrachte ich am Gericht, der Spätnachmittag fand mich meistens auf dem Tennis-platz der Gesellschaft Casino, der Abend dort beim Bier.

Als das Ende der Weimarer Republik gekommen war, hatte ich meine juristische Ausbildung noch nicht beendet. Aber es stand fest, daß ich meine Berufspläne entscheidend ändern mußte. Ich war nicht gewillt, der NSDAP beizutreten. Deshalb bestand für mich keine Aussicht, Beamter zu werden. Ich beschloß daher, mich als Rechtsanwalt niederzulassen.

JOHANNES BINKOWSKI

In Neisse/Oberschlesien am 27. November 1908 geboren. Verleger, Publizist, tätig auch für Wissenschaft und Kirche. Studium der Theologie, Philosophie und Pädagogik. Nach Kriegsteilnahme Herausgeber und Chefredakteur der *Schwäbischen Post* (Aalen, ab 1948), dann auch der *Gmünder Tagespost* (1958). Im folgenden Mitglied und Vorsitzender verschiedener publizistischer und kirchlicher Vereinigungen, unter anderem Präsident des Bundesverbands Deutscher Zeitungsverleger (1970–1981); seit 1960 Mitglied des Ritterordens vom Heiligen Grab in Jerusalem und gegenwärtig Statthalter der Deutschen Statthalterei; seit 1983 Ritter des Gregoriusordens. Autor mehrerer Bücher und zahlreicher Veröffentlichungen in Fachzeitschriften.

Johannes Binkowski

Volkslied, Volkstanz, Volkstumskampf

Meine Jahre im »Quickborn« –
Eine bewegte Jugend in der katholischen Jugendbewegung

Im Alter fließen manche Jugenderinnerungen zusammen. Es ist nicht immer leicht, persönliche Ereignisse zeitlich einzuordnen, es sei denn, sie fallen mit wichtigen geschichtlichen Daten zusammen. Allein das sind Ausnahmen.

Ich war noch nicht ganz zehn Jahre alt, als der Erste Weltkrieg zu Ende ging. Das Kaiserreich zerbrach, und die Weimarer Republik wurde ins Leben gerufen. An den Waffenstillstand und die nachfolgende Zeit kann ich mich gut erinnern. Ich hatte Angst, Franzosen oder sonstige »Feinde« würden uns besetzen, wenn nicht gar »erobern«. Allmählich legte sich die Beklemmung, zumal für mich ein neuer Lebensabschnitt begann. Ich kam in das Gymnasium, eine altsprachliche Schule, in der ich bis zum Abitur neun Jahre zubrachte.

Die Jahre der Weimarer Republik waren für mich erregend, aufwühlend und beunruhigend. Ich nahm als passiver Beobachter interessiert an allem Anteil, was besonders in Berlin vor sich ging. Dies hing wohl damit zusammen, daß ich von meinem Vater ein starkes politisches Interesse geerbt hatte. Er war Arbeiter- und Volksvereinssekretär, hatte den Ostdeutschen Arbeiterverband mitbegründet und ihn bis zu seinem frühen Tod 1913 geleitet, die Ostdeutsche Arbeiterzeitung ins Leben gerufen und sich sehr intensiv der Parteiarbeit des Zentrums gewidmet. Manches von diesem Tun ist mir kleinem Wicht tief ins Gedächtnis gedrungen und hat mich mein Leben lang begleitet.

Der Vater war schon mehr als fünf Jahre tot, als die Weimarer Republik erstand. Zwei Überlieferungen haben mein Bild dieser Republik beeinflußt. Die eine war die aus katholischem Bewußtsein stammende Reserve gegenüber dem vergangenen Kaiserreich, das im Kulturkampf die katholische Kirche zu vergewaltigen versucht hatte. Die andere war der

Wille zur Demokratie, wie ihn mein Vater in den Arbeitervereinen praktiziert hatte.

Der Alltag war für mich geprägt vom Besuch des Gymnasiums. Der Unterricht hat mir keine großen Kopfzerbrechen bereitet. Die Lehrer habe ich noch immer in guter Erinnerung. Sie bildeten, bei aller individuellen Unterschiedlichkeit, doch eine innere Gemeinschaft. Das mag damit zusammenhängen, daß es ein katholisches Gymnasium war und deshalb weltanschauliche Meinungsverschiedenheiten kaum auftraten. Das gilt nicht zuletzt vom Geschichtsunterricht, der die Vergangenheit nicht verherrlichte und die Republik nicht in Acht und Bann tat.

In die Jahre des Gynasiums fiel vor allem die Mitgliedschaft in der Jugendbewegung *Quickborn*. Diese Bewegung hat mich weitgehend geprägt. Persönlichkeiten wie Bernhard Strehler und Clemens Neumann, beide in meiner Heimatstadt tätig, haben viel getan für den Geist dieser Zeit und die Gesellschaft dementsprechend beeinflußt. In einer Zeit, die nach den Entbehrungen des Weltkriegs zum Gegenteil, zu Unmäßigkeit und Ausschweifung auf möglichst vielen Gebieten tendierte, wurde von uns im *Quickborner* verlangt, nach dem Grundsatz der Mäßigung zu leben und auf Alkohol und Nikotin zu verzichten. Gleichzeitig gewann, trotz aller Diskussionen, die *ratio* nicht die Oberhand, auch die *emotio* kam voll zu ihrem Recht. Volkslied und Volkstanz wurden entdeckt und gepflegt, und zwar nicht nur im eigenen Kreis, sondern hinausgetragen in die Gesellschaft. Was haben wir zusammen mit der dörflichen Jugend für Feste gefeiert! Dies waren Marksteine, die bis heute noch wirken.

*

Am 20. März 1921 war in dem zweisprachigen Oberschlesien eine Volksabstimmung vorgesehen, in der entschieden werden sollte, ob die Provinz bei Deutschland bleiben oder zu Polen geschlagen werden sollte. Französische, englische und italienische Besatzung sollten für eine einwandfreie Wahl sorgen. Das schien schon deshalb notwendig, weil polnische Aufständische vollendete Tatsachen schaffen wollten. Die Stimmung war gereizt und nervös. Selbst in Neisse, das für die damalige Zeit weit vom Schuß lag, schlugen die Wellen hoch, zumal wir zeitweise fürchteten, daß die Kämpfe zwischen den Insurgenten Korfantys und deutschen Selbstschutzeinheiten bis zu uns vordringen könnten. Ich erinnere mich, daß wir an einem Gruppenabend durch Lärm auf der Straße aufgeschreckt wurden, dann aber feststellen mußten, daß lediglich polnische Gefangene ausgeladen wurden. Beruhigt waren wir darüber nicht.

Die Abstimmung in Oberschlesien fand am 20. März 1921 statt. Teilnehmen an ihr durften alle, die im Abstimmungsgebiet geboren waren, gleichgültig, wo sie jetzt wohnten. In vielen Sonderzügen wurden die Abstimmungsberechtigten aus aller Herren Länder nach Oberschlesien gefahren. Eine wichtige Route führte über Neisse. Der Bahnhof war der letzte Halt vor der Abstimmungsgrenze. Hier wurde Verpflegung ausgegeben und die Reisenden ermuntert, für Deutschland zu stimmen. Eine kleine Gruppe *Quickborner* empfing die Ankommenden mit munteren Liedern und Geigen- und Gitarrenmusik. Wir wanderten den Zug entlang und erhielten überall Beifall. Wir waren stolz darauf, auf diese Weise ein wenig für die innere Gestimmtheit der Reisenden getan zu haben.

Das Ergebnis der Volksabstimmung war schwer in praktische Politik umzusetzen. Ein dritter Aufstand brach am 3. Mai 1921 aus. Sein Höhepunkt war die Erstürmung des Annaberges durch deutsche Selbstschutztruppen am 21. Mai 1921. Danach wurde es etwas ruhiger, auch in Neisse. Die großen Ereignisse der frühen zwanziger Jahre – der Kapp-Putsch im März 1920, der Rapallovertrag im April 1922, die Besetzung des Ruhrgebietes durch französische Truppen im Januar 1923, die Ermordung von Erzberger im August 1921 und die von Rathenau im Juni 1922 – gingen an uns zwar nicht spurlos vorüber, waren aber nicht in der Lage, unsere innere Haltung zu verändern.

Wir bejahten die Weimarer Republik und empfanden bei gravierenden Ereignissen ihre Gefährdung, die uns unruhig machte. Das galt besonders von der Ruhrbesetzung und den politischen Morden. Gerade weil wir zu den Ermordeten eine persönliche Beziehung zu haben glaubten, traf uns ihr Tod besonders schmerzlich. Die Politik lief Gefahr, aus dem Gleichgewicht zu geraten.

Ich selbst war damals noch jung und konnte die Ereignisse und ihre Folgen nicht ganz überblicken. In vielen Gesprächen mit Freunden im Gymnasium und im *Quickborn* aber stießen wir auf die damit aufgeworfene Problematik. Wir wurden politisch sensibilisiert, was zur Folge hatte, daß politisches Geschehen uns überhaupt nicht mehr kaltließ. Bei jeder Wahl zum Reichstag oder zum preußischen Landtag warteten wir mit Spannung auf die Ergebnisse, wobei mich – selbstverständlich – vor allem das Abschneiden des Zentrums interessierte.

Aufmerksam habe ich zum Beispiel das Wirken Heinrich Brauns' verfolgt, der als Zentrumsabgeordneter von 1920 bis 1928 Reichsarbeitsminister war. Unter ihm wurde die deutsche Gesetzgebung in Fragen der Sozialversicherung, der Fabrikordnung, der Betriebsräte und des Schutzes vor willkürlicher Entlassung führend in der Welt. Brauns hatte vor dem Ersten Weltkrieg guten Kontakt mit meinem Vater gehabt. Deshalb stand

Jugendliche Turner um 1923. *(Ullstein Bilderdienst)*

Weibliche Wandervögel auf Fahrt. *(Keystone)*

ich ihm besonders nahe. Brauns und mein Vater arbeiteten im Volksverein
für das katholische Deutschland zusammen und vertraten im sogenannten
Gewerkschaftsstreit (um 1910) dieselbe Auffassung von der Notwendigkeit, daß Gewerkschaftsarbeit nicht von der Obrigkeit dirigiert werden
sollte.

*

Eine besondere Sorge bereitete uns die Inflation. Der steigende Wertverlust der Mark machte Planungen auf lange Sicht unmöglich. Ich erinnere
mich noch selbst an ein persönliches Erlebnis. Wir wollten in einer kleinen
Gruppe einen mehrtägigen Ausflug in das Riesengebirge machen. Wir
packten Essen und Schlafsachen in den Rucksack und gingen zum Bahnhof. An Geld hatten wir jeder etwa fünftausend Mark, eine Größenord-
nung, die mir damals ungeheuer erschien, aber natürlich wußten wir, daß
die Geldentwertung weiter fortschritt. Unsere bange Frage war daher, ob
wir noch die Rückfahrt würden bezahlen können. Es ging aber alles gut.

Die Wanderung auf dem Gebirgskamm ließ uns die politischen und
wirtschaftlichen Schwierigkeiten vergessen. Unvergeßlich ist mir aber
noch immer, wie wir uns zum Mittagessen einen guten Pudding kochten,
den Rest im Kochtopf ließen, den wir außen auf den Rucksack schnallten.
Als wir am Abend den Rest des leckeren Puddings essen wollten, war der
Aluminiumkochtopf zu unserem Erschrecken leer. Die Sonne hatte den
mit Ruß beschmierten Topf so erhitzt, daß der Pudding flüssig geworden
und ausgelaufen war. Wir mußten unter diesen Umständen auf das Abendessen verzichten, zumal wir das Geld aus Angst, bei der Entwertung die
Rückfahrt nicht bezahlen zu können, nicht überflüssigerweise ausgeben
konnten.

*

Im Jahre 1925 starb der Reichspräsident Ebert. Es folgte eine auch für
uns unruhige Zeit. Wer würde ihm nachfolgen? Der erste Wahlgang am
29. März 1925 brachte kein Ergebnis. Vor dem zweiten Wahlgang am
26. April 1925 formierten sich die politischen Kräfte zu zwei Blöcken. Die
Parteien der Linken und der bürgerlichen Mitte stellten den Zentrumspolitiker Wilhelm Marx als Kandidaten auf und führten den Wahlkampf im
Zeichen der Farben Schwarz-Rot-Gold. Die bürgerliche und konservative
Rechte hatte nach einigem Hin und Her den kaiserlichen Generalfeldmarschall Paul von Hindenburg für eine Kandidatur gewonnen. Sie trat an im
Zeichen der Farben Schwarz-Weiß-Rot. Für mich war damit die politische
Richtung klar. Ich engagierte mich im Wahlkampf nach Kräften. Die
Entscheidung fiel, wenn auch knapp, für Hindenburg aus, vornehmlich
deshalb, weil die Bayerische Volkspartei nicht – wie ihr Verbündeter, das

Zentrum – für Marx gestimmt hatte. Für mich war das Wahlergebnis schlimm. Ich betrachtete es als eine Katastrophe, weil die nationale Rechte sich im Vormarsch befand.

Noch im Jahr 1925 fand die Locarnokonferenz statt, die der Erhaltung des Friedens und der Beendigung des politischen Ausnahmezustandes Deutschlands diente. Weil in ihm unter anderem die Grenze zu Frankreich festgeschrieben wurde, rebellierte wieder die »nationale« Rechte gegen den Vertrag. Es gab Straßenaufläufe, die bis nach Neisse reichten. Als der Reichstag am 27. November das Vertragswerk billigte, richtete sich die gespannte Aufmerksamkeit auf Hindenburg. Würde er unterschreiben? Aber im Gegensatz zu den deutschen nationalen Kreisen unterschrieb er.

Trotzdem kam das Reich nicht zur Ruhe. Die Flaggenverordnung 1926 und die Fürstenenteignung sorgten für Zündstoff. Der von SPD und KPD eingereichte Gesetzentwurf zur Fürstenenteignung wurde einem Volksentscheid unterworfen, der die Emotionen hochtrieb. Ich selbst war in dieser Frage unentschieden und hielt mich deshalb in der Diskussion zurück. Im Volksentscheid am 20. Juni 1926 wurde der Antrag verworfen. Einige Tage später, am 8. September, wurde Deutschland in den Völkerbund eingeladen. Als Stresemann nach der Aufnahme seine berühmte erste Rede als Vertreter Deutschlands hielt, war für viele von uns eine neue Zeit angebrochen: Deutschland wieder gleichberechtigt. Der Friede schien gefestigt, die Völkerversöhnung war zur Tatsache geworden.

Dann kam der große Knall, der die ganze bisherige Entwicklung hinfällig machte. Die Weltwirtschaftskrise 1929 ließ die Zahl der Arbeitslosen hochschnellen. Die Nationalsozialisten entwickelten sich zu einer Massenorganisation. Mit 107 Abgeordneten wurde die NSDAP die zweitstärkste Fraktion im Reichstag. Nach einem mit Brutalität geführten Wahlkampf gewann sie 1932 sogar die Führung im Reichstag.

Auch in unserer ruhigen, besonnenen Stadt Neisse waren die Wellen der politischen Erregung zu spüren. Straßenkämpfe zwischen Kommunisten und Nationalsozialisten häuften sich. Das *Reichsbanner*, zu dem ich tendierte, war nahezu machtlos geworden, weil es sich an die Gesetze hielt und mit Roheit und Unmenschlichkeit nichts zu tun haben wollte. So nahmen die Dinge ihren Lauf, bis schließlich mit dem 30. Januar 1933 das Ende der Weimarer Republik kam.

Ich war die ganzen letzten Jahre engagiert und innerlich erregt. Ein Hoffnungsschimmer leuchtete kurze Zeit auf, als Brüning 1930 Reichskanzler wurde. Als er nach einem reichlichen Jahr zurücktreten mußte, wurde auch ich mutlos. Wir sahen den Nationalsozialismus nicht nur zahlenmäßig wachsen, die »Nazis« bestimmten immer mehr auch die

Themen der politischen Auseinandersetzung. An der Breslauer Universität, an der ich seit 1928 studierte, hatten wir es mit SA-Studenten zu tun, die gegen alle, die sich gegen den Nationalsozialismus hervorgetan hatten, zu Felde zogen, mitunter sogar mit körperlicher Gewalt.

*

Die Jahre der Weimarer Republik waren für mich fesselnd und erregend, aber auch furchterregend. Schule, Studium, Jugendbewegung und Politik waren die Themen, um die mein Leben kreiste. Die beiden letztgenannten Bereiche wuchsen immer mehr zusammen. Wir waren trotz aller politischen Unruhe bemüht, nicht nur nach innen, sondern auch nach außen zu wirken. Wir haben zum Beispiel versucht, die Deutschen in der uns nahe gelegenen ČSSR zu unterstützen. Dabei ging es nicht um nationale oder gar nationalistische Tendenzen, sondern um das tradierte Volkstum, das nicht zuletzt im Religiösen verwurzelt war und das wir durch Volkslied, Volkstanz und Laienspiel zu stärken trachteten. Spielfahrten, vor allem in der Weihnachtszeit mit dem aus alten Texten und Liedern zusammengestellten »Schlesischen Krippenspiel«, führten uns in viele Dörfer und Städte. Wir fanden überall gute Aufnahme. Es wuchs Gemeinschaft, so daß die Fahrten nicht grundlos waren.

Meiner Mutter und meinen Geschwistern – der Vater war bereits 1913, der Stiefvater 1932 gestorben – fühlte ich mich tief verbunden. Auch wenn es draußen drunter und drüber ging, fanden wir zu Hause eine Heimat. Als 1918/19 die Revolution die bisherige Ordnung über den Haufen zu werfen drohte, gab es auch in Neisse manche unruhige Stunde. Unter unserem Schlafzimmer war das Geschäft einer Metzgerei. Wir wachten mitten in der Nacht auf, als Glas zu Scherben ging und der Laden geplündert wurde. Dabei blieb es dann allerdings auch. Mutter ordnete das Ereignis mit großer Gelassenheit richtig ein, sie beruhigte uns. Wir schliefen weiter.

Das Gefühl, gut behütet gewesen zu sein, ist für mich noch heute, trotz aller Aufgeregtheit und Unsicherheit, das besondere Kennzeichen »meiner« Weimarer Zeit. Abwägendes Einordnen in größere Zusammenhänge und das Feststehen im Glauben schlossen Wankelmütigkeit und Verzagtheit aus. So sind diese Jahre – trotz allem – ein Gewinn für mich gewesen; sie haben dazu beigetragen, das personale Selbstbewußtsein zu stärken und zu formen.

Bernhard Hanssler

In Tafern, im heutigen Kreis Ravensburg, 1907 geboren. War nach seinem Theologiestudium von 1932 bis 1936 in Ulm Vikar und Jugendpfarrer, dann Studentenseelsorger in Tübingen (1936–1945) und schließlich Gemeindepfarrer in Schwäbisch Hall (1945–1951) und in Stuttgart (1951–1955). 1956 gründete er die Bischöfliche Studienförderung Cusanuswerk mit, dessen erster Leiter er bis 1970 war. Seit 1957 war er zudem Geistlicher Direktor des Zentralkomitees der Deutschen Katholiken, zuletzt dessen Bischöflicher Assistent, ehe er 1970 als Rektor des Camposanto Teutonico nach Rom ging. 1974 Rückkehr nach Deutschland mit Tätigkeiten mannigfacher Art im Bistum Essen. Seit 1981 lebt er wieder in seiner Heimatdiözese Rottenburg-Stuttgart, wo er sich der Akademikerseelsorge widmet.

BERNHARD HANSSLER

Es war eine große Zeit für die Kirche

Die Revolution fand im Reiche des Geistes statt

Ein Elfjähriger wird nicht gerade vom Schmerz überwältigt, wenn der Kaiser abhanden kommt. Wohl aber überkam mich fassungslose Trauer, als Einheiten unserer geschlagenen Armee auf dem Rückzug in Richtung Bayern durchs Dörfchen zogen. Müde und verwahrlost trotteten sie vor sich hin, die abgehärmten Klepper verkauften sie am Straßenrand wohlfeil. Verlorener Krieg, das war das Tagesgespräch, war die Ursache einer gedrückten Stimmung, die über dem Land lag; plötzlich aber war das alles nicht nur Nachricht und dumpfes Gefühl, es war die schmerzliche Anschauung, und es roch förmlich nach endgültigem Moder und Untergang.

Die Notzeit nach dem Ersten Weltkrieg war länger und härter als die nach dem Zweiten. Noch 1923, also im fünften Nachkriegsjahr kamen im Konvikt, in dem ich seit dem Frühjahr lebte, verdorbene Lebensmittel auf den Tisch. An Haferflockensuppe, die Mehlwürmer unverlesen mitgekocht, an flache Brotlaibe, die nicht aufgegangen waren, weil die Hefe fehlte, erinnere ich mich deutlich. Man ekelte sich, man versuchte aber gar nicht erst aufzubegehren, denn man wußte, daß es anderswo nicht besser aussah.

Es waren die Monate jener Inflation, als Geldscheine im Umlauf waren, auf denen Milliarden- und zuletzt Billionensummen aufgedruckt waren, die man nur in Lettern, nicht in Ziffern schreiben konnte. Wenn ein Bauer ein Stück Vieh oder einen Zentner Weizen für Milliarden verkauft hatte, riskierte er, daß er die Woche darauf für den Erlös noch eine Schachtel Streichhölzer kaufen konnte.

So blieb es durch Jahre. Man ging in geflickten Kleidern und zerrissenen Schuhen. Die Bäuerinnen holten aus den Truhen die Tuchballen und Leinwände, die ihre Großmütter gesponnen und gewoben hatten. Das grobe Linnen war längst aus der Mode, aber jetzt waren die alten Ballen zu großen Schätzen geworden, die sich in Kinderhosen, Kinderkleidchen, derbe Hemden verwandelten.

Ich selbst gab am Gymnasium in anderer Hinsicht eine lächerliche und belachte Figur ab. Ich trug nämlich ein Paar hocheleganter, spitzzulaufender Schuhe. Sie stammten aus dem Nachlaß eines Onkels, der ein sparsamer Junggeselle war, aber vor dem Krieg sich gelegentlich in Paris neu einkleidete. Den Hof, wie es ihm zugestanden hätte, hatte er nicht übernehmen wollen, aber die Jagd und eine elegante Aufmachung, das war eher nach seinem Geschmack. Ich zürnte ihm über das Grab hinaus, denn ich mußte nun dieses lächerliche Pariser Schuhwerk tragen, das nicht nur Vorkriegsmode war, sondern für meine Bubenfüße auch um Nummern zu groß.

Nach den Notjahren kam die Zeit der Experimente, auch in den äußeren Lebensformen. In allerlei Veränderungen drückte sich das Bewußtsein einer neuen Epoche aus. In der Frauenwelt kam der Bubikopf auf, Abscheu der überlebenden Damen aus der weniger guten, wohl aber alten Zeit. Die Damenhüte nahmen seltsame Kübelformen an. Der Schnitt der Kleider war vielleicht nicht schön, aber grundsätzlich anders als bisher. Die Männer trugen Knickerbocker- und Breecheshosen, besonders gern in den neuen Pfeffer-und-Salz-Mustern der Gewebe.

Aber dahin war noch ein weiter Weg. Vorläufig waren uns noch die elenden ersten Nachkriegsjahre verhängt. Sie waren auch die Kindheitsjahre der Demokratie. Das hatte Folgen. Denn, wie die Leute so sind, die Zeiten sind schlecht, das merkte man täglich am eigenen Leib, also muß auch die Demokratie schlecht sein. So schloß man messerscharf mit einem Folgerungssinn, der weniger der Logik als dem dumpfen Groll entsprang. Aber die Argumentation ging auf, im November 1923 putschte Adolf Hitler. Elend pflegt der Nährboden der Aufstände zu sein.

Gewiß, es gab auch begeisterte Demokraten. Der republikanische Gedanke hatte eine lange Tradition bei uns im Südwesten. Mein Großvater mütterlicherseits, geboren 1823, verstorben 1916, war Anno 1848 mit den damals gebräuchlichen Waffen, mit Sense und Dreschflegel, nach Heiligenberg marschiert, wo ein Fürst von Fürstenberg residierte.

Obwohl es die heimlichen Republikaner seit langem gab, bedeutete der Wechsel von der Monarchie zur Demokratie doch einen Schauder und einen Schreck, von dem sich keine Vorstellung zu machen vermag, wer nur den Wechsel der Staatsform 1933 und wieder 1945 erlebt hat. Den Sturz der Monarchie empfand man wie einen eigenen Absturz. Mit der Demokratie verlor der Staat seinen numinosen Gehalt.

Gewiß, wir hatten als Schulkinder unserer einklassigen Dorfschule noch

Jahr für Jahr Kaisers Geburtstag gefeiert, ohne besondere innere Bewegung, aber nicht undankbar; denn wenn ich mich recht erinnere, gab es eine Brezel zum Fest. Aber jetzt, als plötzlich alle Monarchen gestürzt wurden, auch der Großherzog von Baden, dessen Untertan ich an meinem Geburts- und Wohnort war, auch der König von Württemberg, dem ich im Schul- und Kirchdorf Loyalität zu bezeugen hatte, erschrak man doch, gewiß nicht in eigener Erschütterung, aber eben mit allen anderen zusammen.

Es lag sozusagen öffentliche Trauer in der Luft. Der Staat hatte seine transzendente Dimension eingebüßt. »Wir Wilhelm von Gottes Gnaden, König von Preußen, Kaiser in Deutschland«, so ausgetüftelt hatte man 1871 in Versailles formuliert, das hieß eben für einen gewöhnlichen Sterblichen, daß im Kaiser sich die Epiphanie Gottes ereignete. Wen kann es wundern, daß mein Vater, als kurz vor dem Krieg Kaisermanöver im Bodenseegebiet stattfanden, es sich nicht nehmen ließ, nach dem zehn Kilometer entfernten Heiligenberg zu radeln, um Seine Majestät »von Angesicht« zu sehen. Vater hatte schließlich ein rundes Jahrzehnt zuvor des Kaisers Rock getragen, wie man in verdächtiger Gefühlssprache zu sagen pflegte; daß er ihn am 1. August 1914 wieder anziehen werde, war allerdings noch nicht vorherzusehen.

Inzwischen war man republikanisch, aber mit einer Art schlechten Gewissens. Ein Schneidermeister, der in den Nachkriegsjahren bei uns arbeitete, nach altem Brauch mit untergeschlagenen Beinen auf dem Tisch sitzend, im übrigen mit den armseligen Stoffen arbeitend, von denen die Rede war, sagte einmal beiläufig, es sei doch ein Glück, daß mit der Kronenwirtschaft endlich Schluß sei. Natürlich war mit dem despektierlichen Wort die Monarchie gemeint.

Es entstand peinliches Schweigen in der Stube, ich erinnere mich recht genau an die allgemeine Verlegenheit. Nach dem Weggang des Schneiderleins verständigte und beruhigte man sich in der Familie, es sei kein Wunder, daß er so daherrede, er sei ja auch im Kopf nicht ganz richtig – was zutraf.

Das Haus trauerte keinem der drei Monarchen in Karlsruhe, Stuttgart und Berlin nach, aber in diesem Ton von der Krone zu reden, das gehörte sich einfach nicht.

So waren die Umstände, unter denen man sich im häuslichen und dörflichen Kreis in die Demokratie einlebte. Es kamen die Jahre, in denen sich der Horizont weitet und in denen man als junger Mensch an den öffentlichen Dingen Anteil zu nehmen beginnt. Die öffentliche Diskussion über demokratische Loyalität hatte früh eingesetzt. Der Katholi-

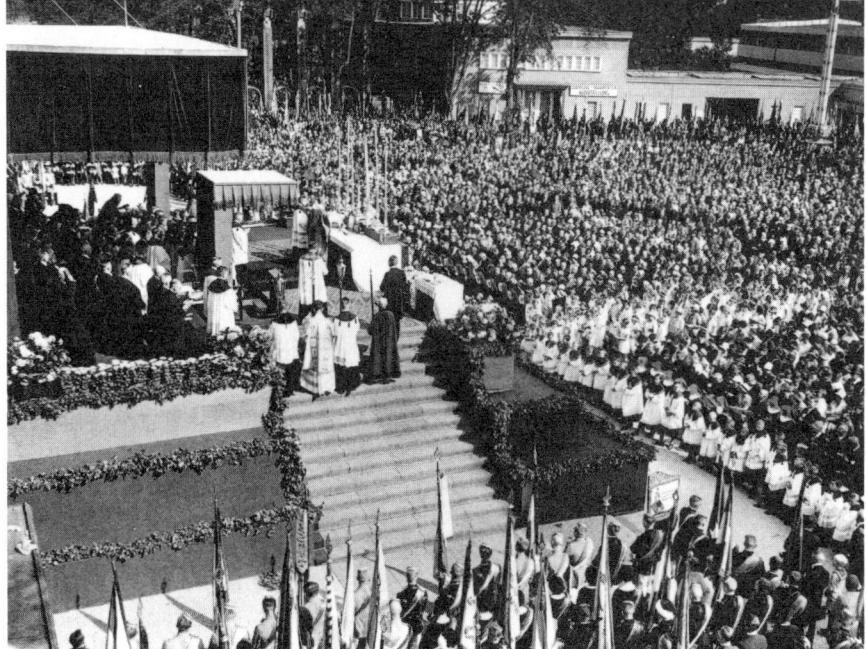

Der Autor um 1929 und heute.

Pontifikalmesse auf dem Katholikentag in Magdeburg, 1928. *(Ullstein Bilderdienst)*

zismus hatte zeitiger und breiter eine zustimmende Haltung zur neuen Staatsform gefunden als der Protestantismus, der ja auch in vielen Ländern mit dem jeweiligen Monarchen zugleich das Kirchenhaupt verloren hatte.

Aber auch in der katholischen Diskussion gab es einen langen theologischen Streit. »Alle Gewalt geht vom Volke aus«, der profanste aller politischen Sätze, schien vielen die reine Lästerung zu sein, denn daß alle Gewalt von Gott ausgehe, das könne denn wohl nicht bestritten werden, solange noch die Allmacht als das sozusagen oberste Prädikat Gottes zu gelten habe. Weil Gott notwendig als allmächtig gedacht werden müsse, könne auch alle politische und alle anderweitige Macht immer nur als abgeleitete Macht verstanden werden.

Immerhin, der unfruchtbare doktrinäre Streit trat bald in den Hintergrund, als der Ernst des politischen Alltags sich geltend machte. Der Katholizismus als ganzer kam mit der Republik bald ins reine, zumal der »Volksverein für das katholische Deutschland« mit breit angelegter Volksbildung die Katholiken zur Weimarer Republik erzogen hat. Die Republik hatte ohnehin eine Art Katholikenemanzipation mit sich gebracht. Katholiken waren im Kaiserreich in politisch führenden Stellungen und in den oberen Rängen der Armee so gut wie undenkbar gewesen. Erst als das Kaiserreich in den letzten Zuckungen lag, rief man sie, Graf Hertling zum Beispiel als letzten Reichskanzler vor Prinz Max von Baden. In der jungen Republik aber gab es dank der Parteienkonstellation bald eine ganze Anzahl katholischer Reichskanzler und Reichsminister.

Als der Staat endlich einigermaßen auf die Beine gekommen war, also nach der Währungsreform und nach den ersten internationalen Abkommen, die den politischen Wahnsinn des Versailler Vertrages zu korrigieren versuchten (»die Gotteslästerung von Versailles«, schrieb Theodor Haekker schon 1921), waren wir jungen Gymnasiasten fröhliche und begeisterte Demokraten.

Jedoch darf man sich nicht täuschen über die durch und durch unzulängliche Verwurzelung der Demokratie. An meinem Gymnasium in Ehingen a.D., dessen Schüler ich 1923 bis 1927 war, herrschte die Reaktion – in der Person des Schulleiters, der Altphilologe und katholischer Geistlicher war, entsprechend der Regelung für die zwei Konviktsgymnasien des Landes. Man trug dort mehr oder weniger offen Schwarz-Weiß-Rot, man machte die Farben der Republik lächerlich (»Schwarz-Rot-Senf«), man sprach deutsch bis zur Lächerlichkeit. »Herr Amtsgenosse«, sagte der Direktor beim Betreten eines Klassenzimmers zum anwesenden Lehrer, zeitliche Festlegungen (nicht etwa Termine) wurden anhand des »Zeitweisers« (nicht etwa des Kalenders) vorgenommen.

Der Schulleiter wußte auch sein Kollegium entsprechend zusammenzusetzen. Als Turnlehrer der Anstalt diente ein früherer Major. Ein bedauernswert kümmerlicher Lehrer war aus dem soeben verlorenen Elsaß gekommen. Im Unterricht trug er den Cut, wohl zum Ausgleich für Kompetenz. Der »Verein für das Deutschtum im Ausland« arbeitete fast nach Art einer subversiven Organisation. Als ich den sanften nationalen, eigentlich nationalistischen Terror schroff zurückwies, wurde ich von der beauftragten Agentin, einer Klassenkameradin, beim Direktor verpetzt und von diesem belangt.

Der Zustand dieser Schule war gewiß nicht typisch, aber ebenso sicher auch nicht singulär. Er war Krisensymptom des Übergangs.

Einen anderen antidemokratischen Eklat, der aber mit der Schule selber nichts zu tun hatte, erlebte ich im November 1923 am Tag nach dem Hitler-Putsch. Ein Klassenkamerad kam in das Klassenzimmer gestürmt mit wildem Nazigeheul. Mein demokratischer Zorn richtete ihn so zu, daß er Tage im Unterricht fehlen mußte. Nie zuvor hatten sich die paar Anhänger Hitlers, die es an der Schule gab, zu erkennen gegeben, jetzt waren sie der Lächerlichkeit preisgegeben, ohne daß sie es merkten.

Die Schulleitung war aufdringlich antidemokratisch, uns Schüler focht es in der Mehrzahl aber nicht an. Mit Feuereifer setzten wir uns für den neuen Staat ein, mit einer Radikalität, die den Jugendjahren ansteht. Ich glaube nicht, daß ich jemals eine klare Vorstellung hatte, was mit der Bodenreformpolitik bestimmter Gruppen beabsichtigt war, aber ich war ein glühender Agitator für die »Fürstenenteignung«.

Die Partei, zu der man sich zählte, war das Zentrum, für angehende Theologen damals wohl fast selbstverständlich. Die Regierenden waren zwar merkwürdig farb- und temperamentlose Figuren, aber daß sie redlich für das neue Gemeinwesen stritten, war unverkennbar. Als dann Joseph Wirth die politische Bühne betrat und bald auch Reichskanzler wurde, kam für unser Empfinden Bewegung in das politische Leben. Denn er war ein Temperament, vielleicht sogar ein Feuerkopf, und er gab eine Zeitschrift heraus, den Titel weiß ich nicht mehr, mit der man sich an der Schule um so lieber zeigte, als auf dem Titelblatt ein schwarzrotgoldener Rahmen prangte.

Die Republik dauerte vierzehn Jahre, ein kräftiges und gefestigtes Staatswesen war sie nur fünf Jahre lang, 1923 bis 1928. Der Begeisterung für den Staat folgte die Sorge um seinen Bestand. Die Wirtschaftskrise, die Arbeitslosigkeit, die wachsende Konfrontation zwischen Linksextremisten und Rechtsextremisten waren Erscheinungsformen einer gefährlichen politischen Krise, die einem die Freude am politischen Geschehen verdarb.

Als Mitglied des AStA in meinen ersten Tübinger Semestern erlebte ich die wachsende Intoleranz am eigenen Leib. General Ludendorff hielt einen Vortrag. Ich empfand es als eine Unverschämtheit, daß ein besiegter General uns politisch belehren wollte. Die Neugier trieb mich, ich ging hin, ich hörte mir den Unsinn an (»Meine Frau ist die größte lebende Philosophin, und ich selbst bin auch nicht so von ohne«). Ich machte Zwischenrufe, aber jetzt bekam ich rasch zu spüren, in welche Falle ich geraten war.

Eine Gruppe von Studenten nahm mich in die Mitte, ich begriff, daß es Zeit war, Fersengeld zu zahlen, und entwich durch den Nebenausgang.

Es nahte die Endphase der Weimarer Demokratie. Es sah nicht gut aus. Die Extremisten von links und rechts droschen aufeinander ein. Die Vertreter der Weimarer Staatsidee wurden zwischen den Fronten gelähmt und zerrieben. Wer sollte eigentlich die ineinander verbissenen illegalen Kampfverbände trennen, wer sollte bei solcher Lage der Dinge den Staat retten?

Die Parteienzersplitterung war der deutlichste Beweis, daß die Nation die Demokratie erst versuchte, noch nicht beherrschte. Die Krise der späteren Weimarer Jahre, mit der Gefahr des Bürgerkrieges oder der russischen Invasion, verleidete einem die Freude der Beteiligung am politischen und gesellschaftlichen Leben. Brüning als Reichskanzler war ein Hoffnungsträger, aber eher für die Uneingeweihten. Wir waren im ganzen die unversöhnte Gesellschaft mit dürftiger demokratischer Erfahrung, die außerstande war, im übergreifenden Staatswillen die alle umfassende Einheit der Nation zu finden.

Die Angst vor dem Bolschewismus schwoll an. Die seelische Verfassung der Nation in den frühen dreißiger Jahren ist schwer zu beschreiben. Lähmung, Mutlosigkeit, Verzweiflung, Ausweglosigkeit waren die beherrschenden Gefühle. Ich vermisse in den zeitgeschichtlichen Darstellungen die Schilderung der Bolschewismusangst. Dabei war gerade sie es, die weite Kreise des Bürgertums Hitler in die Arme trieb.

Die wirtschaftliche Krise, die Hilflosigkeit der Führung, das Gegröle der Kampftrupps schufen die Voraussetzung für die Überrumpelung der Nation durch Kurpfuscher, Schergen und Fanatiker. Die Behauptung mancher zeitgeschichtlicher Publizisten, die Kirche habe dem Durchbruch des Nationalsozialismus Vorschub geleistet, ist aus der Sicht derer, die das Chaos erlebten, schlicht absurd.

*

Die Gelegenheit, von der Schule schlecht zu reden, habe ich bereits wahrgenommen, aber ich bin noch nicht am Ende; doch zuvor muß ich erzählen, wie sich mir die Wunderwelt der Sprache aufschloß.

Im Oktober 1924 gab es ein paar Tage Herbstferien. Ich fuhr von Ehingen mit einigen Mitschülern in die oberschwäbische Heimat. Man langweilte sich ausgiebig während eines langen Aufenthalts auf einem Umsteigebahnhof. Nur um die Wartezeit zu überstehen, erwarb ich mir am Kiosk vom letzten Taschengeld das Oktoberheft des *Hochland*. Zu Hause erlebte ich herrliche Herbsttage, und ich werde nie vergessen, wie ich unter einem großen Birnbaum, von dem die reifen Früchte tropften, im Grase lag und im *Hochland* einen Aufsatz von Theodor Haecker mit dem Titel »Francis Thompson und die Sprachkunst« las.

Ich las und las und geriet in einen wachsenden Taumel. Das merkwürdigste an der Sache aber war, daß ich eigentlich keinen einzigen Satz verstand, was aber der halben Trunkenheit keinen Eintrag tat.

Derlei hatte die Schule in den etwa vierzehn Jahren, die sie mich inzwischen in Arbeit hatte, auch nicht ein einziges Mal zu bewirken vermocht. Dabei waren einem doch der Reihe nach die großen Kostbarkeiten der lateinischen, der griechischen, der französischen Literatur aufgetischt worden, von der muttersprachlichen Dichtung ganz abgesehen. Keiner der vielen immer wieder wechselnden Lehrer hatte die Gnade gehabt, bei mir in der Begegnung mit großen Sprachmonumenten einen Zustand der Erschütterung auszulösen.

Es gab nur einen, er war ein etwas ungeschlachter alter Herr, der wenigstens dann und wann seine eigene Ergriffenheit verriet. Aber er vermochte nicht, das Geheimnis der Schönheit mit Argumenten und Auskünften zu erschließen. Er wurde still, er fragte schließlich in die Klasse hinein, in einer auch noch recht unmöglichen Aussprache: »Ist das nicht wunderschön gesagt?«

Für die Lehrer im allgemeinen fielen die großen Schöpfungen der Weltliteratur unter den Begriff des Stoffes, denn sie arbeiteten unter der Fron der Stoffpläne. Der Stoff war durchzunehmen oder durchzugehen – welch merkwürdige Ausdrücke! Nicht gerne ließen sich die Lehrer die Gelegenheit entgehen, auch an großen Texten vor allem hervorzuheben, welche speziellen grammatischen Regeln hier einschlägig seien.

So war es, das Schulleben. Doch man soll nicht undankbar sein. Zwar mußte man sich sprachliche Bildung hinter dem Rücken der Lehrer beschaffen, aber die formalen Fertigkeiten für den Umgang mit Literatur haben sie einem eben doch beigebracht. Moderne Literatur jedoch kam nicht vor. Dabei war doch wahrhaftig allerlei los.

Daß der Weimarer Staat eine Epochenzäsur bedeutete, wird für immer am deutlichsten erkennbar sein an den neuen Sprachexperimenten vom Dadaismus bis zum Expressionismus. Nur ein Studienassessor, flüchtiger Gast an der Schule als Französischlehrer, führte einem mittendrin plötzlich Kurt Schwitters' Gedicht »An Anna Blume« vor. Es war ein kurioses Gedicht, mit nichts zu vergleichen, was zum »Stoff« gehörte, aber es war plötzlich eine andere Luft, eine andere Zeit, ein anderer Klang in dem modrigen Schulzimmer.

An alles, was man an neuen Werken las, kam man nur unter Umgehung der Schule, die ganze »O-Mensch-Literatur«, die Hauspostille von Bert Brecht, Theodor Haecker und über ihn Karl Kraus und über diesen Else Lasker-Schüler und so fort. Auch Stephan George kam in der Schule nicht vor, ihn hatte ich im *Quickborn*, der konsequentesten Gruppe katholischer Jugendbewegung, kennengelernt.

Die Jahre nach dem Ersten Weltkrieg waren literarische Revolutionsjahre. Vieles hatte ältere Wurzeln, auch der Expressionismus, aber erst jetzt kamen die neuen Sachen aus langer Verborgenheit ans Licht. Die Bewertung der Klassik, die ganze kulturelle Tradition, war ins Wanken gekommen. Ein Buchtitel von 1923 spricht für sich: Hans Geisow, *Von Goethe zu Dante*. Neue Verlage in überraschend großer Zahl betraten jetzt den Büchermarkt: Jakob Hegner, Benno Filser und viele andere.

Neu war auch die Aufmachung der Bücher, wiederum mit Vorgeschichte in einer gewissen Latenz. Bucheinbände waren bis dahin eine Art Särge gewesen, fallweise auch Sarkophage und Prunksärge. Jetzt kam Unfeierlichkeit, kam Farbe, kam Experiment in die Einbände und selbst in die Lettern. Ein Lehrer, für den ich gelegentlich Besorgungen gemacht hatte, schenkte mir etwa 1922 ein Bändchen Gedichte von Emanuel Geibel. Ich konnte damit wenig anfangen, aber der Leinenband war überraschend hübsch, wie aus farbigem Schürzenstoff geschaffen. Die neue äußere Buchkultur – Diederichs, Insel, Bremer Presse, Kurt Wolff – begann Schule zu machen.

Der Übertritt von der Schule zur Universität im Sommersemester 1927 wurde erlebt wie der Eintritt in eine neue Welt. Sie war eine andere Welt als die der Schule. Der Übergang vom Gymnasium zur Universität war für meine Generation immer eine Art höherer Weihe. Aber die Erinnerung an die Schule ging mit.

Ein unvergeßliches Schockerlebnis war die Feststellung, daß die Schule im Vergleich zur Hochschule durch eine seltsame Phasenverzögerung gekennzeichnet war – was man jetzt vor allem auf dem Gebiet der Altertumswissenschaft bemerkte. Ein Theologe kann nicht ganz ohne eine gewisse Verbindung zur Altphilologie auskommen, und die alten Sprachen liebte ich ohnehin von Herzen. Plötzlich mußte ich feststellen, daß die Altphilologie inzwischen stofflich wie methodisch wie im Bild der Antike ganz woanders stand als meine Ehinger Schule.

Diese erste Erfahrung der Ungleichzeitigkeit im kulturellen Leben hat mich nie mehr losgelassen. Das Gesetz vom gesunkenen Kulturgut blieb für mich beunruhigend. Freilich, dieses Gefälle ist nie auszugleichen. Die Lehrer leben von dem, was sie selber an der Universität gelernt haben. In sehr vielen Fällen tragen sie veraltetes Wissen vor. Inzwischen gilt dieses Gesetz glücklicherweise nicht mehr in voller Schroffheit. Es gibt Weiterbildung als Mittel gegen den Obsoleszenzfaktor des Wissens.

Auch unter den theologischen Lehrern der katholisch-theologischen Fakultät in Tübingen gab es nicht nur Leuchten, doch es gab gediegene Wissenschaftler, was man zu schätzen wußte. Es gab aber auch faszinierende Lehrer wie Paul Simon und Karl Adam. Dieser, in der damaligen Theologie ein Weltname – er war in alle wichtigen Sprachen übersetzt, selbst in asiatische –, trug ein Kolleg vor, an dem er jeweils den ganzen Tag konzentriert arbeitete (obwohl doch der Stoff mit aller Regelmäßigkeit wiederkehrte), wie ich aus der Nähe beobachten konnte.

Die Bedeutung der Vorlesung an der Universität ist nicht zu unterschätzen, die Krise der Universität ist auch eine Krise der Vorlesung.

*

Der Katholizismus erlebte einen nicht leicht deutbaren Aufbruch in jenen Jahren. Der Vorgang mag damit zusammenhängen, daß mit der Hohenzollerndynastie auch der sozusagen offiziell protestantische Charakter Deutschlands beendet war. Auch kamen Katholiken im neuen Staat zu unerwartetem Einfluß. Dank des verzwickten Parteiensystems gewann das katholische Zentrum eine politische Schlüsselstellung und stellte nacheinander eine Reihe von Reichskanzlern und Ministern.

Doch ist mit alledem das eigentliche Rätsel der gewandelten kirchlichen Situation nicht aufgeklärt. Es waren ursprüngliche religiöse Kräfte, die am Werke waren. Nach verlorenen Kriegen werden die Völker regelmäßig für eine gewisse Zeit fromm, einmal kürzer, einmal beständiger. Die katholische Erneuerung war nicht nur flüchtige Anwandlung. Bald sprach man vom »monastischen Frühling« im Blick auf die Faszination, die von den Benediktinerklöstern Beuron und Maria Laach ausging. Von diesen Abteien ging auch der »liturgische Frühling« aus, der eine sehr tiefgreifende Wandlung des Frömmigkeitslebens zur Folge hatte.

Den blutleeren Moralismus löste eine ursprüngliche Erfahrung der

Heilswirklichkeit ab. Die katholische Jugendbewegung war bald Träger und Motor dieses Neubeginns. Romano Guardini war einer der Vordenker. Religiöse Erfahrung schließt von selbst ein Gefühl des eigenen Ungenügens ein, woraus leicht unerquickliche seelische Grundstimmungen erwachsen. Das neue Verständnis der Liturgie war mit einem Erlebnis innerer Befreiung verbunden und hatte insofern eine bemerkenswerte therapeutische Wirkung auf positive Gestimmtheit hin. Zur kirchlichen Erneuerung gehört auch eine erstaunliche Konvertitenbewegung. Die Zahl der Konvertiten, darunter berühmte Namen wie Max Scheler, Theodor Haecker, Richard Seewald, Gertrud von le Fort, sind das sichere Anzeichen für tiefe Wandlungen im Seelengrund der Epoche.

Man müßte auch von einem literarischen Frühling im Katholizismus sprechen. Die Klassiker der Christenheit wurden neu entdeckt und mit Eifer gelesen, auch von der Laienschaft. Die deutsche Mystik fand plötzlich großes Interesse, eine förmliche Thomas-Renaissance brach an. Die Kirchenväter kamen neu in Sicht, die großen Theologen der Neuzeit wie Johann Adam Möhler wurden neu aufgelegt, John Henry Newman wurde gleich von drei verschiedenen Verlagen und Herausgebern angeboten.

Auch die Dostojewski-Renaissance gehört zu den religiösen Zeitsymptomen, ebenso wie die Beschäftigung mit Pascal. Denn die Wiederkehr Pascals ist immer das Signalement bestimmter geistiger Lagen. Daß der Insel Verlag nicht nur eine schmucke Horaz-Ausgabe für Liebhaber des Latein außerhalb der Fachwelt, sondern in gleicher Aufmachung den spanischen Urtext des *Libro de su vida* der heiligen Teresa von Ávila vorlegte, war ein weiteres Zeichen der kulturellen und religiösen Unruhe der Zeit. Der Mönchsmaler Verkade fand für seine Memoiren den völlig zeitgerechten Titel *Unruhe zu Gott*.

Die religiöse Kunst wandte sich ab von den einfallslosen traditionalistischen Praktiken wie der Neuromanik und Neugotik. Der Kirchenbau wurde auffällig experimentierfreudig. Die religiöse Malerei fand eine neue Sprache. Karl Caspar bedeutet den wagenden Neuanfang auf diesem Gebiet. Wilhelm Geyer machte Aufsehen mit seinem Triptychon und seinen Kirchenfenstern.

Es war eine große Zeit für die Kirche, aber irgend etwas daran muß nicht ganz echt gewesen sein. Handelte es sich im Grund um eine Wiederkehr der Romantik? Jedenfalls, erst mit dem Vatikanischen Konzil 1962 bis 1965 hat die Kirche ihren Modernitätsrückstand aufgeholt. Aber auch in das Konzil sind die reifsten religiösen Errungenschaften der Jahre zwischen den Kriegen eingegangen.

Ossip K. Flechtheim

Wurde am 5. März 1909 in Nikolajew (Rußland) geboren, kam 1910 nach Deutschland. Studium der Rechts- und Staatswissenschaften, 1934 Abschluß als Dr. jur. 1935 Emigration in die Schweiz. Ab 1939 Dozent und Professor an verschiedenen amerikanischen Hochschulen. 1946/47 Sektionschef beim US-Hauptankläger für Kriegsverbrechen in Nürnberg. Dann verschiedene Gastprofessuren, unter anderem auch in Berlin. 1957 Habilitation in Deutschland. Seit 1959 Professor für Politikwissenschaft an der Freien Universität in Berlin. Emeritierte 1974. Vizepräsident der Internationalen Liga für Menschenrechte, Mitglied des Beirats der Humanistischen Union und des PEN-Clubs.

Ossip K. Flechtheim

Juristen, Kommunisten, Sozialfaschisten

Ein Flugblatt, ein Lehrer und zwei Tage Haft im Kölner Klingelpütz

Ich wurde 1909 in Rußland geboren, kam aber schon mit ein oder zwei Jahren nach Münster in Westfalen. Mein Vater wurde dort Prokurist in einer alten und sehr angesehenen Getreidefirma. Sein Gehalt betrug 500 Mark im Monat. Wir hatten eine recht große Sechszimmerwohnung, die wohl 100 Mark Monatsmiete kostete. Ich war das einzige Kind.

Außer meinen Eltern lebten aber auch meine Großmutter mütterlicherseits und ein Dienstmädchen bei uns. Ich sprach vor allem deutsch, lernte aber auch etwas Russisch von meiner Mutter und Großmutter. Nachdem ich drei Jahre auf einer privaten Vorschule gewesen war, kam ich 1918 auf die Sexta des Städtischen Gymnasiums. An den Ersten Weltkrieg kann ich mich noch gut erinnern, an die Novemberrevolution kaum noch. Im täglichen Leben änderte sich für uns auch sehr wenig. In der Schule prügelten die Lehrer die Schüler nach der Revolution nicht weniger als vorher.

Im Jahre 1920 zogen wir nach Düsseldorf, da mein Vater nun Geschäftsführer einer kleinen Fabrik in Duisburg wurde und meine Großeltern väterlicherseits in Düsseldorf lebten. Münster war ein katholisches stockkonservatives Nest gewesen, wo meine Mutter und unsere russische Amme als Ausländer erhebliches Aufsehen erregt hatten. Ich selber entwickelte in Münster so etwas wie ein Heimatgefühl, das ich seitdem in dieser Form nirgends wieder empfunden habe.

Düsseldorf war, verglichen mit Münster, schon damals eine elegante und mondäne Großstadt. Hatte Münster nur drei Straßenbahnlinien gehabt, so gab es in Düsseldorf deren Dutzende, vor allem aber auch eine Menge dreirädriger Autotaxis. Wir hatten wieder eine schöne geräumige Wohnung, meine Großeltern sogar ein großes Haus. Jeden Sonntag besuchte ich sie zum Mittagessen, das aus Suppe, Fisch- und Fleischgang und

Nachtisch bestand. Mein Großvater hatte unter anderem den *Berliner Börsencourier* abonniert, eine Zeitung, die sich nicht nur durch ihren Wirtschaftsteil, sondern auch durch ihr Feuilleton auszeichnete. Es war die einzige Zeitung, deren Feuilletonredakteur zugleich Chefredakteur war. Später heiratete ich seine Tochter Lili Faktor.

Obwohl meine Eltern längst nicht so wohlhabend waren wie meine Großeltern, haben wir doch nie Not gelitten. Wir gehörten zu jener Gruppe emanzipierter Juden der oberen Mittelschicht, die sich als gute Bürger in der Weimarer Republik zu Hause fühlten. Mein Vater trat sogar aus der Jüdischen Gemeinde aus, da er die Kirchensteuer nicht zahlen wollte. Als er dann später in eine jüdische Freimaurerloge eintreten wollte, dies aber voraussetzte, daß er Gemeindemitglied war, trat er wieder in die Gemeinde ein.

Als Geschäftsmann mußte er natürlich die wirtschaftliche Entwicklung verfolgen; es ist ihm aber gelungen, sein kleines Unternehmen durch alle wirtschaftlichen Erschütterungen hindurch solvent zu erhalten.

In diesem Zusammenhang sei nur daran erinnert, daß die Weimarer Republik schon bald unter einer immer stärker anwachsenden Inflation litt. Auf ihrem Höhepunkt im Jahre 1923 kostete eine Tageszeitung 100 Milliarden Mark. Die Folge der Inflation war die Verarmung großer Teile des Mittelstandes, der sich davon nie wieder ganz erholen konnte. Nur in den fünf Jahren zwischen 1924 und 1929 kannte Deutschland so etwas wie eine normale kapitalistische Prosperität. Im Herbst 1929 setzte mit dem großen Börsenkrach in New York die Rezession ein, die sich bald zur größten Krise des Jahrhunderts steigerte. Auf deren Höhepunkt im Jahre 1932 gab es sechs Millionen Arbeitslose, deren Unterstützung so kärglich war, daß sie sich nicht einmal Brot und Kartoffeln leisten konnten.

Die technische Entwicklung in den zwanziger Jahren ist natürlich nicht mit der von heute zu vergleichen. Immerhin hatten meine Großeltern bereits Gaslicht, das man mit einem elektrischen Knopfdruck an- und ausmachen konnte. Mein Großvater besaß auch ein Auto mit Chauffeur und nahm mich manchmal auf eine Fahrt von Düsseldorf nach Duisburg und zurück mit. Das war fast immer ein kleines Abenteuer, da gar nicht so selten ein Reifen platzte und ersetzt werden mußte; bisweilen setzte der Motor aus und mußte vorne wieder angekurbelt werden.

Seit dem Ersten Weltkrieg gab es einige Kinos mit Stummfilmen. Ich erinnere mich, daß meine Großmutter väterlicherseits ein- bis zweimal wöchentlich ein Kino besuchte, dort aber meistens einschlief. Vom Tonfilm, geschweige denn Fernsehen, war noch keine Rede. Wir hatten auch noch kein Radio. Die erste Sendung hörte ich im Herbst 1923. Damals wurde eine Rede von Gustav Stresemann nach Düsseldorf übertragen. Die Zuhörer saßen mit Kopfhörern versehen in einem großen Saal.

In Düsseldorf gab es ein reges künstlerisches Leben. Mein Onkel Alfred Flechtheim besaß dort, später auch in Berlin, eine Galerie, die berühmte Expressionisten wie Picasso in Deutschland bekannt machte. Er gründete auch eine avantgardistische Zeitschrift, genannt *Der Querschnitt*. Das Düsseldorfer Schauspielhaus mit Dumont und Lindemann war weit über die Grenzen der Stadt hinaus berühmt. Ich habe dort unvergeßliche Aufführungen erlebt. Als Student habe ich später, 1928 oder 1929, in Berlin die *Dreigroschenoper* von Brecht sehen können. Berlin hatte damals Dutzende von Theatern und galt als eine Art künstlerische Weltmetropole.

1920 kam ich in Düsseldorf auf die Quarta des Städtischen Gymnasiums und Realgymnasiums, das Hindenburg-Schule hieß. In Münster hatten wir in der Sexta und Quinta wöchentlich acht Lateinstunden gehabt, die unglaublich langweilig waren. An andere Fächer kann ich mich nicht mehr erinnern. In Düsseldorf kam nun Französisch dazu.

Die Schule war wohl nicht ganz so autoritär wie die »Penne« in Münster. Aber auch hier gab es keinen Lehrer, der Sozialist oder auch nur Republikaner oder Demokrat gewesen wäre. Das Spektrum reichte von Deutschnational bis Zentrum. Die Qualität der Lehrer war sehr unterschiedlich. Ich erinnere mich noch an einen Deutschlehrer, den wir »Specknase« nannten und der mit uns *Wilhelm Tell* durchnahm. Es gelang ihm, mir das Stück so zu verleiden, daß ich es nie wieder lesen wollte. Als es dann doch geschah, war ich von seiner Bedeutung tief beeindruckt.

Unser Englischlehrer gestaltete den Unterricht relativ lebendig, indem er uns auch zu englischer Konversation anhielt. Politisch war er damals schon als deutschnationaler Abgeordneter bekannt, 1933 wurde er prompt Nationalsozialist und Schuldirektor.

Es gab aber auch einige wirklich tolerante Lehrer. Einer veranstaltete für die Prima eine freiwillige philosophische Arbeitsgemeinschaft, in der ich über Oswald Spengler referieren konnte. Als ich ihm einmal erzählte, ich sei für den Kommunismus, sagte er, dann müßte ich doch auch kommunistische Bücher lesen; er selber schlug mir *Staat und Revolution* von Lenin vor!

Der Schuldirektor war ein alter Herr namens Erythropel, was wohl der griechische Name für Rothut ist. Wir merkten nicht viel von ihm. Ich erinnere mich nur, daß er eines Tages in unserer Klasse erschien und uns eine Standpauke verpaßte. Unser Lehrer erklärte uns dann etwas betroffen, er hätte den Direktor aufgefordert, uns zu loben, und dieser müsse sich wohl in der Klasse geirrt haben.

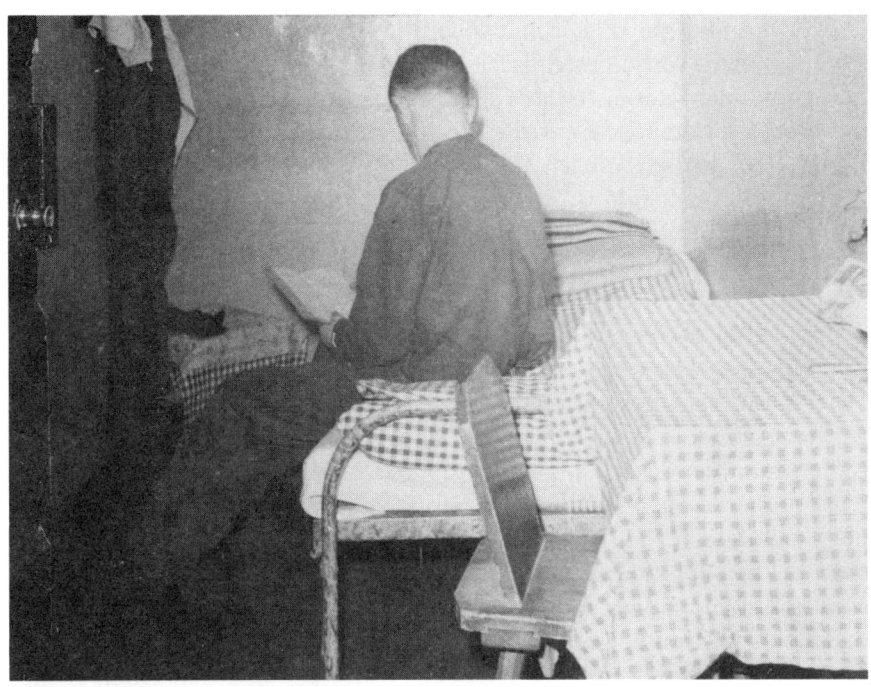

Gefängniszelle im Kölner »Klingelpütz«. *(Keystone)*

Berliner Bürger, zum Teil in Sträflingskleidung, demonstrieren gegen die Klassenjustiz
der Weimarer Republik. *(Keystone)*

Da ich total unmusikalisch war, wurde ich vom Gesangsunterricht befreit, was nicht verhinderte, daß ich, wie es sich für den Sohn aus gutbürgerlichem Hause gehörte, jahrelang Klavierunterricht erhielt, wobei ich die Noten automatisch auf die Tasten übertrug, ohne irgend etwas zu hören. Vom Turnen war ich aus gesundheitlichen Gründen auch befreit.

Der jüdische Religionsunterricht wurde einmal in der Woche am Nachmittag vom Rabbiner der Stadt erteilt. Ich nahm an ihm teil, da in der Pause ein lebhafter Briefmarkentausch stattfand. Als ich aufhörte, Briefmarken zu sammeln, ließ ich mich davon befreien.

In Düsseldorf freundete ich mich mit vier Schulkameraden an, die alle jüdisch waren. Das wurden Freundschaften fürs Leben. Wir trafen uns jede Woche und diskutierten lebhaft, auch über politische Fragen, bei denen wir verschiedener Ansicht waren. Daß wir alle Juden waren, dürfte kein reiner Zufall gewesen sein. Ich kann mich zwar an keine antisemitischen Äußerungen oder Benachteiligungen in der Stadt oder der Schule erinnern, nehme aber an, daß unser gemeinsames Schicksal als Minderheit dazu beitrug, uns zusammenzuhalten. Jüdische Lehrer habe ich weder in Münster noch in Düsseldorf erlebt.

Schon früh fühlte ich mich als Kosmopolit, Freigeist und Revolutionär. Im Ersten Weltkrieg war mir jedweder Patriotismus fremd. Mein Onkel Alfred Flechtheim wurde 1914 Reserveleutnant in einem feinen Ulanenregiment, während der Bruder meiner Mutter als Stabsarzt in die russische Armee eingezogen wurde, als Kriegsgefangener nach Münster kam und uns regelmäßig besuchen konnte. So waren die beiden Kriegsparteien in der eigenen Familie präsent. Wie konnte ich da glauben, daß die eine total gut und die andere radikal böse sein müsse?

Ich erinnere mich auch an den Ausbruch der Revolution 1917 in Rußland, über den meine Familie jubelte, da ja das Zarenreich sehr antisemitisch war. Während meine Familie dann für die Oktoberrevolution keine Sympathie mehr aufbringen konnte, war ich tief beeindruckt von Persönlichkeiten wie Lenin und Trotzki (Stalin war ja damals noch unbekannt).

Obwohl mein Vater die Deutsche Demokratische Partei wählte, nahm er mich auch einmal zu einer Versammlung der USPD mit. Ich war damals vielleicht zehn Jahre alt, blieb aber im Banne des Bolschewismus und fühlte mich schon früh als Sozialist oder gar Kommunist. Das hing wohl damit zusammen, daß einerseits meine Eltern sich relativ wenig um mich kümmerten, daß ich andererseits die Schule als beengenden Zwang empfand. Die Novemberrevolution in Deutschland hatte ja an den Klassenunterschieden und der psychologischen Verfassung derer oben und unten kaum etwas geändert.

Typisch war dafür ein Witz, der damals umging. Ein Mann steht vor dem Postschalter, hinter dem ein Beamter in seiner Uniform mit hochgeschlossenem Kragen sitzt. Der Kunde muß lange warten, bis er ungeduldig fragt: »Wann werde ich endlich bedient?« Darauf der Postbeamte: »Bedient, bedient! Bedient werden Sie hier überhaupt nicht, Sie werden abgefertigt.« Dieser Ausspruch sagt mehr über die innere Verfassung der Weimarer Republik aus als ihr schöner Verfassungstext.

Der Kaiser ging, die Generäle blieben – es blieben aber auch die Bürokraten und Richter, die Großgrundbesitzer und Kapitalisten. Auch wurde noch immer Schwarz-Weiß-Rot geflaggt.

Im Jahre 1921 wurde Düsseldorf von den Franzosen besetzt und ein Zivilbeamter bei uns einquartiert. Ich freundete mich rasch mit ihm an. Er gab mir französischen Unterricht, ich lehrte ihn Deutsch. Als Schüler hatte ich damals nicht den Mut, mich einer politischen Organisation anzuschließen. Ich las aber schon früh regelmäßig die Düsseldorfer Lokalzeitung und verfolgte die politischen Ereignisse mit wachsendem Interesse. Die Ergebnisse der häufigen Wahlen studierte ich genau, am meisten beeindruckten mich die Erfolge der KPD.

Besonders in Erinnerung geblieben ist mir noch die Wahl Hindenburgs zum Reichspräsidenten im April 1925, die ich bis in die tiefe Nacht hinein vor einem Zeitungsgebäude verfolgte. Die Enttäuschung über den Ausgang war groß. Für den farblosen Zentrumsmann Wilhelm Marx, den Gegenkandidaten der Weimarer Koalition, hatte ich freilich auch wenig Sympathie, schon eher für den kommunistischen Kandidaten Thälmann.

1925 brachte die KPD ein Volksbegehren gegen die Fürstenabfindung ein. Unter ihrem Druck machten die SPD und die Gewerkschaften mit. Beim Volksentscheid gab es 14,4 Millionen Jastimmen für die Enteignung und nur eine halbe Millionen Neinstimmen – alle bürgerlichen Parteien hatten die Parole der Stimmenthaltung ausgegeben und praktisch die Abstimmung sabotiert. Sie führte dennoch nicht zur Enteignung der Fürsten, da hierfür die absolute Mehrheit der Stimmen erforderlich gewesen wäre. Politisch gab der Volksentscheid der Linken aber doch einen großen Auftrieb.

Ostern 1927 bestand ich das Abitur mit Auszeichnung. Das Sommersemester studierte ich in Freiburg Rechtswissenschaft, hörte aber auch Vorlesungen über Philosophie, Geschichte, Soziologie und Nationalökonomie. Verglichen mit heute, waren die Universitäten damals kleine Institutionen für eine mehr oder weniger privilegierte Ober- und Mittelschicht. Die kleinsten Universitäten zählten noch nicht einmal tausend Studenten, und die größten vielleicht zehntausend. Es war immer wieder möglich, in den

Seminaren persönliche Kontakte zu den Professoren zu knüpfen. Es war auch durchaus üblich, daß man von Universität zu Universität wechselte, um möglichst viele hervorragende akademische Lehrer kennenzulernen. Für die Prüfungen machte es keinen Unterschied, wo man studiert hatte.

In Freiburg lehrte der bekannte Phänomenologe Edmund Husserl sein letztes Semester. Nachdem ich das Wintersemester 1927/28 in Paris verbracht hatte, ging ich im Sommer 1928 nach Heidelberg, wo Alfred Weber, der Bruder von Max Weber, und der spätere sozialdemokratische Reichsjustizminister Radbruch lehrten. Der Heidelberger AStA war seinerzeit der einzige in der Weimarer Republik, in dem die Republikaner mit dreizehn zu zwölf Stimmen in der Mehrheit waren – dank einem katholischen Vertreter, der »links« war und dessen Stimme den Ausschlag gab. Die Mehrheit der deutschen Studenten war ja nationalistisch, konservativ oder gar reaktionär.

In Berlin verbrachte ich das Wintersemester 1928/29 und das Sommersemester 1929. Hier hörte ich den berühmten Sachenrechtler Martin Wolff und den Historiker der Arbeiterbewegung und Verfasser einer bekannten Engels-Biographie Gustav Mayer. Ich erinnere mich noch an eine Einladung bei ihm zu Hause, wo wir stundenlang in seinem Garten herumstanden, da keiner wagte, sich hinzusetzen.

Das Wintersemester 1929/30 war ich in Köln. Das folgende Jahr verbrachte ich wie üblich nicht an der Universität, sondern bei dem äußerst sachkundigen und humorvollen Repetitor Wenderoth in Düsseldorf, der noch heute lebt. Er bereitete uns individuell auf jeden Prüfer vor. So hörte ich zum Beispiel, daß einer meiner Prüfer in einem Examen nach den Regierungsbezirken von Rheinland und Westfalen gefragt hatte. Meine Kollegen meinten, wir sollten diese auswendig lernen. Ich wandte ein, daß er vielleicht bei der nächsten Prüfung nach anderen Regierungsbezirken fragen würde. Ich würde daher vorsichtshalber alle preußischen Regierungsbezirke auswendig lernen. Als er in der Tat nach den Regierungsbezirken von Pommern fragte, war ich der einzige, der diese Frage richtig zu beantworten wußte.

1931 machte ich das Referendarexamen beim Oberlandesgericht Düsseldorf mit dem Prädikat »gut«. Nach einem dreimonatigen Studienaufenthalt in der Sowjetunion kam ich als Referendar an das (kleine) Amtsgericht Neuss. Anschließend war ich noch bei Düsseldorfer Gerichten, der Staatsanwaltschaft und dem kommunistischen Rechtsanwalt Horstmann tätig, bis ich im April 1933 aus »rassischen und politischen Gründen« aus dem Staatsdienst entfernt wurde. Anders als heute waren damals die Mitglieder der KPD, die im öffentlichen Dienst standen, nur »konspirativ«

tätig. Um eine Entlassung zu verhindern, hielt man die Mitgliedschaft in der KPD streng geheim und brauchte in der Partei auch einen Decknamen.

Ich selber war schon am 1. Mai 1927 zu Beginn meines ersten Semesters in Freiburg in die KPD, den KJVD und die Rote Hilfe eingetreten. Wir waren nur eine kleine Anzahl kommunistischer Studenten an der Universität, gründeten aber trotzdem eine Radikalsozialistische Studentengruppe. Am 1. Mai gab es eine größere sozialdemokratische und eine kleine kommunistische Demonstration, an der ich teilnahm. Während des Semesters fuhr ich im Smoking zu der goldenen Hochzeit meiner Großeltern in Wiesbaden; in der Nacht vorher hatte ich noch Wahlplakate für den Studentenausschuß geklebt. In Heidelberg betätigten wir kommunistischen Studenten uns nur als geheime Fraktion in der Sozialistischen Studentengruppe der SPD. Ich erinnere mich noch, daß wir damals versuchten, Propaganda auf dem umliegenden Lande zu machen, natürlich ohne viel Erfolg.

In Berlin gehörte ich einer Straßenzelle der KPD in Moabit an, zu deren Mitgliedern auch Johannes R. Becher zählte. Zugleich war ich als Literaturobmann und Delegierter zum »Sozialistischen Schülerbund« Mitglied des Vorstandes der Kommunistischen Studentenfraktion. Als Mitglied des SSB drückte ich einmal ein Flugblatt vor einer Schule einem Lehrer dieser Schule in die Hand. Dieser holte sofort einen Polizisten, der mich festnehmen wollte, sich dann aber mit der Feststellung meiner Personalien aufgrund eines Personalausweises, den ich immer bei mir trug, begnügte.

Nach kurzer Zeit erhielt ich einen Strafbescheid über 20 Reichsmark bzw. vier Tage Haft wegen Verletzung der Berliner Straßenordnung. Als Jurist machte es mir Spaß, Berufung einzulegen: Ergebnis 20 Reichsmark bzw. zwei Tage Haft. Nachdem ein Gnadengesuch abschlägig beschieden worden war und ich inzwischen nach Köln verzogen war, mußte ich dort im März 1930 die zwei Tage Haft im berühmten »Klingelpütz« absitzen. Ich kam mit einem Koffer voller Bücher und Lebensmittel dort an. Der zuständige Beamte wollte mir die Lebensmittel abnehmen, worauf ich ihm vorhielt, daß ich als Haftgefangener das Recht auf Selbstverpflegung hätte. Er erklärte mir, dieses Recht beschränke sich darauf, daß ich Mahlzeiten bei einer Gastwirtschaft bestellen könne. Die Genehmigung dafür würde aber wohl zwei bis drei Tage dauern. Er war dann aber so großzügig, mir meine eigenen Lebensmittel zu belassen.

Kurz vor der Entlassung kam ich noch in eine Zelle mit einem »schweren Jungen«, der mir sehr viel Interessantes aus seiner Praxis erzählte; anschließend feierte ich den Kölner Karneval mit und gab ein bißchen mit meiner Heldentat an.

Doch zurück nach Berlin. Am 1. Mai 1929 nahm ich an der Maidemonstration der KPD teil, ohne daß mir etwas passierte. Während am 1. Mai 1928 SPD, KPD und Gewerkschaften noch gemeinsam eine eindrucksvolle Demonstration zustande gebracht hatten, hatte der sozialdemokratische Polizeipräsident Zörgiebel *jede* öffentliche Demonstration am 1. Mai 1929 verboten. Wir Kommunisten wurden daher mit Gummiknüppeln und Schußwaffe auseinandergetrieben. Es kam dann sogar zu Barrikadenkämpfen, in deren Verlauf die Polizei keinerlei Verluste aufzuweisen hatte, wohl aber 25 zum Teil unbeteiligte Zivilisten erschossen und 36 schwer verwundet wurden.

Die Universitätsferien verbrachte ich bei meinen Eltern in Düsseldorf. In diesen Monaten hielt ich Referate, klebte Plakate und leistete Büroarbeit für den kommunistischen Bezirkskassierer sowie Straßenpropaganda. Eine bedeutendere Parteifunktion hatte ich nie inne. Als Referendar arbeitete ich aber auch als juristischer Berater für die »Rote Hilfe« und im Rahmen einer »Internationalen Juristischen Vereinigung«. Zusammen mit dem Schauspieler Wolfgang Langhoff, der später die *Moorsoldaten* schrieb, gründeten wir eine Kulturgesellschaft, die Vorträge in Düsseldorf veranstaltete. Zu den prominentesten Referenten gehörten Karl August Wittfogel und Georg Lukács.

Ich war auch in einem Referendarbund tätig; wir der KPD nahestehenden Referendare in Düsseldorf (es war nur eine Handvoll) trafen uns regelmäßig – gelegentlich bei mir zu Hause.

Als ich 1927 in die KPD eintrat, verfolgte diese einen relativ gemäßigten Kurs. Es war die Zeit der *Neuen Ökonomischen Politik* in der Sowjetunion und der Zusammenarbeit Stalins mit den »Rechten« gegen Trotzki und die »Linke«. In Deutschland hieß das »Einheitsfront der KPD mit der SPD von unten und oben«, Mitarbeit in den Gewerkschaften und anderen proletarischen Massenorganisationen.

Dieser Kurs hielt aber nicht lange: 1928/29 brach Stalin mit Bucharin, dem Präsidenten der *Kommunistischen Internationale*, und den anderen Rechten. Diese Schwenkung wurde von der KPD bald nachvollzogen. Die sogenannten Rechten und Versöhnler wurden 1929 aus der Partei ausgeschlossen. Zu dieser Linkswendung der KPD trug das bereits erwähnte Verhalten der SPD am 1. Mai 1929 bei.

Vor allem glaubte aber die kommunistische Führung in Moskau daran, daß der Kapitalismus alsbald in eine neue Phase eintreten würde. Die Zeit seiner sogenannten relativen Stabilisierung würde bald zu Ende gehen, eine neue große Wirtschaftskrise die Massen radikalisieren. In der so entstehenden revolutionären Konstellation könnte und müßte die KPD die proletarische Revolution organisieren. Die bisherige Einheitsfrontpolitik sollte daher aufgegeben und die Stoßkraft vor allem gegen die Sozialdemokratie gerichtet werden: die Hauptstütze der Bourgeoisie und der Vorreiter des sich ausbreitenden Faschismus. So entstand die verhängnisvolle Theorie vom Sozialfaschismus.

In Wirklichkeit hatten die Kommunisten zwar recht, wenn sie im Gegensatz zu den anderen Parteien nicht an die Dauer der Prosperität glaubten, andererseits täuschten sie sich (ebenso wie etwa die Sozialdemokraten!) darin, daß sie die drohende Gefahr des Nationalsozialismus nicht ernst nahmen. Übereinstimmend erklärten alle großen Parteien, Deutschland sei nicht Italien. Paradoxerweise sollte sich dann herausstellen, daß der deutsche Nationalsozialismus gefährlicher, grausamer und zerstörerischer war als der italienische Faschismus!

Mit ihrer neuen ultralinken Politik gelang es den Kommunisten zwar, einige Wahlerfolge zu verbuchen, vor allem unter den Arbeitslosen; die Masse der beschäftigten Arbeiter blieb jedoch der Sozialdemokratie treu. Das Gros des alten und neuen Mittelstandes in Stadt und Land erlag gar der nationalistischen und irrationalen Propaganda Hitlers und dessen Gefolgschaft, die zudem von Teilen des Großkapitals unterstützt und finanziert wurden. Trotz einiger Rückschläge stieg der Anteil der kommunistischen Stimmen von 2,1 Prozent 1920 auf 16,9 Prozent bei der letzten freien Wahl am 6. November 1932.

Die KPD blieb aber immer noch ganz erheblich unter dem Stimmenanteil der NSDAP. Entscheidend trugen zu dem nationalsozialistischen Sieg die Zersplitterung und der Bruderkampf der proletarischen Parteien und Organisationen bei. Selbst die Gewerkschaftsbewegung war ja zersplittert. Es gab die christlichen Gewerkschaften, die liberalen und die sogenannten freien, das heißt sozialistischen Gewerkschaften. Seit 1929 baute aber auch die KPD ihre eigene Revolutionäre Gewerkschaftsopposition (RGO) auf, die sich von den freien Gewerkschaften trennen und ihren Hauptangriff auf diese richten mußte.

In den blutigen Straßenschlachten, die in den letzten Jahren die Weimarer Republik erschütterten, kämpfte jeder gegen jeden – der Rote Frontkämpferbund zum Beispiel nicht nur gegen die SA und den schwarzweißroten *Stahlhelm*, sondern auch gegen das *Reichsbanner* Schwarz-Rot-Gold.

In den ersten Jahren meiner Parteizugehörigkeit war ich ein loyaler Anhänger der gemäßigten Parteilinie und zugleich ein großer Bewunderer der Sowjetunion. Die Linkswendung der KPD konnte ich aber nicht hinnehmen. In der Berliner *Kostufra* (Kommunistische Studentenfraktion) war eine Anzahl erfahrener Genossen, die die neue Generallinie ablehnten. Sie glaubten aber nicht, daß man die Partei offen bekämpfen sollte, da das zum Ausschluß führen würde. Meine Gesinnungsfreunde wollten deshalb beide Arbeiterparteien *von innen* erobern. So würde schließlich eine neue, echt revolutionär-marxistische Partei entstehen, die die Fehler der alten Arbeiterparteien vermeiden würde.

Das Programm dieser Gruppierung, die später als *Miles-Gruppe Neu Beginnen* bekannt wurde, wurde nach der Schrift *Neu Beginnen* von Miles formuliert. Ihr Ziel erreichte sie nicht, sie überlebte aber das Ende der Weimarer Republik, da sie nicht nur dieses Ende, sondern auch den Sieg Hitlers mit allen Folgen vorausgesehen hatte. Unter dem Einfluß dieser Gruppe blieb ich daher auch nach außen hin bis zum Ende der KPD als legaler Massenpartei, das heißt bis Anfang 1933, formell deren Mitglied.

Was meine spätere Entwicklung anlangt, so darf ich hier vielleicht nur kurz erwähnen, daß ich zunehmend in kritische Distanz zum Marxismus-Leninismus geriet und mich heute als Anhänger eines humanen, globalen und frugalen Ökosozialismus betrachte.

Hannes Schmidt

In Hamm/Westfalen am 28. Oktober 1909 geboren. Begann seine berufliche Laufbahn als Journalist 1938, nach der Promotion in Bonn (»Der Leib in der Ästhetik Friedrich Nietzsches«), beim Berliner Lokalanzeiger (bis 1940). Nach dem Krieg Mitarbeiter beim Rheinischen Merkur, Feuilletonchef der Westausgabe der Welt in Essen (1948–1951), Mitbegründer und erster Redakteur der Werkbundzeitschrift Werk und Zeit (1951). Anschließend Chefredakteur der Filmwoche und Theaterkritiker der Frankfurter Rundschau. 1956–1958 Pressereferent der Deutschen Forschungsgemeinschaft. Seither bis heute als Theater- und Filmkritiker sowie Kulturpolitiker tätig für die Neue Ruhr-Zeitung/Neue Rhein-Zeitung (NRZ), die Wochenzeitung Das Parlament und andere Blätter. Gleichzeitig von 1966–1978 Inhaber einer Professur für Massenmedien an der Fachhochschule Dortmund.

HANNES SCHMIDT

»Gustaf, du kriegst Staralüren . . .«

Die »goldenen Zwanziger« fanden auch in Hamburg statt –
Begegnungen mit Gründgens, Tucholsky, Ringelnatz
und andere Miniaturen

An einem Spätnachmittag im Frühjahr 1925 war es, einige Monate
nach dem Beginn der »Saison«, als ein gerade fünfzehnjähriger Unter-
sekundaner mit Nickelbrille (heute zehntes Schuljahr) wieder einmal sein
Fahrrad bestieg, um ins Theater zu fahren; genauer, um vom östlichen
Stadtteil Hamburg-Hamm in die 6 Kilometer entfernte Stadtmitte zu
gelangen, zu den Hamburger Kammerspielen am Besenbinderhof.

Hier stieß er, wie schon an manchen Abenden vorher, am Theatereingang, einem düsteren, abschüssig verlaufenden Torweg, auf einen schlanken jungen Herrn in karierten Knickerbockers, den damals beliebten Kniebundhosen. Der junge Herr in Knickerbockers genoß, an die Mauer gelehnt, die frische Abendluft. Als er den radfahrenden Schüler neben sich absteigen sah, griff er lässig in die Tasche und reichte ihm wortlos eine Freikarte. Der Empfänger mußte ihm an mehreren Abenden zuvor schon aufgefallen sein, als vermutlich nicht besonders begüterter Theaterenthusiast (heute Fan genannt). Denn dieser fuhr zuweilen mehrfach wöchentlich hierher, verabschiedet vom besorgten Kopfschütteln seiner Eltern.

Der freigebige Herr hieß Gustaf Gründgens.

*

Der Vater dieses Radfahrers, ein mittlerer Postbeamter, war im Jahre 1917 von Hamm in Westfalen, dem Geburtsort seines zweitältesten Sohnes, nach Hamburg, versetzt worden. Geboren am 28. Oktober 1909, war Hans Werners, später Hannes genannt (HS), damals noch nicht acht Jahre alt. Schon als Kind fand er den Wechsel von der etwas fahlen Mittelstadt an der Lippe, nur als Eisenbahnknotenpunkt bekannt, zur Freien und Hansestadt an der Elbe als vielversprechendes Abenteuer. Alles dort erschien ihm großräumiger, frischer, vitaler, wenn auch lauter und verwirrender.

In Hamburg-Hamm bezog die sechsköpfige Familie in der Marienthaler Straße im zweiten Stock des großbürgerlich angelegten Etagenhauses mit hellgelber Sandsteinfassade eine geräumige Sechszimmerwohnung. Ihm erschien der Fahrstuhl als geheimnisvolles Symbol eines neuen gehobeneren Daseins.

Im Wohnzimmer enthielt der bildungsbürgerlich ausgestattete Bücherschrank des Vaters, Abiturient eines altsprachlichen Gymnasiums in Berlin, vorwiegend deutsche und europäische Klassiker des 19. und 20. Jahrhunderts, von Goethe, Schiller, Lessing, Kleist, Fontane und de Coster über Dickens und Swift bis zu Dostojewski und Balzac. In der zweiten Reihe, also unsichtbar für Besucher, fand HS rechtzeitig vorzüglich illustrierte Ausgaben von Boccaccios *Decamerone* und des *Heptameron* der Margarete von Navarra.

*

Ein Glücksfall, die Begegnung zweier schöpferischer »Theatermenschen« in der Hansestadt – Erich Ziegel und Gustaf Gründgens– sorgte dafür, daß hier in den zwanziger Jahren Theatergeschichte gemacht wurde. 1918 hatte der hochbegabte Regisseur und Schauspieler Erich Ziegel (1876–1950), ein geborener Intendant mit dem sechsten Sinn für ungewöhnliche Talente, die Hamburger Kammerspiele gegründet. Das erklärte Ziel hieß, ein literarisch anspruchsvolles Repertoire mit einem jungen Ensemble zu realisieren, fern dem öden Stadttheaterbetrieb. Das gelang ihm und seiner Frau, der Schauspielerin Mirjam Horwitz, in relativ kurzer Zeit.

Hier fand die blühende expressionistische Theaterliteratur jener Jahrzehnte ihre eigentliche Heimstatt. Vieles wurde ur- oder erstaufgeführt und beispielhaft inszeniert, oft von Ziegel selbst, nicht selten besser als in Berlin und München. Von Strindberg, Wedekind, Sternheim, Kaiser über Toller, Pirandello, Klabund, Werfel bis zu Brecht und Hans Henny Jahnn reichte die Liste namhafter Autoren. Alsbald hatte Ziegel, obwohl nicht subventioniert und deshalb oft in finanzieller Bedrängnis, ein reich besetztes Ensemble angagiert, von dessen Mitgliedern viele später mit Recht Karriere machten: Victor de Kowa (damals noch Kowarzik), Ernst Fritz Fürbringer, Wolf Beneckendorf, Paul Kemp, Axel von Ambesser (Axel von Oesterreich).

Ziegels Paradepferd hieß Gründgens. Fünf Jahre lang, von 1923 bis 1928, spielte, inszenierte, sprach und sang er in den Kammerspielen, seit 1925 statt Gustav nun Gustaf Gründgens, von 1925 bis 1928 verheiratet mit Thomas Manns ehrgeiziger Tochter Erika, gleichzeitig befreundet mit ihrem Bruder Klaus, der später seinen skandalumwitterten *Mephisto-*

Roman über ihn schrieb. Übrigens das einzige Buch, das seit Jahren in der Bundesrepublik offiziell verboten ist ...

Seit 1925 verfolgte HS aus der Nähe Jahr für Jahr Gründgens' langwierige, keineswegs geradlinige Entwicklung als Schauspieler, oft unter Ziegels Regie. Er sah ihn unter anderem als selbstironischen, köstlich schwyzerisch schwätzenden Bluntschli in Shaws *Helden*, als Dr. Jura in Hermann Bahrs *Konzert*, als Sternheims *Oscar Wilde* und *Snob*, als Büchners *Prinz Leonce*, als Shakespeares Angelo (*Maß für Maß*) und Jacques (*Wie es euch gefällt*), als Marchbank in Shaws *Candida*, als Moritz in Wedekinds *Frühlings Erwachen*, in zwei geistreich von ihm selbst inszenierten Offenbachoperetten: als Aristeus und Pluto in *Orpheus in der Unterwelt*, als Paris und Filmschauspieler in *Die schöne Helena*. Seinen ersten Hamlet gab er im Oktober 1927 (Regie: Hanns Lotz). Alle Kritiker bewunderten fast rückhaltlos seine Leistung. So z. B. Carl Anton Piper in den »Hamburger Nachrichten«: »... ein paar der großen Monologe berechtigen zu den allerbesten Hoffnungen (...) in höchstem Maße erfreulich.«

Rückblickend hat Gründgens 1949 einmal gesagt: »... und dann kam ich eben zu dem Mann, dem ich bis heute und bis an mein Lebensende tief freundschaftlich verbunden sein werde, zu Erich Ziegel und zu seiner Frau Mirjam Horwitz in Hamburg, die mich wirklich ... gepflegt und lange gesucht haben, wo eigentlich das Eigentliche, das Persönliche von mir ist und das sie eben auch freigelegt haben.« Ein Jahr später, in seinem Nachruf auf Erich Ziegel: »Als er mich nach drei wenig sinnvollen Theaterjahren aufspürte, war für mich die Autorität gefunden, die der junge Schauspieler, gerade wenn er wie ich verwöhnt von einer guten Schule kommt, so dringend braucht.«

In seiner Rede an die Mitglieder des Deutschen Schauspielhauses in Hamburg am 1. August 1955 bekannte er: »Sie wissen, daß ich fünf unvergeßliche Jahre unter Erich Ziegel gearbeitet habe, dessen Theater mir jetzt noch moderner vorkommen will als manches, was sich heute als zeitgemäß gebärdet.«

Das waren keine leeren Worte. Als Gründgens 1934 Intendant der Staatlichen Schauspielbühnen in Berlin wurde, hat er vorher mit Ziegel beraten, ob er diesen riskanten Posten annehmen solle. Später, als Ziegel seine Hamburger Position aufgeben mußte, engagierte der nunmehrige Generalintendant und Staatsrat ihn als Schauspieler an sein Berliner Haus, wo Ziegel bis 1945 tätig war. Damit sicherte er dessen jüdischer Frau Mirjam Horwitz das Überleben. Das gleiche tat er damals für eine Reihe anderer Kollegen in ähnlicher Lage, geschützt von Göring: »Wer Jude ist, bestimme ich.«

Der Schauspieler und Regisseur Gustaf Gründgens um 1930.

Ziegel machte notgedrungen auch Kompromisse, um finanziell über-
leben zu können. Er nahm zum Beispiel Schwänke wie *Charleys Tante* ins
Repertoire, hatte für die Titelrolle allerdings einen unübertrefflichen
Komiker: Paul Kemp, später mit Recht filmberühmt, viel zu früh gestorben.
HS hat unvergeßliche Abende mit ihm erlebt, an denen Paul Kemp die
Spieldauer dieser unverwüstlichen Klamotte um fast eine Stunde verlän-
gerte – mit der übersprudelnden Fülle seiner mimischen und pantomimi-
schen Einfälle und Improvisationen, stets witzig, nie langweilig. Schließ-
lich sah man auf der Szene nur noch die Rücken der mitbeteiligten
Darsteller, lautlos lachend über den unwiderstehlichen Kollegen, von
hinten erkennbar an ihrem hilflosen Schulterzucken.

In Hamburg war übrigens Paul Kemp in Brechts *Mann ist Mann* der
glaubhafteste, redlichste Galy Gay, den man sich nur vorstellen kann,
menschlich anrührend als ein am Ende ausgelöschtes Individuum, verlorene Kreatur in der militärischen Zwangsjacke.

Zum Haus der Kammerspiele führte jener bereits erwähnte Torweg, der
das Gebäude selbst von der Straße aus unsichtbar machte, weil es am tiefer
gelegenen Innenhof lag. Es war ein zweistöckiger Bau, hinter einer reizvoll
symmetrisch gegliederten Jugendstilfassade, die inzwischen längst schäbig und unansehnlich geworden war. Nur der Torweg mit großer Haus-
nummer (Besenbinderhof 59) blieb erhalten. Er führt heute zu den Büros
verschiedener Gewerkschaften.

Unten, mitten im Hof, stand damals fast ganzjährig eine große Pfütze.
Rechts ging eine Treppe nach oben zum Theaterrestaurant, einer beschei-
denen Kneipe. Als Gründgens sich in seiner Garderobe über die kleinen
Pfützen auf dem Fußboden vor dem Ankleidetisch Bretter legte, meinte
Paul Kemp: »Gustaf, du kriegst Starallüren ...«

Im Theater kannte man inzwischen HS, den Schüler mit der Nickelbrille
und der gelegentlichen Freikarte, sofern er sich nicht doch einen Stehplatz
kaufen mußte.

Aber die Platzanweiserinnen stellten mißvergnügt fest, daß er sich, falls
Platz war, kurz bevor das Licht ausging, gern in eine der vorderen Reihen
setzte. Ihren Ärger darüber konnten sie nicht mehr loswerden, weil sie
sonst den Vorstellungsbeginn gestört hätten. So blieb es bei leise gezisch-
ten Unmutsäußerungen: »Unerhört!« oder »Nein, so was!«, von denen der
Betroffene keine Kenntnis nahm.

Im Laufe der Jahre aber gewöhnten sie sich an HS, stillschweigend
duldeten sie ihn auf besseren Plätzen, die er nicht bezahlt hatte.

*

Damals hielt Kurt Tucholsky in Hamburg einen seiner (seltenen) Vorträge, und zwar in der Kleinen Musikhalle. Thema: »Frankreich«, wo er jahrelang als Auslandskorrespondent Berliner Zeitungen gelebt hatte.

Er begann damit, daß er erklärte, drei Bedingungen müßten erfüllt sein, damit man sagen dürfe, man kenne ein Land. Erstens müßte man in diesem Land im Gefängnis gesessen haben. Nein, bei ihm leider Fehlanzeige, Frankreich betreffend. Zweitens müsse man die Männer dort zu Freunden haben. Ja, er habe viele französische Freunde. Drittens müsse man die Frauen dort lieben. Nun machte er eine winzige nachdenkliche Pause. Ein wissendes Raunen ging leise, wie eine sanfte Welle, durch den Raum. Denn alle wußten, wie der Autor von *Rheinsberg*, dieser zarten Liebesgeschichte, zu lieben verstand.

Und dann – sprach er von ganz anderen Dingen. Es wurde ein höchst amüsanter, anregender Abend, auch für Frankreichkenner. Später brieflich von HS befragt, wann er endlich einmal wiederkäme, antwortete er ihm: »Er geht nicht gern auf ein Podium.«

*

Viele bekannte oder berühmte Bühnenkünstler, Kabarettisten und Autoren gastierten in den Kammerspielen. Mehrfach kam Joachim Ringelnatz aus München herüber, der in Hamburg gute Freunde hatte. Seine Vorstellungen fanden meist nachts nach 23 Uhr statt. Damals wie heute ein immer noch verkannter Poet, weil im allgemeinen Urteil allzu einseitig auf seine eigenwillige groteske Komik fixiert.

Dabei wissen wir längst, daß sein umfangreiches lyrisches Werk Perlen unvergleichlicher »Gebrauchs«-Poesie enthält: zupackend, wortschöpferisch (»schlafbrüchig«), tiefsinnig, melancholisch, weltfroh. Er ist deshalb viel mehr und anderes als nur der »Kuttel Daddeldu«.

Auf der Bühne standen ein Stuhl, ein kleiner runder Tisch, auf ihm eine Flasche Rotwein und ein Glas. Mit Beifall begrüßt, steuerte er leicht schwankend auf das Mobiliar zu, als Matrose in Dunkelblau, in weiten Hosen. Dann ergriff er die Flasche, goß ein, trank einen kräftigen Schluck, warf – absichtlich? – stolpernd mit einem Fußtritt den Stuhl um und plazierte das halbvolle Glas mit weitem Armschwung auf einer der in die Luft ragenden Stuhlbeinspitzen. Alles schrie auf – doch das Glas stand, mit der nachtwandlerischen Sicherheit des seligen Bacchusjüngers dorthin balanciert.

Natürlich sprach er alles auswendig, mit kleinen und großen Pausen, nachdenklich mit sparsamen Blickkontakten zum Publikum. Zuweilen veränderte er seine Texte, zum Beispiel ergänzte er die Schlußzeile von

»Komm, sage mir, was du für Sorgen hast« (1928): »Die Erde hat ein freundliches Gesicht / So groß, daß man's von weitem nur erfaßt. / Komm, sage mir, was du für Sorgen hast. / Reich willst du werden – warum bist du's nicht?« Leise sprach er den Zusatz »Kleines Gedicht«.

War der Abend nach verschiedenen Zugaben offiziell beendet, gingen die meisten. Einige wenige, die Bescheid wußten, blieben, gingen zwar ins Foyer, kehrten aber zurück. Sie wurden belohnt durch eine Fortsetzung der nächtlichen Stunde mit offenherzigen, ungedruckten, nach bürgerlichen Maßstäben keineswegs immer druckreifen Kreationen.

*

Zu den beharrlich verbreiteten Klischees über Hamburg zählt die Meinung, hier verstehe man nicht, Feste zu feiern. Ein Irrtum. Den Gegenbeweis lieferten die mehrtägigen, ganzjährig vorbereiteten Künstlerfeste in den Jahren der Weimarer Republik zwischen 1919 und 1933. Sie fanden weit über den Stadtbezirk hinaus Zuspruch und Beachtung.

Alljährlich verwandelte sich das weiträumige Curio-Haus an der Rothenbaumchaussee in eine Art »Gesamtkunstwerk«. Dutzende von Künstlern aus allen Bereichen waren daran beteiligt. Architekten übernahmen die festliche Raumgestaltung und die Bühnenausstattung. Maler, Bildhauer und Bühnentechniker kümmerten sich um die Dekorationen. Literaten, Musiker und Theatermenschen inszenierten Revuen und schrieben Almanache.

Bemerkenswert das künstlerische und intellektuelle Niveau dieser Feste, an denen Künstler, Mäzene und Gäste in Kostümen teilnahmen, die den Festtiteln entsprachen. Sie hießen zum Beispiel »Dämmerung der Zeitlosen« (1919), »Der himmlische Kreisel« (1922), »Der siebente Krater« (1925), »Plüsch und Plöröse« (1929), »Komplott der Komplexe« (1931) – damals sang Anneliese Born, die Frau von Albrecht Schönhals, mehr als nur die »Salondame« des Thalia-Theaters, ihren psychoanalytisch formulierten »Song der Analise«. Mit »Krawall im All« (1932) und dem melancholisch prophetischen Abgesang »Himmel auf Zeit« (1933) war alles vorbei.

Organisiert wurden diese Feste, wie der Dichter Hans Leip (»Lili Marleen«), einer der Initiatoren einer eigenen Festgruppe, erklärte, »um den dünnen Hamburger Kunstsinn zu päppeln«.

An den Festen war der Schüler und Student HS ab 1925 regelmäßig aktiv und genießerisch beteiligt, als Hilfskraft – den relativ hohen Eintrittspreis hätte er kaum bezahlen können. Wenn er heute rückblickend diese Festtage mit anderen späteren »Fêten« vergleicht, etwa am Rhein und in Süddeutschland, weiß er, wie stark das flirrende Fluidum der zwanziger

Jahre, mehr als nur eine Legende, damals auch an der Elbe spürbar gewesen ist.

*

In den dreißiger Jahren hatte die junge, 1919 gegründete Hamburger Universität einen guten, in manchen Fakultäten und Disziplinen ausgezeichneten Ruf. So hörte HS, der hier vom Sommersemester 1930 bis zum Ende des Wintersemesters 1933 Germanistik, Geschichte, Kunstgeschichte und Philosophie studierte, den weltbekannten Kant-Forscher Ernst Cassirer, schwächlich angefochten nur von Vertretern des antisemitischen »Hochschulrings Deutscher Art«, der seit Gründung der Universität mit dem »Fortschrittlichen Hochschulblock« im Streit lag.

Ferner erlebte er den Kinder- und Jugendpsychologen William Stern, Erfinder des »Personalismus«, übrigens der Vater des Philosophen Günter Anders (*Der antiquierte Mensch*). Dann den umfassend gebildeten, später in den USA berühmt gewordenen Kunsthistoriker Erwin Panofsky, der in Hamburg ein ganzes Semester lang über Dürers Kupferstich »Melencolia« las und die Studenten durch seine universale Bildung frappierte. Wie man raunte, unterhielt er sich mit seiner Frau privat, wenn es ihm einfiel, in spontan improvisierten griechischen Versen. Osteuropäische Geschichte hörte HS bei Richard Salomon, der wußte, was er von den Nationalsozialisten zu erwarten hatte.

Alle vier jüdischer Abstammung, mußten diese bedeutenden Männer bald nach der »Machtergreifung« das Land verlassen. Als Salomon sich von seinen Studenten verabschiedete, sagte er mit mühsam die Tränen beherrschender Stimme: »Aber ich verstehe das nicht. Ich bin doch Deutscher ...«

Im Februar 1933 begann der Historiker Justus Hashagen, im Ersten Weltkrieg U-Boot-Kommandant, eine Seminarstunde damit, daß er aufstand und von innen an die in Hufeisenform aufgestellten Tische herantrat. Dann blickte er einige der vor ihm sitzenden Studenten einzeln nacheinander mit seinen hellblauen Augen scharf an und sagte ganz ruhig etwa die folgenden Sätze:

»Wie ich höre, sollen demnächst in dieser Stadt und andernorts mißliebige Bücher neuerdings unbeliebter Autoren öffentlich verbrannt werden. Dabei weiß jeder, der etwas von Büchern versteht, daß es nur eine einzige Möglichkeit gibt, sich mit ihnen und ihren Autoren auseinanderzusetzen: Man muß sie *lesen*.«

Dieses letzte Wort sprach er sehr langsam und mit einer auffallenden kleinen Pause zwischen den beiden Silben, als schrieb es sich »leee-sen«.

Bei Paul Böckmann arbeitete HS in dessen Hölderlinseminar mit; zum

pathetisch gefährdeten Gegenstand der Übungen stand Böckmanns trok-
kene Diktion und Interpretation in wohltuend sympathischem Gegensatz.

An jeder Hochschule gab und gibt es Professoren, die man, wenn man
sich nicht »fachidiotisch« auf den engen Kreis seiner einzigen Disziplin
beschränkt, gehört haben muß. Für HS und andere gehörte zu ihnen
Wilhelm Flitner, der bedeutende Pädagoge. Er war mitverantwortlich
dafür, daß in den zwanziger und dreißiger Jahren nur in Hamburg die auf
hohem Niveau angesiedelte Ausbildung der Volksschullehrer an der Universität stattfand. Außerdem verdankt ihm die Stadt verschiedene für ganz
Deutschland vorbildliche Einrichtungen der Erwachsenenbildung und des
Volkshochschulwesens, an dem sich die prominentesten Köpfe der Universität beteiligten. Hundertjährig, geistig und körperlich frisch, starb Flitner
1989 in Tübingen.

*

In den ersten Semestern seines Studiums, seit dem Sommersemester 1930,
hat HS sich mehr um das Theater, den Film, um Literatur und Politik und
Jazzmusik gekümmert als um die hehre Wissenschaft.

So hatte er noch als Primaner »The Babies' Dancing Band« mitgegrün-
det, in der er Schlagzeug spielte; es war eine drei- bis fünfköpfige Gruppe
von Amateuren, von denen einige später Professionals wurden. Damals
gab es in Hamburg nur sehr wenige solche Bands. Mit den »Babies« spielte
er an Wochenenden in kleinen Tanzlokalen in Hamburgs Umgebung,
später auch bei Stiftungsfesten und anderen geselligen Veranstaltungen
studentischer Verbindungen.

Außerdem war er Mitglied der Kommunistischen Studentenfraktion
(KOSTUFRA) und – ebenfalls als Schlagzeuger – Angehöriger des »Kol-
lektivs Hamburger Schauspieler« (KHS), einer Vereinigung zumeist links-
radikaler junger Künstler. Zu ihr gehörte zeitweise auch Axel von Ambesser, der damals noch Axel von Oesterreich hieß. Die meisten von ihnen
waren an verschiedenen großen und kleinen Bühnen in der Stadt engagiert gewesen, hatten aber den Mund nicht halten können und wollten
sich dem verbürgerlichten Stadttheaterbetrieb nicht anpassen. So veranstalteten sie eigene Kabarettabende mit Szenen, Songs und Chansons
unter anderem von Tucholsky, Mehring, Brecht/Weill, Erich Kästner und
mit eigenen Texten. Noch im Dezember 1932 hatte HS für einen solchen
Abend am 24. Februar den großen Saal des Studentenhauses in der Alten
Rabenstraße 13 nahe dem Dammtor-Bahnhof gemietet – im heute denk-
malgeschützten Haus, damals auch als Mensa benutzt, hat jetzt das Musik-
wissenschaftliche Institut der Universität sein Domizil. Als Hitler am
30. Januar 1933 Reichskanzler wurde, war das für HS und seine Freunde in

ihrer politischen Naivität und Unbekümmertheit kein Grund, die Veranstaltung abzusagen. Allerdings forderten sie, nachdem sie gehört hatten, die braune SA wolle den Abend sprengen, Mitglieder einer »roten Hundertschaft« der KPD aus dem Freihafen an, zum eigenen Schutz. Damit war die Saalschlacht vorprogrammiert.

Sie begann etwa zwanzig Minuten nach Beginn der Veranstaltung inmitten eines seltsam gemischten Publikums von Intellektuellen und Arbeitern. Vom Typ her waren die SA-Leute von den Kommunisten kaum zu unterscheiden. Niemand weiß, wer angefangen hat. Plötzlich wirbelten mehr als hundert Stühle in der Luft herum. Als Schlagstöcke dienten die relativ leicht zu demontierenden Beine der schöngeschwungenen Thonet-Sitzmöbel. Es gab mehr oder weniger schwer Verletzte, Arm- und Beinbrüche, doch keine Toten.

Als die Presse kam, versammelte HS, schon damals längst entschlossen, Journalist zu werden, die Reporter um sich und diktierte die auch später in ungefähr gleichem Wortlaut erschienene Meldung über eine gewaltsame Auseinandersetzung zwischen Besuchern eines Kabarettabends im Studentenhaus.

Einige Tage später vor das Universitätsgericht zitiert, stieß HS dort auf einen jungen nationalsozialistischen Verbindungsstudenten, vom Gericht mit der Vorverhandlung beauftragt. Entsetzt rief er aus: »Nein – das sind Sie, Herr Schmidt? Ich kenne Sie doch nur im Smoking am Schlagzeug Ihrer Band! Sie ein Kommunist? Wie schrecklich! Ich muß Sie eigentlich von allen Universitäten relegieren lassen. Auch müssen Sie die vielen kaputten Stühle im Studentenhaus bezahlen. Wie könnte ich Ihnen helfen? Es gibt vielleicht eine Möglichkeit für Sie. Ich lasse Sie von der Hamburger Universität verweisen. Sie reisen möglichst schnell ab, besser morgen als übermorgen. Wohin, das will ich gar nicht wissen. Vielleicht können Sie andernorts weiterstudieren. Leben Sie wohl!«

Gesagt, getan. HS entschwand nach Bonn, wo er an der Universität mit dem Doktoranden Walter Markov alsbald eine Widerstandsgruppe aufbaute. Ihre Mitglieder wurden im Februar 1935 verhaftet und im Oktober vor eines der neuen Sondergerichte für politische Straftaten in Hamm in Westfalen gestellt, dem Geburtsort von HS. Trotz des »Vorliegens erheblicher Verdachtsmomente« wurde HS freigesprochen, während Dr. Markov, der alle »Schuld« auf sich genommen hatte, von zwölf Zuchthausjahren fast zehn in Siegburg verbüßt hat, großenteils in Einzelhaft.

WILLI SCHMIDT

Am 19. Januar 1910 in Dresden geboren. Schon in seiner Jugend wirkte er leitend bei Schultheateraufführungen mit. Nach Abschluß seines Studiums wurde er Bühnenbildner bei Heinz Hilpert am Deutschen Theater und Ausstattungsleiter an der Volksbühne unter der Direktion von Eugen Klöpfer (1938–1939). Weil er erkrankte und auf die Initiative von Gustaf Gründgens erhielt er vorzeitig seine Entlassung aus der Wehrmacht (1940). Bis Kriegsende war er dann Bühnenbildner an den Preußischen Staatstheatern und im Anschluß daran am Deutschen Theater und am Schloßpark-Theater Berlin. 1946 führte er am Hebbeltheater das erstemal Regie, worauf viele andere Inszenierungen an namhaften Bühnen Deutschlands und des Auslands folgten. Außerdem übernahm er von 1952 bis 1975 eine Professur an der Hochschule der Künste in Berlin. Seit 1958 Mitglied der Akademie der Künste und seit 1980 Ehrenmitglied der Staatlichen Schauspielbühnen Berlin.

WILLI SCHMIDT

Von Elb-Florenz nach Spree-Athen

Das Theater als Seismograph der Zeit –
Meine Suche nach der anderen Wirklichkeit

Ein Zufall oder nicht – während mich die Erinnerung an die »zwanziger Jahre« beschäftigte, kamen mir Georg Christoph Lichtenbergs *Sudelbücher* wieder vor Augen, darin zu lesen steht: »Solange das Gedächtnis dauert, arbeiten eine Menge Menschen in einem vereint zusammen, der Zwanzigjährige, der Dreißigjährige usw. Sobald aber dieses fehlt, so fängt man immer mehr und mehr an, allein zu stehen, und die ganze Generation von Ichs zieht sich zurück und lächelt über den Hilflosen.«

In meinem Fall muß ich die Hilflosigkeit zu überwinden suchen, indem ich mir vergegenwärtige, daß ich von meinem achten bis zum zweiundzwanzigsten Lebensjahr, also anderthalb Jahrzehnte, der Weimarer Republik »angehörte«.

Mein Geburtsdatum ist der 19. Januar 1910, und immer ist es mir wie das Teilstück einer ins unendliche fortzusetzenden Zahlenreihe erschienen. Mein Geburtsort ist Dresden, eine Stadt, damals von europäischem Rang, die mich erzogen und geprägt hat. Ich bewahre ihr bis heute ein zärtliches Gedenken.

Aber zunächst empfiehlt sie sich dem Kind im letzten Winter des Ersten Weltkriegs mit Dörrgemüse, das kaum den Hunger zu stillen vermag. Meine Mutter hat eine Krämerin ausfindig gemacht, die im Schwarzhandel Butter verkauft, eine kostbare Rarität. Der Handel wird flüsternd bei Kerzenschein in einem Keller der Vorstadt getätigt. Ich muß viele Stufen ins Dunkle hinabsteigen. Mir ist »ahnungsweise« bewußt, daß etwas Verbotenes vor sich geht, an dem ich teilhabe, und ich ängstige mich.

Ein andermal sind wir, meine Mutter und ich, mit einem kleinen Bollerwagen zu einem Bauern bei Döbeln unterwegs. Es ist Winter, bitterkalt bei tiefem Schnee. Der Bauer hat einen kleinen Sohn, der mit uns am Tisch sitzt, als wir zu einem frugalen Mahl gebeten werden, das für uns Hohlwangige dennoch aus Delikatessen besteht, zum Beispiel aus Spinat mit Spiegelei. Dem bäurischen Knäblein schmeckt indes das Dargereichte nicht, deshalb fegt es mit einer kurzen Bewegung des Unterarms seinen gefüllten Blechteller vom Tisch.

Diese Ungezogenheit beeindruckt mich tief, einmal wegen der Kühnheit der Geste, die mir nie in den Sinn gekommen wäre, vor allem aber wegen der mit ihr verbundenen sinnlosen Verschwendung.

Mit Hilfe von einigen Spielsachen, von denen ich mich zugunsten des verwöhnten Bauernkindes trennen muß, erhandeln wir einen halben Zentner Kartoffeln. Von dieser indirekten Bestechung erhoffen wir uns zusätzliche Hilfe. Sie wird uns aber nicht zuteil. Kein Schlitten wird angespannt, uns mit der schweren Last zum Bahnhof in Döbeln zu bringen. Wir ziehen das Wägelchen durch Schnee, und jedesmal wenn wir erschöpft anhalten, um neue Kräfte zu sammeln, frieren die eisenbeschlagenen Räder am Boden fest: Behinderungen, die wir uns nicht leisten können, da wir den Zug nach Dresden erreichen müssen.

Beim dritten oder vierten dieser Aufenthalte weint meine Mutter. Noch heute sehe ich die erschöpfte, verzweifelte Frau vor mir, wie ihr die Tränen über die rotgefrorenen Wangen laufen.

*

Kündigt sich so die neue Zeit an, von der die Erwachsenen reden?

»Der Krieg ist verloren«, heißt es, und ich muß mir selbst zusammenreimen, was damit gemeint ist. Mein Vater, ich an seiner Hand, hatte doch so viel Gefallen an der Wachtparade gefunden, an den schmucken Soldaten im bunten Rock mit Pickelhaube. Sie zog die Chemnitzer Straße entlang bis zum Schloßplatz, und wir begleiteten sie bei klingendem Spiel, das buchstäblich aus Pauken und Trompeten bestand und von den Klängen des Schellenbaums bereichert wurde, nicht zu sprechen von den Pfeifen und Trommeln, die jedem Marsch eine Ouvertüre voranschickten.

Einer der Märsche hieß »Alte Kameraden«. Ich erkannte ihn wieder, weil mein Vater ihn vor sich hin zu summen pflegte, wenn er gut aufgelegt war. Aber nun, 1918, war es vorbei mit der vom klingenden Spiel provozierten, vaterländisch timbrierten guten Laune.

Es war doch so bunt, so prächtig, so lärmend unbefangen bei den Paraden zugegangen, auch bei den Ruderregatten auf der Elbe oder bei der »Vogelwiese« auf den Flußauen. Dresden war doch eine fröhliche, selbstbewußte, elegante Stadt. Wo war ihr Charme, wo ihre heitere, auch ein wenig umständlich-freundliche Liebenswürdigkeit geblieben? Ich begreife es nicht mit meinem Jungenverstand.

»Hoflieferant« hatte an den vornehmen Geschäften der Prager Straße gestanden, und vergrößerte Nachbildungen der Medaillen, golden glitzernd, die den Firmen bei dieser oder jener Ausstellung ihrer Produkte zuteil geworden, hatten an den Schaufenstern geprangt; ehrfurchtgebietend, Qualität verheißend. Und nun? Hoflieferant gewesen zu sein ist keine Empfehlung mehr. Die Medaillen werden entfernt. Man sieht noch eine Weile die Klebestellen am Glas der Schaufenster.

Aus dem düsteren Kasten der »Bürgerschule«, die zuletzt schon Volksschule hieß, ein Bau aus dem 19. Jahrhundert in der Plauener Vorstadt, bin ich ins König-Georg-Gymnasium gewechselt. Es liegt weit entfernt von der elterlichen Wohnung jenseits eines Birkenwäldchens in Blasewitz, ist ein heller, weiträumiger Bau und fortan für neun Jahre, bis zum Abitur, meine geistige Heimat. Ich muß es so anspruchsvoll formulieren, weil es die Wahrheit ist.

Ich bin ganz sicher, daß dieses Institut meinen Lebensweg bestimmen half, da es eine Schulbühne besaß, auf der ich mich im Lauf der Jahre als Darsteller, Regisseur, Bühnenbildner bewähren konnte.

Aber auch das normale pädagogische Programm der Schule war von besonderer Güte, in gewissen konservativen Kreisen Dresdens als »zu liberal«, was auch »links« bedeuten konnte, verschrien.

Mir wird nun erklärt, was da geschehen war, als aus der Wachtparade der bunten Soldaten das feldgraue Elend der Niederlage hervorging, der Hunger und die Last der Reparationen, die Inflation und der vergebliche Aufstand der Arbeiterschaft. Der Militarismus hatte sich mit seinen großmannssüchtigen Gebärden (»Viel Feind, viel Ehr'!«) als die Volksverführung erwiesen, die er von Anfang an war. »Jeder Tritt ein Brit', jeder Stoß ein Franzos', jeder Schuß ein Russ'«, hatten die Landser gereimt, als sie mit Blumensträußchen am Karabinerlauf in Güterwagen an die Front transportiert wurden. Soundso viele Pferde oder soundso viel Mann stand mit Kreide an die Waggons geschrieben.

*

Merkwürdig, eigentlich waren das ja preußische Verhaltensweisen, vom Soldatenkönig mit den langen Kerls über den Großen Friedrich und seinen Expansionsdrang nach Osten, der sieben Jahre anhielt und Sachsens Neutralität skrupellos mißachtete, bis zu Bismarcks Kaiserreich, von dem Fontane behauptete, er habe es sich »zusammengemogelt«. Was hatten wir im schönen Sachsenlande damit zu schaffen?

Ach, es war illusionär zu hoffen, auch nur ein »Untertan«, welchen Volksstamms auch immer, wäre fest entschlossen, sich zu verweigern,

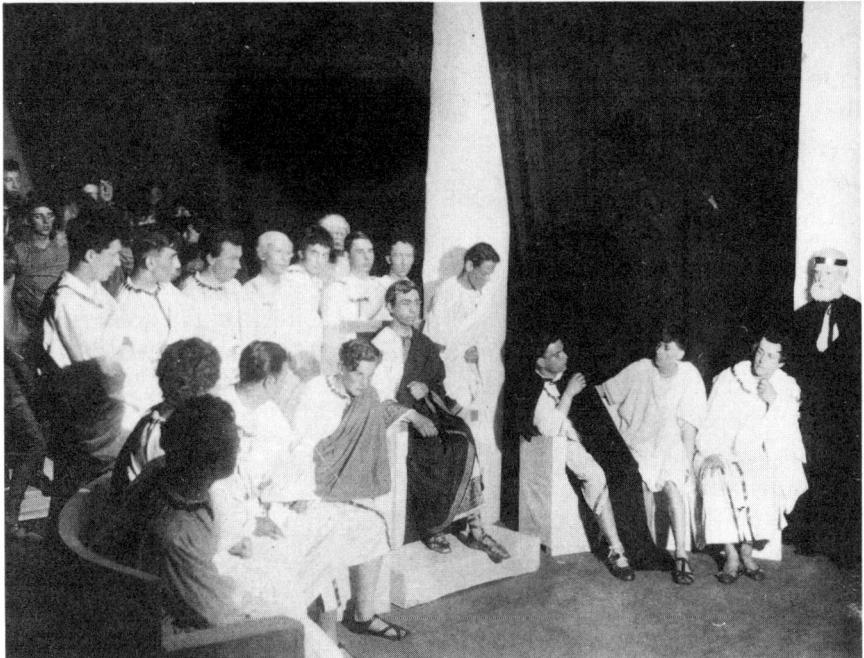

Der Autor um 1928.

Schüleraufführung von Shakespeares *Julius Cäsar*. Willy Schmidt, der auch die
Bühnenbilder entwarf, steht vor der Mittelsäule.

wenn der Kaiser als oberster Kriegsherr ans Schwert schlägt und verkündet: »Ich kenne keine Parteien mehr, ich kenne nur noch Deutsche!«

Doch, einen kann ich vorstellen, einen Arbeiter in einer Leipziger Kugellagerfabrik, seines Zeichens wohl ein überzeugter Pazifist. Er sagte, als auch die Sozialdemokratie der Vorlage zu den Rüstungsausgaben zugestimmt hatte, tieftraurig zu seinem Chef: »Herr Diregder, *die* Endeischung!«

Mit diesem einen Wort hatte er vorweggenommen, was der nachmalige Krieg als Fazit von vier Jahren Materialschlacht hinterließ: Trostlosigkeit, Elend, Armut.

*

Es hat eine gewisse Ironie für mich, daß mein Vater, ein überaus korrekter Mann, sich jetzt, während der Inflation, als Prokurist der Dresdner Bank mit Geldgeschäften befassen muß, eine Sphäre, die mir ganz fremd ist. Mir wird bewußt, daß ich mir in all der Wirrnis der Zeit *eine andere Wirklichkeit* suchen muß. Aber wo ist sie zu finden?

Ich sehe in der Kunstgewerbeschule eine Ausstellung von Bühnenentwürfen und bin so fasziniert, vor allem von den Modellen, daß ich wie in einer Erleuchtung weiß – diese magische Welt wird dein Arbeitsfeld sein.

Ich bin siebzehn Jahre alt. Man schreibt das Jahr 1927. Es ist das Jahr mit dem berüchtigten Schwarzen Freitag des 13. Mai, an dem die Börse kollabiert. Ich weiß nicht, was das bedeutet. Wahrscheinlich verliert auch mein Vater seinen Aktienbesitz, denn fortan muß im Haushalt gespart werden. Warum nicht? Ich verschwende keinen Gedanken daran, weiß nur eins mit Bestimmtheit: daß ich zum Theater gehen werde und niemand mich davon abbringen kann.

1927 ist aber auch das Jahr, in dem Hugo von Hofmannsthal an der Münchner Universität einen Vortrag hält, der »Das Schrifttum als geistiger Raum der Nation« heißt. Angesichts der miserablen Realität, in der sich die Nation zur Zeit befindet, ist das ein geradezu höhnischer Titel.

Für mich aber hat er abermals fundamentale Bedeutung, denn mein Deutschlehrer legt mir das Heft der *Neuen Rundschau*, in dem der Vortrag abgedruckt ist, aufgeschlagen aufs Klassenpult, nachdem ich eine Klausurarbeit bei ihm abgegeben habe und bis zum Ende der Schulstunde noch eine Spanne Zeit bleibt. »Lies das«, sagt er, »nimm's mit nach Hause, bring es mir wieder.«

Mir ist, als hätte ich den Ritterschlag bekommen. Er traut mir zu, daß ich diesen vermutlich anspruchsvollen Text zu verstehen und in mich aufzunehmen imstande bin. Es ist aber die Lektüre, zusammen mit den faszinie-

renden, magisch beleuchteten Bühnenmodellen, die »Initiation«, die mich
für meinen Beruf bestimmt.

Fortan werde ich dem Theater und der Literatur verschrieben sein und
alles tun, um mich auf beiden Feldern kundig zu machen.

Die andere Wirklichkeit zeichnet sich ab!

*

Die Theater Dresdens sind von hohem Rang. Die Oper ist weltberühmt:
Strauß-Uraufführungen finden in dem berühmten Semper-Bau statt. Aber
auch das Schauspiel weiß von sich reden zu machen, etwa mit einer
Hamlet-Bearbeitung Gerhart Hauptmanns sowie mit zeitgenössischen
Stücken; zum Beispiel mit *Zweimal Oliver* von Georg Kaiser, einer Tragödie, in der ich als Statist mitwirke. Ja, ich habe es erreicht, das Theater nicht
nur als Vierter-Rang-Besucher zu betrachten. Ich will wissen, wie es »hinter den Kulissen« zugeht, ob das große Gehäuse hält, was die Miniaturbüh-
nen versprochen haben an Magie.

In *Zweimal Oliver* wird zudem Theater auf dem Theater gespielt. Eine
Varietébühne ist aufgeschlagen, eine kleine Girl-Truppe tritt auf, zu deren
Zuschauern weit im Hintergrund ich gehöre. Ich klatsche begeistert, damit
das halbe Dutzend langbeiniger Mädchen genötigt ist, sich immer wie-
der knicksend zu verneigen, immer wieder, gar nicht oft genug. Das
hat wütende, sächsisch gefärbte Vorwürfe des Komparserieinspektors zur
Folge. Dieser frenetische, in keinem Verhältnis zur Darbietung stehende
Applaus verstoße nicht nur gegen die Probenabrede, er lenke vor allem die
Aufmerksamkeit vom Hauptdarsteller ab.

Gut also, wir werden uns künftig mäßigen, aber nur in diesem einen
Punkt, was mich betrifft. Meine Begeisterung für die Bühne nimmt mit
jeder Vorstellung zu. Ich bewundere die Maschinerie der hydraulischen
Hebepodien, mit deren Hilfe man die wunderbaren, zauberischen Büh-
nenbauten schnell wechseln kann, sehe gebannt den lautlosen Funktionen
des Schnürbodens zu und stehe staunend vor den variablen Lichtsyste-
men.

Aber auch den Verwandlungskünsten der Schauspieler verfalle ich mehr
und mehr und fühle mich, anonym, wie ich als kleiner Statist in ihrer Nähe
bleibe, dennoch als ihr Gefährte. Denn ich bin auch in Hellerau tätig, in
dessen Festspielhaus die große Mary Wigman den *Sommernachtstraum*
inszeniert. Ich gehöre zu dem Gefolge des »Puck«, bin eingenäht in ein
Kostüm aus grasgrünem Bast, dessen seltsamen, petroleumartigen Geruch
ich heute noch in der Nase spüre. Meine Aufgabe ist es unter anderem,
eine Rasenbank darzustellen. Auf meinem Rücken nimmt eine zierliche

Elfe Platz, die, sobald ich mich unter ihr rege, mit einem unterdrückten spitzen Schrei zu erschrecken und in einen Tanz mit ihresgleichen zu fliehen hat, während ich angehalten bin, mich über die gelungene Irreführung täppisch zu freuen, eine, wie man zugeben wird, nicht nur obenhin zu lösende künstlerische Aufgabe für uns beide.

Später, viel später, werden Mary Wigman und ich einander in der Akademie der Künste zu Berlin wiederbegegnen und befreundet sein. Aber wie kann ich das zur Zeit des *Sommernachtstraums* schon wissen?

*

Man erzählt mir, ungeachtet der Wertschätzung Dresdener Schauspielkünste, die erklärte Theaterstadt Deutschlands sei Berlin, eine Metropole, gegen die sich »Elb-Florenz« mit all seinem musischen Ambiente denn doch geradezu altmodisch ausnähme, etwas zaghaft sozusagen gegenüber der Moderne; beschenkt, aber auch belastet von einer großen Tradition, wie es sich nun einmal darstelle. Ich erwidere, nicht nur der *Zwinger* sei für Dresden charakteristisch, auch die Maler der »Brücke« hätten hier ihre Vereinigung gegründet, Oskar Kokoschka lehre an der Akademie, Otto Dix habe hier sein Atelier.

Seine kleine Tochter Nelly schenkt mir eine Kinderzeichnung. Sie ist mit einem Lehrerehepaar befreundet, das mir eine Mansarde vermietet hat. Denn zwei Jahre vor dem Abitur lebe ich allein in Dresden, weil mein Vater die Direktion einer Bankfiliale.in Bautzen übernahm, wohin ich meinen Eltern nicht folgen wollte. Sie gestanden mir diese frühe studentische Existenz gewiß nicht ohne Besorgnis zu.

Nicht ins Beengte, Provinzielle strebt mein Sinn – ich will überprüfen, ob die angeblichen Berlinkenner mit ihren Schwärmereien recht haben, und immatrikuliere mich an einem Institut Unter den Linden, das mit einem rührenden Genitiv »Friedrich-Wilhelms-Universität« heißt.

Ich bin jetzt neunzehn Jahre alt. Auf meinem »Reifezeugnis« steht in der Lücke der vorgedruckten Zeile »Er hat die Absicht . . . zu werden«, handschriftlich ergänzt, das bedeutungsschwere Wörtlein »Regisseur«.

*

Unvorbereitet bin ich nicht für ein Studium in der Philosophischen Fakultät. Das König-Georg-Gymnasium hatte von Unterprima an Wahlfächer angeboten, und ich hatte mich in einem Kursus mit Kants *Grundlegung zur Metaphysik der Sitten* beschäftigt. Mein Lehrer für Kunstgeschichte war kein Geringerer als Will Grohmann. Bei ihm arbeitete ich über Daumier und Gavarni.

Ich bin also zuversichtlich, was meine Vorbereitung auf ein Universitätsstudium betrifft, aber das Vorlesungsverzeichnis allein schon läßt mich
ganz und gar verzagen. Es ist wie ein Schock. Mir wird mit einemmal
deutlich, wie unendlich vielfältig die andere Wirklichkeit, die der Künste
und der Wissenschaft ist, die ich mir erschließen will, und daß ich ihrer nur
in winzigen Partikeln teilhaftig werden kann. Muß ich nicht auch fürchten,
von der Theorie überwältigt, dem Theater entfremdet zu werden?

Dennoch belege ich, nachdem ich meine Befangenheit überwunden
habe, im Sommersemester 1929 sieben Vorlesungen und eine Übung mit
insgesamt 16,5 Wochenstunden, wofür ich außer der Studiengebühr von
60 Mark 42,50 Mark an Kolleggeldern zu entrichten habe.

Professor Max Herrmann liest über »Geschichte des deutschen Theaters
in der klassischen Zeit«, über »Deutsche Literatur in der 2. Hälfte des
19. Jahrhunderts«, über »Lessing«. Er hält auch »Theatergeschichtliche
Übungen« ab. Hagemann spricht »Über Bühnenregie«. Ferdinand Jacob
Schmidt hält eine »Einführung in die Philosophie Kants«. Dr. Giese desgleichen über »Theaterarchitektur« und über »Architektursysteme des
Mittelalters«.

Mein Studienbuch weist dieses umfangreiche Pensum aus. Offenbar
hab' ich mir vorgenommen, fleißig zu sein.

Das Studienbuch hat pro Semester zwölf Rubriken vorgesehen, in die
das Lehrfach einzutragen ist. Im dritten Semester sind sie alle ausgefüllt.
»Meine« Professoren heißen nun auch: Arthur Liebert, Max Dessoir, Nicolai Hartmann, Eduard Spranger, Julius Petersen, Heinrich Wölfflin, Oskar
Fischel, Albert Erich Brinckmann, Richard Alewyn. Ich muß diese Namen
nennen, weil ich ihnen alles verdanke, was mir an Erkenntnis zuteil geworden, und weil sie mich ein für allemal der Humanität verpflichtet haben,
die sehr bald schon mit Füßen getreten werden wird.

Urlaubsstempel beenden nach dem siebenten Semester, im Winter 1932/
33, die Eintragungen im Studienbuch.

*

Nicht von ungefähr. Inzwischen pflegen sich bei sogenannten »Stehkon-
venten« Studenten in SA-Uniformen vor dem Eingang der Uni zu versam-
meln, und am Schwarzen Brett werden »wir« aufgefordert, Vorlesungen
jüdischer Professoren zu boykottieren. Da war meines Bleibens nicht
länger an der *Friedrich-Wilhelms-Universität*, obwohl ich bei Max Dessoir
eine Dissertation, genannt »Die Kunst als Organon der Philosophie«, verfaßt habe. Der schöne Titel bezieht sich auf ein Diktum aus der Ästhetik
Schellings. Romantischer Philosophie, romantischem Schrifttum über-

haupt war diese Arbeit gewidmet, und wie beide ins Spannungsfeld des »Transzendentalen Idealismus« gerieten, den Fichte so vehement vertrat.

Was zur Promotion dienen sollte, ist umsonst geleistet, weil ich es als Verrat empfinde an meinem Bildungsweg, die Sekundärliteratur jüdischer Autoren, die ich zu Rate gezogen, aus der Schrift zu eliminieren, wie es nun gefordert wird.

Eine kleine Gruppe versammelt sich noch um Arthur Liebert im »Landhaus Dahlem«, um dem Verfemten, dem sein Lehrstuhl entzogen ist, die Treue zu halten – bis er emigriert.

*

Indes bin ich auch außerhalb der Universität nicht müßig gewesen. Von meiner Dresdner Theaterpraxis infiziert, strebe ich »hinter die Bühne«, will in Kontakt kommen mit den großen Regisseuren und Bühnenbildnern des Berliner Theaters, mit Leopold Jessner, Heinz Hilpert, Jürgen Fehling, Erich Engel, Karl Heinz Martin, Erwin Piscator, Rochus Gliese, Traugott Müller.

Ich habe einige Bühnenmodelle gefertigt, die ich in einem eigens konstruierten Kasten von Pontius zu Pilatus schleppe, will sagen, von Vorzimmer zu Vorzimmer der Theaterdirektoren.

Immer werde ich ruppig oder freundlich abgewiesen. Im Jahre 1930 ist schlechte Zeit für Theaterspielen. (Hatte mein Vater nicht gesagt, eine brotlose Zunft hast du dir ausgesucht?) Der Staat hat kein Geld für Alfanzereien. Das Schiller-Theater zum Beispiel soll aus Mangel an Subventionen geschlossen werden. Die Privattheater hören mehr und mehr auf, künstlerisch tätig zu sein, trachten aufzuführen, was Kasse macht.

Es ist beinahe zum Verzagen. Die andere Wirklichkeit, die ich suche, scheint sich mir zu entziehen. Bis mich Rochus Gliese, der vornehmlich für Jürgen Fehling die Szenenräume entwirft, als Assistenten annimmt.

Zum erstenmal betrete ich das noble, klassizistische Gebäude Schinkels am Gendarmenmarkt durch den Bühneneingang und darf mir sagen: »Du bist Mitglied des Preußischen Staatstheaters.«, dieses traditionsreichen Hauses, wenngleich ohne Bezüge: ein Volontär, honorarlos, aber mit vielen Pflichten.

Es ist eine strenge Lehre. Ich muß mich tummeln, denn Rochus Gliese ist ein beschäftigter Mann, und oft habe ich ihn zu vertreten auf Proben und bei den Gesprächen mit den Werkstätten. Sehr bald muß ich selbständig Entscheidungen treffen und lerne dabei mein Handwerk.

Ich nehme teil an den großen Inszenierungen Jürgen Fehlings, die exemplarisch sind für die Bühnenkunst der zwanziger Jahre, weil sie, wie

etwa *Der blaue Boll* von Ernst Barlach, getragen werden von einem erlese-
nen Ensemble, bis in den kleinsten Part mit einem Protagonisten besetzt.
Zwischen der stücktragenden Rolle und dem Mitspieler, der sich auf einen
einzigen Auftritt zu beschränken hat, gibt es keinen Niveauunterschied.

Auf diese Weise werden mir Maßstäbe vermittelt, die unverlierbar sind,
die mich aber auch als selbstverständlich voraussetzen lassen, was später-
hin soviel schwieriger zu erfüllen sein wird: den höchsten Anspruch an die
Qualität einer Aufführung zu stellen.

Leopold Jessner ist es, der erste »republikanische« Intendant der Preußi-
schen Staatstheater, der, als Nachfolger mehr oder weniger musischer
Hofbeamten, dem Theater ganz neue Impulse verleiht, es einbezieht in die
geistigen Kontroversen der Zeit, die sogenannten Klassiker auf ihren
Gegenwartsgehalt prüft, den Skandal nicht scheut, wenn ein bürgerliches
Publikum ihm die Zustimmung zum »Hamlet im Frack« oder zu »Wilhelm
Tell auf der Treppe« verweigert.

Eines ist dabei unabdingbar – sein »politisches« Theater, interpretiert
von großen Namen der Schauspielkunst, darf seine Wirkung niemals an
propagandistische Effekte verraten, eher nimmt es Verluste an Vitalität in
Kauf und verliert sich in die Abstraktion.

Wir arbeiten aber auch an der Volksbühne im Norden Berlins in unmittelbarer Nähe des »Alex«, der Markthallen, des Bauches von Berlin, der
Unterweltkneipen und des Scheunenviertels. Das Warenhaus Tietz macht
sich da breit, und die bronzene Berolina, noch immer wilhelminisch gerüstet, überragt auf ihrem Sockel das Gewimmel. Der ganze Kiez befindet
sich quasi unter Aufsicht des Polizeipräsidiums, eines Klinkerbaus, der
aussehen will wie ein florentinischer Palazzo.

Ja, und unmittelbar neben dem Theater steht das Parteihaus der Kommunisten. Wenn ich morgens zur Probe gehe, kann ich bisweilen Einschüsse von Gewehrkugeln in der Fassade sehen: Spuren einer nächtlichen
Auseinandersetzung mit militanten »Rechten«.

In der Volksbühne werden *Die Matrosen von Cattaro* aufgeführt. Das
Stück, dessen Autor Friedrich Wolf heißt, schildert die Meuterei auf einem
österreichischen Kriegsschiff. Wenn die Flagge mit dem Doppeladler vom
Mast geholt und die rote Fahne gehißt wird, singen die Matrosen die
Internationale – und die Arbeiter im Parkett und auf den Rängen stehen
auf und fallen in den Chor ein.

Wir alle sind für die Dauer des begeistert gesungenen Liedes davon
überzeugt, daß wir geholfen haben, »das Menschenrecht zu erkämpfen«,
wie es im Text heißt.

*

Kurt Tucholsky stellt in seiner *Weltbühne* die rhetorische Frage: »Was sagen Sie überhaupt zu dieser Epoche?« Er beantwortet sie für sich auf seine schmerzlich-ironische, aggressiv-satirische, auch melancholische Weise.

Ich, für mein Teil, inzwischen fast ein Vierteljahrhundert alt, finde die Epoche, ungeachtet der beruflichen Unsicherheit, die sie für mich bereithält, ungemein anregend, zumal wie sie sich in Berlin präsentiert.

Berlins Mentalität scheint geradezu prädestiniert zu sein für das rasche Erfassen von Tendenzen des »Zeitgeistes«. Es gibt, das lerne ich bald, eine märkisch- nüchterne, unsentimentale, aber keineswegs herzlose Art, mit dem schönen Schein der Künste umzugehen. Auch ist die Stadt an Spree und Havel, deren Landschaft ich gegen Dresdens wahrhaft betörende Umgebung eintauschen muß, mit ihren stillen, waldumstandenen Seen unter hohem Himmel, über den vom Seewind getriebene Wolken ziehen, ist diese Weltstadt integriert in ein Umfeld, das ihr vollkommen entspricht. Nichts wäre ihr so zuwider wie Pathos, eher ist sie eitel auf ihre Schnoddrigkeit, die jede hochfahrende Allüre im Keim erstickt. »Mensch, quatsch keene Opern!« kann es im Gespräch heißen, wenn jemand sich ins Unangemessene versteigt.

Der Querschnitt, eine von Alfred Flechtheim 1924 begründete Monatsschrift, hat den Untertitel: *Das Magazin der aktuellen Ewigkeitswerte*. Kann man sich selbst besser kennzeichnen als mit dieser Mischung aus hohem Anspruch und relativierender Ironie?

Wir Studenten erwarten begierig jede neue Ausgabe dieses gescheiten, kritischen, mit graphischen Kleinodien geschmückten, der Literatur, den bildenden Künsten, dem Theater, dem Film und der Fotografie nachspürenden Periodikums, das einen »auf dem laufenden hält«, wie es so schön heißt.

Eine Annonce des S. Fischer Verlags kündigt an:

Alfred Döblin: Berlin Alexanderplatz. Die Geschichte von Franz Biberkopf.
Leo Trotzki: Mein Leben. Versuch einer Autobiographie.

Das ist sie: die Spannweite dieser Zeit.

In der von Ernst Heilborn ungemein sorgfältig edierten Monatszeitschrift *Die Literatur*, sozusagen das seriöse Gegenstück zum leichtfertigen *Querschnitt*, verzeichnet in der Ausgabe vom März 1927 die Rubrik »Der Büchermarkt. Dramatisches«:

Brecht, Bertolt. Mann ist Mann. Die Wandlung des Packers Galy Gay in den Militärbaracken von Kilkoa. Lustspiel. – Im Dickicht der Städte. Der Kampf zweier Männer in der Riesenstadt Chicago. Schauspiel
Johst, Hanns. Thomas Paine. Schauspiel.

Eine groteske Bruderschaft im Geiste gehen die beiden Autoren hier ein. Nicht allzulange, und Johst wird einer der Propagandisten des Nationalsozialismus sein. Es werden aber in den zwanziger Jahren Meilensteine der Weltliteratur gesetzt: *Der Zauberberg* von Thomas Mann, *Ulysses* von James Joyce, *Die Falschmünzer* von André Gide, *Der Mann ohne Eigenschaften* von Robert Musil, *Auf den Spuren der verlorenen Zeit* von Marcel Proust, *Das Schloß* von Kafka, *Im Westen nichts Neues* von Erich Maria Remarque, *Der Krieg* von Ludwig Renn. Bedeutende amerikanische Erzähler melden sich zu Wort: Thomas Wolfe, Sinclair Lewis, Upton Sinclair, John Dos Passos, William Faulkner.

Hier, jetzt, ist es nur die Aneinanderreihung großer Namen, damals war das Erscheinen jedes dieser Bücher für uns mit der Erwartung verbunden, es möchte ein Beitrag sein zur Definition der Epoche, die sich im Widerstreit der politischen Meinungen erschöpft.

Für uns Studenten enthalten Bücher wie *Der Steppenwolf* von Hermann Hesse oder *Die Aufzeichnungen des Malte Laurids Brigge* von Rainer Maria Rilke so etwas wie das eigene Credo, zugleich erscheint uns diese Prosa als Weiterführung des Bildungsromans vom *Wilhelm Meister* über den *Grünen Heinrich* ins gegenwärtige Zeitalter.

Seit Rilkes *Duineser Elegien* zu lesen sind, begleiten sie mich, und ich kehre in jedem Jahr wenigstens einmal zu ihnen zurück, um mir neue Einsichten in dieses geheimnisvolle Werk zu erschließen.

Als Rilke zu Ende des Jahres 1926 stirbt, trauert man nicht nur um einen bedeutenden Lyriker, ich glaube wahrzunehmen, daß mit ihm eine Form der Literatur erlischt, die einmal als »Dichtung« bezeichnet wurde und die man jetzt nur noch geniert und mit verlegenem, um Entschuldigung bittenden Lächeln so nennt.

*

Törichte Vermessenheit wäre es, zu behaupten, ich hätte vorausgeahnt, man werde den »geistigen Raum«, als den Hofmannsthal 1927 das Schrifttum bezeichnet hat, in Kürze verfemen, eine ganze Literatur auf dem Scheiterhaufen verbrennen, alles Bildwerk der »Systemzeit« als »entartet« verächtlich machen. Diese schmerzliche Prophezeiung, so beschämend wie unsäglich trostlos, wäre niemandem in den Sinn gekommen. Dennoch:

Hätten wir nicht gewarnt sein können? Barbarei war bereits angekündigt mit Mord am politischen Gegner, der als legitimes Mittel der Auseinandersetzung gelten sollte und von einer korrumpierbaren Justiz auch so bewertet wurde.

Wir haben uns nicht genug empört.

*

James Joyce läßt seinen Stephen Daedalus sagen: »Die Geschichte ist ein Alptraum, aus dem ich zu erwachen versuche.« Ottilie in Goethes *Wahlverwandtschaften* notiert in ihr Tagebuch: »Man weicht der Welt nicht sicherer aus als durch die Kunst, und man verknüpft sich nicht sicherer mit ihr als durch die Kunst.«

Es könnte sein, daß meine Suche nach der anderen Wirklichkeit sich in den zwanziger Jahren zwischen diesen beiden Erkentnissen bewegte, und es hat den Anschein, als solle es bis in alle Zukunft dabei bleiben.

Fritz Huschke von Hanstein

Geboren am 3. Januar 1911 in Halle/Saale. Machte zunächst eine land-
wirtschaftliche und eine kaufmännische Ausbildung, dann in England sein
Dolmetscherexamen und studierte schließlich Rechtswissenschaften in
Göttingen, was er in Celle abschloß. Aus der beabsichtigten Diplomaten-
karriere wurde nichts, da die neuen braunen Herren im »AA« Nachwuchs
ihrer Couleur bevorzugten. Er trat daher als Direktionsassistent, später als
Geschäftsführer, in die Leitung der mütterlichen Firma, der Gebr. Dippe
AG, der mit ca. 20 000 Morgen größten deutschen Saatzuchtfirma, ein. Bei
Kriegsbeginn, durch einen Rennunfall nicht k.v. (kriegsverwendungsfä-
hig), übernahm er als Landwirtschaftsführer die Leitung eines großen
Saatzuchtbetriebes in Polen, wurde nach einem Jahr Gestapohaft dann
noch Soldat in Rußland. Da 1945 sowohl sein Gut Wahlhausen als auch die
Gebr. Dippe AG in der sowjetischen Besatzungszone enteignet wurden
und Hanstein völlig mittellos dastand, schlug er sich mit ersten kleinen
Rennen und der Neugründung der SAATZUCHTFIRMA Dippe, aller-
dings nun ohne eigenes Land, durch. Nach einem Klassensieg auf einer
Vespa bei der ersten »Deutschlandfahrt« für Autos und Motorräder kam
das Angebot der HOFMANN-Werke, als Verkaufsleiter die Einführung der
Vespa in Deutschland zu übernehmen. Später konnte er dann aus seiner
Passion einen Beruf machen und ging 1951 als PR-Chef und Rennleiter zur
Dr. PORSCHE AG bis 1968 und wurde dann Berater bei der VW-Porsche-
Vertriebsgesellschaft. Schon während seines Englandaufenthaltes begann
seine Karriere als Motorrad-und Autorennfahrer. Nach dem Krieg konnte
er nahtlos an seine Erfolge der Vorkriegszeit anknüpfen. Hatte zahlreiche
Ehrenämter, zum Beispiel war er bis 1988 Sportpräsident des Automobil-
clubs von Deutschland (AvD), und übernimmt noch heute Berater- und
Repräsentationsaufgaben.

FRITZ HUSCHKE VON HANSTEIN

Fritz des Kleinen Pferd hieß Spatz

Das Rittergut Unterhof an der Werra – Eine Jugend auf dem Lande:
politikfern, aber stramm deutschnational

Ich erblickte im Januar 1911 – wie sagt man doch? – das Licht dieser Welt, die ich auch heute noch schön finde. Vater Carlo, Rittmeister bei den Wandsbeker Blauen Husaren, gerade abkommandiert als Brigade-adjutant nach Halle, die Mama Anni geborene von Dippe, Tochter aus Deutschlands größtem Saatzuchtbetrieb, der Gebr. Dippe AG in Quedlinburg. Also, wie die Engländer sagen: »Born with a golden spoon in my mouth.«

Aus der frühen Kinderzeit nur zwei Erinnerungen: einmal ein Vorbeiflug des Zeppelins, auf den wir – wie bei einer Sonnenfinsternis – stundenlang auf dem Balkon warten mußten; zum anderen eine Ausfahrt auf dem Schoß meines uniformierten Vaters am Steuer seines ersten Autos. Für einen Husarenoffizier damals ein mehr als ungewöhnliches Transportmittel. Beide Erinnerungen haben mit Motoren zu tun, symbolisch für mein späteres Leben.

Ja, und dann kam 1914; Papi zog die blaue Litewka aus und eine feldgraue Uniform an, verschwand in Richtung Frankreich und brachte für uns Kinder als einziges bleibendes Erinnerungsstück ein französisches Straßenschild mit, das nur noch »75 km« bis Paris zeigte. Die Husaren hatten es bei einer der weitesten Patrouillen gen Westen erbeutet.

Mutti, inzwischen mit zweieinhalb Kindern gesegnet, fand das Leben in einem Großstadthaus ohne Mann wenig erfreulich, packte für den weiteren Verlauf des Krieges Kinder und Möbel ein und zog nach Quedlinburg in das Riesenhaus, das die Großeltern Dippe im Geschmack der Jahrhundertwende gebaut hatten. Als Kuriosum sei festgehalten, daß das Haus neben seinen fast vierzig Wohn- und Schlafzimmern zwar eine Dienerwohnung, ein Skatzimmer, ein Billardzimmer und bereits Zentralheizung hatte und sogar eine mit riesigen Röhren in den Wänden fest verlegte

Staubsaugeranlage, aber dafür nur zwei Badezimmer! Heißes Wasser gab
es nur im Bad bei den Großeltern und aus einem einzigen Warmwasser-
hahn in dem den Hansteins zugewiesenen Hausteil. Das zweite Badezimmer befand sich im Dachgeschoß, im sogenannten »Leutetrakt«, in dem
die zahlreichen Dienstboten wohnten. Der Warmwasserofen wurde mit
Briketts geheizt. Im besten sozialen Reinheitsdenken war am Sonnabend
Badetag für Besucherkinder und das weibliche Personal, vom Küchen-
mädchen bis zur Zofe der Großmama angesetzt. Nur dem Diener Franz,
der auch für uns absolute Respektsperson war, blieben seine Reinigungs-
probleme selbst überlassen.

Vom Ersten Weltkrieg merkten wir recht wenig. Wenn der Papi einmal
auf Urlaub kam, waren wir Kinder stolz auf eine Beförderung oder einen
neuen Orden, den er an der Brust trug. Am meisten aber bewunderten wir
das Verwundetenabzeichen, ohne zu bedenken, daß die Kugel, die durch
die rechte Brust gegangen war, ja auch die andere Seite hätte treffen
können und der Vater dann nicht mehr »auf Urlaub« gekommen wäre...

Auch Ernährungsprobleme, unter denen besonders die Großstädter im
berüchtigten Steckrübenwinter zu leiden hatten, kannten wir kaum. Zwar
wurde auch bei »Landesökonomierats« nicht üppig gelebt, aber wenn man
Hunderte von Kühen im Stall und eine eigene Molkerei auf dem Hof hat,
wird man nicht unbedingt von Buttermarken leben müssen, denn auch
damals galt schon die Devise, daß man dem Ochsen, der da drischt, nicht
das Maul verbinden soll.

Ja, und dann hörten wir plötzlich von den Großen, daß der Krieg vorbei
und nun »Revolution« sei. Eines Tages stürmten tatsächlich Soldaten ins
Haus und hißten aus einem Zimmer eine rote Fahne, die ich allerdings
schnell wieder eingezogen habe. Etwas Rechtes konnte ich mir unter
Revolution und Demokratie nicht vorstellen. Nur als dann die Onkels
darüber stritten, ob es richtig wäre, daß sich »Seine Majestät« nach Doorn
abgesetzt habe, war ich traurig. Warum sollte da kein Kaiser mehr sein,
sondern der »Sattlergeselle« Ebert? Abwertend fand ich das allerdings nun
überhaupt nicht, denn seit Jahren war die betriebseigene Sattlerei, die für
die Geschirre der Hundertschaften von Pferden und Ochsen gebraucht
wurde, mein Lieblingsaufenthaltsort auf dem Hof gewesen. Die Sattlergesellen waren meine dicken Freunde, die mir immer halfen, wenn ir-
gendwas Ledernes zu flicken war, sei es meine Seppelhose, die Sielen
unseres Ziegenbockgespannes oder der Schulranzen.

Inzwischen war ich ins schulpflichtige Alter gekommen. Das war auch
mit Zuckertüte festlich dokumentiert worden. Aber aus mir unerfindlichen Gründen wurde ich nicht auf die »Vorschule« geschickt, die damals

der Sexta des Gymnasiums vorauslief, sondern bekam, zusammen mit Jochen, dem Sohn unseres Direktors, einen Hauslehrer, der uns täglich in dem saalartigen »Kinderzimmer« bimste.

Dieses Zimmer, mein damaliges Paradies, zeichnete sich dadurch aus, daß es nicht nur ein mannshohes Grammophon mit einem meterweiten Trichter enthielt, sondern auch eine Ecke für den Sport, mit Ringen von der Decke, Sprossenwand und Gewichtheberinstallation, dazu zwei riesige Einbauschränke, in denen noch die Spielsachen meiner Mutter und ihrer sieben Geschwister gestapelt waren: eine Quelle steter Freude und Überraschungen.

Vielleicht war einer der Gründe für die Bestellung eines Hauslehrers, daß unsere Zukunft insofern ungewiß war, als unser Papi noch in Kurland kämpfte und es von seiner Rückkehr abhing, ob und wann er die Bewirtschaftung des Hansteinschen Stammgutes an der Werra übernehmen konnte, da dies während seiner aktiven Militärzeit verpachtet gewesen war.

Nun, das ging dann schneller als gedacht. Wir siedelten mit Sack und Pack im Jahre 1920 auf das Rittergut Wahlhausen-Unterhof an der Werra um. Schon wieder mit eigenem Auto, einem sechssitzigen Sport-Phaëton, Marke NAG (Nationale Automobilgesellschaft). Gut paßte es, daß die NAG-Fabrik in Nordhausen war, also etwa auf halber Strecke zwischen Quedlinburg und Wahlhausen, so daß wir auf unseren zahlreichen Hin-undherfahrten immer einen Aufenthalt in Nordhausen einkalkulierten; denn zu reparieren gab es bei den ersten Nachkriegsautos eigentlich immer etwas, da war man in der Fabrik am besten aufgehoben.

Der »Unterhof« war ein zauberhaftes, verglichen mit dem Quedlinburger 20000-Morgen-Latifundium allerdings kleines Gut; halb Ackerland, halb Wald, der sich über die »Teufelskanzel« an der Werra entlang bis zur über sechshundert Jahre alten Burg Hanstein erstreckte.

Die zum Gut gehörenden Ställe, Speicher und ein modernes Pächterhaus, in dem die Verwaltung mit Inspektor und Förster untergebracht war, lagen auf der einen Seite der Dorfstraße, während wir in einem schönen alten Gutshaus auf der anderen Seite lebten. Der Park mit einer fünfzehn Meter hohen Mauer endete direkt an der Werra. Heute der westlichste Punkt der DDR.

Elektrisches Licht, Waserleitungen und Heizung fehlten völlig, wie im ganzen Dorf, zumal das Haus seit Ewigkeiten nur als Sommersitz bewohnt gewesen war. Der Einbau einer Heizung und Wasserleitung wurde daher als erstes beschlossen, letztere allerdings nur für das elterliche Badezimmer und das Zimmer des Sohnes und Erben, also meines. Meine Schwe-

Familienfeier in Quedlinburg, ganz links der Autor.

Huschke von Hanstein mit seinem ersten Motorrad, einer 250er B.S.A.

stern wuschen sich, genau wie alle Gäste, aus Porzellanschüsseln, die man nach dem Reinigungsakt in einen in Muster und Farbe dazu passenden Eimer ausleerte. Beim Aufräumen und abends beim Zurechtmachen der Schlafzimmer füllten die Hausmädchen die Schüsseln mit frischem, natürlich kaltem Wasser. Nur für sehr honorige und betagte Herren wurde morgens vom Diener ein kleines Töpfchen Warmwasser zum Rasieren serviert. Selbstverständlich schliefen wir »kalt« und, wenn es nicht eine gar zu grimmige Winternacht war, bei offenem Fenster.

Heizung und Wasserleitung wurden eingebaut, das klingt relativ einfach. Wenn man aber vor den dicken Wänden eines aus dem 17. Jahrhundert stammenden Gutshauses steht und wenn die nächste Pumpe, aus der auch Pferde und Kühe getränkt werden, auf dem Wirtschaftshof liegt, dann wird daraus eine Sisyphusarbeit – von den Kosten ganz zu schweigen!

Ein weitläufiger Keller war zwar vorhanden, aber die Treppe nicht für den Transport eines Zentralheizungsofens geeignet. Er wurde daher in Einzelteile zerlegt und im Keller wieder zusammengeschraubt. Für den Koks zum Heizen mußte extra eine Schütte in die Grundmauern gebrochen werden, denn man konnte ihn ja nicht säckeweise die Treppe heruntertragen. Kein Problem war es, einen Mann zu finden, der morgens um 5 Uhr kam, um den Ofen zu befeuern, da man auf dem Land ja sowieso früh aufstand.

Für die Wasserleitung mußte ein großer Behälter unter den Dachsparren erstellt werden, nachdem man den Boden mit Balken verstärkt hatte. In diesen Behältern wurde dann aus einem im Garten gebohrten Brunnen mit einem »Göpel« – einem Drehwerk, das von einem an einer Stange im Kreis laufenden Pferd oder Ochsen betrieben wurde – das Wasser unter das Dach gepumpt, das dann durch sein Gefälle in die wenigen vorhandenen Hähne lief. Die Installierung dieses Wunders der Technik im eigenen Haus zu erleben war für uns Kinder eine einmalige Chance.

Später, Jahre später, kam dann die »Überland« mit ihren Leitungen und Transformatoren. Nun trieb nicht nur ein Elektromotor das eigene »Wasserwerk«, im Haus wurden auch die Petroleumlampen endgültig beiseite gestellt. Die neue Zeit war angebrochen.

Das Landleben war für Körper und Geist der Kinder eine wunderbare Sache. Klar, daß die Pferde im Hause eines alten Kavallerieoffiziers eine große Rolle spielten. Jeden Tag wurde geritten. Mutti natürlich im langen Schleppkleid und im Damensattel, einem Marterinstrument, das es heute nur noch bei den Paraden der Queen gibt. Dafür bekamen wir Kinder gar keine Sättel. Papi meinte, die Rekruten hätten auch auf einem Woilach (Wolldecke) reiten lernen müssen, und so wäre das auch für uns ganz gut, besonders für den Schenkelschluß. Und ob er recht hatte; denn bald bereiteten uns weder lange Galopps auf den Wiesen und Weiden entlang der Werra Furcht noch die dort aufgebauten und allmählich immer höher werdenden Hindernisse.

Aber neben diesen Pläsieren gab es auch landwirtschaftliche Pflichten. Vom Rübenverziehen über die Heuernte bis zum Dreschen (was noch mit einer Uraltdampfmaschine geschah) gab es zahlreiche Möglichkeiten für uns und die Dorfjugend, ein paar Pfennige dazuzuverdienen. Besonders ans Rübenverziehen erinnere ich mich genau; nicht nur wegen der krummen Rücken, die wir nach einem halben Tag auf den Knien und beim »Vereinzeln« der Zuckerrüben (alles das geschieht heute maschinell, zum Teil schon bei der Aussaat) am Abend nach Hause trugen, sondern weil es dort zur Vesper stets eine ganze Milchkanne gezuckertes Essigwasser gab, mit dem die ganze Bande erfrischt wurde. Obstpflücken für den Haushalt, zum Frischessen oder Einwecken, gehörte zu meinen Lieblingsarbeiten, da man dabei, im Gegensatz zu den Rüben, auch mal »Selbstversorger« sein konnte.

Aber neben all diesen Freuden drohte bald auch der Ernst des Lebens in Gestalt der Schule! Anfang der zwanziger Jahre war ich ja nun in einem Alter, wo den privat erworbenen Vorschulkenntnissen eigentlich die Sexta und mit Caesars *Bellum Gallicum* auch das gefürchtete Latein zu folgen hatte. Doch außer der Dorfschule war weder eine Sexta noch eine »höhere Schule« weit und breit.

Da auch meine jüngeren Schwestern in die Anfangsgründe der Wissenschaften eingeführt werden mußten, gab es allerdings eine Hauslehrerin, die sich redlich bemühte. Und die konnte, als Provisorium, auch mir beibringen, was man in der Sexta so lernen mußte. Die Bezeichnung Sexta hatte mit Sex nichts zu tun, genausowenig wie ich mit der Hauslehrerin, obgleich ich unsterblich in sie verliebt war! Aber Latein konnte sie nicht! Wozu war jedoch der Papi Patron der Wahlhäuser Dorfkirche? Also wurde Pastor Bohnensack (er hieß wirklich so) zitiert und das Problem mit ihm durchgesprochen. Da er einverstanden war, mußte ich von Stund an jeden Tag in die Pfarrei ziehen und dort Latein und Religion lernen. Religion war unter anderem deshalb wichtig, weil die Hansteins, obwohl sie Kurmainzische Lehensnehmer waren, nach Luthers Zeiten die Reformation auf dem stockkatholischen Eichsfeld mit den damals üblichen, nicht immer ganz feinen Mitteln vorangetrieben hatten. Selbst meine Abiturarbeit galt später, mit Religion als Wahlfach, diesem Thema.

Pfarrer Bohnensack lebte in einem freundlichen Fachwerkhäuschen dicht neben der Kirche und war trotz des ihn ständig umhüllenden schwarzen, meist etwas bekleckerten Talars und seiner bis auf den Boden reichenden, immer rauchenden Tabakspfeife ein humorvoller, netter Mann, der mir die erste Lateinstunde menschlich dadurch näherbrachte, daß der erste Satz, den ich lateinisch bei ihm lernte, folgendermaßen lautete: Das Pferd Alexanders des Großen hieß Bucephalos, das Pferd Fritz des Kleinen (war ich) heißt Spatz!

Das ging so etwa anderthalb Jahre, bis die Eltern entdeckten, daß sich in unserer nahe gelegenen Kleinstadt, wo es den Doktor, Apotheker, die Post, die Bank und den Tierarzt gab (der für uns wichtiger war als alles andere), eine kleine Privatschule etabliert hatte. Also auf mit den Kindern dorthin. Nun liefen wir drei Käsehochs jeden Morgen um 7 Uhr 3 Kilometer über Land zu unserer Schule, was normal war, denn man machte ja alles zu Fuß.

Weniger normal war schon, daß man mir als dem Ältesten eine Kanne mit einem Liter Milch in die Hand drückte, die ich in die Stadt zu tragen und bei einer guten alten Tante abzuliefern hatte. Die sollte damit eine Milchsuppe oder etwas Ähnliches für die lieben Kinder kochen, wenn diese noch am Nachmittag Unterricht hatten, nachsitzen mußten oder sich ganz einfach für den Heimweg stärken wollten. Einen »Henkelmann« zu tragen neben der schweren Schulmappe war einmal gegen die Ehre und zweitens auch recht beschwerlich. Kein Wunder also, wenn wir, wenn die Obstbäume auf unserer Chaussee dritter Güte Früchte trugen, auf die Idee kamen, die Milch in den Straßengraben zu gießen und mit der Kanne nach den sonst unerreichbar hohen Äpfeln zu werfen, um damit unsere Schulbrote zu verschönern. Das waren dann für uns drei Fliegen mit einer Klappe, denn erstens brauchten wir den Liter Milch nicht mehr zu schleppen, zweitens hatten wir wunderbare frische Äpfel, genug auch für die Pausen, und drittens konnte die Tante uns keine Milchsuppe mehr vorsetzen.

Aber auch diese Zeit ging vorüber. Die Privatschule bot keine Garantie, daß wir von einer höheren Schule übernommen werden konnten; die Eltern mußten sich für eine »richtige« Schule entscheiden. Einfach war es mit meinem kleinen Bruder, einem Nachkömmling, der ging noch auf die Dorfschule. Relativ einfach mit den beiden Schwestern, denn die Armen mußten in das freiadelige Magdalenenstift in Altenburg in Thüringen. Dort trugen sie ebenso einfache wie häßliche Gewänder, schwarze Strümpfe, solides Schuhwerk und mußten Schmuck und Uhren abgeben. Dafür erhielten sie aber eine tadellose Erziehung, erstklassiges Wissen und gewannen Freunde fürs Leben.

Auch ich sollte in eine strenge Schule, denn eingedenk seiner harten Jugend im Kadettenkorps, ab zwölf Jahren, fand mein Vater die normalen Internate viel zu lasch. Auf der anderen Seite reklamierten die Großeltern, daß ihre Söhne alle auf dem Quedlinburger Melanchthon-Gymnasium gewesen und etwas geworden seien im Leben. Sie wünschten sich ihren ältesten Enkel ins Haus, wenn er schon von den Eltern wegmüßte. Schließlich siegten die Großeltern, wobei die finanzielle Seite sicher eine Rolle gespielt hat, denn zwei Töchter im Internat waren eine zusätzliche Belastung für das Familienbudget, und bei den Großeltern war natürlich alles umsonst.

Es war nämlich keineswegs so, daß auf den Gütern in Saus und Braus gelebt wurde. Ausnahmen bestätigen wie stets die Regel. Das Leben war eher spartanisch, verglichen mit unserem heutigen Komfort. Das hatte häufig einen sehr profanen Grund. Vielfach waren die Güter verpachtet gewesen, da die Besitzer als Offiziere oder in der Verwaltung im Staatsdienst tätig waren. Die Pächter zahlten bescheidene Beträge für die Pacht und waren besonders dann mit Investierungen verständlicherweise zurückhaltend, wenn mit dem Ende der Pacht oder der Übernahme durch den Besitzer zu rechnen war.

So auch bei unserem schönen Wahlhausen-Unterhof. Als Papi aus dem Ersten Weltkrieg als Oberstleutnant zurückkam, bot sich die Übernahme in die eigene Bewirtschaftung geradezu an, da die langjährige Pacht Anfang der zwanziger Jahre ablief. Da er aber als aktiver Offizier nicht viel von der Landwirtschaft verstand, war er sich trotz seines Alters nicht zu schade, eine landwirtschaftliche Lehre durchzumachen bis zu dem Tag, wo wir nach Wahlhausen umzogen. Mutti war das, was man damals als »eine sehr gute Partie« bezeichnete. Trotzdem wurde eisern gespart, denn man wollte autark sein und nicht Opas Geld verbraten.

Gehungert hat in Wahlhausen keiner, aber gegessen wurde sehr einfach. Mit militärischer Pünktlichkeit hatten wir Kinder Schlag 12 Uhr hinter unseren Stühlen zu stehen und auf die Eltern und das Tischgebet zu harren. Spätestens um 12.30 Uhr sprang Papi wieder auf und eilte auf den gegenüberliegenden Gutshof zum »Anstellen«; das hieß zum Einteilen der Pferde-, Maultiere- und Ochsengespanne für die Nachmittagsarbeit. Punkt 13 Uhr verließen sie in langer Reihe den Hof. Wenn Getreide gedroschen wurde, verkündete die Uraltdampfmaschine mit einem grellen Pfeifen, zur Freude der Kinder, den Arbeitsbeginn.

Für Papi fing der Tag um 6 Uhr an. Wir Kinder durften etwas länger schlafen, hatten aber kurz vor 8 Uhr zum Frühstück zu erscheinen, zu dem es Gerstenkaffee mit viel Milch gab; Bohnenkaffee war ausschließlich den Erwachsenen und »dem Besuch« vorbehalten. Brötchen kannten wir nur von den Besuchen bei den Großeltern. In einem im Garten stehenden Backhaus wurde jede Woche eigenes Brot gebacken. Die Brotlaibe wurden auf »Schiebern« an langen Stangen in den mehrere Meter langen und breiten Ofen, der mit Reisig geheizt wurde, hineingeschoben. Diese Zeremonie nahm meist einen ganzen Tag in Anspruch. Die Frauen unserer »Leute« heizten stundenlang den Ofen an, durften dafür aber ihre Brote mit im »Herrschaftsbackhaus« backen. Im übrigen waren unsere Brote so gut und so beliebt, daß sie oft als Gastgeschenke mitgenommen wurden, sozusagen statt Blumen.

Man »verkehrte« natürlich mit den Nachbargütern und lud sich gegenseitig zum Abendessen ein, denn tagsüber hatte ja niemand Zeit. Man wollte ja auch mal andere Menschen sehen, denn außer der *Kreuz Zeitung* oder der *Börsen Zeitung* gab es nicht viel geistige Anregung. Fernsehen und Radio waren Zukunftsmusik. Diese Besuche geschahen meist mit Pferd und Wagen. Da man »ausspannen« und die Pferde füttern mußte und oft erst sehr spät wieder heimfuhr, kann man sich denken, wie lange man bei Entfernungen von 20 Kilometern und mehr für solch eine Einladung zum »einfachen Abendessen« unterwegs war. Allerdings war dann immer der Kutscher dabei, der diese Fahrten genauso genoß wie die »Herrschaften«, denn er traf dann in der Kutscherstube beim gemeinsamen Abendessen mit den Kollegen der anderen Güter zusammen, bei einem guten Abendessen und einem starken Schnaps. Das war für die Kutscher auch wohl verdient; denn die nächtliche Heimfahrt war, zumal im Winter und im Schlitten, nicht immer ein Vergnügen.

Wir Kinder wurden tagsüber auf das einfachste gekleidet. Das war auch richtig, denn wir tobten ja doch draußen herum. So mußten meine bedauernswerten Schwestern, genau wie wir Jungens, stabile Schnürstiefel tragen. Da lange Haare nicht gerade pflegeleicht sind und sich bis zum wöchentlichen Bad am Sonnabend auf Heuboden und beim Dreschen viel Schmutz dort absetzen kann, dachte mein Vater an seine Rekruten und fuhr mit uns gemeinsam zum Dorffriseur. Ritscheratsche mit der Schere, wie bei Wilhelm Busch, war die ganze Haarpracht dahin, und wir Kinder kamen zum Entsetzen der Frau Mama mit einem Stiftekopf nach Hause. Als wir »klein« waren, fanden wir das praktisch, später als Pennäler hat mich das sehr gekränkt, wenn ich, aus den Ferien kommend, wieder mit einer »Glatze« in die Schule geschickt wurde.

Große Abwechslung brachten immer die Schlachtfeste. Da man im wesentlichen Selbstversorger war, wurden während des Winters mehrere Schweine geschlachtet. Das begann mit einem schrecklichen Gequieke auf dem Wirtschaftshof und endete mit einem Schlachtessen, das aus Wellfleisch, Blut- und Leberwurst, Grünkohl und Wurstsuppe bestand. Dazu gab's viel Schnaps gegen das fette Zeugs. Die frischen Würste und

Schinken wurden in der Räucherkammer aufgehängt, wo dann später ein Spezialist mit geheimnisvollen Kräutern sein Feuer entfachte und den »Schweinereien« den richtigen Geschmack beibrachte.

Weniger beliebt, war bei uns Kindern die Hilfe, die wir beim »Einmachen« zu leisten hatten. Gemüse und Früchte wurden ja zum Gebrauch im späteren Verlauf des Jahres eingekocht oder eingeweckt. Apfelsinen oder Erdbeeren aus Israel zu Weihnachten waren noch nicht im Angebot! Das Frischhalten erfolgte mangels automatischer Kühlschränke auf kompliziertem Wege. Im Winter wurden aus den Teichen oder Seen aus dem Eis große Stücke herausgesägt und auf Schlitten in den Eiskeller oder das Eishaus gebracht. Dort, meist tief unter der Erde, hielten sie bis zum Sommer. Dann wurden sie der Reihe nach zerkleinert, ins Haus gebracht und in einen sogenannten Eisschrank geschüttet, in ein Mittelfach; die frischzuhaltenden Dinge wurden an den Seiten verstaut. Das Tauwasser lief in einen Eimer und wurde weggeschüttet. Eis am Stiel oder Eis für die Kinder gab es nicht. Nur zu ganz besonderen Gelegenheiten wurde aus Sahne und Obst mit Hilfe von Viehsalz im kühlen Keller durch stundenlanges Drehen einer Eismaschine eine Art Eiskrem zum Essen erzeugt.

Drehen war überhaupt eine ebenso lebensnotwendige wie unbeliebte Beschäftigung für die lieben Kleinen; man drehte die Zentrifuge, um die Sahne von der Milch zu trennen, und man drehte am Butterfaß, um Butter zu machen. Der bereits erwähnte Göpel, mit einem Ochsen oder Pferd an einer langen Deichsel, immer im Kreis herumlaufend, ersetzte die mangels Elektrizität noch nicht vorhandenen Motoren.

Da es auf unserem Dörfchen kaum Einkaufsmöglichkeiten gab, war die »Botenfrau« eine willkommene Hilfe. Die brave Frau holte bei ihren Auftraggebern einen Wunschzettel und Geld ab, machte sich dann zu Fuß, zu Rad – oder auch mit dem Bähnle – auf den Weg, um – meist mit einer großen Kiepe auf dem Rücken – für das halbe Dorf in der Stadt einzukaufen. Wir Kinder bestellten von unserem mageren Taschengeld manchmal einen Bleistift oder sogar Bonbons, und wenn es einem von uns mal ganz schlecht war, wurde beim Apotheker ein »Hansteinsches Elendspulver« angefordert. Mußte die Botenfrau einen Zug benutzen, so fuhr sie selbstverständlich »vierter«, für »Reisende mit Traglasten«. Die anderen drei Klassen waren für Reisende »ohne« reserviert; die erste Klasse: roter Plüsch mit Teppich und weißer Klöppeldecke für die Köpfe; zweiter Klasse: gepolstert, aber bescheidener; dritte Klasse: Holz. Klar, daß wir Kinder bei gelegentlichen Reisen »Holz« fahren mußten. Gelobt sei, was hart macht, war schon immer Papis Grundsatz, der uns allen sehr gutgetan hat.

In diese gedankliche Richtung fiel wohl auch die Tatsache, daß es bei Hansteins, häufiger noch als in Frankreich, verdächtig oft Hammelbraten gab: Hammel in jeder nur denkbaren Zubereitung. Erst als wir größer wurden, entdeckten wir, daß aus den von uns so geliebten kleinen Lämmchen – ach, sind sie nicht süß? – später Mutterschafe oder Hammel wurden. Na, und die Hammel wurden natürlich verkauft. Es blieben immer ein paar Kümmerer zurück, die kein Fleischer kaufen wollte. Da sie aber wegmußten, war glücklicherweise (für die Gutskasse) immer noch die Familie da. Daher die vielen Hammelbraten ...

Glanzpunkt des Jahres dann das Erntedankfest! Das letzte Fuder wurde feierlich eingebracht, obendrauf schwankend die hübschen Mädchen mit den Erntekronen für die »Herrschaft« und den »Inspektor«, mit den geziemenden Größenunterschieden. Von der Belegschaft ins Haus gebracht, wurden sie nach einer kleinen Rede in der Diele aufgehängt. Am Abend im Wirtshaus gab's dann Musik und Tanz, Aufführungen und Freibier, meist auch eine Schlägerei, wenn fremde Burschen mit unseren Mädchen anbändeln wollten. Herr Oberstleutnant eröffnete mit der Frau des ältesten Gespannführers den Tanz. Wir Kinder mittendrin, mal hier an einem Bier nippend, mal dort einen Streuselkuchen verdrückend, ein Abend ohne Zapfenstreich.

Und dann die langen Abende, besonders im Winter. Gegessen wurde pünktlich um 7 Uhr, meist kalt: das selbstgebackene Brot, die eigenen Würste und Schinken (»Junge, du weißt doch, daß du unter die Leberwurst keine Butter nehmen sollst!«), eigenen Käse und dazu ein Glas Milch oder eine Tasse Tee. Anschließend ging es in den ersten Stock, in die Wohnzimmer und Salons.

»Oben« gab es in dem Gutshaus außer den Schlaf- und Arbeitszimmern der Eltern einen riesigen Salon, der aber nur bei Einladungen und Festen genutzt wurde. Außerdem ein »Herrenzimmer« mit Gewehr- und Bücherschrank (wobei ersterer fast wichtiger war), mit Jagdtrophäen und Schnapsschrank. Das »Herrenzimmer« roch immer nach kalten Zigarren und war für uns Kinder eigentlich tabu. Des weiteren gab es etliche Gästezimmer sowie einen Damensalon, in den sich die Damen nach dem Essen zurückzogen, während die Herren in ihrem Reich einen Schnaps tranken und über Politik und die, wie meist bei Landwirten, schlechte Ernte redeten. Schließlich das eigentliche Wohnzimmer, Refugium für den größten Teil des Jahres, dann nämlich, wenn keine Gäste da waren.

In meiner Erinnerung, vor allem an lange Winterabende, haftet der rote Teppich, den wir Kinder nur mit sauberen Schuhen betreten durften, und an einen riesigen weißen Kachelofen, dessen bullige Wärme den Aufent-

halt in dem ansonsten kalten Haus verlockend machte. Die ersten quaken-
den und plärrenden Radiodetektoren drangen erst Ende der zwanziger
Jahre bis zu uns vor. Die Abende verliefen daher wie schon zu Großmut-
ters Zeiten vor hundert Jahren. Es wurde vorgelesen, es wurden Rätsel
geraten, Karten gespielt; einziges modisches Beiwerk war ein »Mensch-
ärgere-dich-nicht«-Spiel, von dem wir nicht genug kriegen konnten. Im
ganzen ein Familienleben par excellence, Politik und große Welt waren
weit weg, selbst die Inflation konnte man als Landwirt leicht überstehen.
Der Stand der Gerste, der Preis der Buchen, die Zwillinge des Schweizers
(so hieß der Betreuer des Kuhstalles) und das Fohlen, das man erwartete,
waren unendlich wichtiger als alles, was draußen im Lande geschah.
Zudem war man sich mit den Nachbarn sowieso einig – man lebte zwar in
dieser Republik, tolerierte sie auch, mochte sie aber nicht.

Aus dieser Idylle mußte ich dann eines Tages fort, als nämlich weder der
Herr Pfarrer noch die Privatschule, noch der Hauslehrer mehr ausreichten,
um das Ziel der nächsten Klasse zu erreichen. Ziel (wie schon erwähnt)
nicht eine strenge Erziehungsanstalt, sondern das großelterliche Riesenhaus in Quedlinburg. Hier bezog ich bis zum Abitur zwei Zimmer, lebte
wie Gott in Frankreich, denn die Großeltern liebten ihren ältesten Enkel
und waren sehr großzügig.

Die Schulzeit verlief ohne besondere Zwischenfälle, wenn man davon
absieht, daß ein Freund und ich einmal eine Feier in der Aula dazu
benutzten, um die für den nächsten Morgen schon sorgfältig angeheizten
Kachelöfen zweier Klassenzimmer mit der uns von der Natur gegebenen
Flüssigkeit so anzufeuchten, daß der Unterricht am nächsten Tag wegen
eiskalter Klassenzimmer ausfallen mußte. Die Lehrerkonferenz erteilte
uns das *Consilium abeundi* (den Rat, die Schule zu verlassen), da wir unsere
Untat schließlich freiwillig meldeten, um eine Bestrafung der ganzen
Klasse zu vermeiden. Wir blieben aber und saßen es aus ...

Als Pennäler – zumal als Gymnasiasten, die sich etwas Besseres dünk-
ten – trugen wir mit Stolz unsere Schulmützen, die sich jedes Jahr änderten
und schon nach außen hin zeigten, daß man wieder eine Klasse weiter
gekommen war. Selbstverständlich war man stramm rechts, deutschnational bis auf die Knochen. Daher auch im »Scharnhorst« organisiert, einer
Jugendgruppe des »Stahlhelms«, die sich streng von den Roten und den
aufkommenden Nazis absetzte.

Wandervögel, Rote Falken, Bündische Jugend, Scharnhorst und wie die
vielen Gruppen und Grüppchen alle hießen – eigentlich wollten die Jungen alle das gleiche; wandern, singen, in Zelten oder am Lagerfeuer
schlafen, sich bestätigen, etwas leisten. Schlappschwänze waren Außensei-

ter, Drogen kannte man nicht. Man unterschied sich eigentlich nur durch die Tracht oder die Art Uniform und durch die Ziele der jeweiligen Führer.

Nur bei den zahlreichen Wahlkämpfen und den noch zahlreicheren Parteien stieß man aufeinander. Da es die Bearbeitung der Wähler durch Funk und Fernsehen noch nicht gab, nicht jeder Wähler eine Zeitung halten konnte oder Zeit und Lust für Wahlversammlungen hatte, waren an den Wahlwochenenden »Schlepper« sehr gefragt. Auf unseren Fahrrädern wurden wir von der Einsatzleitung zu präsumtiven Wählern der eigenen Partei geschickt, um ihnen Dampf zu machen, nun endlich ihre Stimme abzugeben; alte Leute abzuholen und sie zur Urne zu führen, nachdem wir ihnen vorher mittels eines Blankowahlzettels erklärt hatten, wo sie ihr Kreuz zu machen hätten, oder für die Kranken eine Pferdekutsche oder sogar ein Auto zu organisieren und sie zum Wahllokal zu begleiten.

Kurzum, Wahltage waren aufregend und wir über unseren Einsatz stolz, denn wir glaubten ja, etwas für eine gute Sache getan zu haben; aber auch hier war die sportliche Seite »Wieviel Einsätze hattest du heute?« eigentlich wichtiger als die politische.

Viel aufregender als das Abitur war mir beim Erreichen des achtzehnten Lebensjahres der Führerschein und der Ankauf eines gebrauchten Motorrades, der allerdings nur unter Einsatz von Abiturgeld und sämtlicher seit Jahren eisern gesparter Reserven möglich war. Ein Turnierpferd oder einen Vollblüter hätte ich wohl bekommen, aber ein Motorrad war völlig verpönt und nicht standesgemäß; dafür wurde keine müde Mark bewilligt.

Schon Jahre vorher hatte meine Motorradpassion (die heute noch aktiv besteht) einen groben Dämpfer bekommen, ohne allerdings zu erlöschen. Ein ehemaliger Bursche eines Onkels hatte nämlich eine der ersten Eierfarmen gekauft und, um seine Produkte an den Mann zu bringen, eine 750er Wanderer-Zweizylindermaschine erworben. Ich bot ihm an, die Eier für ihn auszufahren, und so startete ich zweimal die Woche mit einem großen Korb auf dem Rücken zu den umliegenden Ausflugshotels im Harz und lieferte ihnen die bestellten Eier ab. Er bekam sein Geld, und ich durfte Motorrad fahren. Das ging lange gut so, bis ich eines Tages vor der Einfahrt eines Nobelhotels auf einer Eisplatte ausrutschte und in einem Riesenbrei von Rühreiern vor den lachenden Gästen landete.

Wer den Schaden hat, braucht bekanntlich für den Spott nicht zu sorgen. Gar nicht lachen wollte die herbeigerufene Polizei, als sie nach dem Führerschein des Sechzehnjährigen fragte. Damit endete erst einmal mein Motorradfahren für einige Jahre.

Mit dem ersten eigenen Motorrad als Trost überstand ich dann ein Jahr landwirtschaftlicher Lehre. Jeden Morgen um 6 Uhr mit einem Ochsengespann aufs Feld, später als Auszeichnung mit einem Pferdegespann. Jede Woche sechzig Stunden Arbeit, ohne Füttern und Überstunden. Eine Diskussion über die 35-Stunden-Woche hätte nur schallendes Gelächter ausgelöst. Dann ging ich als kaufmännischer Lehrling in ein Exportgeschäft nach Hamburg. Illies & Co., honorigste Hamburger Kaufleute, erwarteten von ihren Lehrlingen, daß sie nicht nur pünktlich als erste antraten, sondern selbstverständlich mit dunklem Anzug, Schlips, Regenschirm und steifem Hut. Ein »Bowler« gehörte eben zur Dienstkleidung. Erst abends ging es dann in Räuberzivil auf die Maschine. Inzwischen besaß ich die erste 350er FN, im Laden neu gekauft. Da ich jedoch noch nicht 21 Jahre war und nicht bar bezahlen konnte, aber auch keine Wechsel unterschreiben durfte, tat dies ein etwas älterer Kollege für mich, mit dem ich zusammenwohnte. Als »Sicherheit« überließ ich ihm meinen Frack und meinen Smoking, die fortan in seinem Schrank hingen.

Hamburg war damals *very english*, wir jungen Leute mußten daher, wenn wir eingeladen waren, stets in Frack oder Smoking aufkreuzen. Der Kollege hatte also ein gutes Faustpfand für sein Geld. Ich mußte ihn jedesmal fragen, wenn ich ausgehen wollte, ob ich denn auch dürfe.

Hamburg, das Tor zur Welt, war damals für einen jungen Mann aus der Provinz einfach herrlich. Nach strengem Dienst ein aufregendes gesellschaftliches Leben, in dem wir Lehrlinge – Hechte im Karpfenteich – erstmalig große Bälle, Faschingsfeste und sogar Al Johnson mit dem ersten Tonfilm erlebten. Nicht ganz gesellschaftsfähig, daß ich nachts auf der Dirttrackbahn mein erstes Rennen fuhr und bei der »Reisetempofahrt« meinen ersten Lorbeerkranz errang, dessen Schleife heute noch auf unserem Klo an der Wand hängt.

Da mein Papa fand, daß junge Leute meist zuviel Zeit auf Universitäten verbummelten (was hätte er wohl heute gesagt?), mußte ich in meiner Lehrzeit gleichzeitig an der Hamburger Uni belegen. Das beschränkte sich allerdings auf An- und Abtestieren! Dann kam eines Tages eine der gefürchteten Postkarten, denn Papi – kein Mann vieler unnützer Worte – pflegte mit uns auf Postkarten zu korrespondieren, zumal dies auch billiger war. Diese war noch kürzer als sonst und enthielt nur einen Satz: »Wie wäre es mit Exeter oder Saxen?«

Nachdem ich im Lexikon nachgelesen hatte, daß Exeter eine Universität hatte, war mir klar, daß es um meine weitere Ausbildung ging und ich gefragt war, ob ich ein Studienjahr auf der englischen Uni zum Englischlernen nutzen wollte oder ob ich – wie bei den Hansteins, die nicht Offiziere wurden, seit Generationen üblich – beim Corps Saxonia in Göttingen aktiv sein wollte.

Nach zwei Jahren im anglophilen Hamburg war die Entscheidung für mich klar. Lieber wäre ich natürlich nach Cambridge gegangen, da aber damals schon die Devisen in Deutschland bewirtschaftet waren, reichte das bewilligte Geld gerade für Exeter. Außerdem konnte ich dort – neben der Juristerei, die ich belegen mußte – ein englisches Dolmetscherexamen absolvieren.

Wieder spielte das Motorrad seine Rolle in meinem Leben. Statt auf der »Queen«, mit der ich offiziell für die Eltern nach Southampton fuhr, packte ich Motorrad und mich auf einen kleinen Trampsteamer, der von Hamburg direkt nach London fuhr. Im Kanal und auf der Themse dickster Nebel, so daß wir mit zwei Tagen Verspätung in London ankamen. Als erstes sah ich in den Docks Reklameplakate für die »Olympia-Show«, eine Auto- und Motorradausstellung: Die erste große »Internationale« in meinem Leben. Da mir der Kapitän erlaubte, noch eine Nacht länger an Bord zu bleiben, strolchte ich einen ganzen Tag auf der Show herum, fasziniert von der englischen Motorradwelt, die damals die Welt beherrschte.

Einen weiteren Tag mit dem Motorrad nach Devonshire unterwegs, wurde ich in meinem College allerdings mit größter Mißbilligung empfangen. Nachdem die Eltern fünf Tage lang von dem zum erstenmal allein ins Ausland gereisten Sohn kein Lebenszeichen erhalten hatten, waren sie in Sorge geraten und hatten mit dem Befehl sofortiger Rückantwort telegrafiert und die Antwort erhalten, ein Zögling namens Hanstein sei nicht eingetroffen. Also wurde die Polizei alarmiert, die feststellte, daß auf der »Queen« gar kein Hanstein gebucht hatte. Nun war Holland in Not.

Ich habe dann ein wundervolles Jahr in einem England erlebt, in dem das Empire noch lebendig war. Habe unter Professoren und Studenten Freunde fürs ganze Leben gefunden, habe sogar mein Examen gemacht, erste Erfolge auf internationalem Niveau im Motorsport errungen, die mir später in Deutschland sehr geholfen haben, bin eine ganze »Season« in London von Ball zu Ball gehüpft, war in Schottland zur Jagd und auf der Isle of Man zur TT, dem damals größten Motorradrennen der Welt.

Als ich dann allerdings nach Deutschland zurückkam, war dort das Dritte Reich ausgebrochen, und an der Göttinger Uni erwarteten mich statt meiner fröhlichen internationalen Freunde aus Exeter finstere junge Männer in braunen Hemden. Da mein Papa fand, daß es nunmehr an der Zeit sei, zum Endspurt zu kommen, ich de facto aber noch keine juristische Vorlesung besucht hatte, blieb nur der Weg zum Repetitor. Der endete nach anderthalb Jahren mit dem Referendarexamen beim Oberlandesgericht in Celle mit »gut«; doch damit sind wir schon in einer anderen Zeit.

Rückblickend kann ich für mich nur sagen, daß ich in der Weimarer Republik eine weithin unbeschwerte und sehr glückliche Jugend verbracht habe und meinen Eltern heute noch dankbar bin, daß sie mich streng, hart und autoritär erzogen haben. Damit haben sie mir für meinen späteren Lebensweg vieles erleichtert. Ich kann mit großer Liebe an sie zurückdenken.

Heinz Maier-Leibnitz

In Esslingen am 28. März 1911 geboren. Nach seinem Studium war er zunächst am Kaiser-Wilhelm- bzw. Max-Planck-Institut für Medizinische Forschung in Heidelberg beschäftigt (1935–1952). Dann erhielt er eine Professur für technische Physik an der TU München. 1967 wurde er Direktor des Instituts Max von Laue-Paul Langevin in Grenoble (bis 1971), 1972 als erster Deutscher Präsident der Internationalen Union für Reine und Angewandte Physik, 1972 Mitglied des Wissenschaftsrats und 1973 für die folgenden zehn Jahre Mitglied des Stiftungsrates der Carl-Friedrich-von-Siemens-Stiftung. Außerdem war er Präsident der Deutschen Forschungsgemeinschaft (1974–1979). Seit 1979 ist er mit Elisabeth Noelle-Neumann verheiratet.

HEINZ MAIER-LEIBNITZ

Als die Bauernhöfe noch in der Stadt lagen ...

Zwischen Hausgarten und »Baumgütle« –
Sorglos ohne Grund in Württemberg

Die zwanziger Jahre sind eine Zeit, an die man sich erinnern muß, wenn man verstehen will, was heute besser und was schlechter ist als damals, wenn man wissen will, ob es heute besser ist oder nicht, und wenn man wissen will, was man heute tun sollte, um die Fehler von damals zu vermeiden. Ich möchte deshalb einfach beschreiben, wie es war, ohne nachträgliche Besserwisserei. Jeder soll seine eigenen Schlüsse daraus ziehen.

Wir waren dauernd krank, meine Schwestern und ich. Masern, Diphtherie, Scharlach; immer wieder wurde ein Krankenzimmer desinfiziert. Erbrechen, Ohrenschmerzen; ich erinnere mich, daß ich einmal auf dem Sofa lag und fürchterlich schrie, bis ich merkte, daß niemand im Haus war. Später, 1923, waren wir alle bettlägerig mit leichtem Fieber, erst meine Schwestern, dann ich, ein halbes Jahr lang; Hilusdrüsentuberkulose. Die Krankheit kündigte sich langsam an, mit schlechten Schulleistungen, 23 Fehler im griechischen Diktat; und alle konnten schneller laufen als ich und mich verhauen, außer einem, der es aber auch gut überlebt hat.

Als die Inflation zu Ende war, konnte man wieder ins Ausland reisen. So gingen wir mit meiner Mutter nach Arosa, das damals ein berühmter Lungenkurort war. Wir hatten eine Wohnung in einem Bauernhaus, meine Mutter versorgte den Haushalt und uns. Wir hatten strenge Bettruhe, dann eine Stunde Liegestuhl im Freien, dann zehn Minuten Spaziergehen. Nach drei Monaten waren wir schon beweglicher, und nach einem halben Jahr stiegen wir auf die Berge. Gesundwerden ohne Medikamente: das Gegenstück zum Penicillin und den anderen Mitteln, die uns seitdem von den Infektionskrankheiten erlöst haben.

Damals war davon noch keine Rede. In Arosa gab es, außer wenigen Hotels, mehrere große Sanatorien. Höhenluft galt als gut gegen Tuberku-

lose, aber es wurde selten jemand gesund. Wir besuchten eine entfernte
Tante aus Hamburg, die schon Jahre in einem Sanatorium lag und dann
auch dort gestorben ist. Unsere Krankheit war harmloser. Als wir nach
sechs Monaten wieder in die Schule kamen, fing ich in der ersten Pause
unseren Schnelläufer, war bald auch im Ringkampf anerkannt und wurde
einer der besten Schüler.

Unsere Eltern zogen daraus die Folgerung, daß wir alle unsere Ferien in
Arosa verbrachten. Sie kauften, zusammen mit meinem Onkel Reinhold
Maier, ein kleines Chalet. Von dort aus stiegen wir im Sommer auf die
Berge, im Winter machten wir Skitouren. Lifte gab es noch nicht, man
stieg mit Seehundfellen unter den Skiern den Berg hinauf. Es gab auch
noch keine Pisten, nur Pulverschnee oder Bruchharsch; und viel lawinen-
verdächtiges Gelände. Mit Lawinen haben wir wohl mehr Glück als Verstand gehabt. Unsere damaligen Touren sind heute zumeist verboten.

Lange Ferien in einem Privathaus sind ein großer Vorteil. Man ist zu
Hause, man hat zugleich Zeit und einfache Pflichten, die Familiemitglie-
der kommen sich näher bei Spielen wie Quartett oder »Schnippschnapp«,
bei Spaziergängen und Unterhaltungen. Trotzdem hat jeder Zeit für sich
selbst. Die Vorbereitungen für die Schule oder Hochschule fanden in
Arosa statt. Meine Mutter, die eine der ersten Philologiestudentinnen in
München gewesen war, half uns mit Latein, Griechisch und Deutsch, mein
Vater, der Ingenieur, mit Mathematik.

In Arosa gab es auch eine Buchhandlung mit einem Buchhändler, der
viel Zeit für Unterhaltung und Beratung hatte. Dies führte dazu, daß wir
eine »französische Periode« hatten. Das Haus war bald voll mit französischen Büchern, die mein Vater gekauft hatte, und so kam ich früh zu
Anatole France, Romain Rolland, zu Colette, zu André Gide. Damals
erwachte meine Liebe zu Frankreich, der ich später einen wichtigen Teil
meines Lebens gewidmet habe.

Oft denke ich an die Einfachheit des täglichen Lebens. In dem Chalet
gab es anfangs weder Strom noch Telefon. Das Brennholz, das einmal im
Jahr mit einem leichten Fuhrwerk angeliefert wurde, mußte gesägt und
gespalten werden. Nur zwei Räume waren heizbar. Im Winter gefror der
Atem auf der Bettdecke. Und bei der Ankunft war fast immer die Wasserleitung geplatzt und die Küche mit einer dicken Eisschicht bedeckt. Dann
mußten wir einen steilen Weg zur nächsten Wasserstelle graben, und wenn
ich Wasser in einer großen Butte auf dem Rücken holte, rutschte ich aus,
und das Wasser lief mir in den Hals.

Trotzdem, die Sehnsucht nach dem einfachen Leben hat ihre Wurzeln in
dieser Zeit. Übrigens gab es damals im ganzen Kanton Graubünden keine

Autos. Ich gestehe, daß ich das bis heute nicht als einen Nachteil betrachten mag.

Daheim in Esslingen war der Komfort größer. Mein Vater, der erste in der Familie, der studiert hatte, war 1909 in eine große Maschinenfabrik eingetreten und hatte es nach zehn Jahren bis zum Vorstandsmitglied gebracht. Dann nahm er einen Ruf an die Technische Hochschule Stuttgart an. Vorher kaufte er noch in Esslingen ein Haus mit großem Garten, und damit waren wir für die beträchtlichen Ernährungsprobleme nach dem Krieg und auch für die Inflation gut gerüstet.

Meine Mutter zog Gemüse und Beerenobst, große Mengen von Erdbeeren, roten, gelben und schwarzen Johannisbeeren, Brombeeren und Rhabarber, der so groß wurde, daß wir darunter Verstecken spielten. Außerdem hielten wir Hühner, bis zu zwanzig, Wyandotte und Plymouth Rock. Natürlich wurden nicht nur die Eier, sondern auch die Hühner verzehrt. Einmal sollte ich der Paula beim Schlachten helfen, aber aus Angst vor dem Beil hielt ich das Huhn nicht fest genug, und es flatterte ohne Kopf durch die Waschküche. Der Gewissenskonflikt des Fleischessers ist mir seitdem lebendig.

Dann gab es noch ein »Baumgütle« einen Kilometer weit weg. Dorthin mußte ich morgens vor der Schule das Milchschaf mit seinen Jungen treiben, das seinen Stall beim Haus hatte. Das machte beträchtliche Mühe, denn die ostfriesischen Milchschafe sind groß, kräftig und eigensinnig, und ich war erst zehn Jahre alt.

Sonst war das Baumgütle ein Juwel, viele Jahre vorher angelegt von einem erfahrenen Baumwart, mit Birnen, Pflaumen und Zwetschgen, Apfelsorten wie Goldparmänen, Reinetten und Boskop und zwei großen Kirschbäumen, schwarzen, süßen Kirschen und großen Herzkirschen. Für uns Kinder und die Kinder unserer Gäste waren diese Bäume ein idealer Aufenthalt. Selbstverständlich wurde alles geerntet und das meiste eingemacht. Die Äpfel mußte man in Waschkörben zu zweit den weiten Weg tragen, denn auf dem Leiterwagen wären sie zu sehr erschüttert worden und hätten den langen Winteraufenthalt im Keller nicht vertragen.

Das war württembergischer Perfektionismus. Bei der Ernte mußten wir Kinder helfen. Das Mähen des Grases besorgte mein Vater selber.

Später, nach der Inflation, hörten die landwirtschaftlichen Bemühungen allmählich auf; es blieb aber eine Neigung zum gesunden Leben, die sich in einer Hinwendung zu den Lehren von Bircher-Benner (*Der Wendepunkt im Leben und im Leiden*) und in jahrelangem Vegetariertum äußerte.

Unsere Eltern haben sich viel um uns gekümmert. Sie machten regel-

Der Autor, seine Schwester und drei ostfriesische Milchschafe.

Ein Bauernhaus im Gutachtal. *(Keystone)*

mäßige Spaziergänge mit uns, meist zum nahen Neckar, später auch Ausflüge auf die Schwäbische Alb, und sie hielten uns zum Malen und zu Handarbeiten an, und natürlich gab es zu allen Zeiten Bücher. Das ganze Haus war voll mit Büchern, und ich glaube, ich habe nie mehr später soviel gelesen wie im Alter von zehn bis siebzehn Jahren, mit bleibendem Gewinn.

Eine glückliche Jugend, wenn man die Krankheiten nicht mitzählt. Die Eltern nahmen nicht sehr viel Einfluß auf uns, außer durch ihre Gegenwart. Sie ergänzten sich glücklich durch ihre verschiedene Vorbildung, und sie beschäftigten sich sehr intensiv als Amateure, meist durch gegenseitiges Vorlesen am späten Abend, mit Fragen der Philosophie, später vor allem der Psychoanalyse. Es gab auch viel Geselligkeit, zu der wir Kinder früh zugelassen wurden, und da haben wir von den Unterhaltungen der Erwachsenen unmerklich profitiert.

Schön war auch der Schulweg, zwölf Jahre Elementarschule und Gymnasium im selben Haus, nur zehn Minuten entfernt. Es gab den nächsten Weg entlang dem Neckarkanal, der damals ganz sauberes Wasser hatte, mit Amseln, Buchfinken, Bachstelzen, Meisen und manchmal einem Zaunkönig. Dann gab es die Maille, eine Anlage mit großen schattigen Bäumen und Bänken für die Alten, die ich etwas fürchtete, denn sie waren sehr gebrechlich und manchmal unförmig verzerrt durch Geschwüre oder einen großen Kropf. Sie sprachen nicht mit uns und sahen eher feindselig aus. Ich fürchte, daß andere Kinder sie absichtlich ärgerten.

Dann gab es noch einen dritten Weg durch den ältesten Teil der Stadt – mit niedrigen Fachwerkhäusern und mit Schwalbennestern unter jedem Dach. Viele davon waren Bauernhäuser, die Landwirtschaft wurde zum Teil noch von der Stadt aus betrieben. Dorthin brachten wir auch Äpfel zum Mosten; der Saft wurde dann daheim sterilisiert und auf Flaschen gezogen. Oder das Obst wurde gedörrt. Es gab mehrmals in der Woche Kompott von Trockenobst und Rosinen.

Natürlich gab es viele kleine Läden; manche existieren fast unverändert heute noch. Wir standen oft vor den kleinen Schaufenstern mit einem Schiffsmodell oder einer Eisenbahn oder sonst etwas, was sich bewegte. Und dann kam das wunderschöne alte Rathaus; und das neue Rathaus und der große Marktplatz mit zwei alten Kirchen und einer Seifensiederei. Von ihm ging eine Straße nach oben mit Kopfsteinpflaster und einem Schild: »Schonet die Zugtiere; nehmt Vorspann«, eine Vorschrift, der oft mit großem Peitschenknallen zuwidergehandelt wurde.

Wir müssen, so scheint mir heute, eine sehr gute Schule gehabt haben. Ich glaube, daß es nie größere Mißhelligkeiten unter den Schülern gegeben hat. Keiner wurde ausgesondert, auch nicht der einzige jüdische Schüler, der Siegfried Moses hieß, und alle wurden ein bißchen erzogen zu einer Art gemeinsamer und gegenseitiger Toleranz, die keine Verschiedenheit unterdrückte. Natürlich gab es Raufereien und Streit. Nach der Elementarschule kam ein Mädchen in die Klasse, weil es sonst kein Gymnasium gab. Weil die anderen Buben sie rätzten, warfen wir uns zu dritt zu ihrem Beschützer auf und mußten darunter leiden. Ich erinnere mich vor allem an Brennesselruten, aber es war alles nicht ernst. Das Spielerische ging nie verloren.

Ich nehme an, daß die Lehrer dazu wesentlich beigetragen haben. Man wußte immer, was man zu erwarten hatte. Es gab Tatzen auf die Hand, was recht weh tat, und am Anfang auch Hiebe auf das Gesäß, die relativ harmlos waren. Aber ich erinnere mich nicht, daß je einer das Gefühl hatte, zu Unrecht bestraft zu werden.

Der Unterricht war sicher mehr als nur ordentlich. Schon auf der Elementarschule lernten wir in Rechtschreibung und Rechnen viel. Die Theorie, daß Rechtschreibung nicht wichtig sei, existierte noch nicht. Später lag das Gewicht auf den alten Sprachen, was ich heute noch als einen großen Gewinn betrachte, und Deutsch, dann auch Französisch und Englisch.

Geschichte wurde mit wenig Aufwand an Politik gelehrt; neuere Geschichte haben wir wohl nie gehabt, und die Lehrer waren in ihren politischen Äußerungen eher neutral. Auf dem Speicher unseres Hauses hatte ich die Schullesebücher meines Vaters gefunden und gelesen, und ich empfand einen großen Unterschied zwischen dem damaligen Nationalismus (etwa Stichwort: Sedan) und der neueren Einstellung, die andere Nationalitäten ebenso gelten ließ wie die eigene.

Es gab eine Jugendorganisation, die *Jungdeutschland* hieß, in der einige, darunter ein Freund von mir, Mitglieder waren. Ich kann mich aber an keine Auseinandersetzungen darüber erinnern. Wir waren einfach politisch nicht interessiert. Wir meinten zwar, daß der Versailler Vertrag ungerecht war und daß die Regierung zu oft wechselte, aber über dieses Niveau der Stellungnahme kamen wir, jedenfalls in der ersten Hälfte der zwanziger Jahre, nicht hinaus.

Meine Eltern neigten zur Demokratischen Partei; ich glaube, daß mein Vater sich da auch betätigt hat, denn ich erinnere mich, daß er, neben dem Klavier stehend, mit meiner Mutter mühsam eine Ansprache einübte. Öffentliches Reden war ihm eine Last. Auch seine Vorlesungen nahm er sehr ernst; alles wurde sehr sorgfältig, fast pedantisch ausgearbeitet. Die Begeisterung mußten die Studenten wohl selbst mitbringen. Aber die

Wirkung scheint, wie ich später immer wieder hörte, gut gewesen zu sein. Ein Lehrer wirkt vielleicht doch eher durch großes Bemühen als durch scheinbare Vollkommenheit.

Mein Onkel Reinhold war inzwischen, nach einem Studium in Tübingen und Grenoble, Rechtsanwalt in Ravensburg geworden. Wir besuchten ihn dort manchmal. Er war sehr fröhlich, fast unernst, wie es meinem seriösen Vater schien, und war bereits in der Demokratischen Parei aktiv. Später kam er nach Stuttgart zu einer bekannten Anwaltskanzlei mit einem jüdischen Partner. Noch später heiratete er die Tochter eines anderen jüdischen Kollegen, eine sehr liebenswürdige Person.

Wir sahen sowohl die Kollegen meines Onkels wie später seine junge Frau oft, und so bekam ich einen Vorgeschmack von den Vorteilen deutschjüdischen Zusammenwirkens, wie ich das später in Göttingen erleben durfte, wo die große Blüte der Naturwissenschaft diesem Zusammenwirken zu verdanken war. Besonders die Schwiegereltern meines Onkels, bei denen ich als junger Student in Stuttgart öfters eingeladen war, sind mir mit ihrer Bildung, mit ihrer Hilfsbereitschaft und der Zuwendung zu Menschen ganz unvergeßlich geblieben.

Ende der zwanziger Jahre wurde Onkel Reinhold Wirtschaftsminister in Württemberg. Von seinen Aktivitäten ist mir vor allem die Bekämpfung der Reblausschäden im Weinbau durch Verbot der Amerikanerreben in Erinnerung und die Elektrifizierung der Bahn. Wir waren natürlich erstaunt über seine unerwartete Karriere. Es muß wohl damals gewesen sein, daß ich mir zum erstenmal Gedanken darüber machte, was einen Menschen zum Erfolg führt.

Ich hatte das bei meinem Vater erlebt, dann bei den Tanten, die hervorragende Apothekerinnen wurden. In keinem Fall war irgendeine Protektion oder Förderung von außen sichtbar, aber Leistungen, die über das hinausgingen, was man normalerweise von einem Menschen erwarten kann. Es ist ein Idealfall, wenn ein Mensch nicht durch eigenes Karrierestreben aufsteigt, und es gibt gute Gründe dafür. Nur wenige sind zu hervorragenden Leistungen fähig, und es ist immer ein bißchen Glück im Spiel, wenn man einen davon findet. Dies hat sich später bei der Bekanntschaft mit vielen führenden Wissenschaftlern bestätigt. Keiner von ihnen dachte an Karriere, aber sie erhoben sich plötzlich durch eine bedeutende Leistung aus der Menge.

Mit dem nahenden Ende der Schulzeit (im März 1929) mußte auch die Berufswahl entschieden werden. Es war klar, daß meine Interessen der Naturwissenschaft und Technik galten. Mein Vater hatte mich da immer ermutigt und meine kleinen Studien gefördert, in der Botanik (Blättersammlung), Paläontologie (ich sammelte, anfangs mit ihm zusammen, zahllose Fossilien in unserer versteinerungsreichen Umgebung) und später Astronomie (ich kam bis zum Selbstbau eines sechszölligen Spiegelteleskops) und auch meine Bastelbemühungen in Schreinerei und Mechanik. Jetzt neigte ich zur Astronomie; er hätte gern gehabt, daß ich Ingenieur werde, und da bot sich als Ausweg die technische Physik an, ein neues Fach, das es in Stuttgart gab und von dem man nicht recht wußte, ob es mehr zur Wissenschaft oder mehr zur Anwendung führte. Der Fachvertreter, Professor Regener, war aber ein ausgezeichneter Physiker, und das hat meinen weiteren Weg mitbestimmt.

1929 war die Zeit der großen Depression, und es war schwer, in die Zukunft zu schauen. Sicher war, daß es an den Hochschulen sehr wenige Stellen gab, es gab nur etwa zwei Professuren für Physik pro Universität. Auch die Industrie bot kaum Stellen an, es existierte mit Ausnahme der optischen Industrie nichts, was man als physikalische Industrie bezeichnen konnte. Deshalb stellten die meisten sich darauf ein, neben dem Diplomstudium auch das Lehramtsstudium zu betreiben und das zugehörige Staatsexamen anzustreben; aber es war heute wie damals bekannt, daß die Vorhersagen über Berufsaussichten in der Schule fast immer falsch waren.

Merkwürdigerweise war ich nicht beunruhigt. Ich nehme an, daß ich einfach fasziniert war von allem, was ich würde lernen können. Aber am Anfang kam etwas, was sich als sehr wichtig erwies. Die künftigen technischen Physiker mußten ebenso wie die Maschinenbauer ein halbjähriges Praktikum in einer Fabrik absolvieren, unbezahlt, als eine Art Unterlehrlinge, nicht in Laboratorien, sondern in Werkstätten. So kam ich in eine feinmechanische Versuchswerkstatt und mußte dort einen Monat lang einen Eisenwürfel von fünf Zentimeter Kantenlänge feilen, dann in die Modellwerkstatt, die Gießerei, die Dreherei und die Elektrowerkstatt.

Dies kam meinen handwerklichen Neigungen entgegen, aber entscheidend wurde der Kontakt mit den Arbeitern. Hier lernte ich, was sorgfältige Arbeit ist und wie weit man damit kommen kann. Ich bewunderte die großen Leistungen, die ich sah, und verstand den Stolz, den die eigene Arbeit rechtfertigt. Natürlich war ich überall ein hoffnungsloser Anfänger. Trotzdem habe ich damals gelernt, wie es sein soll und kann, und das hat mir vielleicht auch bei meinem Beruf geholfen. Und vor allem habe ich später nie Schwierigkeiten mit den Beziehungen zu den Werkstätten gehabt. Sich mit jemand zu vertragen, den man bewundert, das ist ganz einfach.

Mein Studium begann gerade noch vor dem Ende der zwanziger Jahre. Ich war beeindruckt von der Fülle des Stoffs, und sicher habe ich mir am

Anfang zuviel vorgenommen. Alles war neu vor allem deshalb, weil es von einem höheren Standpunkt betrachtet wurde. Aber da zeigte sich etwas Merkwürdiges. Wir Gymnasiasten waren eher im Vorteil gegenüber denen, die zum Beispiel viel mehr Mathematik auf der Schule gehabt hatten. Sie meinten, sie hätten vieles verstanden; wir mußten alles neu lernen, aber gleich auf dem richtigen Niveau. Ich habe seitdem oft gesagt: »Ein künftiger Physiker sollte Griechisch lernen und ein Jurist Mathematik.«

Meine Schilderung betont das Erfreuliche. Aber natürlich war das nicht alles. Später macht man sich Vorwürfe über das, was man nicht rechtzeitig gelernt und verstanden hat. Ich hätte gern mehr Philosophie gelernt, aber sicher hätte ich mehr über Politik und Bürgerpflichten lernen sollen. Wir haben uns damals noch an den Anfängen der Europabewegung mit Coudenhove-Kalergi begeistert, aber die Riesengefahr im Inneren Deutschlands haben wir nicht beachtet.

Ich selbst hatte immerhin Hitlers *Mein Kampf* gelesen, aber danach war ich ganz beruhigt, denn ich hielt es für ganz unmöglich, daß jemand einen solch ungeheuren Unsinn auf die Dauer ernst nehmen könnte.

GÜNTHER NOLLAU

Günther Nollau wurde am 4. Juni 1911 in Leipzig geboren. Nach den in Dresden verbrachten Jugendjahren studierte er in Innsbruck, Wien, München und Leipzig Rechtswissenschaften und Volkswirtschaft. Er legte zwei Staatsexamina ab und promovierte 1937. Von 1937 bis 1950 übte er den Anwaltsberuf in Krakau und Dresden aus. In den Jahren 1939 bis 1941 leistete er Militärdienst und nahm zuletzt an der Luftlandung auf Kreta teil. Von 1950 bis 1975 arbeitete er im Dienst der Bundesrepublik, zuletzt als Präsident des Bundesamts für Verfassungsschutz. Er veröffentlichte einige Bücher, u. a. »Die Internationale«, »Zerfall des Weltkommunismus«, »Rote Spuren im Orient«, »Das Amt«, »Gestapo ruft Moskau«.

Günther Nollau

Höhenluft statt Hörsaalmief

Meine Jahre zwischen Büchern und Bergen –
Ein unbeschwertes Studentenleben frei von staatlichen Zwängen

Im Jahr der Unterzeichnung der Weimarer Reichsverfassung, 1919, starb mein Vater an einem Herzleiden, das er sich im Kriege zugezogen hatte. Nach dem Tod des Mannes mußte sich meine Mutter mit ihren drei Söhnen allein durchschlagen. Wäre die Inflation nicht gewesen, hätte sie das materiell leicht bewältigen können, denn ihr Vater war zu seinen Lebzeiten ein tüchtiger Baumeister, der in Hartha in Sachsen ein ansehnliches Vermögen erworben hatte. Doch soweit es in Kriegsanleihen und Bankguthaben bestand, ging es natürlich verloren. Zu dem Erbe gehörten aber auch Aktien, die – zum Teil – trotz der Inflation ihren Wert behielten. Außerdem hatte mein Großvater Grundstücke hinterlassen, und zwar ein Villengrundstück in Dresden-Blasewitz und einige Mietshäuser im Zentrum der Stadt. Zusätzlich bezog meine Mutter eine Beamtenpension, weil mein Vater als Baurat sächsischer Beamter gewesen war, und sie erhielt eine Hinterbliebenenrente. Unsere wirtschaftliche Lage erschien deshalb komfortabel, zumal wir in der Blasewitzer Villa wohnen konnten.

Von der Revolution bemerkten wir kaum etwas. Nur an eine Nachricht erinnere ich mich, die mich damals sehr erregte: Empörte Volksmassen hatten einen Minister der neuen Regierung, Neuring hieß er wohl, von einer der Elbbrücken in den Fluß gestürzt.

Ostern 1921 kam ich ins Gymnasium und damit in eine völlig neue Umgebung. Den Villenvorort Blasewitz bewohnten vorwiegend wohlhabende Bürger. Viele von ihnen trauerten der Monarchie nach, verfluchten den Versailler Vertrag und die Regierung, die ihn hatte unterzeichnen müssen. Die Söhne dieser Bürger, meine Mitschüler, teilten diese Empfindungen und bewunderten daher jene Kräfte, die sich der Regierung entgegenstellten. Wir, die Sextaner, schlossen uns den Älteren an, wenn sie sangen:

Hakenkreuz am Stahlhelm, schwarzweißrotes Band,
Die Brigade Ehrhardt werden wir genannt.

Im Gegensatz zu manchen Schülern stand die Schulleitung auf seiten der
Regierung, und so entwickelte sich ein Konflikt. Dieser erreichte seinen
Höhepunkt, als eines Tages große schwarze Hakenkreuze auf die Treppen
am Schulportal geschmiert worden waren. Ich hatte damit zwar nichts zu
tun, aber der Konflikt berührte mich doch, denn ein älterer Schulkamerad
war der Bruder eines der Mörder Walter Rathenaus, des Außenministers.
Mit ihm verbanden mich keine politischen Gesinnungen, sondern vor
allem sportliche Interessen. Gerhard Fischer war ein sehr guter Fußballer
und Torwart in der Ligamannschaft des Dresdner Sportvereins »Guts-
Muths«, was damals für einen »höheren« Schüler eine Seltenheit war.
Dementsprechend bewunderten ihn seine Mitschüler und ich selbstverständlich auch sehr. Fußball war damals natürlich mein Lieblingssport.
Zweimal in der Woche trainierten wir, und jeden Sonntag eilte ich auf den
Sportplatz, um »meine« Mannschaft spielen zu sehen.

Zu Hause lebten wir sehr bescheiden, da meine Mutter es sich zum
Grundsatz gemacht hatte, ihr Vermögen nicht anzurühren. Sie bewahrte
es für die Zukunft, damit ihre Söhne die Möglichkeit hatten zu studieren.
Für gesellschaftliche Veranstaltungen gab sie daher wenig aus, und wir
hatten selten Gäste. Aber sie »leistete« sich ein Abonnement in der Oper
und besuchte häufig Konzerte der Staatskapelle. Wenn sie verhindert war,
durfte ich manchmal diese wunderbaren Opernabende besuchen. Besonders beeindruckt hat mich eine »Aida«, die von der berühmten Elisabeth
Rethberg gesungen wurde, einer Dresdnerin, die damals schon an der
Metropolitan Opera in New York engagiert war.

Später, als Schüler des Realgymnasiums Blasewitz, hatte ich öfter Gelegenheit, Opern zu hören. Die Direktion des Staatstheaters stellte damals
den Schülern der Gymnasien Karten zu 50 Pfennigen für Plätze auf dem
fünften Rang zur Verfügung. Von einigen dieser Plätze aus konnte man die
Bühne sehen. Auf anderen hatte man sich mit dem Genuß der Musik zu
begnügen. Die Plätze waren nicht numeriert, und deshalb mußte man sich,
wenn man »sehen« wollte, im Erdgeschoß der Oper am Aufgang anstellen
und, sobald geöffnet wurde, die fünf Stockwerke hinaufrennen, um einen
der begehrten »Sehplätze« zu ergattern. Unter uns Pennälern hieß es:
»Heute gehe ich in die Oper ›Rennplatz‹.« Da ich ein guter Renner war, ist
es mir einige Male gelungen, einen der Sehplätze zu ergattern.

Die Musik war nicht das einzige Kulturgut, das bei uns zu Hause
gepflegt wurde. Tante Käte, die Schwester meiner Mutter, war eine be-

gabte Malerin, die oft in der Dresdner Gemäldegalerie kopierte. Wenn ich sie dort besuchte, zeigte sie mir nicht nur Rembrandts »Saskia«, Rubens' »Bathseba« und die Sixtinische Madonna, sondern sie erklärte mir auch die besondere Bedeutung romantischer Maler – wie zum Beispiel C. D. Friedrichs – für unsere Heimat. Einmal in der Woche spielten die Schwestern auf dem schönen Flügel der Tante vierhändig. Ich als Knabe hörte andächtig zu. Von dieser Musik sind mir Chopins Walzer noch lebhaft in Erinnerung.

Meine Mutter mühte sich stets um unsere Bildung. Als junges Mädchen hielt sie sich eine Zeitlang in der französischen Schweiz auf. In ihrer Pension hatte sie die Sprache gut gelernt und gab nun diese Kenntnis an ihre Kinder weiter. An einem Tag in der Woche mußten wir beim Essen französisch reden.

Im Laufe der Schulzeit wandelten sich meine sportlichen Interessen, trotzdem spielte ich ab und zu noch Fußball. Meinem Freunde Fischer verdankte ich – es war wohl 1928 – eine Einladung zu einem Training bei dem berühmten englischen Fußballehrer Jimmy Hogan. Hogan unterbrach auf einmal seine Lektionen auf dem Dresdner Sportplatz, denn majestätisch zog das Luftschiff »Graf Zeppelin«, das einen Deutschlandrundflug machte, vorüber, und wir starrten alle gebannt hinauf.

So interessant Hogans Fußballtips auch waren, meine Vorlieben lagen nun anderswo. Die Schule hatte in der Sächsischen Schweiz ein Landheim erworben, in dessen Nähe schöne Kletterfelsen waren. Anfangs kraxelten wir dilettantisch darauf herum. Dann passierte ein Unfall: Ein junger Lehrer stürzte etwa 10 Meter tief auf den Sandboden. Den dumpfen Aufschlag seines Körpers habe ich noch heute im Ohr. Es war uns eine Lehre. Durch den Alpenverein und einige ältere Bergsteiger kamen wir in Verbindung mit seriösen Kletterern, die uns das Metier (Anseilen, Abseilen, Hakenbenutzung und so weiter) von Grund auf lehrten. Unser Ziel war es, möglichst viele schwere Klettereien in der Sächsischen Schweiz zu machen, um später – in den Alpen – großen Touren gewachsen zu sein.

Die Passion für das Bergsteigen bestimmte auch die Wahl meines ersten Studienorts: Innsbruck. Doch bevor ich dorthin aufbrach, machte ich zusammen mit Peter, meinem älteren Bruder, und zwei meiner Schulkameraden eine Reise durch die Tschechoslowakei, Bayern und Österreich. Mit der Eisenbahn fuhren wir nach Aussig, stiegen dort nach Pilsen um und landeten schließlich im Böhmerwald. Von Eisenstein wanderten wir bis nach Passau.

Hier in der Nähe kauften wir uns in einem Fischerdorf ein Boot, um die Donau hinabzufahren. Ein Boot – das klingt großartig. Aber als der Fischer

Der Autor bei einer Bergtour in der Sächsischen Schweiz.

Im Schullandheim.

uns den Kahn zeigte, schwamm er nicht, sondern lag unter Wasser. Sein früherer Besitzer meinte: »Wenn ihr die Ritzen und undichten Stellen mit Werg und Pech ausstopft, dann wird der Kahn euch schon bis Wien tragen. Ich gebe ihn euch für 8,50 Mark und dazu einen Ballen Werg und einen Topf mit Pech.« Wir machten uns ans Werk, und siehe, der Kahn hat uns sogar bis Preßburg getragen, wo wir ihn für 2,50 Mark verkauften. Preiswerter wird wohl kaum jemand die Reise gemacht haben noch machen können.

Von den Zollbehörden wurden wir nicht behelligt. Die tschechischen Grenzer lachten gutmütig, als wir ihnen in Preßburg erklärten, wir wollten den Kahn hier verkaufen und dann mit der Eisenbahn nach Dresden zurückfahren. Das machten wir auch, lernten auf diese Weise Prag kennen, wo wir spottbillig einige Tage in einer Studentenherberge hausten. Spottbillig war auch die ganze Reise. In vier Wochen haben wir jeder 90 Mark ausgegeben. Sogar den Verlust von 20 Mark, den Falschspieler uns Neulingen während der Eisenbahnfahrt abgenommen hatten, konnten wir verschmerzen.

Durch derartige Erfahrungen gewitzigt, kam ich im April 1930 in Innsbruck an, um mein Jurastudium aufzunehmen. Meine liebe Mutter hatte mich – als Belohnung für ein gutes Abitur – finanziell großzügig ausgestattet. Ich konnte mir alles leisten, was mein Herz damals begehrte. Das war – mit heutigen Maßstäben gemessen – bescheiden: mal eine Bergbahnkarte, mal eine Fahrt mit Kettenfahrzeug nach Kühtai und immer gutes Essen.

Klettermöglichkeiten gab es genug in Innsbrucks Umgebung – so viel, daß ich manche Woche keinen Hörsaal von innen sah. Krönung dieses ersten Semesters war eine Kletterfahrt nach Südtirol, das damals unter der faschistischen Zwangsherrschaft buchstäblich ächzte. Mein Kamerad und ich eilten von Gipfel zu Gipfel, überschritten die berühmten Vajoletttürme und waren stolz, auch eine der großen klassischen Touren, die Südwand der Marmolata »gemacht« zu haben.

In deren Nähe begegneten wir nicht nur dem unterdrückten Südtiroler Volkstum, sondern auch, was neu für uns war, den Ladinern, also den Resten der dort ansässig gewesenen rätoromanischen Urbevölkerung. Einer ihrer markanten Köpfe war Tita Piaz, ein Bergführer und kühner Kletterer, den man wegen seines Wagemuts den »Teufel der Dolomiten« genannt hat. Uns, den bescheidenen Sachsen, gegenüber war er nicht teuflisch, sondern gastfreundlich und aufgeschlossen. Er klärte uns über manches auf, was uns die frühere Herrschaft der Österreicher über die Ladiner in neuem Licht erscheinen ließ. Unter jedem Regime hatte er schon, wie er sagte, »gesessen«, nicht nur in Biwaks, sondern auch in Gefängnissen.

Von Innsbruck aus ging ich für das Wintersemester nach Wien. Dorthin lockten mich nicht nur die Größen der Universität, von denen Sigmund Freud damals noch umstritten war, sondern auch der Eiskunstlauf. Wien war eine Hochburg dieses Sports, dem ich mich in Dresden eifrig gewidmet hatte. Dort angelangt, kaufte ich mir eine Dauerkarte für die Engelmannsche Kunsteisbahn und übte dort morgens von 8 bis 9 Uhr meine Dreier. Zu meiner freudigen Überraschung sprach mich eines Morgens Karl Schäfer, der unumstrittene Weltmeister, an und schlug vor, ich solle doch in dem für ihn reservierten Teil der Bahn trainieren, dort sei ich ungestörter. Trotzdem merkte ich bald, daß das Kreiseln auf begrenzter Fläche auf Dauer nicht meine Sache war. Mich zog es ins Hochgebirge – auch im Winter.

Nach dem täglichen Eislauftraining besuchte ich mit Vorliebe die Vorlesungen des Volkswirtschaftslehrers und Philosophen Othmar Spann, der mich durch seine Persönlichkeit tief beeindruckte. Er empfahl seinen Hörern, auf echt wissenschaftliche Weise zu studieren. Sie sollten, riet er, nicht über die Philosophen lesen, sondern deren Werke selbst.

Ich habe mich an diesen Rat gehalten und damals – Anfang der dreißiger Jahre – John Locke gelesen, Adam Smith, David Ricardo, Adam Müller, Feuerbach, Hegel und schließlich auch Karl Marx. Als ich dessen *Kapital* aufschlug, wußte ich schon, woher seine Weisheiten stammten. Seine Wirtschaftstheorie fußt auf den Lehren Ricardos, dessen »ehernes Lohngesetz« der Marxschen Verelendungstheorie zugrunde liegt. Der historische Materialismus und die dialektische Methode sind von Hegel abgeleitet, wenngleich dieser – natürlich – von einem metaphysischen Weltgrund ausgeht. Marx meinte ferner, die kollektive Planwirtschaft sei der »planlosen« Wirtschaft des Kapitalismus überlegen. Daß dem nicht so war, konnte man schon damals am Beispiel der Sowjetunion sehen.

Wer sich das vor Augen hielt, wurde kein Anhänger des Marxismus/ Kommunismus.

Was ich in Wien erstmalig erlebte, war der Antisemitismus. Für einen Sachsen, dem religiöse Toleranz von Jugend an vorgelebt worden war, erschien der Judenhaß, wie er von der österreichischen akademischen Jugend praktiziert wurde, nicht nur erschreckend, sondern unbegreiflich.

Um so mehr überraschte es mich, auch in meinem nächsten Semester, das ich an der Münchener Universität absolvierte, auf Erscheinungen des Antisemitismus zu stoßen, der sich durch den Boykott der Vorlesungen des Staatsrechtslehrers Nawiasky äußerte.

Meine Begeisterung fürs Klettern dauerte an. Ich faßte nun Ziele ins Auge, von denen ich als Junge in der Sächsischen Schweiz nur hatte träumen können. Von München aus war es nicht weit zum Wilden Kaiser in Tirol. Dort lockte ein berühmter Berg – das Totenkirchl. Der schwierigste Anstieg, die sogenannte »Dülferroute«, führte durch die Westwand. Ihn nahmen wir uns vor. Die schauerlich steile Wand schreckte uns nicht. Wie sagte doch der sprachgewaltige Nietzsche:

Kein Pfad mehr, Abgrund rings und Totenstille,
So wolltest du's, vom Wege wich dein Wille.
Nun, Wandrer gilt's, nun blicke kalt und klar,
Verloren bist du, glaubst du an Gefahr!

Am Abend des 28. Juni 1931 bei untergehender Sonne saßen wir dann glücklich auf dem Gipfel.

Das ist das Schöne am Bergsteigen: Wenn man »oben« ist, fühlt man sich als Sieger und hat doch niemanden besiegt, außer vielleicht sich selbst.

In Leipzig, meiner nächsten Studienstation, gehörten Zusammenstöße zwischen Nazis und Kommunisten im Jahre 1932 schon zum Alltag. Aber im Seminar der juristischen Fakultät konnte man sich dem entziehen, was ich auch tat. Ich wollte das Versäumte der ersten Semester nachholen. Zusammen mit einem Studienkollegen nahm ich mir zwei Zimmer. In dem einen schliefen, in dem anderen arbeiteten wir, und zwar nicht nur werktags, sondern auch sonntags.

Schon im zweiten Leipziger Semester trug unsere Arbeit Früchte, und wir konnten in den Seminaren mitreden. An einem Samstag besuchte ich eine Veranstaltung des berühmten Konkursrechtlers Prof. Ernst Jäger. Nach der Vorlesung fragte er mich, ob ich mit ihm eine Tasse Kaffe trinken wolle. Wir gingen in das Café Felsche am Augustusplatz. Jäger ließ sich meine beruflichen Absichten und meine familiären Verhältnisse schildern. Bald darauf suchte er mit seiner Frau meine Mutter in unserer Loschwitzer Wohnung auf. Er muß einen guten Eindruck gewonnen haben, denn am Semesterende lud er mich ein, in den Ferien einige Wochen in seinem Haus am Walchensee zu verbringen. Bei gutem Wetter könne ich mit seinem Sohn Bergtouren machen, schlug er vor, bei schlechtem am Register seines Kommentars zur Konkursordnung mitarbeiten. So geschah's.

In Walchensee fand ich eine sehr komfortable Villa vor. Noch mehr imponierte mir aber, daß, wenn wir Bergsteigen gingen, von einem Chauffeur in einem großen amerikanischen Packard bis zum Beginn des Anstiegs gefahren wurden. Als ich das im Leipziger Seminar dem Pedell erzählte, sagte er: »Ja, ja, Sie wissen doch. Der Jäger hat für die Japaner eine Konkursordnung entworfen und dafür eine Million Dollar erhalten.«

Wie unterschied sich dieser Wohlstand von der Lage der immer zahlreicher werdenden Arbeitslosen! Zwar betraf die Arbeitslosigkeit nicht unmittelbar meine Familie. Wenn ich aber in den Ferien mit meinen Kameraden per Fahrrad in die Sächsische Schweiz strampelte, so waren immer mehr Betroffene darunter. Ihre Lage war bedrückend. Wir, die Glücklicheren, versuchten zu helfen, indem wir ihnen kleinere Arbeiten beschafften.

Nicht weniger als die Arbeitslosigkeit trugen die Gegensätze zwischen rechts und links zur Zerrissenheit des Volkes bei. Sie gipfelten in den Straßenkämpfen zwischen Nazis und Kommunisten, wurden aber auch in den Familien sichtbar.

So auch bei uns, denn mein älterer Bruder wurde zum Anhänger Hitlers und trat in die SA ein. Meine Mutter und ich waren nach Lektüre der Hauptwerke der Naziliteratur, insbesondere Hitlers *Mein Kampf* und Rosenbergs *Mythos des 20. Jahrhunderts*, abgestoßen. Mit unserer Auffassung von deutscher Kultur waren die Nazilehren, vor allem der Antisemitismus, unvereinbar. An unserer Ablehnung ließen wir in den familiären Diskussionen keinen Zweifel. Mein Bruder war kein Fanatiker, aber es trat eine gewisse Entfremdung ein, die bis weit in die Nazizeit anhielt.

Wie ein Blick auf die Erfahrungen zeigt, die ich von 1920 bis 1933 machte, war es damals einem fleißigen, jungen Menschen, auch wenn er politisch nicht organisiert war, möglich, seinen Berufsweg zu machen, ohne von staatlichen Stellen behelligt zu werden. Das sollte sich bald ändern – dank der fanatischen Nazis und der ihnen willfährigen Gehilfen in der Beamtenschaft.

Georg Meistermann

Kam am 16. Juni 1911 in Solingen zur Welt. Studierte an der Kunstakademie in Düsseldorf. Nach dem Krieg, in dem fast alle seine früheren Bilder zerstört worden waren, hatte er in Wuppertal 1945 seine erste Ausstellung. 1952 folgte er einem Ruf an die Städelschule in Frankfurt, vier Jahre später erhielt er eine Professur an der Kunstakademie in Düsseldorf. Es folgten Berufungen an die Kunstakademien in Karlsruhe (1960–1976) und München (1964–1967). Von 1967 bis 1972 war er Vorsitzender des Deutschen Künstlerbundes. Als Maler erhielt er viele Preise und Auszeichnungen, seine Werke finden im In- und Ausland ihre Liebhaber. Er war 43 Jahre mit der Psychoanalytikerin und Universitätsprofessorin Edeltrud Meistermann-Seeger verbunden und starb vier Tage vor seinem 79. Geburtstag.

GEORG MEISTERMANN

Die »Proleten« spielten Schach, lasen sogar Marx

Der Spannriemen, die Messe und der Riedstock –
Erfahrungen eines kunstliebenden Schustersohnes aus Solingen

Das Ende der Kindheit fiel zusammen mit dem Ende des Ersten Weltkrieges. Als wir Kinder zuschauten, wie ein müder, abgetakelter Gaul in seinem Geschirr zusammenbrach und ein Soldat ihn mit einem Pistolenschuß auslöschte, brach die friedliche Welt, in die uns eine weise Mutter eingeschlossen hatte, zusammen; der Krieg war zu Ende. Auf den Hauptstraßen schleppte sich der Troß der besiegten Regimenter dahin – der Anblick ist oft genug beschrieben worden.

Dann kam die Zeit der Besatzungen. Für den kleinen elterlichen Schuhladen, den die Mutter mühsam durch die Kriegsjahre geführt hatte, mußte Ware herbeigeschafft werden. Zu Fuß von Solingen nach Wermelskirchen: Mutter, trotz Hüftleidens, und Sohn, jetzt siebenjährig, durch die Wälder an der Wupper über Schloß Burg, durch die mit jungen französischen Soldaten besetzten Grenzposten – ich spürte die Angst meiner Mutter am Händedruck. In der Schuhfabrik gab es drei Paar Schuhe, die nun den gleichen Rückweg beschwerten. Das waren vier Stunden Gehen und zwei Stunden Warten. Und dann, zu Hause, die Arbeit der Mutter, die Sorge für drei Kinder, die Besorgung des Ladens.

Und welchen Kummer sie mit uns hatte, wenn die Ladenklingel ging und wir die wenig einladende Suppe auf den Linoleumfußboden kippten, um darin hin und her zu rutschen. Der Details in solchem Alltag sind zu viele, um die Geduld und die Tränen zu vergessen, zu denen wir, übermütig, unwissend und nach Kinderart die überarbeitete Mutter quälten.

Ein Jahr später begann die Jugendzeit, als der Vater am 3. Oktober 1919 aus englischer Kriegsgefangenschaft zurückkehrte. Mit Blasmusik, Bürgermeister und Innungskameraden. Wir, die Familie, spielten bei der Heimkehr des »letzten« Kriegsgefangenen der Stadt keine Rolle. Kaum hatte der Vater – in harten Kleidungsstücken, mit wildem Bart, übermüdet –

Frau und Kinder in die Arme gedrückt, wurde er zum Objekt allgemeiner Freude, von Freunden und Bekannten veranstaltet, die dann auch zu Hause kein Empfinden für die verängstigte Familie aufbrachten. Die Freudenfeier war deprimierend, und wir Kinder hatten fürs erste einen Schock, der sich nicht so leicht überwinden ließ, da ja nun auch die Mutter ein ganz anderer Mensch wurde.

Ins Bett brachte uns jetzt abends der Vater. Die liebevolle, mütterliche, allabendliche Rückbesinnung auf den vergangenen Tag fand nicht mehr statt. Wir waren allein gelassen. Wo war die Mutter?

Natürlich merkte auch der Vater, daß diese Familie ohne ihn eine Welt für sich gebildet hatte; die Kluft hat sich nie mehr ganz oder nur vorübergehend geschlossen. Schularbeiten wurden jetzt Pflicht. Auch gutes Benehmen. Hast du schon wieder, wie oft soll ich dir noch sagen? Halte den Mund; nimm die Hand aus der Tasche; iß anständig; laß das Heulen! Wo bist du gewesen; wo kommst du her? Wasch dir die Hände, sitz gerade, iß den Teller leer! Litaneien strenger väterlicher Moral.

Das schlimmste waren dann die Sonntage. Die Mutter stand so früh auf wie werktags, holte Sonntagsanzug, Wäsche für den Vater und drei Kinder aus dem Schrank, legte Manschetten- und Kragenknöpfchen zurecht zur Montage des Stehkragens aufs frisch gestärkte Herrenhemd, wusch drei Kinder, hatte die eigene Toilette längst hinter sich gebracht. Während sie dann den Frühstückstisch deckte – Sonntags gab's ein Ei – und Kaffee kochte, stand der Herr Gemahl auf, rasierte sich, zog sich an, setzte sich an den Tisch und las Zeitung. Eines der Kinder holte beim Milchmann drei Liter Milch und frische Eier. Dann kam das arbeitsreich vorbereitete eigentliche Frühstück. Schweigend, ohne ein Wort des Lobes, saß der Vater auf Lauer, an wem er die berühmte Sonntagslaune auslassen könne.

Dann wurden die Mädchen nochmals gekämmt, während die väterliche Deckeluhr vernehmlich zuklappte. »Der Herr Pastor beginnt die Messe pünktlich, es wird höchste Zeit. Bist du immer noch nicht fertig?«

An jedem Sonntag dasselbe; auch das Mittagessen war ja schon vorbereitet – die Mutter war abgehetzt, wenn man endlich zur Messe ging. Die Kinder voraus, Vater und Mutter dahinter. Nach dem Hochamt Begrüßung der Verwandten, Onkeln, Tanten, Vettern und Cousinen. Unterschiedlich eingebildet, je nach Wohlstand. (Die Ostern- und Pfingst-Familienausflüge des Clans an den Rhein, an die Wupper, waren die reine Hölle. Stundenlange Fußmärsche bis zu irgendeinem Lokal, wo dann die mitgebrachten Brote zu Kaffee und Bier ausgepackt wurden.)

An einem solchen Pfingsttag kam es dann auch zur Katastrophe. Die Mutter war fix und fertig, total erschöpft. Der Vater quälte die arme Frau mit der Uhr in der Hand und unpfingstlichen Bemerkungen. Er brüllte. Wir Kinder sahen auf – so hatten wir ihn noch nie erlebt. Da griff die Mutter zum Messer und stürzte auf ihn zu. Er wich aus, verließ das Zimmer, während sie weinend zusammenbrach.

Die Kinder haben die Verstörung jahrelang nicht verloren; die Eltern schlichen voreinander herum, der Bruch der Familie war komplett. Der Vater wurde noch strenger, die Mutter noch vergrämter. Ich wurde bösartig, flegelhaft, ärgerte die Lehrer, sooft es ging. Die Noten wurden schlechter und die Prügel mit dem »Spannriemen« tägliche Praxis.

Auch die Schule änderte sich. Die Volksschule mit dem guten Lehrer Schneider, der morgens erst ein Lied auf der Geige spielte, der Kohle oder Holzstücke in den Ofen nachlegte, geduldig und hilfsbereit, und einfach alles wußte, weil er in allen Fächern unterrichtete.

Wie anders jetzt die Sexta. Jedes Fach hatte einen anderen Lehrer, jeder Lehrer ein anderes Temperament. Und das Schlimmste, jetzt konnten weder Mutter noch Großmutter die Schularbeiten überprüfen. Man mußte abschreiben, denn »natürlich« hatte ich keine Lust zu lernen, da ich es doch niemandem recht machte, zumal der Vater nach dem »Rechten« sah, weil er uns verzogen fand. Streit der Eltern wegen der Kinder. Mitleid mit der Mutter, das wir nicht zu zeigen wagten. Die Eltern hatten nicht gelernt, gemeinsam zu erziehen.

Die Entfremdung vom Elternhaus nahm zu. »Streiche«, oft sehr böser Art, beging ich mit gleichaltrigen Kameraden. Beschwerden liefen fast täglich ein. Hausarrest, in den Keller sperren, ausreißen und wieder Bestrafung, das waren die ersten Jahre der Jugend.

Der Vater war verzweifelt; er hatte doch so gute Pläne. Die Mutter vergrämte immer mehr. Der Vater hatte seine Freunde: Nachbarn, mit denen er abends vor dem Haus »auf der Straße« saß – nebeneinander oder gegenüber. Politik, Geschäft, Familie. Allgemeine Teilnahme, Common sense, Nachbarschaft. Aufpassen auf die Kinder, abends, wenn Nachbarn mal ausgingen.

Das taten natürlich auch die Großeltern, biedere Leute; aus Thüringen mütterlicherseits. Der Großvater war das, was man später einen Hausmann nannte. Er kochte, putzte, goß die Blumen, klopfte Teppiche. Sonntags ging er mit dem Klingelbeutel in die Kirchenbänke, vormittags zur Messe und nachmittags zur Fünfuhrandacht mit Rosenkranz, dem seine Frau verfallen war. Sie tat nichts anderes, als Rosenkranz beten. Christlich begründete Drückebergerei. Im Beruf war er Aufseher über städtische Gärten und Gebäude, und an den geraden Wochentagen legte er Pflastersteine in geraden Abständen auf die rechte Straßenseite; an ungeraden

Das elterliche Wohnhaus

Tagen auf die linke, damit die schweren Pferdefuhrwagen das Pflaster gleichmäßig abfuhren.

Ja, diese Pferdefuhrwerke! Und die Fuhrleute mit hohen Mützen, blauen Jacken und riesigen roten Taschentüchern mit weißen Punkten – wie die von Palmström. Und die Kneipen, bei denen sie Rast machten. Das war alles voller Leben, und die Kinder waren immer drumherum oder auch mal auf dem Kutscherbock. Oder sie spielten auf dem »Schiller«-Platz (Schiller lag den Solingern mehr als Goethe – von der Stirne heiß, rinnen muß der Schweiß).

Fußballspielen war in der Familie die Sportart schlechthin, hatte doch Vaters Mutter, Schuhmacherswitwe seit 1894, die Idee gehabt, die Solinger für Fußball zu begeistern. In ihrem Laden gab es außer gewöhnlicher Fußbekleidung dann auch Fußbälle, Fußballschuhe und Socken, Fähnchen und sonstiges Zubehör. Bald entstand eine von ihr organisierte Mannschaft mit Platz, den die Erwerbslosen bauten. Das erste Spiel, Solingen gegen Stuttgart, wurde anschließend im Laden kritisiert, wobei sie die Rolle des Trainers übernahm.

Jugend in der Weimarer Republik! Arbeitersportvereine, noch von früher her Kegelklubs, Jugendbewegung, Wandern: ein kleinweis aufblühendes Leben mit viel Idealismus. Die besseren Proletarier spielten Schach, lasen sogar Marx.

In den Städten gab es dann doch, gegen alle Widerstände, öffentliche Büchereien und Volkshochschulen. Die Arbeiterschaft nannte sich stolz Proletariat und kämpfte um die Verwirklichung ihrer neuen demokratischen Rechte, gegen die massiven Widerstände der besitzenden Klasse. Den brenzligen politischen Hintergrund bildeten Streiks, Kapp-Putsch, Ermordung Erzbergers und Rathenaus, Besetzung des Ruhrgebietes. Es war der Kampf zwischen Reaktion und Fortschritt: Nibelungenfilm und »Panzerkreuzer Potemkin«; »Fridericus Rex« und »Blauer Engel«. Remarque, Ludwig Renn, Bert Brecht – George, Rilke und Ernst Jünger.

In den Stadtverordnetenversammlungen wurde klassenbewußt um Bildung gekämpft. Die Überschrift über den Bericht einer solchen Sitzung, in gotischen Lettern im Solinger Tageblatt, sehe ich immer noch vor mir. »Wenn wir den Proleten auch noch Bildung gestatten, haben wir bald keine Privilegien mehr.«

Aber die »Proleten« siegten, und es gab eine hervorragende öffentliche Bücherei mit einem außergewöhnlichen Leiter, dessen Ziel es war, die führende Literatur aus allen Gebieten zu sammeln und auszuleihen.

Dieses Institut wurde bald mein Spielfeld und der Direktor mein Mentor. In der Volkshochschule hielt ich anstelle des nicht sehr intellektuell ambitionierten Zeichenlehrers bald Vorträge über bildende Kunst, wie sie im Schulunterricht, in Zusammenschau von Geschichte, Literatur und Musik geübt wurden. Das Niveau der Schule war hervorragend dank der meist jungen, begeisterungs- und lehrfähigen Lehrer.

Aber Mathematik und Turnen! Ich war (und bin) der unsportlichste Mensch, den man sich denken kann. Und da Turnen meist auf die letzte Unterrichtsstunde fiel, ging ich lieber auf der Kaiserstraße auf und ab und erfreute mich am Anblick der ebenfalls flanierenden Schülerinnen der höheren Mädchenschule. Die Mathematik war mein schulisches Ende nach nichtbestandener Unterprima. Denn in Deutsch bekam ich nicht die mir zustehende Eins, und in Latein, beim selben Magister, auch nur »ausreichend«. Da war nichts mehr zu kompensieren. Verhandlungen des Religionslehrers mit dem Latein- und Deutschlehrer waren erfolglos. Der Sippenhaß dieses Herrn saß zu tief; er hatte um die Schwester meiner Mutter gefreit und eine vernichtende Abfuhr erhalten.

Für mich war es ein freundliches Schicksal; ich ging meiner Wege, das heißt nach schweren Auseinandersetzungen mit dem Vater auf die Düsseldorfer Kunstakademie.

In der Schule hatte es natürlich auch Kameradschaft, Freund- und Feindschaft gegeben. Ich wurde zum Beispiel zu meinem Freund Feist nach Hause eingeladen. Es war ein großes Haus, dieses jüdische Elternhaus. Hier ging mir auf, was eine Familie sein konnte. Es herrschte Lebensfreude, es gab gegenseitige Neckereien mit viel Gelächter, Berichte über Theaterbesuche, Diskussionen über alle Themen ohne Tabus. Von diesem freien Geist profitierte ich sehr. Ich mußte meine Bilder zeigen, und sie wurden ernsthaft besprochen. Zu sonntäglichen Ausflügen im Mercedes mit Chauffeur wurde ich oft mitgenommen. Es war ein ganz anderes Ambiente, weltoffen, sozial.

Mit den Nazis, die es damals auch schon in der Klasse gab, gab es Schwierigkeiten. Sie waren äußerst fanatisch. Die Politik meines Vaters, die Freundschaft mit Richard Feist, das brachte Spannungen bis in den Unterricht und nicht nur in der Pause.

Aber es blieben auch Kontakte mit Klassenkameraden. Auch hier gab es Probleme. Ein Studium war so gut wie ausgeschlossen. Die Universitäten waren überfüllt. Ich erinnere mich, wie aus dieser Not der Schluß gezogen wurde: Wenn es keine Chance gibt, einen ertragreichen Beruf zu ergreifen, dann können wir ja wenigstens das tun, was uns Spaß macht. So wurde einer Dachdecker, ein anderer Gärtner, wieder andere gingen als Hilfsarbeiter »auf den Bau«. Es wurden selbständige Menschen, kritisch und nicht zu vereinnahmen.

Aber bevor sich im Gebüsch die Pfade verlieren, ist nachzuholen: Der Vater hatte sich der Politik verschrieben, als Handwerker zuerst erfolgreich als mittelständischer Gründer von Innungen und Handwerkskammern, dann als Stadtverordneter und schließlich im preußischen Landtag. Von 1926 an war er meist in Berlin, und die Mutter war wieder, wie in den Kriegsjahren, verantwortlich für Geschäft und Familie.

Natürlich saß der Vater gelegentlich auf seinem Schemel, machte für eine gute Kundschaft sehr schöne Schuhe, und manchmal, wenn Friede zwischen uns waltete, stand ich vor ihm, mit dem kleinen Finger einen Holznagel an die Stelle setzend, in die er diesen geschickt mit dem Hammer einschlug.

Lebensklugheit bekam ich als mögliche Philosophie vom Gesellen zugeteilt, der als Handwerksbursche Europa durchwandert hatte. Er spielte seit Menschengedenken Klassenlotterie, und in Wiesbaden hatte ihn in besten Friedenszeiten ein ziemlich großes Los erwischt. Er kündigte bei seinem Meister, ließ von diesem einige Paare eleganter Schuhe und vom besten Schneider einige passende Anzüge bauen. Gut ausstaffiert bezog er ein renommiertes Hotel – es existiert noch – und bewohnte dort zehn Tage lang eine Suite, dann waren achtzigtausend Goldmark futsch. Heinrich brachte die bewegliche Habe aufs Pfandhaus und meldete sich zurück bei seinem Meister. Gott segne das ehrbare Handwerk.

Dieser Heinrich war auch mein Trost, wenn es zwischen Vater und Sohn absolut nicht klappte. Da gäbe es viele köstliche Anekdoten zu erzählen zum Thema Tabu und Aufklärung.

Aber die bitterste Realität blieb die Schule. Ich war ein »wilder Junge«, stets voller Unruhe, zu jedem Streich bereit. Immer saß ich in der ersten Reihe. Bis Quarta bezog ich »vier und einen gratis« mit dem Riedstock, im Verlaufe des Vormittags öfter nochmals ähnliches. Ab Untertertia wurde das durch Eintragungen ins Klassenbuch abgelöst. Zweihundertvierundachtzigmal stand ich in diesem Jahr da drinnen, mehr, als es Schultage gab. Aber auch in der Sekunda blätterte der Klassenlehrer, dem ich trotz aller Streiche und Eigenwilligkeiten verdanke, daß ich überhaupt bis Unterprima gekommen bin, manchmal im Klassenbuch: »Meistermann, gestern, vorgestern, viermal in der vergangenen Woche: Wird wohl immer derselbe Meistermann sein!«

Dieser großartige Mann war überzeugt, daß die Malerei mein Beruf sei. Da ich zu Hause nicht wagte, auch nur einen Strich zu tun, stellte er mir sein kleines Gartenhaus zur Verfügung. Später, als die Unterprima fragwürdig wurde, nahm er eine Reihe Arbeiten, fuhr nach Düsseldorf und zeigte sie dem Professor Nauen. Der fand, ich solle auf die Akademie kommen. Von diesem Protektionsbesuch des Klassenlehrers hat er selber mir nie etwas gesagt.

Pädagogisch und wissenschaftlich hatte die Schule höchsten Rang, auch in der Mathematik. Aber die verstand ich einfach nicht. In den Heften waren Seiten und Löschblätter »beschmiert«, aber Zahlen nirgendwo zu sehen. Besorgt fragte Herr S. dann auch des öfteren: »Meistermann, was soll aus Ihnen nur werden?« Ich antwortete – schon in der Tertia –: »Maler, Herr Studienrat!«, worauf ich Flegel genannt wurde.

Da der täglich informierte Vater im Elternbeirat und im Kuratorium der Schule saß, war die Atmosphäre jeden Mittag zu Hause die nämliche.

Der arme Vater, der aus mir so gerne was gemacht hätte, befahl mir am Ende dieses Schulganges: ein Diktat an den Herrn Oberbürgermeister der Stadt zwecks Übernahme in die mittlere Beamtenlaufbahn. Als ich merkte, was er diktierte, zerriß ich den sorgfältig aufgeteilten Bogen und erklärte: Ich gehe auf die Kunstakademie. Ich konnte sehen, wie die Haare des Vaters weiß wurden. Er gab auf, wies mich darauf hin, daß ich mit 21 Jahren das Recht auf Obdach in seinem Haus verloren haben würde, und würdigte mich von da an keines Blickes mehr; er erwiderte auch meinen Gruß nicht mehr.

Ich konnte mich aber ganz gut durchschlagen: Der Zeichenlehrer überließ mir Plakataufträge, der Büchereidirektor Werbung und Plakate für die »Lesegesellschaft«. Außerdem durfte ich nach Vorträgen mitgehen, wenn man noch ein Glas zusammen trank. So lernte ich, als ich siebzehn war, einige bedeutende Zeitgenossen kennen, hörte Gesprächen und Diskussionen zu. In der Stadtbücherei lernte ich unter Anleitung des Direktors Zeitschriften lesen, Weltliteratur, die Klassiker, die Zeitgenossen, Freuds Werke, vor allem aber Kunstbücher und -zeitschriften. Ich las jedoch auch Hitlers *Mein Kampf* und Rosenbergs *Mythus des zwanzigsten Jahrhunderts* und wußte seitdem, was kommen würde. Ich sage: Ich wußte es, denn auf den Straßen wurde es vorgelebt.

Da war überhaupt das weite Feld der Politik. »Arbeitslose Proleten« studierten, wollten wissen, was Karl Marx unter »geistigem Überbau« verstand. Mit zunehmender Erwerbslosigkeit wurde die Zahl der Teilnehmer bei den Volkshochschulkursen immer größer. Ihr Bildungshunger war enorm. So unternahmen wir an Samstagen Ausflüge in die Museen von Köln, Wuppertal und Essen. Es war ergreifend, wie diesen »einfachen« Menschen die Augen aufgingen. Leider wurde immer wieder versäumt, diesen Hunger in Partei- und Gewerkschaftsprogrammen zu einem stetigen Gegenstand der Aufklärung zu machen. Deren Ziele beschränken sich auf materielle Programme, was dem Charakter einer Nation auf Dauer schaden muß. Voraussetzung für den mündigen Bürger ist der aufgeklärte Mensch.

Vor Wahltagen klebte ich Plakate – übrigens auch für die Partei des Vaters, der sich wegen seiner absoluten Integrität einer Achtung erfreute, die ich noch nach dem Zweiten Weltkrieg erfahren konnte. Brüning, Nell-Breuning, Kardinal Bea horchten auf, wenn mein Name fiel: »Sind Sie verwandt mit? Das war ein großartiger Mann!«

Doktor K., der Leiter der Bücherei, nahm mich auch zu Konzerten mit nach Elberfeld, Essen und Düsseldorf. Ich hörte und sah damals Strawinsky und die *Dreigroschenoper*. Unternehmungen, die zum Protest der Lehrer führten, weil die Schulnoten mit meiner zunehmenden Bildung immer schlechter wurden. Es gab Aufregung, weil ich als Sekundaner am Samstagnachmittagsunterricht in der Fachschule teilnahm, wo auch (männlicher) Akt gezeichnet wurde. Aber nach dem kläglichen Ende auf der höheren Schule wurde ich dann in die Kunstakademie Düsseldorf aufgenommen.

Da gab es Probleme mit einem homosexuellen Professor, bevor ich zu Nauen und Mataré gehen konnte. Ich finanzierte mich mit dem Vergrößern von Rasierklingenpackungen und galt als sehr begabt. 1932 hatte ich eine Ausstellung in Elberfeld, die bis 1933 dauern sollte. Aber eines Morgens, um den 4. Februar 1933 herum, brachte ein Lastwagen die Bilder ans Haus am Marktplatz, wo ich nach wirklichem Rauswurf aus dem Elternhaus die Mansarde bezogen hatte. Als ich um zehn Uhr auf den Marktplatz kam, war es ein Schock, die Bilder auf den Ständen der Marktleute zu finden. Ich hatte von dem vorzeitigen Rücktransport der Bilder keine Mitteilung bekommen. Sie waren vor dem Haus einfach abgestellt worden. Die Marktfrauen hatten die Bilder gegen den Regen auf ihre Stände verfrachtet.

Polizei, Partei, Rathaus: ich war gebrandmarkt, denn es war schon damals keine »deutsche« Kunst, was ich da machte und machen wollte. (Emil Noldes Selbstbiographie haßte ich wegen seiner Polemik für eine »deutsche« Kunst; ich mochte seine zerfließenden Farben nicht.)

Polizeiliche Meldung also an die Akademie in Düsseldorf, Rauswurf durch den neuen Direktor, der übrigens 1946 Stadtbaudirektor in Darmstadt wurde. Und damit endete die Jugend in der Weimarer Zeit und die Jugendzeit überhaupt: 1933.

Es folgten unvorstellbar schwere Jahre.

Erika Wolf

In Berlin am 26. März 1912 geboren. Studierte Sprachen und Jura in Lausanne, Marburg, London und Berlin. 1945 trat sie in die CDU in Potsdam ein, wo sie auch bis 1950 im Ministerium für Arbeit und Gesundheitswesen arbeitete. Dann Flucht aus der DDR, war zunächst in der Sozialarbeit des Schwedischen Hilfswerks in Deutschland und Schweden tätig und später für die Landesregierung Nordrhein-Westfalens (1954 bis 1965). Von 1965 bis 1976 war sie Mitglied des Deutschen Bundestages, fast gleichzeitig (1969–1976) auch der Kammer der Evangelischen Kirche in Deutschland für Kirchlichen Entwicklungsdienst. Seit 1976 arbeitet sie ehrenamtlich für verschiedene Organisationen. Mitglied des Kuratoriums der Deutschen Stiftung für internationale Entwicklung.

ERIKA WOLF

Monarchie und Emanzipation

Von der Internatsschule zur Frauenbewegung –
Meine Eindrücke aus einer wechselvollen Jugendzeit

Ich habe immer versucht, mir ein Bild meines früh verstorbenen Vaters, Konrad Engel, zu machen und Genaueres über sein Wesen und seine Tätigkeit zu erfahren – über die sehr liebevollen Darstellungen meiner Mutter hinaus.

Mein Vater war der jüngere Sohn von Ernst Engel, der als Leiter des Statistischen Büros zunächst in Dresden und später in Berlin als Mitbegründer der Statistik angesehen wird. Auf vielen Reisen in Deutschland und im Ausland hat mein Großvater interessante Studien über die Lebensverhältnisse verschiedener Bevölkerungskreise gemacht und veröffentlicht. Dazu hat er das noch heute gelehrte »Engelsche Gesetz« über den Anteil der Lebenshaltungskosten unter den Ausgaben in jedem Haushalt entsprechend der Höhe des Einkommens entwickelt. So wie er hat auch sein Sohn viele Auslandsreisen gemacht.

Mein Vater hatte schon nach dem Abschluß seiner Ausbildung als Bergassessor an der Weltausstellung in Chicago teilgenommen und war dort verantwortlich für sein Fachgebiet. Später folgten viele weitere Reisen nach England, Frankreich und in die USA. Die letzte führte ihn zusammen mit meiner Mutter 1908 nach Rußland zu einem Navigationskongreß. Damals war er Geheimer Regierungsrat im preußischen Ministerium für Handel und Gewerbe. Nach allem, was ich über ihn erfahren habe, muß er ein weltoffener Mann gewesen sein, der im Umgang mit Menschen verschiedener Kulturen erfahren war. Zugleich soll er auch gelegentlich recht schwierig in Verhandlungen gewesen sein, bei denen er eine autoritäre Haltung einnehmen konnte.

Meine Mutter stammte aus einer dem Ruhrgebiet verbundenen Familie. Ihr Vater verwaltete in ihrer Jugend das Eigentum der Familie im Bergbau. Das Auf und Ab der wirtschaftlichen Erfolge und Zubußen, das heißt der

Notzeiten, im Bergbau wirkte sich anscheinend auch auf das Familienleben aus, denn meine Mutter hat frühzeitig gelernt, sich um notleidende Menschen zu kümmern – eine Haltung, die sie in ihrem ganzen Leben beibehalten hat. Sie war eine schöne und liebevolle Frau mit aufrechter Haltung, ruhend in einem festen Gottvertrauen.

Als ich am 26. März 1912 in Nikolassee/Berlin geboren wurde, war mein Vater bereits seit Monaten schwer krank. Er starb durch einen Blutsturz im Dezember 1912, wenige Tage vor seinem fünfzigsten Geburtstag. Sein früher Tod bedeutete für meine Mutter eine große Veränderung ihres Lebens. Es fehlte ihr nun nicht nur der Partner, sondern auch der liebevolle und strenge Vater ihrer fünf Kinder. Freundschaftliche Kontakte, die auf seiner beruflichen Tätigkeit beruhten, lösten sich auf. Aber der Zusammenhalt in der Familie, vor allem die Verbindung zu ihren drei älteren Brüdern und deren Familien, blieb erhalten. Der Mittelpunkt der Familie war damals meine Großmutter, die mit ihrem jüngsten Sohn, der durch eine multiple Sklerose gelähmt war, in Bad Oeynhausen wohnte. Sie ist dort 1915 gestorben.

Die engere Familie, meine Mutter, meine drei Schwestern (1898, 1900 und 1906 geboren), mein Bruder (1904 geboren) und ich, blieben zunächst in unserem schönen Haus an der Rehwiese in Nikolassee und erlebten dort auch die Kriegsjahre und das Ende des Krieges. Ich habe nur wenig Erinnerungen an diese Zeit. Ein wichtiges Erlebnis war Anfang 1918 die Hochzeit meiner ältesten Schwester mit einem schlesischen Gutsbesitzer, wofür ich viele Gedichte lernen mußte. Eine andere Erinnerung bezieht sich auf das praktische Leben: Während der Revolutionswochen 1919 wurde mehrfach das Wasser abgeschaltet, was zu einigen Schwierigkeiten führte.

Nach dem Beschluß der »Großfamilie« zog meine Mutter 1919 mit meinen beiden Schwestern und mir nach Bad Oeynhausen, um die Pflege ihres Bruders zu übernehmen. Mein Bruder blieb zunächst zurück in einem Internat in Berlin und folgte erst später. Das Leben im westfälischen Bad Oeynhausen war ganz anders als meine früheren Erfahrungen. Da waren zunächst die vielen kranken und behinderten Menschen, unter ihnen viele Kriegsverletzte, zu denen mein Onkel Beziehungen unterhielt, in die wir Kinder – oft mit kleinen Hilfsdiensten – einbezogen wurden. Ich erinnere mich, daß dabei oft über den Ausgang des Krieges und den von vielen als ungerecht empfundenen Kriegsverlust sowie den Versailler Vertrag gesprochen wurde. Das Verhalten des Kaisers bei der Revolution wurde heftig kritisiert, während die Zuneigung und die Anerkennung für die Kaiserin Auguste Viktoria fortbestand. Ich habe noch eine Szene auf dem Bahnhof in Bad Oeynhausen vor Augen, als der Zug mit der Leiche der Kaiserin auf dem Wege vom Exil in Doorn (Niederlande) zu ihrer Beisetzung in Potsdam 1921 langsam an einer schweigenden Menge von Menschen vorüberfuhr, die damit ihrer Trauer und Zuneigung Ausdruck gaben.

Sehr wichtig für mich war die Beziehung zu einer katholischen Familie, deren Vater ein Kollege meines Vaters gewesen war. Zu dieser gehörten zwölf Kinder, so daß wir Geschwister mühelos Kontakt zu Gleichaltrigen fanden. Ich habe damals die Scheu vor Menschen anderer Konfession, die in dieser Zeit noch üblich war, völlig verloren, denn die jüngste Tochter Hedwig und ich teilten Freud und Leid unserer Kindertage in der Schule, in der Freizeit und auch bei den Aufträgen, zu denen wir von den älteren Geschwistern verpflichtet wurden, die damit zugleich ihre Erziehungskünste an uns erprobten.

Die Verschlechterung der wirtschaftlichen Verhältnisse machte sich damals auch für uns Kinder bemerkbar. Meine Mutter hatte einen großen Teil des ererbten Vermögens in Kriegsanleihen angelegt. Sie mußte nun deren Verlust ertragen und stand wie die meisten Menschen dem ständigen Wertverlust der Reichsmark ziemlich fassungslos gegenüber.

Da Bad Oeynhausen international anerkannte Heilquellen besitzt, wurde die Stadt wegen der günstigen Wechselkurse damals von vielen ausländischen Gästen besucht, für die es eine Unterbringung zu finden galt. Die Hauseigentümer, zu denen meine Mutter gehörte, wurden verpflichtet, ausländische Kurgäste aufzunehmen, so daß unser Haus vorübergehend den Charakter eines »Hotel garni« bekam. Dessen Verwaltung übernahm tatkräftig meine dritte Schwester, um meine Mutter zu entlasten, die solchen geschäftlichen Aufgaben völlig fremd gegenüberstand.

Durch diese Gäste bekamen wir auch Devisen, und so haben wir die laufende, unaufhaltsame Abwertung der Mark, 1923 war eine Billion nur noch einen Dollar wert, nicht so hart empfunden. Ich weiß aber noch, wie wichtig es war, alles Geld, auch das Taschengeld, sofort auszugeben. Sparsamkeit war damals eine sinnlose Tugend!

Einschneidender noch war die Folge der Ruhrbesetzung 1923, von der auch enge Verwandte betroffen waren, die bei uns Zuflucht suchten. Wir Kinder hatten dabei den Eindruck von einem großen Unrecht der Franzosen, die wir weiter als unsere Feinde betrachteten. Dazu kam die ständige Kritik an unserer eigenen Regierung mit ihren schnell aufeinanderfolgenden Koalitionen und Kabinetten. In dieser Zeit, in der nur der Reichspräsident Ebert Dauer verkörperte, war er ständigen Angriffen und törichten

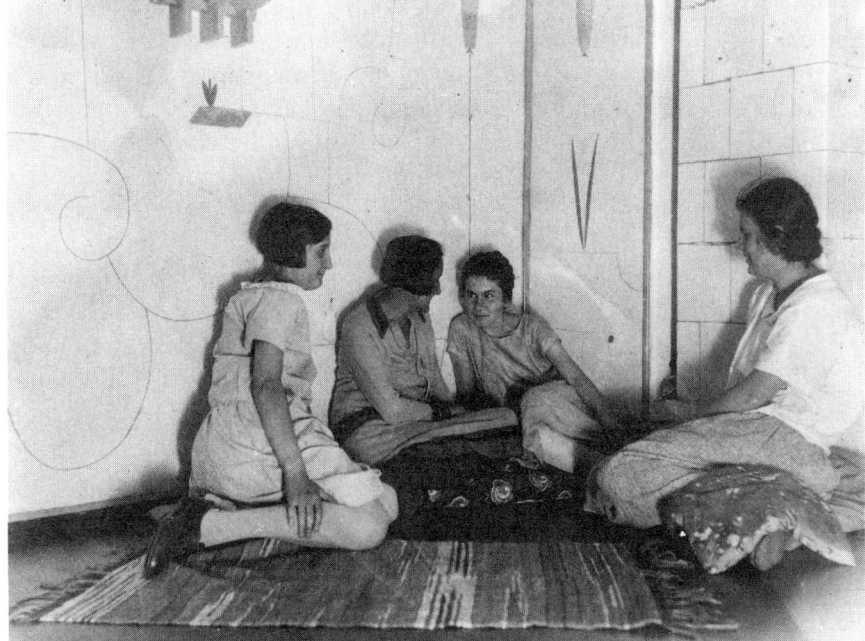

Die Autorin im Winter 1932/33.

Landheim um 1926. Typisch sind die mit Nessel bespannten und bemalten Wände.
(Bildarchiv Preußischer Kulturbesitz)

Witzen ausgesetzt, die wohl auch zu seinem frühen Tod 1925 beigetragen haben.

Die Aufgabe meiner Mutter in Bad Oeynhausen wurde durch den Tod ihres Bruders 1922 beendet. Meine zweite Schwester heiratete 1923 einen Landwirt, der in der Nähe von Halberstadt das Gut eines Vetters verwaltete. Daraufhin beschloß meine Mutter nach Rücksprache mit ihren älteren Brüdern, die unsere Familie immer unterstützten, das Haus in Bad Oeynhausen zu verkaufen und wieder in die Nähe von Berlin zu ziehen, wo sie in Potsdam ein Haus bauen lassen wollte. Zum Glück geschah dies erst nach der Einführung der Rentenmark, bei stabilen Geldverhältnissen.

Da wir nach dieser Entscheidung zunächst heimatlos waren, wurde ich im Herbst 1924 in der Kaiserin-Augusta-Stiftung in Potsdam untergebracht. Es war ein Internat, das von der Kaiserin Augusta, der Frau Kaiser Wilhelms I., zunächst für Töchter gefallener Offiziere gegründet worden war und später auch für andere Mädchen geöffnet wurde, deren Familien in einer gewissen Verbindung zum preußischen Herrscherhaus standen. Die meisten meiner neuen Mitschülerinnen und auch die Lehrerinnen stammten aus Familien, die auf dem Lande in Ost- und Mitteldeutschland ansässig waren.

Ich betrat nun eine völlig andere Welt. Während ich in Bad Oeynhausen mit meiner Freundin die Freiheit genoß, ein von den Erwachsenen ziemlich unbemerktes Leben zu führen, wurde ich jetzt in einen streng geregelten Tageslauf einbezogen. Der Morgen eines jeden Werktages war durch den recht guten Schulunterricht ausgefüllt. Nach dem Mittagessen folgte der Spaziergang, je zwei Mädchen nebeneinander mit einer Lehrerin am Ende der »Schlange«. Danach kamen die Schularbeiten, die übrige Zeit war frei für verschiedene Veranstaltungen, zum Beispiel die Tanzstunde, die natürlich nur unter Mädchen stattfand und wo wir auch die Quadrille lernten. Die Nacht verbrachten wir in Schlafsälen, in denen Englisch oder Französisch Pflichtsprachen waren.

Eine weitere Erinnerung an diese Zeit ist, daß abends der Roman von Hans Grimm *Volk ohne Raum* vorgelesen wurde. In den anschließenden Diskussionen wurde über den Verlust der deutschen Ostgebiete durch den Versailler Friedensvertrag geklagt und die völkische und wirtschaftliche Unsicherheit für die Zukunft vorausgesagt. Zur Lektüre gehörte auch der historische Roman von Gustav Freytag *Soll und Haben*, in dem ein bedenklich einseitiges Bild der Juden vermittelt wurde.

Viele Schülerinnen waren natürlich durch die zunehmenden Schwierigkeiten und Verschuldungen in der Landwirtschaft betroffen. Ich hatte recht gute Vorstellungen von ihrem Leben, weil ich schon seit der Zeit in

Bad Oeynhausen meine Schwestern auf dem Lande in den Sommerferien besuchen durfte. In den ersten Jahren meines Besuchs in Schlesien konnte ich mit den Kindern der Landarbeiter spielen. Ich bemerkte natürlich ihr einfaches Leben und den Unterschied zwischen ihnen und meinen Geschwistern, aber ich habe niemals Klagen gegen »die Herrschaft« gehört, wobei wohl eine Rolle spielte, daß meine Schwester bei Schwierigkeiten, zum Beispiel bei Krankheiten, in den Arbeiterfamilien für Hilfe sorgte. Die Ferien auf dem Lande waren immer anregend, weil sich Menschen mit verschiedenen politischen Meinungen trafen, und ich versuchte, soviel wie möglich davon zu verstehen.

Die Erziehung in der Augusta-Stiftung war bestimmt durch die Tradition und die Verbindung zur Familie ihrer Gründerin. Allen Bemühungen der Regierungen in der Weimarer Zeit wurde mit Kritik begegnet. Dies besserte sich etwas nach der Wahl Hindenburgs zum Reichspräsidenten 1925. In einem sehr guten Geschichtsunterricht habe ich die Bedeutung der deutschen Kaiser und Könige, vor allem im Mittelalter, kennengelernt. Zu den täglichen Ereignissen jedoch fehlte jede sachgerechte Einführung. Die Verbesserung der Lebensverhältnisse nach der Währungsreform und die vorübergehenden wirtschaftlichen Erfolge in den sogenannten »goldenen zwanziger Jahren« blieben uns verborgen, ebenso wie die erfolgreichen Verhandlungen zwischen Stresemann und Briand. Dagegen wurden die Sorgen des streng konservativen Reichstagsabgeordneten Elard von Oldenburg-Januschau, einem Freund Hindenburgs und Verwandten einer Mitschülerin, über die bedrohliche Verschuldung der Landwirtschaft auch von uns emsig diskutiert.

Der Tradition des Hauses entsprach auch der Religions- und Konfirmandenunterricht durch Pfarrer Krummacher, in dem die Verpflichtung gegenüber dem Vaterland und die Verbindung zum Kaiserhaus betont wurden. Die Teilnahme der Kronprinzessin Cäcilie galt dementsprechend als Höhepunkt unserer Konfirmation.

Zu Ostern 1928 verließ ich die Augusta-Stiftung, weil die Ausbildung dieser Schule endete. Schon damals war ich fest entschlossen, das Abitur zu machen, um studieren zu können. Ich stand erneut vor großen Veränderungen. Sie lagen auch im Charakter der neuen Schule. Die Realgymnasiale Studienanstalt in Potsdam war eine dem Zeitgeist offene, dem Lebensstil Potsdams entsprechende, liberale bis gemäßigt konservative Schule mit Angeboten zu eigener Weiterbildung in verschiedenen Fächern. Doch zunächst konnte ich nicht am Unterricht der Obersekunda teilnehmen, weil mir drei Jahre Latein fehlten, die ich im Sommer 1928 in einem Schnellkurs nachholen konnte.

Der folgende Winter stand im Zeichen der Krankheit meines Bruders. Er war Anfang der zwanziger Jahre an Tuberkulose bei einem Einsatz im technischen Hilfsdienst erkrankt. Bis Anfang 1928 lebte er zwischen Besserung seiner Gesundheit und immer neuen Rückfällen. Meine Mutter und er hatten bei einem Kuraufenthalt in Schreiberhau Ende 1928 erfahren, daß sein Zustand bei den damaligen medizinischen Kenntnissen als hoffnungslos anzusehen war. Sie beschlossen, daß er die letzten Monate seines Lebens in unserem Haus in Potsdam verbringen sollte. Er ist nach langen Wochen des Leidens und zunehmender Schwäche in einer bewundernswerten Haltung des Muts und Gottvertrauens im April 1929 gestorben. Die damals noch nicht bekannten Worte von Dietrich Bonhoeffer »von guten Mächten wunderbar geborgen, erwarten wir getrost, was kommen mag« können in dieser Zeit für ihn und meine Mutter und wohl auch für uns Schwestern und die näheren Verwandten als maßgebend angesehen werden.

Erst nach seinem Tod habe ich eine enge Verbindung zu meinen Mitschülerinnen und Lehrern in der neuen Schule gefunden. Ich habe viel gelernt als Mitglied einer Klassengemeinschaft, die bis heute besteht. Verbindend waren unter anderem auch die jährlichen Klassenfahrten, deren letzte uns nach Bamberg, Banz und Vierzehnheiligen und nach Nürnberg führte.

Schon in der Augusta-Stiftung war mein Lieblingsfach Geschichte. In der neuen Schule nahm mein Interesse an diesem Fach zu, zumal nicht nur die Vergangenheit behandelt, sondern zugleich an dem Verständnis der politischen Ereignisse und der Entwicklungen der Gegenwart gearbeitet wurde. Ich erinnere mich an heftige Diskussionen über die Vor- und Nachteile des Dawes- und Youngplans im Geschichtsunterricht.

Die tägliche Politik war in zunehmendem Maße belastet durch die Sparpolitik Brünings, der Deutschland von der Schuldenlast befreien wollte und damit wohl sein eigenes politisches Ende herbeiführte. Die zunehmende Arbeitslosigkeit und die Verschuldung auf dem Lande ließen die kurze wirtschaftliche Blüte bis 1929, vor dem Börsenkrach in New York, vergessen, bei der großzügige ausländische Kredite der deutschen Wirtschaft aufgeholfen hatten. Während dieser Zeit nahm der polarisierende Einfluß von Nationalsozialisten und Kommunisten ständig zu. Im fünften Reichstag, im September 1930, erhielten die Kommunisten 13,1 Prozent und die Nationalsozialisten sogar 18,3 Prozent der Stimmen. Die nächste Wahl zum sechsten Reichstag im Juli 1932 war noch ungünstiger für die demokratischen Parteien, denn die Nationalsozialisten erhielten 37,3 Prozent und die Kommunisten 14,3 Prozent der Wählerstimmen. Auch in der

Bevölkerung wuchs die Unruhe in bezug auf diese beiden Parteien, die sich nicht nur im Reichstag, sondern auch auf den Straßen heftig bekämpften.

Ich habe in meinen letzten Schuljahren Veranstaltungen verschiedener politischer Parteien besucht. Im Gedächtnis geblieben ist mir eine Rede von Dr. Goebbels, die mich nicht überzeugte. Auch das Buch *Mein Kampf* von Adolf Hitler war mir bekannt. Ich habe darin gelesen und es wieder weggelegt, weil sein Kampf gegen die Demokratie und die infame Darstellung des Judentums sowie seine Zukunftspläne außerhalb meiner Vorstellungswelt lagen.

In dieser Zeit, in der um die Erhaltung der Weimarer Republik gekämpft wurde, wandte ich mich der Deutschen Demokratischen Partei (DDP) zu. Dabei stand ich wohl unter dem Einfluß meiner Tante Dorothee von Velsen, die als Vorsitzende des Staatsbürgerinnenverbandes auch mich in die Probleme der Frauenbewegung einführte. Die Verfassung des Deutschen Reiches vom 11. August 1919, die sogenannte Weimarer Verfassung, hatte in Artikel 109 festgelegt: »Alle Deutschen sind vor dem Gesetz gleich. Männer und Frauen haben dieselben staatsbürgerlichen Rechte und Pflichten.« Damit und auch durch die Gewährung des aktiven und passiven Wahlrechts war ein großer Schritt zur Gleichberechtigung gemacht worden. Aber die Gesetze aus dem Bürgerlichen Gesetzbuch von 1900 (BGB), dem Familienrecht zum Beispiel, blieben mit ihrer entscheidenden Bevorzugung der Männer und Väter gegenüber den Frauen erhalten.

Trotzdem überwog die Freude über das Erreichte die Ungeduld für weitere Verbesserungen. Es wurde anerkannt, daß die jungen Mädchen und Frauen im Kampf um gleiche Bildungschancen erfolgreich waren, nachdem sie unter der Führung von Helene Lange Ausbildungsmöglichkeiten entsprechend wie die der Jungen erhalten hatten.

Wichtig war, daß die Frauenbewegung nicht nur die gleiche Freiheit anstrebte, sondern deutlich erklärte, daß die Frauen auch zu gleicher Verantwortung im beruflichen, gesellschaftlichen und politischen Leben bereit seien. Ihr Ziel war die Einbeziehung der Frauen auch bei der Bewältigung der anstehenden großen politischen und wirtschaftlichen Schwierigkeiten. Von »individueller Selbstverwirklichung« oder einer Lösung aus der gemeinsamen Verantwortung war damals nicht die Rede. Im Rückblick auf diese Zeit muß festgestellt werden, daß die Mehrzahl der berufstätigen Frauen entweder unverheiratet waren oder als Witwen aus dem Kriege nach der Erziehung ihrer Kinder wieder allein standen. Die meisten jungen Frauen verzichteten nach der Heirat auf eine weitere Ausbildung oder Berufsausübung, denn es wurde selbstverständlich vorausgesetzt, daß in der Ehe Kinder geboren würden, die die Frau und Mutter für Jahre an neue Aufgaben banden. Damals standen die Probleme der Vereinbarkeit der Aufgaben in Familie und Beruf noch nicht im Mittelpunkt der Diskussion um die Gleichberechtigung.

Durch meine Tante bekam ich auch die ersten Kontakte zu der internationalen Frauenbewegung, die mich später noch oft gefesselt haben. 1929 fand in Berlin ein Kongreß dieser Bewegung statt, dessen Ergebnisse ich mit großem Interesse studierte.

Nach den Jahren, die ich im Internat verbracht hatte, war mir die wiedergewonnene Freiheit und die Möglichkeit eigener Zeitgestaltung, die mir das Leben in Potsdam boten, sehr wertvoll. Auch von dort aus konnte ich die geistigen und kulturellen Entwicklungen in Berlin verfolgen. Berlin war leicht erreichbar, so daß die Teilnahme an Theaterbesuchen, Diskussionen und abendlichen Vergnügungen jederzeit möglich war. Der Besuch der berühmten Museen in Berlin war selbstverständlich und damit der Zugang zur alten wie zur modernen Malerei, zum Expressionismus, der als Ausdruck des Zeitgeistes verstanden wurde.

Im Schulunterricht wurden die Werke der Mitglieder der 1926 gegründeten Sektion Dichtkunst bei der Preußischen Akademie der Künste, darunter Gerhart Hauptmann, Thomas und Heinrich Mann, Ricarda Huch, Jakob Wassermann, Franz Werfel und Ina Seidel, behandelt. Aus der jüngsten Vergangenheit beeindruckten mich Bilder und Schriften von Käthe Kollwitz und das Buch *Im Westen nichts Neues* von Erich Maria Remarque, aber ich interessierte mich genauso für die Zukunft und fand die Veröffentlichungen des Grafen Coudenhove-Kalergi zu Paneuropa wegweisend.

Durch unsere Schule und meine 21 Mitschülerinnen aus sehr verschiedenen Elternhäusern wurde ich auch mit dem Problem des Judentums in unserer Gesellschaft konfrontiert. Wir hatten drei jüdische Mitschülerinnen mit unterschiedlichen Begabungen und sehr verschiedenen Beziehungen zum Judentum. Die erste wuchs in der jüdischen Tradition auf und unterhielt schon in unserer Schulzeit Verbindung zu einer jüdischen Jugendorganisation, mit der sie vor 1933 nach Palästina auswanderte. Die zweite war eine Enkelin des sehr bekannten Mäzens James Simon, dem wir die Ausgrabung der Nofretete verdanken. Ihre Eltern waren zum Christentum übergetreten, aber sie wurde nach unserer Schulzeit wieder Jüdin und konnte rechtzeitig nach Palästina flüchten. Die Eltern der dritten Mitschülerin waren Christen. Sie hat kurz nach unserer Schulzeit einen Pastor in der Schweiz geheiratet und entging auf diese Weise der Verfolgung der Nationalsozialisten, unter denen aber ihre Eltern 1938 Schreckliches erlebten, bis sie zu ihrer Tochter übersiedeln durften.

Die Verbindung zu ihnen hat mich vor Fehlurteilen bewahrt. Das Bild und der Einfluß der Juden waren in der Weimarer Zeit vielseitig und widersprüchlich. Auf der einen Seite standen hervorragende Wirtschaftsführer und Politiker, wie zum Beispiel Walther Rathenau, und Professoren, Anwälte und Ärzte setzten ihre Fähigkeiten und Kenntnisse zum Wohl aller Menschen ein. Auf der anderen Seite fanden Strafverfahren wegen Wirtschaftsvergehen jüdischer Kaufleute statt, die von der Presse gelegentlich aufgebauscht wurden. Vorherrschender noch waren die ständigen Kritiker an der Weimarer Demokratie – an ihrer Spitze Kurt Tucholsky –, die dadurch wohl zum Niedergang der Republik beigetragen haben. Ein weiteres Problem in dieser Zeit, das nicht übersehen werden darf, war die zahlenmäßig große Einwanderung armer Juden aus Osteuropa, die langsam bis Berlin vordrangen. Sie paßten nicht in das Bild über das akzeptierte Judentum und wurden von den etablierten Juden im alten Reich weder anerkannt noch unterstützt.

Damals, als Hitler sein absolut negatives Bild der Juden, zum Beispiel durch den *Stürmer*, verbreitete, habe ich verstanden, daß es unter den Juden wie unter allen anderen Gruppen gute und böse Menschen gibt.

In meinem letzten Schuljahr wurde mir endlich der Wunsch erfüllt, eine Reise ins Ausland zu machen. Ich verlebte meine Sommerferien in der französischen Schweiz, um besser Französisch zu lernen, und wurde von einer bäuerlichen Familie in der Nähe von Montreux am Genfer See sehr freundlich aufgenommen. Nach diesem positiven Erlebnis hatte ich den Wunsch, mein Jurastudium, zu dem ich mich entschlossen hatte, in der Schweiz zu beginnen. Leider verzögerte sich die Umsetzung dieses Plans dadurch, daß ich nach dem Abitur 1931 zweimal an einer Rippenfellentzündung erkrankte, die wegen der Krankheit meines Bruders mit außerordentlicher Sorgfalt behandelt wurde. Ich verbrachte Wochen der Erholung im Sommer 1931 im Sanatorium Wölfelsgrund im Glatzer Bergland mit interessanten Kurgästen, die an der politischen Entwicklung einen lebhaften und kritischen Anteil nahmen.

Die nächste Erholung fand dann im Januar in Seefeld/Österreich statt. Dort traf ich ein befreundetes Ehepaar und erlebte eine heftige Auseinandersetzung über die anstehende Wahl des Reichspräsidenten. Meine Freunde hatten außerordentliche Bedenken gegen die Wiederwahl von Hindenburg, weil er nach ihrer Ansicht zu alt war, um eine solch große Verantwortung zu tragen. Sie entschlossen sich, für Adolf Hitler zu stimmen, gegen den ihre Bedenken zu meinem Erstaunen sehr viel geringer waren, weil sie erwarteten, daß er sich in das demokratische System einfügen würde.

Im Frühjahr 1932 konnte ich mein Studium in Lausanne beginnen. Die Einführung in die deutsche Rechtswissenschaft erfolgte durch einen deutschen Professor, die anderen Fächer wurden von schweizerischen oder französischen Dozenten gegeben. Der Professor für internationales Völkerrecht, Mercier, war ein ausgesprochener Gegner Deutschlands und machte es uns deutschen Studenten schwer, seinen vorwurfsvollen Ausführungen über den Weltkrieg und die Kriegsschuld zu folgen. Im Sprachunterricht war Professor Gilliard tätig, der der letzte Erzieher des Zarewitsch gewesen war und manchmal interessant von seinen Erfahrungen in Rußland berichtete.

In diesen letzten Monaten der Weimarer Republik habe ich die politischen Ereignisse in Deutschland von außen zu verfolgen gelernt und habe erfahren, mit welcher Sorge und Kritik die Hinwendung zum Nationalsozialismus nicht nur in der Schweiz, sondern auch in den anderen europäischen Ländern beobachtet wurde. Durch die Kenntnisse, die ich damals erwarb, habe ich manche Anzeichen der späteren Entwicklung früher bemerkt und kritisch begleitet.

Mac Zimmermann

Kam am 22. August 1912 in Stettin zur Welt. Betätigte sich ab 1938 in Berlin als Buchhändler und Porzellanmaler und malte 1940 seine ersten Temperabilder. Sechs Jahre später hatte er die erste große Ausstellung in Berlin. Seine Lehrtätigkeit begann 1947 an der Landeskunstschule in Weimar, ein Jahr darauf war er das erstemal auf der Biennale in Venedig vertreten. 1958 erfolgte ein Ruf als ordentlicher Professor an die Hochschule für bildende Künste in Berlin. 1963 wechselte er an die Kunstakademie München. Seit 1972 ist er Mitglied der Bayerischen Akademie der schönen Künste. Hat mehrere Bücher veröffentlicht und zahlreiche Preise empfangen. Er beendete 1978 die Lehrtätigkeit und lebt seither »auf dem Lande«.

MAC ZIMMERMANN

Musenjünger auf der Walze

Freitagabend vor der Werft –
Sozialimpressionen aus einem Vorort von Stettin

Ich bin im August 1912 in Stettin im Haus meines Großvaters in der Wollweberstraße geboren. Einige Jahre später wurde mein Großvater in den Arbeitervorort »Unterbredow« strafversetzt, weil eine meiner Tanten zu tief in die Kasse gefaßt hatte.

Die Martinstraße, in der wir nun wohnten, war auf einer Seite noch Dorf; da lebten kleine Bauern mit ihrem Viehzeug. Auf der gegenüberliegenden Seite, in schnell aufgerichteten Häusern, hausten Arbeiter und kleine Handwerker in dreistöckigen Bauten. Sechs, sieben Häuser von uns entfernt war schon freies Feld – es lag brach, oder es wurde von kleinen Pächtern bestellt, die dort Gemüse oder Kartoffeln für den eigenen Gebrauch anbauten.

Im Keller des Hauses, in dem wir wohnten, arbeitete ein Holzpantoffelmacher, Lederschuhe konnten sich die meisten Leute nur an Sonntagen leisten. Im Hof hatte der Hausbesitzer eine kleine Tischlerwerkstatt. Später im Krieg wurde eine Wohnung daraus, in der ein nervöser Kriegsblinder wohnte, der schon frühmorgens, von seiner Frau geführt, mit selbstgefertigten Bürsten und Korbwaren von Haus zu Haus ging. Neben der Wohnung des Blinden waren fünf Klos, die einmal im Monat von einem Bauern aus der Umgebung entleert wurden – dann stank es fürchterlich.

Für uns kleine Kinder, die nicht auf die Straße durften, war nur wenig Platz zum Spielen, denn auf dem Hof hielten sich die Leute Kaninchen und Hühner in kleinen Mehretagenkäfigen. Bei Regen durften wir im Hausflur spielen, dann saßen wir auf den Stufen im Treppenhaus, sangen und spielten Pfänderspiele. »Es kam ein Schiffchen aus Paris mit wunderschönen Sachen« – der das sang, hatte etwas in der Hand, das man erraten mußte; konnte man es nicht, mußte man ein Pfand geben – am Schluß wurden die Pfänder versteigert.

Einmal im Monat mußte ich die Miete zum Hausbesitzer bringen, der der Baptistengemeinde angehörte – niemand wußte, was das ist. Aber in der Wohnung roch es anders, und das mußte wohl damit zusammenhängen.

Die meisten Hausbewohner arbeiteten auf der Vulkanwerft. Hier baute man Kriegsschiffe, denn der Kaiser hatte einen Kanal bauen lassen, die »Kaiserfahrt«, so daß auch große Schiffe direkt in die Ostsee fahren konnten. Ein Stapellauf war eine aufregende Angelegenheit. Deswegen war es wichtig, daß man um diese Zeit die Eltern breitschlug, mit dem Schiff eine Fahrt nach Swinemünde zu machen. Der Ausflugsdampfer fuhr dann langsam an den Werften vorbei, so daß man die riesigen Hochöfen sehen konnte, aus denen Flammen und Rauch herausschossen, und die großen Docks, auf denen halbfertige Schiffe lagen.

Schon der Weg von unserer Wohnung zum Schiffsanlegeplatz war aufregend. Es gab eine Straßenbahn, die Haltestelle war über eine Viertelstunde entfernt von unserer Wohnung, und sie fuhr streckenweise nur eingleisig. Alle waren nervös, weil man fürchtete, das Schiff nicht rechtzeitig zu erreichen. Wenn dann die Gegenbahn kam und der Knüppel wie bei einer Stafette überreicht war, atmete alles befreit auf.

Das Haus, in dem wir lebten und in dem auch die Filiale des Konsum- und Sparvereins lag, war ein Eckhaus. Der Laden und die Wohnung nahmen beinahe das ganze Parterre ein. Rechts neben uns wohnte in einer Küche und einem Zimmer eine vierköpfige Familie. Der Mann war Lokomotivführer bei der Vulkanwerft – ein stiller Mann, der trank – und hatte eine stille Frau und zwei Söhne, von denen der ältere, Willem genannt, »verrückt« war. Wenn ein kleines Mädchen nicht rechtzeitig nach Haus kam, machte der ganze Vorort Jagd auf Willem, der sich meist in den Tonbergen, wo es nur wilde Kaninchen gab und Habichte, die die Kaninchen jagten, versteckt hielt. Was man dann mit ihm tat, wenn man ihn nach langer Suche fand, konnte ich nie herauskriegen – ich sah nur manchmal die weinende Mutter. Wenn ich ins Zimmer kam, schwiegen alle Familienmitglieder.

Mein Großvater war ehrenamtlicher Wohlfahrtspfleger. Er mußte die Unterstützungsbedürftigen in ihren Wohnungen aufsuchen und die Umstände feststellen, unter denen sie lebten; und dann einen Bericht schreiben und mit einer Empfehlung an das Wohlfahrtsamt weiterleiten. Manchmal, ich nehme an, aus erzieherischen Gründen, mußte ich ihn begleiten, eine Qual für mich. Die Kellerwohnungen wurden nie gelüftet, sie stanken gräßlich. Oft hatten Mutter und erwachsener Sohn nur ein Bett. Inzucht und uneheliche Kinder waren an der Tagesordnung und die Sterbeziffern entsprechend hoch. Ich bin sicher, daß da viele Engelchen gemacht wurden. Niemals später sah ich so oft Männer mit einem kleinen weißen Sarg auf der Schulter auf dem Weg zum Friedhof.

Immer wollten die ausgemergelten Frauen, klein und krumm, ähnlich der Hexe in meinem Märchenbuch, mich an sich drücken und küssen. Eine war besonders hartnäckig, sie gab nicht nach, bis mein Großvater sie beruhigte. Sie lebte ebenfalls mit ihrem Sohn in einem Zimmer – und in einem Bett.

Der Sohn muß etwa zwanzig Jahre alt gewesen sein. Er war immer sauber angezogen und trug ein schottisch kariertes Tuch um den Hals, aber kein Hemd unter der Jacke. Er war rastlos unterwegs, oder er saß bei seinen Tauben unterm Dach des Hauses und wartete auf den »Hawk« – den Habicht. Wenn der kam, verständigte er durch einen Pfiff auf zwei Fingern die anderen nicht arbeitenden Taubenbesitzer von der Ankunft des Habichts. So schnell es ging, ließen alle Füster ihre Tauben aus dem Schlag und versuchten sie mit langen Stangen, an deren Ende ein weißes Tuch befestigt war, zu lenken. Ich bezweifle, daß die Tauben tatsächlich darauf reagierten. Eines steht jedenfalls fest, nur selten flog der »Hawk« ohne eine Taube in seinen Fängen in Richtung Tonberge davon. Dann trat eine merkwürdige Stille ein, wie wenn einer gestorben war.

Mein Großvater saß oft nach Geschäftsschluß stundenlang bei seinen Tauben. Wenn es dunkel wurde, schickte meine Großmutter mich auf den Boden, um ihn zum Abendbrot zu holen. Meist saß er dann auf seinem Hocker inmitten der Tauben und war eingeschlafen.

Um fünf Uhr morgens fing sein Tagewerk an. Er wärmte eine Tasse Kaffee auf und ging in seinen Laden, um zu sehen, ob alles in Ordnung sei. Damals kamen Mehl, Zucker und Salz noch in Zentnersäcken in die Läden, ehe sie in schönen blauen Tüten pfund- und halbpfundweise abgewogen wurden. Ich war oft bei den Verkäuferinnen im Lagerraum. Sie sangen schöne Dienstmädchenlieder, die ich nicht oft genug hören konnte.

Einmal, noch in der Kriegszeit, war große Aufregung. Man hatte das Band der Jalousie durchgeschnitten, den Aufzug hochgedrückt und einen Zentnersack mit Zucker gestohlen. Mein Großvater sah die Bescherung, blieb aber ganz ruhig. Er holte seinen Mantel und ging im Morgengrauen mit einem Handwagen aus dem Haus. Nach kurzer Zeit erschien er wieder und hatte den gestohlenen Sack auf seinem Wagen liegen. Der Schlaumeier hatte alle Säcke angeschnitten – das kleine Loch genügte, den Weg zu verfolgen und die Ware wieder abzuholen. Er war ganz ruhig. Es gab auch nie eine Anzeige. Ich glaube, daß er auch deshalb in unserer Gegend so beliebt war.

Arbeit

Dieses Bild ist die Arbeit eines jungen Schaffenden aus den Reihen der Stettiner sozialistischen Arbeiterjugend, der, früher im anderen Beruf, seit kurzer Zeit die Werkschule für gestaltende Arbeit besucht und berechtigte Hoffnungen auf eine starke Entwicklung erweckt.

Noch äußerlich und zum Teil auch innerlich beeinflußt, zeigt der junge Graphiker in seinem Bild doch eine tiefernste innere Einstellung, aus der er heraus in breiten Formen und Linien schafft. Schwer und düster, gleich einem Verhängnis ist die Erde, die er zeichnet, und sein Mensch ist an sie durch drückende Arbeit gebunden. Nicht freudige Ernte, mühsame plagende Härte des Schicksals lastet über dem Weib, und findet ihren Ausdruck in dem aus der Erde wachsenden und zur Erde sich neigenden Körper, über den sich dunkle Schattenkreise ziehen, gestaltete schicksalsschwere Stimmung, Los der breiten Masse des Volkes. In der gleichmäßigen Ruhe der Bewegung liegt aber doch ein großer Zug von Kraft, von Kampf und Sieg, ein silberner Hoffnungsstreifen einer ruhigen, unentwegten Zuversicht.

Nicht verzagen! Die Mahnung, die aus dem Bilde spricht, möchten wir unserm jungen Freund zurufen, der beginnt, den steinigen schweren Weg des Künstlers zu beschreiten. Wie die Frau, die er zeichnet, aus der Erde wächst, in das sie verwurzelt ist, so eng verbunden soll er sich fühlen mit seiner Scholle, seinem Volk. Aus diesem Erkennen heraus soll er seine Kraft gestalten als ein Sohn des Volkes, durch sein Volk, für sein Volk.

Zeitgenössische Kritik aus einer Stettiner Zeitung.

Arme Leute aus der Nachbarschaft, er kannte sie alle persönlich. Die Frauen zahlten ihre Einkäufe nie in bar. Was sie kauften, wurde in ein Buch eingetragen – am Freitag war Zahltag. An diesem Tag war der Vorort wie ausgestorben. Die Frauen standen mit ihren Kindern auf dem Arm vor den Fabriktoren, um den Männern möglichst viel von dem Lohn abzunehmen, bevor sie ihn vertranken. Da gab es oft Streit, und manche Frau stand weinend am Fabriktor, wenn ihr der Mann entwischt war oder ihr gar das Geld verweigerte, denn Kredit gab es nur von Freitag zu Freitag.

Es war ein aufregendes Schauspiel, wenn die Arbeiter aus der Fabrik nach Hause zogen, unter ihnen die Volltrunkenen, die, auf Karren liegend, von den Arbeitskollegen unter dem Gejohle aller Kinder nach Hause gefahren wurden. Es war wie auf Zeichnungen von der Kollwitz oder Heinrich Zille. Wir Kinder blieben dann so lange vor den Häusern stehen, bis der Betrunkene schimpfend oder singend wieder vor der Tür erschien.

Zwei von ihnen waren besonders beliebt und immer für eine lustige Unterhaltung gut. Der eine, ein Kleinbauer, zog von Vorort zu Vorort, um Kartoffelschalen gegen kleine Holzbündel zu tauschen. Das Holz war klein gespalten, und man brauchte es zum Anheizen für den Herd, auf dem man kochte und der die Küche heizte, in der man bis zum Schlafengehen saß. Das Schlafzimmer war immer ungeheizt. Wenn es sehr kalt und noch Wasser im Herdkessel war, bekam man ausnahmsweise eine Heizflasche. Erst nach dem Krieg gab es Gas in den Wohnungen, nach und nach auch Gaslaternen. Aber im Krieg waren die Straßen unbeleuchtet, und jeder versuchte, möglichst noch bei Helligkeit nach Hause zu kommen.

Den anderen Betrunkenen, der uns Kinder manchmal mehr als eine Stunde beschäftigte, lockten wir durch ununterbrochenes Schreien heraus. Er hielt dann zu unserer Belustigung eine fabelhafte Rede, die aus Worten bestand, die es überhaupt nicht gab. Manchmal sang er dazwischen und imitierte Instrumente, bis er mittendrin abbrach und abrupt wieder im Haus verschwand. Bei ihm hielten wir am längsten aus.

Die Jahreszeiten spielten eine große Rolle in unserem Leben. Nicht nur die Spiele, auch die Mahlzeiten waren sehr verschieden. Im Winter aß man viel Kohl, er war sehr wärmend. Fleisch gab es nur wenig, eigentlich nur für das Familienoberhaupt. Wenn es mein Großvater gut mit mir meinte, steckte er mir ein Stück Fleisch in den Mund, aber das war ganz ungewöhnlich.

Besser war es schon mit Fisch. Morgens und nachmittags fuhr ein Fischer mit einer Karre durch die Straße und rief seine Fische aus, morgens frische, nachmittags geräucherte Fische. Er hieß Stöwase, und eines Tages nach Kriegsende gingen Soldaten von Haus zu Haus und sammelten die Waffen ein, die viele aus dem Krieg mitgebracht hatten. Wir Kinder, aber auch viele ältere Leute, zogen mit. Beim alten Stöwase brauchten sie besonders lange mit der Durchsuchung, dann kamen sie unter großem Gelächter mit einem Hinterlader von »70/71« aus dem Haus.

Während der Revolution sah ich einmal Ulanen mit Lanzen, an denen kleine Fähnchen flatterten, durch die Straßen zur Vulkanwerft reiten, wo die Arbeiter streikten – damit war der Krieg wohl endgültig aus.

Öfters im Sommer, meist sonntags früh, kam Onkel Braun. Er hatte eine Kohlenhandlung und war wie Großvater Wohlfahrtspfleger. Auf einen Pferdewagen hatte er Bänke gestellt, wir nannten ihn Kremser und fuhren mit ihm in den Eckersberger Wald zu den sieben Bachmühlen. Es war sehr lustig, man versuchte den schrecklichen Krieg und die vielen Verwundeten zu vergessen – aber das war nicht so einfach.

Unsere Wohnung war immer voller Besucher. Vielleicht erhofften viele von meinem Großvater Hilfe aus seinem Laden. Brot war knapp, und Kuchen gab es erst später: »Schnecken« und »Amerikaner« waren sehr beliebt.

Aber alles gehörte dem Konsum- und Sparverein. Auch wenn die Versuchung groß war zu helfen – er setzte seinen Job aufs Spiel. Das wollten die Verwandten, die man oft zehn Jahre nicht gesehen hatte, nicht wahrhaben.

Unserem Haus gegenüber stand ein großes Backsteinhaus, das der Stadt gehörte. Lange Zeit war es Waisenhaus und Kinderheim. Dann, kurze Zeit nach Ende des Krieges, als viele der zurückkehrenden Soldaten auf dem Weg nach Hause waren, zerlumpt, einarmig oder mit einem Holzstumpen als Ersatz für das verlorene oder amputierte Bein, wurde das Backsteinhaus ein Asyl für Obdachlose. Abends um fünf kamen sie auf die Höfe, sangen sentimentale Lieder und baten um etwas Geld, das sie für ein Bett im Asyl brauchten. Viele kamen von der Front, und es schien so, als trauten sie sich nicht nach Hause. Auf den Höfen sangen sie immer dasselbe rührselige Lied:»Dort auf dem Friedhof, da steht ein Kreuz, es ist nicht schwarz, es ist nicht weiß« – zum Schluß lag die Mutter tot im Grab, zu der der Sohn doch voller Hoffnung zurückkehren wollte. Viele waren gerührt und wickelten ein paar Pfennige in Zeitungspapier und warfen sie den Heimkehrern vor die Füße.

Bis Anfang 1918 gab es wenig Arbeitslose, aber dann, als der Krieg endlich zu Ende war und die vielen Männer zurückkamen, das Geld nichts mehr wert war, die Fabriken keine Aufträge mehr bekamen, die Maschinen womöglich von den Siegermächten abtransportiert wurden – da begann eine schwere Zeit. Raub, Mord und Diebstahl, Angst, bei Einbruch der Dunkelheit auf die Straße zu gehen – enttäuscht und demoralisiert zogen die Heimkehrer durch die Straßen.

Bald begann die Inflation. Die Leute, die die Kriegsanleihe gezeichnet hatten, tapezierten ihre Wohnungen mit den wertlos gewordenen Tausendmarkscheinen. Es gab keine Aufträge mehr, Plünderungen setzten ein. Soldaten, mit Armbinden versehen, zogen als Freiwillige oder gegen Bezahlung vor Fabriktoren auf und besetzten Fabriken, um Plünderungen zu verhindern. Manchmal besetzten auch Arbeiter die Fabriken. Schnell entstanden die unterschiedlichsten politischen Gruppierungen. Parteien wuchsen wie Pilze aus der Erde.

In unserer Gegend, in Unterbredow, gab es keine Deutschnationalen, die waren mehr auf dem Lande, auf den großen Gütern, ebensowenig Liberale, die mehr in der Stadt lebten. In den Vororten, die doch in erster Linie von Arbeitern bewohnt wurden, war die Mehrheit bei den Sozialdemokraten, die übrigen gehörten dem Spartakusbund an, und dann gab es noch die Unabhängigen. Als das erstemal nach dem Krieg der 1. Mai gefeiert wurde, hatte mein Großvater eine rote Nelke im Knopfloch, und das Hemd trug er offen – mit »Schillerkragen«.

Die Einnahmen aus dem Geschäft wurden jeden Abend abgeholt; die Einbrüche nahmen zu. Einmal im Monat mußte mein Großvater in die Zentrale kommen – warum, weiß ich nicht. Gelegentlich nahm er mich mit, was nicht ganz ungefährlich war. Auf dem Grabower Friedhof, der auf unserem Weg lag, stand ein Denkmal, ich nehme an, daß es ein nationales Denkmal war. Als wir daran vorbeikamen, war es mit roter Farbe übergossen, und dann begann sogar ein Maschinengewehr zu tackern. Mein Großvater zog mich in den nächsten Hausflur, und wir legten uns auf den kalten Steinfußboden und warteten, bis das Tackern aufhörte. Das war eines meiner aufregendsten Erlebnisse in meiner Kindheit.

Dann mußte ich mit fünfeinhalb Jahren auf Anordnung meiner Großmutter in die Schule. Das Gebäude wurde jedoch als Lazarett gebraucht und mußte geräumt werden. Die nächste Schule war noch weiter entfernt, so daß ich jeden Tag eine gute Stunde brauchte, um zum Klosterhof zu gelangen. Wenn ich da ankam, war ich müde, und mit meiner Aufmerksamkeit war es nicht weit her, aber meine Großmutter bestand darauf und meinte, daß ich lange genug mit unnützen Spielereien die Zeit vertrödelt hätte. Als die Lazarettzeit vorbei war, das Frühaufstehen aber zur Gewohnheit geworden war, mußte ich vor der Schule jeden Morgen zur Frühmesse, als Trost durfte ich dem kleinen, mit dem Kopf nickenden Mohren einen Groschen für die Mission in den Kasten werfen.

In der Schule schlief ich öfters ein, und während ich schlief, klauten mir die ärmeren Mitschüler mein Brot, manchmal auch nur die Wurst vom Brot, dabei bekamen sie um zehn in der großen Pause von der amerikanischen Quäkerstiftung eine große Tasse Kakao und ein warmes Brötchen – wie gerne hätte ich getauscht!

Im ganzen gesehen, war die Schule nicht sehr interessant. Die meisten Lehrer waren von der Front zurück und sehr grob. Da waren die wenigen Lehrerinnen schon beliebter.

Unvergeßlich ist mir ein Tag, an dem wir aus den großen Ferien zurückkamen und ein neuer Nachbar in einem Keller neben unserem Haus eingezogen war: Motel Gorbatsch, ein polnischer Jude, der vor Pogromen, wie Singer sie beschreibt, nach Deutschland geflohen war und einen Handel mit Altpapier und anderem Trödel anfing. Bald war er mein Freund. Er konnte wunderbar erzählen und sang jiddische Lieder, die mir bis heute unvergeßlich sind – besonders ein Lied hatte es mir angetan: »Mei jiddische Mamme«, bei dem er mitunter weinte. Bis er eines Tages, ohne Abschied zu nehmen, fortgezogen war.

Als ich die Schule endlich hinter mir hatte, kam ich bei einer Versicherung in die Lehre. Ich lernte nichts, weil es mich überhaupt nicht interessierte. Doch wurde ich in dieser Zeit Mitglied in einer Gewerkschaft. Besonders interessant war die Jugendgruppe, die samstags in die Umgebung wanderte und erst am Sonntagabend wieder zurückkehrte.

Es dauerte geraume Zeit, bis meine Leute begriffen, daß ich nun selbständig werden wollte. Es kam noch besser, aus meiner Sicht. Eines Tages, ich war in der Berufsschule, suchte man eine Akte, unter anderem auch in meinem Pult, und fand dabei eine Menge ungültiger Karteikarten, deren Rückseite ich bemalt hatte. Der Bevollmächtigte ließ meine arme Mutter zu sich kommen und erklärte ihr, daß ich doch wohl besser in einer Malerlehre untergebracht wäre. Gott sei Dank ...

In meiner Freizeit hatte ich schon seit Ende meiner Schulzeit einen Malkurs beim »alten Schütt« besucht. Er riet mir nun, beim »Bürgerhilfsschatz der Stadt Stettin« um eine Beihilfe zum Besuch der Kunstgewerbeschule nachzusuchen. Die gewährte mir nach langem Hin und Her einen einmaligen Zuschuß von hundert Mark. Soviel kostete ein Semester. Aber zu meinem Pech oder Glück gab es an der Schule keinen Lehrer für freie Grafik – doch der Leiter der Schule, der am »Bauhaus« studiert hatte, erbot sich, meine Arbeiten zu korrigieren und mich zu beraten.

Nach den Semesterferien legte ich ihm eine Reihe von Zeichnungen vor, die ich zu Maxim Gorkis Roman *Die Beichte* gemacht hatte. Er hatte die Idee, eine Ausstellung von Ferienarbeiten aller Studierenden zu veranstalten. Das war meine erste und einzige Ausstellung in der Stadt Stettin.

Nach diesem Semester mußte ich die Schule wieder verlassen, weil der »Bürgerhilfsschatz« für eine so unsichere Sache kein Geld mehr bereitstellen wollte. Ich machte zusammen mit meinem Freund Franz Schütt ein Atelier für Gebrauchsgrafik auf, aber das brachte auch nichts. Obwohl wir sehr fleißig waren und Tag für Tag zusammensaßen, um zu zeichnen und zu malen, kam es zu einem ernsten Gespräch mit meinem Großvater. Was ich mir eigentlich vorstellte und wie es weitergehen solle? Ich hatte jedoch das Glück, daß in einer Ausstellung eine meiner Zeichnungen für fünfzehn Mark verkauft wurde, und so entstand der Plan, auf Wanderschaft zu gehen.

Nach vielen Versuchen, einen geeigneten Kameraden zu finden, gelang es mir, einen Freund aus der Jugendbewegung, Hans Rosenberg, zu überreden, mit mir zu gehen, und so verließen wir eines Tages im Frühling 1933 mit dem Fahrrad Stettin in Richtung Berlin. Beim Besuch in Galerien am Lützowufer gerieten wir in eine Straßenrazzia, in der meine Zeichnungen beschlagnahmt wurden. Entsetzt über diesen schlechten Anfang, zogen wir Leine. Wir kamen nach Spandau und mußten auf den Höfen Musik machen, um das Geld für eine Herberge zusammenzubringen.

Mein Freund Hans spielte Gitarre und kannte eine Reihe von lustigen Liedern. Ich spielte Mundharmonika und sang – aber wir bekamen nur wenig Geld zusammen. Ich ging daher zum Pfarrer der evangelischen und der katholischen Kirche, Hans zur Synagoge. Als wir uns wiedertrafen, hatten wir etwa drei Mark zusammen. Das reichte für eine Übernachtung und für jeden von uns zu einer billigen Mahlzeit. Wir fragten Leute auf der Straße nach einer Herberge und gerieten in ein Asyl für Berufsbettler. Wir kamen uns vor wie in der *Dreigroschenoper*.

Die Leute waren spezialisiert. Der eine hatte kein Hemd an, er erbettelte Hemden an der Tür. Der nächste Schuhe, ein anderer Strümpfe und so fort. In der Herberge gab es einen Eßraum, und das Essen kostete nur 30 Pfennig: Buletten, Kartoffeln und Soße. Teller gab es nicht, aber Vertiefungen in der Tischplatte. Rechter und linker Hand hingen an Ketten Messer und Gabeln. Als wir zu essen anfingen, standen die Bettler uns gegenüber und sahen uns zu. Trotz des Hungers konnten wir das Essen nur schwer herunterwürgen. So ausgehungert waren wir noch nicht. Als die Professionellen das sahen, stürzten sie sich auf unser Essen, daß wir fürchteten, sie würden sich darum schlagen. Im Schlafraum hatten wir Angst, daß sie uns beklauen würden, und gaben deshalb unsere Sachen bei dem Herbergsvater ab.

Morgens um sieben mußten wir aus der Herberge hinaus. Wir verließen fluchtartig Spandau in Richtung Hannover. Von dieser Zeit an blieben wir nie mehr in großen Städten. Unser Fahrrad stellte sich bald als Hindernis heraus. Darum gaben wir es bei der Bahn auf und trampten durch Westdeutschland. Wir gingen in alle Museen. Zu unserem Glück waren auch die Kinobesitzer an Nachmittagen sehr großzügig mit Freikarten.

Wir hatten kein festes Programm. Nahm uns ein Lastwagen mit, fuhren wir bis zu einem Ort, den wir noch nicht kannten. Zu Werkstudenten waren die meisten Leute sehr freundlich, und wir halfen auch, wenn Hilfe erwartet wurde, zum Beispiel beim Abladen. Schließlich bekamen wir einen Lastwagen von Bremen nach Wischhafen. Von da wollten wir über die Elbe, die dort am breitesten ist.

Wir fuhren mit der Motorbootfähre, hatten aber kein Geld, die Überfahrt zu bezahlen. So gab ich meine Uhr als Pfand und versprach, sie in einer Stunde einzulösen. Ich begann also gleich mit dem Klopfen (das ist Betteln), aber, o Schreck, beim Bäcker bekam ich nur Brot, beim Metzger nur Wurst, und kam tatsächlich in einem Privathaus jemand an die Tür, gab es höchstens ein Zehnpfennigstück. Ich schaffte es aber bis zur Abfahrt. Ich habe selten soviel Pfennigstücke zusammen gesehen.

Am selben Tag noch wurden wir bis Klanxbüll mitgenommen und übernachteten dann in der Nähe des Hindenburgdamms bei Karsten Deusing in dessen Scheune. Am nächsten Morgen noch bei Dunkelheit über den Damm, eine ziemlich aufregende Sache – einmal war vor uns ein Getrappel von hundert Füßen: eine Schafherde, die auf dem Damm graste. Früh am Morgen kamen wir in Westerland an und verkrochen uns jämmerlich frierend in einem Strandkorb.

Die Besitzer von Pensionen waren alle sehr freundlich. Wenn sie einen Mittagstisch für ihre Gäste hatten, ernährten sie uns mit. Von Politik keine Rede.

Als der Herbst kam und es kälter wurde, setzten wir uns langsam in Bewegung, um nach Hause zu kommen. Unterwegs nahm mich ein freundlicher Mensch im Beiwagen seiner *Harley-Davidson* mit. Halb erfroren landete ich wieder in Stettin.

Im Frühjahr verließ ich Stettin endgültig. Ich wollte versuchen, in Hamburg bei einer Reederei ein Schiff zu finden, das ins Ausland fuhr, um den zu erwartenden Komplikationen mit den Nazis aus dem Wege zu gehen. Eigenartigerweise war in Hamburg weniger von den Nazis zu spüren. Ich hungerte viel, brauchte aber auch wenig. Ab und zu bekam ich einen Porträtauftrag, manchmal bemalte ich Lampenschirme oder die Wände von Nachtlokalen. Schließlich konnte ich bei einem Freund, Herbert Lohe, Unterschlupf finden, der mit mir teilte und ich mit ihm.

Einige meiner Malerfreunde, von denen ich später nie wieder etwas hörte, bekamen über den später von den Nazis entlassenen Museumsdirektor und Kunsthistoriker Pauli, der die Amsinkstiftung verwaltete, ein monatliches Stipendium von 200 Mark. Das war für mich ungeheuer viel Geld. Ich bewarb mich mit einigen Zeichnungen, Pauli lehnte ab. Pech gehabt. Ein Trost – die meisten dieser Arbeiten hängen heute in Museen. Junger Künstler, gib nie auf.

Die drei Monate vor Hitlers Machtergreifung waren die aufregendsten meines Lebens. Es gab vier große politische Gruppen. Links die Sozialdemokraten und die Kommunisten, rechts die Nationalsozialisten, bei denen vor allem die Kampfgruppen SA und SS mit abschreckender Brutalität gegen Andersdenkende vorgingen. Sie kamen aus den Städten, waren oft arbeitslos und am Rande der Verzweiflung und darum zu allem bereit. An ihrer Seite marschierte die konservative Deutschnationale Partei mit dem »Stahlhelm«, der von ehemaligen Offizieren geführt wurde. Die »Deutschnationalen« kamen in der Mehrheit vom Land, von den großen Gütern in Mecklenburg, Pommern, Ost- und Westpreußen. Regelmäßig kam es zu Zusammenstößen, besonders wenn die SA in offenen Lastwagen mit Hakenkreuzfahnen provozierend durch die Arbeiterviertel fuhr. In der Hand das Lederkoppel mit dem Metallverschluß, schlugen die »Schutzabteilungen« auf Leute ein, die nicht die Fahne grüßen wollten. Meine schrecklichste Erinnerung war der Synagogenbrand in Berlin – ich sah das erste Mal in meinem Leben, wie ein junger Mensch totgeprügelt wurde –, eine große Menschenmenge stand dichtgedrängt auf der gegenüberliegenden Straßenseite voller Angst, schweigend, machtlos vor dieser Brutalität.

Mein Herz klopfte wie verrückt, wenn ich Zeuge solcher Vorgänge wurde. Ich mußte weggehen, ohne helfen zu können. Lange Zeit verfolgte mich die Erinnerung. Ich wachte nachts schweißgebadet auf. Mein Entschluß stand fest, alles zu unternehmen, um aus diesem Land herauszukommen.

Heinz Kühn

Kam am 18. Februar 1912 in Köln zur Welt. Dort studierte er Volkswirtschaft und Staatswissenschaften (1930–1933) und trat 1930 der SPD bei.
Mußte aus politischen Gründen drei Jahre später emigrieren, arbeitete
in dieser Zeit als Journalist. Nach Kriegsende Rückkehr nach Deutschland, wurde erst Redakteur, später Chefredakteur (1949–1950) bei der
Rheinischen Zeitung, 1948 Mitglied des Düsseldorfer Landtags. 1953 erhielt
er ein Bundestagsmandat. Als Fraktionsvorsitzender der SPD 1962 Rückkehr in den Düsseldorfer Landtag, wurde vier Jahre später dort schließlich
Ministerpräsident, was er bis 1978 blieb. Von 1973 bis 1975 war er stellvertretender Parteivorsitzender der SPD, blieb bis 1979 Mitglied des Bundesvorstands. 1978 schied er aus dem Landtag aus und ist seit 1979 als
Mitglied des Europaparlaments politisch aktiv. Vor allem durch seine
Funktion als Vorsitzender der Friedrich-Ebert-Stiftung ist er ein weitgereister Politiker.

HEINZ KÜHN

Die Republik ohne Republikaner

Von der Regenbogenfahne zum »Reichsbanner« – Stationen einer politischen Jugend in Köln

Wenn man mit 78 Jahren über seine Jugendzeit berichtet, dann ist diese Schilderung der jungen Jahre meist von den Erfahrungen der älteren Jahre verwischt und verwaschen. Das ist bei mir nicht anders als bei anderen.

Die Politik streckte ihre verlangenden Finger erstmals nach mir aus, als Anfang November 1918 revolutionäre Matrosen erschienen, martialisch aussehend mit ihren Gewehren und zugleich fröhlich mit ihren roten Armbändern und flatternden Mützenbändern, um in Köln-Mülheim »Revolution zu machen«, während der konservative Oberbürgermeister Adenauer mit dem Führer der rheinischen Sozialdemokraten, Chefredakteur Sollmann, ein Bündnis geschlossen hatte, um Köln ruhig zu halten: die Stadt, die als Hauptbrückenkopf für die über den Rhein zurückflutenden geschlagenen deutschen Armeen diente.

Revolution, das bedeutete dem Sechsjährigen ein großartiges Versprechen; alles würde anders werden, es würde zu essen geben, die sorgenvollen Gesichter von Vater und Mutter würden sich aufheitern – und er selbst würde als kleiner Proletarierjunge die große Chance erhalten, das Leben mitgestalten zu können, was auch immer ich darunter verstand.

Ich bat also meine Mutter, mir eine Fahne zu nähen, mit der ich den revolutionären Matrosen entgegenziehen wollte. Die Farben der Wilhelminischen Monarchie durften es nicht sein, die Farben der zukünftigen Republik waren noch nicht in mein politisches Bewußtsein gedrungen. So wurden es annähernd Regenbogenfarben, indem meine Mutter einfach verschiedenfarbige Stoffreste aneinandernähte. In Rom, viele Jahre später bei den italienischen Eurokommunisten, habe ich Ähnliches wiedererlebt.

Aber der November 1918 war eben alles andere als eine Revolution, sondern ein bloßer Zusammenbruch für uns, die wir diesen Lebensweg der

Weimarer Republik miterlebten. Der Zusammenbruch brachte zwar eine Republik hervor, aber eine »Republik ohne Republikaner«.

*

Zwei Jahre später wurde ich zum mehr passiven als aktiven Objekt eines familiären Kulturkampfes. Im Rheinland war es üblich, daß in Arbeiterfamilien die Kinder unter dem meist strengen katholischen Einfluß der Mütter standen, ehe sie zum Ausgang der Kindheit unter den Einfluß der für modernere Geistesströmungen aufgeschlossenen Väter gelangten. Ich war als Kind einer typisch rheinischen Arbeiterfamilie keine Ausnahme.

Also besuchte ich eine katholische Volksschule, sie lag in der Adamstraße. Und als bei dem gespannten Verhältnis zwischen »konfessionellen« Volksschulen und den »freien« Schulen in den zwanziger Jahren einmal die Eltern gegen die Schulpolitik der sozialdemokratischen Preußenregierung streikten, indem sie ihre Kinder am Schulbesuch hinderten, bestand mein Vater, radikaler Gewerkschafter, auf meinen Streikbruch.

So trabte ich höchst einsam zur Schule, wo mich der katholische Lehrer, der mit den streikenden Eltern natürlich sympathisierte, in sonderbarer Weise für meinen »Streikbruch« bestrafte – er ließ mich die Tonleiter singen, bis ich quietschte wie ein junger Hund, indes er selbst Schulhefte korrigierte.

*

Mit zehn Jahren trat ich in den katholischen Gymnasiastenbund »Neudeutschland« ein, gleichsam unter dem Patronat meiner Muter, die still darauf hoffte, mich einmal für den Beruf des Geistlichen gewinnen zu können, während mein Vater andere Vorstellungen von dem beruflichen Werdegang seines einzigen Sohnes hatte. Beide teilten allerdings die Absicht, mir den Besuch des Gymnasiums bis zum Abitur zu ermöglichen, was damals einer Arbeiterfamilie mit einem stets kränkelnden Vater reichlich Opfer abverlangte.

Der »Neudeutschland«-Bund hat mir sehr viel gegeben, an Nachdenklichkeit, an Toleranz und an Fähigkeit zum Verstehen des Religiösen im Leben, auch wenn ich später mit meinem Freund P. Pauquet, mit dem ich zusammen »Neudeutschland« beigetreten war, allerlei Fehden austrug, er als Chefredakteur des Diözesanblattes des Erzbischofs, ich als Chefredakteur der *Rheinischen Zeitung*.

Aber Jugendfreundschaften soll man respektieren. Viele Jahre später, als ich das Amt des Ministerpräsidenten nach zwölf Jahren, weil mein Herz nicht mehr wollte, niederlegte, habe ich ihm, der ebenfalls in Pension ging, noch als letzte Amtshandlung das große Verdienstkreuz um den Hals legen können. In den Reden ist sehr viel von Toleranz gesprochen worden.

*

Wir waren im Parterre eines wilhelminischen Hauses auf der Bachstraße zu Hause, dem kleinbürgerlichen Abschnitt der zum Rheinufer führenden Straße. Vater war als Tischler bei der Möbelfabrik Mellmann beschäftigt, und Mutter mußte mit einem »Kamellengeschäft« ein paar Mark zuverdienen, damit ich aufs Realgymnasium gehen konnte. Hatte sie einmal eine Tafel Schokolade verkauft, war das bis ins Bett hinein Gesprächsstoff.

Wenn die Schneeschmelze den Rhein über seine Ufer treten ließ und seine Wasser in die Keller und meterhoch auf die Straßen trieb, war für uns Jungen der Gipfelpunkt der Freude gekommen. Dann ruderten wir in Waschzubern hinaus und fühlten uns als Seeleute auf Entdeckungsreise. Bloß daß unsere Welt auf die Bach- und die Bleistraße beschränkt war ...

Eine andere Welt war es auch, wenn auf der zweiten Etage, der herrschaftlichen, unseres Hauses bei »Direktors« die Töchter und die Söhne höfisches Theater spielten und neben dem achtbaren Nachwuchs der Gesellschaft auch ein paar sauber herausstaffierte kleinere Jungen aus dem gesellschaftlichen Unterholz hinzugeladen wurden. Die Töchter der direktorialen Veranstalter waren dabei so herrlich höfisch-barock kostümiert, daß meine kindlichen Träume voll von den feenhaften Wesen waren, die in Wirklichkeit für die Aufmerksamkeit der jungen Männer der gehobenen Klassen bestimmt waren!

*

Im Oktober 1928 war es so weit, daß ich »Neudeutschland« verließ und zu den »Roten Falken« übertrat, einer jüngeren Abteilung der Sozialistischen Arbeiterjugend. Der Einfluß meines idealistisch-radikalen Vaters hatte sich durchgesetzt, die tägliche Lektüre der *Rheinischen Zeitung* ein übriges getan.

Die Jugendgruppe, der ich beitrat, hatte sich für den Namen »Liebknecht« entschieden, worunter sich die einen den älteren Wilhelm vorstellten, den Weggefährten August Bebels, die anderen dessen Sohn Karl, den von Nationalisten erschossenen Märtyrer der Arbeiterbewegung.

Wir Jüngeren haben gesungen: »Dem Liebknecht haben wir's geschworen, der Rosa Luxemburg reichen wir die Hand.« Obwohl beide keine Kommunisten leninistischer Machart waren, haben sie bei der Gründung der KPD Pate gestanden. Märtyrer haben es bei der Jugend leichter.

*

Kinderbildnis von Heinz Kühn mit seiner Mutter. *(Friedrich-Ebert-Stiftung)*

Ausflug der jungen Genossen. *(Friedrich-Ebert-Stiftung)*

In den letzten Jahren des Reformrealgymnasiums in Köln-Mülheim wurden wir von einem streng konservativen Direktor verwaltet, der in der
Presse als »borussischer Lyzeumslöwe« bezeichnet wurde. Er pflegte alle
Schulfeiern mit dem Absingen aller drei Strophen des Deutschlandliedes
ausklingen zu lassen. Als Schülersprecher verfügte ich über eine weittra-
gende Stimme, deren Einsatz ich auf die dritte Strophe des Deutschlandliedes konzentrierte.

Einmal, als bei einer Feierstunde die Reden in besonders unerträglicher
patriotischer Sauce geschwommen waren, kam es zu einem Dialog, bei
dem er mich anschnaubte, ob ich keine nationale Würde besäße und mein
Vaterland nicht liebe. Ich antwortete auf die Philippika, daß die erste
Strophe, wie man sie sänge, einen übersteigerten Nationalismus wider-
spiegelte, von dem ich nichts hielte und der zudem von vorgestern sei und
uns ins heutige Elend geführt hätte. Die Treue der deutschen Frauen zu
loben, dafür sei ich noch nicht alt genug. Mir mangele die Erfahrung! Und
den deutschen Wein übermäßig zu loben, dafür fehle mir als Antialkoholi-
ker schon gar die Erfahrung. Doch wisse der Herr Direktor gewiß, daß
Reichskanzler Bismarck seinen Gästen besonders französischen Rotwein
empfohlen habe.

»Aber die dritte Strophe des Deutschlandliedes mit gewohnt lauter
Stimme zu singen, verspreche ich.« Worauf ich ohne Antwort blieb!

*

Es gab auch Versuche moderner und toleranter Unterrichtsgestaltung, wie
bei unserem Geschichtslehrer, Studienrat Sieg, einem Deutschnationalen,
der in der Prima eine zeitungspolitische Arbeitsgemeinschaft durchführte,
die die verschiedenen Leitartikel eines Hauptorgans der untereinander im
Streit befindlichen Parteien der liberalen Diskussion der Schüler unterzog.

Darunter war auch der »neudeutsche« Harzheim, der immer im schwar-
zen Samtanzug von »Neudeutschland« erschien und stets die *Kölnische
Volkszeitung* verteidigte, und der Kommunist Spangenberg, der die *Rote
Fahne* hochhielt. Und natürlich ich, der die *Rheinische Zeitung* vertrat. Die
Mehrheit stand allerdings auf seiten der NSDAP hinter dem *Westdeutschen
Beobachter*, was für Stimmung sorgte, bis die Nazis als argumentativ Unter-
legene die Arbeitsgemeinschaft vor den Linken verließen.

Das ging so ein Jahr, bis auch die Straßenkampfsituation ins Schulhaus
überschwappte und der deutschnationale Studienrat sein liberales Experiment abbrach.

*

Die Heimabende der »Roten Falken« waren ärmlich. Doch das war nicht nur bei den Sozialisten so, sondern auch bei den anderen Jugendorganisationen, die sich die Lebensform der alten Jugendbewegungen erhalten wollten, aber unter den Nazis größtenteils zugrunde gingen. Wir schliefen auf unseren Fahrten im Stroh der Scheunen, für 20 Pfennig oder einen Groschen, und waren dankbar, wenn wir am Morgen ein Glas Milch ergatterten. Wenn wir uns winterabends in den liebevoll, aber prosaisch gepflegten Baracken der Arbeiterwohlfahrt trafen, mußte jeder von daheim ein Brikett mitbringen, zum Teil der Mutter stehlen, da in unseren von der Arbeitslosigkeit geplagten oder bedrohten Familien auch an Heizmaterial Mangel war.

Samstag, Sonntag versuchten wir, der häuslichen Trübsal zu entrinnen, manchmal gelang uns die Flucht ins Grüne nur sonntags. Aber immer achteten wir darauf, daß derjenige, der die paar Groschen, die die Vorortbahn kostete, nicht aufbringen konnte, durch Zusammenlegen unserer Pfennige mitfahren konnte. Wir sangen dabei eine Mischung aus romantischen Volksliedern der alten Jugendbewegung und sozialistischen Kampfliedern der Arbeiterjugendbewegung, der neuen Jugendbewegung, wie wir inbrünstig glaubten. Wenn wir übermütig waren, sangen wir auf der Heimfahrt:

Nie, nie wollen wir Waffen tragen,
nie, nie wollen wir wieder Krieg!
Laßt doch die hohen Herren sich selber schlagen,
wir machen einfach nicht mehr mit!

Wie nahe diese Entscheidungssituation war, wußten wir alle nicht. Die Ereignisse, die der Menschheit mehr als fünfzig Millionen Tote abverlangten und einen unvorstellbaren Berg von Elend häuften, haben wir nicht voraussehen können.

*

Mit achtzehn trat ich in die SPD ein und dann auch in das *Reichsbanner Schwarz-Rot-Gold*, wobei ich selbst eine Jugendbanner-Hundertschaft leitete. Bei uns Jüngeren war das *Reichsbanner* nur eine Art sozialdemokratischer Kriegerverein. Die zum Schutze der Republik gegründete Organisation zählte etliche hunderttausend Sozialdemokraten zu ihren Mitgliedern, dazu einige linke Liberaldemokraten und eine gewisse Zahl katholischer Arbeiter. Das *Reichsbanner* beschränkte sich auf einige imponierende Aufmärsche und den Schutz der republikanischen Arbeiterveranstaltungen und sozialdemokratischen Einrichtungen. Damit war die

Zeit der Klampfen und blauen Fahrtenkittel vorüber, die Zeit der Fanfaren, der hohen Stiefel und grauen Windjacken war gekommen – die der Straßenkämpfe mit der SA und SS.

*

Ich sagte schon: Die Weimarer Republik war von Anfang an eine Republik ohne Republikaner!

Die ostelbischen Junker und der preußische Adel behielten ihre Macht; die Generalität der Reichswehr sehnte sich nach der Monarchie; dem sozialdemokratischen Reichspräsidenten Ebert gab Generaloberst von Seeckt die Antwort: »Reichswehr schießt nicht auf Reichswehr!« Der Reichspräsident von Hindenburg hielt sich an seinen Eid auf den Kaiser bzw. die Hohenzollern; die Universitätsprofessoren und studentischen Korporationen, ja die ganze Studentenschaft stand Weimar mit widerstrebenden, ja mit feindseligen Gefühlen gegenüber; und die Zeitung der Richter schrieb sogar, es sei ein hundsföttisches Verlangen, den Richtern einen Eid auf die Weimarer Republik zuzumuten. Und die Unternehmer, die Kapitalisten, wie wir sie nannten, waren wie stets allein an der Sicherung ihrer Profite interessiert und notfalls bereit, den Staat dem Faschismus auszuliefern, weil sie sich von einem Hitler als Hofhund versprachen, daß er die Sozialdemokraten und Gewerkschaften vom Staate wegbiß; viele waren sogar bereit, einen Hitler als Hausherrn des Staates hinzunehmen.

Der »Mittelstand«, durch die Inflation seiner Vermögenswerte entkleidet, war völlig atomisiert und kein stabilisierendes Element der bürgerlichen Gesellschaft mehr. Orientierungslos geworden, fiel er am ehesten der Parole »Führer befiehl, wir folgen dir« zum Opfer.

*

Was Wunder, daß die Demokratie von Weimar in wenigen Jahren an ihrem Ende angelangt war. Sie torkelte widerstandslos in die durch die Nazipropaganda weit ausgebreiteten Arme des wirkungsmächtigsten Mediums des Unheils: Hitler. Die in zwei Blöcke aufgespaltene Arbeiterbewegung und die Republikuntreue des Bürgertums, sie ruinierten gemeinsam die Republik von Weimar und ließen sie im hypnotisierenden Blick des Hakenkreuzes verenden.

Als die Weltwirtschaftskrise auf ihrem Kulminationspunkt allein in Deutschland die gigantische Zahl von sechs Millionen Arbeitslosen produziert hatte, brach auch der letzte Pfeiler der Weimarer Republik, die Sozialdemokratie, zusammen. Darunter die elendsten Fälle, die »Ausgesteuerten«, die wegen längeren Bezugs von Arbeitslosenversicherung keinerlei Unterstützung mehr bekamen. Es gab mittlere Angestellte, die sich auf Plakaten auch für niederste Arbeiten anboten. Auf einer Fahrt nach Bremen oder Hamburg sah ich in den Elendsquartieren Seile längs den Straßen gespannt, an denen sich ältere oder geschwächte Arbeitslose, die hier in Schlangen warteten, festhielten.

Ich hatte mittlerweile mein Universitätsstudium begonnen und war der Sozialistischen Studentengruppe beigetreten. Die Arbeiterwohlfahrt bemühte sich insbesondere um die jungen Arbeitslosen wie die anderen Richtungen auch. Für diejenigen, die vormittags Vorträge zur Stärkung des Verteidigungsgeistes der Republik anhörten, gab es ein dünnes Erbsensüppchen mit einem unterernährten Würstchen. Wir sozialistischen Studenten waren als Referenten aufgerufen und erhielten sogar drei Mark für den Vortrag. Die Themen suchten wir aus der deutschen Geschichte, da boten sich an die Bauernkriege, die Revolution von 1848, die Geschichte der Arbeiterbewegung und die Weimarer Verfassung.

Aber die Konkurrenz war groß. Die SA unterhielt mit ihren Suppenküchen, für die die Unternehmer Geld spendeten, Einrichtungen, wo es SA-Uniformen gratis gab gegen Eintritt in die Sturmabteilungen der NSDAP. Und bald wurden aus Kneipen, die als Verkehrslokale des Rotfrontkämpferbundes bekannt waren, Nazilieder über die Straßen gebrüllt – sie hatten also die Farbe gewechselt. Und hinter Schalmeienkapellen, die immer als Monopol der Kommunisten angesehen waren, formierten sich die braunen Kolonnen der Nazis.

Das waren die Folgen der geistigen Verwirrung, die die Führung der Kommunisten stiftete, indem sie die Sozialdemokraten zum »Hauptfeind« erklärten. Die Orientierungslosigkeit des Kleinbürgertums und die Spaltung der Arbeiterbewegung ermöglichte der Hitlerpartei bei den Reichstagswahlen vom Juli 1932 den Sprung von 107 auf 230 Mandate.

*

Mitten im Wahlkampf, am 20. Juli 1932, »knackte« der rechtskonservative Reichskanzler Franz von Papen mittels Staatsstreich die sozialdemokratische Staatsregierung Otto Braun des Landes Preußen.

Wir stürmten zu den Sammelplätzen des *Reichsbanners*, bewaffnet mit einigen Unique-Handfeuerwaffen, die wir von Belgien rübergeschmuggelt hatten. Aber ich warf meine Parabellum-Pistole wütend-resigniert in die Ecke, nachdem von Berlin der Bescheid gekommen war: »Alles abblasen, wir haben das Reichsgericht angerufen!« Da wir nach dieser Niederlage einen legalen Widerstand für aussichtslos und die Machtergreifung Hitlers für unvermeidlich hielten, waren die Jüngeren unter uns der Auffassung, es sei an der Zeit, nunmehr die Illegalität vorzubereiten. Ich selbst brachte meine für einen Studenten recht ansehnliche Bibliothek bei einer siebzigjährigen Dame im Keller unter. Wir bereiteten uns auf das Verfassen und Verbreiten illegaler Flugblätter vor.

Gewiß, gegen uns standen die SA, die uns an Bewaffnung überlegen war, die SS, der *Stahlhelm*, und dahinter stand noch die Reichswehr. Unser einziger Verbündeter war die preußische Polizei, die freilich in erheblichem Umfang zur Verfügung gestanden hätte. Und die Gewerkschaften? Wenn vor den Fabriktoren die Arbeiter zahlreicher waren als drinnen an den Arbeitsbänken, dann war die Waffe des Generalsstreiks stumpf geworden.

Ich habe nach 1945 oft mit Carl Severing, dem Innenminister im Kabinett Otto Braun, darüber gesprochen, was man am 20. Juli anders hätte machen müssen. Dabei wies ich auf das Buch von Pietro Nenni hin, das den Zwanzigjährigen damals begeistert hatte: *Der Todeskampf der Freiheit*. Es ging darin um die Ermordung des italienischen Sozialistenführers Matteo Matteotti und seiner Gefährten. Kaum ein Jahrzehnt später, beim Wiener Aufstand des Republikanischen Schutzbundes im Februar 1934 gegen Dollfuß, erschien das Buch der Arbeiterfrau Paula Wallisch *Ein Held stirbt*. Es berichtet von dem hingerichteten Arbeiterführer Koloman Wallisch, der Schutzbundführer in Bruck an der Mur war, und lief auf die Meinung von Ferdinand Lassalle hinaus, daß nur die Bewegung das Recht auf den Sieg habe, die ihre Prinzipien mit Märtyrern zu beglaubigen vermöge.

Carl Severing hat die Entscheidung, den Kampf nicht zu riskieren, bis zum Tode bewegt, einer seiner letzten Artikel, dem dieses Thema gewidmet war, zeigt dies. Man muß das respektieren. Ferdinand Lassalle, einer der alten Arbeiterführer, scheint mir trotzdem den Kern des Problems getroffen zu haben.

Aber das sind Diskussionen der Vergangenheit; ich hoffe, daß solche Diskussionen so bald nicht wieder eine Rolle spielen werden.

*

Schon bei der Wahl vom 6. November 1932 verlor die NSDAP zwei Millionen Stimmen und 34 Mandate. Goebbels schrieb in sein Tagebuch Hitlers verzweifeltes Wort: »Wenn die Partei zerfällt, mache ich in drei Minuten mit der Pistole Schluß.«

Da hielten die »Herrenreiter« und die konservative Rechte alle die Stunde für gekommen, den Reichspräsidenten, Feldmarschall von Hindenburg, zu überreden, den »böhmischen Gefreiten« Hitler zum Reichskanzler zu bestellen. Das war am 30. Januar 1933, und damit war die Republik gestorben, ermordet oder sonstwie verendet.

Am 5. März 1933 war die letzte Reichstagswahl. Nachdem die Kommunisten verboten waren, glaubte Hitler bei dieser Wahl durch offenen Terror die begehrte Zweidrittelmehrheit zu erringen. Wir vom Reichsbanner suchten gerade das zu verhindern.

Ich entsinne mich noch einer Versammlung im Oberbergischen, einer Domäne des nachmaligen Arbeitsfrontführers Robert Ley. Ich sollte über das Thema sprechen »Hitlers Sieg bedeutet Krieg nach außen und Unterwerfung des Volkes nach innen« – ein Lastwagen voller Reichsbannermänner in Uniform war mir als Saalschutz mitgegeben worden. Als wir ankamen, war der Saal schon voll – von SA-Leuten, die uns mit einem Höllenlärm empfingen. Es war klar, da war keine Versammlung mehr möglich, die SA wollte eine Prügelei.

Nachdem der mehrfache Versuch einer argumentativen Versammlungsführung am Geschrei der SA gescheitert war, blieb mir nur noch der Ausweg, wie Thomas Mann »mein Herz in Polemik zu waschen«. Als ich Goebbels einen »Giftzwerg« genannt hatte, brach die Hölle los.

Wieder in Köln, trugen wir zerfetzte Uniformen und manche Wunde. Die Mütter weinten – nicht nur unsere Mütter, sondern auch die unserer Feinde –, bis wir wieder zusammengeflickt waren, die Uniformen und die Körper. Und dann ging es wieder von vorn los.

Am 23. März 1933 folgte die Annahme des »Ermächtigungsgesetzes«, das den Willen Hitlers zum obersten Reichsgesetz machte, gegen die Stimmen allein der Sozialdemokraten.

RUDOLF PÖRTNER

Geboren am 30. April 1912 in Bad Oeynhausen. Studierte Geschichte, Germanistik und Soziologie. Seit 1938 Journalist in Berlin. 1956 stellte sich ihm in den Ruinen von Pergamon die Frage nach der antiken Hinterlassenschaft in Deutschland. Frucht dieser Überlegungen waren seine Bücher *Mit dem Fahrstuhl in die Römerzeit, Bevor die Römer kamen, Die Erben Roms* und *Das Römerreich der Deutschen,* die zusammen eine Auflage von zwei Millionen erreichten. Es folgten *Die Wikinger Saga* und *Operation Heiliges Grab.* In jüngster Zeit hat er die Erfolgstitel *Mein Elternhaus, Sternstunden der Technik* und *Kindheit im Kaiserreich* herausgegeben.

RUDOLF PÖRTNER

Der Ausflug nach Kuhle Wampe

Ein Semester unter Menschenjägern –
Der Grünling bei den Endzeitmissionaren

Ein Sommertag im Jahre 1932. Das schlanke, weiße, rotbewimpelte Motorschiff lag an der Jannowitzbrücke in Berlin, im schmutzigen, ölig schimmernden Wasser der Spree. Ziel der Fahrt war Kuhle Wampe, die kommunistische Freizeitkolonie oder wie sonst man das Kombinat von Zelten, Lauben und Strandgaststätten nennen soll, das da im Osten der alten Reichshauptstadt, ich meine am Müggelsee, entstanden war. Von wem unser Ausflugskreuzer gechartert war, weiß ich nicht mehr, jedenfalls von einer der damaligen KPD nahestehenden, ausreichend betuchten Organisation.

Ehrengast an Bord war Theodor Slatan-Dudow, ein deutsch-bulgarischer Filmregisseur, Schüler von Lang, Papst und Piscator, der kurz zuvor mit seinem »Kuhle-Wampe«-Streifen, zu dem ihm Bert Brecht das Buch geschrieben hatte, der linken Kultur- und Erweckerszene ergiebigen Diskussionsstoff geliefert hatte. Er wollte nun einen Film gleicher Machart und gleichen Anspruchs drehen, einen Film über das Deutschland der ersten Jahre nach dem Ersten Weltkrieg, und glaubte, in einem Rundgespräch mit klassenbewußten Genossen und Genossinnen nutzbare Anregungen gewinnen zu können. Zuvor hielt er eine kurze Ansprache, in der viel von Kollektiv die Rede war, von sozialistischem Realismus, von der gesellschaftlichen Verpflichtung der Kunst – gängige Schlagworte, die damals hoch im Kurs standen.

Einige Teilnehmer der Fahrt berichteten dann von ihren Erlebnissen Anno 1919/20. Sie sprachen von Hunger, von Wohnungsnot, von Kohlenmangel, von Schießereien, auch von den ersten Parteizellen, die sie gebildet hätten, von Zusammenstößen mit der Polizei und ähnlichem Alltagskram. Sehr ergiebig waren diese Beiträge aus der Perspektive des kleinen Mannes nach dem großen Krieg eigentlich nicht, aber meine beiden schweizerischen Freunde, Studenten wie ich, fanden sie »außerordentlich beeindruckend« und hegten offenbar das erregende Gefühl, der Geburt eines neuen Kunstwerkes beigewohnt zu haben, überhaupt einer neuen Form der Kunstentstehung.

In Kuhle Wampe empfing uns ein Genosse im Adamskostüm, ein athletisch gebauter Freiluftfreund, mit allem versehen, was einen kernfesten Mann ausmacht. Nacktarschig ging er vor uns her, flankiert von zwei Jungpionieren, die kurze Hosen und ein blaues Uniformhemd trugen, und zeigte uns die Einrichtungen des Camps neuer Menschen, dessen Hauptfunktionär er offenbar war.

Im Saalanbau eines Strandrestaurants lief dann ein sozialistisches Kulturprogramm ab. Eine Tanzgruppe – durchweg stämmige junge Mädchen, klassenbewußte Proletarierinnen, barfüßig und mit wippenden Minirökken – trat auf und versuchte, begleitet von Schlagzeug und Schellenbekken, so tiefsinnige Themen wie »Morgenröte« oder den »Aufstand der Geknechteten« in demonstrative Gesten und Gebärden umzusetzen. Die beiden eidgenössischen Kommilitonen fanden auch diese Darbietung sehr gelungen, »für eine Laiengruppe außerordentlich respektabel«, und werteten sie als einen Beweis für die Aufbauarbeit, die die Partei im grauen Alltag leistete.

Am Ende trug Erich Weinert Gedichte vor, ein grundsympathischer Vierziger, Typ ehrliche Haut, Herausgeber der *Linkskurve*, früher Lehrer, dann Schauspieler, jetzt proletarisch-revolutionärer Dichter – seine trommelnde Lyrik hatte in der Tat Form, Schliff und Sprachkraft, und der ganze Mann wirkte klar, aufrecht und sauber.

Noch etwas hat sich meinem Gedächtnis fest eingeprägt. »Nach dem Programm« öffnete eine gutaussehende, adrett gekleidete Dame – wie ich später erfuhr, die Ehefrau eines Zahnarztes, der im goldenen Westen von Berlin, in der Nähe des Kurfürstendamms, praktizierte – einen Lederkoffer, der mit opulent belegten Brötchen gefüllt war. Wir ließen uns nicht nötigen. Wir langten zu. Wir waren hungrig, wie immer.

Ich war damals zwanzig Jahre alt, stud. phil. im dritten Semester. Ich hatte ein Jahr zuvor in Bielefeld an einer mehr als dreihundert Jahre alten Schule das »Abiturientenexamen« bestanden – realgymnasial, fünf Hauptfächer, fünf Nebenfächer, Musik und Sport – und bemühte mich nun, für meinen künftigen Beruf das nötige Wissen zu erwerben.

Ich wohnte in Berlin-Schmargendorf in der Nähe des Grunewalds, fünfundzwanzig Minuten von der S-Bahn-Station Hohenzollerndamm entfernt, bekam monatlich achtzig Mark, ein Drittel des väterlichen Nettoeinkommens, und schlug mich damit mehr schlecht als recht durch. Mit den fünfzig Mark, die mir nach Bezahlung der Zimmermiete blieben, konnte ich keine Sprünge machen. Aber da das Mensaessen billig war (ich aß, dem äußeren Rahmen nach überaus fürstlich, für sechzig oder siebzig Pfennig im Berliner Schloß) und Zigaretten für zweieinhalb Pfennig auf dem Markt waren, bestand kein Anlaß, Trübsal zu blasen.

Über meine Zukunftschancen habe ich damals wenig nachgedacht; sie waren zwar alles andere als rosig, aber ich war jung und verließ mich auf mein Glück, und Berlin war so voller Leben, so voller Anregungen, und sandte so viele Impulse aus, daß ich keine Zeit hatte, den Kopf hängenzulassen.

Viel mehr belastete uns die zweifellos miserable Verfassung der Welt, vor allem die der Weimarer Republik, deren mageres Brot wir aßen. Reichskanzler Brüning war im April vom »alten Herrn«, dem Reichspräsidenten von Hindenburg, in Ungnade entlassen. Nun versuchte der konservative Herrenreiter Franz von Papen, das Schicksal zu wenden.

Am 20. Juli wurde der preußische Innenminister Carl Severing von einem Feldwebel und zwei Mann aus dem Amt eskortiert, die Zahl der Arbeitslosen bewegte sich auf die Siebenmillionengrenze zu, eine sinnlose Wahl jagte die andere, die Parteien, obwohl längst am Ende ihrer Weisheit, bekämpften sich aufs Messer, fast täglich, mindestens aber am Wochenende, gab es öffentliche Kundgebungen mit Schußwechseln und Toten, alle Häuserwände waren beschmiert, hier Hakenkreuze, dort die drei Pfeile der Eisernen Front, dort das Zeichen der Antifa. Auch in der Uni waren brachiale Auseinandersetzungen an der Tagesordnung, bisweilen empfingen die ergrimmten Kombattanten auch gemeinsam Prügel.

Kurzum, wir alle hegten das Gefühl, so könnte es nicht weitergehen. Ein starker Mann müßte kommen, wir müßten lernen, umzudenken und noch einmal von vorn anzufangen, wenn nötig mit Gewalt. Und so waren wir bereit, uns zu engagieren und, was schlimmer war, engagierten Propheten einer neuen und natürlich besseren Welt auf den Leim zu kriechen.

*

Die Weimarer Republik war zu dieser Zeit dreizehneinhalb Jahre alt, einer der Benjamine der europäischen Staatenwelt. Aber sie steuerte bereits auf ihr Ende zu; die sie abschaffen wollten, waren bereits in der Überzahl. Ich selbst war gerade einundzwanzig geworden, zählte nun also zu den mündigen Bürgern, die in Kürze wieder ihre Stimme abgeben durften.

Als die Republik ausgerufen wurde, war ich sechseinhalb Jahre alt gewesen, Abc-Schütze, schmächtig und ziemlich ausgemergelt, aber froh, den Vater – den »Ernährer«, wie ich gelegentlich aufschnappte – nach fast

Der junge Rudolf Pörtner mit Schwester und Cousinen im Jahre 1919.

Sonntagsspaziergang mit Eltern und Schwester, 1924.

fünfzig Monaten »Westfront« wieder heil zu Hause zu wissen. Worte wie »verlorener Krieg« oder »neuer Staat« begriff ich noch nicht, waren Wechselgeld, ausschließlich für den Gebrauch durch Erwachsene bestimmt. Trotzdem entsinne ich mich einer Szene, die ahnen ließ, daß sich irgend etwas geändert hatte, daß die alten Werte und Ordnungen nicht mehr stimmten, zumindest ungestraft in Frage gestellt werden konnten.

Draußen auf der Straße – der Mindener Straße in Bad Oeynhausen längs der »Weserhütte« – hatten heimwärts ziehende Einheiten der geschlagenen Armee halt gemacht, um den täglichen Schlag Dörrgemüse (den Ludendorff-Eintopf oder sonst etwas Unverdauliches) zu »fassen«, der sie gerade noch auf den Beinen hielt. Auch wir – Vater, Mutter, Schwester und ich – hatten uns gerade an den Mittagstisch gesetzt, als plötzlich ein junger Soldat in unserer Sechsquadratmeterküche stand, dem einzigen beheizten Raum im Haus, und in strammer Haltung nach einer Eßgelegenheit für Herrn Leutnant Soundso fragte.

Mein Vater, der es trotz etlicher Auszeichnungen nur zum Gefreiten gebracht hatte, rückte wortlos einen Stuhl heran und sagte: »Selbstverständlich, hier bei uns am Tisch.« Der Bursche verschwand, sichtlich etwas konsterniert. Vaters abschließende Erklärung: »Wenn der Herr Offizier zu fein ist, sich mit uns an den Tisch zu setzen, soll er draußen bleiben.«

Er blieb in der Tat draußen. Genauer gesagt, er beorderte seinen dienstbaren Geist zur Nachbarin, die ihn in ihr plüschenes Wohnzimmer bat und dort den gewünschten und geziemenden Tisch deckte.

Für Vater war der Fall damit erledigt. Den leichtgewichtigen Knirps, der Zeuge dieses Vorfalls wurde, hat er noch eine Weile beschäftigt. War das die neue Zeit, von der die »Großen« manchmal sprachen? Hatte sich die Welt wirklich über Nacht geändert?

Wenn es so war – ich habe in den darauffolgenden Jahren wenig davon gemerkt. Die Notzeit hatte ein zähes Leben. Frau Sorge blieb unser täglicher Gast. Der Alltag gehorchte auch fernerhin dem Gesetz des Besorgens und Beschaffens. Die Kartoffeln und Kohlen im Keller waren wichtiger als der parlamentarische Segen für eine neue Verfassung oder die Ablösung einer hilflosen Regierung durch eine andere. Da blieb nur wenig Raum für politische Gespräche.

Mehr buchstabierend als lesend, fand ich trotzdem langsam in die rätselhafte Welt des Zeitgeschehens hinein. Ich durchstöberte die mehr als zweihundert Hefte der *Illustrierten Geschichte des Weltkrieges*, die Mutter sorgfältig gesammelt und bewahrt hatte, und staunte, daß nach so vielen herrlichen Siegen das Ende so wenig glorreich gewesen war. Ich entdeckte im Keller die amtlichen Verlustlisten dieses Krieges (ich habe nie erfahren, wie sie dorthin geraten waren) – Druckwerke, die doppelt so groß wie eine Zeitung und dicker als ein Brikett waren und nun als Altpapier dienten, zum Einwickeln und Feueranzünden – und entzifferte die Namen lauter mir unbekannter Soldaten, die es offenbar getroffen hatte und deren Tod oder Verwundung bürokratisch genau registriert worden war; eine ziemlich makabre Lektüre.

Gelegentlich warf ich auch einen Blick in die örtliche Tageszeitung, *Anzeiger und Tageblatt* genannt, und erfuhr von kommunalen Sorgen, von Diebstählen und dem segensreichen Wirken der Polizei, bisweilen auch vom beklagenswerten Auftreten der »Hamsterer«, vor denen keine Scheune, kein Rübenfeld, kein Hühnerstall sicher war. Am stärksten hat den Achtjährigen eines Tages aber die Zeile »Bürgerkrieg im Ruhrgebiet« beeindruckt. Er konnte sich darunter zwar nichts vorstellen, doch schwante ihm, daß dort schreckliche Dinge geschahen.

Auch die Nachricht vom Rathenau-Mord hat sich mir unauslöschlich eingeprägt, so fest, daß ich den Überbringer der Nachricht noch heute greifbar nahe vor mir sehe.

Er hieß Metzger, war Meister in der Zigarrenfabrik, in der auch mein Vater tätig war, und wohnte »gleich nebenan«, wie wir in einem firmeneigenen Haus. Er war Sozialdemokrat und als solcher in die Oeynhausener Stadtvertretung gewählt worden. Seiner Würde als »Ratsherr« entsprechend, pflegte er daher betont gravitätisch aufzutreten.

Er trug fast ständig einen schwarzen »Paul« (einen jener steifen Rundhüte, auch »Melone« oder »Erbse« genannt, die eigentlich der Bourgeoisie vorbehalten waren), gestreifte Hosen und einen schwarzen Samtkragenmantel, den er im Winter noch mit einer Halbpelerine schmückte. Seinem Rang gemäß bevorzugte er einen bedächtigen, bewußt gemessenen Schritt; außerdem trug er während seines bedeutungsvollen Dahinschreitens eine tief nachdenkliche Miene zur Schau.

Nun sah ich ihn vom Küchenfenster aus dem Hause stürzen und unter Verzicht auf jegliche Etikette in Hausschuhen, hemdsärmelig und mit offener Weste auf unsere Haustür zusteuern. Schon klingelte es Sturm, und als mein Vater ihm öffnete, rang er sichtlich um Atem.

»Haben Sie's schon gehört?« brachte er fassungslos hervor. »Rathenau ist ermordet worden.« Auch mein Vater war bestürzt, ja wie vom Blitz getroffen, und sprach von einem schrecklichen Verbrechen. Die beiden Nachbarn besprachen das Ereignis dann noch fast eine halbe Stunde und waren sich darin einig, daß »dieser Mann« der einzige gewesen sei, dem man hätte zutrauen können, den Karren aus dem Dreck zu schieben. Und nun dieses Unglück, diese verruchte, diese nicht zu fassende Untat.

Ratsherr Metzger beschloß, noch einmal »in die Stadt« zu gehen und nach weiteren »Extrablättern« Ausschau zu halten; erregt wie nie zuvor eilte er davon.

Es war die dramatischste Szene dieser Jahre. Selbst der ein halbes Jahr später beginnende Ruhrkampf hat sich in meinen grauen Zellen nicht mit gleicher Intensität niedergeschlagen. Aber auch die »Ruhrbesetzung« erzeugte einen Aufruhr der Gefühle, der tief in die weiterdauernde Not des Alltags eindrang.

Bauer Wehmeier, der uns gelegentlich besuchte (wobei er erfreulicherweise meist nicht versäumte, Mutters Vorräte an »Fettigkeiten« und sonstigen nützlichen Dingen aufzufüllen), leistete einen heiligen Eid darauf, daß er den »verdammten Ponkarree«, sollte er seiner habhaft werden, mit der Axt »vor den Kopf hauen« werde. Der neue Direktor des Real-Progymnasiums, dessen Schüler ich seit 1922 war, trug bei seiner feierlichen Einführung das EK 1 am schwarzen Gehrock und sprach von dem »heiligen Haß«, zu dem alle Deutschen angesichts der französischen Willkür verpflichtet wären. Und der aus Essen ausgewiesene »Schupo«, der im Haus meiner Großeltern in Löhne-Königlich, genannt Falscheide, einquartiert worden war (woselbst er alsbald die Dressur des Schäferhundes »Nero« übernahm), träumte davon, alle »Poalühs« an die Wand zu stellen und mittels MG-Salven einfach wegzublasen.

Auch in meinem kindlichen Gemüt regte sich damals ein unmäßiger Zorn auf die welschen Tyrannen, die in den besetzten Gebieten das Recht mit Füßen traten. Als ich eines Tages in einem Schaukasten der Zeitung Bilder vom Wüten der gallischen Soldateska mit wachsendem Ingrimm betrachtete, sprach mich eine Dame gesetzten Alters an. »Wenn ihr groß seid«, sagte die streng gekleidete Matrone, »werdet ihr sie wieder hinausjagen.«

Als ich mit der unübersetzbaren Wendung »Aber mit Schmant!« antwortete (Schmant hieß bei uns zu Hause die Fettschicht auf der gekochten oder eingedickten Milch), meinte ich, in ihren Augen Tränen zu sehen.

Doch bei aller Erbitterung – mehr als das Unwesen der Franzosen an der Ruhr haben uns im Schreckensjahr »dreiundzwanzig« die Kettenreaktionen der wildgewordenen Inflation beschäftigt.

Ich will nicht verschweigen, daß wir zunächst Nutznießer der fürchterlichen Geldvernichtung waren. Das Ehepaar Pörtner hatte sich 1922 kurzfristig entschlossen, ein im Entstehen begriffenes Haus in der Melberger Kronprinzenstraße, auf der Westseite von Bad Oeynhausen, zu kaufen, Kostenpunkt: 800 000 Mark. Als wir am 1. April 1923 einzogen, war das ein Betrag, der selbst sensible Gemüter nicht mehr zu beunruhigen vermochte. Ein Griff in die Westentasche genügte, alle Verbindlichkeiten einschließlich der hypothekarischen Eintragungen aus der Welt zu schaffen.

Leider war das Haus erst halb fertig, als wir es übernahmen: halb fertig, miserabel gebaut, aus Altmaterialien zusammengeschustert. Inzwischen arbeiteten die Handwerker nur noch gegen Naturalien. Damit konnten wir natürlich nicht dienen, und das Geld, das Vater ausbezahlt bekam, zuletzt zweimal täglich, reichte gerade für das nackte Leben. Noch im hohen Alter hat er häufig von dem defekten Ofenrohr in der Küche (also unserem Lebensraum) erzählt, aus dessen Löchern und Ritzen ein bronchien- und schleimhautfeindlicher Rauch quoll, ohne daß wir die Möglichkeit gehabt hätten, dem Übelstand abzuhelfen. Es gab ja keine Ofenknie, und wenn, dann nicht für die lächerlichen Milliardenscheine, die acht Tage nach Erscheinen nicht einmal mehr das Papier wert waren, aus dem sie bestanden.

Was die Ablösung der homöopathisch ausgedünnten Währung durch die Rentenmark im November 1923 bedeutete, läßt sich heute nicht mehr ermessen. Es war, als wenn ein Ertrinkender, in einer Springflut von Papiergeld fast schon versunken, plötzlich Boden unter den Füßen verspürt hätte. Als mein Vater mit dem ersten wertbeständigen Zahlungsmittel heimkehrte, traten wir wie zur Besichtigung einer säkularen Kostbarkeit an, und es verschlug uns fast den Atem, als wir die erste Rentenmark zunächst beäugen, dann sogar wie eine wundertätige Reliquie in die Hand nehmen durften.

Die Stöße übriggebliebenen Inflationsgeldes haben wir dann genutzt, die getünchten Wände unserer wenig einladenden Toilettenanlage zu tapezieren, unseren Lokus, mit Verlaub zu sagen, in ein Billionenkabinett zu verwandeln. Die Hauptattraktion war eine aus Millionenscheinen montierte Zahl mit sechsunddreißig Nullen, die in Worten auszudrücken uns nie gelungen ist. Wir hätten schon einen Astronomen zu Rate ziehen müssen.

Die mit der Stabilisierung beginnenden Jahre – sie endeten, wie man weiß, Ende Oktober 1929 mit dem Zusammenbruch der New Yorker Börsenkurse – sind auch uns damals gut bekommen. Im Rückblick wirken sie wie eine Zeit des Atemholens, der Besinnung und der Rekonvaleszenz. Man schöpfte Hoffnung, der Karren schien wieder flott, die Räder, die tief im unwegsamen Morast steckengeblieben waren, drehten sich wieder, wenn auch mühsam. Doch da der Nachholbedarf groß war, war das Hemd auch weiterhin näher als die Weste, rangierten die Alltagsprobleme eindeutig vor denen der großen Welt.

Jedenfalls hat die Politik den Gefühlshaushalt des deutschen Kleinbürgers auch in diesen Jahren nur mäßig beansprucht. Ich kann mich nicht erinnern, Zeuge konfliktgeladener Diskussionen gewesen zu sein. Am meisten hat damals wohl die Wahl Hindenburgs zum Reichspräsidenten die Geister bewegt. Ich habe noch die Leichenbittermiene vor Augen, mit denen mein zwei Jahre älterer Freund Willi, Sohn eines Bildhauermeisters, der der SPD angehörte, mir am Morgen nach der Abstimmung mit dem lakonischen Satz »Hindenburg is' es« tieftraurig und voller Weltschmerz das Wahlergebnis mitteilte. Die Skatfreunde meines Vaters, die ohnehin ihre nationale Gesinnung wie ein Ordenskissen vor sich hertrugen, witterten allerdings Morgenluft und zogen, wie Vater spöttisch bemerkte, den preußischen Ladestock wieder in ihr Rückgrat ein.

Skeptischer äußerte sich ein alter Freund der Eltern, Oberstudienrat im westfälischen Provinzkollegium, der Zeuge etlicher Kundgebungen und Gegenkundgebungen im »Pütt« gewesen war. Die für den Feldmarschall und Helden von Tannenberg votierenden »Stahlhelmer« hätten ihm gar nicht gefallen. Ihre Windjacken und sonstigen Uniformteile, Reminiszenzen an die gewesene Kaiserherrlichkeit, hätten die feisten Bäuche, die viele von ihnen herangefuttert hatten, nur mühsam versteckt. Dagegen war ihm bei einem Aufmarsch des »Rotfrontkämpferbundes« nicht ein einziger »Dickwanst« begegnet, im Gegenteil: lauter hagere, speckfreie Gestalten, militärisch vorgebildete, disziplinierte Marschierer – man dürfte sie nicht unterschätzen, meinte der Besucher, weder ihre straffe Organisation noch ihren Fanatismus.

Aber das war wie eine Kunde aus einer fernen, uns fremden Welt. Öffentliche Kundgebungen oder gar Demonstrationen gab es in meiner idyllischen Heimatstadt, deren Parkanlagen und Villengärten alljährlich im Sommer wahre Blumenorgien feierten, allenfalls in zarten Andeutungen.

Einmal zog ein Fähnlein aufrechter Pazifisten durch die Kronprinzenstraße, angeführt von unserem Nachbarn Mense, der Maler in einer Möbelfabrik war und angeblich *Das andere Deutschland* las, das Zentralorgan militanter Friedenskämpfer. Auf einen Wanderstock gestützt, einen »Eickmeyer«, wie es bei uns zu Hause hieß, humpelte er mit seinen frontversehrten Gehwerkzeugen hinter einem von zwei Jugendlichen getragenen Pappplakat her, auf dem die markigen Worte »Krieg dem Kriege« standen, offenbar das Produkt feierabendlicher Eigenarbeit. Aber mehr als fünfundzwanzig Mann hatte der sonntägliche Friedensmarsch, eine echte Kleinbürger-Demo, nicht auf die müden Beine gebracht.

Da hat der »schreckliche Karl« schon mehr den Eindruck bei mir hinterlassen, das heißt der Reichstagsabgeordnete Karl Schreck aus Bielefeld, der für seinen Parteifreund Severing, den goetheähnlichen prominenten Minister, die Kleinarbeit »vor Ort« leistete, obwohl er ihm, wie Eingeweihte versicherten, nicht wohlgesinnt war.

Ich bin ihm mehrfach begegnet, zum erstenmal »auf der Falscheide«, als er sich in der großelterlichen Wirtsstube mit dem Genossen Hemeyer, der Lkw-Fahrer in Kisslers Mühlenwerken war, getroffen hatte; ich durfte ihm und seinem lokalen Parteifreund sogar das Bier auf den zerkerbten Tisch stellen. Während meiner Fahrschülerzeit habe ich ihn gelegentlich auch »im Zug« gesehen – ein deftiger, bodenständiger politischer Profi, der fast immer einen grünen Lodenmantel, Schnürschuhe und Sportstrümpfe trug, als engagierter und ausdauernder Fußgänger bekannt war und daher vor allem bei den »Naturfreunden« und den Arbeiter-Turn- und Sportvereinen hoch im Ansehen stand. Auch dem Reichstagsabgeordneten Schreck lagen diese beiden Ableger der sozialdemokratischen Mutterorganisation besonders am Herzen.

Für mich ist er lange Zeit das Inbild eines ehrlichen, aufrechten Volksvertreters gewesen, der das heute so gern zitierte Wort »Basis« wahrscheinlich nie gebraucht, aber auf seine Weise beharrliche, fleißige und nützliche »Basisarbeit« geleistet hat – anders als die vielen schöngeistigen und wissenschaftlichen Köpfe der Parlamentsfraktion in Berlin, von denen mir der Setzer und Metteur Schürmeyer beim *Anzeiger und Tageblatt* einmal erzählt hat. Sein Eindruck nach einer Besichtigung des Reichstages und den obligaten »Informationsgesprächen« mit etlichen MdR-Genossen: »Lauter Künstler und Philosophen.« Wobei er geflissentlich offenließ, ob er sich von ihnen gut vertreten fühlte oder nicht.

Solchen Erinnerungen zum Trotz – die Politik war selten Objekt meiner Interessen. In der Schule wurde sie totgeschwiegen, zu Hause sogar als etwas Unanständiges abgetan, dem sich ein auf Reputation bedachter Bürger fernzuhalten hatte. Mein Vater konnte rot anlaufen, wenn er sich des Wilhelminischen Obrigkeitsstaates erinnerte, ebensowenig aber schätzte er die Scharlatane, Schaumschläger und Ignoranten, die seiner Meinung nach nun das Sagen hatten. Am meisten fühlte er sich vom Verkehrston der Berufspolitiker abgestoßen, ihrer ordinären, mit Verbalinjurien gespickten Sprache vor allem, die er mit den demokratischen Idealen und den Aufgaben eines Volksvertreters nicht für vereinbar hielt.

Deshalb hatten auch die »Nazis« bei ihm nicht die geringste Chance; in dem »Nichtstuer Hitler, der nie einen anständigen Beruf ausgeübt« hatte, witterte er von Anfang an den Unmenschen, obwohl ihm die Idee eines »nationalen Sozialismus« gefiel.

Ich selbst habe von den »braunen Bataillonen« frühestens als Sechzehn-jähriger erfahren. Ein früherer Klassenkamerad, der aus unerfindlichen Gründen »Jupiter« gerufen wurde, fragte mich während des abendlichen Bummels auf der Klosterstraße, ob ich ein Bleirohr für ihn auftreiben könnte, armlang und armdick. Ich konnte. Er holte sich »das Ding« am nächsten Tag ab und erzählte mir dann, daß er einem SA-Sturm beigetre-ten sei – und daß ebendieser »Sturm« am selben Abend eine Versammlung der örtlichen »Kommune« sprengen werde. Mein Vater war ziemlich ungehalten, als ich ihm von dem verschenkten Schlagwerkzeug erzählte. »Halt dich da raus«, sagte er, »ein Bleirohr ist kein Argument.«

Diese Einstellung war – zumindest in den guten Jahren – das Vaterunser der Weimarer Republik. Zumindest im häuslichen Umkreis bin ich ihr immer wieder begegnet. Bei Vaters Freunden vom »Jungdo«, die sich zwar stolz zu ihrem romantisierenden »Orden« bekannten, aber Gewalt verab-scheuten. Bei Zaungesprächen mit den Nachbarn, die in der Mehrheit sicher SPD-Wähler waren. Auch bei meinen Lehrern, sofern sie überhaupt einmal eine politische Bemerkung riskierten. Und sogar bei den »Jungs« auf der Falscheide, teils Arbeitern, teils Bauernsöhnen, die sich gelegent-lich kräftig die Köpfe wuschen, aber im Grunde bereit waren, ihre von unterschiedlichen Interessen diktierten Standpunkte gegenseitig anzuer-kennen.

Selbst der Maurerpolier Kleemeyer, genannt der »rote Hermann«, einer der Stammgäste im Wirtshaus meiner Großmutter, bekannte sich eines Tages zur Achtung vor dem politischen Gegner, wenn auch mit sehr einfachen, um nicht zu sagen, rüden Worten:

»Woisst diu dumme Junge överhaupt, woat Politik es?« fragte er den Unterprimaner, der ihm gerade den dritten Wacholder eingegossen hatte, und gab, als dieser verwundert die Schultern gehoben hatte, auch gleich eine kompakte Antwort: »Politik es, diu Dämelskopp, datt wui olle watt teo friäden hätt und« – das durch einen Faustschlag auf die Theke bekräftigt – »datt wui äok mol oinen drinken künnt.« Und nach einer Verschnaufpause, während der er seine trockene Kehle noch einmal anfeuchtete: »Un datt wui äok doaröbber kuiern künnt, ohne us vorn Kopp teo sloan.«

Für die, die des Plattdeutschen nicht mächtig sind: »Politik ist, daß wir alle was zu fressen haben – und daß wir auch mal einen trinken können ... Und daß wir darüber reden können, ohne uns vor den Kopf zu schlagen.«

Ein Jahr nach dieser, wie mir heute scheint, gar nicht so dummen Belehrung, die das Prinzip *panem et circenses* und den Wunsch nach unge-fährdeter Meinungsfreiheit auf eine denkbar simple Forderung brachte, habe ich dann mein Abitur gemacht.

Ich beendete die Schule als ein normales (zumindest fast normales) Produkt der damals üblichen häuslichen und staatlichen Erziehung, harmlos, naiv, fast noch ein wenig kindlich, im übrigen mit Wissen vollgestopft, aber auf »das Leben« und die *res publica* wenig vorbereitet – und natürlich in der durchaus provinziellen Vorstellung, daß Politik eine ziemlich unsaubere Sache sei, ihren Akteuren allerdings mildernde Umstände zugebilligt werden müßten, da ihre Schutzbefohlenen nie zufrieden, aber immer aufsässig und ständig bereit seien, »es denen da oben zu zeigen . . .« Der Traum vom paradiesischen Endzustand der Geschichte hatte in dieser Vorstellungswelt verständlicherweise keinen Platz.

*

Nun also war ich dennoch Kommunist geworden – wenn auch kein Apostel, so doch ein Jünger der Fata Morgana vom klassen- und staatenlosen Dasein. Beinahe jedenfalls. Noch war meine angeborene Skepsis nicht gänzlich eingeschmolzen.

Es hatte ganz harmlos begonnen. Die beiden Schweizerbuben, die ich in Werner Sombarts (kennt man ihn eigentlich noch, den genialen Chronisten des modernen Kapitalismus?) Soziologiekolleg kennengelernt hatte, fragten mich nach einer Vorlesung, ob ich Lust hätte, einer interessanten Diskussion beizuwohnen, einem Disput über Zukunftsfragen, über Marx, Engels und Lenin, den Klassenkampf und die Verwirklichung einer klassenlosen Gesellschaft; und überhaupt: die Entdeckung eines neuen Weges, die Grundsteinlegung eines neuen Anfangs.

Der Kapitalismus, so dozierten die beiden Professorensöhne, der eine aus Zürich, der andere aus Genf, sei am Ende, er habe seinen Offenbarungseid bereits geleistet, er wisse es nur noch nicht, dem Sozialismus gehöre – wissenschaftlich längst erwiesen – die Zukunft; da sei es gut, beizeiten Farbe zu bekennen und mitzumischen, schon um rechtzeitig dabeizusein und Irrwege zu verhindern.

Das klang nicht nur berauschend, sondern auch vernünftig, und so wurde ich regelmäßiger Hospitant des »Klubs der Geistesarbeiter«, der einmal wöchentlich in einem Lokal in der Nähe des Anhalter Bahnhofs tagte. Der Klub hatte hochintellektuelles Format. Seine Redner und Referenten sprühten von Witz, entwickelten bei Zwischenfragen eine behende Schlagfertigkeit und sie gaben sich rational, nicht gläubig, ja, sie äußerten gelegentlich sogar Zweifel und Skepsis. Sie wären keine Religionsstifter, erklärten sie in x-fachen Variationen, sondern Menschen, die von ihrem gesunden Menschenverstand Gebrauch machten und die Erkenntnis großer Denker und Philosophen weiterzugeben trachteten.

Dann beschrieben sie uns den Wunderbau des marxistischen Systems, dozierend, aber sehr eindringlich und mit gekonnter Bildhaftigkeit, so daß die Lehre vom dialektischen Materialismus und der proletarischen Revolution, vom Mehrwert und gesellschaftlichen Überbau, die Verelendungs-, Akkumulations- und Konzentrationstheorie plötzlich nicht mehr, wie in den Vorlesungen unserer bourgeoisen Professoren, blasse Abstrakta waren, sondern revolutionäre Erkenntnisse: nahrhafter Dauerproviant auf dem steinigen Weg der Geschichts- und Welterkenntnis.

Die Ablösung des Kapitalismus durch den Sozialismus, so vernahmen wir immer wieder, sei ein historischer Vorgang von immanenter Zwangsläufigkeit, aber natürlich wäre es nützlich, den naturgesetzlich ablaufenden Vorgang zu beschleunigen und sich beizeiten auf die Seite des Siegers zu begeben. Insofern hatten wir also nicht nur das unwahrscheinliche Glück, Vollzugsorgane eines höheren Willens zu werden, sondern auch unserer eigenen Zukunft zu dienen.

Das alles faszinierte natürlich. Es schmeichelte uns auch, es stärkte unser Selbstbewußtsein, und als eines Abends sogar Willi Münzenberg – ein Weggefährte Lenins, damals der unumschränkte Herrscher des riesigen Propagandaapparates der KPD – ein Gastspiel gab und uns als intellektuelle Vorhut der kommenden Zeitenwende begrüßte, wähnten wir uns einer Elite zugehörig, die die Welt von morgen regieren würde.

Der Infektion wurde dann auf verschiedensten Ebenen nachgeholfen. Wir erhielten Einladungen zu Gesprächen im kleinsten Kreis, wir lernten prominente Kommunisten kennen: Schauspieler, Künstler, Journalisten. Wir waren plötzlich »mittendrin«, ohne eigentlich zu wissen, wie. Wir schwammen mit und kamen uns dabei sehr wichtig vor. Wir schlugen uns die Nächte um die Ohren, um uns der neugewonnenen Einsichten immer wieder zu vergewissern, wir redeten uns die Köpfe heiß, wir fühlten uns als Eingeweihte, als Mysten, als Mitglieder einer erleuchteten Bruderschaft des Wissens und der Erkenntnis ... Törichte, aber glückliche Nächte.

Unvergessen ein Abend in den Räumen unseres Ku'dammarztes, dessen liebenswerte Ehehälfte uns wiederum ausgiebig mit belegten Brötchen traktierte: ein Abend mit einem kommunistischen Philosophen, der ein wenig wie Dante aussah und das Hohelied der humanistischen Traditionen des Marxismus-Leninismus sang.

Er sprach auch über die Freiheit in einem sozialistischen Staat und zauberte eine verblüffende These aus dem Ärmel. Freiheit, sagte er, sei nur möglich, wenn der Mensch materieller Sorgen ledig sei; in einem kommunistischen Gemeinwesen übernehme die Gesellschaft die Sorge für das materielle Wohlergehen – unbelastet vom schnöden Mammon, könnte der zukünftige Mensch also ganz seiner Begabung, seinen Anlagen, seinen Interessen leben. Eine schlüssige, eine geradezu umwerfende Theorie, zumindest für die studentischen Grünlinge des Jahres 1932, die wir allesamt dem Gesetz des Groschenumdrehens verpflichtet waren. Einer meiner schweizerischen Mitstreiter war so überwältigt, daß er mir seinen Ellenbogen in die Rippen rammte und gleichsam mitdozierend den rechten Zeigefinger hob.

Unvergessen auch ein Abend mit einer russischen Geigerin, einer dunkelhaarigen, großäugigen jungen Dame aus Moskau, die sozusagen als Erstausgabe eines Menschen sozialistischen Zuschnitts vorgestellt wurde. Sie wehrte – selbstverständlich – bescheiden ab, bekannte sich aber – später habe ich den Ritualcharakter ihres Auftretens begriffen – zu ihrer proletarischen Herkunft, dankte dem Staat, der ihr alles gegeben habe, und meinte dann ein wenig belehrend, es sei verfrüht, heute bereits, nach weniger als fünfzehn Jahren, von der Geburt des neuen Menschen zu sprechen; man dürfe keine Wunder erwarten, auch in der Sowjetunion, dem großen Vaterland aller Werktätigen, gäbe es noch zahlreiche bourgeoise Rückstände, verkrustete Relikte bürgerlicher Weltsicht, die zu überwinden sicherlich noch einige Zeit dauern werde; aber man sei auf dem richtigen Wege, das ersehnte Ziel zeichne sich bereits ab, nur noch ein oder zwei Jahrzehnte – und der Welt würden die Augen übergehen.

Nein, sie nahm das Wort »Paradies« nicht in den Mund. Aber ihre großen Augen, die mich lebhaft an die »kuhäugige Studentin« erinnerten, die in Tolstois *Auferstehung* auftritt, wurden feucht, als sie vom Morgenlicht der Zukunft sprach. Offenbar besaß sie die Gabe, Visionen nicht nur zu erleben, sondern auch zu produzieren und weiterzugeben.

Mir fällt noch vieles ein, wenn ich an dieses Sommersemester 1932 und meine Begegnung mit den Propheten und Apparatschiks der moskowitischen Heilslehre zurückdenke.

Ich habe zwar den nackten Enak von Kuhle Wampe nie wiedergesehen (und wenn, dann allenfalls in der Uniform des roten Frontkämpferbundes), aber es bildete sich eine Art von studentischem Kuhle-Wampe-Kreis, der von den Geistesakrobaten am Anhalter Bahnhof mit griffigen Schlüsseln zum Weltverständnis, von Erich Weinert mit aufrüttelnder männlicher Lyrik und der Genossin Zahnarztfrau mit leiblicher Atzung versehen wurde.

Wir alle trugen nun das Antifa-Zeichen, bevorzugten revolutionäre Gewandung, besuchten Massenveranstaltungen, marschierten in Demonstrationen mit drohend erhobener Faust, gerieten auch wohl mal in eine Rauferei mit Polizisten (Polypen nannten wir sie, auch das daraus abgelei-

tete Wort »Bulle« ging schon um). Einmal nachts am Bahnhof Hohenzollerndamm mußte ich eilends vor einem SA-Mann retirieren, der das
Antifa-Zeichen auf meiner Brust entdeckt hatte. Ich retirierte mit Erfolg,
denn der Klassenfeind trug hohe Stiefel, und ich gewann ihm schon auf
den ersten hundert Metern zehn Meter Vorsprung ab, so daß er mich wohl
oder übel laufen lassen mußte.

Trotzdem kehrte ich ziemlich ramponiert aus dem Semester zurück. Die
langen nächtlichen Sitzungen, die unentwegten hitzigen Diskussionen,
das Leben unter ständigem missionarischen Druck hatten mir arg zuge-
setzt. Herz und Kreislauf spielten verrückt. Als ich im Oktober nach Berlin
zurückfuhr, stand ich unter ärztlicher Kuratel, und ich war gescheit genug,
ihr zu gehorchen. Ich hörte meine Vorlesungen, absolvierte die vorge-
schriebenen Übungen und ging abends früh ins Bett, zumal auch meine
schweizerischen Gesinnungsfreunde nicht mehr im Lande waren, sie verkündeten das Gesetz der Weltrevolution jetzt in Paris. Mich störte auch,
daß die ehrenwerten Genossen während des großen Verkehrsstreiks im
November unbeschwerten Gewissens mit ihren Erzfeinden, den Nazis,
zusammenarbeiteten.

Ohnehin von einem unausrottbaren Hang zum Privatleben durchdrun-
gen, gewann ich wieder Abstand; mein Ausflug in das aufziehende Paradies war beendet, ehe er so recht begonnen hatte, wenn auch längst noch
nicht verkraftet.

Ja, es war ein Intermezzo, zeitlich gesehen kaum mehr als ein kleines
Zwischenspiel, aber ein Anschauungs- und Anhörungsunterricht, den ich
nie vergessen habe; und nie vergessen werde. Ich habe in diesem Sommer
1932, wenige Monate vor dem Zusammenbruch der Weimarer Republik,
unendlich viel gelernt. Das Lehrmaterial hat bis heute ausgereicht.

Sie waren schon ausgepichte Menschenjäger, diese klassenbewußten
FKK-Freunde von Kuhle Wampe und die Eierköpfe des Verschwörerklubs
am Anhalter Bahnhof. Sie wußten, wie man Köder auslegt, wie man junger
Leute Herz und Hirn umgarnt und betört, wie man ihre Protestgefühle, ihr
Aufbegehren, ihre Begeisterung weckt und sie dann mit dem seidenen
Lasso einer weltumspannenden Beglückungsideologie einfängt. Da war
eine stupende Intelligenz am Werk, da war revolutionärer Elan, angeheizt
durch eine Siegesgewißheit, die ansteckend wirkte. Außerdem waren
sie gute Kumpel, freigebig und immer zum Teilen bereit, und sie standen füreinander ein, unbekümmert, selbstlos und ohne Gewissen, bis zu
Meineid und Schießereien.

Erst später ist mir klargeworden, wieviel Zynismus, wieviel Menschen-
verachtung und abgründiger Haß sich hinter ihren Schalmeienmusiken

verbarg. Sie verstanden ihre humanistischen Arien und Choräle vortrefflich zu intonieren, aber wenn man genau hinhörte, vernahm man die Kakophonien. Man mußte dann mit Schrecken feststellen, daß sie den Menschen lediglich als »ökonomisches Gerippe« verstanden (wie Arthur Koestler es formuliert hat, der zu selben Zeit in den gleichen Kreisen sein erhellendes Gesellenjahr ableistete).

Sicher, sie wußten eine Antwort, wenn man ihr grenzenlos einseitiges, bestürzend profanes, von elitärer Anmaßung geprägtes Menschenbild in Frage stellte, sie hatten überhaupt immer eine Antwort bereit, ihre Hirne funktionierten hervorragend, ihr Scharfsinn war mitreißend. Noch heute bewundere ich die Brillanz ihres Denkens, ihre halsbrecherische Argumentation, ihre artistische Rhetorik und die Taschenspielerkunststücke, mit denen sie Staunen und Verblüffung hervorriefen. Aber ihr geschlossenes, festungsartig ausgebautes, systemvoll armiertes Denksystem war in einen luftleeren Raum gebaut, und seine Propheten, Strategen und Verteidiger weigerten sich beharrlich, die Wirklichkeit und die Natur des Menschen zur Kenntnis zu nehmen.

Ihre geistige Behendigkeit tarnte eine mittelalterliche, durchaus scholastische Starre, in deren verengter Sicht jeglicher Zweifel den Charakter eines kriminellen Deliktes annahm. Sie schwärmten von der allumfassenden Befreiung des Menschen und priesen sie als einen Vorgang von chiliastischer Endgültigkeit, gleichsam als das »Amen des Universums«. Aber dieser gußeisernen Prognose zuliebe zwangen sie ihre Jünger in ebenso leblose Denkschemen.

Abweichlertum und schüchterne Bedenken gegenüber den für den jeweiligen Tagesgebrauch zurechtgebogenen Glaubenssätzen standen schon damals unter unbarmherzigem Verdikt; und wie alle Verfechter einer überholten Idee, die sich an den harten, schartigen Realitäten der Tatsachen längst wundgerieben hatten, verfochten sie ihre Endzeitevangelien, die ihren totalitären Machtanspruch nur mühsam verbargen, mit einer Kälte, Konsequenz und Abgefeimtheit, die schaudern machte.

Es kam dann alles ganz anders, entgegen der fast petrifizierten Ankündigung, daß 1932 das Jahr des Sieges sein werde. Nicht die Kommunisten, sondern die Nazis gewannen das Spiel.

Ihre Ideologie war kümmerlich, neben der fortifikatorischen Kraft und dialektischen Geschmeidigkeit des Marxismus-Leninismus geradezu Klippschülerarbeit – die Praxis allerdings spiegelbildlich. Auch sie identifizierten das Gute unbesehen mit der Durchsetzung ihrer Interessen, das Böse mit denen ihrer Gegner. Auch sie konnten alles beweisen, was sie glaubten, auch sie glaubten alles, was ihnen ihre Vordenker als Beweis und

Erkenntnis anboten. Das stimmte mich, Gott sei Dank, noch rechtzeitig nachdenklich.

Bald war ich hinreichend darüber aufgeklärt, daß vollständig gleichgültig ist, ob man im Namen von Blut, Boden und Rasse zur Ader gelassen oder im Auftrag der großen proletarischen Revolution und ihrer utopischen klassenlosen Gesellschaft vergewaltigt wird; und daß die einzige Art von menschlichem Fortschritt, das mähliche Fortschreiten zu mehr Freiheit, mehr Recht und mehr Wohlstand, auf der Strecke bleibt, wenn sie in die Mühlen fortschrittlicher Totalitaristen und Menschheitsbeglücker gerät.

Die Begegnung mit Kuhle Wampe und den politischen Sektierern kommunistischer Provenienz, die uns damals, im Sommer 1932, unter ihre ideologischen Fittiche nahmen, haben eine heilsame, eine immunisierende, eine bis heute anhaltende Wirkung hinterlassen. Sie wirkte wie eine geistige Schutzimpfung. Ich habe allen Grund, den roten Samaritern dankbar zu sein.

OTTO SCHUMACHER-HELLMOLD

In Bonn am 2. Juni 1912 zur Welt gekommen. Er studierte Volkswirtschaft und Zeitungswissenschaft und gründete 1937 in Bonn die Deutsche Demokratische Bewegung (DDB), die 1945 vom US-Hauptquartier als politische Partei anerkannt wurde. 1946 Mitbegründer der FDP der britischen Zone, anschließend Vorstandsmitglied und Landesgeschäftsführer der FDP von Nordrhein und von 1946 bis 1952 Fraktionsvorsitzender im Bonner Stadtrat. Hatte 1949 enscheidenden Anteil an der Wahl Bonns zur Bundeshauptstadt. Er war Erster Bürgermeister der Stadt Bonn von 1948 bis 1951 und Zweiter von 1951 bis 1952. Von 1948 bis 1977 arbeitete er als Redakteur beim NWDR/WDR. 1974 erschien sein Buch *Bonn – Eine Entscheidung des Herzens*.

OTTO SCHUMACHER-HELLMOLD

Prügelstrafe für Separatisten

Puck, die Patrioten und die »Poilus« – Bonn zwischen den beiden Weltkriegen

Auch in Bonn, der Garnisons- und Universitätsstadt, wuchsen zu Beginn des Jahres 1918 Kriegsmüdigkeit und -unwilligkeit unaufhaltsam, begleitet von wachsender Lebensmittelknappheit, die schon 1916 mit der Rationierung begonnen hatte, und der Trauer über fast zweitausend junge Bürger, die »auf dem Feld der Ehre« geblieben waren. Nach der mißlungenen deutschen Westoffensive im Frühjahr 1918 sank die Moral der deutschen Truppen auf den Nullpunkt. Selbst die im April gelungene Beschießung von Paris mit einem Geschütz, das eine Reichweite von 128 Kilometern hatte, konnte daran nichts mehr ändern. Im Juli griffen die USA mit frischen Truppen in die Kämpfe ein. Die Front in der Champagne brach zusammen.

Das Bonner Stadtgebiet war bis zum 12. Oktober 1918, dem Tag, an dem die deutsche Regierung sich bereit erklärte, zur Herbeiführung eines Waffenstillstands die besetzten Gebiete im Westen zu räumen, von direkten Kriegshandlungen verschont geblieben. Bürger, die in höheren Stockwerken wohnten, konnten jedoch abends bei sternklarem Himmel und Westwind mit Aug' und Ohr das näherrückende Kriegsschauspiel verfolgen. Helle Lichtstreifen bildeten sich im Westen am äußersten Rand des Firmaments, in die von unten weiße, rosa und rötliche Wolken aufstiegen, sich verbreiteten und langsam mit der Umgebung verschmolzen.

Als mich meine Mutter erstmals auf die merkwürdige Erscheinung aufmerksam machte, glaubte ich, Reste eines Feuerwerks in weitester Ferne zu sehen. Sie aber sagte zu ihrem Sechsjährigen lakonisch: »Das ist die Westfront.« Und setzte hinzu: »Du mußt mal ganz still sein, am besten, Du hältst den Atem an!«

Ich lauschte in die Nacht hinein. Wie ein Hauch wehte es von weit her dumpf ans Ohr: »Www-uuu-mmm, Www-uuu-mmm!« Dann erlosch das

Geschützfeuer. Aber schon drangen wieder Fetzen davon ans Ohr, schließlich deutlicher als zuvor: »Www-uuu-mmm, Www-uuu-mmm!«

Die Stimme neben mir sagte: »Das kommt vom Wind, der verweht schon mal den Schall!« Meine Mutter schilderte den Vorgang ganz nüchtern. Für sie galt: Im Westen nichts Neues!

Zu guter Letzt erwischte es Bonn doch noch. Am 31. Oktober, kurz vor Kriegsende, ich war mit zwei Brüdern gerade dabei, Nachbarn beim Abladen von Holz zu helfen, begann die Luftwarnsirene am Turm der Stiftskirche zu heulen. Unsere Mutter erschien über uns am Fenster und rief: »Kommt rein! Seht ihr da oben nicht die Flugzeuge?«

Jenseits der beiden Kirchtürme kurvten in der Tat vier oder fünf Flugzeuge. Sie schienen zu segeln, gemächlich ihre Kreise zu ziehen. Furchterregend wirkten sie beileibe nicht. Dennoch schien es ratsam, das schützende Haus aufzusuchen. Wir trafen Mutter in der Küche beim Schälen von Äpfeln. Kaum hatte sie das Messer beiseite gelegt, gab's einen ungeheuren Schlag, das ganze Haus bebte. Als erster erreichte ich die Wohnungstür, warf den rechten Arm über das glatte gelbliche Treppengeländer, rutschte – tausendfach geübt – in beängstigender Geschwindigkeit in die Tiefe bis zum Parterre. Weiter ging's die Kellertreppe hinab, wo ich unter Stützpfeilern Zuflucht suchte. Dieser Platz, der angeblich den größten Schutz im Haus bot, war von der Familie für den Gefahrenfall ausgewählt worden.

Das Angriffsziel der französischen Flieger an diesem 31. Oktober war der Hauptbahnhof. Doch nur eine einzige Bombe landete in der Nähe vom Bahnhof, alle anderen fielen auf den Friedrichsplatz (heute Friedensplatz) und dort vor das Wartehäuschen der Endstation des »Feurigen Elias«, der Schmalspurbahn nach Köln.

Hier warteten zahlreiche Menschen, meist Frauen, auf den Nachmittagszug. Sechsundzwanzig fanden auf der Stelle den Tod.

Der Angriff widerlegte die Ansichten mancher Bürger, die gewiß waren, daß der Feind nicht daran denke, die Universitäts-, Musik- und Kulturstadt Bonn anzugreifen. Hatten nicht noch im Frühjahr französische Flugzeuge Bonn überflogen, ohne den geringsten Schaden anzurichten?

Für mich markierte dieser Angriff das Ende des Krieges. Und den Beginn einer neuen Zeit – der wenig später beginnenden Besatzungszeit.

*

Inzwischen waren in ganz Deutschland – vor allem in den Großstädten – Unruhen ausgebrochen. Der uneingeschränkte U-Boot-Krieg wurde eingestellt, die Matrosen in Wilhelmshaven und Kiel meuterten. Bald darauf folgte der Umsturz in München. Revolution breitete sich aus. Arbeiter- und Soldatenräte übernahmen die Macht. Am 9. November 1918 wurde in Berlin die Deutsche Republik proklamiert.

Am 11. November, einen Tag nach der Flucht des Kaisers in die Niederlande, erfolgte im Wald von Compiègne die Unterzeichnung des Waffenstillstandsvertrags zwischen den Alliierten und dem besiegten Deutschland. Hauptbedingungen unter anderem: Räumung der besetzten Gebiete und Elsaß-Lothringens, ferner des linken Rheinufers, Bildung einer 10 Kilometer breiten neutralen Zone rechts des Rheins, Auslieferung des meisten Kriegsmaterials und der Kriegsgefangenen (ohne Gegenseitigkeit). Auch Bonns Schicksal war damit für Jahre vorgezeichnet!

Bald darauf steuerten wieder Flugzeuge, nicht in feindlicher Absicht, Bonn an. Es waren deutsche Maschinen, die von der Front kamen und über die Stadt und den Rhein hinweg in östlicher und nordöstlicher Richtung weiterflogen. Einige von ihnen landeten auf dem rechtsrheinisch gelegenen Bonn-Hangelarer Flugplatz.

Als Schmach und Schande empfanden es die flugsportbegeisterten Bonner, daß schon bald auf diesem Fluggelände fast zweihundert deutsche Flugzeuge den Engländern übergeben werden mußten. Da konnte es nicht überraschen, daß diese Flugzeuge bei der Übergabe allesamt nicht flugklar waren. Es fehlten die Zündmagneten! Und auch sonst einiges. So war es kein Geheimnis, daß im Garten des Hauptlehrers Jacobs in Niederdollendorf Bordwaffen vergraben worden waren. Sein Sohn Josef, ein begeisterter Flieger, konnte es nicht übers Herz bringen, die ihm anvertrauten Waffen dem Feind zu überlassen.

Auch die dann folgenden Ereignisse haben sich meinem Gedächtnis tief eingegraben. Am 19. November wurde den Bewohnern der Rheinprovinz der bevorstehende Durchmarsch der 18. Armee in einer Stärke von 25 Divisionen, insgesamt 500 000 Mann und 150 000 Pferde, angekündigt. Hervorgehoben wurde, daß es sich dabei um die Armee handele, die bei der Frühjahrsoffensive am weitesten in Frankreich vorgedrungen sei. Sie galt als »unbesiegt«.

Im Bonner Raum stand den Truppen dieser Armee für die Rheinüberquerung nur eine einzige Brücke zur Verfügung, über die auch noch die schweren Gespannkraftwagenzüge der 7. Armee geleitet werden mußten. Diese Aufgabe vermochte die Bonn und Beuel verbindende »größte Bogenbrücke Europas« jedoch nicht zu verkraften. Not- und Behelfsbrücken mußten von Pionieren in Tag- und Nachtarbeit erstellt werden: bei Mondorf, Godesberg, Mehlem, Brohl und Neuwied.

Am 20. November marschierten die ersten Fronteinheiten durch Bonn.

Fußgängerkontrolle an der Grenze des französisch besetzten Rheinlandes, 1919.
(Ullstein Bilderdienst)

Die letzten französischen Truppen ziehen über die Rheinbrücke in Koblenz ab, 1929.
(Bildarchiv Preußischer Kulturbesitz)

Sie kamen von Norden über Hersel, zogen kilometerweit über die Kölner Chaussee, die Kölnstraße, die nördliche Fahrstraße des Stiftsplatzes und dann weiter durch die schmalen Altstadtstraßen: die Welschonnenstraße, die Sandkaule und Hundsgasse. Manchmal gab's Unterbrechungen. Die Marschsäulen stockten. In einem solchen Augenblick eilte meine Mutter zum Einkauf in das zwischen Stiftsplatz und Wilhelmsplatz gelegene »Rheinische Kaufhaus«. Als sie nach Hause kam, rannen ihr die Tränen über die Wangen. Vor dem Kaufhaus hatte sie zwei Soldaten schlafend auf einem Leiterwagen angetroffen. Bei ihrer Rückkehr hätten sich mehrere Menschen um diesen Wagen versammelt: »Die beiden Soldaten waren tot!«

Eines Tages hatte sich der Stiftsplatz mit Soldaten und Wagengespannen restlos gefüllt, und ein Offizier zu Pferde schwang aufgeregt seinen Degen und schrie aus Leibeskräften: »Ihr Schweinehunde, macht, daß ihr weiterkommt! Los! Los! – Weiter! Weiter!« Und sein Pferd bäumte sich auf.

Die Bonner Bürger, die die Straßen oft in Zweier- und Dreierreihen säumten, empfingen die müden und abgekämpften Heimkehrer mit Fahnen und Blumen, nicht mit lauter und heller Begeisterung, aber überaus herzlich und anteilnehmend. Sie reichten ihnen warme und kalte Getränke, auch Suppen und Brotschnitten mit Rübenkraut. Vor unserem Hause am Stiftsplatz, am Rande des Fahrwegs, stand tagelang, angelehnt an ein metallenes Gitter, das schützend eine Linde umgab, ein kleiner rechteckiger Tisch, darauf etwa zwanzig dickwandige und weißglasierte Tassen, stark beschädigt, ohne Henkel. Dort gab's »Kornkaffee«, »Malzkaffee«, »Blümchenkaffee«.

Oft schleppte ich selbst, ein Knirps von sechs Jahren, eine der schweren und heißen Kannen heran. Zum Dank durfte ich einmal auf einer Lafette mitfahren. Links von mir ein vom Krieg gezeichneter Artillerist, der seinen rechten Arm um meine Schulter legte, um mir Halt zu geben. Während er sich an mich preßte, spürte ich, wie sich seine rötlichen Bartstoppeln in meine Backe drückten. Stolz erfüllte mich. Ich befand mich inmitten deutscher Truppen auf dem Rückmarsch von der Westfront, und das sogar auf einem Geschützwagen.

*

Am 8. Dezember 1918 rückten britische Besatzungstruppen in Bonn ein. Der Chef der Obersten Heeresleitung, Generalfeldmarschall von Hindenburg, hatte die Bevölkerung aufgefordert, die Soldaten der Entente höflich zu empfangen. Seinem Wunsch entsprechend rief auch ein Bonner Stadtverordneter die Bürger zu »würdevollem deutschen Verhalten« gegenüber den fremden Truppen auf, und der Verband Bonner Frauenvereine richtete einen Aufruf an die weibliche Bevölkerung, der folgende Sentenzen enthielt: »... Schmach über jeden Bonner Bürger, der an diesem Unglückstag nicht mit Frau und Kindern innerhalb der vier Wände bleibt und bei unvermeidlichem Ausgang nicht unbeirrt seines Weges geht, ohne rechts und links zu schauen. Schmach über jedes Mädchen, das bei späteren Aufzügen oder ähnlichen Veranstaltungen seiner Begierde nicht zu gebieten und seine Würde der Besatzung gegenüber nicht zu wahren weiß! Höflich, aber durchaus kühl und zurückhaltend sei unser Wesen!«

Eine starke nationale Grundhaltung bestimmte schon damals die Haltung der Bevölkerung. Daß das deutsche Heer im Kampf besiegt worden war, wollten viele nicht wissen. Wie die 18. Armee, die Bonn auf dem Rückmarsch passiert hatte, galt das ganze deutsche Heer als »im Felde unbesiegt«.

Zunächst nistete sich der Stab des kanadischen Expeditionskorps in Bonn ein. Der Oberbefehlshaber, Generalleutnant Sir Arthur Currie, nahm Quartier im Palais Schaumburg, dem Wohnsitz der lebenslustigen Prinzessin Viktoria von Preußen. Es wird berichtet, daß der Bauernsohn Currie es besonders genossen habe, in der Suite des Palais zu wohnen, die Wilhelm II. bei seinen Bonner Besuchen benutzt hatte.

Über engere Kontakte zwischen der Bonner Bevölkerung und den Kanadiern wurde wenig bekannt. Als General Currie am 13. Dezember 1918 auf der Rheinbrücke eine Parade der 2. Kanadischen Division abnahm, geschah das fast unter Ausschluß der Öffentlichkeit. Schon wenige Wochen später, am 26. Januar 1919, verließen die kanadischen Einheiten Bonn. Die ihnen folgenden englischen Verbände belegten nicht nur Kasernen, sondern auch Hotels, Tanzsäle und Privatquartiere sowie Krankenhäuser und acht Schulen, darunter auch die Stiftsschule. Unterhaltungsstätten, Sportplätze und Badeanstalten wurden beschlagnahmt, Verkehrs- und Nachrichtenwesen überwacht, die Grußpflicht gegenüber britischen Offizieren eingeführt.

Die distanzierte, förmliche Art der Engländer mißfiel den Bonnern zunächst. Mit der Zeit besserte sich das Verhältnis jedoch. Ich als Siebenjähriger konnte mich am wenigsten beklagen. Ich war häufiger Gast der britischen Einheit, die im »Katholischen Gesellenhaus« zwischen Stiftskirche und Beethovenhaus in Quartier lag. Mehrmals nahmen mich meine Tommys mit in den Speiseraum zum Mittagessen. Diese Einladung empfand ich als etwas Außerordentliches. Daß ich dort sogar mit fast dreißig Soldaten an langen blanken Tischen sitzen konnte und mit für die damalige Zeit köstlichen Speisen verwöhnt wurde, ist mir ein Leben lang in Erinnerung geblieben.

Bald gab's auch kleine Einblicke in die britische Lebensart. Viereckige weiße Brotschnitten wurden vor meinen Augen ausgepackt und mit einem krächzenden Geräusch in ein metallenes Gerät gesteckt, das, wie ich später zu Hause berichtete, »so ähnlich glühte wie unser Küchenherd, wenn er stark gestocht wird«. Mit einem »Klick« sprang das Brot, leicht gebräunt, kurz darauf aus dem Gehäuse und wurde mit Butter und einer herbaromatischen, mir völlig unbekannten Marmelade bestrichen. Niemals mehr hat ein Toastbrot mit »Jam« mir so gut geschmeckt wie in jenen Tagen.

Danach holte mein »Tommy« ein viereckiges Holzbrett heraus, etwa handtellergroß, mit einem Längsschnitt in der Mitte. In diesen Schlitz hinein reihte er die goldfarbenen Knöpfe meines Marineanzugs, drückte eine Paste darauf und polierte sie auf Hochglanz.

Von 7 Uhr abends bis 6 Uhr morgens war Ausgangssperre, deren Einhaltung streng kontrolliert wurde. Wie sollten sich nun meine Mutter und Bruder Willy verhalten, als sie eines Abends von erfolgreicher Hamsterfahrt nach Bonn zurückkehrten, der Zug aber erhebliche Verspätung und die Sperrstunde schon begonnen hatte?

Da die beiden vor dem Bahnhof keinen Kontrollposten sahen, hasteten sie sofort los, die Poststraße hoch, bogen schnaufend in die Münsterstraße und legten gleich rechts vor dem »Berliner Hof« (heute Hertie) einen Halt ein, um die schwere Hamsterware kurz abzusetzen. Sie glaubten sich in dieser Nebenstraße sicher, aber schon nahte das Unheil. Plötzlich stand ein britischer Offizier vor ihnen: »Kontrolle!« Meine Mutter, die recht gut englisch sprach, ließ ihn wahrheitsgemäß wissen, daß der Zug Verspätung gehabt habe und daß die etwas ungewöhnlich große Menge Kartoffeln für ihre sechs Kinder im Alter von drei bis sechzehn Jahren bestimmt sei, während der Vater noch nicht aus dem Krieg zurückgekehrt sei.

Und da geschah das Unfaßbare – um den beiden Hamsterern weitere Kontrollen auf dem Nachhauseweg zu ersparen, packte sich der Offizier, nun schützend vor den beiden gehend, den schweren Sack und schleppte ihn bis zu unserer Haustür.

Mein Bruder blieb mit ihm bis zum Abzug der britischen Truppen Ende Februar 1920 in Verbindung.

Als die Briten 1918 in Bonn einzogen, schrieb die *Deutsche Reichszeitung:* »Die Haltung der Engländer war tadellos.« Als sie im Februar 1920 abgezogen waren, hieß es: »Von Anfang an traten sie an ihre Aufgabe mit Fairneß heran.«

*

Dem Einmarsch der französischen Besatzung am 21. Februar 1920 begegneten die Bonner größtenteils mit Skepsis. Kam doch der »Erzfeind« nach Bonn, noch dazu mit Senegalesen und Marokkanern. Verstärkt wurde die ablehnende Haltung durch Gerüchte, die sich leider bald bewahrheiten sollten – die Franzosen hätten Annexionsgelüste auf das linke Rheinufer. Zusätzlich angeheizt wurde die Stimmung durch einen Vorfall, der in weiten Kreisen offenen Haß gegen die »Poilus«, wie die Bürger die Besatzer abwertend bezeichneten, auslöste. Eine junge und hübsche Verkäuferin, die im Lebensmittel- und Delikatessengeschäft Mann, an der Ecke Marktbrücke und Römerplatz (heute Remigiusplatz), tätig war, wurde in der Nähe der Rheinbrücke hinter einem Wellblechlager der Reederei Weber von einem »Schwarzen« vergewaltigt und umgebracht.

Ein erschreckendes, ein unerhörtes Ereignis! Die Revolution war in Bonn ohne Blutvergießen verlaufen! Und jetzt das!

Bald wurde auch die Lebensmittelknappheit immer größer. Unterernährte Jungen und Mädchen wurden zu Tausenden nach Holland und Österreich verschickt. In Bonn waren alltäglich ganze Karawanen unterwegs, um im Vorgebirge etwas Eßbares aufzutreiben. Da spielte der »Feurige Elias« eine große, fast existentielle Rolle.

Die Schmalspurbahn nach Köln erfreute sich überhaupt größter Beliebtheit. Lediglich die Anwohner waren da anderer Ansicht, wenn das Ungetüm qualmend, fauchend und funkensprühend durch die engen Straßen keuchte, seinen Rauch in die Zimmer puffte und dort Gardinen, Möbel und Wände schwärzte. Ursprünglich sollte der »Feurige Elias« auf dem Markt vor dem alten Rathaus enden! Das Sterntor stand aber im Weg, und die Königshusaren befürchteten, die in der Sterntorkaserne untergebrachten Truppen würden bei einer solchen Linienführung allzu starken Belastungen ausgesetzt.

Inzwischen hatten sich die Bonner ebenso wie die Vorgebirgsbauern an die Endstation Friedrichsplatz (zuvor Viehmarkt) gewöhnt. Die Personenwagen des Zuges erreichte man über Perrons, von denen in der Mitte Türen ins Wageninnere führten. Die Bänke standen in Längsrichtung links und rechts unter den Fenstern, so daß die breite Mitte den Fahrgästen genügend Raum ließ zum Aufstellen ihrer Lasten.

Mit seiner »Geschwindigkeit« war der Zug nicht rekordverdächtig. Er schaffte 15 Kilometer in der Stunde, an Steigungen wesentlich weniger. Mühelos konnte man an solchen Stellen abspringen, nebenherlaufen und wieder aufspringen, was allerdings untersagt war. »Das Blumenpflücken während der Fahrt ist verboten«, hieß es, und das KBE, das Kürzel der Köln-Bonner-Eisenbahnen, wurde als »Keine besondere Eile« übersetzt.

Die liebevolle Verbundenheit mit dem »Feurigen Elias«, der erst 1929 durch die elektrisch betriebene Vorgebirgsbahn ersetzt wurde, lebt bis heute bei den Bonnern fort.

Was die Franzosen betrifft – das Verhältnis besserte sich allmählich. Aber das Mißtrauen der patriotisch gesinnten Bonner saß tief und wurde bald noch verstärkt durch Meldungen über das Bestreben der Franzosen, eine »Rheinische Republik« – losgelöst von Preußen bzw. als selbständiges Land außerhalb des Reiches – zu schaffen. Selbst der Arbeiter-Bürger-Soldatenrat der Bonner hatte sich im November 1918 in einer Resolution gegen jede Abtrennung vom Reich oder von Preußen ausgesprochen.

Bonn war vor dem Ersten Weltkrieg eine der reichsten Städte Deutschlands. Niederlage und Nachkrieg führten zu einer unvorstellbaren Verarmung. Aus vielen Millionären und gutsituierten Rentnern wurden über Nacht Empfänger von Wohlfahrtsunterstützung, von der bald ein Drittel der Bevölkerung leben mußte.

Das gesellschaftliche Leben entwickelte sich nur zögernd wieder. Vereinsleben und Sport waren anfangs erheblichen Beschränkungen unterworfen. Es war schon ein lokales Erlebnis, als der hochangesehene »Bonner Turnverein 1860« – er hatte 1862 das Deutsche Turnfest mit viertausend Teilnehmern in Bonn organisiert – im Jahre 1919 im »Katholischen Vereinshaus« sein 59. Stiftungsfest feiern konnte.

Vorsitzender des Vereins war der international bekannte Sportmediziner Schmidt (den Professor Diem, nach dem Zweiten Weltkrieg Gründer der Sporthochschule in Köln, sein »großes Vorbild« nannte). Professor F. A. Schmidt kaufte damals im Norden Bonns für den BTV 1860 eine riesige Kiesgrube, die dann in mehrjähriger Arbeit – im wesentlichen durch Vereinsmitglieder »nach Feierabend« – zum größten Stadion Bonns mit einer Radrennbahn, einem Fassungsvermögen von 15 000 Zuschauern und einem großen Nebenplatz ausgebaut wurde. Viele Vereinsmitglieder glaubten sich aus Liebe zum Vaterland zu dieser Arbeit verpflichtet. Im BTV fand diese Haltung einen Hort. Die jungen Turner skandierten: »Frisch, fromm, fröhlich, frei/ist die deutsche Turnerei.«

Professor Haverland, Nachfolger von Professor Schmidt im Vereinsvorsitz, versammelte aus besonderen Anlässen die Mitgliedschaft und die Bürger auf dem am Rhein gelegenen *Alten Zoll*. Vor dem Denkmal des Bonner Professors und Freiheitsdichters Ernst Moritz Arndt hielt er begeisternde patriotische Reden vor einem Denkmal, auf dessen Sockel die Lettern standen: »Der Rhein, Deutschlands Strom, nicht Deutschlands Grenze!«

Vielen Bonnern wurden in der Weimarer Zeit Leibesübungen zu einem

Stück Lebensinhalt; nicht nur im Turnen, dessen Gewicht mit den Jahren abnahm, sondern auch im Fußball, Schlagball, Handball, Hockey, Tennis, Schwimmen, Radfahren, Luftsport und anderen Disziplinen. Neben mehreren Rudervereinen entstanden auch an der Universität und an den höheren Schulen eigene Ruderklubs, die an Regatten teilnahmen und Wanderrudern betrieben. Als Schüler des Beethovengymnasiums wurde ich Mitglied des Turnvereins, der alljährlich ein großes Schauturnen vor großer Zuschauerkulisse veranstaltete.

Ein über ein bestimmtes Maß hinausgehendes sportliches Engagement war an der Schule trotzdem höchst unerwünscht. Als ich als Spielführer und Mittelstürmer der Stadtmannschaft der höheren Schulen im Fußball (»Beethovengymnasium«, »Städtisches Gymnasium«, »Oberrealschule«) Spielabschlüsse mit Spielmannschaften anderer Städte in Rheinland und Westfalen abschloß, erteilte mir der Direktor des Gymnasiums, Oberstudiendirektor Dr. Genniges, persönlich eine »ernste Verwarnung«. Für ein derartiges Tun hätte ich die Genehmigung bei ihm einholen müssen – und die hätte ich keineswegs erhalten. »Großzügig« erlaubte er mir dennoch die Durchführung des Rückspiels gegen eine Stadtauswahl aus Essen.

Auch in der Jugendbewegung, die sich im vorigen Jahrhundert aus dem konfessionellen Bereich entwickelt hatte, bildete Bonn in der Weimarer Zeit so etwas wie eine Hochburg. Zahlreiche Gruppen von »Wandervögeln« gab es bereits, neue wurden gegründet. Allenthalben marschierten sie singend und musizierend in Gruppen durch die Stadt. Pater Rembold nahm die »Neudeutschen« unter seine Fittiche. Die Bonner Brüder Oelbermann wurden Bundesführer der in der Eifel gegründeten »Nerother Wandervögel«.

Langsam, sehr langsam, blühte das Kulturleben wieder auf, insbesondere das Theater- und Musikleben. Das »Altstadtkind« Elly Ney gelangte als Pianistin zu Weltruhm. Selbst der wenig bemittelte Bürger hatte die Möglichkeit, zu günstigen Eintrittspreisen in der Beethovenhalle die sonntäglichen Sinfoniekonzerte des städtischen Orchesters unter der Leitung von Musikdirektor Sauer zu besuchen. Ganze fünf Mark kostete die Zehnerkarte, und der neue Intendant des Stadttheaters, Dr. Albert Fischer, im Oktober 1919 gewählt, zeichnete sich dadurch aus, daß er gleichzeitig Lektor für Stimmbildung und Redekunst an der Universität war. Manch Bonner erhielt bei ihm »Sprechunterricht«.

Not und Armut blieben trotzdem das Kainsmal dieser Jahre. Als Schüler der Stiftsschule habe ich das hautnah erlebt. Viele Klassenkameraden kamen barfuß – auch im Winter und bei Schnee – zum Unterricht. Andere trugen alte Pantoffeln an den Füßen oder hatten von Bindfäden gehaltene

Lumpen, bisweilen auch Soldatengamaschen um die Füße gewickelt. Bei jedem Wetter und zu jeder Jahreszeit! Und manchmal trugen sie selbst bei größter Kälte nur ein verschlissenes Hemd und eine schmutzige, zerrissene Hose am Leib.

Da stellt sich schnell die Frage: Was soll aus diesen jungen Menschen ohne Zukunft werden? Sie waren ein guter Nährboden für politischen Extremismus. Heute wissen wir, daß viele von ihnen Opfer der Phrasen und zersetzenden Tiraden von populistischen Rednern wurden.

*

Vom 11. Januar 1923 an steuerten die Franzosen gegenüber der deutschen Bevölkerung einen harten Kurs! Was war geschehen? Die Reparationskommission hatte zwei Tage zuvor festgestellt, daß Deutschland mit Kohlelieferungen im Rückstand war; die Regierung habe absichtlich gegen den Versailler Vertrag verstoßen, behauptete Paris. Frankreich fühlte sich daher legitimiert, zur Sicherung »produktiver Pfänder« die »Ruhr« zu besetzen. Sechzigtausend französische und belgische Soldaten, Infanterie-, Artillerie- und Panzerverbände, marschierten in das Industriegebiet ein.

Die Reichsregierung in Berlin rief den passiven Widerstand aus und verbot allen Behörden, die Weisungen der Besatzung zu befolgen. Auch in Bonn wuchsen die Spannungen. Oberbürgermeister Dr. Falks wurde verhaftet und zu Gefängnis verurteilt, ebenso Oberpostdirektor Schminke. Gleichzeitig kamen die Separatisten, unterstützt von französischen Truppen, »überall aus ihren Löchern«. »Smeets-Kadetten« wurden sie in Bonn nach einem der drei Separatistenführer genannt. Der Einfluß von Josef Smeets dürfte allerdings geringer gewesen sein als der des in Bonn-Endenich geborenen Dr. Adam Dorten und des Josef Matthes.

Am 21. Oktober 1923 riefen die Separatisten in Aachen die Rheinische Republik aus. Zwei Tage später stürmten sie in Bonn das Rathaus, wurden aber zurückgeworfen – von der freiwilligen Feuerwehr, die sich fast ausschließlich aus Mitgliedern des »Bonner Turnvereins« zusammensetzte. Als es den »Smeets-Kadetten« dann doch noch gelungen war, mit Unterstützung der französischen Soldaten das Rathaus zu besetzen, war ich selbst Zeuge, wie sie wieder vertrieben wurden. Über die beiden »historischen« Rathaustreppen drangen die Feuerwehrmänner erneut ins Rathaus ein, während ihre Kollegen vom Dach des links danebenstehenden Gasthauses »Em Höttche« sportlich trainiert aufs Dach des Rathauses kletterten, um die grünweiße Spalterflagge unter dem Jubel der Bevölkerung herunterzuholen. Nicht vergessen wurde den Separatisten, daß sie bei der Erstürmung des Rathauses Feuerwaffen eingesetzt hatten!

In dieser Zeit gab es einen wenig bekannt gewordenen Vorgang. Eines Tages wurde in der Mitte der westlichen Schmalseite des Stiftsplatzes vor der Kirche ein dunkles, niedriges Zelt aufgeschlagen, in das man nur kriechend oder gebückt hätte hineingelangen können. Kurz darauf stand ein ähnliches Zelt auch gegenüber an der Ostseite des Platzes. Auf meine neugierigen Fragen erhielt ich die Antwort, ich sollte abwarten, »in einer Stunde ginge es los«. Daß das etwas mit den Separatisten zu tun haben mußte, war klar. Es hing sozusagen in der Luft.

Nach einer Stunde war ich daher wieder auf dem Plan. Eine Viertelstunde verging, eine halbe Stunde verging! Nichts tat sich! Die Zelte blieben leer und verwaist.

Dann ging's in der Tat los. Von der Kölnstraße kommend, aus südwestlicher Ecke des Platzes, nahte ein von zwei Männern gefahrener Handkarren unmittelbar an mir vorbei. Darauf lag ein Mann, bewegungslos. Kein Wort fiel. Keine Hektik, keine Aufregung. Der Karren steuerte zügig den Universitätskliniken zu, die im Bereich der heutigen Beethovenhalle lagen. Mehrmals wiederholte sich dieser Vorgang in ähnlicher Form und mit dem gleichen Transportmittel. Zwischendurch sah man zwei Männer, die einen kleinen Leiterwagen hinter sich herzogen, der für den Transport eines Menschen allerdings höchst unzureichend war. Bei den darauf kauernden »Smeets-Kadetten« berührten sich fast Kopf und Knie.

Innerhalb einer Stunde war die Aktion beendet, ohne Widerstand, Jammern oder Schreien. Tote dürfte es nicht gegeben haben! Gerüchteweise verlautete aber, daß mehr als vierzig Personen in die Kliniken eingeliefert worden seien.

Die beiden Zelte blieben unbenutzt, sie verschwanden in der Nacht wieder. Die Organisatoren der »Vergeltungsmaßnahme« hatten offenbar eine »medizinische Zwischenbehandlung« von Verletzten in diesen Zelten für nicht zweckmäßig gehalten. Öffentliches Aufsehen sollte so weit wie möglich vermieden werden! Aber heute noch frage ich mich, wer die »Abschreckung« ausgedacht, organisiert und durchgeführt hat. Wer waren die Aktiven? Wahrscheinlich haben die »Patrioten« die Öffentlichkeit gemieden, weil sie Repressalien der Franzosen befürchteten; ebenso die Sonderbündler, weil ihnen gegebenenfalls erneut eine Tracht Prügel drohte.

Während die Bonner ihre Separatisten mit Hilfe von Prügeln befriedeten, gab's in der Separatistenschlacht im Raum Ägidienberg-Rottbitze im Siebengebirge etliche Tote, obwohl die Sonderbündler von den aufgebrachten Bauern auch dort nur mit Knüppeln, Stangen und Dreschflegeln bekämpft wurden.

Auf das Recht und Ordnung liebende Bonn dürfte auch ein fingierter Aufruf des Bonner Separatistenführers Josef Natter die erstrebte Wirkung ausgeübt haben, in dem die führenden »Smeets-Kadetten« mitsamt ihrem Strafregister aufgeführt waren. Zugleich wurden ihnen nach der Art ihrer Vergehen Ämter angedichtet. Hier ein Auszug:

Mitbürger! Rheinländer!

Die Stunde der Freiheit hat geschlagen! Unsre Macht in Bonn ist gestützt auf die rücksichtslose Unterdrückung der Wahrheit, die Kontrolle der Lokalpresse, die moralische Unantastbarkeit unsrer Idee und unsrer Führer.

Wir rufen alle zur Mitarbeit auf, die schon einmal auf dem rechten Wege gestrauchelt sind. Wir versprechen weitestgehende Amnestie. Wir sind nachsichtig in der Beurteilung menschlicher Schwächen, dafür bürgt unser Strafregister.

Lokalkommissar für Kirche und Schule
Henderkott, Alex, bürgerlicher Beruf Bordellier.

22 mal vorbestraft

3 mal wegen Mißhandlung zu insgesamt	7 Monaten Gefängnis
4 mal wegen Betrugs zu insgesamt	14 Monaten Gefängnis
3 mal wegen Diebstahls zu insgesamt	4 Jahren Zuchthaus
3 mal wegen Zuhälterei und Kuppelei	8 Monaten Gefängnis, außerdem

wegen Beleidigung, Obdachlosigkeit usw. zu 2 Jahren Arbeitshaus

Lokalkommissar für öffentliche Sicherheit
Nowack, Johann Wilhelm, bürgerlicher Beruf Schuhmacher.

Vorbestraft

1 mal wegen schweren Diebstahls zu 6 Monaten Gefängnis
1 mal wegen gefährlicher Körperverletzung zu 2 Jahren Gefängnis
1 mal wegen Totschlags zu 10 Jahren Zuchthaus
1 mal wegen Amtsanmaßung, Erpressung, schwerer Urkundenfälschung zu 9 Monaten Gefängnis.

Polizeichef
Heimann, Josef, bürgerlicher Beruf Hilfskellner und Althändler

Vorbestraft:

1 mal wegen schweren Diebstahls zu 3 Monaten Gefängnis
1 mal wegen Straßenraubs zu 5 Jahren Zuchthaus
1 mal wegen gefährlicher Körperverletzung zu 10 Tagen Gefängnis.

Damit war den Separatisten in und rund um Bonn – nicht zuletzt mit Hilfe von Schlagstöcken – das Rückgrat gebrochen. Die »Rheinische Republik« mit einer provisorischen Regierung in Koblenz, an der der Bonner Dorten maßgeblich beteiligt war, konnte sich danach nicht mehr lange halten. Auch die »Pfälzische Republik« löste sich im Februar 1924 sang- und klanglos wieder auf.

*

Die französischen Besatzungstruppen hatten sich vor allem in der Koblenzer Straße (heute Adenauerallee), einst Straße der Millionäre, in repräsentativen Gebäuden und Villen einquartiert. Im Museum Alexander Koenig, in dem 28 Jahre später die Eröffnungssitzung des Parlamentarischen Rats stattfinden sollte, hauste eine marokkanische Einheit. Der rechts vor dem Portal stehende Wachposten mit rotem Fez erinnerte die Vorübergehenden an jene scheußliche Tat eines seiner Kameraden, bei der eine junge deutsche Frau ihr Leben lassen mußte.

Als Hauptquartier diente das gegenüber dem Hofgarten gelegene Gebäude der preußisch-evangelisch orientierten Lese- und Erholungsgesellschaft, bis dahin Treffpunkt der Bonner Oberschicht. Vor allem in den Mittagsstunden näherten sich von allen Seiten die Offiziere in ihren elegant geschneiderten Uniformen – in den Händen oft ein »Reitstöckchen« – und schritten die Freitreppe zur »Lese« hinauf. Sie waren die sichtbare Verkörperung des französischen Besatzungsregimes und schauten nicht nur selbstbewußt, sondern arrogant auf das besiegte und verarmte Volk hinab. Man war gut beraten, einen weiten Bogen um sie zu machen. Mancher Bürger landete grundlos oder aus nichtigen Gründen im »Militärgefängnis« (früher Arrestanstalt) in der Jakobstraße.

Größere und kleinere Auseinandersetzungen und Reibereien waren deshalb an der Tagesordnung. So wurde erzählt, ein aus dem Vorgebirge stammender Primaner sei vor der »Lese« einem Offizier nicht schnell genug aus dem Weg gegangen und von diesem mit dem »Stöckchen« traktiert worden. Unverzüglich habe »der Junge vom Lande« dem »arroganten Burschen« aber eine saftige Ohrfeige verpaßt. Die Offiziersmütze habe auf dem Bürgersteig Purzelbäume geschlagen, begleitet vom höhnischen und schadenfrohen Gelächter zahlreicher Schüler. Bei anderer Gelegenheit hätten Schüler des Gymnasiums vom Schulhof aus mit Steinen auf Offiziere und Pferde, die unten auf dem am Rhein entlangführenden Reitweg vorbeigaloppierten, gezielt, so daß die Pferde sich aufbäumten und durchgingen.

Solche und ähnliche Begebenheiten, bei denen der oder die Täter nicht sofort festgestellt werden konnten, führten wiederholt zur Verhaftung des Gymnasialdirektors. Mehrfach mußten alle Schüler oder die der in Frage kommenden Altersstufe zum Verhör auf dem Schulhof antreten. Da sich in der Regel der Täter nicht meldete, wurde von französischer Seite »Gesichtskontrolle« durchgeführt – natürlich mit geringem Erfolg.

Die Kinder der Besatzungsfamilien hatten meist den gleichen Schulbeginn wie die deutschen. Häufig begegneten sie uns auf dem Bürgersteig des Belderbergs kurz vor dem Koblenzer Tor in größeren Gruppen, vorne und hinten bewacht von »Poilus« mit geschultertem Gewehr. Verschwanden wir nicht schnell genug vom Gehweg, wurden wir auf die Straße gescheucht oder gegen die Hauswände gedrängt. Versuchten in solchen Fällen meine Kameraden und ich, »normal« an Wänden und Schaufenstern vorbeizugehen, waren uns Schubser und Nackenschläge der Bewacher gewiß.

Der nächste Winter kam. Jenseits des Koblenzer Tors, im Hofgarten, entstand eine herrliche Schneelandschaft. Dort veranstalteten wir nach Schulschluß eine Schneeballschlacht, die wir, als die französischen Schüler auftauchten, mit diesen fortsetzten. Und dann schnappten wir uns mit einem Armzug jeweils einen jungen Franzosen, drückten ihm den Kopf hinunter und nahmen mit der freien Hand eine »Waschung« mit Schnee vor. Das mußte sich innerhalb weniger Sekunden vollziehen, denn auf die Hilferufe der »Gewaschenen« rannten die Bewacher heran. Sofort warfen wir unsere Ranzen den an den Rangeleien nicht beteiligten Kameraden zu und spurteten Richtung Stockentor/Markt, wohl wissend, daß die Soldaten mit ihren langen Mänteln und Gewehren es schwer hatten, uns sportlich trainierten Jungen zu folgen.

Der Stadtgarten grenzte an den Alten Zoll und lag gegenüber dem Hofgarten, knapp dreißig Meter vom Koblenzer Tor entfernt. Er beherbergte eine französische Dienststelle, die von einem Posten mit aufgepflanztem Seitengewehr bewacht wurde, zur Seite ein blau-weiß gestreiftes Wachhäuschen. Und alles war verschneit. Schnell hatten wir ein ganzes »Munitionslager« an schlagballgroßen Schneebällen produziert und um die Sockel der Säulen des Koblenzer Tors gestapelt, und die meisten von uns waren gute Schlagballspieler, darin geübt, den Gegner auf weite Entfernungen zu treffen.

»Los!« hieß es dann. Die Geschosse wurden quer über die Straße auf den Wachposten »abgefeuert«! Manche verfehlten das Ziel, viele aber auch nicht. Das Bombardement schuf schnell einen »Schneemann«, der sich in das Wachhäuschen zurückzog, um unseren gezielten Bällen zu entgehen.

War die »Munition« verschossen, rannten wir durchs Tor in Richtung Brücke genau über den Teil des Belderbergs, wo wir bei Begegnungen mit den französischen Schülern so oft vom Bürgersteig vertrieben worden waren.

Die stärkste Anziehungskraft auf Bonner Bürger übte – vor den Paraden auf dem Marktplatz – das jährliche Reitturnier der Franzosen im Hofgarten aus. Zu Tausenden verfolgten sie die Ritte über Wassergraben, niedrige und höhere Oxer. Das Hauptaugenmerk richtete sich auf den »Wall«, der auf der Westseite des Platzes in der Nähe des »Akademischen Kunstmu-

seums« aufgebaut war. Dort verweigerten die Pferde nicht selten den
Sprung oder schafften das Hindernis nicht. Die uniformierten Reiter in
ihren gepflegten Uniformen landeten auf Rasen oder sandigem Wall, und
die hochrandigen, reich mit Litzen verzierten Offiziersmützen kullerten
durchs Gelände. Ringsum unverhohlene Schadenfreude bei den Deutschen, begleitet von Beifallsklatschen: »Dat schad inne nix!«

Für ihr Leid und ihre Leiden machten die Bürger vor allem die französischen Ministerpräsidenten Georges Clemenceau und Raymond Poincaré
verantwortlich. Sie galten als Deutschenhasser, ja geradezu als »Bestien«.
Sie waren es, die keine Verständigung wollten, die auf Sicherheit durch
Stärke und auf Rigorosität setzten. Den Namen des französischen Außenministers Aristide Briand, der mit seinem deutschen Kollegen Stresemann
einen europäischen Ausgleich suchte, sprach man dagegen mit Achtung
aus. Als der französische Unterrichtsminister Édouard Herriot im Mai 1927
zum Beethovenfest nach Bonn kam, wollte er ein Zeichen der Versöhnung
setzen. Der von ihm zur Begrüßung an die Frau des Oberbürgermeisters
Dr. Falk gesandte große Rosenstrauß fand jedoch wenig Gegenliebe: »Die
Franzosen, die meinen Mann ins Gefängnis geworfen haben, brauchen mir
keine Blumen zu schicken.«

*

Am 2. Februar 1926 zog die französische Besatzung von Bonn ab. Die
Bürger atmeten auf und feierten mit Gesang, Fackelzügen und Dankgot-
tesdiensten. Die Universität veranstaltete in der Beethovenhalle eine eigene Feier, an der die Rektoren von 24 deutschsprachigen Hochschulen
teilnahmen. Zum Abschluß versammelten sich die Teilnehmer auf dem
»Alten Zoll«, um Ernst Moritz Arndt am Fuße seines Denkmals zu huldigen.

Sieben Wochen nach dem Abzug der Franzosen kam Reichspräsident
von Hindenburg auf seiner Fahrt durch die befreiten Gebiete der Rheinlande auch nach Bonn. Er trug sich ins Goldene Buch der Stadt ein und
stieg im Hotel Königshof ab, das sich bis zur Zerstörung im Oktober 1944
vom Rhein bis zur Koblenzer Straße (Adenauerallee) erstreckte. Begeistert
und mit Hochrufen wurde er von den Bürgern Bonns begrüßt, als er dort
oben auf dem Balkon im ersten Stock erschien und seine unverwechsel-
bare Gestalt hinter dem kunstschmiedeeisernen Gitter in voller Größe
sichtbar wurde. Die Schüler, klassenweise zur Begrüßung geführt, waren
begeistert.

Das Leben in der Stadt, an der Universität und in den Vereinen blühte
auf, auch in Literatur, Schauspiel und Musik. Das Interesse an Hausmusik

wuchs. Mein Gymnasium wagte sich sogar an die Aufführung von Shakespeares *Sommernachtstraum* heran – »vor ausverkauftem Haus« und mit gutem Erfolg. Ich selbst spielte den Puck, mein älterer Freund Hans Haerten, Bruder eines bekannten Theaterregisseurs, den Zettel.

Die *Bonner Zeitung* dankte den 23 Mitwirkenden »von Quarta bis Oberprima«, »die mit heiligem Eifer und größter Hingabe in ihrer Aufgabe ganz aufgingen«. Zwei Jahre später brachte das Bonner Stadttheater den *Sommernachtstraum*, ebenfalls mit der stimmungsvollen Mendelssohnschen Musik. Da wurden wir Schüler in der Presse mit den Profis verglichen: ». . . mit ihnen sei noch besonders Maria Stadler als Puck genannt, doch sei nicht verschwiegen, daß das Prachtjungchen, das bei der Aufführung des Staatsgymnasiums vor Jahr und Tag den Puck im Sommernachtstraum uns vorführte, als ein ungekünstelterer und daher noch neckischerer Puck uns vorkam.« Das »Prachtjungchen« freut sich noch heute über diese Kritik.

Im Mittelpunkt der intensiven und vielseitigen sportlichen Betätigung in Bonn standen die beiden vor allem Fußball betreibenden Vereine »Tura Bonn« und der »Bonner Fußballverein 01«, der in »Phoebus« Schümmelfeder für lange Zeit den Mittelläufer der Deutschen Nationalmannschaft stellte. Zu den Spielen dieser Mannschaften, die beide der obersten deutschen Fußballklasse angehörten, kamen bis zu zehntausend Zuschauer.

Auf der Hangelarer Heide wurde der Flugbetrieb im Juni 1926 mit einem »großen Flugtag vor einer unübersehbaren Zuschauermenge« wieder aufgenommen. Rundflüge über Bonn, Siegburg und das Siebengebirge erfreuten sich tagelang großen Zuspruchs. Solche Rundflüge wurden noch im gleichen Monat auch vom Gelände der heutigen Amerikanischen Siedlung in Godesberg-Plittersdorf mit einer »Junkers« durchgeführt. Flugtage fanden von nun an jährlich statt.

Bonns Flieger gehörten damals zu den besten der Welt: Gerhard Fieseler, inmitten der Altstadt zu Hause und später als Flugzeugkonstrukteur (*Fieseler Storch*) bekannt und berühmt, wurde Kunstflugweltmeister. Die Bonnerin Liesel Bach schaffte ebenso die Deutsche Kunstflugmeisterschaft wie der Bonner Albert Falderbaum. Auch Luftschiffe in verschiedenen Größen steuerten häufig Hangelar an, so zu Ostern 1930 der berühmte LZ 127 »Graf Zeppelin« unter der Führung der Kapitäne Lehmann und von Schiller.

*

Toleranz war für die Bonner – wie generell für die Rheinländer – etwas Selbstverständliches. Katholiken, Protestanten, Altkatholiken und Juden lebten in Harmonie miteinander. Den Juden standen zwei Synagogen zur

Verfügung, die große am Rhein zwischen Brückenauffahrt und Tempel-
straße (früher Judengasse) und die kleinere im Westen der Stadt, am
Jagdweg. Viele Juden genossen großes Ansehen, manche gehörten der
renommierten »Lese«, der Bonner Professorenschaft oder dem Stadtrat an.
Jüdische Studenten, die überwiegend Medizin, aber auch Philosophie und
Jura belegt hatten, waren an der Universität – im Vergleich zur Gesamtbe-
völkerung – erheblich überrepräsentiert. Die Juden stellten aber auch
Kaufleute und Bankiers, Händler und Metzger.

Urbonner sprechen noch heute voller Anerkennung von den Professoren Philippson und Levison, bei denen sie Vorlesungen gehört haben. Der
Direktor der Zahnklinik, Professor Kantorowicz, national und international durch die Einführung der fahrbaren Schulzahnklinik bekannt geworden, war jedem Bonner ein Begriff, ebenso Rechtsanwalt Dr. Meyer II., der
als Bonns bester Strafverteidiger galt. Die ehemalige Bonner Studentin
Elisabeth Hermanns war in der NS-Zeit in Konzentrationslagern als Lager-
ärztin tätig und ist als »Heldin von Theresienstadt« in die Bonner Geschichte eingegangen. Noch im November 1930 enthüllte der »Reichs-
bund Jüdischer Frontsoldaten« ein Ehrenmal für die im Ersten Weltkrieg
gefallenen Soldaten auf dem jüdischen Friedhof im Norden Bonns.

Im übrigen war Bonn eine katholische Stadt. In meinem Gedächtnis
haften vor allem die Fronleichnamsprozessionen, bei denen man hinter
dem Allerheiligsten nicht nur führende Persönlichkeiten aus Bonn, sondern aus dem ganzen Reich beobachten konnte, etwa den Zentrumspolitiker Wilhelm Marx, der von November 1923 bis Januar 1925 Reichskanzler
war. Kirchenfahnen schmückten dann die Straßen der Stadt, ein Bild, das
bei Glockenweihen in den einzelnen Pfarreien wiederkehrte. Fast alle
Angehörigen der Stiftspfarre, der ältesten in Bonn, waren auf den Beinen,
wenn hinter dem Kirchenportal unterhalb der Türme eine neu gegossene
Glocke Aufstellung gefunden hatte als Ersatz für jene, die zu Beginn des
Krieges eingeschmolzen worden war, um daraus bei Krupp Kanonen zu
fertigen.

Auch an die Kirchmessen und Kirchfeiern denke ich gern zurück, noch
mehr an die Martinszüge, die ab 1920 mit St. Martin zu Pferde und dem
Gänsewagen unter Beteiligung der jüngeren Schüler durch die Stadt
zogen. Die Bäckerinnung spendete jedem Schüler einen Weckmann, und
das »Schnörzen« um Süßigkeiten kam wieder auf.

Die Erwachsenen zogen die Karnevalsfeste vor. Wenn sie Glück hat-
ten, trafen sie dort die Schwester Kaiser Wilhelms II., die Prinzessin zu
Schaumburg-Lippe, die gegen Ende ihres Lebens durch ihre Ehe mit dem
Hochstapler Alexander Zoubkoff Aufsehen im In- und Ausland erregte.

Die Karnevalszüge zeichneten sich durch volkstümliche, originelle Wagen und zünftige Fußgruppen aus. Unvergessen bleibt jene Männergruppe auf hohen Stelzen, die in dünnen, enganliegenden schwarzen Trikots bei bitterer Kälte durch die Straßen stolzierte und dabei mühelos in die Fenster der ersten und zweiten Stockwerke blicken konnte. Daß zwei von diesen Männern ihr Engagement für den Karneval mit einer tödlichen Lungenentzündung bezahlten, warf Schatten auf die künftigen Fastnachtszüge.

Anfang 1929 erhielt Bonn das modernste Kino Deutschlands, das Metropol-Theater am Markt, dessen Programme Filme und Varieté kombinierten, mit begeisternden tänzerischen und gesanglichen Darbietungen deutscher und ausländischer Spitzenkräfte.

Einige Monate später nahm Bonn Abschied vom »Feurigen Elias«, im August 1932 erlebte die Stadt die Verkehrsübergabe der Köln-Bonner Autostraße, der ersten kreuzungsfreien Straße in Europa.

Stärkste Partei bis zur Machtergreifung des Nazismus in Deutschland war das Zentrum. Die Bonner sahen in den persönlich anspruchslosen, nur dem Gemeinwohl verpflichteten Kanzlern Wilhelm Marx und Dr. Heinrich Brüning ihre politischen Vorbilder, bedauerten aber zugleich, daß es diesen nicht gelungen war, das Regime Hitlers von der Macht fernzuhalten.

Fast zwanzig Jahre später, im Januar 1950, klagte Professor Brüning mir gegenüber in einem elfstündigen Gespräch in seinem Haus in Hartland/Vermont über Staatssekretär Meissner, »den bösen Geist« Hindenburgs. Er sei es gewesen, der gemeinsam mit Oskar von Hindenburg ein von ihm in entscheidenden Stunden gewünschtes Gespräch mit dem Reichspräsidenten verhindert habe. »Hitler wäre nicht an die Macht gekommen, wenn es zu dieser Aussprache gekommen wäre«, versicherte der frühere Reichskanzler.

Bonner Zeitung vom 15. Dezember 1927

Das Beethovengymnasium

erfreute uns gestern im Saale des Bürgervereins mit einer Aufführung des Sommernachtstraums. Nicht weniger als 20 Gymnasiasten aus Quarta bis Oberprima wirkten mit, ferner drei junge Damen. Das ausverkaufte Haus hatte seine helle Freude an dieser Weihnachtsbescherung und dankte allen Mitwirkenden, die mit heiligem Eifer und größter Hingabe in ihrer Aufgabe ganz aufgingen. Das hohe Lied des britischen Dichters ist durch die deutsche Uebersetzung und die deutsche Musik längst ein deutsches Lieblingsstück geworden, und es ist ganz gewiß tief begründet, daß die englisch sprechenden Amerikaner die deutsche Aufführung unter Reinhardt jüngst als Erlebnis bejubelten. Auch in der natürlich bescheidenen, aber sehr hübschen Aufmachung unserer Gymnasiasten wirkte der Sommernachtsspuk tief. Die Aelteren waren in den Geist der Verzauberungs- und

Rüpelauftritte prächtig eingedrungen, die Jüngeren spiegelten den Märchentraum allerliebst unbefangen wider. Ja gerade die ungekünstelte Art der Jugend erschließt manche Schönheit der Dichtung sonniger als die künstlerische des Theaters. Es wäre Unrecht, wenn wir einzelne Namen nennen wollten. Es gilt dasselbe wie von den Haaß-Berkows; das seelische Zusammenspiel aller krönt das Werk. Nur erwähnt sei, daß besonders der Zettel durch große Sicherheit und Gewandtheit hervorragte, und daß der Puck, ein Untertertianer, ein Prachtkerlchen von unendlicher Drolligkeit, Keckheit und Schelmerei, aller Herzen im Sturm gewann. Allen, vor allen denen, die hinter den Schranken mittätig waren, dem Spielleiter, den musikalischen Helfern, gebührt aufrichtiger Dank für den köstlichen Abend. M.

Bonner Zeitung vom 13. April 1929

Kunst und Wissenschaft.
Einen Sommernachtstraum im Stadttheater

erlebten wir am gestrigen Abend. Alles, was unsere Bühne nur irgend leisten kann, ward mit ganzer Seele gespendet. Professor Wecus hatte für kostbare Bilder gesorgt. Die wunderbare Mendelssohnsche Musik kam durch unser Orchester unter Leo Pappenheim und wackere Schülerinnen des Ziskovenschen Konservatoriums zu voller Geltung. Alle unsere Künstler und Künstlerinnen unter Bruno Schoenfelds anfeuernder Leitung gaben ihr Bestes. Und Märchenspuk und Wirklichkeit, Menschenglück und Menschenleid von schillerndem Zauber umsponnen, von dem göttlichen Humor Shakespeares durchglüht und umstrahlt, alles vereinigte sich zu einem Elfenreigen tiefster Wirkung. Reinhardt und Saladin Schmitt mögen auf ihren überreich ausgestatteten Bühnen noch blendendere Wunder schöpfen, das Bonner Theater erzielte mit seinen bescheidenen Mitteln einen stolzen Erfolg.

Wir müßten den Theaterzettel abschreiben, wollten wir allen Spielern gerecht werden. Ganz besonders zeichnete sich Ursula Krieg aus, die aus der Helena etwas ganz Eigenes machte, eine Helena, wie wir sie noch nicht geschaut haben, soviel wir auch schon sahen. Weiter ragte Herr Ivers in der dankbaren Zettelrolle hervor. Mit ihnen sei noch besonders Maria Stabler als Puck genannt, doch sei nicht verschwiegen, daß das Prachtjungchen, das bei der Aufführung des Staatsgymnasiums vor Jahr und Tag den Puck im Sommernachtstraum uns vorführte, als ein ungekünstelter und daher noch neckischerer Puck uns vorkam.

Es war ein köstlicher Abend voll Schönheit und Frohsinn. Das dicht besetzte Haus dankte immer wieder durch stürmischen Beifall von der Ouvertüre an über das Rüpelspiel bis zum Schlußwort Pucks. M.

Hermann Barche

Kam am 29. Juli 1913 in Hannover zur Welt. Erlernte den Beruf des Zimmerers, ist seit 1928 Mitglied der SPD. Illegale politische Tätigkeit in der sozialistischen Front (1933–1935). Nach Rückkehr aus der Kriegsgefangenschaft 1945 Aufbau der SPD im Kreis Hildesheim-Marienburg. Von 1952 bis 1966 war er Vorsitzender der SPD-Kreistagsfraktion im Landkreis Burgdorf und von 1963 bis 1967 Mitglied der SPD-Fraktion in der Verbandsversammlung des Großraums Hannover. Dort übernahm er 1965 den Vorsitz. 1967 wurde er Mitglied des Deutschen Bundestages. Zehn Jahre später schied er freiwillig wieder aus und ist seither ehrenamtlich für seine Partei tätig.

HERMANN BARCHE

Unser Gruß hieß »Freundschaft«

Von »Roten Falken«, Arbeiterschwimmern und Kinderrepubliken –
Eine Jugend im sozialdemokratischen Hannover

Fünf Jahre vor dem Ende des Ersten Weltkrieges wurde ich in der
Altstadt von Hannover, in der Osterstraße 79, geboren; das Grundstück
dieses Hauses, eines alten Brauhauses, wurde begrenzt durch Reste der
alten Stadtmauer, die noch heute, obwohl das Gebäude Osterstraße 79 im
Zweiten Weltkrieg durch Luftangriffe zerstört wurde, zu sehen ist.

In diesem Haus, das von sechzehn Mietparteien bewohnt wurde, gab es
nur eine Waschküche, die von den Mietern jeweils in Sechs-Wochen-
Abständen benutzt werden konnte. Ein geräumiger Hof mit Seitenflügel
trennte das aus dem Mittelalter stammende Hinterhaus vom Vorderhaus.
Die Bewohner des Hinterhauses mußten im Bedarfsfall von den primitiven
Toilettenanlagen auf dem Hof neben der Waschküche Gebrauch machen.
Das Milieu der Osterstraße bestimmten kleine Gewerbetreibende, Handwerker, Arbeiter und einige jüdische Kaufhäuser vor der Kulisse der
vorgestrig wirkenden Fachwerkbauten.

Meine Erinnerungen gehen bis in das Kriegsjahr 1917 und den berüchtigten »Steckrübenwinter« zurück. Der Vater stand an der Front, meine
beiden ältesten Brüder waren noch als halbe Kinder zum Kriegsdienst
gezogen worden. Die Ernährungslage war so schlecht, daß meine Mutter
uns – mit mir noch zwei weitere Brüder – in diesen Wintermonaten fast
ausschließlich mit billigen Steckrüben ernährte. Die Gespräche der Mutter mit den Nachbarinnen, deren Männer ebenfalls Dienst an der Front
leisteten, waren schon damals von dem heißen Wunsch getragen, daß
dieses unsinnige Völkermorden möglichst bald beendet werde.

So wurde in der Arbeiterschaft, besonders von den Arbeiterfrauen, die
in den Munitionsfabriken »Granaten« drehen mußten, das Ende des Krieges und die Ausrufung der ersten deutschen Republik im November 1918
mit verhaltenem Jubel begrüßt – aber auch mit Trauer, weil auf den

Schlachtfeldern in West und Ost Ströme von Arbeiterblut geflossen waren, für eine Politik, die Arbeiter nicht zu veranworten hatten. Die Arbeiterschaft verlangte nun einen Staat, dessen Postulate »Freiheit, Gleichheit und Brüderlichkeit« sein sollten. Sie wollte einen freiheitlich-demokratischen Rechtsstaat aufbauen.

Die ersten bescheidenen Ansätze wurden von den Räten der Volksbeauftragten schon im November/Dezember 1918 geschaffen. Linksrevolutionäre Kräfte, die eine Sowjetrepublik nach russischem Muster forderten und zeitweise auch beträchtlichen Zulauf hatten (wie das Eisner-Regime in München), und rechtsradikale Strömungen, die die Wiederherstellung der Monarchie erstrebten, erschwerten jedoch eine kontinuierliche Entwicklung der Revolution im Sinne der Volksbeauftragten. Mit um so größerer Hoffnung wurde die Verfassung begrüßt, die am 31. Juli 1919 von der Nationalversammlung in Weimar mit 278 gegen 75 Stimmen verabschiedet wurde.

Zwei Tage zuvor beendete ich mein sechstes Lebensjahr. Fortan wuchs ich in einem sozialdemokratischen Elternhaus auf und wurde demokratisch-republikanisch erzogen. Die Erwartungen, die unsere Familie dem neuen Staat entgegenbrachte, waren Veranlassung dafür, daß alles sehr aufmerksam registriert und diskutiert wurde, was sich an gesellschaftlichen Wandlungen, besonders auf dem Gebiet der Sozialpolitik und der Arbeitswelt, vollzog. Auch die Mutter und wir fünf Barche-Jungen nahmen lebhaften Anteil an den Erfolgen und Niederlagen der Weimarer Republik.

Meine Mutter, 1871 auf einem Bauernhof im sorbischen Schlesien geboren, aber durch widrige Lebensumstände in die Großstadt verschlagen, hat die ganze verlogene Moral der Spießbürger gegenüber denen erfahren, die im Schatten der kaiserlich-bürgerlichen Gesellschaft lebten. Das gilt auch für meinen zehn Jahre jüngeren Vater, der als Achtzehnjähriger die Thomas-Müntzer-Stadt Allstedt in Thüringen verlassen hatte, um als »fremder Zimmermann« auf Wanderschaft zu gehen. Zehn Jahre später war er in Hannover für den Rest seines Lebens vor Anker gegangen. So waren beide Elternteile dank ihrer Erfahrungen im kaiserlichen Deutschland zu Mitstreitern für eine bessere Welt geworden.

Dazu bestand in der Tat einiger Grund. Das solide Netz für den Arbeiter im monarchistischen Deutschland reichte nicht aus. Eine zwölfstündige, später zehnstündige Arbeitszeit war die Norm. Arbeitsschutzmaßnahmen standen nur auf dem Papier. Wer krank wurde, lief Gefahr, gefeuert zu werden. Urlaub war eine Utopie. Streiks wurden mit drakonischen Aussperrmaßnahmen beantwortet, Frauenarbeitsplätze, sofern angeboten, um vieles geringer bezahlt als die der männlichen Kollegen. Insgesamt reichten die Löhne nur für die Befriedigung der primitivsten Lebensbedürfnisse.

Daß Deutschland nach dem verlorenen Ersten Weltkrieg nicht im Chaos versank, verdankt das deutsche Volk trotzdem den Führern der Arbeiterschaft, vor allem den Sozialdemokraten, die, nachdem Kaiser und Könige versagt hatten, zu retten versuchten, was noch zu retten war, leider aber auch verhinderten, daß die alten Gewalten zur Rechenschaft gezogen wurden. Dieses Verhalten mobilisierte wiederum die Kräfte der Reaktion, die vom ersten Tag der neuen Republik an bestrebt waren, dem neuen Staat den Todesstoß zu versetzen. Erstes Fanal war die Ermordung der früheren sozialdemokratischen Politiker Karl Liebknecht und Rosa Luxemburg am 15. Januar 1919 durch angebliche regierungstreue Soldaten. Auch in meinem Elternhaus löste dieses Verbrechen helle Empörung aus. Die Reaktion hatte ihren ersten Sieg errungen.

Der nächste Versuch, die junge Republik zu stürzen, wurde schon ein Jahr später unternommen. Am 13. März 1920 putschte der »Generallandschaftsdirektor« Wolfgang Kapp zusammen mit den Freikorps des Generals Lüttwitz und der Brigade Ehrhardt gegen die Reichsregierung in Berlin und zwang sie, die Hauptstadt zu verlassen. Ein von dem Gewerkschaftsführer Karl Legien und der SPD ausgerufener Generalstreik ließ den Putsch zwar schon nach vier Tagen scheitern – die Unruhe dauerte jedoch an, die junge Republik blieb gefährdet.

Auswirkungen des Kapp-Putsches waren auch in Hannover zu spüren, das ja weiterhin Garnisonsstadt war. Ich erinnere mich, daß auch durch die Osterstraße Soldaten mit Maschinengewehren patrouillierten und die Bewohner aufforderten, die Fenster zu schließen, sonst werde geschossen. Ich erinnere mich auch des Liedes der »schwarzen Reichswehr« mit dem Refrain: »Hakenkreuz am Stahlhelm, schwarzweißrotes Band, die Brigade Ehrhardt werden wir genannt.« Der Geist dieses Liedes war dann auch bei dem Hitler-Putsch in München, am 9. November 1923, leibhaftig zu spüren.

Andererseits gab es in diesen Jahren auch eine Reihe von Aufständen linksextremer Gruppen, die verspätet versuchten, der Revolution von 1918/19 nachträglich doch noch zum Erfolg zu verhelfen. Allerdings vergeblich. Ob sie nun in Sachsen oder Thüringen, in Bayern oder im Ruhrgebiet, in Braunschweig oder in Bremen die bestehende Ordnung in Frage stellten – sie wurden niedergeschlagen. Freilich mußte sich die Reichsregierung regulärer Reichswehrtruppen und rechtsradikaler Freikorpsverbände bedienen, um dieser Umsturzversuche Herr zu werden.

UND WIE HOCH ÜBER FLUR UND ZELT DIE ROTE FAHNE FLIEGT,
SPÜRST DU, DASS EINST IN ALLER WELT DER ROTE FALKE SIEGT.

Seite aus einem Buch über die Kinderrepublik der Roten Falken.

Ich war zu dieser Zeit bereits Schüler einer achtklassigen Volksschule in der hannoverschen Südstadt, in der Meterstraße im Schatten der Pauluskirche. Wir Barches hatten es dort nicht leicht. Ich war, genau wie meine beiden älteren Brüder, nicht getauft und nahm daher nicht am Religionsunterricht teil. Außerdem kamen wir aus der Altstadt und einem sozialdemokratischen Elternhaus. So waren wir bei der Mehrzahl der Lehrer, denen der neue Staat nicht paßte, bald abgestempelt. Es blieb nicht aus, daß es zwischen meinem Vater und einigen Lehrern zu unerfreulichen Auftritten wegen der Benachteiligung seiner Kinder im Unterricht kam.

Das änderte sich erst, als ich 1923 in die Freiligrath-Schule kam, eine freie weltliche Schule in der Krausenstraße. Hier unterrichteten nämlich Lehrer und Lehrerinnen, die durchweg sozialdemokratisch oder linksliberal orientiert waren. Es gab in Hannover fünf solcher »weltlichen Schulen«. In ihnen herrschte demokratischer Geist. Anstelle des konfessionell gebundenen Religionsunterrichtes gab es hier zum Beispiel das Fach »Religionskunde«, das sich mit allen religiösen Glaubenslehren der Welt befaßte. In den »weltlichen Schulen« wurde auch des Verfassungstages alljährlich am 11. August in würdiger Form gedacht. Das war keineswegs selbstverständlich. Viele monarchistisch eingestellte Leiter der Volksschulen – damals hießen sie Bürgerschulen – hätten viel lieber, wie zuvor, des Sieges bei Sedan am 1. September 1870 gedacht.

Mit der Jugendweihe endete (stellvertretend für die kirchliche Konfirmation) für die Schüler und Schülerinnen der »weltlichen Schulen« nicht nur die Schulzeit, sondern auch die Zeit der Geborgenheit im Elternhaus; die harte Wirklichkeit eines grauen Werkalltages ergriff nun Besitz von ihnen.

Man kann über die Jahre nach dem Ersten Weltkrieg nicht sprechen, ohne von ihrer materiellen Not zu sprechen. Auch in meinem Elternhaus saß die Sorge um das tägliche Brot immer mit am Tisch. Die schleichende Geldentwertung, die bereits während des Krieges begonnen hatte, trug dazu entschieden bei. Im Juli 1919 kostete der Dollar, der bei Kriegsbeginn mit 4,20 Mark bewertet worden war, 14 Mark. Als die deutsche Währung am 15. November 1923 stabilisiert wurde, zahlte man für einen Dollar 4,2 Billionen Mark, in Ziffern ausgedrückt: 4 200 000 000 000 Mark. Eine astronomische Summe.

In der Zeit der galoppierenden Geldentwertung wurden die Löhne jeden Tag ausgezahlt, weil das Geld am nächsten Tag schon nichts mehr wert war. Wenn der Vater von der Arbeit heimkam, stand meine Mutter schon mit einem ihrer Kinder an der Straßenbahnhaltestelle, um den Lohn in Empfang zu nehmen, unverzüglich zum »Konsum« zu eilen und wenigstens die notwendigsten Lebensmittel einzukaufen. Wie schon während des Krieges ging meine Mutter auch in den Inflationsjahren wieder auf das Land zu den Bauern und arbeitete dort für Lebensmittel, damit die relativ große Familie die schweren Jahre einigermaßen überstand. Außerdem trug sie mit uns Jungen die sozialdemokratische Zeitung aus.

Das Schicksal hatte unsere Familie besonders hart getroffen. Meine beiden ältesten Brüder, die 1918 noch »eingezogen« worden waren, starben 1920/21 im Verlauf von acht Wochen an der aus dem Kriege heimgebrachten Schwindsucht (heute sagt man Tuberkulose).

Erst später ist mir bewußt geworden, welchen fast übermenschlichen seelischen und körperlichen Belastungen meine Mutter in der Zeit des Sterbens ihrer ältesten Söhne ausgesetzt war. Noch heute vermag ich es kaum zu fassen, daß sie die im Nordstadt-Krankenhaus liegenden Brüder jeden zweiten Tag besuchte und am dazwischenliegenden Tag mit mir zur Poliklinik im selben Krankenhaus ging, zu Fuß natürlich, über eine Stunde weit, denn für die Straßenbahn reichte das Geld nicht. Dankbar gedenke ich auch der Solidarität von Freunden und Genossen, die uns Jungen reihum zum Essen einluden, obwohl ihre materielle Situation kaum besser war als die unsere.

Mit dem Ende der Inflation änderten sich die Lebensverhältnisse auch in meinem Elternhaus zum Besseren, wenngleich nicht zum Wohlstand. Wo es zusätzliche Verdienstmöglichkeiten gab, wurde daher zugegriffen. So trug unsere Mutter weiterhin den nachmittags erscheinenden »Volkswillen« aus. Auch die Mutter meiner späteren Frau war damals zusammen mit ihren Kindern als »Zustellerin« tätig. Aus der flüchtigen Kinderbekanntschaft mit der Tochter ist dann später eine auf gemeinsamer Lebens- und Weltanschauung beruhende Ehe geworden.

Das Leben von uns Kindern in der hannoverschen Altstadt spielte sich außerhalb der Schule auf den Höfen oder der Straße ab – noch gab es ja die Autogesellschaft nicht. Kinderspielplätze waren eine Seltenheit, und die vorhandenen Grünanlagen durften von uns Kindern nicht betreten werden. Natürlich haben wir uns nicht immer an die herrschenden Verbote gehalten, zum Ärger der aufsichtführenden Gartenbeamten. Einer dieser Gartenbeamten, »Penner Garbe« gerufen, ist mir bis heute als Kinderschreck im Gedächtnis geblieben.

Unter den sechzehn Mietparteien in der Osterstraße 79 gab es natürlich fast ebenso viele politische Meinungen, es war ja mit der Revolution kein Paradies ausgebrochen. Diese unterschiedlichen Meinungen unter den Mietern des Hauses wurden natürlich auch von der heranwachsenden Jugend geteilt. Häufig wurden sie in frisch-fröhlichen Keilereien ausgetragen, auf den Höfen, auf der Straße, auch auf dem Nachhauseweg von der Schule. Dieser führte an einigen »weiterführenden« Schulen vorbei. Da konnte es schon vorkommen, daß wir Jungen aus der Altstadt mit den von uns »Ziffie« genannten Mittelschülern oder Gymnasiasten zusammentrafen, deren Schülermützen für uns ohnehin Reizobjekt waren. Hatten sie dann noch schwarz-weiß-rote Bändchen daran befestigt, entlud sich unser Zorn in regelrechten »Klassenkämpfen«.

Doch das änderte sich bald. Eines Tages erschien bei meinem Vater ein Jugendgenosse der Arbeiterjugend (später hieß sie Sozialistische Arbeiterjugend) und bat ihn, seine Jungen Mitglied werden zu lassen. Der Vater sagte nach anfänglichem Zögern ja, und das war eine gute Entscheidung, auch wenn sie mit echt »preußischen Ermahnungen« für mein Verhalten in der Kindergruppe begleitet wurde. Nun wurde, wenn auch nur ein- oder zweimal in der Woche, das Spielen auf der Straße in ein Jugendheim verlagert: für meine Begriffe geradezu ein Paradies. Zu dem *Bella Vista* genannten Jugendheim gehörten nämlich eine mit Bäumen bestandene Grünfläche und ein richtiger Sportplatz, der auf der einen Seite von der Leine, auf der anderen Seite von Kleingärten an der Ohe, einem künstlichen Nebenfluß der Leine, begrenzt wurde. Außer der alten *Bella-Vista-*Villa, in der sich die Räume der Jugendgruppen und die Verwalterwohnung befanden, standen auf dem Gelände einige ausgediente Baracken, in denen jugendliche Wandergruppen übernachten konnten.

Das alles war nicht mit den Jugendherbergen, um nicht zu sagen den Jugendhotels, späterer Jahre zu vergleichen – für uns Arbeiterkinder übertraf dieses Stückchen Erde jedoch alle Erwartungen. Hier durften wir ungestraft auf den Rasenflächen balgen und spielen, auf die alten Bäume klettern und Steine in die vorbeifließende Leine werfen; auch tanzen oder singen, ohne von den Nachbarn zur Ordnung gerufen zu werden. Von hier aus wuchsen wir in die politische und kulturelle Arbeiterbewegung hinein.

Was im kaiserlich-gottesfürchtigen Deutschland unterdrückt worden war, fand nun endlich Gelegenheit, sich zu betätigen, sei es im Arbeiter-Turn- und Sportbund, im Arbeiter-Radfahrer-Bund »Solidarität«, im Arbeiter-Schachbund, im Arbeiter-Sängerbund, im Arbeiter-Esperanto-Bund, im Deutschen Freidenker-Bund oder bei den »Naturfreunden«, nicht zuletzt auch in der Freien Volksbühne, die regelmäßig Aufführungen veranstaltete. Auch der Sozialistische Bücherkreis und die Büchergilde Gutenberg sahen ihre Aufgabe darin, die Arbeiterschaft an die Literatur, vor allem die der Klassiker, heranzuführen und zusammen mit der großen Volkshochschulbewegung das Bildungsniveau der Arbeiterschaft zu heben – mit respektablem Erfolg, wie man weiß.

Deshalb bedaure ich zutiefst, daß bis auf die Naturfreunde-Bewegung und das Volkshochschulwesen diese Kulturorganisationen nach 1945 nicht wiederaufgebaut wurden. In ihnen haben damals viele Arbeiter, nicht zuletzt Jugendliche, eine weltanschauliche und politische Heimat von hohem ethischen Wert und die wärmende Sonne gefunden, die ihnen der graue Alltag ihres Arbeitslebens vorenthielt.

Mit meinem Eintritt in den Verein »Freie Schwimmer Hannover« begann dann eine weitere Phase meiner politischen Entwicklung. Der Jugendleiter dieses Vereins, dem viele Mitschüler und Mitschülerinnen der weltlichen Schule angehörten, war ein Jugendgenosse aus Berlin-Neukölln, der lange auf der Walze gewesen war, bevor es ihn nach Hannover verschlagen hatte. In Wien hatte er sich zum Beispiel bei den Roten Falken engagiert, die unter der Führung von Anton Tesareck und Felix Kanitz als Pfadfinder eine Art von Basissozialismus einzuüben suchten. Von ihnen und ihren »zehn Richtlinien« inspiriert, gründete er dann mit Mädchen und Jungen aus der Schwimmerjugend die erste »Rote-Falken«-Gruppe in Hannover, der auch ich angehörte.

Die Richtlinien – wir nannten sie auch die »Zehn Gebote« – der Falkenbewegung erstrebten Solidarität und Gemeinschaftssinn, Verbundenheit mit der sozialistischen Arbeiterbewegung, Gesunderhaltung des Körpers und daher Vermeidung von Alkohol und Nikotin, Achtung vor dem anderen Geschlecht, Hilfe für alte Menschen und Toleranz gegenüber politisch Andersdenkenden. Unsere sportliche Betätigung, die dem Motto des Arbeitersports »Nicht Kampfrekord, sondern Massensport« gehorchte, kam dabei nicht zu kurz. Zur Teilnahme an überörtlichen Wettkämpfen fehlte ohnehin meist das Geld. Obwohl ich ein hervorragender Schwimmer war, habe ich nur selten an solchen Konkurrenzen teilgenommen, weil weder der Verein noch ich selbst die Fahrkosten tragen konnten.

Im Jahre 1927 ging die »Rote-Falken«-Gruppe in der 1923 in Berlin gegründeten »Reichsarbeitsgemeinschaft der Kinderfreunde« auf, dem jüngsten Zweig der sozialistischen Arbeiterbewegung. Unser Gruß hieß fortan »Freundschaft«, und er war auch so gemeint. Die »Kinderfreunde« wurden vor allem durch ihre »Kinderrepubliken« (meist in Zeltlagern auf nationaler oder sogar internationaler Ebene) bekannt. In Hannover riefen sie ein Parlament der »Roten Falken« ins Leben, dem auch ich angehörte. Im ersten Probezeltlager der hannoverschen »Falken« lernte ich den späteren Vorsitzenden der Industriegewerkschaft Metall, Otto Brenner, kennen. Einer der Teilnehmer am Reichszeltlager 1929, auf der Rheininsel Namedywert bei Andernach, war der spätere Bundeskanzler Willy Brandt.

Mit der Schulzeit endete 1928 auch meine Zugehörigkeit zu den »Roten

Falken«. Ich trat in die »Sozialistische Arbeiterjugend« ein, die Jugendorganisation der Sozialdemokratischen Partei, in der gegenseitige Achtung, gute Kameradschaft und vollständige Gleichberechtigung ebenfalls zu den tragenden Werten gehörten. So manche Jugendfreundschaft ist auch hier zu einer dauerhaften Lebensgemeinschaft geworden, die nicht nur auf gegenseitiger Zuneigung, sondern auch auf dem Gedankengut des demokratischen Sozialismus beruhte. Das war auch bei mir der Fall.

Mein Berufswunsch war, Schriftsetzer zu werden. Aber das Angebot an Lehrstellen war gering. Einem geheimen Wunsch meines Vaters folgend, der das in seiner thüringischen Familie verankerte Zimmerhandwerk erlernt hatte, wurde ich Zimmermann. Der Beginn der Lehrzeit markierte dann endgültig den Schluß mit der Kindheit.

Vom ersten Tage an betrug die reguläre Arbeitszeit 48 Wochenstunden, jedenfalls für die Gesellen; für die Lehrlinge, besonders im ersten Jahr, nahmen Vorbereitungs- und Aufräumungsarbeiten weitere sechs bis acht Stunden in Anspruch. Der ganze Tag in der Woche, der der Berufsschule gehörte, war deshalb so etwas wie ein Feiertag. Auch am Samstag gab es keine verkürzte Arbeitszeit. Im Gegenteil, da mußten der Zimmerplatz, die Werkstätten und die Maschinen auf Hochglanz gebracht werden. Im ersten Lehrjahr gab es überhaupt keinen Urlaub, im zweiten und dritten Jahr je drei Tage.

Daß die Lehrlinge in einem Handwerkerbetrieb meist auch noch als Hausgehilfen der Frau Meisterin tätig sein mußten, vergrößerte ihr Arbeitspensum ebenfalls noch. In dieser Beziehung hatte ich allerdings Glück. Da ich aus einer freidenkerischen Familie kam, waren meine häuslichen Dienste in der Familie meines katholischen Meisters wenig gefragt.

Die Entlohnung für die Lehrlinge im Baugewerbe war freilich relativ günstig. So erhielt ich im ersten Lehrjahr einen Wochenlohn von 10,76 Reichsmark. Lehrlinge in anderen Berufen, außer im Druckgewerbe, waren da wesentlich schlechter dran. Sie erhielten nur etwa 3 bis 5 Reichsmark in der Woche.

Von meinem Lehrlingslohn mußte ich 9 Mark »zu Hause«, das heißt für den elterlichen Haushalt, abgeben (was ich als durchaus zumutbar empfand). Die verbliebenen 1,76 Mark waren mein Taschengeld, im Monat immerhin 7 Mark, für mich eine respektable Summe. Ich bezahlte davon meinen Beitrag für den Schwimmverein, für die SAJ und für die Büchergilde Gutenberg. Den Beitrag für die Gewerkschaft, der ich vom ersten Tag meiner Lehre angehörte, übernahm großzügigerweise mein Vater.

Im Jahre 1931 war die Lehre beendet. Zu dieser Zeit wirkte sich die berüchtigte Weltwirtschaftskrise mit ihren Millionenheeren von Arbeitslosen und Wohlfahrtsunterstützungsempfängern auch in Deutschland bereits stark aus. Ich räumte meinen Arbeitsplatz daher nach acht Wochen Gesellentätigkeit für einen verheirateten Kollegen. Der dann fast täglich folgende Gang zum Arbeitsamt – zum »Stempeln«, wie wir damals sagten – war ein hoffnungsloser Gang. Und die gezahlten Unterstützungen, in der Reihenfolge Arbeitslosen-, Krisen- und Wohlfahrtsunterstützung, waren so gering, daß das Überleben nur im Verband der Familie möglich war.

Mein Vater und ein Bruder wurden auch bald arbeitslos. Mithin saß Frau Sorge wieder mit am Tisch. Zu beschreiben, wie in dieser Zeit die Mütter ihre Familien zusammenhielten, ist schier unmöglich. Das Hohelied auf die Frauen in den Jahren der großen Arbeitslosigkeit muß noch geschrieben werden.

In der Sowjetunion, dem »Vaterland des Proletariats«, so hieß es damals, gäbe es Arbeit in Hülle und Fülle. Zusammen mit einem Jugendgenossen (der später, während des Rußlandfeldzuges, wegen »wehrzersetzender« Äußerungen standrechtlich erschossen wurde) belegte ich deshalb 1932 an der Volkshochschule Hannover Kurse in der russischen Sprache. Mit Hilfe eines kommunistischen Jugendfunktionärs versuchte ich gleichzeitig eine Einreiseerlaubnis in das Gelobte Land zu bekommen. Der Genosse – er hieß Willi Hartmann, wohnte ebenfalls in der Osterstraße 79 und kannte meine Familie und meine politische Einstellung – riet mir aber dringend von einer Reise in die Sowjetunion ab, weil ich, wie er sagte, »todsicher in den Gefängnissen Stalins oder in Sibirien landen würde«. Noch heute bin ich ihm für diesen Rat dankbar. Er selbst wurde, obwohl »wehrunwürdig«, noch in den letzten Kriegsjahren eingezogen und in russischer Gefangenschaft erschossen.

Viele fragwürdige Agenten versuchten in der großen Zeit der Arbeitslosigkeit junge Menschen mit verlockenden Angeboten für einen Arbeitseinsatz in fernen Ländern zu gewinnen; mancher ist darauf hereingefallen und wurde dann ein Opfer von Gangstern oder Hasardeuren.

Trotzdem stand die Masse der demokratisch organisierten Arbeiterschaft und der Arbeiterjugend treu zur Republik, zu ihren Gewerkschaften und zu ihren Parteien, fest entschlossen, die Errungenschaften der Revolution 1918/19 gegen den immer stärker werdenden Nazismus zu verteidigen. Dieser Wille war vor allem bei der antifaschistischen Jugend vorhanden, gleichgültig, ob sozialdemokratisch oder kommunistisch orientiert.

Als Hitlers NSDAP bei den Wahlen am 14. September 1930 überraschend 18,3 Prozent der Stimmen gewann und damit zweitstärkste Partei im Reichstag wurde, war das für die jungen Genossen ein weithin vernehmliches Alarmsignal. Leider wurde es von den Führungskräften der demokratischen Arbeiterbewegung nicht erkannt. Mir selbst passierte es, daß der Vorsitzende des ADGB in Hannover, als ich in einer Versammlung der Gewerkschaft auf die faschistische Gefahr hingewiesen hatte, mir wörtlich sagte: »Lieber junger Kollege, diese Gefahr schätzt du falsch ein. Was in Italien geschehen konnte, werden die Gewerkschaften in Deutschland nie zulassen.«

Sogar der Staatsstreich Hindenburgs und Papens am 20. Juli 1932 gegen Preußen, die letzte sozialdemokratische Bastion im Reich, hat die Führungskräfte von SPD und Gewerkschaften nicht wachrufen können.

Nach dem Frankfurter Jugendtag traten aus meiner SAJ-Abteilung etwa dreißig Jugendliche zum Sozialistischen Jugendverband (SJV) über, einer oppositionellen Abspaltung aus der SAJ, der sich auch Teile der Freidenkerjugend, der Naturfreunde-, Gewerkschafts- und Arbeitersportjugend angeschlossen hatten.

Spaltung in einer Situation, wo Einigkeit geboten war? Eigentlich paradox. Was waren unsere Beweggründe? Wir wollten etwas tun, wir wollten nicht nur mahnen, wir wollten aktiv gegen die faschistische Gefahr kämpfen. Wir wollten dem Terror der nazistischen Kampfverbände notfalls auch mit der Waffe entgegentreten. So geriet ich 1932 in ein Handgemenge hinein, als der berüchtigte Altstadtsturm der hannoverschen SA am hellichten Tag ein Parteilokal der SPD zusammenschlagen wollte. Mein Pech war es, daß ich aufgrund der Aussage eines zivilen Nazispitzels verhaftet und von einem Schnellgericht wegen Landfriedensbruch verurteilt wurde.

Wir jungen Antifaschisten glaubten, ausreichend Grund zu haben, die offene Auseinandersetzung mit SA und SS nicht zu scheuen. Obwohl pazifistisch gesinnt, schulten wir uns im Gebrauch von Waffen, um am Tage X einsatzbereit zu sein. Der 20. Juli 1932 wäre so ein Tag gewesen; aber es geschah nichts. Auch der 30. Januar 1933, als der Reichspräsident von Hindenburg Hitler zum Reichskanzler ernannte, wurde nicht genutzt. Das Schwert des Generalstreiks und damit der Stillegung der Verkehrsbetriebe und der Energieversorgung blieb in der Scheide, obwohl Hitler zu dieser Zeit einen Generalstreik wie die Pest fürchtete.

Am 1. Mai erfolgte dann die endgültige Kapitulation des Gewerkschaftsführers Theodor Leipart. Am 2. Mai wurden die Gewerkschaftshäuser besetzt, ihre hauptamtlichen und ehrenamtlichen Funktionäre verhaftet und in die Zuchthäuser und Gefängnisse der Nazis eingeliefert. Nicht zu ermessen, wieviel Idealismus und wieviel Stolz auf die deutsche Arbeiterbewegung und was an Vertrauen der internationalen Organisationen in die deutsche Arbeiterbewegung dabei auf der Strecke blieben.

Nach diesen vertanen Chancen blieb nur noch der Weg in die konspirative Tätigkeit. Werner Blumenberg, ein früherer Redakteur des *Volkswillens*, gründete in Hannover die »Sozialistische Front«, eine der größten und aktivsten Widerstandsgruppen im Reich, in der Sozialdemokraten, Gewerkschafter, Jungsozialisten des SAJ und mit mir auch Mitglieder des Sozialistischen Jugendverbandes zusammenarbeiteten. Erst 1936 wurde sie durch die Gestapo zerschlagen.

Die jungen Historiker von heute mögen viele Ereignisse zwischen 1918 und 1933 anders als ich bewerten, aber ich habe sie erlebt, ich bin dabeigewesen.

ALBERT PFITZER

In Kirchen bei Ehingen an der Donau am 22. August 1912 geboren. Direktor des Bundesrates a. D. Promovierte noch vor Kriegsbeginn (1936) zum Dr. jur. und war bis zum Eintritt in den Kriegsdienst (1939) im höheren Verwaltungsdienst tätig. Danach wurde er stellvertretender Landrat des Kreises Wangen/Allgäu. In den Jahren 1950/51 war er Bevollmächtigter des früheren Landes Württemberg-Hohenzollern in Bonn und Mitglied des ständigen Beirats des Bundesrates, als dessen Direktor er 1951 bestellt wurde. In diesem Amt blieb er bis zu seinem Eintritt in den Ruhestand 1978. Autor von *Der Bundesrat* (30. Auflage 1981 hrsg. vom Sekretariat des Bundesrates und 2. Auflage 1987 hrsg. in der Schriftenreihe *Wegweiser Parlament*). Beiträge und Vorträge zu verfassungs- und parlamentsrechtlichen Themen.

Albert Pfitzer

Fernes Donnergrollen in der Provinz

»Von Lumpen bin gefertigt ich, und mancher wird ein Lump durch mich«

Am südlichen Rand der Schwäbischen Alb liegt das Dorf Kirchen. Von der Höhe des nahe gelegenen Waldes breitet sich das malerische Bild Oberschwabens aus. Der Blick geht über das Donautal hinweg; aus der von Wiesen und Feldern geprägten Landschaft grüßt der hohe Bussen, der »heilige« Berg Oberschwabens.

Kirchen liegt im Alb-Donau-Kreis, es gehört als ehemals selbständige Gemeinde seit einigen Jahren zur großen Kreisstadt Ehingen. Die Eingemeindung wurde zwar in demokratischer Form vollzogen, aber in Kirchen ist wohl doch ein Tropfen Wehmut über den Verlust einer über tausendjährigen Eigenständigkeit zurückgeblieben.

In diesem Dorf kam ich am 22. August 1912 als erstes Kind im Forsthaus – nahe dem Wald – zur Welt. Dort erlebte ich bis 1919 die ersten Eindrücke meiner Kindheit. In die abgeschiedene Idylle meines Elternhauses drangen wenig Sorgen und kaum Nöte oder Entbehrungen des Ersten Weltkrieges. Aus der verblassenden Erinnerung an die ersten Lebensjahre steht mir nur der völlig unbeschwerte Umgang mit der einfachen Welt des Landlebens vor Augen.

Diese kleine und von mir als heil empfundene Welt mußte ich 1919 verlassen. Der Ortswechsel von Kirchen in die Stadt Ehingen schien mir störend, weil mir Freiheiten verlorengingen, die es eben nur im dörflichen Rahmen gab. Dabei war meines Vaters Entschluß zur beruflichen und damit auch örtlichen Veränderung nicht zuletzt von dem Wunsch geleitet, seinen Kindern den Besuch der angesehenen Ehinger Schulen zu sichern. Den Übergang in das Leben der Stadt empfand ich als bedeutendes Ereignis. Der tägliche Schulweg durch die Straßen, vorbei an Ladengeschäften und Werkstätten, war für den Schüler aus dem Dorf fast so etwas wie eine Entdeckungsreise.

Vor wenigen Jahren feierte das Gymnasium in Ehingen, in das ich 1922 eintrat, nach einer wechselvollen Geschichte sein dreihundertjähriges Bestehen. Diese Bildungsstätte hat sich durch die Pflege des humanistischen Geistes großes Ansehen weit über den Donauraum hinaus erworben. Das Gymnasium – so heißt es in der Rede eines früheren Rektors – habe »kein praktisch verwertbares Wissen zu vermitteln und sei ganz darauf ausgerichtet, die Schüler zu Idealen hinzuführen«. In diesem Sinn wurden die Anmerkungen für die *Professores »Humaniorum«* des 18. Jahrhunderts in Ehingen noch beachtet. Hierin wurde den Lehrkräften aufgetragen, in den oberen Klassen den gesamten Unterricht in lateinischer Sprache zu erteilen. Dies war darin begründet, daß über viele Jahrzehnte hinweg in diesem Gymnasium auch die Heranbildung von katholischen Theologen für deren späteres Theologiestudium angestrebt worden ist.

In einer gewandelten Form hat sich jedoch die humanistische Ausrichtung des gymnasialen Schulbetriebs noch bis zu meinem Abitur im Jahre 1931 erhalten. Die alten Sprachen dominierten; jede Woche waren neun Stunden Latein und sechs Stunden Griechisch angesetzt. Der Bildungswert und damit die Privilegierung dieser beiden Sprachen blieb bis in die dreißiger Jahre unstreitig. Darauf wiesen schon rein äußerlich die Inschriften auf den Giebeln des Schulgebäudes hin: »Domicilium Studiorum Humanitas«; im mittleren Teil des Gebäudes links hieß es »Mens Discendo Alitur« und rechts »Virtus Doctrina Perficitur«.

Mancher wird sich verwundert fragen, wo damals das Angebot gegenwartsbezogener Lehrgegenstände war. Englisch und Französisch kamen an meiner alten Schule nur zögernd zu ihrem Recht. Es bleibt jedoch festzuhalten, daß der erzieherische Wert der beiden alten Sprachen bedeutend, ja im Blick auf die spätere berufliche Entwicklung noch heute als wertvoll anzusehen ist. Der Unterricht in Latein und Griechisch kann wohl als Grundlage für alle Berufe gesehen werden, in denen die Präzision des schriftlichen Ausdrucks oder eine exakte mündliche Formulierung erwartet wird. Man wurde zu logischem Denken erzogen, gleichzeitig wurde uns Mut gemacht, Toleranz zu üben und gegensätzliche Meinungen zu respektieren.

Ich habe, trotz mancher nicht sehr zeitnaher Erscheinungen, aus meiner Gymnasialzeit Gewinn und bleibenden Nutzen gezogen. Gerne hätten wir Schüler natürlich mehr über politisch aktuelle Fragen und Probleme der Nachkriegszeit von unseren Lehrern gehört; es hätte politische Orientierungen, Hinweise und Warnungen vor radikalen Entwicklungen geben müssen. Manchmal hatten wir das Empfinden, »zu weit« vom Schauplatz der Gegenwart zu leben. Es wurden – leider – allgemeine Fragen, Lebensfragen, Fragen des politischen Zeitgeschehens nur selten in den Unterricht einbezogen.

Doch darf man nicht nur die schwachen Seiten des damaligen Schulbetriebes sehen. Je größer der zeitliche Abstand zum Gymnasium wurde und der Eintritt in das Leben sich vollzog, desto dankbarer hat man es empfunden, in welch großem Maß dieses alte Gymnasium grundlegende Werte vermittelt und für das Leben vorbereitet hat.

Es gab ein besonderes Ereignis, das in meiner frühen Erinnerung geblieben ist: die Ermordung des früheren Reichsfinanzministers Matthias Erzberger im August 1921 durch politische Extremisten; das erste große Opfer unter den führenden Männern des jungen Weimarer Staates.

Der gewaltsame Tod dieses Politikers, der in den ersten Jahren der Weimarer Republik eine bedeutende Rolle gespielt hat, hat damals weithin Trauer und Entsetzen hervorgerufen. Erzbergers politisches Wirken, so umstritten es vielfach beurteilt worden ist, wurde in meiner schwäbischen Heimat von einer breiten Sympathie seiner Mitbürger getragen. Es war ein allgemeines Mitgefühl mit der Familie des ermordeten Politikers zu beobachten. Wir kamen fast täglich mit den Angehörigen der Familie Erzberger in Berührung. In unmittelbarer Nachbarschaft meines Elternhauses ist seit längerer Zeit eine Straße nach dem Namen dieses Mannes benannt.

Im Herbst 1923 »brachte« es mein Vater zum mehrfachen Millionär. Die freudige Überraschung von uns Kindern über diesen völlig unerwarteten »Reichtum« hielt jedoch nicht lange an. Es war die schreckliche Zeit der Inflation, die zu einer völligen Zerrüttung der Währung führte. Lediglich die Besitzer von Sachwerten konnten ihr Vermögen teilweise erhalten, doch der Mittelstand und die wenig Begüterten wurden in drückende Armut getrieben.

Die Mark sank ins Bodenlose. Der Staat konnte die erforderlichen Zahlungsmittel nicht mehr allein herstellen. Die Kommunen und lokalen Geldinstitute sprangen ein und gaben Notgeld in fast schwindelerregender Höhe aus. Mit viel grimmigem Humor – so erinnere ich mich noch gut – war der tägliche Umgang mit diesem Notgeld verbunden. Ein Geldschein meiner Heimatstadt Ehingen über hundert Milliarden Mark vom 5. November 1923 trug die Worte: »Von Lumpen bin gefertigt ich, und mancher wird ein Lump durch mich.«

Für meinen Vater als Familienoberhaupt von inzwischen zehn Köpfen ist diese Zeit, in der das »Millionen-, Milliarden- und Billionengeld« unter den Händen zerrann, eine besonders drückende Last gewesen. Nur durch extreme Sparsamkeit konnten die primitivsten Lebensbedürfnisse der großen Familie befriedigt werden. Manch bittere Klagen über die plötzlich

Der Autor als stolzer Fahrradbesitzer um 1924.

Polizeieinsatz gegen Mai-Demonstranten, 1929. *(Keystone)*

wertlosen Sparguthaben (»kaputtes Geld«) aus dem Umkreis meiner Familie sind mir heute noch in Erinnerung. Im Frühjahr 1924 wurde zwar mit der sogenannten Aufwertung begonnen, es war jedoch nicht möglich, die Verschiebungen von Eigentum wieder rückgängig zu machen.

Am 29. März 1925 trat das deutsche Volk nach dem frühen Tod des ersten Präsidenten der Republik, Friedrich Ebert, erstmals an die Wahlurne, um in freier Wahl über sieben Kandidaten für das Amt des Reichspräsidenten abzustimmen. Die Wahl war übrigens mit dem Hinweis verbunden, daß nach der neuen Reichsverfassung dem Staatsoberhaupt stärkere Rechte eingeräumt seien, als der ehemalige Kaiser besaß.

Die Antworten auf die Fragen nach dem Warum und Wofür dieser und späterer Wahlen erhielten meine Geschwister und ich von meinem Vater. Das was heute als selbstverständliche tägliche staatspolitische Information bezeichnet wird, mußte damals mehr oder weniger das Elternhaus erbringen. Es war und ist mir bis heute nicht recht begreiflich, daß – bei allem Verständnis für das große Lehrpensum unseres Gymnasiums – nicht wenigstens »am Rand« etwas zur politischen Gegenwart gesagt und diskutiert wurde.

Nun lebte ich trotzdem schon in früher Jugend nicht gerade in einem Defizit an politischer Orientierung. Mein Vater war Vorstandsmitglied der örtlichen Zentrumspartei von 1918 bis 1933. Er sprach mit uns über alle wichtigen Entwicklungen und politischen Strömungen. Häufig besuchte uns auch ein enger Freund meines Vaters, der Abgeordnete Franz Feilmayr, Mitglied des Reichstages von 1920 bis 1930, ebenfalls ein Zentrumsmann. In langen Gesprächen fanden somit viele politische Fakten, aber auch die Werturteile über die politische und wirtschaftliche Situation des Reiches ihren Weg von Berlin in die weit entfernte schwäbische Provinz.

Es war von vielen politischen Problemen, Sorgen und Ängsten die Rede, die Gespräche handelten unter anderem von Reparationszahlungen und Inflationsschäden und reichten von den Besoldungsgesetzen bis zum Flaggenstreit. Feilmayr sprach auch oft von den inneren Streitigkeiten und Gegensätzen bei den damaligen Regierungsparteien und der dadurch bedingten permanenten Schwäche der Regierung überhaupt. In der Führung der Zentrumspartei kam die Besorgnis über radikale Tendenzen mit den Worten zum Ausdruck: »Was wir 1919 nach links getan haben, indem wir die allgemein befürchtete Linksdiktatur verhinderten, müssen wir nun nach rechts tun.«

Natürlich stand der Versailler Vertrag im Vordergrund aller Gespräche. Die Bedingungen der Siegermächte sind über Jahre hinaus als untragbar, ja als schockierend empfunden worden, etwa die Abtretung des siebten

Teils des Reichsgebiets oder die gewaltigen, als unerschwinglich angesehenen Reparationsforderungen. Das Ausmaß dieser Reparationslasten
wurde vielfach als utopisch empfunden. Erzberger sprach einmal davon,
daß von den entsetzlichen Friedensbedingungen eben all das zu erfüllen
sei, was tatsächlich erbracht werden könne, man dadurch jedoch die
Voraussetzungen dafür schaffe, daß die zahlreichen unerfüllbaren Forderungen auch von der Welt als untragbar angesehen werden.

Das geistige Klima sah oftmals keinen offenen und vor allem keinen
breiten Austausch von Meinungen, keine allgemeine Erörterung von kontroversen Streitfragen vor. Zur gesunden demokratischen Kultur hätte,
schon in den Anfangsjahren der Weimarer Republik, gehört, daß die
Menschen im politischen Leben toleranter miteinander gelebt hätten. Die
Brücken zwischen den Reichen und Gebildeten auf der einen Seite und
den geistig und materiell weniger Bemittelten erschienen wenig tragfähig.

Es war bei uns aber mehr ein fernes Donnergrollen als ein unmittelbares
Erleben, was in anderen Teilen des Reiches in den ersten Jahren der
Weimarer Republik erlitten werden mußte: die Räteregierung von Kurt
Eisner in München, der Kapp-Putsch in Berlin, die radikalen Auseinandersetzungen in Sachsen und im Ruhrgebiet und schließlich der Hitler-Putsch.
Es gab im südlichen Teil Württembergs keine derartigen spektakulären
Ereignisse, wohl aber manche Sorgen um ein Übergreifen der gefährlichen Bewegungen des Aufruhrs aus Mitteldeutschland, Hamburg und
dem Ruhrgebiet. Doch die Kräfte der Vernunft und des inneren Widerstandes gegen revolutionäre Tendenzen waren bei uns – in der Provinz –
stärker als die Empfindungen und Klagen über die Unreife der damaligen
politischen und parlamentarischen Verhältnisse.

Bei den Gesprächen mit Erwachsenen spürten wir jungen Leute wohl
eine Zustimmung zur Idee und zum Inhalt der Weimarer Verfassung im
Gegensatz zu den radikalen Kräften von rechts und links. Der Ausbau und
das Wirken der staatlichen Organe ist zwar ernsthaft nicht behindert
worden, doch das öffentliche Leben in der Weimarer Republik erreichte
nicht den Integrationsgrad, der für die Festigung des neuen Staatswesens
erforderlich gewesen wäre. Zu groß waren die Schwierigkeiten und die
allgemeine Lage in den Nachkriegsjahren. Die Institutionen des demokratischen Systems, nämlich der Reichstag, die Reichsregierung und vor
allem die politischen Parteien, ließen oftmals eine Verantwortungsscheu
erkennen, die zwar vielfach beklagt, aber von niemandem ernsthaft korri-
giert wurde. Das allgemein spürbare politische Defizit der Weimarer Jahre
bestand wohl in dem Fehler, daß politische Kontroversen nicht sachbezo-
gen ausgetragen worden sind.

Doch es gab im Weimarer Alltag auch erfreuliche Erlebnisse. So wurde
der Flug des neuen Zeppelins aus Friedrichshafen im September 1924 über
meiner schwäbischen Heimat als großes Ereignis und Beweis eines unge-
brochenen Erfinder- und Schaffensgeistes empfunden. Ein ähnliches Ereignis gab es im April 1928, als dem früheren Hauptmann Hermann Köhl,
der aus dem benachbarten Neu-Ulm stammte, erstmals ein Flug von Ost
nach West über den Nordatlantik gelang. Was heute selbstverständliche
Alltäglichkeit ist, wurde damals in Europa, aber auch in den USA als Sensation empfunden. Die Freude meiner Landsleute über den Wagemut von
Köhl und seiner Begleiter Freiherr von Hünefeld und des Majors Fitzmaurice aus Irland war riesig und über lange Zeit im allgemeinen Gespräch.

Im Jahr 1924 kam das Radio auf; zunächst mit wenigen Stunden musi-
kalischer Darbietungen. Dann wurden große Fußballspiele in spannender
Schilderung des Spielverlaufs übertragen. Bald hernach konnte man Politik aus erster Hand, auch Wahlreden und Informationen aller Art erhalten.
Das neue Medium erschien alt und jung als technisches Wunder; seine
Bedeutung für das politische und gesellschaftliche Leben war geradezu
umstürzend.

In den letzten Jahren vor dem Beginn der dreißiger Jahre stellte sich die
politische und geistige Situation in grellem Licht dar. An der Reichstagswahl im Mai 1928 nahmen 31 politische Parteien teil; auf 14 Parteien
fielen Sitze von Abgeordneten, 17 Parteien oder parteiähnliche Gruppierungen gingen leer aus. Das reine Verhältniswahlrecht brachte eine Vielzahl der Parteien in den Reichstag. Die ideologischen Kontroversen und
die Interessengegensätze machten eine kontinuierliche Arbeit der Reichsregierung nahezu unmöglich. Die beiden radikalen Parteien, nämlich die
KPD und die NSDAP, hatten zusammen eine Mehrheit im Reichstag,
jedoch keinen Willen zu einer konstruktiven Politik.

Weder bei der Bevölkerung noch bei den Angehörigen des öffentlichen
Dienstes, in den Reichs-, Länder- und Kommunalbehörden, gab es in
diesen Jahren ein ausreichend aktives Eintreten für die Republik. Die
Wahlpropaganda der Parteien enthielt viele Versprechungen und viele
Programme für eine Änderung und Verbesserung der Lebensbedingungen. Aber die meist überaus heftigen Anklagen und Parolen waren mehr
eine Sache von Wahldemagogen als ein Beitrag zu demokratischer Mei-
nungsbildung. Es war verwirrend, was man an Vielfalt und Lautstärke von
politischen Agitatoren mitunter erlebte.

In der zu Ende gehenden Weimarer Ära war oft der Eindruck vorherrschend, daß den vernünftigen und gemäßigten Menschen der Wille und
der Mut zum Bekenntnis und zum Einstehen für die demokratische Struk-

tur und Kultur fehlten; leichter fanden sich da schon die Sympathisanten und Anhänger der radikalen Gruppen und der nörgelnden Leichtgläubigen zusammen.

In Württemberg war das Wachstum der radikalen Parteien allerdings bescheiden. So erreichten die Nationalsozialisten bei der Wahl zum fünften Reichstag im September 1930 mit 130 000 Wählern in Württemberg den zahlenmäßig geringsten Prozentsatz in ganz Deutschland, nämlich nur 9,3 Prozent. Nach diesem dürftigen Resultat in unserem Land wurde die Propaganda der NSDAP in Stadt und Land besonders intensiv, ja geradezu aufdringlich. Doch der Radau und der politische Klamauk, die mitunter herrschten, waren für meine Landsleute nicht sehr beeindruckend, besonders wenn damit die Verteufelung des politischen und weltanschaulichen Gegners verbunden war.

Die sparsame, aber effektive Arbeit der Landesregierung in Württemberg fand schon 1928 eine besondere Anerkennung durch den Reichssparkommissar; in dessen Gutachten wurde Württemberg als bestverwaltetes Land des Reiches erwähnt und die günstige Finanzlage hervorgehoben, die »besser und gefestigter als die aller anderen Länder sei«.

Über viele Jahre führte Staatspräsident Bolz die Landesregierung in Stuttgart. Er war der Minister mit der längsten Amtszeit in der Weimarer Republik. Dieser Mann stand als mutiger Kämpfer für die parlamentarische Demokratie und für den republikanischen Rechtsstaat weithin in hohem Ansehen. In dem Zeitungsbericht über eine große politische Veranstaltung, an der ich teilgenommen habe, war über die Ausführungen von Bolz unter anderem zu lesen: »In dem Augenblick, in dem bei uns die Nazis zur Macht kommen, in dem sie befehlsmäßig dem deutschen Volk die Politik diktieren, in diesem Augenblick haben wir den Bürgerkrieg.« Die NSDAP sei dabei, mit den Mitteln des Terrors und der Gewalt ein neues Herrschaftsgefühl zu errichten. Bolz war ein Mann der unpopulären Verantwortung, er verlor als Märtyrer für Recht und Freiheit wegen seiner aktiven Beteiligung am 20. Juli 1944 im Januar 1945 sein Leben.

Bei den Aufmärschen und NS-Veranstaltungen im ländlichen Raum wirkte das äußere, oft militärähnliche Gehabe eher abstoßend als sympathiefördernd. Dies gilt auch für viele der lauten Parolen wie »Deutschland, erwache!« oder »Wir nehmen das Schicksal der Nation in unsere Hand«. Im lokalen Teil der Presse war über den Ablauf einer NSDAP-Veranstaltung in meinem Heimatkreis am 1. März 1930 zu lesen: »Eine sachliche Auseinandersetzung ist mit dem Herrn der NSDAP nicht möglich.« Es sei, so heißt es in dem Bericht weiter, »ein ziemlich nebelhaftes Programm« entwickelt worden. Der Kampf gelte dem System der Weimarer Republik.

»Wenn wir im Besitz der Macht sind, werden wir den Reichstag zum Teufel jagen.«

Nach meinem Abitur im Frühjahr 1931 mußte eine erste Entscheidung über die Berufswahl getroffen werden. Es gab damals niemanden, der mir Hoffnungen oder positive Erwartungen über die Chancen in den akademischen Berufen machen konnte. In allen Bereichen waren die Aussichten trübe, ja deprimierend; das Überangebot an Juristen war angesichts des Abbaus von Beamten und der Einstellungssperre im öffentlichen Dienst für die Aufnahme des Jurastudiums in diesem Zeitpunkt nicht gerade motivierend.

Doch ohne größere Beschwernisse trotz der ungünstig beurteilten Berufschancen ging ich zunächst in Tübingen, dann in München und später in Berlin (im Sommer 1933) in die Juravorlesungen und -seminare. An den Universitäten in Tübingen und München gab es bei Wahlversammlungen und NS-Veranstaltungen zwar öfters Auseinandersetzungen; Straßenkämpfe und Prügelszenen zwischen den Schutztruppen der Parteien habe ich aber nicht erlebt. Es war nur eine Minderheit von Studenten, die von der NS-Ideologie erfaßt war und sich aktiv betätigte. Doch muß man auch sagen, daß in den Jahren 1930 bis 1932 schon viele Studierende der Republik skeptisch, ja sogar feindlich gegenüberstand. Sie sahen einerseits in dem Programm der NSDAP wohl eine willkommene Forderung nach einer Wiederbelebung des nationalen Bewußtseins, andererseits wirkten die radikal-exzessiven Parolen und Auftritte für viele von uns keineswegs begeisternd.

Wir sahen in einer patriotischen Gesinnung den Ausdruck eines gesunden Nationalgefühls und darin eine Gewähr für die Erhaltung der Werte für Freiheit und Vaterland. Viele der älteren Mitglieder der akademischen Verbindungen, besonders die »alten Herren«, mahnten und warnten vor Radikalismus und politischem Terror. Dann aber zog man sich in die privaten und gesellschaftlichen Sphären zurück. Die Pflege des studentischen Komments – »Burschen heraus, laßt es schallen von Haus zu Haus« – bot genug Freude und Abwechslung. Doch dies führte, rückblickend gesehen, dann dazu, daß den radikalen Anhängern in der Studentenschaft oft genug das Feld für ihre Agitationen überlassen war.

Am 30. Januar 1933 kam ich spätabends von einem Seminar der juristischen Fakultät in München nach Hause. Schon »unter der Tür« trat mir meine Wirtin, eine Arztwitwe, mit den Worten entgegen: »Herr Student, heute ist Hitler Reichskanzler geworden.« Ich hatte davon weder in der Universität noch auf meinem Heimweg etwas gehört.

Nach einigem Zögern sagte sie dann: »Mein einziger Sohn ist am

9. November 1918 als Soldat auf den Stufen des Reichstagsgebäudes er-schossen worden, als Scheidemann die Republik ausrief.«

Mit dieser Bemerkung wollte sie wohl ihre Sorgen und ihr schweres Bangen über die Zukunft der nun beginnenden neuen Ära des NS-Regimes ausdrücken.

Es dauerte dann nur dreizehn Jahre und drei Monate, bis das Reich durch Hitler zerstört war.

ROLF ITALIAANDER

Geboren am 20. Februar 1913 als niederländischer Staatsangehöriger in Leipzig. Mit fünfzehn Jahren wurde er als »jüngster Segelflieger der Welt« bekannt. 1933 unternahm er seine erste Forschungsfahrt durch Afrika und wandte sich darauf ganz der Ethnologie zu. Es folgten weitere Expeditionen in Schwarzafrika, dann auch Studien in Asien und Amerika. Er war Gastprofessor in den USA, in Brasilien, Indien und Japan und gründete das Museum Rade am Schloß Reinbek. Veröffentlichungen unter anderem: *Die neuen Männer Afrikas, Die neuen Männer Asiens* und *Die neuen Herren der alten Welt.*

ROLF ITALIAANDER

Der jüngste Segelflieger der Welt

Ein Aufschwung in die Lüfte und eine Landung bei Künstlern und
Literaten – Meine Jugend in einer »Republik ohne Republikaner«

L eipzig 1918. Plötzlich sah und hörte ich immer häufiger Kolonnen von
Soldaten auf den Straßen. Wenn ich fragte, wohin sie marschierten,
hieß es: In die Kasernen zum Abmustern. Sie sangen »Lieb Vaterland,
magst ruhig sein, fest steht und treu die Wacht am Rhein.« Das Lied kannte
ich als Knabe schon. Jetzt lag Trauer in den Stimmen. Kommentare der
Passanten: »Arme Landser!« Ich wollte wissen, was es gäbe. Antwort: »Der
Krieg ist endgültig verloren.«

Empörung wurde laut: »Der Kaiser ist abgehauen! Wilhelmina hat ihn
aufgenommen.« Wilhelmina war eine mir vertraute Dame. Sie war »meine
Königin«. Ich war dank meiner Eltern in Leipzig als niederländischer
Staatsbürger 1913 geboren. Während des Krieges hatten wir Kinder niederländischer Nationalität von Zeit zu Zeit hochwillkommene Pakete mit
Lebensmitteln im Auftrag von Königin Wilhelmina bekommen. Was der
Krieg an Schrecklichem brachte, ahnte ich; denn ich hatte oft Kriegsver-
sehrte gesehen. Männer, denen ein Arm abgeschossen war, ein Bein oder
sogar alle vier Extremitäten.

Ein deutscher Onkel von mir war als Kriegsgefangener interniert in
Algerien. Er schickte Ansichtspostkarten von der Wüste Sahara und von
Kamelkarawanen. Diese Karten waren mit dafür verantwortlich, daß ich
später Afrikanist wurde.

Oft hörte ich vom »doofen Sattlermeister« sprechen. Ich ließ mir erklären, wer gemeint sei. Der Reichspräsident Friedrich Ebert, »ein Sozi«.
Unsere bürgerlich-konservativen Kreise schätzten ihn nicht. Später einmal
sah ich ein peinliches Foto: zwei bebauchte Herren in unvorteilhaften
Badehosen am Strand von Haffkrug an der Ostsee. Die *Berliner Illustrirte*
brachte dieses Foto als Titelbild. Abkonterfeit waren Reichspräsident Friedrich Ebert und Reichswehrminister Gustav Noske. Daß die beiden SPD-

Politiker in dieser Weise gezeigt wurden, geschah, um sie verächtlich zu machen. Das erschien mir als Schüler niederträchtig. Diese Männer waren doch vom Volk gewählt, um zu regieren. Nun wurden sie verhöhnt.

»Ein seltsames Land«, dachte der kleine agile Knabe, »das darf man doch nicht!« Es kam mir noch oft in den Sinn, daß man »das nicht zulassen dürfe«; nämlich die Republik, die das Volk gewünscht hatte, zu verunglimpfen. Aber so waren damals die Leute. Waren nicht die meisten deprimiert, ja ohne Hoffnung für die Zukunft?

Nach der Revolution krebste die Inflation durchs Land. In jener Zeit und danach war es schlimm für alle. Ich kann mich daran erinnern, wie sehr der Mittelstand stöhnte. (Das Wort Mittelstand hörte ich oft von meinem Vater, der mir auch erklärte, wer dazugehörte. Jedenfalls nicht die Arbeiter und die Kapitalisten.)

Dieses Phänomen Inflation faszinierte mich. Ein Ei, das bisher für wenige Pfennige gekauft werden konnte, kostete plötzlich einige hundert Mark. Ich ließ mir von meiner Mutter jeden Tag einige Lebensmittelpreise nennen und schrieb sie auf eine Schiefertafel. Ich erinnere mich des Klagens meines Vaters, der als Geschäftsmann nicht das verdienen konnte, was er verdienen mußte, um seine Familie – also Ehefrau, zwei Söhne und sich selbst – »durchzubringen«. Ich hörte vom »Pleitegeier«, der sich überall niederließ und viel Unheil stiftete.

Ehefrauen mußten mitverdienen, wenn der Familienvater nicht ausreichende Einnahmen hatte. Selbst wir zwei Kinder wurden angestellt, um da oder dort zu helfen, damit wir etwas Geld nach Hause brachten, zum Beispiel durch Verteilen von Werbezetteln während der Leipziger Mustermesse.

Wir wurden sehr kurzgehalten. Wenn wir mit den Eltern spazierengingen, wurden wir veranlaßt, gewisse Pflanzen zu sammeln, die als Gemüse gekocht werden konnten. Wenn wir aufs Land fuhren, klauten wir auf den Feldern ein paar Kartoffeln oder Rüben. Die Eltern verboten uns das zwar, aber wir beiden Jungen freuten uns, daß wir zu Mutterns Küche etwas beitragen konnten.

Unser Vater hatte ein erstklassiges Geschäft für Herrenmode. Er belieferte nicht nur Private, sondern auch Theater. Einer seiner Kunden war der populäre Tenor Richard Tauber. Der »Herr Kammersänger« empfahl Vater an die Gebrüder Rotter, die in Berlin ein Musiktheater unterhielten. Sie führten »Revuen« auf, die zwar großen Publikumserfolg hatten, was aber nicht dazu führte, daß sie ihre Lieferanten, wie unseren Vater, bezahlten. Er büßte in Berlin viel Geld ein und schimpfte dementsprechend nicht nur auf sie, sondern auf die verlotterte Gesinnung gewisser Republikaner.

Unser Vater wurde ein leidenschaftlicher Motorsportler. Solange er sich kein Auto leisten konnte, fuhr er mit unserer Mutter »hintendrauf« Motorrad. Es verdroß ihn, daß er und seine Frau dabei schmutzig wurden. »Man müßte einen ›Überanzug‹ haben«, sinnierte er. »Irgend so ein Ding, das man über seinen Anzug trägt, die Frauen über ihr Kleid. So ein Ding, das von den Fußknöcheln bis zum Hals reicht.« Er zeichnete auf, was ihm vorschwebte. »So ein Ding« sollte aus imprägniertem, wasserdichtem Leinen sein und vorn einen Reißverschluß haben, der vom Schritt bis zum Hals reicht.

Er ließ Modelle anfertigen, probierte sie im ADAC aus, zu dessen Präsidium er gehörte. Die Motorradsportler waren begeistert. Er ließ sich seine Erfindung patentieren. Man redete ihm ein, er müsse für diesen Überanzug eine Konfektionsfabrik gründen, was er auch tat. Es war für damalige Verhältnisse ein hochmoderner Betrieb. In einem riesigen Saal mit Glasdach standen sich zwei Reihen Nähmaschinen gegenüber. In der Mitte lief langsam ein Fließband. Jede Näherin nähte nur bestimmte Nähte und reichte dann das Kleidungsstück über das Fließband an die Nachbarin weiter.

Zunächst lief das gewagte Unternehmen sehr gut. Vater gründete mit Geschäftsfreunden eine »Ital-Sportbekleidungs AG«. Im Leipziger Hauptbahnhof ließ er ein riesiges Werbeplakat anbringen, um für seinen Überanzug zu werben. Er war stolz, daß sein Plakat größer war als das von AGFA. Er meinte, daß er noch mehr Artikel haben müßte. Er begann mit der Konfektionierung von Lederbekleidung – auch hier ein Pionier. Er entwarf eine »Windjacke«, die wiederum bei den Sportlern ein Erfolg wurde.

Es meldeten sich politische Gruppierungen sowohl seitens der Sozialdemokraten wie der nationalen Verbände, zum Beispiel der »Stahlhelm«. Sogar »Teddy« Thälmanns Kommunisten wollten seine Windjacken beziehen. Alle Kunden hatten individuelle Änderungswünsche, auf die Vater jedoch nicht eingehen konnte. Auch wollte er absolut neutral bleiben. Allerdings verlor er dadurch zahlungsfähige Kunden. Es war gegen seine Ehre, einen Konkurs anzumelden. Er schloß mit seinen Gläubigern einen »Zahlungsvergleich« und mußte jahrelang seine Schulden an Lieferanten abbezahlen. Darunter litt nicht nur sein Geschäft, sondern auch die gesamte Familie. Aber Vater war ein Moralist.

*

Ich sollte etwas »Höheres« werden als alle anderen in der Familie. Deshalb wurde ich aufs Schiller-Realgymnasium geschickt. Hier wurde Englisch und Französisch unterrichtet, nicht nur Latein und Griechisch wie auf der

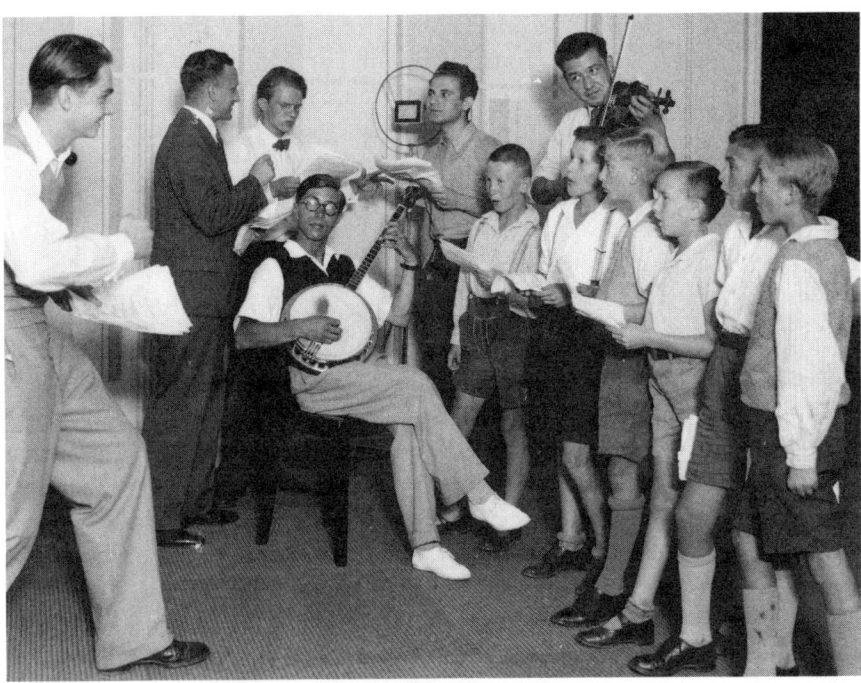

Schon mit 16 Jahren schrieb der Autor Kinderlieder und Hörspiele, die er im Leipziger Sender selbst inszenierte.

Der Autor vor einem Schneegleiter, Anfang der dreißiger Jahre.

fast legendären Thomas-Schule, wohin mein zweiter Bruder geschickt wurde – fünfzehn Jahre nach mir geboren. Die Mütze des Gymnasiums machte mich zwar stolz, aber in Mathematik, Physik und Chemie war ich mangelhaft. Nur die herzliche Sympathie meines Klassenlehrers hielt mich an dieser Schule.

Vater war über meine Schwierigkeiten äußerst verdrossen. Ich erfuhr, daß er als Niederländer für seinen niederländischen Jungen (obwohl in Sachsen geboren) das Vielfache an Schulgeld von dem bezahlen mußte, was andere Väter bezahlten. Ich geriet in eine Zwangslage: mehr Leistung oder Schulwechsel? Ich wuchs in die Situation eines Protestlers hinein. Alles um mich herum paßte mir nicht mehr.

Während eines Schulwandertages machte ich meinem puerilen Zorn Luft. Ich hatte viel über Napoleon gelesen, der mir damals noch imponierte. Wir rasteten an einer Gedenkstätte, dem »Napoleon-Stein«. An diesem Tag war ich dran, das herumflatternde Butterbrotpapier meiner Mitschüler einzusammeln. Ich tat es murrend, packte alles Papier auf den »Napoleon-Stein« und entzündete es. Eine helle Flamme erleuchtete das Denkmal. Ich faselte etwas von Tyrannen, die überall entmachtet werden müßten. Die zwei Lehrer, die uns beaufsichtigten, waren empört und meinten, nun sei ich »reif fürs Consilium abeundi«, also den Schulverweis. Ehe es dazu kam, meldete mich mein Vater in einer Privatschule an. In diesem liberalen Milieu ging es dann bald mit mir aufwärts.

*

Ich begeisterte mich für die Fliegerei. In unserer Nähe wohnte eine populäre alte Dame: genannt die Heldenmutter. Sie war die Mutter des berühmtesten Jagdfliegers des vergangenen Krieges: Manfred Freiherr von Richthofen. Die Legenden um ihn imponierten einer Knabenseele. Von einem »Leipziger Verein für Luftfahrt und Flugwesen« hörte ich. Ich besuchte seine »Flugtage«, auf denen nicht nur Flugmodelle von Jugendlichen demonstriert wurden, sondern auch Kunstflüge. Einer der letzten überlebenden Jagdflieger war Ernst Udet. Ich suchte seine Bekanntschaft – nicht ahnend, daß er nach 1933 einer der prominentesten Gehilfen Hermann Görings werden sollte.

In der Jungfliegergruppe war ich bei weitem der Jüngste. Aber ich sah viel älter aus, als ich war. Deshalb durfte ich mich an Übungsflügen der Segelflieger beteiligen, auch am Bau eines Segelflugzeuges (mit Hilfsmotor). Ich hörte von der Segelfliegerschule in Rossitten auf der Kurischen Nehrung (Ostpreußen) und meldete mich dort als Flugschüler an. Dazu hatte ich Formulare auszufüllen. Es hieß, man müsse achtzehn Jahre alt sein, um zugelassen zu werden. Ich war erst fünfzehn Jahre alt. Also fälschte ich mein Geburtsjahr und machte mich drei Jahre älter – ohne daß dies die Eltern erfuhren.

Tatsächlich wurde ich im Sommer 1928 angenommen. Das notwendige Geld verdiente ich mir durch Zeitungsartikel über die Fliegerei. Als der Kursus zu Ende war und mein Schwindel mit dem Geburtsjahr herauskam, stellte man fest, daß ich bei weitem »der jüngste Segelflieger der Welt« war. Die Presse griff das auf. Ich war mit einem Schlag populär und wurde im Herbst 1928 nach Berlin als Ehrengast zur »Internationalen Luftfahrt-Ausstellung (ILA)« eingeladen. Ich besaß »zum Ausgehen« nur einen Konfirmandenanzug und sah wohl etwas drollig aus unter all diesen viel älteren »Würdenträgern«. Den Ozeanflieger Hermann Köhl lernte ich kennen, seinen irischen Kollegen James Fitzmaurice, die Kunstflieger Elly Beinhorn, Thea Rasche, Gerhard Fieseler, Willy Messerschmitt und viele andere mehr.

Der Schweizer Verlag Orell Füssli regte mich an, meine »Segelflieger-memoiren« zu schreiben. Sie erschienen 1931 in Zürich unter dem Titel *So lernte ich Segelfliegen* und wurden ein großer Erfolg. Selbst Kurt Tucholsky schrieb darüber in der *Weltbühne*, was mich sehr ehrte: »Der Verfasser, ein Sechzehnjähriger, erzählt darin von einem Segelfliegerkurs, den er in Rossitten besucht hat; ein wenig zu fertig, nicht ganz so unmittelbar, wie man sich das wünschte – aber im großen ganzen recht sympathisch.« Danach erhielt ich viele Aufträge für Abhandlungen über die Segelfliege-rei. Auch zahlreiche Vorträge mußte ich halten. In den *Sozialistischen Monatsheften* erschienen zwei Gedichte von mir.

Was mir in den Fliegerkreisen nicht gefiel, war ihr blinder Nationa-lismus. Jetzt wurde mir bewußt: Es gab wenig kämpferische Republikaner in dieser Weimarer Republik. Wenn man angeheitert war, sang man alte Kriegslieder wie »Siegreich wolln wir Frankreich schlagen«. Nein, mir gefiel das gar nicht. Ich fragte Sozialdemokraten, warum sie nicht einen Luftfahrerverband gründen würden? Man könnte doch die Fliegerei nicht den Nationalisten und Revanchisten überlassen, den »alten Kriegern«. Sie hätten dafür kein Geld, sagten die Sozialdemokraten. Willy Brandt, später danach befragt, erklärte mir: »Sie müssen das verstehen. Wir waren alle-samt bitterarm und daher schon glücklich, wenn wir ein altes Fahrrad hatten.« Das konnte ich durchaus begreifen. Nur bedrückte mich, daß man die politischen Aspekte der Fliegerei falsch einschätzte. »Weimar« war eben tatsächlich – wie es Sebastian Haffner formuliert hat – eine »Repu-blik ohne Republikaner«. Der Münchner Politologe Kurt Sontheimer be-klagt »das antidemokratische Verhalten der Republikaner«. Im damaligen

Leipzig war meine Umwelt fast ausschließlich konservativ-national. Jegliche Linke waren verpönt, wenn nicht sogar verhaßt. Der Feuilletonist und Romancier Hans Natonek: »Nirgends fand ich eine solche Ansammlung von Kraft, so prachtvoller Motor, so elegant karossiert, aber so wenig richtungslos und ohne Ziel.« Genau das war es. Darum hatten Hitlers Hörige ein so leichtes Spiel.

*

In den zwanziger Jahren erfuhr ich von einem geigenden Wunderknaben aus New York. Sein Name: Yehudi Menuhin. Was man sich von seiner Musikalität erzählte, grenzte an eine Legende. Eines Tages besuchte unsere Familie in Leipzig ein Vetter aus Amsterdam. Er war etwa im Alter des Knaben Yehudi und trug wie er eine schwarze kurze Hose, weiße Kniestrümpfe und ein weißes Blusenhemd. Er wußte, daß die Familie des berühmten Gewandhaus-Dirigenten Arthur Nikisch neben uns wohnte. Ich sollte Frau Nikisch bitten, Isi mit Yehudi bekannt zu machen. Es geschah. Die beiden Knaben verstanden sich bestens. Freilich verzichtete Isi darauf, Yehudi vorzuspielen; denn er war nun selbst überrascht von dessen genialer Begabung. Für mich war die Gelegenheit angenehm, den großen Musiker schon in den Knabenjahren kennenzulernen. Sechzig Jahre danach unterhielten wir uns über die erste Begegnung.

*

Als ich etwa dreizehn Jahre alt war, begann ich ungemein viel zu lesen. Meine Mutter schmökerte die sentimentalen Romane von Sudermann und Ganghofer. Meine Mitschüler begeisterten sich an Karl May. Mich dagegen interessierte die moderne Literatur, zum Beispiel Ernst Toller, Stefan Zweig, Klabund, Bert Brecht, Thomas und Heinrich Mann. Das Gesamtwerk von Émile Zola studierte ich, auch das Gesamtwerk von Jack London, dessen Frau Charmian später meine Freundin wurde. Alles, was im kommunistischen Malik-Verlag erschien, interessierte mich ebenso: Upton Sinclair, Maxim Gorki, Johannes R. Becher und andere.

Es erschien in Berlin eine bemerkenswerte Zeitschrift: *Die literarische Welt.* Ihr Herausgeber war der Prager Schriftsteller Willy Haas, ein Freund von Franz Kafka und Max Brod. Ich hatte nur ein kleines Taschengeld, aber es genügte, um mir ab und zu *Die literarische Welt* kaufen zu können. Eines Tages las ich in ihr ein Inserat, das mitteilte, ein Schriftsteller in Berlin suche einen jungen Bibliothekar zur Ordnung seiner Bibliothek. Selbstbewußt meldete ich mich sofort. Ich sollte mich vorstellen, lautete die Antwort. Mein Korrespondent war der Herausgeber Willy Haas.

1929, sechzehn Jahre alt, trat ich meinen Posten als Bibliothekar, Sekretär und Hauslehrer beim Ehepaar Haas (samt Söhnchen Michael) in Berlin-Falkensee an. Immer in den Ferien arbeitete ich hier – bis zur Emigration der Familie Haas nach Prag (1934). Für die Auflösung des Haushaltes und den Transport wurde der damals 21jährige verantwortlich gemacht.

Mit meiner Arbeit für Willy Haas begann ein neuer Abschnitt in meinem Leben während der Weimarer Republik. Ich wurde fortan mit vielen Persönlichkeiten des geistigen Lebens der ersten deutschen Republik konfrontiert. Die Chefredaktion der *Literarischen Welt* erhielt Pressekarten für Theater- und Filmpremieren sowie für Vernissagen bildender Künstler. Häufig trat Willy Haas die Karten an mich ab, falls er nicht mit mir die Veranstaltungen wahrnahm. Es ist bekannt, daß in Berlin in den zwanziger Jahren vorzüglich Theater gespielt wurde. Theaterfans aus aller Welt kamen in die deutsche Hauptstadt, um Max Reinhardts Inszenierungen im »Deutschen Theater« oder Erwin Piscators Regieexperimente zu sehen und vielleicht der fast legendären Schauspielerin Elisabeth Bergner huldigen zu dürfen.

Die literarische Szene war zu jener Zeit erfreulich pluralistisch, und sie bot viel Neues. Allerdings darf nicht vergessen werden, daß erhebliche wirtschaftliche Not herrschte und eine verheerende Arbeitslosigkeit den Bürgern schlaflose Nächte bereitete. Es ist über einen Mißbrauch »demokratischer Freiheiten« zu klagen. Manches wurde ohne sittliche Verantwortung dargeboten, was die überwiegende Mehrzahl der Deutschen verstimmte.

Mein Freund, der Geopolitiker Albrecht Haushofer, der später zum Widerstand gehörte und 1945 auf Befehl Hitlers ermordet wurde, schrieb 1929 an seinen Vater: »Der Berliner Sumpf stinkt zum Himmel. Gut. Die Demokratie ist Sumpf. Und ein Volk muß wohl hinein, bis es halb erstickt daran. Man kann sich das Waten darin leisten in einer nach außen gesicherten Situation. Aber heute?« 1930 richtete Haushofer seine Klage an seine Mutter: »Deutsche Politik hat heute so wenig Sinn wie griechische zur Zeit des Philopoimen (griechischer Staatsmann und Feldherr, 253–183 v. Chr.). Unsere historische Stunde ist von der Generation unserer Väter und Großväter vertan – sie kommt nie wieder.«

Da ich selbst noch nicht vergleichen konnte, weil ich dafür viel zu jung war, wagte ich nicht, Kritik zu üben. Ich spürte freilich genau, daß es an positiven, aufbauenden Kräften in dieser jungen Republik mangelte. Auch andere junge Leute verspürten das. Die NSDAP gewann immer mehr Anhänger.

Mich bedrückte die herrschende Not sehr. An manchen Tagen klingelten in kurzen Abständen an den Wohnungstüren bettelnde Menschen. Sie wollten nicht nur Geld, sie wollten auch Essen und Kleidung. Mir wurde bewußt, daß die Intellektuellen berufen seien, der Gemeinschaft zu dienen. Als Mitglied des »Schutzverbandes deutscher Schriftsteller« in Leipzig war ich auch bei weitem der Jüngste, trotzdem wurde ich respektiert. Ich schlug dem Vorstand selbstbewußt vor, nicht nur für das Bürgertum literarische Abende zu veranstalten, sondern ebenso für alle Notleidenden, Behinderten, Alten.

Diese »Geistige Winterhilfe« wurde begrüßt. Wir fanden Sponsoren, welche die anfallenden Kosten tragen halfen. Unsere Werbung richtete sich speziell an alle arbeitslosen Männer, Frauen und Jugendlichen. Durch Handzettel, die wir auf den Straßen verteilten, wurde auf unsere Aktivitäten aufmerksam gemacht. Während der Veranstaltungen wurde nicht allein Literatur vorgetragen, sondern auch Musik aller Gattungen. Wir wollten nicht, wie einer unserer Kritiker nörgelte, den Arbeitslosen »Sand in die Augen streuen«, sondern wir wollten sie durch Anteilnahme an ihrem unverdienten Schicksal ermuntern durchzuhalten. Unser Arbeitsausschuß war absolut neutral; jedoch war es gerade dies, was die Besserwisser uns übelnahmen.

Ich verfaßte in Leipzig auch Aufrufe zum Einsammeln von lesenswerten Zeitschriften und Büchern, die unser Komitee außer in Altenheimen in »Wärmehallen« verteilte, die damals eingerichtet wurden; denn die meisten Arbeitslosen hatten kalte Wohnungen.

Ich gab intuitiv Anregungen für eine neuwertige Buchwerbung. Wir kleideten junge Schauspieler(innen) ein als fromme Helene, Napoleon, Johann Sebastian Bach und so weiter. Sie promenierten durch die Innenstadt. Auf Zettel mußten die Passanten aufschreiben, wer hier dargestellt wurde und von welchem Autor ein Buch über diese Persönlichkeit geschrieben worden war. Diese Aktion kam sehr gut an, was allen Bücherfreunden gefiel. An dieser Stelle sollte ich erwähnen, daß ich noch immer ein Teenager war. Trotzdem wurde mir freie Hand gelassen, weil ich im Schriftstellerverband verständnisvolle Partner hatte.

Da ich in meiner Familie multinational aufgewachsen war – englisch, niederländisch, deutsch –, empfand ich früh instinktiv, daß wir unsere freiheitliche Gesellschaft multikulturell fortentwickeln müßten. Das war nur möglich, wenn wir Kontakte aufnahmen mit unseren europäischen Nachbarn. Ich begeisterte mich für die deutsch-französische Verständigung. Angeregt durch den Leipziger Romanisten Professor Friedmann. Durch Thomas und Heinrich Mann bekam ich Hinweise auf die Paneuropabewegung des Grafen Coudenhove-Kalergi in Wien. Die Gründung der ersten Paneuropäischen Studentengruppe in Leipzig durch mich fand 1929 statt. In meinem Aufruf vom Herbst 1930 ist nachzulesen, wie meine Kommilitionen und ich damals dachten:

»Der Weltkrieg, der Erfolg von hundert Jahren politischer Romantik, muß besonders den Studenten zur Entscheidung zwingen, ob eine neue und furchtbarere Katastrophe durch verantwortungslose Irreführung herbeigeführt werden soll oder ob eine zur Führung berufene Schicht endlich einsieht: Die Neuordnung Europas ist nur auf Grundlage der Vernunft und der politischen Erkenntnis möglich.

Stärker als bisher ist es Pflicht aller, die Besonnenheit und Klarheit ihres Denkens bewahrt haben, sich zu Willenszentren zusammenzuschließen, mit dem Ziel einer Aktivierung der außenpolitisch sympathisierenden Studenten ohne Rücksicht auf ihre innenpolitische Bindung. Darüber hinaus ist es notwendig, als Keil, als Zelle unter den heute zum großen Teil reaktionären Studenten zu wirken: mit Aufklärung gegen politische Romantik, mit Sachlichkeit gegen unzeitgemäße Sentimentalitäten.

Die Paneuropäische Studentengruppe sieht ihre Aufgabe darin, das Problem Paneuropa zu klären und von drei Seiten her umfassend zu umreißen. Paneuropa: als geistiges und sittliches Postulat, politische Forderung, wirtschaftlicher Zwang.«

Man beachte die Reihenfolge unserer Vorschläge! Zunächst war wichtig das geistige und sittliche Postulat, danach erst kam die politische Forderung, und schließlich stand auf dem dritten Posten der wirtschaftliche Zwang. In der heutigen Europapolitik steht an erster Stelle die Wirtschaft, und häufig wird das Geistige völlig vergessen. Dies ist bei den Europawahlen zu beobachten. Wir werden keine relevante europäische Union haben, solange die geistigen Dimensionen vernachlässigt werden, wie das jetzt der Fall ist.

Ursprünglich hatte ich Flugzeugkonstrukteur werden wollen. Der Besuch einer technischen Hochschule war Voraussetzung. Diese wiederum forderte, daß der Student einige Zeit praktisch gearbeitet hatte. Also wurde ich Schlosserlehrling in einer Fabrik, wodurch ich »das Proletariat« näher kennenlernte. Jedoch spürte ich bald, daß ich für die Technik nicht geeignet bin. Vor allem hatte ich Angst vor der sichtlich planlosen technischen Entwicklung, weil ich schon seinerzeit erkannte, man kann nicht alles erfinden und praktizieren, was einem so in den Kopf kommt, sondern daß man Folgeerscheinungen gründlich sondieren muß. Es war der Sohn von Eugen Diesel, dem Erfinder des Dieselmotors, der mich vor der Technik warnte: »Sie sind dafür ein viel zu sensibler Mensch ...« Also wendete ich mich zu den Geisteswissenschaften, legte (da ich kein Abitur hatte) eine Begabtenprüfung ab, bestand sie und wurde danach Student der Leipziger Universität.

Ich hatte vorzügliche Lehrer. Bei den Germanisten H. A. Korff und G. Witkowski (dem Bruder von Maximilian Harden) setzte ich mich mit der deutschen Literatur auseinander. Ich unternahm Studien auf dem Gebiet der Geschichte und Philosophie (Hans Driesch). Auch in der Kunstakademie ließ ich mich einschreiben, um recht viel über bildende Kunst zu lernen.

Bereits in der Schüler- und Studentenzeit war ich publizistisch tätig. Damit finanzierte ich mein Studium, aber auch partiell meinen Lebensunterhalt; denn meine Mutter erwartete, daß ich pro Tag 1 Mark zu ihrem Haushalt beitrug. Da ich Vaters Geldnöte kannte, willigte ich in den Vorschlag ein. Manches Mal konnte ich meiner Mutter noch das eine oder andere zustecken, was sie sich nicht leisten konnte.

*

Ein paar Worte über die damalige Presse in Sachsen. Das führende bürgerliche Blatt waren die *Leipziger Neuesten Nachrichten,* die eine Boulevardausgabe hatte, die *Leipziger Abendpost.* Hier war ein Onkel von mir Redakteur. Er gab mir dankenswerterweise jede Gelegenheit, für seine Zeitung zu schreiben. Es gab außerdem die *Neue Leipziger Zeitung,* die sozialliberal eingestellt war. Erich Kästner war hier eine Zeitlang Redaktionsvolontär, Feuilletonredakteur war der Schriftsteller Hans Natonek, dessen Romane heute wieder gedruckt werden. Schließlich gab es noch die kommunistische *Leipziger Volkszeitung.* Ich interessierte mich nicht für Parteipolitik und publizierte in allen Blättern. So etwas war wohl nur in der Weimarer Republik möglich. Aber auch in diesem Kreis von tüchtigen Publizisten unterschätzte man die Radikalen in Deutschland, was uns junge Leute verunsicherte.

Zwangsweise mußte ich mich schließlich doch mit der Politik auseinandersetzen. Ich interessierte mich für diejenigen Bünde innerhalb der Jugendbewegung, die konsequent liberal und demokratisch waren. Dazu gehörte die dj.1.11. von Eberhard Koebel und das »Graue Corps« des Schweizer Chemieprofessors Alfred Schmid. In diesen beiden Bünden wurde appelliert an eine »Einheit der Geistigen«. Aber dafür war es jetzt zu spät.

Dies erfuhr ich durch einen Kameraden aus der dj.1.11., der ein »Edelkommunist« war. Er studierte emsig Marx, für ihn eine Art Heiliger, der mich jedoch nicht fesselte. Ein anderer Freund war ein jüdischer Arzt. Er liebte Deutschland sehr und konnte sich nicht vorstellen, in die Emigration zu müssen. Schon als Schüler empfand ich es als unheilvoll, daß in der Weimarer Republik nicht konsequent genug gegen jeglichen Antisemitismus gekämpft wurde, unter dem zum Beispiel einige meiner Klassenkameraden litten. Angehörige harmloser Minderheiten wie Homophile wurden wegen ihres »Geburtsfehlers« ins Gefängnis gesteckt. Nein, eine glanzvolle Demokratie war die Weimarer Republik keineswegs.

Wir Jugendlichen meinten irrigerweise, daß Vernunft und politische Erkenntnis sich schließlich durchsetzen würden. Es war ein weiterer Irrtum. Hitlers Machtergreifung 1933 beschloß die »Zeit von Weimar«. Viele junge und ältere Bürger glaubten, Hitler und seine Gang seien nur eine vorübergehende Erscheinung. Sie sollten sich täuschen, wie die nächsten Jahre bewiesen haben. Die Weimarer Republik hätte nicht verspielt werden dürfen, wie es leichtsinnigerweise geschah! Hat man in Deutschland und in anderen Ländern daraus gelernt? Ich bezweifle das! Nationalismus und Rassismus nehmen in aller Welt zu. Der Weltfrieden ist keineswegs gesichert. An den deutschen Schulen sollte viel intensiver deutsche Geschichte der Neuzeit gelehrt werden, damit junge Menschen frühzeitig erfahren: Die Fehler der Väter dürfen keinesfalls wiederholt werden.

Hans Egon Holthusen

In Rendsburg am 15. April 1913 zur Welt gekommen. Studium der Germanistik, Geschichte und Philosophie in Tübingen, Berlin und München. War von 1939 bis 1945 Soldat an verschiedenen Fronten, drei Jahre auch in Rußland. Nach Ende des Krieges lebte er als freier Schriftsteller in München. Dann leitete er das New Yorker Goethe-Institut (1961–1964) und übernahm schließlich mehrere Professuren an verschiedenen amerikanischen Universitäten (1959–1981). Veröffentlichte zahlreiche Bücher, unter anderen *Der unbehauste Mensch* (1951), *Kritisches Verstehen* (1961), *Sartre in Stammheim* (1982) und *Vom Eigensinn der Literatur* (1989).

HANS EGON HOLTHUSEN

». . . Joe, mach die Musik von damals nach!«

Meine intellektuellen Flegeljahre –
Ein Hildesheimer Gymnasiast im Jahre 29: antibürgerlich und zeitgemäß

Zur Debatte steht, was man in Amerika die »Roaring Twenties« nennt, die tosenden oder brausenden Zwanziger, die man hierzulande als die »goldenen« oder aber als die »unseligen« Jahre der Weimarer Republik bezeichnet.

Wer um 1920 in Berlin war, hatte Gelegenheit, eine Entwicklung zu studieren, die man je nach Perspektive als einen allgemeinen Verfall der Sitten oder als einen radikal emanzipatorischen, tabuzertrümmernden Entbürgerlichungsprozeß erklären konnte. Man zeigte Filme mit Titeln wie »Moral und Sinnlichkeit«, »Hyänen der Lust« oder »Venus im Pelz« (nach einem Roman des Österreichers Leopold von Sacher-Masoch). Es war die Stunde der »Raffkes«, der Schieber und Strichmädchen vom Kurfürstendamm und der »Koks«-Dealer am Bahnhof Zoo.

Das Chaos trieb Blüten: in Nacht- und Nacktklubs, in Transvestitenlokalen und getarnten Spielbanken. Es war, was Gottfried Benn, der »wildeste« – und bis heute berühmteste – Dichter des späten Expressionismus, die *Orgie 1920* genannt hat: Papiergeldtaumel mit einem Aspekt von Tanz auf dem Vulkan, und getanzt wurde nach der neuen schwarzen Musik aus New Orleans und Chicago, die eben im Begriff war, auch die Ohren der Alten Welt zu erobern.

Und dieses Berlin – mit allen seinen »Verfallserscheinungen« – ist dann eben doch die Stadt gewesen, in der ein so erstaunliches Produkt wie die »Kultur von Weimar« entstehen konnte.

Berlin als Gegenstand nostalgischer Erinnerungen für mehrere Generationen von Intellektuellen und beileibe nicht nur in Mittel- und Westeuropa – ich zitiere ein paar Sätze aus einem Text, der Ende der sechziger Jahre in der *New York Times* veröffentlicht worden ist: »Es gab in den zwanziger Jahren keinen Ort, der mit Berlin zu vergleichen gewesen wäre.

Als die Hauptstadt der modernen Bewegung in Literatur und Kunst, bahnbrechend in Sachen Film und Theater, in den Sozialwissenschaften und in der Psychoanalyse, war es die Stadt der *Dreigroschenoper* und des *Kabinetts des Dr. Caligari*, es war die Wiege der Jugendbewegung und einer unerhörten sexuellen Freiheit. Es war das Mekka einer ganzen Generation von Isherwoods, und es ist in die Geschichte eingegangen als das Zentrum eines neuen perikleischen Zeitalters.« (Aus einer Besprechung – vom 24. November 1968 – des Buches *Weimar Culture* von dem Amerikaner Peter Gay, der 1923 unter dem Namen Fröhlich in Berlin zur Welt gekommen ist; der Rezensent ist Walter Laqueur, geboren 1921, auch er ein deutscher Emigrant, heute Professor für Zeitgeschichte in Amerika.)

Der Name des englisch-amerikanischen Schriftstellers Christopher Isherwood (1904–1986) impliziert eine Anspielung auf dessen Aufenthalt im Berlin der Jahre 1929 bis 1933 und sein Erinnerungsbuch *Goodbye to Berlin* (1939), das heute in den USA als »Klassiker« unter den literarischen Dokumenten über das Spree-Athen der letzten Jahre der Republik betrachtet wird. Wahrhaftig, das war seit mehr als hundert Jahren, seit den Tagen der englischen Romantik, nicht mehr vorgekommen, was damals passierte: daß die brillantesten Köpfe der jungen Generation sich für Deutschland, das »moderne«, begeistern konnten und sich von seiner Kunst und Literatur nachhaltig beeinflussen ließen. Das gilt nicht zuletzt auch für Isherwoods Freunde Auden und Stephen Spender, die sich später als die maßgebenden Dichter der dreißiger Jahre etablieren sollten. Man ging, wenn man den Kontinent bereiste, nicht zunächst nach Paris, man ging nach Berlin.

*

Ich war, als Brechts *Dreigroschenoper* am 31. August 1928 im legendären *Theater am Schiffbauerdamm* uraufgeführt wurde, ganze fünfzehn Jahre alt und Obersekundaner am humanistischen Gymnasium *Andreanum* im niedersächsischen Hildesheim, der Stadt des heiligen Godehard, 30 Kilometer südlich von Hannover. Ich war der Sohn eines evangelisch-lutherischen Geistlichen und Ältester von fünf Geschwistern. Der Vater, ursprünglich Divisionspfarrer der Kaiserlichen Armee in Schleswig-Holstein, hatte als solcher den Krieg vom ersten bis zum letzten Tage im Westen »mitgemacht«, war mit dem EK I ausgezeichnet worden und im Herbst 1918 körperlich unversehrt, aber in seinen vaterländischen Wertvorstellungen wie vernichtet, in seine Garnisonsstadt Rendsburg am Kaiser-Wilhelm-Kanal zurückgekehrt. Die düstere Novemberstimmung von damals, ein Gefühl von Panik und Angst vor dem angeblich zu erwartenden Anmarsch der roten Matrosen aus dem nahen Kiel hat sich für immer in mein Gedächtnis eingegraben. Es ist, so könnte ich es ausdrücken, die älteste politische Erinnerung meines Lebens.

Seine Laufbahn hat ihn, meinen Vater, dann zunächst, als »zivilen« Seelsorger der Hannoverschen Landeskirche, in ein stattliches Zweitausendseelendorf im Niederelbischen – zwischen Stade und Cuxhaven – geführt, wo wir in einem strohgedeckten Fachwerkhaus mit Hilfe eines ausgedehnten Pastorengartens, mit einem »Auslauf« für ein Dutzend Hühner und einem oder zwei Borstentieren im Stall, während der ersten Jahre der Nachkriegszeit ganz leidlich über die Runden gekommen sind. Sehr anders die Lebensbedingungen für uns alle, als er 1924 nach einer siegreichen »Wahlpredigt« in die uralte, ursprünglich romanisch, dann wieder renaissancehaft, er hätte gesagt: »lutherzeitlich« geprägte (und nachgerade überwiegend evangelische), Bischofsstadt mit dem Tausendjährigen Rosenstock berufen wurde. Dort übernahm er eine Gemeinde in den nördlichen Außenbezirken, die zum Einzugsgebiet von »Sankt Andreas« gehörte, einer »bürgerlichen Pfarrkirche« von gewaltigen Ausmaßen, hochgotisch die Architektur, im Innern, vor allem in der Altarzone, ein bescheidenes Maß von barockisierender Prachtentfaltung.

Weit abgelegen von den berühmten Sehenswürdigkeiten der Innenstadt – Marktplatz, Dom, Sankt Michael –, war dieser Amtsbereich beiderseits der Ausfallstraße nach Hannover trotz so ansprechender Straßennamen wie Vogelweide, Altes Dorf oder Sachsenring ein eher tristes Stück Industrievorstadt mit vorwiegend kleinbürgerlicher und proletarischer Bevölkerung. Die Leute arbeiteten »bei der Bahn« oder bei Senking (Herde, Öfen, Großkochanlagen); wer es hier zum Lokomotivführer gebracht hatte, der stand schon groß da.

Das war das Milieu, in dem wir zu einem Bewußtsein von Zeitgenossenschaft erwachten; die Zeitgenossenschaft hieß »Zwanziger Jahre«.

Wir hausten in einer »Dienstwohnung« im ersten Stock des Gemeindehauses, wo »unten« der Konfirmandenunterricht und die Kindergottesdienste stattfanden, und hatten hinterm Haus wieder einen Garten mit ein paar Obstbäumen, mit Weißkohl-, Tomaten- und Karottenbeeten, nicht zu vergessen die zwei oder drei heimlich geplünderten Johannis- und Himbeersträucher. Auch gab es dort eine Art leerstehende Blockhütte mit hüfthoher Fensteröffnung und zurückgeschlagenen Läden, ein Stützpunkt, der uns als Festung diente für unsere selbstgedichteten Mann-gegen-Mann-Geschichten, gelegentlich aber auch für ganz besondere Kinoerlebnisse von, sagen wir, den »Nibelungen« bis zum »Hilfskreuzer Emden«, einem vaterländischen Reißer aus dem Kaper- und Versenkungskrieg von 1914, die wir hier auf unsere Art zu reproduzieren versuchten.

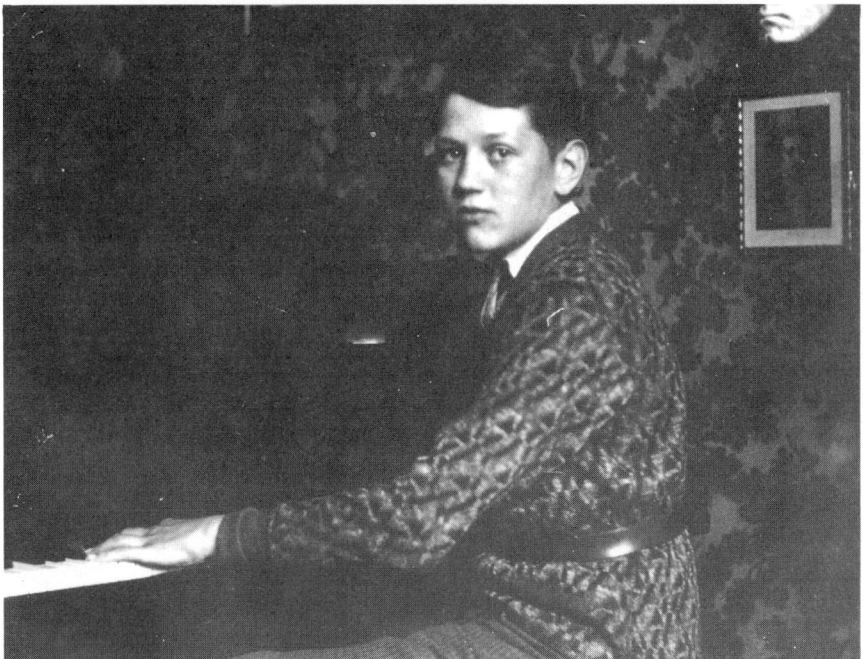

Familie Holthusen 1920, der Verfasser steht unten links.

Der Autor als 16jähriger am Klavier, 1929.

Der Hausstand war weder klein- noch großbürgerlich, sondern das, was man damals noch »gutbürgerlich« nannte. Das Geld war knapp, nur ein paar hundert Reichsmark im Monat für eine Sieben-Personen-Familie (einschließlich Anschaffungen, Schulgeld und so weiter), der Hausherr behielt ganze 3 Mark für sich selber, um ab und zu eine sehr billige Zigarre zu rauchen. Es gab natürlich keinen Eisschrank und keine Spülmaschine, geschweige denn Radio oder Kraftfahrzeug. Die Weckgläser standen oben auf dem Schrank. Die Milch und alles Eßbare, auch Gekochtes, das kalt gehalten werden sollte, wurde im Schattenreich einer kleinen »Speisekammer« aufbewahrt; für das Heiße, das heiß bleiben sollte, gab es die »Heukiste«.

Wer abends beim Verlassen des Zimmers das Licht brennen ließ, galt als Verschwender und wurde zusammengepfiffen, und das Lichtausknipsen gehörte wie das Kochen und Regieren zu den regelmäßigen Dienstleistungen der Dame des Hauses, die, wenn sie »fünsch« (das heißt sehr ärgerlich) oder aber in besonders aufgeräumter Stimmung war, in ein drastisches Holsteiner Platt verfallen konnte. Sie war noch ziemlich jung damals, und alle Welt, nicht nur der Sohn, fand sie entzückend ...

Es gab so vieles nicht, was sich heute von selbst versteht, aber es gab einen Flügel, der schon 1912 angeschafft worden war – der Herr Pastor war ein sehr beachtlicher Klavierspieler. Auch gab es, was heute in einem Pfarrhaus kaum denkbar wäre, »das Dienstmädchen«; zeitweise, in den mittleren Zwanzigern, waren es sogar deren zwei. Der Lohn, den man ihnen zahlte, muß minimal gewesen sein, aber sie hatten ihr Zimmer, sie hatten genug zu essen, und wir hatten sie gern, sie gehörten »zur Familie«.

Die erzieherischen – wie die politischen – Grundsätze des »alten Herrn« waren patriarchalisch und »autoritär«. Wie so viele andere, wie wahrscheinlich die überwiegende Mehrheit des akademischen Bürgertums seiner Generation, fand er es unmöglich, sich in der Weimarer Republik politisch zu Hause zu fühlen. Er hatte Thomas Manns fulminantes Kriegsbuch, die *Betrachtungen eines Unpolitischen*, dieses durch den Glanz seiner Darstellung noch heute bestechende Plädoyer für das kulturelle Selbstgefühl der wilhelminischen Bourgeoisie in ihrer Auseinandersetzung mit dem »Geist des Westens«, gewiß nicht gelesen; er hätte für die stilistische Delikatesse dieses Autors und für seine ebenso elegante wie tief bedenkliche Formel von der »machtgeschützten Innerlichkeit« keinen Sinn gehabt. Aber er war 1876, ein Jahr nach Thomas Mann, zur Welt gekommen, gehörte also mit Haut und Haaren zu jener Generation, als deren politischer Sprecher der Verfasser der *Betrachtungen* seine Stimme erhoben hatte.

Man war Bismarckianer, wenn man zu diesen Jahrgängen zählte, man war Patriot bis in die Knochen, war es aufgrund von klassischen Überlieferungen, die man bis zu Horaz und Tyrtäus zurückverfolgen konnte, und wegen gewisser historischer »Erbfeindschaften«. Es gab in diesem Punkt weder Zweifel noch Alternativen, denn es handelte sich da nicht eigentlich um einen »Standpunkt«, sondern um eine Glaubensüberzeugung, letzten Endes um eine heute kaum noch begreifliche Wahnvorstellung, daß der »Herrgott« doch wohl etwas ganz Besonderes mit seinen Deutschen im Sinne haben mußte.

»Und es mag«, so hatte es der Lübecker Laureatus Emanuel Geibel schon zehn Jahre vor der Reichsgründung ausgedrückt, »am deutschen Wesen einmal noch die Welt genesen.« Vaterländische Glut und religiöse Inbrunst schlugen lodernd ineinander, die Nation wurde heiliggesprochen. So zum Beispiel in Rudolf Alexander Schröders Weihegesang *Heilig Vaterland* von 1914, der dann viele Jahre später zur stillen Bestürzung des Dichters von der Hitlerjugend zu einschlägigen Zwecken adoptiert worden ist.

Wie findet sich so ein wilhelminischer Patriot nach der nicht denkbaren und dennoch eingetretenen Götterdämmerung von 1918 unter den traurigen Verhältnissen von »Weimar« zurecht, mit einem Sattlergesellen an der Spitze des Reiches und mit Leuten, die Müller oder Noske oder Scheidemann hießen, anstelle der alten Elite?

Er schrieb regelmäßig erscheinende Sonntagsbetrachtungen für eine deutschnationale Tageszeitung, und in seiner Sprechstunde herrschte ein Betrieb wie auf dem Wohlfahrtsamt. Er besuchte die Leute in ihren Wohnküchen, hatte dank seines monströs guten Gedächtnisses alle ihre Daten, Jubiläen, Familienverhältnisse im Kopf, nahm ihr Gejammer auf sein Gewissen und bekämpfte das hartnäckige Einerlei ihres Elends mit den nie sehr üppigen Erträgen der Klingelbeutelkollekte, nicht selten auch aus der eigenen Tasche.

Der Gerechtigkeit fiel er in den Arm, als gegen die beiden Massenmörder Schlesinger und Weber, die 1928 auf der Eisenbahnstrecke nördlich von Kreiensen einen D-Zug zum Entgleisen gebracht hatten, um den Postwagen auszurauben, das Todesurteil drohte (wenn es nicht schon ausgesprochen war), und plädierte für Begnadigung. Er wußte, warum er das tat; er hatte, als Gefangenenseelsorger an der Hildesheimer Vollzugsanstalt, den Fall genau studiert. Die Täter wurden, aus welchen Gründen auch immer, nicht hingerichtet.

Dann kam der Herbst 1929, als nach den »Schwarzen Tagen an der Wall Street« ein Unheil namens Weltwirtschaftskrise mit verzweifelten Zusammenbrüchen, Börsenkatastrophen und steigender Arbeitslosigkeit mani-

fest wurde, mit ihm ein neuer, von dem amerikanischen Finanzgenie
Owen D. Young ausgearbeiteter Plan zur Neuregelung der deutschen
Reparationsleistungen – die neueste Variation einer hirnrissigen Nieder-
haltungs- und Ausblutungspolitik, die gottlob nach dem Zweiten Weltkrieg, als die Deutschen unvergleichlich viel schuldiger waren als 1918,
nicht wiederholt worden ist.

In deutschen Rechtskreisen flammte die patriotische Empörung gegen
den »Schandfrieden von Versailles« von neuem auf. Auch meines Vaters
politische Leidenschaft, sein grimmig leidender Stolz ging in Positur, und
diesmal, dieses eine Mal, ließ er sich bewegen, die Kanzel mit der politischen Tribüne zu vertauschen und seine gewaltige Stimme in den Dienst
der »deutschen Sache« zu stellen. Im Hildesheimer »Theatergarten« hielt
er eine groß angelegte Rede gegen diesen Youngplan, an die zweitausend
Menschen sollen ihm zugehört haben. Ihm ging es ausdrücklich um das
Nationale, den vaterländischen Widerstand. Aber mußte nicht, wie die
Dinge lagen, auch ein radikal *soziales* Aufbegehren gemeint sein? War
nicht Thomas Mann im Recht, wenn er deutsches Massenelend (um 1930)
und alliierte Haßverbiesterung, wörtlich »diese archaisch-blinde Tribut-
politik der den Frieden diktierenden Staaten«, aufeinander bezog?

*

Ich war inzwischen sechzehn Jahre alt. Die Blockhüttenmanöver im Garten lagen hinter mir, auch der Konfirmandenunterricht durch das Familienoberhaupt persönlich, bei dem es ohne Spannungen und eine Art von
traumatischer Erfahrung nicht abgegangen war. Ich erinnere mich einer
Maßregelung durch Hausarrest, den ich stellvertretend für alle anderen
absitzen mußte und als unrechtmäßige Kränkung und Demütigung empfand. Es muß wohl so etwas wie ein emanzipatorischer Schock für mich
gewesen sein, dieser Vorfall, der zu den eigensinnig dauerhaften Gedächt-
nisbildern gehört.

Damals las ich *Tonio Kröger* und zum erstenmal auch, in einer billigen
Volksausgabe für 2,85 Mark, die *Buddenbrooks* des literarischen Nobel-
preisträger des Jahres. Dann die ersten selbständigen Entdeckungen im
Universum der Weltliteratur, Dostojewski vor allem, eine schwindelerre-
gende Angelegenheit, weiß Gott, kein »Bildungserlebnis«, sondern so
etwas wie ein Erdbeben, eine Erschütterung aller überkommenen »huma-
nistischen« Wert- und Kulturbegriffe, wie es für viele unserer älteren
Zeitgenossen Nietzsche gewesen war. »Blick ins Chaos«: so hatte ein paar
Jahre zuvor Hermann Hesse einen aufsehenerregenden Aufsatz über die
Brüder Karamasow überschrieben.

Alles Russische war mächtig en vogue damals; war »in«, wie man heute sagen würde. Man trug Russenkittel, wenn man auf Faschingsbälle oder – norddeutsch – »Kostümfeste« ging (und nicht wenige Literaten und Künstler trugen sie auch in ihren Ateliers), schwarze, seidig glänzende, hochgeschlossene Bauernblusen mit Gürteln, und wenn man ein Mädchen hatte, wurde man Sascha genannt und mußte sich mit Sonja oder Anjuschka revanchieren. Russisch – das war unbürgerlich, acherontisch, revolutionär. Ich las auch Gorki und Lenin und vermutlich zum erstenmal das *Kommunistische Manifest*. In der Klasse diskutierten wir *Im Westen nichts Neues* von Erich Maria Remarque und das fulminante, schon 1916 veröffentlichte Kriegsbuch *Das Feuer* von dem Franzosen Henri Barbusse.

Wir waren – gemeint sind die literarischen und politischen Wortführer unter uns – leidenschaftliche Antimilitaristen und mit unseren ideologischen Sympathien natürlich weitgehend »links«, es sei denn, man war so gescheit wie mein Freund Ulrich Koch, der zwei Jahre älter war als ich, bereits mehrere Dramen verfaßt hatte und schon 1929 den allzu frühen Tod Gustav Stresemanns als ein großes Unglück beklagte. (Er ist fünfzehn Jahre später, in Rußland, verschwunden, »verschollen«, auf Nimmerwiedersehn, kein Mensch weiß, wo er begraben liegt.)

Man könnte sie unsere intellektuellen Krisen- oder Flegeljahre nennen, diese Zeit von 1929 bis zur »Reifeprüfung« 1931. In Wahlkampfzeiten sah man uns mit tief ins Gesicht gezogenen Hüten und in einer ziemlich albernen Maskerade, die wir für »proletarisch« hielten, kommunistische Versammlungen besuchen, doch auf den stundenlangen Nachhausewegen, immer noch einmal von Haustür zu Haustür, später in fiebrigen Nachtsitzungen weit über die *Stunde Null* hinaus, ging es kaum noch um Parteiprogramme. Es ging, wie man so sagt, um Gott und die Welt, und sie erinnern mich, diese Diskussionen, im Rückblick an das endlose »verkommene Schwatzen gewisser religiöser Personnagen in Dostojewskis großen Romanen« (auch dies eine Wendung von Thomas Mann).

Eines Tages beschlossen wir, am *Andreanum* eine »illegale« Bibliothek für die oberen Klassen anzulegen, die alles zeitgemäß Radikale, Prekäre und Pikante aus der damals neuesten Literatur anbieten sollte, alles, was unseren Vätern und Lehrern verhaßt sein mußte. Das ging von Majakowski (*150 Millionen*) bis zu Ferdinand Bruckner (*Verbrecher; Krankheit der Jugend*), von Plivier (*Des Kaisers Kulis*) bis Friedrich Wolf (*Paragraph 218*), von Renns *Krieg* bis Peter Martin Lampels *Revolte im Erziehungshaus*, von Anna Seghers (*Aufstand der Fischer von Santa Barbara*) bis zu *Wege der Liebe* von Alexandra Kollontaj, Tochter eines zaristischen Generals, die damals (ab 1930) sowjetische Botschafterin in Stockholm war. Auf der Liste standen auch Autoren wie Dos Passos und Romain Rolland (mit seinem *Mahatma Gandhi*), ebenso Namen wie Gogol, Tolstoi und natürlich Dostojewski, auch Oscar Wilde und Gerhart Hauptmann, sogar eine Ausgabe der vier Evangelien in »moderner Übersetzung« wurde empfohlen.

Das Unternehmen wurde »unbürgerliche Bibliothek«, abgekürzt (und selbstverständlich klein geschrieben) »u.b.«, genannt und streng geheimgehalten. Natürlich dauerte es trotzdem nicht lange, und der Herr Direktor wußte Bescheid. Er ließ mich als einen der »Rädelsführer« kommen, um mich zu »verhören«. Der Mann war noch nicht vierzig, ein zerschossener Arm, der linke, hing steif herab. Sein Ton war kühl, aber nicht feindselig, er hatte ein Air von ironischer, aber keineswegs herablassender Sachlichkeit. Nach zwanzig Minuten Frage und Antwort traf er seine Entscheidung. Gegen unser Vorhaben, sagte er, habe er nichts einzuwenden, nur sollten wir es nicht so verschwörerisch geheimnisvoll, sondern öffentlich und für alle sichtbar in Szene setzen; die Eingangs- und Pausenhalle im Parterre stehe für etwaige Werbezwecke zur Verfügung.

Ein paar Tage später sah man dort, gleich neben dem Schwarzen Brett, eine schreckenerregende Friedensbotschaft hängen. Die Graphik zeigte einen Totenschädel und zwei skelettierte Hände, die sich in ein Stück Stacheldraht verkrallt hatten; die Parole in mehreren Sprachen, inklusive Niederländisch, lautete: »Krieg dem Kriege!« Von jetzt ab nannten wir unseren Betrieb nur noch »g.b.« oder »gelbe Bücherei«; das muß uns ganz besonders smart und »modern« vorgekommen sein.

Nachzutragen bleibt, daß der Chef keine vier Jahre später beschuldigt wurde, während der »Systemzeit« kulturbolschewistische Bestrebungen an seiner Schule begünstigt zu haben. Gegen Ende einer Gedenkfeier zum ersten Jahrestag der »Machtergreifung« erreichte ihn per Telegramm die Nachricht von seiner Amtsenthebung. Die große Aula der »ehrwürdigen« alten Humanistenschule hatte sich schon zu leeren begonnen, Hunderte von Schülern aller Klassen hatten es eilig, an die frische Luft zu kommen, als er sie alle noch einmal zurückrufen ließ, um über die geduckten Köpfe des »Lehrkörpers« hinweg ein letztes Wort an sie zu richten. Es war kurz und schneidend, und es war, glaube ich, wert, nicht vergessen zu werden: »Jungs«, sagte er, »werdet Männer und keine Denunzianten!«

*

Der Mann, der damals »gehen« mußte, war einmal auch unser Griechischlehrer gewesen, und das wollte was heißen. (Er war erstklassig und dementsprechend anspruchsvoll.) Wenn ich qua »Zeitgenosse« an jene Jahre vor 1933 zurückdenke, so muß ich mir sagen, daß man als Heranwachsender aus »gutbürgerlichem« Hause damals noch das Glück hatte, auf den klassischen Kanon der alteuropäischen Überlieferungen vergattert zu werden, während man doch andererseits den Gang der Dinge als einen unerhörten, allgemeingesellschaftlichen Emanzipationsprozeß erleben konnte.

Ein charakteristisches Modewort war seinerzeit das »Lebensgefühl«. Man meinte damit nichts »Weltanschauliches« mit bestimmten Prinzipien und Tendenzen, man meinte etwas schlechterdings Elementares: den schieren Elan vital, der aber natürlich vom »Zeitgeist« nicht völlig unabhängig sein konnte, anders ausgedrückt: der sich intellektuell, moralisch, politisch und ästhetisch (»geschmacklich«) durch eine geschichtlich bedingte Art der Weltorientierung motiviert fühlen mußte.

»Zeitgemäß«, meine ich, war zunächst und ganz wesentlich ein neuartiges Körperbewußtsein, wenn man in Freibädern, auf Sportplätzen (anstelle der alten, ewig nach Bohnerwachs riechenden Turnhallen mit Reck und Barren und Sprossenwand), in Tanzlokalen mit »schräger« Musik »sein Wesen trieb« oder wenn man, mit knapp zwanzig Mark in der Tasche, auf dem Zweiradsattel mit Luftpumpe und wenig Gepäck »auf Fahrt ging« (Übernachtung im Freien, allenfalls Jugendherberge, gelegentlich auch mal Obdachlosenasyl), um Hamburg und Helgoland, den Rhein und seine Städte und als nächstes ein erstes Stück Ausland, nämlich die Berge und Seen der Schweiz, zu erleben.

Weitsprung, Dreisprung, 800-Meter-Lauf, man hatte die Zeiten und Weiten der letzten Olympischen Spiele immer genau im Kopf, und eines Tages würde man dann ganz bestimmt auch selber das Große Sportabzeichen »gemacht« haben. Einstweilen gab es da nur eine kleine Versammlung von welk gewordenen »Siegerkränzen« an der Wand über dem Bett, die man mit eher bescheidenen Leistungen auf den jährlich einmal stattfindenden »Reichsjugendwettkämpfen« erstritten hatte. Gleich daneben hing (ab 1930) das zeitgenössische Idol der Idole: die göttliche Marlene Dietrich auf einem Foto aus dem »Blauen Engel«, der allerneuestens arrivierte »Weltstar« aus Berlin.

Zeitgemäß war auch ein neuartiges Erscheinungsbild der jungen Frau. Wenn schon um 1920 eine Dame ihre schönen Beine in seidenen Strümpfen öffentlich zeigen durfte, wenn sie mit kniefreien Röcken herumlaufen, mit kurzgeschnittenen Haaren, genannt »Pagenkopf« oder »Herrenschnitt«, einerseits Ärgernis, andererseits Entzücken erregen konnte, so war das nicht bloß ein modegeschichtlicher Stilbruch, es war eine Art von ästhetisch-erotischer Revolte, von deren Bedeutung man sich heute kaum noch eine Vorstellung machen kann. »Vatermörder« und Korsettstangen, der hochgezwirbelte Kaiser-Wilhelm-Schnurrbart und die Kronprinzessin-Cäcilie-Frisur, das alles war nun für immer erledigt, nicht anders als das schändliche Dreiklassenwahlrecht in Preußen, das noch bis 1918 in Kraft gewesen war.

Eine ganz neuartige gesellschaftliche Kultur schien im Werden zu sein und mit ihr ein neues »Selbstverständnis« der Frau und ein vielfach verändertes Rollenverständnis zwischen den sozialen Gruppen, nicht zuletzt im Verhältnis der Geschlechter zueinander. Nicolaus Sombart erzählt in seinem Erinnerungsbuch *Jugend in Berlin* von einem Wesen namens Tita, das sich schon in jungen Jahren als Porträtfotografin einen Namen machte und möglicherweise die Geliebte des Reichswehrchefs von Seeckt gewesen ist. »Sie war«, sagt er, »eine ausgesprochene femme à hommes und repräsentierte für mich den Typ der kessen selbständigen Garçonne des Berlins der goldenen Jahre.« Ein Mädchen »von Familie«, wohlgemerkt, die Tochter einer Mutter, »die vollkommen die große Dame des fin de siècle verkörperte, eingehüllt in eine Aura von Wohlduft und Geheimnis; immer etwas kränkelnd, ein Tischchen mit Flacons und Pillen in Griffnähe ...«

Man sollte wohl hinzufügen, daß es solche »Typen« nicht nur in Berlin gab, sondern auch in der »Provinz«, zum Beispiel in Hannover, und auch erklären, was »femme à hommes« in diesem Zusammenhang sagen will. Nämlich dies: daß diese Frauen nicht im hergebracht bürgerlichem Sinne »verführbar« waren, sondern selber die Karten in der Hand hatten und von sich aus das Signal gaben, wenn der Augenblick danach war. Die eine, an die ich denken muß, war keine Garçonne, auch keine »Intellektuelle«, obwohl sie in der Unterhaltung fast immer die Überlegene war. Eine früh erblühte Schönheit, strahlend, geistreich, selbstbewußt und warmherzig, in den Zügen noch etwas kindhaft Rundliches, die Augenbrauen kräftig nachgezogen, das Kinn auf die geballten Fäuste gestützt. So hat man sie als noch nicht Siebzehnjährige aufgenommen und das Foto im Großformat in der *Hannoverschen Allgemeinen* veröffentlicht.

Dazu ein Text, der mit ihrer sehr besonderen Person wenig zu tun hat, der aber damals, 1929, sehr »typisch« war und deshalb hier zitiert zu werden verdient: »Aus der Passivität vergangener Jahrhunderte ist die Frau zu aktivem Leben erwacht. Diese Lebensnähe liegt in den Frauengesichtern, die uns heute umgeben. Dem Gesicht der jungen weiblichen Generation fehlt jede Scheu vor dem Leben, die früher allen Mädchen eigen war. Bei aller Frische und allem Schmelz der Jugend hat das junge Mädchengesicht jene Straffheit und zupackende Lebensenergie, die für den Existenzkampf unserer heutigen, über alle Maßen schweren Zeit unerläßlich ist.«

Was also war »Emanzipation«? In der Schule lernte man – auf Wunsch des Vaters – neuerdings auch Hebräisch, in den Versen der Sappho, 600 vor Christus, erkannte man mit Schaudern sich selbst: das Liebesfeuer unter der eigenen Haut. In einem Primanerwettbewerb von Horaz-Nachdichtern legte man sich ins Zeug und gewann. Gleichzeitig aber lebte man in einer vollkommen anderen, von sich selber besessenen Zeit, die den Tonfilm kannte und die allerersten Ozeanflieger, die Marx und Lenin, Planck und Einstein, Freud und Nietzsche in ihren »Wortschatz«, wenn nicht in die eigene Umgangssprache aufgenommen hatte. In den Galerien stand man vor Klee und Picasso und lernte zu sehen. In Berlin spielte man Hamlet im Frack und Falstaff im Smoking, mit Monokel, und Karl Moor erschien in den *Räubern* mit Stahlhelm und Handgranate. Im Radio gab man die *Heilige Johanna der Schlachthöfe* von Brecht, und bei den Freunden in Hamburg sah ich die ersten Stahlrohrmöbel aus der Bauhausschule und war wie behext …

Zu Hause war an so etwas nicht zu denken, aber man hatte ein Grammophon, und auf der kreisenden Schallplatte ging es, wenn man uns glauben wollte, hoch her. Es war ein Hochgefühl von Sympathie für die »Subkultur« der Kaschemmen und Rotlichtlokale, die doch, immer wenn unsere Diva, »von Kopf bis Fuß auf Liebe eingestellt«, vor ihr Publikum trat, in unseren Augen etwas ungeniert Souveränes, ja Fürstliches ausstrahlen konnte. Dann die *blue notes* vom Broadway, das Eindringen der afroamerikanischen Kornett- und Schlagzeugvirtuosen in das deutsch-bürgerliche Wohnzimmer, wo Beethovens Gesichtsmaske über dem Flügel an die Wand genagelt war. Halbton- und Synkopenzauber und so unvergeßliche Evergreens wie »Night and Day« und »Stormy Weather«.

Schließlich Brecht. Er und Weill und ihre gemeinsame *Dreigroschenoper*, für uns der Inbegriff von »Lebensgefühl«. Die Mackie-Messer-Moritat und die Seeräuberjenny, gesungen von der Wienerin Lotte Lenya, der grandiose Kanonensong und der Barbara-Song der Gangsterbraut Polly, es war der hypnotisch-präzise, abgebrüht-agitatorische Ausruferton der Sprechertexte und die rhythmisch pulsierende Ragtimebesetzung der Musik: hartes, trockenes Klavier, Banjo, gestopfte Trompete. Es war die irisierende Polyphonie aus Leierkasten, Exerzitien, Litanei und Choral, zauberhaft unmoralisch, »antibürgerlich«, revoluzzerhaft, aber ganz ohne den ideologischen Holzhammerton der Piscatorschen Klassenkampfbühne. Es war geistvoll und selbstironisch, Opernparodie mit herrlichen Villon-Zitaten, abgefeimt »kulinarisch«, es war die schönste Bettler-und-Gauner-Komödie des Jahrhunderts. Die bürgerlichen Feinschmecker im Parkett waren außer sich vor Vergnügen. Die Marxisten waren böse.

Genau ein Jahr nach Mackie Messers Debüt hörte man im *Schiff-bauerdammtheater* den auch nicht zu verachtenden »Bilbao Song« (aus *Happy-End*) und in ihm den berühmt gewordenen Zwischenruf »Joe, mach die Musik von damals nach!« – eine Empfehlung, die jeden betrifft, der seine Jugenderinnerungen zum besten geben will.

Ich habe mich auch daran gehalten, als ich fast zwei Generationen später, im Frühjahr 1985, vor einem amerikanischen Auditorium, einer »Klasse« von kaum zwanzigjährigen Studenten, in einem hochmodernen Sprachlabor die *Three Penny Opera* in deutscher Sprache per Lautsprecher wiederaufführen ließ. Die Campus-Kids vom Michigansee waren hingerissen, das war, so alt es sein mochte, etwas gänzlich Neues für sie, und es ging ihnen, man fühlte es, »unter die Haut«. Der Schulmeister sagte sich: »Na also!« und fing schon an zu überlegen, wie man in der nächsten Stunde am besten vorgehen würde. Was über den Schlußchoral zu sagen wäre – »Bedenkt das Dunkel und die große Kälte in diesem Tale, das von Jammer schallt« – und was es für einen Sinn gehabt hatte, als der junge Brecht, von Journalisten gefragt, welcher Autor ihn am stärksten beeindruckt und beeinflußt habe, die Antwort gab: »Sie werden lachen, die Bibel!«

*

Bleibt zu sagen, daß es in den allerletzten Monaten der »Weimarer Zeit« Berlin selbst gewesen ist, wo ich, nicht weit vom Bahnhof Zoo, in einer ziemlich abenteuerlichen Pension meine Unterkunft hatte und »an Ort und Stelle« die Agonie der Republik miterleben konnte. Als viertes Semester an der damals noch ganz erstklassigen Friedrich-Wilhelms-Universität hatte ich die Chance, den legendären Glanz der »goldenen Zwanziger« noch einmal aufscheinen zu sehen, ehe die erste deutsche Demokratie, sozusagen vor meinen Augen, den Geist aufgab und der Unhold von Braunau mit einer Bande von »katilinarischen Existenzen« (wie Bismarck sie wohl genannt hätte) die Reichskanzlei besetzte.

Ich kann nicht behaupten, daß ich ein konsequenter Parteigänger gewesen wäre und daß das ominöse Accelerando der politischen Hiobsbotschaften meine Phantasie pausenlos beschäftigt hätte. Was mich faszinierte, war Berlin »persönlich«. Seine Schrecken, seine Kälte, seine unerhörte Kultur, sein, wie Benn einmal gesagt hat, »monströser Genußapparat«. Eine Stadt, eine Weltstadt zumal, ist ja ein Lebewesen *sui generis*, eine »Welt für sich« – und ganz etwas anderes als das jeweilige Staatswesen, mit dem sie, oft unter Qualen und dann auch wieder mit einer Aura von ironischer Distanz, sich einzurichten hat.

Die Tagebücher von damals zeigen einen wenig konzentrierten, aber höchst umtriebigen, aufgeweckten und vielseitig interessierten jungen Zeitgenossen. Man findet bedenklich zahlreiche, häufig wechselnde Mädchennamen und alle paar Seiten ein neues (schlechtes) Gedicht. Dann wieder eine Notiz über halbe Tage in der Staatsbibliothek, um beispielsweise den Aristoteles in vier verschiedenen Übersetzungen zu studieren (es geht um ein Referat über Lessings Theorie der Tragödie), spätnachmittags ein sogenanntes Schäferstündchen in den eigenen vier Wänden, am selben Abend dann die Philharmoniker mit Furtwängler am Pult, Prokowjew als Pianist in einem eigenen Klavierkonzert und Paul Hindemith als Bratschensolist vor einer Partitur von Berlioz. Im Foyer zu sehen ist der damals hochpopuläre Fritz-Lang-Star Brigitte Helm.

Anderntags eine Massenversammlung der KPD, im Sportpalast mit Ernst Thälmann als Redner – berittene Polizei, überall Doppelposten, Hände hoch, Durchsuchung nach Waffen. Zwei Tage später: der BVG-Streik, der alle öffentlichen Verkehrmittel lahmlegte; mein Zeitgenosse sieht Kommunisten und SA Schulter an Schulter am Bahnhof Zoo stehen und mit der Parole »Jeda Jroschen een Sarchnajel füa Papen!« ihre Sammelbüchsen schütteln.

Das krisengeschüttelte Staatswesen fiebert seinem Ende entgegen. Auf das zweite Kabinett Papen folgt im Dezember der Sechswochenkanzler Herr von Schleicher, der letzte der »Systemzeit«, auch er von Anfang an zum Scheitern verurteilt. Mein Zeitgenosse treibt sich gern allein in der Stadt herum; der Alexanderplatz zieht ihn an, das Karl-Liebknecht-Haus, damals Hauptquartier der Kommunistischen Partei, auf dessen Dach angeblich Maschinengewehrschützen in Stellung liegen, hat es ihm angetan. Als es Mitte Januar im Berliner Osten zu einer letzten großen Straßenschlacht kommt, beobachtet er wie ein Voyeur die vorbeirasenden Mannschaftswagen der Polizei, hütet sich aber sehr wohl, allzunahe an die kämpfenden Parteien, die sich gegenseitig als die rote bzw. braune Mordpest beschimpfen, heranzukommen.

Zu Hause, in der Bayreuther Straße, gibt es dann wieder die *Ästhetischen Briefe* von Schiller und Goethes *Maximen und Reflexionen*, man entdeckt Fontane, den gewaltigen Jean Paul, nicht zuletzt auch – zwischen Abenden in der Dschungelbar, Joachimsthaler Straße, oder im »Delphi-Palast«, Kantstraße, zwischen »Nelson-Revue« und »Truppe 31«, dem rasanten Agitproptheater des hochwohlgeborenen Edelbolschewisten Gustav von Wangenheim – die *Geburt der Tragödie* von einem 28jährigen Pastorensohn des Jahres 1872.

Aufregender noch als der »Alex« war – oder nicht? – die Universität Unter den Linden. Man saß dort »zu Füßen« von solchen Berühmtheiten wie Hermann Oncken, Nicolai Hartmann, Eduard Spranger, Werner Sombart, Ludwig Klages, Romano Guardini und Max Dessoir. (Man hörte sie alle!)

Im ehemals Königlichen Schauspielhaus sah man »die Bergner« als Viola in *Was ihr wollt* (und stand in Flammen). Man sah eine Max-Reinhardt-Inszenierung des *Prinzen von Homburg,* sah die *Räuber* unter der Regie von Leopold Jessner. Im Lessing-Theater gab es den *Pygmalion* von Shaw mit Oskar Homolka und Grete Mosheim (die man dreißig Jahre später, als Hotelnachbarin in New York, noch einmal wiedersehen sollte, diskret geliftet, doch immer noch so schön wie einst im Mai). Das Staatstheater spielte mit Werner Krauss, Gustaf Gründgens und der hinreißenden Wienerin Käthe Gold als Gretchen den *Faust 1* – es war, so liest man's im Tagebuch, »wohl der bisher wunderbarste Abend in Berlin«. Was folgte, waren eine *Iphigenie,* ein *Tannhäuser,* der *Schinderhannes* von Zuckmayer und – der *Rosenkavalier,* wenn auch in diesem Falle nur »von hinten« gesehen, da man, für drei Mark pro Abend, mit einer theresianischen Haiduckenuniform, grün und silber, am Leibe, als stummer Statist das Ensemble ergänzen durfte.

Am Abend nach dem Reichstagsbrand sah man den *John Gabriel Borkmann* von Ibsen, und schon einen Tag später, am 1. März 1933, erlebte mein Zeitgenosse das letzte große Theaterereignis der »Weimar Culture« in Berlin mit eigenen Augen. Es war die Abschiedsvorstellung des größten Theatergenies der Epoche: Max Reinhardt mit dem »Salzburger Großen Welttheater« im eigenen Hause, dem »Deutschen Theater« an der Schumannstraße. Seine allerletzte Inszenierung auf deutschem Boden, den er genau acht Tage später verließ und nie wieder betrat, und es waren Schauspieler, die auch von der Nachwelt bis heute nicht vergessen sind: Eugen Klöpfer in der Hauptrolle als Bettler, Helene Thimig als die Weisheit, Jermila Novotna als die Schönheit und Max Gülstorff als Vorwitz.

Als Reinhardt auf der Bühne erschien, so das Tagebuch, »begann ich zu glühen. Ein Kopf! Ein Kopf! … Der Beifall war maßlos.« Dann fiel der Vorhang, das »perikleische Zeitalter« – das fühlte man – war am Ende.

WILHELM SCHNEEMELCHER

Geboren am 21. August 1914 in Berlin. Nach Schulbesuch und Studium der Theologie Promotion und Kriegsdienst. 1945–1949 im Kirchendienst. 1949 Habilitation in Göttingen für das Fach Kirchengeschichte. Ab 1954 ord. Professor für Neues Testament und Kirchengeschichte in Bonn, 1967–1968 Rektor der Universität. Von 1982–1985 Präsident der Rheinisch-Westfälischen Akademie der Wissenschaften in Düsseldorf. Lebt in Bad Honnef.

Wilhelm Schneemelcher

»Meine Herren, das bedeutet Krieg«

Ein Berliner Pfarrhaus in den »goldenen Zwanzigern« –
Zwischen Dorotheenstadt und Alexanderplatz

Wenn ein Historiker, der die Geschichte der Weimarer Republik aus der wissenschaftlichen Literatur kennt, seine Erinnerungen an die Jahre seiner Kindheit in dieser Zeit aufschreiben will, so steht er in der Gefahr, eigene »Erinnerungen« mit dem Bild, das die Forschung erarbeitet hat, zu vermischen.

Wenn er, wie der Verfasser dieser Skizze, mitten in Berlin geboren und aufgewachsen ist, dann ist die Gefahr einer solchen Vermischung noch größer. Denn oft sagt man sich: Das mußt du doch eigentlich miterlebt haben. Aber – um es vorweg zu betonen – ich habe im ersten Jahrzehnt meines Lebens nicht viel von den bewegenden Ereignissen dieser Zeit, die von »höchster Komplexität und überreicher Ereignisfülle« (Kolb) war, mitbekommen.

Geboren am 21. August 1914 in der Mittelstraße, einer Parallelstraße zu »Unter den Linden«, habe ich eine behütete Kindheit im Pfarrhaus der Dorotheenstädtischen Kirchengemeinde, in der mein Vater seit 1914 tätig war, verlebt. Natürlich war der Alltag eines Kindes und eines Jugendlichen nicht völlig unberührt von dem Zeitgeschehen in Berlin. Einzelne, oft recht schemenhafte Erinnerungen tauchen auf ...

Der Einzug der aus dem Feld zurückkehrenden Truppen, den wir auf dem Pariser Platz mit ansahen, hat auf den Vierjährigen großen Eindruck gemacht, ohne daß er von den Vorgängen etwas verstand.

Ähnlich schemenhaft ist die Erinnerung an einen Vorgang während der Spartakuskämpfe in Berlin. An einem Sonntagnachmittag wurde mein Vater von Spartakusleuten aus der Wohnung geholt. Sie behaupteten, es sei vom Kirchtum aus auf sie geschossen worden. Mein Vater mußte mit den Leuten auf den Kirchtum, wo sie sich überzeugen konnten, daß nicht von dort auf sie geschossen worden sei. Vielmehr waren vom Postscheckamt in der Dorotheenstraße, in dem sich Angehörige eines Freikorps festgesetzt hatten, die Stellungen der Spartakusleute unter Feuer genommen worden.

Natürlich war mir nicht klar, worum es ging. Aber die Bedrohung habe ich sehr gespürt.

Auch der Kapp-Putsch im März 1920 hat Spuren in der Erinnerung hinterlassen. Teile der »Brigade Ehrhardt« bezogen im Gemeindesaal des Pfarrhauses Quartier. Das war für uns Kinder ein interessantes Spektakel, ohne daß wir von den Hintergründen und den Folgen etwas ahnten. In diesen Märztagen 1920, als der Generalstreik das öffentliche Leben lahmlegte, wurde in unserer Kirche die jährliche Konfirmation gefeiert. Da meine älteste Schwester zu den Konfirmanden gehörte, wollte meine Großmutter (Jahrgang 1851), die in Friedenau wohnte, unbedingt an der Feier teilnehmen. Sie hat dafür einen zweieinhalbstündigen Fußmarsch auf sich genommen, was in der Familientradition als große Leistung aufbewahrt wurde.

Aus der letzten Phase der Inflation ist mir erinnerlich, daß der Kirchendiener (so nannte man damals den Mann, der für das Kirchengebäude, den äußeren Betrieb und für manche anderen Dinge zuständig war) jeden Morgen zum Stadtsynodalverband fuhr und in einem Waschkorb das Geld für die Pfarrer und die kirchlichen Mitarbeiter abholte. Sobald er damit zurückkam, wurde das Hausmädchen oder eines der Kinder losgeschickt, um Brot und andere Dinge zu kaufen, ehe das Geld wieder wertlos war.

Das sind einige kleine Erinnerungssplitter aus einer bewegten Zeit. Rückblickend ist es erstaunlich, wie die Eltern meinen Schwestern und mir in diesen Jahren eine geborgene und geordnete Häuslichkeit erhalten haben.

Unser Elternhaus war ein bürgerlich geprägtes Pfarrhaus (ein oder zeitweise zwei Dienstmädchen waren selbstverständlich). Aber es war kein unpolitisches Haus. Mein Vater war von 1902 bis 1922 Generalsekretär des Evangelisch-Sozialen Kongresses und war dadurch mit Adolf von Harnack, Friedrich Naumann und vielen anderen Männern, die auch in der Weimarer Republik eine Rolle spielten, verbunden. Die persönliche Begegnung mit Adolf von Harnack bei einem »Gang durch die Gemeinde« hat den Jungen sehr beeindruckt, auch wenn er nicht wußte, wer und was dieser freundliche Mann war.

Der Umbruch 1918 hat meinen Vater sicher sehr bewegt. Aber er hat die neue Ordnung wohl bejaht (wie auch Harnack). Jedenfalls war unser Elternhaus – trotz mancher Distanz zu den neuen Verhältnissen – kein deutschnationales Pfarrhaus, wie es deren viele gab.

Aus dem Alltag dieser Jahre kann ich kaum etwas berichten, weder positiv noch negativ. Wahrscheinlich war die Ernährung in der Kriegs- und ersten Nachkriegszeit recht mangelhaft. Aber an richtige Hungerzeiten kann ich mich nicht erinnern.

Der Garten um die Kirche bot uns Kindern genügend Raum zum Spielen. Allerdings war der Küster, ein ehemaliger Feldwebel des 2. Garderegiments zu Fuß, der über den Garten wachte, uns Kindern nicht sehr wohlgesonnen. Es war die erste und unvergessene Begegnung mit einem wenig erfreulichen Typ des preußischen Unteroffiziers.

Es ist wohl erwähnenswert, daß einem dieser Typ des »kirchlichen« Verwaltungsbeamten (und das war ja ein Küster) auch in anderen Berliner Gemeinden begegnete. »Militäranwärter« besetzten diese Stellen und betrachteten sie als angemessene Position. Unser Küster war ohne Zweifel ein ausgeprägter Vertreter dieser Gattung. Jeden Sonntag erschien er zum Gottesdienst in Frack mit Orden, geleitete den Pfarrer aus der Sakristei zur Liturgie an den Altar und dann zur Kanzel. Danach verschwand er in seine Wohnung, um zu frühstücken. Nach der Predigt erschien er wieder, um den Pfarrer von der Kanzel zum Altar zu geleiten. Alle Versuche meines Vaters, diesen feierlichen Unfug abzustellen, scheiterten. Hier zeigten sich doch wohl Relikte staatskirchlichen Denkens, das eben auch in den zwanziger Jahren noch recht lebendig war.

Mit dem Übergang auf das Berlinische Gymnasium zum Grauen Kloster (1923) änderte sich vieles in meinem Leben. Denn nun trat neben den Einfluß des Elternhauses die Prägung durch eine traditionsreiche und ausgezeichnet geleitete Schule. Der Direktor Arnold Reimann war ein bedeutender Historiker und zugleich ein hervorragender Pädagoge, der es offensichtlich auch verstanden hat, ein Kollegium von qualifizierten Lehrern für die Schule zu gewinnen.

In den ersten Jahren haben wir natürlich nicht viel von dem Rang der Schule gemerkt, auch wenn wir als »Klosteraner« uns allen anderen Schulen überlegen fühlten. In der Unterstufe wurde nach herkömmlicher Methode fleißig »gepaukt« und damit eine gute Grundlage für den Unterricht in den späteren Klassen gelegt. Es blieb uns in diesen ersten Jahren verborgen, daß es innerhalb der Lehrerschaft politische Gegensätze gab, die sich dann aber in der Mittelstufe bemerkbar machten.

Da hatten wir einen Lehrer in den Fächern Deutsch, Geschichte und Religion (von letzterer hielt er allerdings nicht sehr viel), der ein schneidiger Deutschnationaler war und das in seinem Unterricht auch zur Geltung brachte. So war seine Darstellung des Investiturstreits (wohl in Obertertia) den Katholiken in unserer Klasse ein schwerer Anstoß. Aber dieser – an

Reichspräsident Friedrich Ebert nach seiner Stimmabgabe zur Reichstagswahl 1921. *(Keystone)*

Reichspräsident Paul von Hindenburg bei einem Termin mit Pressefotografen anläßlich seines achtzigsten Geburtstages 1927. *(Bildarchiv Preußischer Kulturbesitz)*

sich tüchtige – Lehrer, bei dem wir viel gelernt haben, stand wohl innerhalb des Lehrerkollegiums mit seiner extrem nationalistischen Haltung ziemlich allein. Entsprechend der liberalen Einstellung, die vorherrschend war, ertrug man ihn.

Der tägliche Schulweg, der natürlich zu Fuß zurückgelegt wurde (ca. 30 Minuten), ging über die Straße ›Unter den Linden‹ an der Staatsbibliothek, dem Denkmal Friedrichs des Großen, der Universität, dem Zeughaus, dem Schloß und dem Dom vorbei zur Klosterstraße. Nur bei ganz schlechtem Wetter, wenn etwa die Temperatur unter minus 20 Grad sank, wurde die Benutzung von Omnibus oder U-Bahn bewilligt. Es ist keine Frage, daß sich durch diesen täglichen Weg ein Bild vom Kern Berlins und seiner Geschichte bildete, das wohl anders aussah, als wenn man am Kurfürstendamm groß geworden wäre.

Es sei hier noch eine Beobachtung aufgeführt, die wohl einen erheblichen Wandel in den Lebensverhältnissen signalisierte. In den ersten Jahren dominierten auf den Straßen in den Morgenstunden die Pferdefuhrwerke, mit denen die Einzelhändler Gemüse und andere Waren, die sie in der Markthalle am Alexanderplatz eingekauft hatten, in die westlichen Stadtteile transportierten. Nach und nach machte sich aber die Motorisierung immer stärker bemerkbar. In derselben Zeit begann auch die Elektrifizierung der Berliner Stadtbahn. Vor allem den Umbau des Bahnhofs Friedrichstraße haben wir mit großem Interesse beobachtet. Wir sahen darin wohl mit Recht einen großen Fortschritt, eine Einschätzung, die zu der beschränkt optimistischen Haltung der Jahre 1925 bis 1930 paßte.

Damit ist nun nicht gesagt, daß meine Mitschüler und ich die vielgepriesenen »goldenen Zwanziger« als »golden« erlebt hätten. Dieses Schlagwort mag für einen kleinen Kreis von Künstlern und Intellektuellen im Westen angebracht gewesen sein. Denn das Berliner Kulturleben war in diesen Jahren wirklich erstaunlich vielfältig und lebendig. Aber wenn man die Welt der Menschen im Berliner Norden oder Osten kennen lernte, dann sah die Sache nicht sehr »golden« aus.

So war auch die finanzielle Lage in den meisten Elternhäusern meiner Mitschüler recht bescheiden. Viele Schüler kamen aus wenig begüterten Schichten. Wenn heute das alte humanistische Gymnasium als elitär diffamiert wird, so kann ich für unsere Schule nur bezeugen, daß hier Schüler aus allen Schichten ihren Weg ins Leben beginnen konnten. Allerdings mußte Begabung vorliegen, und die Eltern mußten manche Opfer erbringen. Schulgeld und Schulbücher bildeten sicher eine erhebliche Belastung für den häuslichen Etat.

Es war verständlich, daß ein Teil meiner Mitschüler 1930 mit dem ›Einjährigen‹ die Schule verließ, um eine praktische Ausbildung anzutreten. Auch in der Kleidung konnte kein großer Aufwand getrieben werden. Ich entsinne mich noch, daß ich es als eine besondere Auszeichnung empfand, als meine Mutter mit mir in ein Geschäft ging und dem Zehnjährigen einen schönen Pullover kaufte.

Im Jahr 1925 starb der Reichspräsident Ebert. Das Urteil über diesen Mann war in meinem Elternhaus – wenn ich mich recht entsinne – etwas ambivalent, im ganzen aber eher positiv. Der damalige Reichskanzler Luther, mit dem mein Vater gut bekannt war, holte sich bei diesem Rat für seine Ansprache bei der Trauerfeier; das machte auf mich natürlich großen Eindruck.

Wie meine Eltern zu der Wahl Hindenburgs als Nachfolger Eberts standen, weiß ich nicht. Da aber Harnack eindeutig gegen Hindenburg und für Marx Stellung bezogen hatte, nehme ich an, daß mein Vater ähnlich dachte. Das hat nicht daran gehindert, daß wir uns den unter großem Jubel erfolgenden Einzug Hindenburgs am Brandenburger Tor ansahen.

Diese politischen Fragen haben manche Spannungen zwischen meinem Vater und seinem alten Freund Bruno Violet, dem Pfarrer an der Friedrichwerderschen Kirche, der Nachbargemeinde von Dorotheenstadt, mit sich gebracht. Violet war ein fanatischer Gegner der Weimarer Republik und insbesondere Eberts. So wurde man schon als Heranwachsender in die Spannungen innerhalb des Bürgertums hineingezogen. Im Konfirmandenunterricht bei Violet habe ich das manchmal sehr deutlich gespürt.

An der Weltkirchenkonferenz in Stockholm 1925 nahm mein Vater als Delegierter teil. Seine Berichte nach der Rückkehr haben mich, ohne daß ich die Einzelheiten schon durchschauen konnte, nachhaltig beeinflußt. Denn damit wurde der Blick auf die Welt außerhalb der deutschen (besser: der Berliner) Kirche gelenkt und dem Jungen klargemacht, daß die weltweite Christenheit ein buntes und zerstrittenes Gebilde ist. Das war sicher ein heilsames Gegengewicht gegen den üblichen Provinzialismus. Daß dabei leicht nationalpolitische Interessen mit kirchlichen Motiven in Gegensatz gerieten, zeigte sich an der Diskussion über die deutsche Kriegsschuld in Stockholm. Der Bericht meines Vaters über seine Begegnung mit Elie Gounelle, der in Frankreich eine ähnliche Stellung innerhalb der christlich-sozialen Bewegung einnahm wie er, war bedrückend. Trotz langjähriger Verbundenheit vor dem Ersten Weltkrieg kam es in Stockholm zu keiner Verständigung.

Bald nach der Rückkehr aus Stockholm erkrankte mein Vater. Nach

einer langen Leidenszeit starb er am 20. Oktober 1928. Das war ein tiefer
Einschnitt im Leben des Vierzehnjährigen. Die Dienstwohnung mußte
geräumt werden. Im Januar 1930 zogen wir in eine Pfarrwitwenwohnung
in der Kaiserstraße, in der Nähe des Alexanderplatzes. Die Wohnung lag in
einem der Häuser, die die Domgemeinde auf dem Gelände ihres alten
Friedhofs vor dem Georgentor gebaut hatte. Diese Häuser umschlossen,
was in der Nähe des Alexanderplatzes wohl niemand erwartete, einen
großen Garten, der uns das Leben in dieser Gegend erleichterte. Denn das
Viertel um die Kaiserstraße, ursprünglich eine gute bürgerliche Wohngegend, war inzwischen recht heruntergekommen und von dem Milieu
bestimmt, das Alfred Döblin in seinem Roman »Berlin Alexanderplatz« so
eindrucksvoll beschrieben hat.

Seit der Mitte des vorigen Jahrhunderts hatte sich das Viertel nach und
nach gewandelt. Das war das Schicksal vieler Teile Berlins. So war auch in
der Dorotheenstadt in den Jahren 1914 bis 1928, der Amtszeit meines
Vaters, ein völliger Wandel in der sozialen Struktur der Gemeinde eingetreten. Waren zunächst Adel, Offiziere, höhere Beamte und wohlhabende
Bürger bestimmend, so änderte sich dieses Bild in den zwanziger Jahren.
Nicht nur der Wegfall des Hofes (nur die unteren Chargen blieben in der
Gemeinde wohnen), sondern auch der allgemeine »Zug nach Westen«,
nach Zehlendorf, Lichterfelde oder Dahlem, sorgte für einen ständigen
Schwund und eine tiefgreifende Änderung der sozialen Zusammenset-
zung der Gemeinde. Dazu kam der ständig wachsende Bedarf an Büro-
raum in der Innenstadt und der steigende Raumbedarf der Universität.
Nur im westlichen Teil der Gemeinde (Straßen im Spreebogen, ›In den
Zelten‹) war dieser Wandel nicht so radikal.

In dem Viertel um den Alexanderplatz, in das wir nun 1930 kamen, war
diese Entwicklung schon früher eingetreten. Jedenfalls war diese Gegend
inzwischen weithin »proletarisiert«. Das hatte zur Folge, daß die seit 1930
ständig steigende Arbeitslosigkeit sich verheerend auswirkte. Zugleich
machte sich die immer mehr zunehmende politische Polarisierung hier
besonders bemerkbar. Es war immerhin die Gegend, in der Horst Wessel
seinen SA-Sturm 33 und Ali Höhler die entsprechende Rot-Front-Gruppe
führten. Daß die Zuhälter-Konkurrenz zur Ermordung von Horst Wessel
führte und diese dann politisch ausgeschlachtet wurde, ist charakteristisch
für dieses Milieu und für die politische »Kultur« dieser Jahre.

Es ist bemerkenswert, daß die bewegenden Ereignisse dieser Jahre nur
bedingt unseren Alltag bestimmt haben. Natürlich nahmen wir Anteil am
Zeitgeschehen. In der Schule wurde viel, aber meist doch mit einer gewissen Distanz zur Tagespolitik diskutiert. Mitglieder radikaler Gruppen hat-

ten wir kaum in der Klasse. Der ausgezeichnete Geschichtsunterricht, vor allem auf dem Gebiet der Neuzeit, durch Arnold Reimann hat sicher mehr zu staatsbürgerlicher Bildung beigetragen als »Gemeinschaftskunde« oder ähnliche moderne Erfindungen.

Die wirtschaftliche Lage, die sich rapide verschlechterte, hat sich natürlich auch in unserem täglichen Leben ausgewirkt. Schon 1928 kam ein neuer Mitschüler zu uns, dessen Vater in Magdeburg arbeitslos geworden war. Bald war es auch das Schicksal anderer Väter. Und in den Familien, in denen der Vater in Amt und Brot stand, wurden die Einkünfte immer geringer. Auch meine Mutter hat in dieser Zeit viele finanzielle Sorgen gehabt. Wir Kinder haben versucht, durch Nachhilfe-Unterricht das Familien-Budget aufzubessern. Aber es blieb eine sehr bescheidene Existenz.

Wenn auch die äußeren Verhältnisse alles andere als ›golden‹ zu bezeichnen waren, so habe ich in diesen Jahren doch durch meine Mitgliedschaft im BK, dem »Bund deutscher Schüler-Bibelkreise« viele frohe und lehrreiche Fahrten in die schöne Umgebung von Berlin und darüber hinaus machen können. Dabei wurde der finanzielle Aufwand so gering wie möglich gehalten. An das Bundeszeltlager in Greiz 1931 kann ich mich noch besonders gut erinnern. Der »Lagerkommandant«, der auf einem Schimmel durch die (vom Regen reichlich mitgenommenen) Zeltgassen ritt, war Hermann Ehlers, der spätere Bundestagspräsident.

Es kann allerdings nicht verschwiegen werden, daß sich seit 1931 im BK immer stärker eine ›bündische‹, d.h. nationalistische, ja zum Teil militaristische Richtung bemerkbar machte. Die Überführung des BK und der anderen evangelischen Jugendorganisationen im Sommer 1933 in die HJ war zwar eine besonders üble Tat der deutschchristlichen Kirchenregierung, sie war aber durch die innere Entwicklung in den Verbänden vorbereitet.

Im Laufe des Jahres 1932 spitzte sich die Lage immer mehr zu, was an den permanenten Unruhen und Straßenschlachten gerade in unserer Gegend deutlich wurde. Der Streik der Berliner Verkehrsbetriebe November 1932, gemeinsam von NSDAP (Goebbels) und KPD (Ulbricht) organisiert, machte deutlich, daß das Gesetz des Handelns bei den Radikalen lag.

Am 30. Januar erfolgt die Ernennung Hitlers zum Reichskanzler. Ich mußte an diesem Tag zu einem Nachhilfeschüler in die Greifswalder Straße, einen notorisch »roten« Bezirk. Es waren schon viele Gerüchte im Umlauf, aber genaue Nachrichten hatten wir noch nicht, da wir kein Radio besaßen. Der Vater meines Schülers teilte mir die Ernennung Hitlers mit (sehr begeistert war er nicht). Als ich um ½ 4 Uhr nach Hause ging, waren die Straßen bis zum Alexanderplatz mit Hakenkreuzflaggen ›geschmückt‹. So schnell ging die Vereinnahmung der kommunistischen Massen durch die NSDAP!

Am nächsten Morgen hatten wir als erste Stunde Geschichte bei Direktor Reimann. Er betrat die Klasse und sagte nur: »Meine Herren, das bedeutet Krieg.« Wir recht er hatte, haben wir damals nicht ganz begriffen, haben es aber später leidvoll erfahren müssen.

PATER JOHANNES LEPPICH

Am 16. April 1915 in Ratibor geboren. Studierte Philosophie und Theologie und trat 1935 in den Jesuitenorden ein. Er initiierte und leitet die »action 365 international« zusammen mit Mitarbeitern in über zwölf Ländern. Bekannt wurde er vor allem durch seine Straßenpredigten, mit denen er in fünfundzwanzig Jahren Millionen von Menschen ansprach. Heute hält er immer noch Vorträge in Kirchen und Sälen. Ist Autor mehrerer Bücher.

Johannes Leppich

Zwischen Gefängnismauern und Klostergittern

Eine Backpfeife veränderte mein Leben und zeigte mir den Weg

Mit einer schallenden klerikalen Backpfeife ging für mich die Weimarer Zeit zu Ende. Warum? Ich weiß nicht, ob mich der Teufel geritten hat oder ob es eine pubertäre Frechheit war: Meinem frommen Religionslehrer habe ich auf dem Flur in der Schule mit erhobener Hand den »Hitlergruß« geboten. Es war vor der ersten Unterrichtsstunde am Tag der Machtergreifung Hitlers.

Eigentlich hätte ich hier lieber über meine, wenn auch kurzen, Erinnerungen an das Kaiserreich geschrieben. Allerdings lag es zu dieser Zeit in den letzten Zügen auf der Intensivstation. Auch über meine Erfahrungen im »tausendjährigen Reich« Hitlers hätte ich mehr schreiben können. Wenn es nämlich stimmt, daß Erlebnisse in der Kindheit und Jugend tätowieren, hätte ich manches dazu zu sagen. Denn ich leugne nicht, daß die Weimarer Zeit – vielleicht war ich noch zu dumm – mich vom Politischen her wenig berührt hat. Oder ich habe im Geschichtsunterricht gefehlt.

Die Backpfeife am 30. Januar 1933 aber hatte mich so geprägt, daß ich erst von da an richtig und bewußt Geschichte erfaßt habe. Also eine Backpfeife mit Langzeitwirkung. Zwei Jahre danach habe ich die Hitlerjuguniform gegen den schwarzen Talar der Jesuiten getauscht.

Vielleicht ist es nicht allgemein bekannt, daß Hitler allen Jesuiten, die zunächst zur Wehrmacht eingezogen waren (das heißt auch mir), »Wehrunwürdigkeit« verpaßt hat. Das gleiche galt auch für Juden und die Männer vom Haus Hohenzollern.

Doch zurück zur Weimarer Zeit. Natürlich habe ich als Jesuit das Gelübde der Armut abgelegt. Aber damals kannte ich die Jesuiten noch nicht. Wir haben die Armut daheim mit sechs Kindern erlebt – und mit einem Vater, der, obwohl er als »Zuchthausaufseher« nur 250,- Mark monatlich verdiente, drei Kinder auf die höhere Schule gehen ließ, was sehr hart für ihn war.

Als altgedienter »Zwölfender« hatte unser Vater einen Wunsch: Der eine seiner beiden Söhne sollte Offizier werden und der andere Priester. Sein Wunsch hat sich erfüllt. Der eine wurde Offizier. Aber er hat im Zweiten Weltkrieg mit dem Tod dafür bezahlt. Der andere wurde zuerst auch Major – Tambourmajor bei der Hitlerjugend. Und später Priester – Jesuit – nach der Backpfeife am 30. Januar 1933.

Das einzige, was mich als Kind begeistert hat, war die sogenannte Schulspeisung. Ansonsten habe ich die Schule gefürchtet und gehaßt. Aber wir bekamen dort täglich »Quäkerspeise«. Dem Herrgott sei gedankt für diese Quäker dort drüben in Amerika, die uns Kinder nach dem Ersten Weltkrieg auf diese Weise vor dem bitteren Hunger bewahrt haben.

Der Satz ist bekannt: Genieße den Krieg, der Frieden wird furchtbar. Nun, ich persönlich kann es nicht so auseinanderhalten. Ich weiß nur, daß ich nach beiden Weltkriegen erbärmlich gehungert habe. Wie gesagt, Not, Armut und Hunger habe ich nicht bei den Jesuiten gelernt, trotz Gelübde, sondern zuerst bei den Eltern zu Hause.

Natürlich konnte ich zu dieser Zeit nicht als Spieler im weißen Dreß dem Tennis in unserer Kleinstadt huldigen. Doch ich kannte diesen Sport, allerdings nur als Balljunge. Bisweilen waren die Spieler meine eigenen Klassenkollegen. Diese 10 Pfennig pro Stunde haben mit dazu beigetragen, daß mein Vater es mir ermöglichen konnte, ein Musikinstrument zu lernen. Für 50 Pfennig pro Unterrichtsstunde.

Auch wird die Kirche mich nicht als Simonist anklagen, weil ich als Meßdiener zweimal in der Woche bei Beerdigungen mit dem Pfarrer den dreißigminütigen Weg zum Friedhof ging. Denn für eine Beerdigung bekamen wir 20 Pfennig bezahlt.

Vor siebzig Jahren habe ich nicht geahnt, daß mich dieser Hunger und diese Armut so prägen würden. Und daß mich das Drama *Die Weber* von Gerhart Hauptmann damals und heute erschüttert und mitgeprägt hat.

Ich habe vor siebzig Jahren nicht geahnt, daß ich einmal ein Prediger für die Armen sein würde. Nicht nur für die Armen im geistigen Sinn. Darum wollte ich ja Seelsorger werden. Aber ich bin auch zum »Leibsorger« geworden. Brecht hatte nicht so unrecht: »Zuerst kommt das Fressen und dann die Moral.«

Nun würde ich es allerdings anders formulieren, nachdem ich – noch mit Propellerflugzeugen – um die Welt geflogen bin. Nicht unter Touropa-Aspekten, sondern in die Hinterhöfe der Welt, in die Slums und zu Leprakranken.

Praktisch die ersten zwanzig Jahre meines Lebens habe ich direkt an einer Gefängnismauer verbracht, denn dort wohnten wir. Dann habe ich ein Leben hinter »Klostergittern« geführt.

Was heißt Gitter? Die Jesuiten gelten als der modernste Orden, und zwar ohne Klostermauern und ohne Ordenskleid. Trotzdem ist dieser Orden nach der Länge und der Intensität der Studien eigentlich der »strengste«.

Doch zurück zu den Gefängnisgittern. Ich las damals, daß der Justizvollzug im Friderizianischen hängengeblieben ist. Ich konnte das so nicht einsehen. Allerdings kann ich auch manche Trends im heutigen Justizvollzug bei uns nicht bejahen.

Natürlich gab es damals in den Gefängnissen keine Spülklosetts. Und es stand auch kein Heer von Psychologen und Psychotherapeuten für die damals etwa 50 000 Strafgefangenen bereit. Aber den Gnadenakt gab es schon; das heißt, einige Schwerverbrecher erhielten nicht die Todesstrafe, wie sie heute noch in manchen Staaten praktiziert wird.

Von unserem Wohnzimmer aus sahen wir direkt in einen Teil des Gefängnishofes. Natürlich war es nicht erlaubt – aber wir haben die Gefangenen trotzdem manchmal mit ermunternden Worten angerufen. Auch war zwischen den Beamtenhäusern immer ein Trupp von Gefangenen bei der Arbeit. Denen haben wir (was ebenfalls verboten war) heimlich Zigaretten gekauft. Allerdings nicht, wenn der eigene Vater mit dem Karabiner in Reichweite war.

Wie gesagt, es gab damals in der Weimarer Zeit für die Gefangenen noch keine Sozialarbeiter und Psychotherapeuten. Vielleicht müßte ich sagen: Leider gab es sie nicht. Aber hat sich dadurch heute die Rückfallquote wesentlich verbessert?

Mein Vater und viele andere Gefängnisbeamte waren keine Kapo-Typen. Kaum einer der Beamten hatte eine zerbrochene Ehe, und sie hatten meist viele Kinder. Vielleicht war das eine gute Basis für ein menschliches Verhalten gegenüber den Strafgefangenen. So wurden viele Beamte eine Art Ersatzvater für langjährig Inhaftierte. Und sie blieben es, als das »tausendjährige Reich« begann und mehr und mehr Juden eingeliefert wurden, einige von ihnen mit Recht als Kriminelle. Später forderten oft auch sie als Märtyrer der KZ-Ära illegal Wiedergutmachung.

In späteren Jahren machte ich mir Gedanken, ob nicht auch mein Vater Unrecht an Juden getan hat, was ich mir eigentlich nicht vorstellen konnte. Und ich wurde beruhigt: Von einem befreundeten israelischen Major bekam ich nämlich einen Dankesbrief. Er teilte mir mit, daß sein eigener, unschuldig (das heißt nur aus rassischen Gründen) inhaftierter Vater manch menschliche Geste von meinem Vater erfahren hatte.

Massenaufmarsch märkischer Katholiken im Berliner Stadion, 1930.
(Ullstein Bilderdienst)

Pater Johannes Leppich S.J. heute. *(Foto: Matthias Ahlke)*

Sehr bedrückt erlebte ich meinen Vater, als er einmal einen schuldig Gewordenen aus seiner eigenen Verwandtschaft in die Zelle einsperren mußte, auch wenn dieser junge Mensch die Straftat nur in äußerster Not begangen hatte. Derartiges wird heute meist mit Bewährung bestraft. Aber das war Justizvollzug in der Weimarer Zeit.

Als Kind wußte ich von dem Karabiner im Kleiderschrank meines Vaters. Er hat nie einen Schuß damit abgegeben. Doch bei einer Meuterei – ausgerechnet in der Gefängniskirche – hätte er fast das Leben eingebüßt.

Ungeachtet dieser ständigen Gefängnismauer durften wir Kinder in der Weihnachtszeit vor den Gefangenen unser Krippenspiel aufführen.

Diese ständige Mauer, die ich in der Kinder- und Jugendzeit erlebt hatte, sollte eine Langzeitwirkung haben; zwar nicht mehr in der Weimarer Zeit und auch nicht in der Nazizeit. Doch in der Nachkriegszeit unter Adenauer – ich war schon Priester – bin ich zu Vorträgen in etwa dreißig Gefängnissen zwischen Hamburg und Wien eingeladen worden. Und Gefangene können »treu« sein. Viele Jahre lang haben sie aufgrund des Vortrages meine Adresse nicht vergessen. Post aus Gefängnissen kommt heute noch.

Es gab auch einen »stillen« Gefangenenbruderdienst, den viele meiner Laienmitarbeiter in der von mir gegründeten »action 365« (jeden Tag im Jahr in der Bibel lesen und danach leben) jahrelang praktiziert haben. Meistens mit einem schon sehnsüchtig erwarteten »Brief über die Mauer«. Oft aber auch mit einem Besuch hinter der Mauer und mit Hilfe nach der Entlassung.

Wer gut sein will und das Evangelium ernst nimmt, erträgt auch »Enttäuschungen«. So erst im letzten Monat: Ein Strafgefangener bat mich mit frommen Worten um einen Rosenkranz – und gleichzeitig um ein kräftiges Paket Tabak. Ähnliches gab es natürlich auch in »unserem« Gefängnis in Ratibor in der Weimarer Zeit.

Mögen die Polen ihr heiliges Czenstochau haben. Die Oberschlesier hatten ihren heiligen Annaberg.

Die Wallfahrtsstätte Annaberg war auch nach dem Ersten Weltkrieg ein politisch allergischer Ort. Polen, das nach dem Ersten Weltkrieg neu erstand, forderte Oberschlesien für sich. Im Versailler Vertrag wurde eine Volksabstimmung festgelegt, bei der sich 60 Prozent für den Verbleib bei Deutschland entschieden. Unter dem Schutz einer interalliierten Kommission mit französischem Vorsitz hatten polnische Insurgenten unter Korfanty versucht, die Abstimmung zu verhindern oder mit Gewalt zu manipulieren. Sie hatten auch den Annaberg besetzt. Es dürfte menschlich verständlich sein, daß sich deutsche Selbstschutzverbände gegen die polnischen Eindringlinge gewehrt haben. Das Ergebnis war eine Entscheidung des Völkerbundes: Oberschlesien wurde geteilt!

Das Ergebnis des Zweiten Weltkrieges: Ganz Schlesien kam – wie andere deutsche Ostgebiete – »unter polnische Verwaltung« bis zum Abschluß eines Friedensvertrages. So bestimmten es die Siegermächte im Potsdamer Abkommen.

Unsere Bundesrepublik hat bewiesen, daß sie aus der Weimarer Zeit gelernt hat. Und ich erhoffe nun nach mehr als vierzig Jahren eine deutsch-polnische »Befriedung«, damit es den noch heute in Schlesien und anderen deutschen Ostgebieten lebenden Deutschen ohne Gefährdung möglich ist, wieder ihre Muttersprache zu sprechen, auch in Schulen und Gottesdiensten.

Wir haben, wenn auch schweren Herzens, auf unsere Heimat verzichtet. Nachdem ich im überfüllten Frankfurter Dom das Vaterunser in deutsch gebetet habe, habe ich persönlich die Hoffnung, das in Frieden einmal im Breslauer Dom tun zu können: mit den Menschen dort das Vaterunser in deutsch und polnisch beten.

Herbert Hupka

Am 15. August 1915 in Diyatalawa/Ceylon geboren, wuchs in Ratibor auf, studierte Germanistik, Geschichte, Geographie und Philosophie, Promotion in Leipzig, Kriegsdienst. Seit 1945 Redakteur und Abteilungsleiter beim Bayerischen Rundfunk, Herausgeber der Jugendzeitschrift »Wir«, 1957 Programmdirektor bei Radio Bremen. 1959 bis 1964 Pressechef des Kuratoriums Unteilbares Deutschland, seitdem freier Journalist. 1968 wurde er zum Bundesvorsitzenden der Landsmannschaft Schlesien gewählt, die er 20 Jahre zuvor gegründet hat. 1969 bis 1987 Mitglied des Deutschen Bundestages, 1972 Austritt aus der SPD, seitdem Mitglied der CDU. 1973 vom Deutschen Bundestag in den Rundfunkrat der Deutschen Welle entsandt, seit 1985 dessen Vorsitzender. Er ist Präsident des Ostdeutschen Kulturrates und Vizepräsident des Bundes der Vertriebenen. Hat zwölf Bücher veröffentlicht, die sich vor allem mit Schlesien beschäftigen.

Herbert Hupka

Die Zentrumsstadt im schlesischen Winkel

Stresemann und Brüning waren leuchtende Sterne –
Wir setzten auf die Republik ... bis aus Ratibor Burda-Pest wurde

Als die Republik am 9. November 1918 in Berlin ausgerufen wurde, waren meine Eltern mit ihrem damals gerade drei Jahre zählenden Sohn Herbert internierte Deutsche im Camp Molonglo in Australien.

Molonglo war nach dem gleichnamigen Flüßchen und mit einem Wort aus der Sprache der Eingeborenen benannt; heute ist es in die damals erst im Entstehen begriffene australische Hauptstadt Canberra einbezogen. Das Camp für die deutschen Internierten befand sich bis zum November 1915 in Diyatalawa auf Ceylon, wo die Briten schon im Burenkrieg um die Jahrhundertwende ein Gefangenenlager errichtet hatten. Hier bin ich 1915 geboren worden, als »British subject of birth«.

»Ich habe das Licht der Welt hinter Gittern erblickt«, so stand es später in einem Hausaufsatz. Da ihn meine Mutter noch vor der Ablieferung entdeckt hatte, mußte ich dann allerdings eine andere Umschreibung wählen, denn meine Mutter meinte: »Was wird man denn von mir halten, wenn zu lesen ist, was Du da geschrieben hast.«

Zum Auftakt der Erinnerungen muß aber noch vorausgeschickt werden, daß meine Eltern, beide in Oberschlesien geboren, im Jahre 1914, drei Wochen nach dem Mord in Sarajevo, in Ratibor geheiratet hatten. Mein Vater, der sich als Physiker über »Die Interferenz der Röntgenstrahlen« in Berlin habilitiert hatte, war als Professor mit einem Lehrauftrag an die »Deutsch-Chinesische Hochschule« in Tsingtau berufen worden. In Genua stachen meine Eltern, noch vor Ausbruch des Krieges, in See, doch am 15. August 1914 endete die Überfahrt bereits – gewaltsam.

Als der holländische Dampfer in Colombo Kohlen faßte, holten die Engländer als die Kolonialherren von Ceylon meinen Vater vom neutralen Boden des Schiffes, gegen jegliches Völkerrecht, herunter. Offenbar fürchteten sie, daß dieser dreißigjährige Deutsche, obwohl er ausgemustert war, mit der Waffe Dienst leisten könnte. Seine junge Frau sollte inzwischen die Weiterreise nach Holländisch-Indien allein fortsetzen, was zu tun sich meine Mutter aus gutem Grund weigerte. Also kamen meine Eltern gemeinsam in das in den Bergen auf 1200 Meter Höhe gelegene Diyatalawa.

Im Frühjahr 1919 wurden die internierten Deutschen aus Australien heimtransportiert. Meine Mutter ging als Witwe mit mir im Juli 1919 in Rotterdam an Land und fuhr zurück nach Ratibor, woher meine Eltern fünf Jahre zuvor im Hochgefühl des Glücks aufgebrochen waren. Mein Vater war an Bord des hygienisch nicht gerade gut ausgestatteten und überbelegten Dampfers »Kursk« (früher einmal ein russisches Auswandererschiff) an den Folgen einer plötzlich ausgebrochenen »Lungenpest« gestorben und zwei Stunden danach an der südafrikanischen Ostküste unweit Durban ins Meer versenkt worden. Mich selbst pflegte meine Mutter, als ich von derselben Krankheit befallen wurde, durch ununterbrochene Tag- und Nachtwache gesund.

Die Jahre nach dem Kriegsende in Oberschlesien, die ersten beiden Jahre in der jungen Republik, wurden durch eine Reihe heute fast vergessener Tatsachen bestimmt: dem Ringen der Oberschlesier um ihr Recht auf Selbstbestimmung, nachdem im ersten Entwurf für den Versailler Vertrag die Abtretung Oberschlesiens an das neu erstandene Polen niedergeschrieben worden war; die Anwesenheit internationaler Besatzungstruppen, bestehend aus Franzosen, Engländern und Italienern; Gewährung einer Abstimmung für den Teil Oberschlesiens, in dem ein Sieg der polnischen Ansprüche erwartet wurde, weil hier mehrheitlich nicht deutsch, sondern wasserpolnisch (ein Mischdialekt aus polnischen und polonisierten deutschen Wörtern und Ausdrücken) gesprochen wurde; gewaltsame Störungen durch polnische Insurgenten; Abstimmung am 20. März 1921 und deutscher Sieg; Teilung Oberschlesiens entgegen dem Selbstbestimmungsrecht.

Es war eine aufregende Zeit, als der noch nicht ganz sechs Jahre alte Knabe Ostern 1921 in die katholische Volksschule eingeschult wurde. Das Konfessionelle spielte zu jener Zeit noch eine bedeutsame Rolle. Meine Mutter war evangelisch, mein Vater katholisch, doch getauft wurde ich erst nach der Heimkehr im Wohnort der väterlichen Großeltern im oberschlesischen Bad Ziegenhals, denn mein Vater hatte während der Internierungszeit erklärt: »Von einem katholischen Geistlichen, der die Deutschen haßt, lasse ich unseren Sohn im Camp nicht taufen.«

Ungeachtet der katholischen Taufe und obwohl mich meine Mutter aus Treue zu ihrem Mann katholisch aufwachsen ließ, wobei der spätere

Direktor der in Ratibor ansässigen Taubstummenanstalt, der katholische Theologe Felix Zillmann, bei der Erziehung ein wenig mithalf, gab ich zuerst eine kurze Gastrolle in der evangelischen Volksschule. Aus Liebe zur Mutter bereitete ich ihr alljährlich an Heiligabend die Freude, mit ihr zur Andacht in die evangelische Kirche zu gehen. Das heißt, die Toleranz der Konfessionen war mir entweder anerzogen oder vielleicht auch bereits angeboren. (Um so weniger verstand ich nach 1945 den gerade in Bayern, meinem neuen Zuhause, ausgetragenen Kampf um die Konfessionsschule.)

In Ratibor bildeten 1920/21 die Italiener die Besatzungsmacht. Das Marschkommando »Uno-due« machte uns viel Spaß und wurde laut mitgebrüllt. Später erst erfuhr man, daß auch manche Ehe zwischen den Besatzern und den Töchtern des Landes geschlossen wurde, was von vielen allerdings als *shocking* empfunden worden ist. Bei uns machte damals eine Geschichte die Runde, die einem heimischen Till Eulenspiegel namens Hugo Christoph nachgesagt wurde. Man hatte den Italienern, die die drei Brücken über die Oder zu bewachen hatten, zugeflüstert, daß nachts die Schloßbrücke gesprengt werden solle. Das geschah dann auch, aber es war besagter Hugo Christoph, der mit der Gießkanne seelenruhig auf die Oderbrücke zuging, zum Erstaunen der Italiener und zum späteren Hohngelächter der Ratiborer, wobei nicht ausgeschlossen bleiben darf, daß hier ein wenig antiitalienisches Vorurteil an der Geschichte mitgewebt hat.

Der für die Zugehörigkeit Oberschlesiens zum Deutschen Reich ebenso eifrig wie mutig streitende Pfarrer von Ratibor-Altendorf, der spätere Prälat Carl Ulitzka (über ihn habe ich Jahrzehnte danach einen Essay verfaßt), Reichstagsabgeordneter des Zentrums während der ganzen Lebensdauer der Weimarer Republik, wurde mir erst später, als ich schon das humanistische Gymnasium besuchte, zum Begriff. Auf den polnischen Demagogen Wojciech Korfanty sangen wir plärrend ein Spottlied. Er galt als der »ungekrönte König Oberschlesiens«, denn er hatte die Selbständigkeit einer Provinz Oberschlesien durchgesetzt, er war eine große und schöne Erscheinung (der langjährige Reichstagspräsident Paul Löbe berichtet in seinen Erinnerungen, daß er den Blick der Frauen auf sich gezogen habe). An Ulitzka führte bis 1933 kein Weg vorbei, so daß man ein wenig spöttisch Oberschlesien »Propiulka« nannte, um die Männer namhaft zu machen, die er gekürt und die nunmehr Oberschlesien repräsentierten: der Oberpräsident Alfons Proske in Oppeln, der Landeshauptmann Hans Piontek in Ratibor, Carl Ulitzka selbst und der Oberbürgermeister von Ratibor Adolf Kaschny. Ratibor war damals die eigentliche Hauptstadt Oberschlesiens, nicht Oppeln, wo der Oberpräsident residierte, nicht eine der drei großen Industriestädte Gleiwitz, Beuthen oder Hindenburg.

Faksimile aus dem Oberschlesischen
Anzeiger. *(Stadtarchiv Leverkusen)*

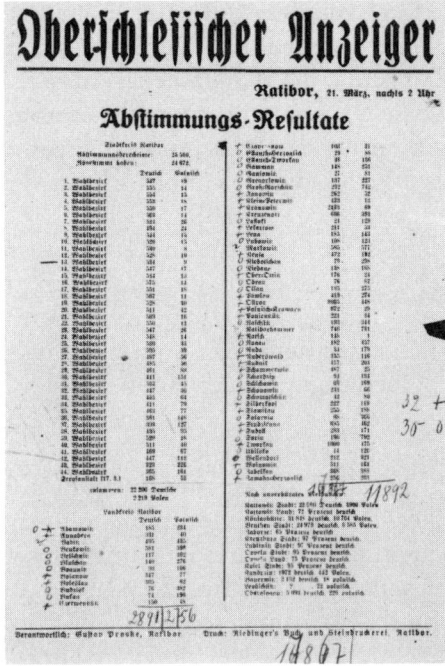

Marktplatz von Ratibor.
(Stadtarchiv Leverkusen)

Kurz vor dem Ende der Weimarer Republik gründete Prälat Ulitzka, zugleich stellvertretender Landeshauptmann und Domherr im Breslauer Erzbistum, die »Kreuz-Schar«, deren Abzeichen ein schwarzes Kreuz auf weißem Grund mit einer schwarzrotgoldenen Gösch war, um junge Mitstreiter für das Zentrum und gegen den aufkommenden Nationalsozialismus zu gewinnen. Auch ich wurde Mitglied, und wir berauschten uns angesichts der Überfülle des Besuchs von Versammlungen im »Deutschen Haus«. Der Erfolg unseres Tuns bestand wohl darin, daß man sich gegenseitig Mut zusprach, um zu sichern, zu retten und zu behaupten, was wir gern und aus Überzeugung »unsere Republik« nannten. Der Ausdruck »Weimarer Republik« war uns damals nicht geläufig.

Oberbürgermeister Adolf Kaschny war als Mitglied des Preußischen Staatsrates Kollege von Konrad Adenauer, mit dem zusammen man ihn auf Fotos erblicken kann. Später gehörte er zum Widerstandskreis des 20. Juli 1944: ein eloquenter, leidenschaftlich engagierter Kommunalpolitiker, der 1934 seinen Stuhl räumen mußte, weil nun ein von außen importierter Subalterner namens Josef Burda als strammer Nationalsozialist sein Nachfolger wurde. Alsbald kursierte der Witz, daß Ratibor jetzt in »Burda-Pest« umgetauft sei, ein Witz, der dem Erstverbreiter eine Freiheitsstrafe von sechs Monaten eintrug!

Kaschny war in Köberwitz zu Hause, einem der 33 Dörfer des Hultschiner Ländchens, in dem außer deutsch auch mährisch gesprochen wurde. Dies benutzte die neu erstandene Tschechoslowakei zur Begründung der Annexion des zum Landkreis Ratibor gehörenden »Ländchens«. Da eine Volksabstimmung nicht stattfinden durfte, wurde diese privat veranstaltet, mit dem Ergebnis, daß über 90 Prozent der Bevölkerung für den Verbleib bei Deutschland stimmten. Aus diesem Hultschiner Ländchen stammt auch der Schriftsteller August Scholtis, *Ein Herr aus Bolatitz*, wie er, der Verfasser des expressionistischen Romans *Ostwind*, seine Memoiren betitelt hat.

Größer als Ulitzka und Kaschny, die beide Ratibor, die Stadt mit 50 000 Einwohnern, mit der großen weiten Welt, nämlich mit der Hauptstadt des Deutschen Reiches, verbanden, unermüdlich für Stadt und Provinz tätig, war der Ruhm eines Dichters, dessen Denkmal vor dem Landratsamt stand (bereits im Frühjahr 1945, als Polen von Ratibor Besitz ergriff, wurde das Denkmal demontiert und in der Oder versenkt). Sein Name: Joseph Freiherr von Eichendorff, 1788 in Lubowitz geboren, zehn Kilometer oderabwärts, der die Kreisstadt wiederholt zum Einkauf, zu Familienbesuchen und fröhlichen Festen besucht hat.

Eichendorff, Oberschlesiens größter Sohn, wurde wie ein Säulenheiliger verehrt. Ob im Schülerchor, in der Singakademie oder Liedertafel, alle bekannten Vertonungen seiner Gedichte wurden liebevoll eingeübt und vollendet vorgetragen. Unser Verhältnis zu Eichendorff war das der Verehrung und Bewunderung. Aus Liebe zu Eichendorff habe ich mein Studium der Germanistik, Geschichte und Geographie, später kamen noch Philosophie und Kunstgeschichte hinzu, gleich ihm in Halle begonnen, dann aber nicht, wie er, in Heidelberg, sondern in Leipzig fortgesetzt.

Ratibor, Stadt und Landkreis, hatte zwar mehrheitlich für Deutschland gestimmt (das Stimmverhältnis betrug in der Stadt 22 000 zu 2000, im Landkreis 17 800 zu 11 800), trotzdem aber durch den Genfer Schiedsspruch vom Oktober 1921 über 50 Prozent der Gesamtfläche und der Einwohner verloren. Es war zur »Stadt im schlesischen Winkel« geworden, die sich sonst gern als »Stadt des jungen Eichendorff« oder »Stadt der jungen Oder« etikettieren ließ. Bis zur polnischen Grenze waren es nur noch eine Wegstunde, bis zur tschechischen kaum zwei Stunden.

Nicht anders, als es später nach dem Zweiten Weltkrieg dem Zonenrandgebiet ergangen ist, fehlte plötzlich das Umland, das wirtschaftliche Einzugsgebiet. Manch renommierte Fabrik im Familienbesitz hauchte ihr Leben aus, die Arbeitslosigkeit wuchs, die bange Sorge, daß Ratibor eine sterbende Stadt werden könnte, machte die Runde. An die *Vossische Zeitung*, die ich neben *Berliner Tageblatt, Deutscher Allgemeinen Zeitung* und *Germania* als Remittenden eines Zeitungskiosks (hier sprang ich gelegentlich aushilfsweise ein) regelmäßig erhielt, schrieb ich meinen ersten Leserbrief als Anwalt für meine Heimatstadt, und der Leserbrief wurde zum Stolz des Schreibers auch abgedruckt, übrigens am 29. Januar 1933 (!), unter der Überschrift »Der kleine Anker«. (In einem Buch von Wolfgang Paul fand sich dieser erste journalistische Gehversuch nach fünf Jahrzehnten wieder.)

Politisch schlug die wirtschaftliche Not nicht in Radikalismus um, das Zentrum blieb die beherrschende Kraft, nur am 1. Mai erklang Schalmeienmusik der Kommunisten, und die *Germania*, die als Denkmal auf dem nach ihr benannten Platz nahe der großmütterlichen Wohnung thronte, wurde zu unserer Freude rot drapiert, was aber für die älteren Generationen einem Majestätsverbrechen gleichkam.

Der Schule, sowohl der Volksschule mit einem musikbegeisterten Lehrer, der allerdings darunter zu leiden hatte, daß sein Schüler Herbert Hupka ein schlechter Chorsänger war, als auch dem Gymnasium kann nur Lob attestiert werden. An diesem humanistischen Gymnasium machte der Vater 1903 sein Abitur, unterrichtete der Großvater als Studienprofessor von 1907 bis 1919, bestand ich nach neun Jahren mein Abitur. Es ging ausgesprochen streng zu, und es wurde viel gelernt, da auch viel verlangt wurde.

Einige Lehrer seien genannt, um die Struktur unseres Gymnasiums und dessen Modernität in den Jahren der Weimarer Republik freizulegen. Unser Deutschlehrer, Edmund Foerster, der auch Geschichte lehrte, war allem Neuen, Zeitgenössischen aufgeschlossen und schwang sich während der Unterrichtsstunden von einer Neuerscheinung, die er sich als Leiter der Lehrer- und Schüler-Bibliothek leicht zu beschaffen wußte und aufgeschlagen vor sich hatte, zur nächsten, indem er zur Überbrückung sagte: »Schließlich letzten Endes doch ...«, und schon war der Übergang gefunden. Auf seine Anregung wurden von uns Schülern die beiden besten mit Belletristik befaßten Zeitschriften, *Die literarische Welt*, liberal und republikanisch, und *Die schöne Literatur*, konservativ und national angelegt, entweder selbst gehalten oder untereinander ausgeliehen. Wir waren jedenfalls auf dem laufenden.

In der Unterprima – wie schön und eitel unterschieden sich doch die einzelnen Klassen durch die Farben der Schülermützen! – lasen wir in einem philosophischen Privatissimum das Göschen-Bändchen *Die Situation der Zeit* von Karl Jaspers. Gleichfalls war uns aufgegeben, für eine Jahresarbeit im deutschen Aufsatz einen zeitgenössischen Dichter auszuwählen. Die Wahl fiel nach eigenem Ermessen auf Hermann Hesse oder Heinrich Mann, auf Enrica von Handel-Mazzetti oder Frank Thieß, auf Gerhart Hauptmann oder Jakob Wassermann. Ich entschied mich für Thomas Mann, obwohl ich von ihm bislang nur *Tonio Kröger* und den *Tod in Venedig* gelesen hatte. Eine mehrwöchige hochfiebrige Grippe bot die Gelegenheit zur ausführlichen Lektüre, wobei ich mich mit dem *Zauberberg* sehr schwertat. Beim Abfassen des Hausaufsatzes klammerte ich mich daher an die *Buddenbrooks* und bediente mich, wie ich nachträglich ehrlich gestehen muß, nach Kräften der Biographie von Arthur Eloesser, das Angelesene in mein Deutsch transferierend. Die Hausarbeit hatten wir abzuliefern, als der Nationalsozialismus bereits an der Macht war, aber es kümmerte unseren Deutschlehrer überhaupt nicht, was die nun Gewaltigen zu diesem oder jenem zu sagen hatten.

Josef Werny, der uns Griechisch und Geschichte lehrte, war wie viele unserer Lehrer irgendwann einmal aus dem Westfälischen nach Oberschlesien versetzt worden. Mit ihm nahmen wir den Text der Weimarer Verfassung durch, denn hier stand uns ein überzeugter Republikaner gegenüber, der für den Bestand dieser Republik auch wirken wollte.

Daß mich der Verfassungstag, den wir alljährlich am 11. August gleich nach Ende der Sommerferien mit einer Festveranstaltung in der geräumigen Aula des Gymnasiums feierten, einmal sehr geärgert hat, ist nicht seine Schuld. Ich sollte auf mütterlichen Wunsch zum ersten Male mit gebundener Krawatte in die Schule gehen, doch vermochte mich, der ich ohne Vater und männlichen Ratschlag aufgewachsen war, niemand auf dieses »große Ereignis« gebührend vorzubereiten. Ich betrat die Schule also voller Zorn und innerer Verbitterung.

Der Direktor der Schule, Max Schustala, unterrichtete uns, fast ein wenig verspielt, in Mathematik. Er trank gern einen guten Tropfen an einem der vielen, die Honoratioren der Stadt zugleich zusammenführenden und ergötzenden Stammtische, was den Unterricht in Folge noch amüsanter machte. Die Nationalsozialisten rächten sich an dem Mann des Zentrums, obwohl er parteipolitisch gar nicht hervorgetreten war, und veranlaßten 1934 seine Strafversetzung als Studienrat nach Hindenburg. Als neuer Oberstudiendirektor rückte ein strammer Nationalsozialist aus Oppeln an, aber da hatte ich das zum Dietrich-Eckart-Gymnasium (ein Barde Hitlers) umgetaufte Gymnasium schon verlassen.

Unsere Schule war eine republikanische Schule, vielleicht da und dort etwas deutschnational getönt, aber dies weniger im nationalistischen Sinne als vielmehr aus Opposition zu dem nahezu alles beherrschenden Zentrum. Der Nationalsozialismus begann sich erst nach 1933 allmählich festzusetzen. Nur aus unserem Griechischlehrer, den es nicht störte, wenn wir ihn bei den unregelmäßigen Verben gelegentlich eines Besseren belehrten, sein Name sei verschwiegen, wurde plötzlich ein begeisterter Nationalsozialist, der schon lange im geheimen dabeigewesen sein wollte. Während der Wirren der unmittelbaren Nachkriegszeit hat er auf tragische Weise den Tod gefunden.

Zu meinen politischen Idolen gehörten Gustav Stresemann und Heinrich Brüning. Die Morde an Matthias Erzberger (1921) und Walther Rathenau (1922) wurden mir erst später zum historischen Ereignis. Die Inflation belustigte uns ob ihrer Zahlenakrobatik. Millionen, Milliarden, Billionen, die täglichen Sorgen der Mutter waren nicht die des Achtjährigen. Die Aktivitäten und Reden von Gustav Stresemann in Locarno und später vor dem Genfer Völkerbund ließen Sympathie und Begeisterung aufkommen. Leidtragende war meine Mutter, denn ich wollte Reden halten im Stile von Gustav Stresemann. Um höher zu stehen, benutzte ich dazu eine Fußbank; meine Mutter erklärte ich zum Auditorium, was sie auch geduldig über sich ergehen ließ. Sie selbst stand wohl politisch eher den Deutschen Demokraten nahe, hegte aber auch noch innere Beziehungen zur Monarchie, in der sie groß geworden war. Ich setzte auf die Republik, zuerst mehr aus Trotz gegenüber der Mutter, später dann aus innerer Überzeugung.

Mich hatte das Zentrum, das ich ringsum geradezu in mich einatmen konnte, gefangen. Darum war ich traurig, als 1925 Paul von Hindenburg zum Reichspräsidenten gewählt wurde, denn »mein Mann« war Wilhelm Marx vom Zentrum, dem nun wiederum die Bayerische Volkspartei nicht zustimmen wollte. Ich war darum stolz darauf, daß 1930 Heinrich Brüning Reichskanzler wurde, und identifizierte mich ganz mit ihm, heute würde ich sagen: gar zu kritiklos. Denn er war wohl doch eher Monarchist denn Republikaner, jedenfalls erlaubt diesen Schluß die Lektüre seiner Memoiren.

Brüning war übrigens schuld daran, daß ich von der preußischen Polizei einen Schlag mit dem Gummiknüppel über den Schädel erhielt: im Jahre 1931, als Brüning zum Besuch nach Ratibor gekommen war. Unter den Neugierigen und Schaulustigen auf dem Bahnhof, zu dem eine Treppe hinaufführte, stand auch ich, als plötzlich Knallfrösche hochgingen und laute Proteste tönten, für die lärmende Kommunisten verantwortlich waren. Ich hatte zwar nicht das geringste damit zu tun, aber so fein konnte hinwiederum die Polizei nicht unterscheiden, weshalb ich mit abbekam, was eigentlich für mich gar nicht bestimmt war.

Als der Reichspräsident Paul von Hindenburg unsere Stadt 1927 besuchte, eine Glücksstunde für den Frontkämpferbund »Stahlhelm« und die Veteranen des Krieges, winkten wir Schüler mit Fähnchen und standen Spalier, als plötzlich der Wagen hielt, gerade dort, wo wir standen. Und wir konnten miterleben, wie dem Reichspräsidenten eine handwerkliche Meisterleistung unseres Fleischermeisters Josef Chwalek gezeigt wurde, der den kantigen Kopf Hindenburgs in Schmalz geformt und ins Schaufenster gestellt hatte.

Was uns begeisterte, war das Fliegen. Auf die Frage, was er werden wolle, antwortete der Fünfzehnjährige: Flugzeugingenieur, obwohl ich nach späterer Einsicht nie das Zeug dazu gehabt hätte. Die 40 Kilometer nach Gleiwitz wurden schnell mit dem Fahrrad durchmessen, als es galt, Landung und Start des Zeppelins auf dem Gleiwitzer Flughafen als Zuschauer beizuwohnen. Und wie waren wir stolz auf die erste Überquerung des Atlantischen Ozeans von Ost nach West 1928 durch Hermann Köhl und seine zwei Begleiter!

Das Radio öffnete neue Welten. Technisch war ich nicht begabt genug, mir einen eigenen Detektor zu basteln, aber der katholische Seelsorger der Taubstummen, der schon genannte Felix Zillmann, hatte einen Hang zum technischen Fortschritt und überließ mir seinen ausrangierten Vielröhrenapparat, bei dem die Röhren noch draußen standen. Da es in dem Gerät irgendeinen, von mir schwer zu findenden Wackelkontakt gab, warf ich von Fall zu Fall meine Schultasche auf den Fußboden, um den Apparat wieder ins Gleichgewicht zu bringen. Mit innerer Leidenschaft verfolgte ich von nun an die täglichen Nachrichten und vor allem die entscheidenden Wahlsendungen vom 14. September 1930 und 31. Juli 1932, ohne anschließend den Streit mit nahen Familienmitgliedern zu scheuen, die im Gegensatz zu meiner Mutter und mir nicht auf den Sieg der republikanischen Parteien, sondern auf den der Rechten gesetzt hatten.

Im Vorlauf zur »Machtergreifung« vom 30. Januar 1933 war der Nationalsozialismus in die Familie eingebrochen. Ein Mitschüler, zwei Schulklassen tiefer, Sohn einer mit uns gut bekannten Familie, sprach mich, es war wohl 1931, darauf an, daß in unserem Familienstammbuch etwas Jüdisches zu finden sei. Als ich mit dieser Nachricht nach Hause kam, löste die hinterhältig geführte Attacke bei meiner Mutter Tränen aus. Anschließend wurde ich aufgeklärt, daß Großvater und Großmutter Rosenthal, aus dem Westerwald und der Pfalz stammend, bald nach dem Mündigwerden (damals mit 21 Jahren) sich hatten evangelisch taufen lassen, aus freien Stücken, ohne jeglichen opportunistischen Hintergedanken. Die Kinder, also auch meine Mutter, wurden evangelisch erzogen. Und es gab eine herzliche Freundschaft mit dem evangelischen Pastor, als der Großvater in Strehlen (Geburtsort von Paul Ehrlich) Studienprofessor geworden war.

Seit 1933 wurden diese persönlichen Verhältnisse zu einem immer grausamer zuschlagenden Strafgericht. Vor lauter Angst, daß ich im Abitur zu Ostern 1934 nach dem aktuellen Zeitgeist gefragt werden könnte, schenkte mir meine Mutter zum Geburtstag im August 1933 Hitlers *Mein Kampf*. Mich hat dies jedoch sofort veranlaßt, in die Buchhandlung Eugen Simmich, unser aller Hofbuchhandlung, zu stiefeln und das Buch zurückzugeben. Die begleitenden Worte waren aber schon nicht mehr ehrlich, denn ich sagte nicht, daß ich mit dem Autor und dessen Buch nichts im Sinne hätte, sondern redete mich drauf hinaus, schon von anderer Seite das gleiche Geschenk erhalten zu haben.

Meine Mutter wurde später, Januar 1944, in das Konzentrationslager Theresienstadt deportiert, hat aber überlebt. Im Ersten Weltkrieg war meine Mutter fast sechs Jahre interniert, weil sie Deutsche war, im Zweiten Weltkrieg nahezu anderthalb Jahre gefangengehalten, weil sie keine »richtige« Deutsche war – ein bitteres Los, das aber von ihr in bewundernswerter Weise gemeistert wurde. (Der Sohn hat der Mutter nach 1945 den Ehering geschenkt, weil ihr der Ehering von 1914 in Theresienstadt abgerissen worden war.)

Einen kleinen Aufstand gab es, als ich mit diesen Flecken in der Familiengeschichte 1934 vom Gymnasium die damals notwendige »Hochschulreife« zugesprochen erhielt, während der Sohn eines Kaufmanns, der schnell zu den Braunen abmarschiert war, dieses heißbegehrte Zertifikat nicht erhielt. Zwar konnte man mir die Hochschulreife nicht mehr absprechen, aber demjenigen, dem sie wegen der minderen Güte des Abiturzeugnisses abgesprochen worden war, konnte sie der Vater dank seiner Beziehungen zur herrschenden Staatspartei erstreiten. Zwei Mitschüler, der eine ein Konabiturient, sein Bruder eine Schulklasse tiefer, wurde diese Hochschulreife allein aus dem Grunde versagt, weil sie von einem katholischen Onkel ganz im Sinne der katholischen Kirche erzogen worden waren.

Auch das gehört zum Ende der Weimarer Republik und zum Beginn der Hitlerdiktatur in einer bis dahin für diese keineswegs anfälligen Stadt, auch wenn es längst einen Kreisleiter gab, der es 1933 sogar zum Reichstagsabgeordneten gebracht hat.

Zu meinen Schulkameraden zählte auch der nach 1945 als »Maschinengewehr Gottes« berühmt gewordene Jesuitenpater Johannes Leppich. Wir beide, demselben Jahrgang angehörend, hatten den gleichen Schulweg; seiner führte jedoch ins Realgymnasium. Sein Vater war Wächter in dem unserer Wohnung nahen Zuchthaus. Als 1938 im Anschluß an die sogenannte Kristallnacht Max Weisskopf, Inhaber eines großen Ledergeschäftes, in automatische Haft genommen wurde, brach dessen Vertrauen in das Leben zusammen, doch Vater Leppich richtete ihn wieder auf und bekannte sich gleich ihm zum gemeinsamen Glauben an Gott und dessen Gerechtigkeit. In Israel wurde mir später diese Erzählung bestätigt.

»Lepus, der Hase, sedebat, er saß, in via, auf der Straße, edebat, er fraß«, so frotzelten wir, denn wir waren gemeinsam Mitglieder von »Neudeutschland«, einer katholischen Jugendbewegung, aus der viele Jesuiten hervorgegangen sind. Ich war allerdings weniger engagiert als mein Schulkamerad Leppich, aber nicht etwa aus Gründen geringerer Katholizität, sondern weil ich in einer anderen Organisation an der Schule eifrig tätig war, zum Schluß als deren Schulsprecher. Es war der »Verein für das Deutschtum im Ausland«, VDA.

Große Fahrten zu den Siebenbürger Sachsen oder Banater Schwaben habe ich nicht unternommen, aber viel Wissenswertes über die Deutschen im Ausland in mich aufgenommen, nicht zuletzt aus geographischer Neugierde. Vor allem schlossen wir in diesem VDA gute Freundschaften, gingen auf Fahrt, tanzten gemeinsam Volkstänze, machten mit unserer Spielschar Ausflüge auf Lastwagen ins Industriegebiet und lernten unsere ersten Liebschaften kennen. Als dann der VDA vom Nationalsozialismus vereinnahmt wurde, gehörten wir schon nicht mehr dazu, denn wir waren, mein Abiturientenjahrgang, gleich nach dem Abitur für ein halbes Jahr zum Arbeitsdienst eingezogen worden und begannen im Wintersemester 1934/35 unser Studium, wobei es die Mehrheit nach Breslau zog.

Breslau, Schlesiens Hauptstadt, war weder meines Vaters noch meine Universitätsstadt. Mein Vater promovierte und habilitierte sich an der Technischen Hochschule in Berlin, ich legte meine Promotion in Leipzig ab. Nach Berlin bin ich zum ersten Male erst als Student gekommen, Wien lernte ich viel früher, als Vierzehnjähriger, 1929 kennen, damals waren die Schaufenster der Buchhandlungen voll der trauerumflorten Bilder von Hugo von Hofmannsthal, der gerade gestorben war. Die Hauptstadt Österreichs vor der preußischen und Reichshauptstadt besucht zu haben, lag aber wohl in Geschichte und Geographie beschlossen. Die beiden alten schlesischen Herzogtümer, Troppau und Jägernsdorf, nach den Kriegen Friedrichs des Großen bei Österreich verblieben, waren nahe und luden wiederholt zum Besuch ein, obwohl sie in der Zeit der Weimarer Republik nicht mehr zu Österreich, sondern zur Tschechoslowakei gehörten.

Breslau tat sich mir 1930 zum ersten Male auf, ein Geschenk der Mutter für das gute Versetzungszeugnis. Der Besuch enthielt neben der obligaten Besichtigung der Kirchen und des Domes, neben der Bewunderung des Rathauses und des großstädtischen Verkehrs die Bekanntschaft mit einem damals zum traditionellen Zeitvertreib zu zählenden Varietétheater, das als »Liebig-Theater« beliebt und weithin berühmt war. Ein großes Programm wurde geboten: der Jongleur Enrico Rastelli, der jeden Ball, den er nicht fing, was ohnehin sehr selten geschah, ins Publikum warf, und der Coupletsänger Otto Reutter mit seinem Lied »In fünfzig Jahren ist alles vorbei«. Zuvor hatte meine Mutter mir mit auf den Weg gegeben, wohl um mögliche Anzüglichkeiten oder gar Zoten bangend, daß ich nicht fragen sollte, wenn ich etwas nicht verstünde, eine sicherlich recht merkwürdige Art der Pädagogik, obschon meine Mutter auf gute Erziehung großen Wert legte. Gern zitierte sie ihren Johann Amos Comenius mit dem Satz, daß Strafe sein müsse wie Salat, der mehr Öl als Essig hat.

In Ratibor gehörte das Stadttheater zu den Stätten der Bildung. Wir nannten es das beste Theater weit und breit, weil wir überhaupt kein anderes Theater kannten und uns jeder Maßstab fehlte. Elisabeth Bergner, Mutters großes Theateridol, spielte nicht gerade in Ratibor; um sie zu sehen, mußte man schon nach Berlin fahren, was die Mutter auch einmal unternommen hat. Uns eröffnete das Theater die Klassiker, aber auch Gerhart Hauptmanns *Fuhrmann Henschel* und *Die versunkene Glocke* sowie Hermann Sudermanns *Steine unter Steinen*, wobei das abwertende Urteil fiel, daß Sudermann eben doch ein Sudelmann sei. Willkommen waren die Gastspiele aus dem nahe gelegenen Troppau »von drüben«. Da wehte uns Wiener Theatertradition an, denn Troppau sah sich gern als Vorstufe für den Sprung nach Wien. Es kam aber auch vor, daß der Onkel, der im oberschlesischen Städtchen Oberglogau Rechtsanwalt und Justitiar des Reichsgrafen von Oppersdorf war, Schwester und Neffen zur Aufführung einer Operette nach Troppau mit dem Auto abholte.

Um den Sohn der Frau Hupka der Weiberwirtschaft zu entführen, denn er war ja ständig von Mutter, Großmutter und zwei Tanten umgeben, luden mich die Riedelkinder, eine Nichte und drei Neffen der Nachbarin unserer Großmutter, mit der man das Abonnement der Tageszeitung *General-Anzeiger für Schlesien und Posen* teilte, bisweilen nach Kuchelna ein, einem Dorf des Hultschiner Ländchens im Tschechischen. Hier lagen die großen Besitzungen des Fürsten Karl Max von Lichnowsky (Botschafter des Kaiserreiches in London und als Kritiker der kaiserlichen Politik selbst in gesellschaftliche Widerlager geraten), hier sorgte Forstrat Riedel für Wald und Wild.

Am jetzt zum Grenzort gewordenen Kranowitz wurde man mit dem Wagen oder Schlitten abgeholt, in Fußsäcke fest eingepackt, und auf ging's in das so nahe, doch jetzt fremdbestimmte Kuchelna, über das Golo Mann in seinen Erinnerungen, nach einem Besuch im Hause Lichnowsky, nicht nur Rühmliches geschrieben hat. Für mich war Kuchelna eine Zauberwelt, ein romantisches Erlebnis, Eichendorffs Welt in natura.

In den Jahren der Weimarer Republik war jedoch die Stadt Ratibor, dort gelegen, wo laut Eintragung auf dem Atlas die Oder schiffbar wird, obwohl eigentlich nur ein Schiff der Strommeisterei, das Anrudern und das Wettrudern nach Cosel, auch ein Ausflugsschiffchen nach Lubowitz die Eintragung zu rechtfertigen versuchten, meine Welt. Hier war das Zentrum zu Hause. Es war eine von der katholischen Kirche bestimmte und geprägte Welt. Welch Jubel, wenn die Wallfahrer vom Annaberg heimkehrten und alle Glocken läuteten, als zöge der Heilige Geist selbst in die Stadt ein! Welch Ehrfurcht vor dem uns die Firmung spendenden Kardinal Adolf Bertram, eine kleine, geradezu zerbrechliche Erscheinung!

Es war aber auch eine Stadt, die Strömungen und Einflüsse aus allen vier Himmelsrichtungen in sich aufnahm: das preußisch Reglementierende aus dem Norden, das Polnisch-Slawische aus dem Osten und Südosten, das Mährische aus dem Westen und das Österreichische und Musische aus dem Süden. Bald nach 1933 wurde alles gewaltsam verändert, 1945 bis zu 80 Prozent die Stadt mutwillig ausgebrannt. Der Staat, ob vormals in monarchischer Prägung, ob jetzt als Republik, fand die Anerkennung der

Mehrheit seiner Bürger. Der Nationalsozialismus hat sie eher jäh aufgeschreckt als bereitwillige Zustimmung erhalten, aber sie arrangierten sich
mit ihm, wie es nun einmal in Diktaturen üblich ist.

Heute sind diese drei aufeinanderfolgenden Epochen längst Vergangenheit, aber die Erinnerung beschwört eine behütete Kindheit und Jugend,
die trotz der provinziellen Begrenzung und der materiellen Beschränkt-
heit nicht schöner hätte sein können.

HANS JÜRGEN EYSENCK

Geboren am 4. März 1916 in Berlin. Sohn eines Schauspielers und des Filmstars Helga Molander. Wirkte selber als Kind in Filmen mit. Verließ 1934 aus Protest Deutschland. Studierte erst in Frankreich, dann in England. Erhielt in London den Doktor der Psychologie, dann auch eine Professur. Gründete die Psychologische Abteilung am Institut der Psychiatrie der Universität London. Blieb dort tätig, bis er 1984 emeritierte. Während seiner Lehrzeit Gastprofessuren in den USA. Autor von zahlreichen Büchern und Artikeln zu seinem Fachgebiet. Mitbegründer und erster Präsident der internationalen Gesellschaft Study of Individual Differences. Heute ist er in der Forschung in London und Heidelberg tätig.

Hans Jürgen Eysenck

Freiheit verkam zur Zügellosigkeit

Meine Freunde, die Kommunisten, und Ilsemarie, das Hitlermädchen

Ich wurde am 4. März 1916 in Berlin geboren, am Ende des Kaiserreiches, zweieinhalb Jahre vor der Ausrufung der Weimarer Republik.

Mein Vater entstammte einer katholischen Familie aus dem Rheinland, meine Mutter einer protestantischen Familie aus Schlesien; beide waren nicht sonderlich religiös, und obschon ich im lutherischen Glauben getauft und konfirmiert wurde, interessierte ich mich nicht für Religion.

Das Ende eines Krieges ist keine günstige Zeit, zur Welt zu kommen, insbesondere wenn man sich auf der Seite der Verlierer befindet. Als die Alliierten beschlossen, die Blockade gegen Deutschland noch nach der Waffenstillstandserklärung fortzusetzen, wäre ich beinahe verhungert. An die erste Zeit der Weimarer Republik, die mit meiner frühen Kindheit zusammenfiel, habe ich daher keine Erinnerungen.

Meine frühesten Erinnerungen sind ganz persönlicher Art. Eine hängt mit der Tatsache zusammen, daß meine Eltern Schauspieler waren und sich scheiden ließen, als ich vier Jahre alt war. Mein Vater war beim Theater, gewöhnlich spielte er den jugendlichen Liebhaber; oft und gern trat er in irgendeiner Phantasieuniform auf. Später wurde er ein bekannter Conférencier und in ganz Deutschland von führenden Kabaretts engagiert.

Zur Zeit ihrer Scheidung war meine Mutter ebenfalls beim Theater. Meine Großmutter und ich reisten mit ihr durchs Land, von Auftrittsort zu Auftrittsort. Schließlich ließen wir uns, Großmutter und ich, in Berlin nieder. Wir zogen in ein großes Hotel am Ufer des Teltowkanals, das in einer ausgedehnten parkähnlichen Gegend mit vielen Bäumen lag. Im Alter von fünf Jahren begann ich, mit meiner Mutter in Filmen zu spielen, lange bevor es in Amerika eine Shirley Temple gab. In meiner Erinnerung sehe ich mich einen Reifen durch den Tiergarten rollen, das unschuldige

Kind, das seine Filmeltern, die sich nach einem erbitterten Streit getrennt haben, zu guter Letzt wieder zusammenbringt! Ich entsinne mich auch, daß ich den Film nicht sehen durfte, weil er nur für Erwachsene war.

Eine andere Erinnerung hängt mit der Inflation zusammen. Ich hatte gesehen, daß Schokolade, die Tafel zu 100 Mark, angeboten wurde. Ich ging nach Hause, bekam Geld und wurde geschickt, die Schokolade zu kaufen; als ich in das Geschäft kam, war der Preis auf 150 Mark gestiegen. Derartige Erfahrungen, die Millionen Menschen über einige Jahre mehrmals täglich machten, hatten gewiß entscheidenden Einfluß auf meine Landsleute und müssen wesentlich dazu beigetragen haben, sie Hitlers Regime leichter akzeptieren zu lassen.

Das gleiche gilt ohne Zweifel auch für die weitverbreitete Arbeitslosigkeit. Am eigenen Leib habe ich sie natürlich nicht erfahren, doch gab es keine Möglichkeit, ihren augenfälligen Manifestationen aus dem Wege zu gehen. Während meiner Schulzeit hatte ich viele Mitschüler, deren Familien die Arbeitslosigkeit in den Ruin getrieben hatte.

In der Volksschule in Wilmersdorf, wo wir wohnten, gab es keine Schwierigkeiten. Meinem Gedächtnis hat sich jedoch eine Begebenheit eingeprägt, die erhellt, mit welcher Mißachtung viele Lehrer den von der Weimarer Republik erlassenen Gesetzen begegneten – vor allem jenen, die die körperliche Züchtigung mit Verbot belegten.

Ich war etwa acht Jahre alt, als ich mich unversehens einem neuen Musiklehrer gegenübersah, einem recht korpulenten jungen Mann, der auf strenge Disziplin zu halten schien. Er forderte jeden von uns auf, ihm vorzusingen; als ich an die Reihe kam, erklärte ich ihm (wahrheitsgemäß!), ich könne nicht singen – und wenn ich es versuche, höre es sich an wie das Krächzen eines herzkranken Raben! Er erwiderte, das sei alles Unsinn, jedes Kind könne singen.

Gehorsam gab ich ihm also eine Probe meines diesbezüglichen Könnens. Er war entsetzt und dachte, ich hielte ihn zum Narren! Streng rief er mich nach vorne vor die Klasse, befahl mir, die Hand auf das Pult zu legen, und versuchte, mir mit dem Lineal auf die Hand zu schlagen. Ich wußte, daß Lehrer ihre Schüler nicht schlagen durften, und zog prompt meine Hand zurück. Das ärgerte ihn noch mehr, er griff mit der Linken nach meiner Hand und hob die Rechte mit dem Lineal zum Schlag. Ehe er mich schlagen konnte, hatte ich mich vorgebeugt und meine Zähne in den fleischigen Teil seines Daumens eingegraben – eine Reaktion, mit der er nicht gerechnet hatte. Er erbleichte, ließ das Lineal fallen und versuchte, mich abzuschütteln. Ich war aber ziemlich groß und stark für mein Alter und dachte gar nicht daran, ihn loszulassen.

Er war eindeutig ratlos. Die Klasse stand natürlich kopf, alle hüpften und sprangen, schrien und johlten und hatten einen Riesenspaß. In diesem Augenblick öffnete der Rektor, der den Tumult in der Klasse vermutlich gehört hatte, die Tür und betrachtete verwundert die Szene, die sich seinem Auge bot: ein Klassenzimmer voller tobender Kinder, und der Lehrer steht auf seinem Podest und versucht verzweifelt einen kleinen Jungen abzuschütteln, der fest an seiner Hand klebt!

Endlich entschloß sich der Rektor, Herrn Meier zu Hilfe zu kommen, doch ohne viel Erfolg; mit aller Kraft, die mir zu Gebote stand, hielt ich an meinem Biß fest, und es bedurfte mehrerer Lehrer, mich schließlich loszu-reißen.

Herr Meier blieb einige Wochen zu Hause und kam nie mehr in unsere Klasse zurück. Der Rektor hätte mich vermutlich am liebsten erwürgt. Da er aber wußte, daß Herr Meier im Unrecht war, unternahm er nichts; ich aber war für den Rest meiner Laufbahn an dieser Schule als der Junge bekannt, der seinen Lehrer gebissen hatte.

Schon bald nachdem ich auf das Bismarck-Gymnasium gewechselt war, begegnete ich dem Problem des Antisemitismus. Er war so weit verbreitet, daß man fast automatisch hineingezogen wurde. Zwei Erlebnisse rüttelten mich auf und verhinderten, daß ich eine teuflische Überzeugung so ein-fach übernahm.

Ich ging mit einem Jungen namens Peterson, zu dieser Zeit mein bester Freund, von der Schule nach Hause. Als ich eine jener dummen antisemiti-schen Bemerkungen nachplapperte, die ich irgendwo aufgeschnappt hatte, streckte er mich mit einem rechten Haken nieder. Da erst ging mir auf, daß er Jude war. Für mich war Antisemitismus nie etwas anderes gewesen als ein Spiel auf verbaler Ebene. Erst diese Erfahrung ließ mich darüber nachdenken, wie absurd es war, ihn auf wirkliche Menschen zu beziehen.

Noch stärkeren Eindruck machte es auf mich, als der Schulrüpel anfing, einen anderen Freund von mir zu verhöhnen, weil er Jude war. Zum Glück hatte mein Freund im jüdischen Sportverein *Bar Kochba* Boxunterricht genommen und verprügelte den Schulrüpel auf eine Art und Weise, die ich nie vergessen werde.

Von diesem Tag an bezweifelte ich die oft gehörte Behauptung, daß Juden feige seien. Ich beschloß nachzusehen, wie viele Juden im Ersten Weltkrieg mit dem Eisernen Kreuz ausgezeichnet wurden, und stellte fest, daß es im Verhältnis mehr waren als Nichtjuden. Als ich dies dem Lehrer mitteilte, der sich über die Feigheit der Juden ausgelassen hatte, fand er das gar nicht lustig.

Ich begann, politische Wochenzeitschriften zu lesen, vor allem die

Hans Jürgen Eysenck mit Vater und Stiefmutter Tilly.

Weltbühne und das *Tage-Buch*, die beide stark linksgerichtet waren, aber nicht so weit gingen, den Kommunismus zu beweihräuchern. Besonders bewunderte ich Kurt Tucholsky. Nach und nach empfand ich sehr stark, welche Bedrohung von Hitler und seinen Schlägerbanden für die Demokratie der Weimarer Republik ausging, und allmählich freundete ich mich mit Leuten aus der linken Szene an, darunter auch mit Kommunisten.

Ich trat entschieden für eine Einheitsfront von Sozialdemokraten und Kommunisten ein, um dem Nationalsozialismus zu begegnen. Als die Kommunisten sich während des berühmten Straßenbahnerstreiks im November 1932 mit den Nationalsozialisten verbündeten, stellte sich bei mir jedoch eine gewisse Vorsicht gegenüber dem Kommunismus ein. Ich fragte meine Freunde, was sie im Schilde führten, wenn sie sich mit den Nazis zusammentäten, um die Weimarer Republik zu stürzen.

Sie erklärten mir, ich sei politisch sehr naiv; ihre vorrangige Aufgabe sei genau, den demokratischen Staat zu stürzen; danach würden sie mit den Faschisten aufräumen und das erste kommunistische Regime außerhalb Rußlands errichten.

»Aber das ist verrückt«, erwiderte ich, »weit mehr Menschen unterstützen Hitler als euch; Reichswehr und Polizei sind ziemlich reaktionär und würden sich immer dem Kommunismus widersetzen; alles in allem habt ihr keinerlei Chance.«

Meine Freunde schüttelten weise ihre Köpfe und sagten: »Diese Direktiven kommen direkt vom Genossen Stalin. Glaubst du, du verstehst mehr von Politik als er?«

»Natürlich«, antwortete ich, »schließlich lebe ich hier. Stalin hat keine Ahnung, was in Deutschland vorgeht. Ihr wärt völlig verrückt, wenn ihr seinen Rat befolgen würdet.«

Das kühlte unser Verhältnis merklich ab. Selbstredend starben die meisten von ihnen in einem Konzentrationslager, heldenhaft, aber töricht.

Für viele, die diese Zeit nicht erlebt haben, ist es schwer nachzuvollziehen, daß nicht alle Mitglieder der nationalsozialistischen Partei blutrünstige Kriminelle waren, die kriegslüstern danach lechzten, ihre Widersacher zu peinigen.

Ilsemarie, meine erste Freundin, war ein »Hitlermädchen« und versuchte mit Feuereifer, mich zum Eintritt in ihre Partei zu bewegen. All die wunderbaren Schlagworte der nationalsozialistischen »Bewegung« hatte sie für sich eingenommen, so zum Beispiel »Gemeinnutz geht vor Eigennutz«, ein Motto, das sich recht gut anhört, aber schwerlich repräsentativ für den Geist des Nationalsozialismus war. Sie wäre mit Sicherheit entsetzt über die Dinge gewesen, für die der Nationalsozialismus in Wirklichkeit eintrat, aber obwohl ich versuchte, es ihr klarzumachen, glaubte sie mir nicht. Auch einer meiner besten Freunde trat in die SS ein und kam in Uniform zur Schule. Er war ebenfalls ein sehr netter Kerl, haßte den Krieg und hegte keinerlei Animosität gegen Juden. Wie viele andere glaubte er einfach, Inflation und Arbeitslosigkeit trieben Deutschland in den Ruin und nur Hitler würde das Land wieder auf die richtige Bahn bringen.

Ich bin überzeugt, daß die Mehrzahl derer, die für Hitler gestimmt haben, dies aus ähnlichen Gründen taten. Sie haben sich nie die Mühe gemacht, *Mein Kampf* zu lesen, und überhaupt nicht gewußt, welche Ziele Hitler in Wirklichkeit verfolgte. Sie waren dumm, aber nicht unbedingt schlecht, obwohl es natürlich auch viele gab, die eher schlecht als irregeleitet waren.

Alles in allem stellte die Nationalsozialistische Deutsche Arbeiterpartei, wie ihr Name schon sagt, eine Mischung dar. Es gab in ihr einerseits solche, die dem »sozialistischen« Moment mehr Gewicht beimaßen, andererseits solche, die das »nationale« Moment für wichtiger hielten; eine Auseinandersetzung, die später im sogenannten »Röhm-Putsch« endgültig zugunsten des Nationalismus und gegen den Sozialismus entschieden wurde.

In der Schule waren praktisch alle nichtjüdischen Jungen Nazis, und viele kamen tatsächlich in ihren Uniformen zur Schule. Die Weimarer Republik legte ihren politischen Gegnern gegenüber insgesamt eine fatale Nachsicht an den Tag und tolerierte Naziterror in einem Maße, das schwer vorstellbar oder verstehbar ist. Ich habe immer – selbst damals – die Meinung vertreten, daß Toleranz das Kennzeichen einer zivilisierten Gesellschaft ist und daß die einzige akzeptable Art der Intoleranz die gegen die Intoleranz selbst ist.

Ich erinnere mich an bewaffnete Schlägerbanden und an uniformierte Kommunisten und Faschisten, die einander bekämpften. Die Republik hätte diesen Armeen, die angetreten waren, den demokratischen Staat zu stürzen, mit eiserner Faust entgegentreten sollen. Die Weimarer Republik unternahm nichts gegen sie und kam zu Fall.

Unter diesen Bedingungen erhielt das Leben manche seltsam absurde Note. Ich entsinne mich, daß ich Ilsemarie in ihrer Wohnung besuchte (ihre Mutter war Krankenschwester, und es traf sich gut, daß sie gerade Dienst hatte). Als ich nach Hause gehen wollte, bemerkte ich eine Gruppe von Kommunisten, die in einer benachbarten Kneipe ihr Bier tranken. Ich trug eine braune »Affenjacke«, die natürlich keinerlei politische Bedeutung hatte. Da aber die Farbe Braun mit SA-Uniformen assoziiert war, nahmen diese angetrunkenen Halbstarken an, ich sei auch ein Nazi, zumal sie wußten, daß Ilsemarie in der Partei war.

Sie erhoben sofort ein Kriegsgeheul und stürzten hinter mir her. Ich hatte nicht vor, eine der vielen Leichen zu stellen, die mit einem Messer im Bauch auf der Spree treiben, also kam ich zu dem Schluß, daß Vorsicht der bessere Teil der Tapferkeit sei, und begann zu laufen. Ich war immer ein ziemlich guter Sportler und hatte keine Schwierigkeiten, die angetrunkenen, eher feisten Kerle abzuschütteln. Aber es war mir eine Mahnung, welche Gefahren diese Art von politischem Kampf selbst für Leute darstellte, die keiner politischen Partei angehörten.

Es ist merkwürdig, daß die Deutschen außerhalb des politischen Bereichs äußerst gesetzestreu waren. Es wird häufig behauptet, daß die Kriminalitätsrate eines Landes in direktem Zusammenhang stehe mit Armut und den Unterschieden zwischen Arm und Reich, also eine wirtschaftliche Grundlage hat. Dies ist eindeutig nicht der Fall. Damals gab es in Deutschland eine Menge Armut, eine große Menge Arbeitsloser und ebenso unerhörten Reichtum, der sich ostentativ und offen zur Schau stellte. Trotzdem war die Kriminalität sehr gering im Vergleich zu den heutigen Verhältnissen, die vom ökonomischen Gesichtspunkt her ungleich günstiger sind.

Meine eigene Familie gehörte dem Mittelstand an, und meine Mutter und mein Vater verdienten recht gut. Meine Mutter war ein Filmstar geworden und heiratete ihren Direktor, einen intelligenten jüdischen Filmproduzenten und Manager, der für die UFA arbeitete und später zur Terra-Film-Gesellschaft ging. Die meisten meiner Freunde gehörten jedoch der Arbeiterklasse an, auch Ilsemarie natürlich, und durch sie lernte ich viele ihrer Freunde kennen.

Auf diese Weise erfuhr ich viel über die Arbeiterklasse in Deutschland, über die schwierigen Bedingungen, unter denen diese Menschen ihr Brot verdienten, über ihre Ansichten und Einstellungen. Ich fand bald heraus, daß die Intellektuellen, die im *Tage-Buch* und in der *Weltbühne* schrieben, völlig falsche Vorstellungen vom Leben und den Ansichten eines Proletariers hatten. Sie hatten offensichtlich nie unter Arbeitern gelebt und ihre Ideen ausschließlich aus verstiegenen philosophischen Theorien und der marxistischen Ideologie bezogen.

Es entsprach gewiß den Tatsachen, daß die Arbeiterklasse in einer Weise unterdrückt war, die wir heutzutage nicht ohne weiteres nachvollziehen können, doch all die Tugenden, die Tucholsky und seine Gefährten ihr zuschrieben, besaß sie mit Sicherheit nicht. Die Solidarität in der Arbeiterklasse war gering, sie zeigte wenig Neigung, die sozialdemokratische Regierung zu unterstützen, und sie war nicht für den Kommunismus; die Mehrheit ließ sich von Hitlers Propaganda einwickeln, hegte unausgegorene chauvinistische Ansichten über die deutsche Überlegenheit, teilte Hitlers Antisemitismus und hatte nur eine vage Vorstellung über die Richtung, in die die Nazis sie zu führen versuchten.

Meine Sympathien lagen voll und ganz auf seiten der Arbeiter, aber ich konnte mich den linken Intellektuellen in ihrem Glauben an die Weisheit und Überlegenheit nicht anschließen, die diesen Leuten eigen sein sollte, nur weil sie ihren Lebensunterhalt mit ihrer Hände Arbeit verdienten. Ich hatte den Eindruck, daß sie eher bereit waren, Demagogen zu folgen, als für eine freie demokratische Gesellschaft zu kämpfen. Wäre die Weimarer Republik stärker und entschiedener gewesen, wären sie ihr vielleicht gefolgt und hätten sie verteidigt. Doch sie sahen ihre Schwäche im Umgang mit Extremisten und entschlossen sich letzten Endes, den Extremisten zu folgen. Das war ihr Unglück – und das der Weimarer Republik.

Die meisten Menschen haben eine falsche Vorstellung vom damaligen Leben in Deutschland und besonders in Berlin. Die Schriften Isherwoods und anderer ließen einen völlig irreführenden Eindruck von Berlin als einer Stadt entstehen, die in einem Maße dekadent war wie keine andere. Ich hatte ganz und gar nicht diesen Eindruck. Sicher gab es eine Menge Prostitution, männliche wie weibliche, aber sie war keineswegs weiter verbreitet als in New York, Paris oder Tokio und fiel wesentlich weniger ins Auge.

Bei der Mehrheit der Deutschen in der Weimarer Republik dürfte das moralische Niveau sogar deutlich über dem gelegen haben, das heute in Deutschland, England, Frankreich oder auch den Vereinigten Staaten herrscht. Die Exzesse einiger weniger bestimmten die Schlagzeilen, doch der Durchschnittsdeutsche der damaligen Zeit führte ein Leben, das moralisch und ethisch mit Sicherheit nicht schlechter – vermutlich sogar besser – war, als man es von seinen Nachfahren heute sagen kann. Filme, Theaterstücke und Bücher zeigen nur die dunkle Seite des Lebens in Berlin.

Wahrscheinlich ist es auch nahezu unmöglich, das Bild sexueller Dekadenz im Berlin der letzten Tage der Weimarer Republik zu korrigieren. Ich kann nicht behaupten, ein Experte für die vielfältigen Aspekte der Prostitution zu sein; aber äußerste Armut bis zum Verhungern hat sogar einige Schwestern und Freundinnen meiner Schulkameraden in die Prostitution getrieben, und wenn sie einmal »auf den Strich gingen«, waren sie durchaus bereit, sich mit neugierigen Jungen wie mir darüber zu unterhalten.

Manchmal begleitete ich meinen Vater in die Kabaretts, in denen er auftrat, und kam dort zwangsläufig mit den Animierdamen, Nutten und anderen Mädchen, die dort arbeiteten, ins Gespräch. Ich denke, hierdurch wie auch durch manches andere weiß ich einigermaßen Bescheid, was vor sich ging, wenn auch natürlich rein theoretisch.

Eine Begebenheit, an die ich mich recht gut erinnere, ist vielleicht charakteristisch für das allgemeine Maß an Freizügigkeit. Als ich einmal aus dem KaDeWe (Kaufhaus des Westens) in der Tauentzienstraße kam, sah ich, wie sich ein ganzes Rudel von Leuten um einen Zeitungskiosk scharte. Der Besitzer hatte eine Nudistenzeitschrift im Aushang. Die Titelseite zeigte eine junge Frau »oben ohne«! Nur in diesem Maße durften Nacktdarstellungen legal verbreitet werden, und die Kunden diskutierten miteinander, ob solche zwielichtigen Magazine öffentlich ausgestellt werden sollten.

Selbst für wissenschaftliche Bücher war es damals sehr schwierig, sexuelle Fragen zu behandeln; es erschienen nur wenige Publikationen, die man »pornographisch« hätte nennen können. Es kamen zwar ein oder zwei Bücher heraus, die sich ausdrücklich mit dem Sexualverhalten befaßten wie van de Veldes Leitfaden *Die vollkommene Ehe*, aber sie waren teuer und hatten wenig gemein mit den modernen Ratgebern über Wege zur sexuellen Erfüllung. Moralvorstellungen und -verhalten in der Weimarer Republik erinnerten eher an viktorianische Zeiten als an moderne Freizügigkeit.

Wäre nicht die deutliche Bedrohung durch Hitlers Diktatur gewesen, dann hätte das Leben damals in Deutschland sehr angenehm sein können, abgesehen natürlich von der großen Zahl der Arbeitslosen, deren Elend durch die vielen Menschen, die auf der Straße lagen, allzu augenfällig war. Doch zumindest für mich und, ich denke, auch für sehr viele andere beherrschten die politischen Unruhen und die drohende Gefahr einer Diktatur von rechts oder links das Bild. Die Menschen fühlten sich verunsichert, bedroht und nervös. Sie mögen vielleicht nicht in der Lage gewesen sein, das ganze Unheil vorauszusehen, das die Nazis mit sich bringen sollten, doch waren viele schon genügend beunruhigt durch die Exzesse, die sie mit ansehen mußten, die Kämpfe zwischen Kommunisten und Nazis und die völlige Mißachtung von Recht und Ordnung, die diese Gruppen an den Tag legten. Zumindest in Preußen schien der Staat, statt unparteiisch zu bleiben und diese Exzesse zu unterbinden, die Nazis zu unterstützen und zu begünstigen und der Linken, vor allem den Kommunisten, das Leben schwerzumachen.

Ebenso versagte der Staat, wenn es darum ging, Zeitungen im Zaum zu halten, die Rassenhaß gegen die Juden schürten und sogar zu ihrer Ausrottung aufriefen. Daß ein demokratischer Staat solche Dinge dulden könnte, ist heute fast unvorstellbar; doch damals gab es nur sehr wenige, die

dagegen protestierten, und ihre Stimme fand bei der Obrigkeit kein Ge-
hör. Freiheit verkam zur Zügellosigkeit, und die Strafe folgte auf dem
Fuße.

Als Hitler an die Macht kam, verschwand die Weimarer Republik nicht
mit einem Schlag, sondern mit einem Winseln. Es gab kaum Widerstand,
die Sozialdemokraten brachen einfach ihre Zelte ab und stahlen sich
davon. Natürlich gingen diese Ereignisse mit einer ganzen Reihe von
Schikanen einher wie dem Reichstagsbrand, dem Verbot der Kommunistischen Partei und so weiter. Doch hatte die Weimarer Republik ihren
Lebenswillen bereits verloren. So wurde Deutschlands erster demokratischen Republik ein Ende bereitet.

All das war vorhersehbar und vermeidbar. Wenn ein Jugendlicher wie
ich erkennen konnte, in welche Richtung die Entwicklung lief, sollte man
erwarten, daß dies für die führenden Politiker nicht schwieriger gewesen
wäre. Leider waren sie wohl so erfüllt von utopischen Idealen und unreali-
stischen Erwartungen, daß ihre Ideologien es ihnen unmöglich machten,
rational und vernünftig zu handeln.

(Übersetzt von Ulrike Bischoff)

Erich Mende

Kam am 28. Oktober 1916 in Groß Strehlitz zur Welt. Im Krieg diente er sich vom Infanterieleutnant zum ausgezeichneten Major hoch. Danach Studium der Rechtswissenschaften (1945–1948) und, nach Staatsexamen und Promotion, der Politikwissenschaften. In Köln anschließend als Dozent tätig. Er war 1945 Mitbegründer der FDP, Mitglied des Deutschen Bundestages (1949–1980), Fraktionsvorsitzender (1957–1963) und Bundesvorsitzender der FDP (1960–1968). 1970 trat er aus der FDP als Gegner der neuen Ostpolitik aus und wurde Mitglied der CDU. Lebt in Bonn.

ERICH MENDE

»Was sagt der Annaberg?«

Korfanty kam geritten ...
Als französische Alpenjäger in Oberschlesien polnische Politik machten

Meine Heimatstadt Groß Strehlitz, in der ich am Sonnabend, dem 28. Oktober 1916, als drittes Kind des Lehrers Maximilian Mende und seiner Ehefrau Anna, geborene Krawietz, geboren bin, wurde kurz nach dem Zisterzienserkloster Himmelwitz um 1300 nach deutschem Recht gegründet.

Meine Mutter soll, so erzählte die Hebamme später, etwas ungehalten gewesen sein, weil nur noch wenige Minuten bis Mitternacht fehlten. »Hätte doch der Bengel es nicht so eilig gehabt, dann wäre es ein Sonntagskind geworden«, soll sie genörgelt haben. Mir sei aber auch der späte Sonnabend gut bekommen, meinte sie später.

Die Kreisstadt liegt am Nordrand des Chelmgebirges an einer Hauptverkehrsader, der damaligen Reichsstraße Nummer 5, die von Berlin über Breslau nach Krakau und weiter nach Ungarn führte. Aber auch die Eisenbahnlinie, die Oppeln und Groß Strehlitz mit dem oberschlesischen Kohlen- und Hüttenrevier zweispurig verband, hatte große wirtschaftliche Bedeutung. Denn alle zehn Minuten fuhr ein Kohlezug durch den Groß Strehlitzer Bahnhof in das Reichsgebiet.

Im Kreis, der fast hunderttausend Einwohner umfaßte, lagen noch zwei weitere Städte: Ujest, später in Bischofstal umbenannt, und Leschnitz, später Bergstadt. Ujest war die älteste Stadt des Kreises und früher Bischofssitz. Die Doppeltürme der alten Pfarrkirche weisen das noch heute aus.

Die Stadt Groß Strehlitz zählte zu Beginn des Zweiten Weltkrieges 12 000 Einwohner, davon waren 80 Prozent katholisch, 20 Prozent evangelisch. Zu den Besonderheiten gehörte neben einem Rathaus mit einem Turm aus dem 16. Jahrhundert und einer Barockkirche der Pfarrei St. Laurentius (aus dem Jahre 1754) noch das humanistische Gymnasium »Johanneum«, das Landratsamt, Amtsgericht und Finanzamt. Der größte Schmuck der Stadt war jedoch der südlich sich anschließende, der Öffentlichkeit zugängliche Park der Grafen Renard und später Castell, angelegt im englischen Stil mit herrlichen Durch- und Fernblicken bis zum fast zehn Kilometer entfernten Annaberg. Das inmitten von Anlagen liegende gräfliche Schloß, ein von Hecken und Büschen umrandeter großer Schwanenteich und ein kleinerer Ententeich erfreuten die Spaziergänger ebenso wie ein fünf Kilometer weiter Wanderweg mit zahlreichen Ruhebänken. Im Winter waren der große Parkteich zum Schlittschuhlaufen, das umfangreiche Parkgelände zum Skilaufen und ein nach der Göttin der Fruchtbarkeit benannter Cereshügel zum Rodeln freigegeben. Das 1934 erbaute Waldbad galt bis 1945 als eines der modernsten und schönsten ganz Schlesiens.

Dagegen verfügte meine Heimatstadt bis kurz vor Kriegsbeginn nicht über eine Garnison. Als die Stadt Anfang dieses Jahrhunderts vor der Entscheidung stand, ob sie Kasernen oder Strafanstalten beherbergen wollte, entschieden sich die Stadtväter für eine große Strafanstalt mit über tausend Insassen, die größte ganz Schlesiens! In der Begründung hieß es, die tugendhaften Frauen seien bei eingesperrten Männern besser behütet als bei frei herumlaufenden Soldaten. Als ich mich als Soldat im Infanterieregiment 84 in Gleiwitz am 1. Oktober 1936 zum Wehrdienst meldete, hieß es daher vorwurfsvoll auf der Wachstube des Unteroffiziers: »Sie Kerl kommen aus einer Stadt, die lieber Zuchthäusler aufnahm als Soldaten, das werden Sie büßen!«

*

Inmitten des flachen Geländes vor der Stadt, nach Südwesten zur Oder hin, ragt der 410 Meter hohe Basaltkegel des Annaberges auf, gekrönt von einem Franziskanerkloster und der Wallfahrtskirche zur heiligen Anna. Schon zu vorchristlicher Zeit war dieser Vulkankegel ein germanischer Opferberg, Ausgrabungen und Funde, die im Heimatmuseum bewahrt wurden, bestätigen dies. Im Jahre 1516 stand auf dem Berg eine Kapelle als Filiale der Dreifaltigkeitskirche von Leschnitz. Die barocke Wallfahrtskirche wurde 1665 errichtet und 1781 umgebaut. Daran schloß sich das Kloster an.

Die Verehrung in dem alljährlich von Hunderttausenden besuchten Wallfahrtsort gilt einer schlichten, aus Holz geschnitzten Figur der heiligen Anna in der bekannten Form der Anna Selbdritt. Ziel der Pilger sind auch 33 kleine Kapellen, in denen die Leiden Christi dargestellt sind, der sogenannte Kalvarienweg. Der Weg der Pilger und ihrer Prozessionen führte von der katholischen Pfarrkirche vorbei durch den Park in Richtung Goseler Straße. Hier stand die Schule, an der mein Vater seit 1906 Lehrer war.

So erlebten wir den Hinweg als Schulkinder, die Spalier standen und die Männer, Frauen und Kinder bestaunten, die singend und betend – Statuen, Bilder und Fahnen tragend – an uns vorbeizogen, meist eine Blaskapelle voran, dahinter die Priesterschaft in vollem Ornat. Dann kamen die Würdenträger, Kirchdiener und Musikanten wieder zurück, die Pilger zogen in Richtung Dollna und Annaberg weiter. Das geschah meist an einem Freitagvormittag.

Am Sonntagabend wurden die Pilger mit Musik und Priesterschaft, Lichtern und Fackeln am Ausgang wieder eingeholt und zogen, an den mit Kerzen geschmückten und illuminierten Häusern vorbei, wieder zurück zur Pfarrkirche, wo der feierliche Dankgottesdienst stattfand.

Diese großen Wallfahrten gab es besonders in den Monaten Juli und August. Es war damals selbstverständlich, daß in beiden Sprachen gebetet und gesungen wurde, Deutsch und Polnisch. Viele Oberschlesier, vor allem auf dem Lande, sprachen ein Gemisch von Deutsch und Polnisch, das sogenannte Wasserpolnisch. Die Sprache war keineswegs ein Beweis für die nationale Gesinnung. Man konnte polnisch beten und singen und war dennoch ein guter Deutscher und umgekehrt. Selbst nach der Machtergreifung durch die Nationalsozialisten blieben die polnischen Pilger in ihren Gebeten und Liturgien völlig unbehelligt bis zum Sommer 1938.

*

Natürlich hat es im Grenzland Schlesien ebenso wie in Ostpreußen, Westpreußen und Pommern Bemühungen der Germanisierung wie der Polonisierung gegeben. Dabei gingen, besonders in Oberschlesien, die Polen geschickter und systematischer vor als die Deutschen. Psychologische Fehler und mangelnde politische Voraussicht der deutschen Führungsschicht, der unselige Kulturkampf Bismarcks, der die religiösen Gefühle der katholischen Oberschlesier verletzte, und die durch den schnellen Aufbau der Schwerindustrie wachsenden sozialen Spannungen halfen der polnischen Propaganda.

So wurde bereits 1903 Wojciech Korfanty als Abgeordneter der Polenpartei in den Reichstag gewählt. Im Jahre 1914 waren bereits fünf oberschlesische Polen im Berliner Reichstag. Die Polen gründeten Volksbanken, Genossenschaften, Sparkassen sowie die sogenannten Sokol-Turnverbände und bemühten sich besonders um die Landbevölkerung und Industriearbeiter.

Familienausflug im Park Groß Strehlitz, März 1930.

Blick auf den Annaberg.

So war es nicht verwunderlich, daß bei den Verhandlungen über den Versailler Vertrag Korfanty und seine Anhänger die Lostrennung Oberschlesiens von Deutschland und die Einverleibung in den wiederbegründeten polnischen Staat forderten. Sie fanden bei den Franzosen, vor allem bei Clemenceau, sofort die gewünschte Zustimmung, nicht jedoch bei Lloyd George, dem britischen Premierminister. Leider unterstützte auch der amerikanische Präsident Wilson die polnischen Forderungen. Am 7. Mai 1919 wurden Deutschland die Friedensbedingungen vorgelegt, die die Abtretung Oberschlesiens vorsahen.

Die Empörung in Oberschlesien war groß. Überall wurden Massenprotestkundgebungen veranstaltet. Dank der Unterstützung durch die britische Regierung, besonders Lloyd Georges, wurde trotz des polnischen Protestes eine Volksabstimmung in Artikel 88 des Versailler Vertrages vorgesehen: »In dem Teil Oberschlesiens, der innerhalb der nachstehend beschriebenen Grenzen gelegen ist, werden die Einwohner berufen, im Wege der Abstimmung kundzutun, ob sie mit Deutschland oder Polen vereinigt zu werden wünschen!«

Es handelte sich im wesentlichen um den Regierungsbezirk Oppeln mit Ausnahme der rein deutschen Kreise Neisse und Grottkau. Um klare Verhältnisse bei einer zu erwartenden Volksabstimmung zu schaffen, wurde durch ein preußisches Gesetz vom 14. Oktober 1919 der Regierungsbezirk Oppeln zur selbständigen preußischen Provinz Oberschlesien erklärt.

Die polnische Seite hatte wenig Vertrauen zu der geplanten Volksabstimmung. Sie versuchte daher durch organisierte Aufstände vollendete Tatsachen zu schaffen. Der erste Aufstand begann am 17. August 1919 und konnte durch den deutschen Grenzschutz niedergeschlagen werden. Bei den polnischen Gefangenen wurden auch Angehörige der regulären polnischen Truppen registriert.

Nachdem der Versailler Friedensvertrag am 10. Januar 1920 in Kraft getreten war, trafen bereits am 27. Januar 1920 in Oberschlesien die ersten französischen Besatzungstruppen ein, insgesamt dreizehntausend Soldaten. Es folgten die Italiener mit zweitausend Mann und etwa tausend Engländer, die in ihrer Mehrheit erst Anfang 1921 kamen, als sich die Lage bereits gefährlich zugespitzt hatte.

Auch in unserer Schule, in der mein Vater im oberen Stockwerk seine Dienstwohnung innehatte, wurden zwei Kompanien französischer Alpenjäger einquartiert. Auf die Fragen, warum man in das »Flachland Oberschlesien« Alpenjäger entsandt hätte, erklärten die Franzosen, das ergäbe sich aus dem Namen *Haute Silésie*. Denn natürlich war man in Paris der

Meinung, es müßte in einem Land, das sich Oberschlesien nenne, auch
hohe Berge geben.

Die Franzosen fühlten sich aber keineswegs sicher in unserer Schule. Sie
verbarrikadierten am Abend alle Eingänge! Die Bauernburschen, die nachts
in den Pferdeställen die Offizierspferde losbanden und sie durch die
Straßen galoppieren ließen, taten ein übriges, die panische Angst zu
vermehren. Es gab allerdings in einigen Nachbarorten auch größere Überfälle und Sprengstoffattentate, besonders im oberschlesischen Industriegebiet. Denn die deutschen Selbstschutzkämpfer waren empört, weil die
Franzosen so offensichtlich die polnische Seite unterstützten.

In Groß Strehlitz verhielt sich die Bevölkerung ruhig und zurückhaltend. Die englischen Soldaten spielten meistens Fußball im großen Schloß-
park, ihre Offiziere Golf. Wir Jungen machten uns ein Vergnügen daraus,
ihnen die Golfbälle zu klauen, wo wir konnten. Die Italiener sangen viel an
den warmen Abenden und froren natürlich in den kalten Wintermonaten!
Sie verhielten sich im Gegensatz zu den Franzosen gegenüber den Deutschen aber ausgesprochen freundlich.

Uns Kindern waren die französischen Soldaten in unserer Schule allerdings sehr zugetan. Wir bekamen ihre Schokolade zugesteckt und mußten
uns mit ihnen fotografieren lassen. Dazu setzten sie uns ihre Baskenmüt-
zen mit dem gelben Alpenhorn auf, es war ein Heidenspaß! Das Mittagessen der Franzosen wurde in Feldküchen zubereitet und auf dem Schulhof
sowie einem benachbarten Bauernhof an langen, hölzernen Tischen eingenommen. Wir Kinder durften dabeisein und bekamen immer einiges ab.
Als ein Soldat mir einmal auch den üblichen Rotwein zu trinken gab, ist es
mir schlecht geworden. Ein Offizier nahm mich an der Hand und führte
mich zu meiner Mutter, um sich dafür zu entschuldigen.

Das war der einzige Zwischenfall, wenn ich von dem gewalttätigen
Schlußakt des Abzugs der beiden Kompanien aus der Schule ein Jahr
später absehe. In dieser Nacht wurden alle Fensterscheiben der Schule eingeschlagen und die Räume im Erdgeschoß durch Schüsse beschädigt. Der
Versuch, die schwere Eichentür zum Eingang in unsere Lehrerwohnung
aufzubrechen, mißlang gottlob! Meine Mutter und wir drei Kinder über-
standen das Steinbombardement mit seinen Splittern wohlzugedeckt mit
Federbetten in einem toten Winkel auf dem Fußboden des großen Wohn-
zimmers.

*

Der Abstimmungskampf ging um die Jahreswende 1920/21 auch auf
deutscher Seite einem Höhepunkt entgegen. Es gründete sich der »Verband heimattreuer Oberschlesier«, der mehr als tausend Ortsgruppen und

über zehntausend Vertrauensleute in allen Dörfern und Städten zählte. Sein Zentrum lag in Oppeln. In Breslau entstand ein Verband, der sich besonders der Erfassung aller in Oberschlesien geborenen Deutschen im ganzen Reich widmete, da diese nach dem Abstimmungsstatut am 20. März 1921 ihre Stimme am Ort ihrer Geburt abgeben konnten. Ihr Bahntransport zur Abstimmung in Sonderzügen und ihre Betreuung mußten organisiert werden.

Mein Vater übernahm eine führende Rolle im Verband Heimattreuer Oberschlesier, zunächst in Groß Strehlitz, später im Arbeitsstab von Dr. Hans Lukaschek in Oppeln, dem späteren ersten Bundesminister der Vertriebenen in Bonn, und Dr. Urbanek, dem Plebiszitkommissar. Schließlich wurde er Berater im Hauptquartier der Generale Höfer und von Hülsen beim Deutschen Selbstschutz in Breslau. Diese Arbeit lag ganz im Sinne des damals sechsunddreißigjährigen Lehrers und Bauernsohnes aus Hohndorf, Kreis Leobschütz. Seine hünenhafte Gestalt von 1,92 Meter Körpergröße, seine sonore lautstarke Rednerbegabung und sein überzeugendes kämpferisches Temperament machten ihn zu einem begehrten Kämpfer für die deutsche Sache!

Sprach unser Vater auf einer Veranstaltung in unmittelbarer Nähe, verteilten wir Kinder schwarzrotgoldene und schwarzweißrote Fähnchen unter den Zuhörern. Zwar waren die Farben der Weimarer Republik Schwarz-Rot-Gold, doch schwarzweißrote Fähnchen, zum Teil mit dem Eisernen Kreuz versehen, überwogen bei weitem! Sie sollten vor allem an die Frontkameradschaft der Deutschen im Ersten Weltkrieg erinnern, in dem sich die oberschlesischen Soldaten durch Tapferkeit vielfach bewährt hatten. Die deutschen Parolen lauteten: »Gebet der Heimat: Oberschlesien bleibe deutsch!« – »Deutschland ist unser Vaterland, Oberschlesien unsere Heimat!« – »Deutschland unsere Muttererde, Oberschlesier sind heimattreu!«

In besonderer Weise engagierten sich die Lehrer für Deutschland, in vielen Fällen auch die katholischen und evangelischen Pfarrer. Manche von ihnen mußten daher unter Todesdrohungen der Polen ihre Pfarreien verlassen und flüchten. Denn die polnische Propaganda hatte es besonders darauf angelegt, einen Keil zwischen die Katholiken Oberschlesiens und das überwiegend protestantische Preußen zu treiben! Selbst die »Muttergottes von Tschenstochau« wurde von der Korfanty-Propaganda der polnischen Agitatoren eingesetzt. Die schwarze Muttergottes solle, so wurde verbreitet, Korfanty zugenickt haben, als er vor dem Bild der *Regina Poloniae* für einen Sieg bei der Volksabstimmung gebetet habe.

Die deutschen Agitatoren revanchierten sich mit einem sarkastischen

Refrain, den die Schulkinder zu singen pflegten: »Korfanty kam geritten, auf einem Ziegenbock, da dachten die Polacken, es wär' der liebe Gott!« Schließlich versprach die polnische Propaganda jedem Kleinbauern eine Kuh, die man vorher den Gutsbesitzern und Großbauern wegnehmen würde. Der Wahlkampf trieb seltsame Blüten.

Endlich, am Sonntag, dem 20. März 1921, fiel die Entscheidung. Am Abend dieses sonnigen Frühlingssonntags stand der deutsche Wahlsieg fest: 717 122 Oberschlesier hatten für Deutschland, 483 514 für Polen gestimmt, also 60 Prozent für den Verbleib Oberschlesiens beim Deutschen Reich. Bei der Analyse des Ergebnisses stellte sich heraus, daß 42 Prozent der Oberschlesier, die Polnisch als Muttersprache angaben, dennoch für Deutschland gestimmt hatten, ein Beweis dafür, daß die Sprachenfrage nicht unbedingt auch für die Nationalität stand. Bis auf eine einzige Stadt, Altberun, hatten alle Städte deutsche Mehrheiten, vor allem die Industriestädte Gleiwitz, Beuthen, Hindenburg, Kattowitz und Tarnowitz.

Der deutsche Plebiszitkommissar Dr. Urbanek erließ von Oppeln aus einen Aufruf, in dem es versöhnlich hieß: »Der Sieg ist unser, es lebe das einige, unteilbare Oberschlesien, der Bruderkampf ist zu Ende!«

Dem war jedoch nicht so, der polnische Terror fing nun erst richtig an! Unter dem Eindruck der Niederlage brach in der Nacht zum 3. Mai 1921, dem polnischen Nationalfeiertag, der dritte und blutigste polnische Aufstand aus. Er führte zu einem Rachefeldzug gegenüber allen, die sich zu Deutschland bekannt hatten. Auch mein Vater mußte mit mehreren anderen Lehrerkollegen querfeldein aus Groß Strehlitz in das 30 Kilometer entfernte Oppeln flüchten, später nach Breslau. Er stand auf der Liste der sofort zu erschießenden Gegner der polnischen Aufständischen, war aber von wohlgesinnten Polen, die seine Schüler gewesen waren, gewarnt worden. Meine Mutter versteckte uns drei Kinder beim Gutsinspektor Krantz auf dem nahe gelegenen Gut Sucholona. Hier erlebten wir in den kommenden Wochen das Auf und Ab der Schießereien, Plünderungen und der Racheakte, denen manche Familie zum Opfer fiel.

Die Franzosen unterstützten die polnischen Aufständischen ganz offen. Die Italiener dagegen leisteten zusammen mit dem deutschen Selbstschutz Widerstand und hatten hohe Verluste an Toten und Verwundeten. Der englische Oberst Percival, Hoher Kommissar der Briten, erlitt einen Zusammenbruch, da er dem Gewissenskonflikt nicht gewachsen war, einerseits eingreifen zu müssen und andererseits nicht mit den Franzosen zu brechen. Alle Proteste der deutschen Parteien in Oppeln bei den Hohen Kommissaren verhallten.

Nun war der deutsche Selbstschutz die letzte Hoffnung der Deutschen in Oberschlesien. Am 7. Mai 1921 übernahm der General von Hülsen das Kommando im Raum Krappitz, General Höfer den gesamten Oberbefehl. Zum deutschen Selbstschutz stießen Freikorps aus entlassenen Weltkriegssoldaten aus ganz Deutschland, besonders viele Studenten. Das bekannteste Freikorps kam aus Bayern und hieß »Oberland«.

Am 21. Mai 1921 traten die deutschen Selbstschutzformationen zum Gegenangriff an. Die Polen hatten, von regulären polnischen Truppen unterstützt, Oberschlesien bis zur Oder bei Krappitz besetzt, auch den Annaberg, die beherrschende Anhöhe über dem Odertal. Hier hatten sie sich in ausgebauten Feldstellungen und Erdbefestigungen sowie in den Gebäuden um das Kloster verschanzt. In harten und für beide Seiten verlustreichen Kämpfen gelang es dem deutschen Selbstschutz nun, den Annaberg zu nehmen und die Aufständischen einzuschließen.

Anfang Juni ging General von Hülsen zum Gegenangriff in Richtung des oberschlesischen Industriegebietes vor. Die Moral der Aufständischen war durch ihre großen Verluste und die Niederlage am Annaberg völlig erschüttert. Korfanty, ihr Idol und Führer, wandte sich hilfesuchend an den französischen General Le Rond. Dieser veranlaßte als Oberkommandierender aller drei Besatzungstruppen durch militärische Drohungen, daß General Höfer sein Vorgehen auf das oberschlesische Industriegebiet einstellen mußte.

Der deutsche Selbstschutz verlor allein bei der Erstürmung des Annabergs dreihundert Tote und fünfzehnhundert Verwundete, die polnischen Verluste waren weit höher.

Mit der Befreiung des Annaberglandes war auch Groß Strehlitz wieder frei vom Terror der Polen. Aber es war noch keine sichere Bleibe. Da meine Mutter ihr viertes Kind erwartete, fuhren wir in der ersten Juniwoche 1921 an einem frühen Sonntagmorgen mit der Droschke des Gutsinspektors über Leschnitz nach Hohndorf im Kreise Leobschütz, wo die Familie meines Vaters einen Bauernhof besaß.

Die Fahrt in der offenen Droschke ging zum Teil über das Gefechtsfeld um den Annaberg. Man sah noch die verlassenen oder verbrannten Unterstände, herumliegende Leichen und die Trümmer und Zerstörungen des erst wenige Tage vorher beendeten Unternehmens. Mich, den knapp Fünfjährigen, haben diese Dinge nicht sehr beeindruckt, weil ich den Ernst des Todes noch nicht begriff. Meine Mutter jedoch und die beiden Geschwister Walter und Male klopften mir auf die Finger und schimpften, wenn ich wieder im Gelände eine Leiche entdeckt hatte oder einen Pferdekadaver sah und die Familie darauf hinweisen wollte.

Als wir am späten Nachmittag im 50 Kilometer entfernten Hause unserer Großeltern im Kreis Leobschütz ankamen, herrschte Freude und Genugtuung über unsere gelungene Flucht aus Groß Strehlitz. Einen Monat später, am 8. Juli 1921, wurde das Schwesterchen geboren und auf den Namen Hildegard in der Hohndorfer Pfarrkirche getauft. Der Vater war zu dieser Zeit noch in der Abwicklung der Arbeiten des Abstimmungskampfes in Breslau und gleichzeitig in der Abwehr der drohenden Gefahr, Oberschlesien trotz des Abstimmungssieges der Deutschen zwischen Deutschland und Polen zu teilen, was leider ein Jahr später geschehen ist.

*

Auch nach dem Abstimmungssieg der Deutschen am 20. März 1921 und der Niederlage der Polen Ende Mai 1921 am Annaberg gingen die Bestrebungen Korfantys weiter, das oberschlesische Industriegebiet von Deutschland loszutrennen. Die Polen wurden dabei von Frankreich unterstützt. Lloyd George, der britische Premierminister, hatte noch während des dritten Polenaufstandes am 13. Mai 1921 erklärt: »Vom geschichtlichen Standpunkt hat Polen kein Recht auf Oberschlesien. Der polnische Aufstand ist eine Herausforderung gegenüber dem Vertrag von Versailles, der die polnische Freiheit erst wieder aufrichtete!«

Am 15. Juli 1921 beschwor Gerhart Hauptmann als Hauptsprecher einer Kundgebung der Parteien des Reichstages in der Berliner Philharmonie unter der Leitung des Theologen Prof. Adolf von Harnack den Alliierten Rat, die Volksabstimmung nicht zu mißachten. Dies würde zu einem neuen Weltbrand führen, der schlimmer werden könnte als der Weltkrieg, den wir gerade hinter uns hätten. Alle Warnungen und Mahnungen blieben vergebens! Das Unrecht von 1921 nahm seinen verhängnisvollen Lauf und mündete in das neue und größere Unrecht vom 1. September 1939.

Da sich Franzosen, Engländer und Italiener über die Behandlung Oberschlesiens nicht einigen konnten, trat am 12. August 1921 der Oberste Rat des Völkerbundes zusammen. Am 1. September 1921 wurde eine Kommission aus einem Belgier, einem Brasilianer, einem Chinesen und einem Spanier gebildet, die die Grenzen Oberschlesiens festsetzen sollten. Keiner der Beteiligten hatte jemals oberschlesischen Boden betreten und sich an Ort und Stelle über die Verhältnisse informiert. Am 20. Oktober 1921 wurde ein von der Kommission festgelegter Teilungsplan bekanntgegeben.

Von Oberschlesien wurden 32 139 Quadratkilometer mit 830 000 Einwohnern Polen zugeteilt. Von 63 Steinkohlengruben erhielten die Polen

51, von 19 Zink- und Bleigruben 15, von 37 Hochöfen 22, von 18 Stahl-
und Walzwerken 9, ferner sämtliche Eisenerzgruben und alle Zinkhütten,
damit den größten Teil des oberschlesischen Industriepotentials. Aus dem
abgetrennten Oberschlesien flüchteten 120 000 Menschen.

Am 30. Mai 1922 behandelte der Deutsche Reichstag die Teilung durch
den Völkerbund. Über dem Präsidentenplatz war eine riesige Flagge mit
den schlesischen Farben und dem schwarzen schlesischen Adler aufgehängt, die mit Trauerflor umsäumt war. Der Reichstagsabgeordnete Sze-
zeponik sprach namens der Deutschen Oberschlesiens einige Worte des
Abschieds: »Wir haben aus Vaterlandsliebe und Rechtssinn für Deutschland gestimmt. Der Völkerbundsrat hat den Willen der deutschen Mehrheit mißachtet und den lebendigen Organismus Oberschlesiens zerrissen.
Über vierhunderttausend deutsch fühlende Bewohner werden durch eine
willkürlich gezogene Grenze zu polnischen Staatsbürgern gemacht. Wir
werden unsere staatsbürgerlichen Pflichten erfüllen, aber unser deutsches
Volkstum werden wir nicht aufgeben. Unsere Zugehörigkeit kann uns kein
Machtspruch aus dem Herzen reißen!«

Für die Zentrumsfraktion sprach Prälat Ulitzka. Nachdem er sich einer
Rechtsverwahrung des Reichsministers Dr. Eugen Schiffer, des deutschen
Unterhändlers, angeschlossen hatte, rief er aus: »Die Entscheidung über
Oberschlesien ist und bleibt juristisch ein Rechtsbruch, politisch eine
Torheit und wirtschaftlich ein Verbrechen!«

Wer kann die Kausalität dieser Ereignisse als Ausgangsbasis eines neuen
Revanchismus leugnen, der schließlich in der Diktatur des Nationalsozia-
lismus und im Zweiten Weltkrieg seinen Höhepunkt erreichte und ganz
Europa in namenloses Unglück stürzte?

Erst im Herbst des Jahres 1921 kehrte die Familie aus dem Leobschützer
Exil in die Groß Strehlitzer Wohnung zurück. Sie war durch Plünderungen
und mutwillige Zerstörungen hart mitgenommen und löste bei uns allen
eine tränenreiche Erschütterung aus. Nach notwendigen Instandsetzun-
gen der Schulklassen begann auch wieder der Unterricht; das Leben ging
weiter, wenn auch unter einer gewissen Belastung. Denn Mißtrauen und
Schuldzuweisungen blieben nach all den Ereignissen zurück.

Zahlreiche Bauern in den ländlichen Bezirken um den Annaberg hatten
sich für die polnischen Aufständischen eingesetzt und ihnen Spanndienste
und Verpflegung zur Verfügung gestellt. Sie wurden geächtet, manche
Scheune und Stallung ging in diesen Monaten in Flammen auf. Auch
einige Fememorde waren zu beklagen, wie überhaupt Privatrache und
ungezügelte Wut über das Verlorene noch jahrelang die Stimmung im
Annabergkreis Groß Strehlitz belasteten.

Mein Vater suchte in seinem Wirkungsbereich zusammen mit den anderen Lehrerkollegen der Vergebung und Versöhnung den Vorrang zu verschaffen. Er selbst kehrte mit dem Orden des Schlesischen Adlers Erster und Zweiter Klasse aus Breslau zurück. Diese Auszeichnungen wurden allen zuteil, die sich bei der Abstimmung oder beim Selbstschutz besonders bewährt hatten.

*

Auch im gesamten Deutschland war es Anfang der zwanziger Jahre ebenso unruhig und unsicher wie in dem Grenzland Schlesien. Seit Beginn der Weimarer Republik waren bis Ende 1922 schon sieben Reichsregierungen verschiedener Parteikoalitionen im Amt. Die kürzeste Amtszeit betrug 1920 nur 72 Tage, die längste Amtszeit 384 Tage.

Vom 22. November 1922 regierte die große Koalition aus SPD/DDP/ Zentrum und DVP unter Reichskanzler Gustav Stresemann nur 51 Tage und anschließend noch einmal 48 Tage bis zum 6. Oktober 1923. Es folgte eine bürgerliche Koalition aus Zentrum, DVP und DNVP unter dem Zentrumsreichskanzler Wilhelm Marx für 177 und 195 Tage bis zum 3. Juni 1924, also bis dahin in fünf Jahren der Weimarer Republik elf verschiedene Reichsregierungen!

Es war daher verständlich, daß die Hoffnungen, die man nach dem Kriege in die parlamentarische Republik gesetzt hatte, immer mehr enttäuscht wurden. Hinzu kam der Druck von außen durch die Reparationen des Versailler Friedensdiktates und die Erschütterungen von innen durch revolutionäre Umtriebe.

Am 24. Juni 1922 wurde der Reichsaußenminister Walther Rathenau in Berlin auf der Fahrt in das Auswärtige Amt in seinem Auto ermordet. Er galt als der geistige Vater des Vertrages von Rapallo mit der Sowjetunion.

Der Reichstag verabschiedete vor dem Hintergrund dieses politischen Mordes am 18. Juli 1922 das Gesetz zum Schutz der Republik. Im Januar 1923 wühlte eine weitere Schreckensnachricht die Deutschen auf, besonders im Ruhrgebiet. Sechzigtausend französische und belgische Soldaten besetzten mit Artillerie und Panzern seit dem 11. Januar 1923 das Ruhrgebiet wegen angeblicher Rückstände in den Reparationen. Reichskanzler Wilhelm Cuno verkündete den passiven Widerstand. Gleichzeitig verschlechterte sich die Kaufkraft der Mark, die Inflation begann zu galoppieren. Ein Liter Milch kostete in Berlin im Juli 1923 4000 Mark, ein Pfund Butter 15 000 Mark.

Im Oktober 1923 stand die Weimarer Republik vor der Zerreißprobe. In Sachsen mußte die Reichswehr eingreifen, um eine kommunistische Räteregierung zu verhindern. In Hamburg tobten Straßenkämpfe zwischen

Kommunisten unter der Führung Ernst Thälmanns und der Polizei. In Bayern kam es zu einem Konflikt zwischen dem Reichswehrminister Otto Gessler und dem bayerischen Reichswehrkommandeur Otto von Lossow. In Aachen riefen Separatisten mit Unterstützung der Franzosen die »Unabhängige Rheinische Republik« aus. In Berlin begannen Unruhen angesichts der ständig steigenden Preise.

Es grenzte an ein Wunder, daß die Weimarer Republik alle Krisen, wenn auch mit unterschiedlichen Mitteln, überwinden konnte. In München scheiterte der Putschversuch Hitlers und Ludendorffs an der Feldherrnhalle. Im November wurden die rheinischen Separatisten aus Aachen von der Bevölkerung vertrieben. Schließlich gelang es, auch das Ende der Inflation durch eine Währungsreform herbeizuführen.

Ich kann mich noch gut an die Papiergeldflut erinnern, die unser Vater als Lehrergehalt erhielt. Was am Vortag noch für ein Brötchen bezahlt werden mußte, genügte am nächsten Tag nur, wenn das Hundertfache auf den Bäckertisch geblättert wurde. Am 1. November 1923 kostete ein Pfund Zucker 250 Milliarden, ein Pfund Fleisch 3 Billionen, das ist eine drei mit zwölf Nullen dahinter. Selbst wir Kinder wußten, was eine Billion war, nämlich 1000 Milliarden! Endlich wurde aus einer Billion der alten Papiermark eine Rentenmark. Das heißt, man konnte die zwölf Nullen hinter der Eins wieder streichen und normale Preise lesen.

In jedem Fall hatte dieses Problem für uns Kinder in den Schulen auch seine gute Seite. Wir lernten das Rechnen durch den Zwang des praktischen Lebens. Ich habe in meinem späteren Leben niemals mehr soviel Nullen erlebt, auch im übertragenen Sinne nicht, wie mit sieben Jahren in der Inflation von 1923/24.

Natürlich konnte eine Familie mit vier Kindern in dieser Zeit kaum mit der Kaufkraft der Papiermark leben. Hier kam die Nähe der bäuerlichen Abstammung von Vater und Mutter uns zu Hilfe. Aus dem 7 Kilometer entfernten Himmelwitz meiner Mutter wie aus dem 50 Kilometer entfernten Hohndorf meines Vaters erhielten wir von den Bauernhöfen genügend Brot, Rauchfleisch, Schinken, Eier und Butter, damit die Lehrerskinder nicht zu hungern brauchten.

Auch ein anderes Ereignis veränderte neben der Währungsreform im Jahre 1924 unser tägliches Leben. Unser Stadtteil in Groß Strehlitz wurde an das elektrische Stromnetz angeschlossen! Die Innenstadt hatte längst teil an diesem Fortschritt der Technik. Wir in Außenbezirken Sucholona, Mokrolona und Adamowitz, die durch Eingemeindung zur Stadt Groß Strehlitz kamen, mußten weiter mit der Petroleumsfunzel und ohne Straßenbeleuchtung auskommen.

Es war gar nicht einfach, die Bauernhöfe in den Randbezirken an das Stromnetz anzuschließen. Mein Vater als Zentrumsmitglied im Gemeinderat mußte viele Besuche machen, um die Bauern zu überzeugen. Denn sie fürchteten Kurzschlüsse in den Leitungen und eine erhöhte Blitzgefahr in der Anziehung des Blitzes durch die Elektrizität. Als schließlich überall elektrischer Strom die Glühbirnen und Maschinen erglühen und treiben ließ und die Bogenlampen die Straßen erleuchteten, war auch der Abergläubischste überzeugt, daß elektrischer Strom nicht des Teufels ist.

Das Jahr 1925 vereinigte die Deutschen und spaltete sie zugleich in zwei Ereignissen: im Tod des ersten Reichspräsidenten Friedrich Ebert und in der Wahl seines Nachfolgers, des Generalfeldmarschalls Paul von Hindenburg.

Friedrich Ebert, seit 1919 Präsident der Weimarer Republik, starb am 28. Februar 1925 an den Folgen einer Blinddarmoperation im Alter von 54 Jahren. Er war ein umstrittener Mann, für die einen ein sozialdemokratischer Patriot, der im Krieg zwei seiner Söhne verloren und die junge Demokratie vor Radikalismus und Anarchie bewahrt hatte. Für die anderen war er der Sattlergeselle aus Heidelberg, der in seinem einfachen Habitus kein Kaiserersatz sein konnte. Bösartige Verunglimpfungen durch die radikalen Linken und Rechten begleiteten seinen Lebensweg.

Mir ist noch ein Großfoto in Erinnerung, das die *Berliner Illustrirte* auf der Titelseite brachte: Ebert und der Reichswehrminister Gustav Noske in Badehosen am Strand, wahrlich keine Nachfahren des Apollo, beide mit Bauchansätzen und behaarter Männerbrust. Es sollte durch Lächerlichkeit treffen – und tat es damals auch.

Die Wahl des Nachfolgers brachte bei neun Kandidaten am 19. März 1925 keine absolute Mehrheit für einen Bewerber. Also folgte am 26. April 1925 der zweite Anlauf, nachdem die Rechtsparteien den 77jährigen Sieger der Schlacht von Tannenberg (1914), Generalfeldmarschall Paul von Hindenburg, zur Kandidatur überredet hatten. Die Volksparteien SPD, Zentrum und DDP stellten den Zentrumspolitiker und ehemaligen Reichskanzler Wilhelm Marx auf, die Kommunisten ihren Führer Ernst Thälmann. Natürlich siegte mit 14,6 Millionen Stimmen der Feldmarschall gegen den Zivilisten mit der Brille, Wilhelm Marx, der 13,7 Millionen Stimmen auf sich vereinigte. Auch in meiner Heimatstadt, in der das Zentrum über eine absolute Mehrheit verfügte, stimmte die Mehrheit für Hindenburg. Selbst meine Eltern, obgleich Zentrumsanhänger, wählten den Feldmarschall, der die russische Dampfwalze im August 1914 in den Masuren gestoppt hatte. Im ersten Deutschen Bundestag schilderte der Alterspräsident Paul Löbe, wie er am 12. Mai 1925 dem neuen Reichspräsidenten, der im schwarzen Gehrock gekommen war, vor dem Reichstag in Berlin den Eid abnahm. Der alte Herr sei sehr unbeholfen und schüchtern gewesen. Nach dem Eid wollte er Paul Löbe als Reichstagspräsidenten den Vortritt beim Verlassen des Plenarsaals anbieten. Paul Löbe mußte ihn belehren: »Nein, Herr Reichspräsident, jetzt sind Sie die Nummer eins in der Republik, ich erst die Nummer zwei!«

Als allgemein anerkannter Erfolg der Weimarer Republik wurde das am 16. Oktober 1925 von Reichskanzler Hans Luther und Reichsaußenminister Gustav Stresemann unterzeichnete Vertragswerk von Locarno gewertet. Es beendete die durch den Versailler Vertrag geschaffene Isolierung und eröffnete Deutschland den Eintritt in den Völkerbund, der ein Jahr später am 10. September 1926 erfolgte.

*

Zum Weihnachtsfest 1926 stand der Familie eine besondere Überraschung bevor. Das erste Rundfunkgerät wurde im Wohnzimmer aufgestellt. Als Ausgleich für die einmalige große Ausgabe mußten wir vier Kinder auf Einzelgeschenke verzichten. Wir taten dies gern. Es war immerhin das erste Rundfunkgerät im gesamten Ortsteil, und wir freuten uns schon, es unseren Mitschülern vorführen zu können.

Ein Bautrupp von vier Fachleuten rückte aus dem 30 Kilometer entfernten Oppeln an. Der Apparat, ein Vierröhrengerät der Marke »Nora«, wurde auf dem Schreibtisch unseres Vaters plaziert. Der Lautsprecher, ein ebenso großer Kasten, mit gelber Rohseide auf der Vorderseite bespannt, trug das Markenzeichen »Siemens«. Die Antenne wurde aus dem Fenster durch eine in das Fensterkreuz gebohrte Öffnung zur Dachrinne geleitet und dort festgemacht. Nach einer guten Weile kamen von der Berliner Funkstunde die ersten Laute Musik, Nachrichten, wieder Musik – ein aufregendes Ereignis für die ganze Familie.

Dann durften wir Kinder uns einzeln in die Bedienung einweisen lassen. Was für ein Wunder, aus Tausenden von Kilometern Stimmen in das Wohnzimmer zu holen, in englischer, französischer, russischer, polnischer Sprache. Malmö und Kalundborg im hohen Norden, Radio Andorra und Marseille im Süden Europas, Beromünster in der Schweiz. Welch ein Vergnügen, an der Skala zu drehen, das Pfeifen der Rückkoppelung zu vermeiden und den jeweiligen Sender klar hereinzuholen! Die Tage zu Weihnachten und um die Jahreswende hockte die Familie nur noch um das Wunder der Technik, unseren ersten Radioapparat!

Wenige Monate später, zu Ostern 1927, begann für mich auch noch in anderer Hinsicht eine neue Zeit. Nach einer Aufnahmeprüfung von eini-

gen Stunden wurde ich in die Sexta des Staatlichen Humanistischen
Gymnasiums Johanneum in Groß Strehlitz aufgenommen. War bisher die
Volksschule im eigenen Hause, mußte ich fortan morgens um 7.30 Uhr das
Haus verlassen, um den 2 Kilometer langen Fußweg zum »Johanneum«
zurückzulegen, zusammen mit meinem siebzehnjährigen Bruder Walter,
der bereits in der Obersekunda saß. An Fahrräder war damals noch nicht
zu denken. Schließlich kostete das Schulgeld monatlich 20 Mark. Da
meine Schwester Male, fünfzehn Jahre alt, auf die höhere Mädchenschule
ging und nur noch das halbe Schulgeld von 10 Mark zu entrichten
brauchte, war ich als Dritter im Bunde für die Eltern der Billigste mit nur
5 Mark monatlichen Schulgeldes. Das Ganze nannte sich »soziale Ermäßi-
gung«! Immerhin waren es monatlich für alle drei genau 35 Mark, bei
einem Lehrergehalt von etwa 500 Mark monatlich netto eine erhebliche
Last für den Haushalt.

Mein Bruder Walter und ich wohnten im zweiten Stock in einem
Giebelzimmer der Schule mit Blick auf den 10 Kilometer Luftlinie entfernten Annaberg. Wenn wir morgens um 7 Uhr an den Frühstückstisch der
Eltern herunterkamen, fragte unsere Mutter immer: »Was sagt der Annaberg?« Berichteten wir dann, er sei im Dunst, meinte Mutter, es werde
schönes Wetter geben. Antworteten wir, er sei klar und zum Greifen nahe,
hieß es: Mäntel anziehen, es wird Regen geben. Selten hat eine Wetterpro-
gnose so gut funktioniert.

In der Sexta waren wir 45 Jungen. Mädchen wurden damals auf dem
Gymnasium noch nicht zugelassen. Das »Johanneum« hatte mit rund
360 Schülern von Sexta bis Oberprima einen hervorragenden Ruf als einziges Gymnasium im Umkreis von 30 Kilometern. Neun Jahre Latein,
sechs Jahre Griechisch, sechs Jahre Französisch und zwei Jahre Englisch
oder Hebräisch als Wahlfach wiesen es als ein klassisches humanistisches
Gymnasium aus. Einen großen Ausbildungsbereich bot aber auch der
Sport von der Leichtathletik über das Turnen und Schwimmen bis zu
Handball- und Fußballmannschaften.

Politisch beherrschte die katholische Zentrumspartei das Feld mit abso-
luter Mehrheit seit Jahrzehnten in Stadt und Kreis Groß Strehlitz. An
zweiter Stelle stand die Deutsche Volkspartei, Sozialdemokraten waren in
der Minderheit. Auch unsere Lehrer waren politisch engagiert. Studienrat
Guzy war Fraktionsvorsitzender für das Zentrum in der Stadtvertretung.
Dr. Pietzko, der sich später Platen nannte, war Vorsitzender der Deutschen
Volkspartei und Stahlhelmführer. Der Vorsitzende der Sozialdemokraten
war der Seilermeister Gorus, der durch seinen Bart Karl Marx sehr ähnlich
sah und den wir daher »unseren Marx« zu nennen pflegten.

Die Jugendverbände im vorpolitischen Raum hatten stark bündischen Charakter. Ich wurde, wie bereits meine älteren Geschwister, als Sextaner Mitglied des katholischen akademischen Jugendbundes »Quickborn«. Alkohol und Nikotin waren verpönt, wir zogen nach Pfadfinderart mit der Laute singend und spielend durch die Lande. Der *Spielmann* war unser Gesang- und Fahrtenbuch. Er enthielt eine Sammlung alter Landsknechtslieder und neuer Volksmusik. Burg Rothenfels und die Stadt Neisse waren die Zentren des »Quickborn«, der 1934 durch gesetzliche Maßnahmen in die Hitlerjugend überführt wurde. Daneben gab es bis zu dieser Zeit noch die »Neudeutschen« (ND) als katholischen Jugendverband und die Sportbewegung »Deutsche Jugendkraft« (DJK).

*

Ende der zwanziger Jahre tauchten immer mehr braune Uniformen im Stadtbild auf, aber es waren Außenseiter, ebenso wie die hier und da auftretenden Rotfrontkämpfer in ihren graublauen Blusen. Es wurde natürlich in unserem Gymnasium darüber diskutiert. Es dauerte nur kurze Zeit, da wir uns selbst als Zuschauer am Bürgersteig mit kritischen Anmerkungen beteiligten.

Mal war es die SA mit einer Blaskapelle voran in militärischer Formation als SA-Sturm, mal der »Stahlhelm« in grauen Feldblusen und der »Reichskriegsflagge von 1871«, mal mit einer Schalmeienkapelle die Kommunisten. Uns Jungen schienen die einen für Adolf Hitler als ihren Führer, die anderen für den Stahlhelmführer Franz Seldte und die dritten für Ernst Thälmann und die Internationale zu marschieren, ohne daß uns das sonderlich bewegt hätte. Zu größeren Auseinandersetzungen oder gar Schlägereien ist es in unserer Kreisstadt nicht gekommen. Mit Erschrecken hörten wir aber vom Ohlauer Blutsonntag, den Morden an den Polizeihauptleuten Anlauf und Lenk in Berlin und von den Ausschreitungen in Breslau, wo der ehemalige Freikorpskämpfer Edmund Heines als Anführer genannt wurde.

Groß Strehlitz und der Annabergkreis haben auch das Ereignis der Machtergreifung am 30. Januar 1933 kaum beachtet. Als in den Mittagsnachrichten des Rundfunks bekannt wurde, daß der Reichspräsident Hindenburg den Führer der NSDAP zum Reichskanzler ernannt hätte, wurde das am Mittagstisch nur kurz kommentiert. Mein Vater sagte nur: »Jetzt kann er zeigen, was er kann!« Die Besorgnis meiner Mutter, daß nun eine Radikalisierung der Politik eintreten würde, teilte mein Vater nicht. Er verwies auf die anderen Mitglieder der Reichsregierung, die Hitler nötig hatte, um mit einer Mehrheit zu regieren.

In unserem Gymnasium selbst wurden die politischen Veränderungen mit einer gewissen Verspätung erkennbar. Erst am 21. März 1933, dem sogenannten »Tag von Potsdam«, wurden wir Schüler von Obersekunda bis Oberprima aufgefordert, an einem abendlichen Fackelzug teilzunehmen. So marschierten wir dann, das Lehrerkollegium voran, durch die Straßen hinter einer Musikkapelle der Feuerwehr mit Fackeln in den Händen, gewissermaßen als Nachklang zu den Berliner Ereignissen vom 30. Januar 1933. Auf dem Marktplatz vor dem Rathaus, dem Alten Ring, stellte sich die Marschkolonne in einem Geviert auf, und unser Studienrat Dr. Pietzko würdigte als zweiter Redner – vor ihm hatte der NSDAP-Ortsgruppenleiter Gabor gesprochen – das Ereignis des Tages, das in dem Satz gipfelte, daß der greise Reichspräsident und Feldmarschall von Hindenburg die Verantwortung in die Hände der Frontgeneration gelegt hätte und nunmehr der Aufbau des nationalsozialistischen Deutschen Reiches begonnen habe.

Damit war, für alle erkennbar, auch für uns Gymnasiasten, das endgültige »Aus« der Weimarer Republik nach zwanzig Reichsregierungen in vierzehn Jahren gekommen. Das »Dritte Reich« hatte begonnen! Es sollte nach dem Willen seiner Begründer ein Jahrtausend Deutschland prägen. Niemand von uns konnte ahnen, daß es in Blut und Tränen nach zwölf Jahren in einem europäischen Chaos enden würde.

Elisabeth Noelle-Neumann

Am 19. Dezember 1916 in Berlin geboren. Studierte ab 1935 Zeitungs-
wissenschaften, Geschichte, Amerikakunde und Philosophie in Berlin,
Königsberg, München und in den USA. Nach ihrer Promotion 1940 volontierte sie bei der *Deutschen Allgemeinen Zeitung* und war von 1940 bis 1943
als Redakteurin erst beim Blatt *Das Reich* und dann bei der *Frankfurter Zeitung* tätig. 1947 gründete sie das erste deutsche Meinungsfor-
schungsinstitut, das »Institut für Demoskopie Allensbach«. Neben der
Leitung des Instituts war sie als Hochschullehrerin tätig, ab 1961 in Berlin,
ab 1965 in Mainz, wo sie das Institut für Publizistik aufbaute und von 1967
bis zu ihrer Emeritierung 1983 als Direktorin fungierte. Seit 1978 ist sie
Gastprofessorin an der Universität von Chicago. Sie hat zahlreiche Publikationen veröffentlicht, unter anderem *Die Schweigespirale* (1980), auch in
englischer und japanischer Übersetzung, erweiterte Neuausgabe 1989.
Seit 1979 ist sie in zweiter Ehe mit dem Kernphysiker Prof. Heinz Maier-
Leibnitz verheiratet.

Elisabeth Noelle-Neumann

Der große Garten in der Limonenstraße 8

Politik bestand aus Wahlplakaten und Fahnen –
Aber Modernsein hatte einen Zauberklang

Kaiserkron' und Päonien rot,
Die müssen verzaubert sein,
Denn Vater und Mutter sind lange tot,
Was blühn sie hier so allein?

Der Springbrunnen plaudert noch immerfort
Von der alten schönen Zeit,
Eine Frau sitzt eingeschlafen dort,
Ihre Locken bedecken ihr Kleid.

Sie hat eine Laute in der Hand,
Als ob sie im Schlafe spricht,
Mir ist, als hätt' ich sie sonst gekannt –
Still, geh vorbei und weck sie nicht!

Und wenn es dunkelt das Tal entlang,
Streicht sie die Saiten sacht,
Da gibt's einen wunderbaren Klang
Durch den Garten die ganze Nacht.

Was tut dieses Gedicht von Eichendorff hier, da ich über den Alltag in der Weimarer Republik schreiben soll? Der Alltag in der Weimarer Republik – das war für mich der große Garten in der Limonenstraße 8 zwischen Königin-Luise-Straße in Dahlem und Unter den Eichen, Am Asternplatz.

Zuerst war der Garten wie eine Insel aus Bäumen, Blumenrabatten und großem Rasen, die meisten Nachbargrundstücke waren noch unbebaut. Die Bäume hatte mein Vater ausgesucht, es sollten so viele verschiedene

Bäume wie möglich sein, seine Kinder sollten mit Platanen und Buchen, Kastanien und Ahorn, Eichen und Pappeln und Weiden und Flieder aufwachsen, ganz vom Beginn ihres Lebens an sollten sich ihnen diese Bäume einprägen, eine Arche Noah von Bäumen. Und meine Mutter pflanzte die breiten Rabatten, Kaiserkron und Päonien rot, Fliegende Herzen und Rittersporn.

Manchmal, wenn ich in Berlin bin, wache ich mitten in der Nacht auf und denke, ich müßte sofort aufspringen und meinen Koffer packen und in die Limonenstraße fahren, was tue ich denn in diesem fremden Hotel?

Der Springbrunnen lag vor der Freitreppe des Hauses, rund von Lilien umstanden, ein niedriger Springbrunnen, murmelnd. Am Rande des großen Rasens stand die steinerne weiße Porträtbüste einer Dame mit Locken, die auf den großen Rüschenkragen niederfielen ... Weit, weit weg in einem ganz fernen, anderen Teil der Stadt gab es Schlägereien zwischen Kommunisten und Nazis, das wußte ich, aber in dieses Berlin wäre ich ja nie gekommen.

Für mich war Berlin zu Ende am Potsdamer Platz beim Kaufhaus Wertheim, wo es so wunderschöne, für Kinder aufgebaute Spielzeuglandschaften zu Weihnachten gab, und am Wittenbergplatz und Nollendorfplatz mit der stillen Buchenstraße, an deren Ende – eine Sackgasse – das Haus meines Großvaters, des Bildhauers Fritz Schaper, und gleich angrenzend das Haus der Verlegerfamilie Ullstein lagen.

Zwei asphaltierte dreibahnige Autostraßen kreuzen sich heute dort, wo die verträumte Buchenstraße und das Großvaterhaus mit Atelier, Puppen und Spielzeugladen einmal lagen.

Die Inflation. Auf dem Heimweg von der Schule in Lichterfelde ging ich als Siebenjährige über den Wochenmarkt und kaufte für 32 Millionen Mark einen Rollmops. Das Vermögen der Familie war verloren. Der Familienrat beschloß den Verkauf der Firma für Eisen- und Stahlbau, die vier Geschwister meines Vaters bestanden darauf, sie brauchten Geld. Noch immer weiter arbeitete mein Vater mit seiner Sekretärin und einem Buchhalter von der Firma regelmäßig jeden Samstagnachmittag, aber nun waren es andere Arbeiten, mit der von seinem Vater gegründeten Firma, die für ihn von Jugend auf sein Lebensinhalt gewesen war, hatte es nichts mehr zu tun.

Mein Vater brachte mir bei, was Stoizismus sei. Ich saß am Fußende seines Diwans, auf dem er abends lag, neben sich auf einem Messingrauchtisch philosophische Literatur gestapelt. Über Politik wurde nicht gesprochen. Politik bestand für mich aus Wahlplakaten auf Litfaßsäulen und Wänden und aus den Fahnen am Ostseestrand.

Der ganze Strand war ein Meer aus Fahnen, schwarzrotgold und schwarzweißrot und Hakenkreuzfahnen und Berliner Bär. Die Fahne auf unserer Burg war schwarzweißrot. Am schönsten waren die Ferien an der Ostsee, wenn auch mein Onkel Wolfgang, Bildhauer wie mein Großvater und Maler, dabei war und mit uns zeichnete. Eine Linie, schon war das Meer da mit seinem Horizont, ein paar Striche, und schon sah man, wie wir – meine drei Geschwister und ich – vorne im flachen Wasser planschten.

Aber man mußte vorsichtig mit meinem Onkel Wolfgang sein. Als Neunzehnjähriger hatte er 1914 im Krieg ein Bein verloren. Auf einem Waldspaziergang fingen wir an zu singen, ein Lied, in der Schule gelernt: »Ich hatt' einen Kameraden ...«, da herrschte er uns an, wir sollten sofort aufhören, verlogen sei dieses Lied, er wolle es nicht hören. Er starb mit 31 Jahren.

An einem Sonntagmorgen packte uns mein Vater ins Auto, wir fuhren zu einer Matinee und sahen den ersten Tonfilm unseres Lebens: »Zwei Herzen im Dreivierteltakt«. Mein Vater war Generaldirektor der Tobis geworden, neben der Ufa der größte Filmproduzent. Bei uns zu Hause stapelten sich wunderbare Schallplaten der Marke TRI-ERGON – die gehörte zur Tobis –, und meine Mutter bekam eine Filmkamera, mit der sie uns überall filmte, an der Ostsee und auch im Garten des Elternhauses, auf dem großen Rasen.

Leierkastenmusik die Straße entlang. Ich wußte, daß die Armut und die Arbeitslosigkeit immer weiter anstiegen. Manchmal hörte ich im Gespräch Worte wie Youngplan oder Dawesplan oder Völkerbund oder Pan-Europa und Esperanto. Viele Bettler klingelten an der Limonenstraße Nr. 8, mehrfach wurde eingebrochen. Einmal wurde die ganze Speisekammer leer gegessen, am Morgen standen Gläser und Gefäße gewaschen im Garten.

Gleich nach der Konfirmation ließ ich mir die Zöpfe abschneiden, nun trug ich einen Bubikopf und fing an, am Zoo und am Kurfürstendamm mit Tanzstundenfreunden zusammen mit meiner zwei Jahre älteren Schwester Bars zu besuchen, Ciro und Kaskade und Quartier Latin und die Jockey-Bar, in der Peter Kreuder Klavier spielte. Jetzt war die Welt nicht mehr in der Weihnachtsausstellung bei Wertheim am Potsdamer Platz zu Ende, sondern ich besuchte die kleinen Galerien in der Leipziger Straße und entdeckte Chagall.

In der Schule öffnete mir ein Zeichenlehrer die Augen für abstrakte Malerei. Er ließ uns auf das Zeichenblatt willkürliche Striche und Kreise setzen, danach abbrechen und nun suchen, was wir in dem Gewirr, das wir

Die Autorin als 9jähriges Mädchen.

Im Kreise der Geschwister am Teich im Garten des Elternhauses, 1924.

selbst hergestellt hatten, entdecken konnten, um dann das Bild zu vollenden.

Modernsein hatte einen Zauberklang, und die Lehrer bemühten sich um moderne Pädagogik. Unserer Klassenlehrerin sagte ich, daß ich im Stehen, an das Fenster gelehnt, besser mitarbeiten könnte als im Sitzen in der Bank. Sie erlaubte mir zu stehen.

Wenn ich an die letzten Jahre der Weimarer Republik denke, sehe ich immer wieder eine nächtliche Szene, Verkehrsgewühl am Schiffbauerdamm, über ein Band lief in Leuchtschrift die Ankündigung: *Dreigroschenoper*. Ich kannte die Lieder von meinen herrlichen Schallplatten, das Lied der Jenny, das Lied des Mackie Messer.

In die *Dreigroschenoper* aber bin ich damals nicht gekommen. Vor wenigen Tagen habe ich das Theater am Schiffbauerdamm in Ost-Berlin wiedergesehen, es heißt jetzt »Bert-Brecht-Theater«.

Wilhelm Krelle

Am 24. Dezember 1916 in Magdeburg geboren. Nach Ende des Krieges, an dem er aktiv teilnahm, Studium der Mathematik, Physik und der Volkswirtschaft in Frankfurt, Tübingen und Freiburg. Promovierte 1947 zum Doktor der Volkswirtschaft und machte ein Jahr später sein Diplom in Physik. Danach war er Assistent und Privatdozent für Wirtschaftstheorie erst in Heidelberg, dann auch (als Rockefeller-Fellow) an verschiedenen Universitäten der USA. Es folgten Professuren an der Hochschule St. Gallen (Schweiz) und an der Universität Bonn. Mitglied und Vorsitzender verschiedener wissenschaftlicher Gesellschaften. Viele Veröffentlichungen, zuletzt *The Future of the World Economy* (1989).

Wilhelm Krelle

Als ich den Youngplan erläutern mußte ...

Vom »Kloster Unserer Lieben Frauen« zum Staatlichen Gymnasium – Ein Schülerleben in Magdeburg und Nordhausen

Als die Weimarer Republik am 31. Juli 1919 ins Leben trat, war ich zweieinhalb Jahre alt. Als sie am 30. Januar 1933 faktisch zu Ende ging, war ich sechzehn Jahre alt. Ich werde diese Zeit so schildern, wie ich sie erlebt habe, nicht so, wie ich mich selbst und meine damalige Umwelt von heute aus sehe und beurteile.

Ich wurde am 24. Dezember 1916 als Sohn des Bankprokuristen Dr. jur. Willy Krelle und seiner Ehefrau Elisabeth geborene Dienemann in Magdeburg geboren. Mein Vater stammte aus einer wohlhabenden Bauernfamilie, meine Mutter aus einer Pfarrersfamilie in der Mark Brandenburg. Meine Eltern wohnten damals im dritten Stock eines vierstöckigen Mietshauses in der Lessingstraße, Ecke Wilhelm-Kobelt-Straße in der Wilhelmstadt, einer »gutbürgerlichen« Vorstadt von Magdeburg.

Meine früheste Kindheitserinnerung ist die Heimkehr deutscher Truppen aus dem Ersten Weltkrieg. Die Lessingstraße, in der wir wohnten, ging über in die Poltestraße, die zu den Enkekasernen führte. Ich hörte den Marschtritt von Soldaten. Meine Mutter hob mich hoch an die Fensterbrüstung und sagte so etwas wie: »Unsere tapferen Soldaten kommen zurück«, und Tränen traten ihr in die Augen. Unten zogen die Soldaten in (wie es schien) endlosen Kolonnen in Viererreihen, unterbrochen von pferdegezogenen Trainwagen, in guter Ordnung vorbei; die Offiziere an der Spitze. Sie wurden in der Enkekaserne demobilisiert und entlassen; die Kasernen wurden dann später zu Wohnhäusern umgebaut.

Es muß einige Tage später gewesen sein, als meine Mutter mit mir zum Einkaufen ging und wir in einen Zusammenstoß von »roten« Matrosen und entlassenen Soldaten und einem noch in voller Uniform herumlaufenden Offizier gerieten, dem Schulterstücke und Orden abgerissen wurden. Meine Mutter zog mich schnell fort.

Zu Weihnachten 1919 erhielt ich einen Matrosenanzug, der damals für Kinder »schick« war, dazu eine Matrosenmütze mit schwarzweißer Kokarde (oder war es eine schwarzweißrote? Ich weiß es nicht mehr.) Die Eltern gingen mit mir in den Glacisanlagen spazieren, den alten, aufgelassenen Festungsanlagen, die zu einem Park umgestaltet waren. Ich lief vorneweg, voll Stolz auf meinen neuen Anzug. Da kam mir ein »größerer« Junge entgegen, er wird vielleicht sechs Jahre alt gewesen sein, und wollte mir die Mützenkokarde abreißen. Ich wehrte mich und lief laut rufend zu meinen Eltern zurück. Der andere Junge verschwand natürlich schnell. Jedenfalls behielt ich die Kokarde und Mütze, blieb dann aber doch vorsichtigerweise näher bei den Eltern.

Das war meine erste »praktisch-politische« Erfahrung. Für meine Eltern (und damit auch für mich) war »Schwarz-Weiß-Rot« das Symbol der deutschen Gleichberechtigung, des industriellen Aufstiegs und des tapferen Kampfes der deutschen Soldaten im Ersten Weltkrieg. »Schwarz-Rot-Gold« galt als Symbol der Niederlage und Erniedrigung, der Erfüllungspolitik, der inneren Unordnung und des ökonomischen Rückgangs.

So stand es in den Zeitungen, die mein Vater abonniert hatte (die *Magdeburgische Zeitung* oder das *Magdeburger Tageblatt*; wenn ich mich recht erinnere: erstere nationalliberal, letztere deutschnational), und so glaubte ich das auch, ebenso wie ziemlich alle meine Mitschüler und die meisten Lehrer an der höheren Schule.

*

In den zwanziger Jahren spiegelte die Siedlungsstruktur Magdeburgs weitgehend die Klassentrennung zwischen »Bürgerlichen« und »Arbeitern« wider; die Wilhelmstadt, an deren Ende wir wohnten, war bürgerliches Quartier, die Sudenburg war Arbeiterviertel. Nicht weit entfernt, am Sedanring, standen Notwohnungen (wir würden heute sagen: Barackenlager), meist für Arbeiter der Poltefabrik, die während des Krieges wohl als Munitionsfabrik gebaut worden war. Sie war in der Zeit der Weimarer Republik weiter in Betrieb. Niemand wußte so recht, was dort eigentlich fabriziert wurde; ich nehme an, es wird weiter Munition gewesen sein.

Wir Kinder suchten uns unsere Spielkameraden auf der Straße und den Spielplätzen; uns war es egal, wer die Eltern waren und wo die Kinder wohnten. Meine Eltern sahen es nicht gern, wenn wir zu den »Notwohnungen« gingen. Ich habe es dann nach einer unangenehmen Erfahrung auch gelassen.

Ein Spielkamerad von dort nahm mich mit zu sich nach Haus. In einem kleinen Stübchen, das übrigens nett eingerichtet war, standen unter anderem zwei große Betten, ein Tisch, einige Stühle und ein Schrank. Mutter und Vater und Freunde oder Verwandte meines Spielkameraden waren da, die Stube war voll. Als ich hereinkam und überall guten Tag gesagt hatte, machte sich die Gesellschaft ein Vergnügen daraus, mir Angst einzujagen – der Busebär wäre hier los und man könne sich vor dem Tier nur retten, wenn man unter das Bett kröche und ganz still sei.

Wenn ich unter einem Bett war, so rief einer: »Schnell unters andere Bett, der Busebär kommt von hier«, und so jagten sie mich am Boden umher, bis ich in Tränen ausbrach und wieder herausgelassen wurde. Ich hatte schon alle Hoffnung verloren, lebendig nach Haus zu kommen. Ich muß drei oder vier Jahre alt gewesen sein, als sie mit mir diesen grausamen Scherz anstellten.

Die Poltefabrik war nicht weit von unserer Wohnung entfernt. Abends etwa um sechs Uhr öffneten sich die Tore, und viele Arbeiter quollen daraus hervor: müde, blaß, abgerissen, mit einem Henkeltöpfchen oder Kochgeschirr in der Hand, oft auch einem kleinen Rucksack auf dem Rücken, in dem sie ihr Essen zur Fabrik brachten, denn dort gab es nichts. Manchmal standen die Frauen an den Toren und holten ihre Männer ab, besonders freitags, wenn Zahltag war. Dann sah man auch Reihen Betrunkener, manchmal sinnlos Betrunkener, auf der Straße liegen. Als Kind stand ich dann am Straßenrand, und ich weiß noch, wie froh ich war, wenn mein Vater gut gekleidet etwas später aus der entgegengesetzten Richtung nach Hause kam.

Diese Klassentrennung erschien mir trotzdem schon als Kind widerwärtig und ungerecht. Warum konnten nicht alle Menschen gleich sein? Mußte es solche diskriminierenden Klassenunterschiede geben? Waren wir nicht alle Deutsche? In dem Sinne waren wir Kinder und Schüler damals wohl alle Sozialisten.

*

Die unmittelbare Nachkriegszeit war hart. Nur ein Zimmer konnte im Winter notdürftig geheizt werden. Ich habe viel gefroren, meine Mutter rieb mir dann die Hände warm. Beim Abendessen stand die Öllampe auf dem Tisch, weil das elektrische Licht häufig ausfiel. Im Sommer blieb das Wasser fort, und meine Mutter zog mit zwei Wassereimern zum Körnerplatz, wo man aus einem gußeisernen Schwenkbrunnen etwas fade schmeckendes Wasser aus dem Boden pumpen konnte. Hungern mußten wir nicht. Mein Vater fuhr häufig über Sonntag nach Rietzel, wo der Hof meines Großvaters war, und kam dann mit einem Rucksack voll Nahrungsmitteln zurück.

Demonstrationen und Aufmärsche gab's in den ersten Nachkriegsjah-

Ferien in Bins, Juli 1929: Dr. jur. Willy Krelle und Sohn Wilhelm Krelle.

ren viel. Als erstes kamen (es war wohl 1920) die Aufmärsche des »Stahl-helm«, einer rechtsgerichteten Organisation ehemaliger Frontkämpfer. Die »Stahlhelmer« zogen im Gleichschritt in Viererkolonnen – teils in Zivil, teils in alten feldgrauen Uniformen, den Spazierstock wie ein Ge-wehr geschultert, von Musikkapellen begleitet durch die Innenstadt. Ich lief streckenweise mit, beeindruckt vom Rhythmus der Musik und des Marsches.

Später folgte das »Reichsbanner Schwarz-Rot-Gold«, eine Art Gegen-organisation, auch halbuniformiert und mit Musik, aber (äußerlich je-denfalls) weniger exakt und nicht so groß an Zahl, daher für Kinder wie mich weniger eindrucksvoll; noch später zog dann der »Rote Frontkämp-ferbund« mit einer Schalmeienkapelle vorneweg und großen roten Fah-nen von der Sudenburg her durch die Wilhelmstadt.

Wir schauten von oben aus dem Fenster zu mit einer Mischung von Unverständnis und Furcht. Der Rotfrontkämpferbund brachte immer nur kleinere Gruppen auf die Straße, nicht vergleichbar dem »Stahlhelm« oder dem »Reichsbanner«. Aber seine Marschierer sahen am entschlossensten und radikalsten aus und waren es wohl auch.

An den Kapp-Putsch kann ich mich gut erinnern. Meine Mutter ging mit mir am Hauptbahnhof vorbei in die Stadt, und der sonst so belebte Hauptbahnhof war totenstill: Generalstreik. Auch fuhren keine Straßen-bahnen. Das Licht ging abends aus. An diesen Tagen sah ich das erste Hakenkreuz an eine Wand gemalt, brachte das allerdings mehr mit der Brigade Ehrhardt, die den Putsch durchführte, als mit Hitler in Verbin-dung. An den Hitlerputsch 1923 habe ich keine Erinnerung. Er hat sich in Mittel- und Norddeutschland nicht ausgewirkt und wurde hier wohl eher als folkloristisches Münchener Lokalereignis angesehen.

*

In der Zwischenzeit war Familienzuwachs gekommen. 1919 wurde meine Schwester Anneliese, 1921 meine Schwester Erika geboren. Ich erhielt jedesmal als »Geschenk vom Schwesterchen« ein kleines Tütchen mit roten Bonbons in der Gestalt von Himbeeren und freute mich deswegen schon auf das nächste Schwesterchen. Nach dem Zuwachs war die Woh-nung zu klein. So zogen wir dann um, allerdings nur »um die Ecke«, in die erste Etage der Wilhelm-Kobelt-Straße. Das war damals eine repräsenta-tive Wohnung. Ich hatte ein eigenes Zimmer. Außerdem erhielt meine Mutter eine Hausangestellte als Hilfe. Diese wohnte auch bei uns, falls ihr eigenes Zuhause (nämlich die elterliche Wohnung) zu weit entfernt lag.

Ostern 1923 kam ich in die Volksschule am Sedanring, kurz Versuchsschule genannt, nicht weit von unserer Wohnung entfernt. Der Klassenlehrer Dobe war ein ruhiger und bestimmter Mann und verstand es gut mit uns Kindern. Der Rohrstock stand zwar immer in der Ecke, wurde aber selten bewegt. Er gab sich große Mühe mit uns, verlangte aber auch viel; eine ganze Schiefertafel voll As oder Bs schreiben, das war schon ein Konzentrationsproblem für uns Kinder. Ich hatte ein kleines Schreibpult zu Haus. Meine Mutter saß hinter mir am Nähtisch und achtete darauf, daß ich nicht eher aufstand, bis alle Aufgaben ordentlich gemacht waren. Draußen hörte ich die Kinder spielen, das schöne Wetter lockte – aber da gab es keine Gnade: Erst die Arbeit, dann das Vergnügen. Ich bin ihr dankbar dafür, daß sie das alte preußische Prinzip an mich weitergegeben hat.

So hatte ich dann auch in der Schule keine Schwierigkeiten. Ich übersprang eine Klasse. Auch der Lehrer in der neuen Klasse, Herr Kahle, war ein guter Pädagoge, den wir Kinder gern hatten und achteten. Die Schule wurde von Rektor Rauch offensichtlich hervorragend geleitet. Er kam auch öfter zum Unterricht in die Klasse, und man hatte den Eindruck, daß er jeden Schüler kannte. Wir haben viel gelernt in seiner Schule. Jedenfalls konnte ich orthographisch richtig schreiben, als ich die Volksschule nach drei Jahren verließ, sowohl in deutscher als auch in lateinischer Schrift, und beherrschte die Grundzüge der Grammatik.

Im Februar 1925 starb der erste Reichspräsident, Friedrich Ebert. Die Trauerfeier in der Aula der Versuchsschule ist mir noch in Erinnerung. Die Frontseite des Raumes war mit großen schwarzrotgoldenen Fahnen mit Trauerflor bedeckt, auch das Rednerpult war schwarz drapiert. Die Lehrer, alle in Schwarz, saßen in der ersten Reihe. Rektor Rauch hielt die Traueransprache. Den Inhalt weiß ich nicht mehr, aber ich war beeindruckt.

Die Stellung meiner Eltern zu Friedrich Ebert war ambivalent: Einerseits war er geachtet, andererseits hing man ihm an (oder wurde ihm angehängt), er habe 1917 einen Munitionsarbeiterstreik angeführt und wäre damit den kämpfenden Soldaten in den Rücken gefallen. Außerdem schien sein einfaches, bürgerliches Auftreten der Würde eines Staatsoberhauptes nicht zu entsprechen – man war eben noch an Uniformen, Orden und Pomp gewöhnt.

Als höhere Schule hatte mein Vater die älteste und angesehenste Schule in Magdeburg ausgesucht: das *Pädagogium zum Kloster Unser Lieben Frauen*, ein humanistisches Gymnasium mit angeschlossenem Alumnat, aus einem Prämonstratenserstift hervorgegangen, das später evangelisch und als Schule weitergeführt wurde. Die Aufnahmeprüfung hielt der Direktor, Propst Rössner, persönlich ab.

Die Schule lag in der Nähe des Doms in der Altstadt, mehr als drei

Kilometer von unserer Wohnung entfernt. Ich hatte also täglich einen Schulweg von zweimal dreiviertel Stunden zurückzulegen. Zum Glück wohnte Siegfried Eitner in der Nähe, der ebenfalls »Stadtschüler« im Kloster war. So sind wir jeden Morgen – 6.15 Uhr im Sommer und 7.15 Uhr im Winter – zusammen in die Schule marschiert. Zwischen ein und zwei Uhr nachmittags waren wir wieder zu Haus. Dann gab es Mittagessen, und der Nachmittag war weitgehend mit Schularbeiten ausgefüllt. Da wenig Zeit zum Spielen blieb, rissen auch die Verbindungen zu den alten Spielkameraden bald ab; Poltefabrik, Sudenburg, Notwohnungen und damit auch der unmittelbare Bezug zur sozialen Umgebung traten in den Hintergrund; die Schule mit den neuen Klassenkameraden bestimmte das Bewußtsein.

Im Klostergymnasium gab es einige Besonderheiten. Zum Beispiel führte der Direktor den Titel »Propst«; unter den Schülern hieß er allerdings der »Cajus«; dieser Spitzname stand jedem Propst zu. Die meisten Lehrer hatten ebenfalls Spitznamen, und auch wir Schüler legten uns solche zu. Die Schüler jeder höheren Schule hatten damals ihre besonderen Schülermützen. Unsere war blau mit weißem Band, und wir waren stolz darauf.

Die pädagogische Begabung der Lehrer an der höheren Schule war in der Regel geringer als die der Volksschullehrer, die ich erlebt hatte. Manche erzwangen Disziplin mit harten Mitteln; andere wurden von den Schülern zum Objekt des Spottes gemacht (Kinder können grausam sein). Natürlich gab es auch solche, die wir gern hatten, unter ihnen die späteren Klassenlehrer »Pumpel« Schwieger, der Deutsch unterrichtete, und »Nuppel« Kirchhoff oder den Sportlehrer Hebestreit, genannt »der kleine Heb«.

In der Sexta hatten wir Latein als erste Fremdsprache. Der Lateinlehrer Helms hatte einen Arm im Krieg verloren und stieß uns mit seinem Holzarm in die Seite, wenn wir unaufmerksam waren, was ziemlich weh tat. Er war »sehr scharf« und kannte keine Gnade, und ich hatte Angst vor ihm. Damals galt noch das alte Rangsystem. Die Leistungen in Latein entschieden über den »Platz« in der Klasse. Der Primus saß ganz hinten links, dann ging es »herunter« bis zum Ultimus, der ganz vorn rechts saß. Wenn einer etwas in Latein nicht konnte, hieß es: einen Platz herunter; andernfalls: einen hinauf. Zeugnisse gab's alle Vierteljahr. Auf denen stand oben:

Alter Platz ... unter ...
Neuer Platz ... unter ...

Von der Quinta an wurden diese ständigen »Ranglisten« abgeschafft; fortan gab es nur noch »normale« Zeugnisse.

Die »Ranglisten« spielten übrigens, ebenso wie die Benotungen in den einzelnen Fächern, für das »standing« in der Klassengemeinschaft keine Rolle. Da ging es mehr nach persönlicher Sympathie, auch nach dem Wohnort. Die Alumnen hielten natürlich in der Regel enger zusammen, die Stadtschüler gruppierten sich mehr nach Wohnquartieren; die Fahrschüler, die mit der Eisenbahn angereist kamen, hatten sowieso eine Sonderstellung. Im übrigen war die Klassengemeinschaft eng. Die freundschaftlichen Beziehungen sind bestehengeblieben bis jetzt; die alte Klasse trifft sich auch heute noch, meist im Rahmen eines Schultreffens. Die Auflösung der Klassengemeinschaft beim jetzigen Schulsystem läßt solche persönlichen Bindungen nicht entstehen – sicher eine Verarmung des Lebens.

Wir hatten zum Teil sehr gute Lehrer, die uns fachlich und menschlich etwas bedeuteten: »Pumpel« Schwieger in Deutsch, »Nuppel« Kirchhof in Griechisch, Blondeau (mit Monokel, genannt »der olle Äh«) in Französisch, »Ottchen« Anschütz in Mathematik, um nur einige zu nennen. »Nuppel« Kirchhof lud uns gelegentlich in seine Privatwohnung ein. Er hatte eine charmante Frau, die uns mit Kuchen bewirtete. Wir liebten beide. Das hieß nicht, daß »Nuppel« nicht auch Krach schlagen konnte. Störungen oder Unaufmerksamkeit ließ er nicht durch. Aber dafür hatten wir Verständnis.

*

Die Politik spielte in versteckter oder offener Weise eine Rolle in der Schule. Im Geschichtsunterricht stellten wir schon einmal Fragen zu politischen Problemen wie den Volksentscheiden zur »Enteignung der Fürsten« oder »Gegen den Youngplan« oder zu den Redeschlachten um den »Panzerkreuzer A« im Reichstag. Ich las davon in unserer Magdeburger Zeitung, und alles, was da stand, hielt ich für wahr; es klang ja auch so überzeugend. Und warum sollten die Erwachsenen, die die Informationen hatten, lügen? Meine Eltern teilten diese Meinung. Andere Ansichten manifestierten sich in den Anschlägen auf den Litfaßsäulen, in Demonstrationen und Zeitungsaushängen. Aber die konnten ja nur von Böswilligkeit oder Irrtum herrühren.

Eine Szene ist mir noch in deutlicher Erinnerung. 1929 (ich war in der Untertertia) sollte der »Youngplan« die bisherige Regelung der Reparationszahlungen Deutschlands durch den »Dawesplan« ersetzen. Der bisher gültige Dawesplan sah jährlich Zahlungen von 2,5 Milliarden Goldmark vor, und das auf unbegrenzte Zeit (was wir natürlich so auslegten: so lange, bis Deutschland wieder stark genug war, das Joch der Tributzahlungen abzuwerfen). Der Youngplan fixierte die Gesamtsumme der Reparationszahlungen auf 116 Milliarden Goldmark. Sie sollten in festgelegten Jahresraten bis 1988 abgezahlt werden, wobei in den ersten beiden Jahren die Zahlungsverpflichtungen reduziert wurden, um dem Reich eine Atempause zu verschaffen. So weit war das auch mir als Schüler klar; es stand ja überall in den Zeitungen.

Im Geschichtsunterricht fragte uns nun der Lehrer, was wir denn vom Youngplan hielten. Ich war mit der Antwort gleich bei der Hand; natürlich muß man den Youngplan ablehnen. Darauf sagte er: »Komm her, Krelle, aufs Katheder, und überzeuge uns alle davon.« Da stand ich nun »oben« und fing an, von der Versklavung bis 1988 zu reden, länger, als wir leben würden. Unser ganzes Dasein müßten wir Tribut zahlen – und wir würden kein selbständiges, unabhängiges Deutschland mehr erleben ...

Doch dann war ich schon am Ende. Mehr wußte ich auch nicht. Und eine wirkliche politische oder ökonomische Analyse der Vor- und Nachteile der beiden Pläne lag außerhalb meines Horizonts – aber auch außerhalb dessen der Lehrer. Ökonomie, Jura und Politikwissenschaft waren damals (und sind auch heute) noch kein Schulfach.

Der Geschichtsunterricht ließ uns die Geschichte des Heiligen Römischen Reiches Deutscher Nation und später die Geschichte Preußen-Deutschlands als »unsere« Geschichte empfinden. Größe, Macht und Geschlossenheit des Reiches waren die Kriterien, nach denen wir die Epochen deutscher Geschichte bewerteten. Der Stauferkaiser Friedrich II. war für mich die herausragende Persönlichkeit und der Höhepunkt der deutschen Geschichte. Der Zerfall der Reichsmacht und der Aufstieg der Territorien zu selbständigen Staaten wurde als Grund für die unglückliche Sonderrolle Deutschlands angesehen. In Frankreich, England und Rußland hatte ja die Zentralmacht gesiegt und die Zentrifugalkräfte beseitigt; in Deutschland war es umgekehrt.

Wenn es um die Reformation ging, standen wir natürlich auf seiten Luthers und der evangelischen Stände. Alle in der Klasse waren evangelisch, und die Zerstörung Magdeburgs durch Tilly 1631 war unvergessen. Im Lateinunterricht waren wir im Römischen Reich zu Haus, im Griechischunterricht im klassischen Athen (obwohl den Spartanern eigentlich unsere Bewunderung galt; Leonidas' Opfertod bei den Thermopylen hat uns immer bewegt: »Wanderer, kommst du nach Sparta, sage, du habest uns hier liegen gesehen, wie das Gesetz es befahl«).

Ich glaube nicht, daß die jetzige Generation diese Identifizierung mit der Geschichte nachempfinden kann, aber so war es damals.

Ein ganz anderes Bild von der Geschichte bot uns »Type« Rabenald, bei dem wir in der Obertertia Unterricht in neuerer Geschichte hatten. Er war

wohl SPD-Mitglied (jedenfalls wurde er 1935 zwangsversetzt nach Nordhausen). Für ihn war das Machtstreben der Staaten Unfug, Friedrich der
Große ein Unglück; die Französische Revolution und die Revolution von
1918 beschrieb er als wegweisende Ereignisse – ein vollständiger Gegensatz zu dem gewohnten und von uns als selbstverständlich begriffenen
Geschichtsbild. Er hat uns aber nicht zu überzeugen vermocht.

Die Beseitigung der Feudalherrschaft, der Kampf um Verfassungen, die
studentische Freiheitsbewegung vor 1848 – das waren auch bei uns positiv
belegte Erscheinungen. Wir waren auch keine Royalisten mehr. Aber daß
die grausamen Morde der Französischen Revolution und die daraus resul-
tierende Militärdiktatur Napoleons mit der Unterwerfung der übrigen
europäischen Staaten (außer Englands) nun besonders positiv zu begreifen seien, konnte ich nicht verstehen, ebensowenig die positive Bewertung
der Meuterei der Flotte im November 1918 und das Ende des Kaiserreiches – nicht des Kaisers oder der Fürsten wegen, von denen wir auch nicht
viel hielten, sondern wegen der Ausschaltung Deutschlands als Macht im
europäischen Staatenverbund.

Die diskriminierende Behandlung Deutschlands durch die Siegermächte
haben wir wie eine persönliche Beleidigung empfunden. Übrigens haben
wir Schüler unserem Lehrer »Type« Rabenald nie Schwierigkeiten gemacht, unsere Denkweise hat er aber nicht grundlegend geändert. Dazu
hätten wir viel mehr Einsicht in die politischen und ökonomischen Zusammenhänge haben und die Niederlage 1918 als Faktum akzeptieren müssen. Das aber gerade taten wir nicht.

*

Die Schule hat uns zwar in Anspruch genommen, aber nie vollständig. Es
gab eine Menge »Freizeitaktivitäten«, wie man heute sagen würde. Schon
als Sextaner gründeten wir eine Art Wanderverein, eine Mischung von
Bündischer Jugend und Wandervogel. Meine Mutter nähte uns eine Privat-
fahne, einen Wimpel, der an einem als »Speer« deklarierten Stock befestigt wurde, und so zogen wir in die Magdeburger Umgebung. Später fiel
die Fahne weg, aber unsere gemeinsamen Wanderfahrten, später per
Fahrrad, mit Übernachtungen bei Verwandten oder in Jugendherbergen
wurden bis zum Abitur, als ich schon nicht mehr in Magdeburg, sondern in
Nordhausen war, beibehalten.

Ich hatte Klavierstunde bei Fräulein Dinter, der Schwester eines Dichters
Dinter, dessen Bild auf dem Klavier stand, von dem ich aber sonst nichts
wußte (er soll zu den »Völkischen« gehört haben). Sie gab sich große Mühe
mit mir, und ich bin gern zu ihr gegangen. Ich war aber auch ein passio-

nierter Bastler. Mit Märklin-Baukästen habe ich komplizierte Maschinen gebaut, später auch »Radios«. Magdeburg hatte einen Sender, und das Programm konnte man mit einem Detektor empfangen.

Doch die meiste Zeit wurde mit Lesen verbracht. Da gab es die damals üblichen Abenteuer- und Indianerromane (*Robinson Crusoe, Sigismund Rüstig, Lederstrumpf* und andere). Karl May wurde in meinem Elternhaus nicht geschätzt. Aber natürlich las ich ihn trotzdem, ebenso auch Kriegsliteratur wie Ernst Jüngers *In Stahlgewittern* oder Remarques *Im Westen nichts Neues*; ein Buch, das ich allerdings für Verleumdung hielt. Die Klassiker gehörten fest zum Programm. Schiller las ich zunächst lieber als Goethe, noch lieber aber die Romantiker wie Hauff und Mörike, später Hölderlin. Einmal, ich muß wohl vierzehn Jahre alt gewesen sein, habe ich die Bibel von der ersten bis zur letzten Seite durchgelesen. Ich war ziemlich entsetzt; was da im Alten Testament stand, war ja voll von Mord, Verrat, dem Tod ganzer Völkerschaften, und ich konnte schon verstehen, warum die mittelalterliche Kirche keine Bibelübersetzungen schätzte.

Die äußeren Lebensumstände besserten sich in der Mitte der zwanziger Jahre. Mein Vater fuhr jetzt mit dem Fahrrad zum Dienst, nämlich zur Deutschen Bank und Diskonto-Gesellschaft in der Otto-von-Guericke-Straße in der Innenstadt. Das Fahrrad war damals etwas ganz Besonderes, kaum erschwinglich für einen Arbeiter oder Angestellten. Mein Vater pflegte es sehr sorgfältig, kein Rostfleckchen durfte entstehen.

Einmal hörte ich »gustav nagel« (er schrieb alles klein) direkt in unserer Wilhelm-Kobelt-Straße predigen. Er gebärdete sich als Prophet. Er stammte aus der Altmark, trug ein graues Mönchsgewand mit einem Strick als Gürtel, hatte lange Haare und trat barfuß in Sandalen auf – nach dem Vorbild der Christusbilder der Nazarener. Er ging nie, sondern lief stets einen leichten Zuckeltrab (»Jogging« würden wir heute sagen), außer wenn er predigte. Er lief von Dorf zu Dorf in der Altmark und in der Mark Brandenburg, heilte durch Handauflegen und predigte; was genau, weiß ich nicht. So sammelte er eine kleine Gemeinde, in jedem Dorf einige Leute, die ihm zuhörten und ihm Unterkunft und Essen gaben. Die Pfarrer sahen ihn nicht gern.

Eine Autofahrt war für uns Kinder ein lange nachwirkendes Erlebnis. Natürlich stand es außer Frage, daß sich unsere Eltern jemals ein Auto würden leisten können. Aber ein Bruder meiner Mutter, Dr. Rudolf Dienemann, war Arzt in Berlin-Grünau und hielt ein Auto mit Chauffeur für seine Praxis. In den Ferien kam er gelegentlich mit seiner Familie von Berlin aus zu einem kurzen Besuch ins großelterliche Pfarrhaus nach Reesen, und wenn wir gerade da waren, fuhr uns der Chauffeur auf der

Berliner Chaussee einige Kilometer mit der enormen Geschwindigkeit von vierzig bis sechzig Stundenkilometern spazieren. Im offenen Auto (mein Onkel hatte immer einen »Steyr«) auf dem Kopfsteinpflaster war das auch ziemlich schnell.

Die kleineren Ferien verbrachte die Familie ohne meinen Vater, der dann keinen Urlaub hatte, entweder bei den Großeltern mütterlicherseits im Pfarrhaus in Reesen oder bei den Großeltern väterlicherseits auf dem Bauernhof in Rietzel. In den großen Ferien fuhr die Familie geschlossen an die Ostsee, mehrfach nach Binz auf Rügen. So eine Reise war sehr aufregend. Langeweile kam nicht auf. Verpflegung und Getränke hatte Mutter mitgenommen. Und wenn die Landschaft draußen zu lange gleich blieb, unternahmen wir »eine Reise um Europa« oder »eine Reise um die Welt«. Mein Vater sagte uns die Namen der Flüsse, Ströme und Länder, durch die wir bei einer solchen Reise kämen. So lernten wir spielend Geographie. Ich habe jetzt noch den Teil der »Reise um Europa« im Ohr, bei der es durch die Sowjetunion ging: Uralgebirge, Uralfluß, Kaspisches Meer, Kaukasus.

Berlin war ein großes Erlebnis. Wir kamen auf dem Anhalter Bahnhof an, mußten dort das große Gepäck abholen und zur U-Bahn transportieren. Eine Familie mit drei, später vier Kindern (1927 wurde meine Schwester Gisela geboren) und großem Gepäck inmitten des Menschengedränges in einer unbekannten Umgebung heil in die U-Bahn zu bringen, das war schon eine Leistung meines Vaters, denn meine Mutter verließ sich da ganz auf ihn. Wir mußten vom Anhalter Bahnhof zum Stettiner Bahnhof, wenn ich mich recht entsinne, von wo die Züge nach Greifswald abfuhren. Die Fahrt in der U-Bahn kam uns damals so exotisch vor, wie einem Kind heute eine Fahrt im Raumschiff vorkommen würde. Zwischen Magdeburg und Berlin war eben doch ein großer Unterschied.

Am Strand aus schönstem weißen Sand mieteten die Eltern einen Strandkorb, mein Vater schippte einen Wall herum, so hatten wir eine Strandburg. Unser Strandkorb wurde mit einem kleinen schwarzweißroten Fähnchen geschmückt, wie übrigens die meisten anderen Strandkörbe, damit kein Irrtum entstehen konnte, daß wir unser Land liebten – so faßten wir das jedenfalls damals auf. Schwarzrotgoldene Fähnchen waren kaum zu sehen.

Der Tag verging mit Baden, Burgenbauen, »Kriegenspielen« viel zu schnell. Fahrten auf den kleinen Seebäderdampfern nach den Nachbarorten Saßnitz und Sellin, Baabe, Göhren gehörten zum Programm.

1926 waren wir zur Abwechslung einmal in Heiligendamm in der Nähe von Rostock. Das gefiel uns aber nicht so gut: Man mußte etwas länger zum Strand laufen; der Strand war steinig, und es gab auch keine »Strandgemeinschaft« wie in Binz. Ein etwas abgelegener Teil des Strandes war abgesperrt und für die Familie des Kronprinzen reserviert. Ich sah die Kronprinzenkinder, die etwas älter waren als ich, dort ziemlich vereinsamt sitzen und nur unter sich spielen, und sie taten mir richtig leid.

Sonntags gingen wir in die kleine Kirche – oder besser Kapelle. Kurz vor Beginn des Gottesdienstes kam eine gut angezogene ältere Dame herein, und die ganze Gemeinde stand auf. Es war die Kronprinzessin (oder des Exkaisers zweite Gemahlin? Ich weiß es nicht mehr.) Mir kam das sehr komisch vor.

*

Dieser Bericht von Urlaubs- und Ferienfreuden könnte den Anschein erwecken, als ob die Familie glücklich und ohne Sorgen lebte. Dem war aber nicht so. Mein Vater war oft krank. Er hatte Magengeschwüre, die wohl mit seiner Situation in der Bank zusammenhingen. Seine Vorgesetzten in der Magdeburger Filiale – Bomke und Bennecke, ich kenne die Namen nur zu gut –, alte Offiziere aus dem Ersten Weltkrieg, behandelten ihn, wie sie wohl ihre Untergebenen behandelt haben: mit Anschreien, Beschimpfungen und Erniedrigungen. Er konnte sich nicht dagegen wehren und fraß den Ärger in sich hinein. Da er eben wegen dieser Magenkrankheit oft nicht zum Dienst konnte – er wurde mehrfach am Magen operiert, bis er am Ende fast überhaupt keinen Magen mehr hatte –, hing das Damoklesschwert der Entlassung ständig über ihm und damit auch über uns. Er ging daher selbst mit stärksten Schmerzen zum Dienst, und da war er natürlich besonders empfindlich gegenüber dem Kommandoton seiner Vorgesetzten. Dabei hat er sicher sehr sorgfältig und genau gearbeitet, das entsprach seinem Wesen.

Als ich etwas älter war, hat er mir auch einiges von seinen Problemen erzählt, meist auf gemeinsamen Spaziergängen an den Wochenenden. Die Weltwirtschaftskrise begann 1929, und das wirkte sich schnell auch auf die kleinen und mittleren Firmen aus, mit denen er als Leiter der Kreditabteilung zu tun hatte. Er kannte die Firmeninhaber und die Betriebe alle persönlich. Sollte er Kredite verlängern, wenn die Firmen in Schwierigkeiten kamen? War das noch zu verantworten? Auf der anderen Seite stand das Lebenswerk eines Mannes, der meist klein angefangen hatte und dessen ganzer Lebensinhalt seine Firma war. Ein Konkurs galt als ehrenrührig, die Selbstmordgefahr war nicht gering. Mein Vater hat sich sehr schwer getan mit solchen Entscheidungen.

Angesichts der chronischen Krankheit meines Vaters lag die Führung der Familie fast ganz in den Händen meiner Mutter. Sie war eine großartige Frau: warmherzig, mit gesundem Urteil, unermüdlicher Tatkraft und vollem Einsatz für ihre Angehörigen, getragen von tiefem Glauben. Die christliche Ethik durchdrang das ganze Haus, aber ohne jede Frömmelei.

*

Im Jahre 1931 erhielt mein Vater das Angebot, als Filialleiter nach Nordhausen am Harz zu gehen. Auch wir Kinder wurden um unsere Meinung gefragt, und obwohl wir wohl lieber in Magdeburg geblieben wären, widerstrebte natürlich keiner; denn wir wußten, was das für meinen Vater bedeutete. Endlich eine selbständige Stellung!

So zogen wir denn von Magdeburg nach Nordhausen in eine schöne, große Wohnung in der erste Etage in der Wallrothstraße, Ecke Riemannstraße. Für mich bedeutete das, vier Jahre Englisch nachzuholen, denn im »Kloster« hatten wir als moderne Fremdsprache Französisch, auf dem Staatlichen Gymnasium in Nordhausen, wohin ich in die Untersekunda wechselte, war statt dessen Englisch die moderne Fremdsprache. Ein halbes Jahr hatte ich Zeit dazu. Mit Hilfe von Privatstunden versuchte ich mein Bestes, aber es blieben eben Lücken. Trotzdem habe ich mich in die neue Klasse in Nordhausen bald hineingefunden.

Nordhausen war damals eine schöne Stadt, die ihren mittelalterlichen Charakter voll erhalten hatte, aber doch auch mit der Zeit gegangen war. Es gab ein Stadttheater, wohin mich meine Eltern oft mitnahmen. Der Fürst von Stolberg-Stolberg hatte eine Loge und saß dort oft mit seiner attraktiven Frau, einer Bürgerlichen, was damals richtig bestaunt wurde. Wahrscheinlich hatte er einigen Ärger deswegen in seinen Kreisen. Uns war es sympathisch.

Das Staatliche Gymnasium Nordhausen hatte mindestens die gleiche stolze Tradition wie das Klostergymnasium in Magdeburg. Es war ebenfalls ein Kind der Reformation. Als Gründungsjahr galt das Jahr 1522, obwohl die katholische Vorläuferschule, die »alte Lateinschule«, bis vor das Jahr 1000 zurückreichte. Das Gymnasium zu Nordhausen zählte zu den »großen« Schulen der Provinz Sachsen und des Landes Anhalt, so wie das Kloster Unser Lieben Frauen und das Domgymnasium in Magdeburg, die Klosterschulen Roßleben und Ilfeld, das Domgymnasium zu Naumburg oder das Fridericianum zu Dessau. Leider war das Schulgebäude ein häßlicher Neubau aus dem Ende des 19. Jahrhunderts, nicht vergleichbar mit den alten »Klöstern«.

Die Lehrer waren kompetent, und so haben die letzten drei Schuljahre in Nordhausen auf meine Bildung fast einen größeren Einfluß gehabt als die Magdeburger Jahre. Dank des hervorragenden Oberstudiendirektors Dr. Wallstabe, der Mathematik unterrichtete, habe ich an diesem humani-

stischen Gymnasium mehr Mathematik gelernt als viele Abiturienten
heute. Griechisch bei Studienrat Kähler war eine reine Freude. Wir lasen
nicht nur die *Odyssee* und *Ilias,* sondern auch die platonischen Dialoge,
zum Beispiel den *Protagoras,* die *Apologie* und den *Kriton.* Ich glaube,
Kähler wußte im alten Athen besser Bescheid als in der Stadt Nordhausen.
Auch der Deutschunterricht war gut, wenn auch etwas formalistisch. In
Geschichte brachte uns ein Studienassessor namens Gartz zum erstenmal
etwas Verständnis für Politik bei. Er veranstaltete eine Arbeitsgemeinschaft in Geschichte, bei der er die Tirpitzsche Flottenpolitik bis zur
mißglückten Mission von Lord Haldane 1913 besprach.

Die Schwestern, außer der jüngsten, gingen auf die Königin-Luise-
Schule, ein Mädchengymnasium, aus dem auch unsere Tanzstundenda-
men kamen. 1932 war es soweit. Wir, das heißt die Obersekundaner aller
höheren Schulen, warfen uns in unsere Konfirmandenanzüge und versammelten uns in einem großen, kahlen Gasthaussaal, wo ein Grammophon stand. Der Tanzlehrer mit Embonpoint, einem immer schmalzig
lächelnden Rotweingesicht und kleinen blanken Äuglein lehrte uns als
erstes die Kunst der Verbeugung sowie einzelne Tanzschritte. Dann wurden die »Männer« auf der einen Seite des Saals aufgestellt, die Mädchen auf der gegenüberliegenden Seite auf Stühle gesetzt. Auf ein Zeichen des Tanzmeisters hin hatte sich jeder »Herr« gemessenen Schritts zur
Dame seiner Wahl zu begeben und sie durch eine Verbeugung zum Tanz
aufzufordern. Da wir die Weiblichkeit in der Zwischenzeit genau gemustert hatten, stürzten sich die meisten auf einige wenige Opfer; es war
mehr ein Rennen als ein Schreiten. So blieben große Lücken, und wer
nicht mehr zum Zuge kam, mußte sich mit der weniger attraktiven Weiblichkeit begnügen. Mir kam das so lächerlich vor (ich hatte eigentlich gar
nicht zur Tanzstunde gehen wollen, aber meine Eltern hatten darauf
bestanden), daß ich mich an dem Rennen nicht beteiligte und dachte:
Nimm, was übrigbleibt, es ist eh egal.

*

Das alles klingt, als ob die Nordhäuser Zeit bis 1933 nur eitel Sonnenschein gewesen wäre. Das stimmt aber nicht. Die Weltwirtschaftskrise
strebte dem Höhepunkt zu. Schäbig gekleidete Arbeitslose standen in
langen Reihen vor dem Arbeitsamt, um »zu stempeln«, damit sie ihre armselige Unterstützungen erhielten. Nach Aufhebung des SA-Verbots 1932
zogen SA-, Stahlhelm-, Reichsbanner- und Rotfrontkämpfer-Züge durch
die engen Gassen der Innenstadt, allerdings an verschiedenen Tagen, so
daß es zu keinen Zusammenstößen kam. An den Straßenrändern stand

»das Volk«, meist stumm. Die Litfaßsäulen waren voll von blutrünstigen Wahlplakaten. Die Farbe Rot herrschte vor, sei es als Fahne oder als Blut.

Die Redeschlachten im Reichstag, die voll von persönlichen Beschimpfungen waren, ebenso wie die Wahlplakate empfand ich als abstoßend. In den Großstädten kam es zu politischen Morden, die mich auch erregten (der »Altonaer Blutsonntag«, als die SA einen Propagandazug durch das »rote« Altona machte, oder die Morde der SA an Kommunisten in Potempa in Oberschlesien). Banken wurden geschlossen, die Danat-Bank ging in Konkurs. Das Kleingeld fehlte plötzlich.

Das sollte unser Deutschland sein, dem wir uns innerlich verpflichtet fühlten, das nun aber offensichtlich überhaupt keine Zukunft mehr hatte? Die Demokratie, wie wir sie kannten, eben die Weimarer, schien mir und meinen Klassenkameraden ebenso wie vielen in der Elterngeneration eine untaugliche Staatsform, weil sie nur die Gegensätze und den Klassenkampf schürte und zu keiner einheitlichen Willensbildung führte. »Demokratie« beurteilte ich etwa so, wie Plato sie gesehen hatte: als Ochlokratie, Pöbelherrschaft. Hatte sie nicht im alten Athen zur Verbannung von Themistokles, zum Tod von Sokrates und zur Niederlage im Krieg gegen Sparta geführt?

Was für den Staat gut sei, müßten ja (so meinte ich) die an der Spitze wissen, da sie alle Informationen hatten, so ähnlich wie die Lehrer ja auch wissen, was die richtige Übersetzung einer Stelle bei Plato oder Cicero ist. Jeder sollte in seinem Verantwortungskreis das Beste tun, Personen in höheren Rängen müßten strikt nach ihren Fähigkeiten ausgesucht werden (wie wir ja auch unsere Noten in der Schule bekamen), und sie würden dann das gleiche tun. Das müßte dann eine Ordnung ergeben, die »dem Staat« am besten diente.

»Der Staat« (oder Deutschland) war dabei nicht die konkrete Gesellschaft, die Menschen mit ihren verschiedenen Anschauungen und ökonomischen Beziehungen; der Staat war eine Idee, und Ideen waren das eigentlich Seiende. Hier lag ich ganz auf der Linie des deutschen Idealismus von Kant und Hegel (Kants *Kritik der reinen Vernunft* hatte ich gelesen, natürlich ohne sie voll zu verstehen), oder soll ich sagen: auf der Linie des Nominalismus der mittelalterlichen Scholastik?

In dieser Anschauung wurde ich dadurch bestärkt, daß die Reichswehr – die einzige Organisation der Weimarer Republik, die in bürgerlichen Kreisen Vertrauen genoß – »dem Staat« verpflichtet war, und das war eben etwas anderes als die konkret existierende Weimarer Republik. Die Reichswehr trug in unserer Vorstellung die alte Reichsidee sozusagen durch die Niedergangszeit, in der wir lebten.

Es war im Frühjahr 1932, als ich beim Bummel durch die Altstadt am späten Nachmittag vor einem Kramladen stand, in dem Braunhemden, Koppel sowie nationalsozialistische Bücher, Zeitungen und Abzeichen angeboten wurden. (Schräg gegenüber war ein kommunistisches Pendant. Die anderen Parteien hatten solche Spezialläden wohl nicht.) Da kam ein leicht humpelnder junger Mann im Arbeitsanzug an mir vorbei und fragte, ob ich nicht mitkommen wolle, sie hätten gerade jetzt hier einen Heimatabend der Hitlerjugend.

Ich ging mit ihm durch einen engen Durchgang in den kleinen Hinterhof. Im Hinterhaus führte eine steile Holztreppe auf eine Holzbalustrade im ersten Stock. Von dort öffnete sich eine Tür zu einem kleinen, kaum möblierten Raum mit einem Hitlerbild, einem Tisch und einer Reihe von klapprigen Stühlen. Daran grenzte ein kleiner Verschlag, in dem der junge Mann verschwand. Mit einem Braunhemd bekleidet und einer weißen Schulterschnur dekoriert (von der linken Schulterklappe zur linken Hemdentasche, dort war eine Trillerpfeife befestigt), kehrte er zurück. Er war der »Bannführer« der Nordhäuser Hitlerjugend.

Es kamen dann noch einige Jugendliche, alle aus dem Arbeiter- oder Handwerkermilieu, die meisten in ihrer Arbeitskleidung. Insgesamt waren wir etwa acht bis zehn Jungens. Für mich war es seit langem das erste Mal, daß ich wieder mit Jugendlichen aus der Arbeiterschaft zusammenkam, und ich empfand das als beglückend.

Ich war eben für »Volksgemeinschaft«, wie man das damals nannte. Auf der anderen Seite schien das Bedürfnis nach Verbindung zu Jungen aus höheren Schulen nicht besonders groß zu sein. Jedenfalls spürte ich deren Reserve mir gegenüber.

Der Heimatabend wurde vom »Bannführer« persönlich geleitet. Wir sangen einige Lieder wie »Brüder aus Zechen und Gruben« oder »Aus grauer Städte Mauern ...«, die, wie ich später merkte, von der SPD gestohlen waren. Dann las er das Parteiprogramm vor und erzählte vom Lebenslauf Hitlers. Es gab einige Fragen und Antworten, und zum Schluß wurde das Horst-Wessel-Lied gesungen.

Ich kam noch einige Male und trat dann der Hitlerjugend bei. Pflichten gab es nicht weiter, außer daß man einen kleinen Beitrag bezahlen und zum Heimatabend erscheinen sollte. In der Schule war ich zu dieser Zeit wohl der einzige »Hitlerjunge«. Das änderte sich dann nach 1933 schlagartig. Doch das gehört nicht mehr in die Zeit der Weimarer Republik.

Dann kam der 30. Januar 1933. Die Nachricht, daß Hindenburg Hitler zum Reichskanzler ernannt habe, verbreitete sich mit Windeseile. Der »Bannführer« schickte einen Boten zu mir in die Wohnung, ich sollte am

Abend beim großen Fackelzug mit der Hitlerjugend mitmarschieren. Wir versammelten uns in dem bewußten Hinterstübchen – es waren in der Zwischenzeit vielleicht zwanzig Mitglieder geworden, ich war aber immer noch der einzige Schüler – und marschierten zu einem Sammelplatz in der Nähe der Innenstadt, wo vielleicht hundert SA-Männer und eine kleine Gruppe von schwarz gekleideten SS-Männern Aufstellung genommen hatten. Es wurden Fackeln verteilt und entzündet. Für uns Hitlerjungen, die wir ganz am Ende des Zuges eingereiht wurden, blieben keine Fackeln mehr übrig. Dann ging's mit Gesang durch die Nordhäuser Innenstadt.

Auf den Bürgersteigen standen die Zuschauer dicht an dicht, die meisten schweigend. Auf der Rautenstraße, dem Stadtzentrum, hatten sich die Gegner formiert. Es gab drohende Zwischenrufe, geballte Fäuste, und es sah so aus, als ob sich die Menge auf die kleine Gruppe der Hitlerjugend am Ende des Zuges stürzen wollte. Wir hätten keine Chance gehabt. Polizei war nicht sichtbar. Ich war froh, als wir aus der Innenstadt wieder heraus waren. So habe ich das Ende der Weimarer Republik erlebt.

In meiner Erinnerung an diese Republik stehen die Verfallsjahre 1929 bis 1933 im Vordergrund. Das mag daran liegen, daß ich dann schon älter war. Es war aber wohl so, daß der nicht überwundene Grundkonflikt um die richtige Staatsform und Gesellschaftsordnung sowie die Nichtakzeptanz der Niederlage im Ersten Weltkrieg durch die bürgerlichen Kreise und die Not der Weltwirtschaftskrise die mittelmäßigen Politiker der damaligen Zeit völlig überforderten. Für mich war die Weimarer Republik eine Zeit der Hoffnungslosigkeit und der unseligen Zerstrittenheit, die das ganze Volk zerriß. Positiv sah ich nur die kulturellen Aktivitäten in Berlin, München und anderswo sowie die wissenschaftlichen und technischen Fortschritte, die sich in Rundfunk, dem DO-X-Flugboot, dem Luftschiff, den Ozeandampfern »Europa« und »Bremen« und anderen technischen Wundern zeigten. Diese wurden aber nicht der Weimarer Republik zugerechnet.

Die Vorzüge der Weimarer Republik, nämlich die Rechtsstaatlichkeit und die Möglichkeit der Abwahl von unerwünschten Regierungen, sind mir erst später klargeworden. 1934 habe ich der HJ den Rücken gekehrt und bin dann 1935 nach dem Abitur zur Reichswehr gegangen, um »dem Staat« zu dienen und von dem ganzen Parteigetriebe unbehelligt zu sein. Doch das gehört nicht mehr hierher.

Bruno Heck

Am 20. Januar 1917 in Aalen/Württemberg geboren. Studierte in Tübingen Philosophie, Theologie, Altphilologie, Germanistik und Geschichte, promovierte 1950. Bis 1952 war er dann Regierungsrat im Kultusministerium Württemberg-Hohenzollern, bis 1958 Bundesgeschäftsführer der CDU und von 1957 bis 1976 Mitglied des Deutschen Bundestags. In dieser Zeit nahm er von 1962 bis zu seinem Rücktritt 1968 das Amt des Bundesministers für Familie und Jugend wahr, von 1967 bis 1971 das des Generalsekretärs der CDU. Nebenher war er Vorsitzender des Verwaltungsrates der Deutschen Welle (ab 1961) und der Konrad-Adenauer-Stiftung (ab 1968) und schrieb mehrere Bücher. Er verstarb am 16. September 1989.

BRUNO HECK

»Es soll sich jetzt keiner rühmen ...«

»Neudeutschland« und die neue Republik –
Ein Bund im Reich der unpolitischen Ideale

Mein Bubenleben – ich war sechzehn Jahre alt, als Hitler im Januar 1933 die Weimarer Republik liquidierte – ist am meisten bestimmt worden durch den Bund »Neudeutschland«, der im Sommer 1919 von Kardinal Felix von Hartmann, dem Erzbischof von Köln, als »Verband katholischer Schüler höherer Lehranstalten« gegründet wurde.

Hauptziel des Verbandes sollte die Mitarbeit an der religiös-sittlichen Erneuerung des Volkes sein; das vor allem sollte der Name »Neudeutschland« zum Ausdruck bringen. Es war eine Gründung »von oben«, die überraschend kam, sich jedoch ungewöhnlich schnell entwickelte – und dies zunächst ohne festumrissenes Programm. Das war nur möglich, weil sich innerhalb der katholischen Jugend, vor allen Dingen im Bereich der höheren Schulen, kräftig das Bedürfnis regte, die Lebens- und Gemeinschaftsformen der Jugendbewegung auch in der katholischen Jugend bündisch-christlich zu praktizieren.

Lange Zeit noch lebten wir nach dem Kriege – wie zuvor über die Zeit des »Dritten Reiches«, so noch nach der großen Katastrophe 1945 – vom »Bund«, der uns gegen alle NS-Verführungen resistent gemacht hatte; aus ihm heraus ist uns unsere Verantwortung nach dem Krieg bewußt geworden.

Doch in den vergangenen zehn Jahren bin ich von Jahr zu Jahr mehr der Frage nachgegangen, was der »Bund« damals seiner Zeitgenossenschaft, konkret gesagt, der Weimarer Republik, schuldig geblieben ist. Die Frage hat mich auf meinen Pilgerfahrten zu Fuß (nach Santiago de Compostela, nach Rom und nach Jerusalem) begleitet, zusammen mit der Heiligen Schrift und mit Döblins *Hamlet*, einem Buch, das den Untertitel *Die lange Nacht nimmt ein Ende* trägt.

Döblin ist in zwei großen Romanen dem Problem nachgegangen, wie

»all das« hat kommen müssen!? Er ist nicht nur den Gründen, die in den Abgrund geführt haben, nachgegangen, er hat versucht, die Wurzeln des Nieder- und des Untergangs aufzuspüren. Im Grunde stellte er die Frage an sich selbst, nicht nur an den Agnostiker und Marxisten, der er war, sondern auch an den ästhetisch existierenden Literaten und an den humanistisch-ethisch suchenden und ringenden Menschen.

In seinem ersten Roman *November 1918* wird sein »Alter ego« – der schwerverwundete Studienrat Friedrich Becker, den er seinen eigenen Weg gehen läßt – als Ästhet zum Ethiker und gelangt auf diesem Wege zu den metaphysischen Fragen des Glaubens. In seinem großen Nachkriegsroman, seinem *Hamlet,* ist die zentrale Gestalt, die er für sich reden läßt, ein schwerverwundeter britischer Soldat. Auch dieser Soldat stellt die Frage, die nach dem Ersten Weltkrieg repräsentativ für die humanistische Welt »sein« Studienrat Friedrich Becker gestellt hatte, die Frage: Wer hat diesen sinnlosen Krieg zu verantworten? Wer hat zu verantworten, daß ich mit meinem Leben an Leib und Seele verkrüppelt nach Hause gekommen bin? Und mit ihm viele Millionen.

Die Frage nach den Wurzeln des eigenen Schicksals ist stellvertretend gestellt für Millionen menschlicher Schicksale. Döblin ist nicht der Versuchung erlegen, erst nur andere abzufragen, obwohl er und seine Familie das Schicksal der verfolgten Juden haben teilen müssen: von seiner Heimat Berlin vertrieben, heimatlos in Frankreich geblieben und unfähig, in den Vereinigten Staaten auch nur ein Zuhause, geschweige denn eine neue Heimat zu finden. Er hat den Wurzeln des europäischen Untergangs tiefer nachgespürt. Er hat sich weder bei den nationalsozialistischen Akteuren noch bei den zu Entnazifizierenden aufgehalten. Er hat für Deutschland zuerst sich selbst gefragt und dann die schweigenden Protagonisten der schweigenden Mehrheit, zu denen wir nicht ganz, aber letztendlich doch auch gezählt haben.

Diese kurze Skizze mag genügen, um verständlich zu machen, warum die Lektüre des *November 1918* und des *Hamlet* von Alfred Döblin mich unausweichlich vor die Frage führte, auf welche Weise denn auch *die* mitschuldig geworden seien, die unser »Neudeutscher Bund« vor der Verführung bewahrt hat, am Bau des »Dritten Reiches« mitzuwirken.

Doch zunächst ein Wort der guten Erinnerungen. Wir verdankten und verdanken neben unserem Elternhaus Entscheidendes, ja vielleicht die entscheidende Erfahrung unserer Jugend diesem »Bund«, der Gemeinschaft von dreißig bis vierzig Jungen in unserer Gruppe, die dem Hirschberg-Programm »Lebensgestaltung in Christus« verschworen waren; auch unseren geistlichen Führern und all denen, die wir von der größeren Gemeinschaft des Bundes persönlich erlebt oder kennengelernt haben – nicht zuletzt einigen überragenden Persönlichkeiten wie Pater Manuald und Pater Esch. Dazu gehörte auch die in mancher Hinsicht großartige Einseitigkeit unseres Bundes – angelegt auf eine persönliche Innerlichkeit, die geborgen war in der Innerlichkeit unserer Gemeinschaft, mit ihrem Zuhause in der Kirche und auf dem Wege nach einem neuen Deutschland, nach unserem Vaterland Deutschland, das besiegt war, mit dem Verdikt der alleinigen Schuld am Kriege ebenso belastet wie durch das Diktat eines Friedens, der keiner war und kaum einer werden konnte, auf dem Wege nach einem neuen Deutschland, nach unserem Vaterland Deutschland, das uns jenes Herz der Völker war, das Hölderlin besungen und beschworen hatte.

Die Politik ist nicht das Feld gewesen, auf dem wir uns bewegten; in uns war kein politischer Wille lebendig – weder rückwärts gewandt zur Monarchie noch vorwärts in Richtung auf die Republik. Das Gezänk der Parteien haben wir nicht beachtet; von der Weimarer Demokratie haben wir nur die Oberfläche bemerkt. Wir nutzten die Freiheiten, die sie uns gebracht hat, aber wir überlegten nicht, daß diese Freiheiten nicht von selbst Bestand haben würden.

Uns schien das Deutsche Reich eher als Beute des Streits der Parteien in Gefahr zu sein. Die Demokratie als Aufgabe haben wir nicht begriffen. Faszinationskraft ist von der Weimarer Republik auch nicht ausgegangen. Wir sind politisch ungefordert geblieben, und wir haben uns politisch nicht zu Wort gemeldet.

Wir haben unser jugendliches Reich und unser religiöses Zuhause in der Kiche auch dann nicht anfechten lassen, als in der Mitte der Weimarer Jahre erregende, hoffnungsträchtige und unheilschwangere Ereignisse auf die Deutschen einstürmten. Briand und Stresemann erhielten für ihre Politik den Friedensnobelpreis. Die unselige Erbfeindschaft zwischen Frankreich und Deutschland schien überbrückbar. Deutschland wurde mit ständigem Ratssitz in den Völkerbund aufgenommen. Der erste paneuropäische Kongreß tagte.

Parallel dazu wurde zwischen dem Deutschen Reich und der Sowjetunion ein Freundschafts- und Neutralitätsvertrag geschlossen, der Berliner Vertrag, mit dem Ziel, mehr Freiheit zwischen Ost und West, das hieß zunächst mehr Freiheit gegenüber dem Westen, zu gewinnen. Das ist im Grunde nicht in erster Linie die Politik der Reichsregierung gewesen. Es war die Politik der Reichswehrführung, die von der Regierung des Deutschen Reiches mehr toleriert als aktiv betrieben worden ist.

In Italien wurde Mussolini zum »Duce del Fascismo« ausgerufen; in

Tübingen vom Osten aus gesehen. *(Keystone)*

Bäuerliches Brauchtum in Süddeutschland. *(Keystone)*

Polen machte sich Pilsudski zum Diktator, und Carmona errichtete in
Portugal die Militärdiktatur. Spanien und Brasilien traten aus dem Völkerbund aus.

Doch das alles war nicht die Welt und betraf nicht das Deutschland, auf
das hin wir unsere Ideale lebten.

In der Literatur signalisierten damals drei große Romane die Not des
Nihilismus der Moderne: Henry de Montherlant für Frankreich mit seinen
Tiermenschen, Pirandello für Italien mit *Einer, keiner, hunderttausend* und
Kafka für den deutschsprachigen Bereich mit seinem *Schloß*, das zunächst
allerdings ohne Echo blieb. Alfred Neumann wollte in seinem historischen
Roman *Der Teufel* die Faszination des Bösen als Geschichte bewirkende
Kraft bewußtmachen, und Georges Bernanos ging es in der *Sonne Satans*
um den immerwährenden unerbittlichen Kampf zwischen Gott und Satan
im Herzen des Menschen. Am repräsentativsten für das Lebensgefühl der
Moderne, des modernen Nihilismus und für den Versuch, dieses Lebensgefühl intellektuell und dichterisch zu bewältigen, war sicher Kafka mit
seinem *Schloß*, dem Schloß als Symbol einer inhaltlosen Transzendenz, der
entleerten göttlichen Autorität und, in deren Gefolge, der hohlen, leeren
väterlichen und politischen Autoritäten.

Die Politik – ich sagte es schon – war nicht unser Feld. Doch muß ich
hinzufügen, daß die nihilistische Verlassenheit unserer Zeitgenossenschaft
uns ebenfalls ferngeblieben ist und nicht als uns aufgegeben, als Aufgabe
begriffen wurde. Das alles hat uns nicht angefochten. Ja, wir haben diese
Not, das Vorhandensein dieser Not und ihrer Wahrhaftigkeit nicht einmal
wahrgenommen, geschweige denn wahrhaben wollen, weil sie mit »unserer Wahrheit« nicht in eins zu bringen war.

Als dann der 30. Januar kam und mit ihm Hitler und seine Partei, haben
wir erfahren, was der totale Machtanspruch auf den Staat bedeutet, als er
auch uns erfaßte und gleichzuschalten suchte. Das alles hat uns getroffen,
den einen mehr, den anderen weniger. Was mir aber am nachhaltigsten in
Erinnerung geblieben ist, nachhaltiger als die Schikanen auf der Schule,
nachhaltiger als das Verbot unserer geheimen Zusammenkünfte, nachhaltiger auch als die Belagerung unserer Burg Niederalfingen und die Hausdurchsuchungen durch die Gestapo, das war die Erinnerung an Reimar
Eichhorn, einen unserer Besten und unserer Begabtesten. Er hat uns
damals verlassen, um in der Hitlerjugend, wie er mir geschrieben hat, »mit
den Arbeiterbuben am Lagerfeuer zu sitzen, um sein Leben mit dem ihren
zu teilen«, weil er meinte, daß, »wenn Christus in diesen Zeiten unter uns
wäre, er seinen Platz dort und nicht bei uns wählen würde, den mit sich
selbst so Zufriedenen und den so elitär Gesinnten«. Das war 1933.

Ich lasse einmal beiseite, was wir im nachhinein von dieser verführten Jugend wissen; bleiben wir bei dem, was man bei uns vermißte und was man bei der Hitlerjugend zu finden oder ihr geben zu können glaubte. Unser »Bund« war zu fern von der Wirklichkeit, zu fern von deren sozialen Nöten und der politischen Gestalt unseres Vaterlandes. Sicherlich, so allgemein hat dies für den Bund »Neudeutschland« nicht gegolten. Karl Holzamer, selbst »Neudeutscher«, hat die Stimmung der Gründergeneration einmal folgendermaßen charakterisiert: Ihre Mitgift sei die Selbstverständlichkeit gewesen, Leben und Religion als Einheit zu sehen, als die natürliche Entfaltung von Körper und Geist zu betrachten. Aber auch die nachwirkenden Erfahrungen des Kaiserreichs, die Ungerechtigkeiten des Diktatfriedens von Versailles und das Drängen der Jugendbewegung nach freier, natürlicher Entfaltung der Persönlichkeit, das alles hat ein zum Teil gebrochenes Verhältnis zur Weimarer Republik geschaffen – auch innerhalb unseres »Bundes«. Auch die Technikfeindlichkeit hat eine erhebliche Rolle gespielt, ebenso die Auffassung, man müsse unpolitisch bleiben und Neutralität im parteipolitischen Sinne wahren.

Im »älteren Bund« hat sich dies offensichtlich zu Beginn der dreißiger Jahre geändert. Das bezeugen die *Werkblätter*, das Organ des älteren Bundes, das von dem Freiburger Kreis um Max Müller redigiert und getragen wurde. Max Müller schreibt da zum Beispiel, man hätte in den Kampfjahren 1930 bis 1933, ohne parteimäßige Bindung an das Zentrum, geschlossen hinter Heinrich Brüning gestanden, der in diesen Jahren auf ein neues Staats- und Republikverständnis hinsteuerte, die autoritativ die politische Handlungsfähigkeit zurückgewinnen sollte, die über dem Gezänk der demokratischen Parteien verlorengegangen war.

Ich glaube, wir alle waren damals mehr oder weniger der Meinung, das Werk von Weimar müsse von seinen Mängeln befreit werden, die sich daraus ergeben hätten, daß es als Antithese zum Obrigkeitsstaat geschaffen worden sei und darum die einheitsbildende Funktion des Parlaments und der Parteien überschätzt habe. Diese Reichsidee der »Freiburger« ist auch konkret formuliert worden. Ihre programmatischen Vorstellungen offenbaren, daß man die Nowendigkeit spürte, versäumtes politisches Engagement nachholen zu müssen, zeigen aber auch, wie sich die Politikferne des Bundes in der Weimarer Republik ausgewirkt hat. Die Überlegungen, die da angestellt wurden, waren im Grunde allesamt richtig. Sie hatten Augenmaß und hätten ein langfristiges außenpolitisches Konzept der Weimarer Republik sein können. Daß man dies noch für möglich gehalten hat, nachdem Hitler die Macht übernommen hatte, verrät jedoch die Wirklichkeitsferne des »Neudeutschen Bundes«.

Einem der letzten Hefte der *Werkblätter* war das Katakombenlied des soldatischen Märtyrers Mauritius vorangestellt:

> Wir sind deine Soldaten, Imperator, ach,
> aber wir sind auch, wie wir freimütig bekennen,
> Diener Gottes.
> Dir schulden wir den Kriegsdienst,
> ihm die Enthaltung von der Sünde.
> Du hast uns den Sold bezahlt,
> er hat uns aus dem Nichts in das Leben gerufen.
> Es ist uns nicht erlaubt, dir gehorchend, Imperator,
> Gott zu verleugnen, der unser Schöpfer ist
> und, ob du es willst oder nicht,
> auch der deine.

Damit war die Grenze markiert und öffentlich ausgesprochen, daß man dem »Imperator« auf seinem Weg nicht weiter folgen könne. Die Stunde kam denn auch, da der Bund »Neudeutschland« verboten wurde und die Mitglieder des Bundes mehr und mehr auf sich selbst gestellt waren. Zum organisierten Widerstand eigneten sie sich offenbar nicht. Was standhielt, waren Freundeskreise und Freundschaften. Was darüber hinaus blieb, war die Tatsache, daß wir nicht verführbar waren.

Ich komme noch einmal auf Alfred Döblin zurück. Als unmittelbar nach dem Kriege eine Auswahl aus seinen Büchern veröffentlicht wurde, stellte sich Döblin selbst die Frage, ob er auf seine »gesammelten Werke« stolz sein dürfe. Seine Antwort lautete: »Dies ist nicht die Zeit für dicken Prunk. Es soll sich jetzt keiner rühmen und etwas vormachen.« So dachte und so schrieb Alfred Döblin, der Verfolgte, der Exulant, der Heimatlose, dessen Familie mannigfach Opfer des Nationalsozialismus geworden war; so schrieb der Christ Döblin – ich wiederhole es, weil es wichtig genug ist, wiederholt zu werden –: »Es soll sich jetzt keiner rühmen und etwas vormachen.« Bei dieser Wahrheit war der Christ Döblin angekommen, der im Reich der Dämonen Bescheid wußte.

Der »Bund« – unser »Bund« – hat in vielen einzelnen durchgehalten. Und viele einzelne haben dann auch am Aufbau unserer Republik mitgewirkt. Ob wir – doch nicht nur wir –, ob die demokratischen Parteien für die Wirklichkeit der Demokratie das Notwendige gelernt und in die zweite Republik mit eingebracht haben, ist die Frage, die mich in den letzten Jahren mehr und mehr bedrängt.

Werner Krämer

Am 8. März 1917 in Wiesbaden geboren. Machte 1935 Abitur, worauf er Vor- und Frühgeschichte in Frankfurt, München, Kiel und Marburg studierte. Von 1939 bis 1945 Kriegsdienst und Gefangenschaft. Wiederaufnahme des Studiums 1946 in Marburg. Nach seiner Promotion in München wurde er 1947 Abteilungsdirektor am Bayerischen Landesamt für Denkmalpflege. Dann war er Erster Direktor der Römisch-Germanischen Kommission des Deutschen Archäologischen Instituts in Frankfurt (ab 1956) und wurde schließlich Präsident des Deutschen Archäologischen Instituts (1972 bis 1979). Lebt in Wiesbaden.

WERNER KRÄMER

»Siegreich wolle mer – ich derf's nit sage …«

Als der Rhein in Ketten lag – »Versailles« im Lateinunterricht

Das Ende der Weimarer Republik habe ich noch in sehr lebendiger Erinnerung. Ich denke an die Reichstagswahlen im Juli und im November 1932, an Brünings Sturz, an Papen und die Ära Schleicher; und dann natürlich an jenen Montag, den 30. Januar 1933, an dem, fünf Wochen vor meinem sechzehnten Geburtstag, Hitler Reichskanzler wurde.

Vom Fenster unserer Wohnung in der Wiesbadener Adolfsallee sahen wir nachmittags auf dem Bahnhofsplatz die SA-Kolonnen mit ihren roten Hakenkreuzfahnen sich formieren, hörten wir ihre rüden »Kampflieder« und die Marschmusik. Dora, unser Dienstmädchen, weinte. Der Herr Pfarrer habe gesagt, Hitler bringe das »Choas« über Deutschland. Des Versprechers wegen haben wir Kinder über diese Prophezeiung gelacht. Die Sorge und Aufregung der Erwachsenen suchte mein Vater dann mit dem Hinweis zu beruhigen, schließlich gäbe es ja noch die Reichswehr als sicheren Garanten für Recht und Ordnung.

Die Anfangsjahre der Weimarer Republik verlieren sich dagegen im Dunkel der frühen Kindheit. Ich bin noch im Ersten Weltkrieg geboren, an jenem 8. März 1917, an dem im fernen Petersburg die russische Revolution mit Hungerrevolten und Streiks sich Bahn brach. Vier Wochen später trat Amerika in den Krieg gegen das kaiserliche Deutschland ein. Der preußische Regierungspräsident in meiner Vaterstadt Wiesbaden wußte in diesen Frühjahrstagen amtlich zu berichten, die Stimmung in der Stadt sei ernst, die Friedenssehnsucht groß; Anzeichen von Unterernährung der Bevölkerung und die Zunahme von Sterbefällen, besonders älterer Personen, seien nicht zu übersehen.

Ich war der zweite von vier Buben, alle in die Not der Kriegs- und Nachkriegsjahre hineingeboren. Aber unsere Eltern haben verstanden, uns immer das sichere Gefühl der Geborgenheit zu geben, das eigentlich das Glück der Kindheit ausmacht. Vater und Mutter waren katholisch und stammten aus Wiesbaden. Der Großvater Heinrich Krämer war Lehrer, der Vater meiner Mutter, Carl Reichwein, ein wohlhabender und angesehener Kaufmann. Bald nach meiner Geburt erhielt mein Vater, Dr. Max Krämer, ein wissenschaftlich interessierter Altphilologe, seine erste feste Anstellung am Realgymnasium in Geisenheim am Rhein.

Die junge Familie bezog im benachbarten Rüdesheim eine weitläufige Wohnung. Das Haus, in spätklassizistischen Stil, mit Terrassen und Garten, lag über dem Rhein nach dem Ehrenfels zu, eingebettet in die Weinberge der berühmten Lage »Rüdesheimer Berg«. Hier habe ich das erste Jahrzehnt meines Lebens verbracht, und an dieses Haus knüpfen sich die ersten Kindheitserinnerungen. Das Städtchen Rüdesheim mit seinen etwa viertausend Einwohnern (und mit rund fünfzig Weinhandlungen) war Mittelpunkt des Rheingaukreises der preußischen Provinz Hessen-Nassau. Noch war es nicht ganz zum Rummelplatz weinseliger Rheintouristen geworden. Statt der Seilbahn über die Weinberge, die heute das Landschaftsbild verdirbt, fuhr eine gemütliche Zahnradbahn – die Lokomitive hieß »Kaiser Wilhelm« – durch die Grabenstraße in weitem Bogen zum bombastischen Niederwalddenkmal, das wir freilich auch auf steilen Weinbergwegen von unserer Wohnung aus direkt erreichen konnten.

In der Rückschau auf meine »Rheingauer Jahre« setzt die Erinnerung 1923 mit aller Klarheit ein. Nach Ostern kam ich, eben sechs Jahre alt geworden, in die Volksschule. Die Mutter begleitete mich auf dem fast halbstündigen Schulweg, allerdings nur dieses eine Mal. Ich kann mich auch nicht erinnern, daß meinen Eltern jemals in die Schule gekommen wären, um mit den Lehrern zu sprechen. Zur Feier des ersten Schultages war nach altem Brauch ein großer Brezel gebacken worden. Die »preußische« Sitte der Schultüte, heute allgemein üblich, war bei uns verpönt.

Die Schulklasse hatte etwa vierzig Kinder, Buben und Mädchen. Der Klassenlehrer Mohr war ein trefflicher Pädagoge und ein wohlwollender, aber ernster Mann. Der Not der Zeit entsprechend trug er in der Schule seinen alten Gehrock auf, so daß ich zu Hause meinte, er müsse wohl oft auf Beerdigungen gehen. Vom Rohrstock machte er nur in gravierenden Fällen Gebrauch; ich blieb als braves Schulkind davon verschont. Wirklich gefürchtet war aber der Schulleiter, der autokratische Rektor Bertram, der mit schwarzem Vollbart und wehendem Lodencape wie Wotan daherkam und in den Pausen im Schulhof freigebig Ohrfeigen austeilte, denen auch ich nicht entging.

Den weiten Schulweg machte ich in den ersten zwei Jahren oft unter dem Schutz meines älteren Bruders Heinz, denn es war nicht ungefährlich, etwa die Hahnengasse zu durchschreiten, wo Rüdesheimer Gassenbuben gerne den Klassenkampf probten. Und gerade hier mußte ich doch täglich auf dem Heimweg die vier Schoppen Milch abholen, die der kinderreichen Familie als Sonderration zustanden. Sie wurden in einer arg verbeulten Emailkanne transportiert und bisweilen bei Rempeleien oder auf der Flucht verschüttet. Zur Bezahlung hatte ich, es war die Zeit der galoppierenden Inflation, erst Zehntausender, dann Hunderttausender, dann Millionen und schließlich Milliarden im Schulranzen.

Als Schreibrequisiten trug man im Ranzen die linierte Schiefertafel, deren Holzrahmen mit Sand und Seife gescheuert werden mußte, und die dünnen, zerbrechlichen Schiefergriffel im hölzernen Griffelkasten. Sehr lieb war mir die Schulfibel, die noch aus dem Kaiserreich stammte und die ich bis heute bewahrt habe. Die kindertümlichen Farblithographien – auf der ersten Seite ein Gockelhahn – sind in Jugendstilmanier eindrucksvoll gezeichnet. Das Pausenbrot war der Zeit entsprechend dürftig mit Margarine oder »Latwerge« (einem Mus aus Zwetschen und Birnen) bestrichen. Weil es aber von zu Hause war, habe ich es lieber gegessen als den Milchbrei und die süßen Wecken der »Quäkerspeisung«, die als Spende aus Amerika in der Schule ausgegeben wurden.

Als Schreibschrift lernten wir zunächst noch die schräge deutsche Kurrentschrift mit dünnen Auf- und kräftigen Abstrichen, wie sie auch unsere Eltern und Großeltern schrieben. Erst zwei Jahre später wurde die von Sütterlin entworfene Steilschrift, die keine unterschiedlichen Strichstärken mehr kannte, eingeführt. Diese Reform hat mir wie vielen anderen die Handschrift gründlich verdorben.

Gedichte und Lieder habe ich nicht nur in der Schule leicht gelernt, sondern erst recht auch alles aufgegriffen, was die Kinder auf der Straße gereimt und gesungen haben. Da konnte man von den Mädchen noch beim Ringelreihenspiel das alte Kinderlied hören: »Der Kaiser (!) von Rom, Napoleons Sohn, der war noch zu klein, um Kaiser zu sein ...« Und die Buben ärgerten die französischen Besatzungssoldaten, wenn sie das verbotene Soldatenlied, in dem es hieß »... siegreich wollen wir Frankreich schlagen ...«, so sangen: »... siegreich wolle mer – ich derf's nit sage.« Schlimmer noch war der umgedichtete Schlager: »Warum ist es am Rhein *nicht* schön? Weil der Franzmann, der Drecksack, unser Rheinland besetzt hat.«

Um die Franzosen schien sich damals alles zu drehen. Sie gaben das einzige politische Thema ab, das schon die kleinsten Schulkinder berührte. Im Januar 1923 waren sie in das Ruhrgebiet einmarschiert und hatten das ganze besetzte Gebiet links und rechts des Rheins durch eine scharf

Mit Mutter und Geschwistern auf der Terrasse der Wohnung in Rüdesheim,
Weihnachten 1924. Ganz rechts Werner Krämer.

Besuch Hindenburgs in Wiesbaden am 20. Juli 1930.
(Hessisches Hauptstaatsarchiv, Wiesbaden)

bewachte »Zollgrenze« vom übrigen Reich abgeschnürt. Reichsbahn und Industriebetriebe waren ebenso beschlagnahmt wie Weinbaudomänen und die Staatswälder, die weitflächig abgeholzt wurden.

Dagegen riefen die Gewerkschaften zum Streik, und die Regierung in Berlin verbot den Beamten, den widerrechtlichen Anordnungen der Franzosen Folge zu leisten. So begann, von der ganzen Bevölkerung unterstützt, der »passive Widerstand«. Die »Franzosenzüge« der Regie-eisenbahn wurden strikt boykottiert. Die Besatzungsmacht antwortete mit der Ausweisung regierungstreuer Beamten und ihrer Familien aus dem besetzten Gebiet. Allein in Rüdesheim waren es rund vierhundert Personen, die binnen 24 Stunden mit all ihrer Habe abreisen mußten.

Wir Kinder bekamen bei den überstürzten Wohnungsräumungen manchen unnützen Krimskrams geschenkt. So war ich lange glücklich über ein kleines hölzernes Schweizerhaus, ein Souvenir aus St. Moritz, das dem ausgewiesenen Finanzamtsvorstand gehört hatte. Ein anderer Bekannter soll eine Sammlung exotischer Schlangen, die in Gläsern mit Spiritus konserviert waren, beim hastigen Auszug mit dem Bemerken zurückgelassen haben: »Die fressen die Marokkaner«, was mir die afrikanischen Soldaten noch unheimlicher machte. Diese trugen zur Khakiuniform einen hohen roten Fez und wurden von der Bevölkerung »Hutschebebbes« gerufen, ein Spottname, der durch Carl Zuckmayers *Fröhlichen Weinberg* in die Literatur eingegangen ist. (Noch 1928 ist dieses Theaterstück in Wiesbaden vom englischen Kommandanten der Zensur unterworfen worden).

Als im Herbst 1923 die Wirtschaft völlig zusammengebrochen war, mußte der »passive Widerstand« aufgegeben werden. Sogleich erhoben die Separatisten unter massivem Schutz des französischen Militärs überall ihr Haupt. An einem stürmischen und regnerischen Tag sahen wir beim Heimweg von der Schule den Marsch der »Putschisten« zum Kreishaus in der Grabenstraße, wo sie die Türen einschlugen und dann die grünweißrote Separatistenfahne auf dem Dach aufzogen. Marokkaner unter Gewehr und französische Gendarmen hielten die schimpfenden Zuschauer in Schach. Rote Plakate verkündeten die Ausrufung einer autonomen »Rheinischen Republik« und den Belagerunsgzustand für Rüdesheim.

Der Tag ist mir auch deshalb unvergeßlich, weil an diesem 24. Oktober 1923 mein jüngster Bruder Franz zur Welt kam. Als wir nachmittags die Mutter im Krankenhaus besuchen wollten, wurden wir mit aufgepflanztem Bajonett angehalten und zur Wache gebracht. Es war verboten, daß mehr als zwei Personen auf der Straße zusammen gingen. Mein Vater, der gut französisch sprach, konnte schließlich einen Passierschein für sich und uns zwei kleinen Buben erwirken.

Die Separatistenherrschaft dauerte etwa ein Vierteljahr, bis die wenigen mit Lebensmittelzuteilungen und Geldversprechungen angelockten Parteigänger sich verlaufen hatten. Bei der Bevölkerung hatten sie einen schweren Stand; gut erinnere ich mich noch an den Sturm der Weinbergarbeiter unter Führung des jungen Dr. Brogsitter auf das separatistische Hauptquartier im Finanzamt, der mit dem Abreißen der Fahne endete, dann aber die Hauptakteure ins Gefängnis brachte. Als schließlich die Franzosen resignierten und die »Rheinische Republik« verloren gaben, waren die Separatisten und ihre Mitläufer in den kleinen Rheingaustädtchen bald Opfer des Volkszorns, obwohl die wiedereingesetzten deutschen Landjäger sie pflichtgemäß schützen mußten.

Gegen Ende des denkwürdigen Jahres 1923 war dann auch die Inflation gestoppt worden. Zum siebten Geburtstag bekam ich 1924 eine Sparbüchse und als erstes eigenes Geld von den Großeltern einen »Taler«, ein silbernes Dreimarkstück.

Von den politischen Ereignissen der Nachinflationszeit steht mir die Reichspräsidentenwahl nach dem Tod von Friedrich Ebert noch deutlich vor Augen, bei der im Frühjahr 1925 Hindenburg den Sieg errang. Im katholischen Rüdesheim war der Zentrumspolitiker Wilhelm Marx der Favorit, für den auch meine Eltern eingetreten sind. Noch lange Zeit war er für mich der einzige Marx von politischer Bedeutung.

Unser kindliches Leben wurde aber kaum vom Gang der großen Politik berührt. Nach dreijähriger Volksschulzeit und einer nicht allzu aufregenden Aufnahmeprüfung bezog ich zu Ostern 1926, wie vorher schon mein Bruder, das Hessische Humanistische Gymnasium in Bingen. Abzeichen der neuen Gymnasiastenwürde war die farbige Schülermütze mit goldenem Paspel und Mützenband.

Um den Schulweg konnten uns die anderen Rüdesheimer Buben, die nach Geisenheim ins Realgymnasium fahren mußten, beneiden. Mit dem »Binger Schiffchen«, einem kleinen Trajektdampfer, überquerten wir den breiten Rheinstrom, um dann in Bingen durch den Graben der Burg Klopp zu der am Fuße des Rochusberges gelegenen Schule zu marschieren. Die Überfahrt war langwieriger, sobald große Holzflöße oder lange Schleppzüge die Route kreuzten. Wenn im Herbst und Winter Nebel oder Eisgang die Fährverbindung unterbrachen, dann konnten wir Rüdesheimer entweder zu Hause bleiben oder den weiten Fußweg über die (im letzten Krieg zerstörte) Hindenburgbrücke nehmen, der uns immerhin die ersten Schulstunden ersparte.

Am Binger Gymnasium herrschte ein eher gemütlicher Ton, der Schulangst nicht so leicht aufkommen ließ. Trotzdem war das Schülerdasein natürlich nicht sorgenfrei. Ich lernte gerne Latein nach dem durch die Schulreform neu eingeführten Übungsbuch *Ludus Latinus*.

Bald schon konnte ich auch die neuen Kenntnisse verwerten, als der alte Rüdesheimer Pfarrer Kohl uns sehr gründlich auf die Erstkommunion vorbereitete und dabei auch die lateinische Liturgie der heiligen Messe erschloß. Er war ein frommer, resoluter Mann, der seinen knorrigen Rebstock nicht nur als Stütze benutzte.

Die Kommunionfeier am Weißen Sonntag 1927 hat einen tiefen Eindruck hinterlassen. Im neuen Matrosenanzug fuhr ich mit den Eltern in einer Lohnkutsche zum feierlichen Amt in die alte Pfarrkirche St. Jakob, wo die steinernen Grabmäler der Ritter Brömser von Rüdesheim schon früh die kindliche Phantasie bewegt hatten. Bei der Kommunion trat man zu zweien an den Altar mit dem »Nachtmahlgesell«, den man sich auswählen durfte und dem man besonders verbunden blieb.

Von den Geschenken besitze ich noch die silberne Taschenuhr des Patenonkels und das Balladenbuch von Leo Sternberg mit der schönen Widmung des zu Unrecht heute fast vergessenen Dichters. Er lebte als Amtsrichter in Rüdesheim, und meine Eltern haben den Umgang mit dem geistvollen Mann sehr geschätzt. Seine vor allem dem Rheinland verbundenen Erzählungen und Kunstbücher waren damals in Deutschland weit verbreitet. Er ist auf der Flucht vor den Judenverfolgungen schon 1937 in Jugoslawien gestorben.

Im Frühjahr 1928 zogen meine Eltern wieder nach Wiesbaden, wo sich mühelos eine geräumige Wohnung für die große Familie fand. Überall in der Stadt hingen an den wilhelminischen Prunkfassaden »herrschaftlicher« Villen die Schilder »Wohnung zu vermieten«. Die Inflation hatte viele einst wohlhabende Rentiers zum Wegzug gezwungen. Elfjährig trat ich jetzt in die Quarta des alten Humanistischen Gymnasiums am Luisenplatz ein, wo die älteren »Professoren« – der Titel war von der Republik abgeschafft worden – schon meinen Vater unterrichtet hatten. In den jüngeren Lehrern wirkte das Erlebnis des Krieges, der uns Kindern unendlich weit zurückzuliegen schien, noch mit ungebrochener Kraft. Allgemein war die Verbitterung über den Versailler Vertrag, dessen für Deutschland ruinöse Folgen man täglich zu spüren bekam. Dieses Thema war sogar einmal Gegenstand einer lateinischen Stilübung in der Obertertia.

Als Schreckgespenst erschien uns eine kommunistische Diktatur, wie sie von der Weimarer Republik schon einmal abgewehrt worden war. Ständig wurde man erinnert, wie die russische Revolution unter Lenin, Trotzki und Stalin Millionen Menschenleben gefordert hatte, und immer noch berichteten die Zeitungen über Kirchenverfolgung und über die

»Liquidierung« von Regimegegnern. Aber es wurde in der Schule nicht politisch agitiert, und politische Gegensätze spielten unter den Schulkameraden bis in die dreißiger Jahre kaum eine Rolle.

Die politische Grundtendenz der Jugend war freilich national, und die junge Republik tat alles, um in den Schulen den nationalen Gedanken zu fördern. Trotzdem gab es für sie und für die sie tragenden Parteien keine Begeisterung. Die »Verfassungsfeier«, in Erinnerung an die Weimarer Reichsverfassung von 1919, war der einzige nationale Gedenktag, der in der Schule begangen wurde. Da wurde nach altem akademischen Brauch von einem Lehrer eine wissenschaftliche Rede gehalten, zum Beispiel über »Goethe und die Naturwissenschaft«, nachdem der Direktor einleitend kurz auf die Bedeutung des Tages hingewiesen hatte. Dann sang der Schulchor, solange das Deutschlandlied im Rheinland noch verboten war, ein »vaterländisches Lied«.

Der Unterricht in Geschichte und Deutsch war aber keineswegs reaktionär oder nur rückwärts gewandt. Man spürte durchaus den frischen Wind der Schulreform etwa am Lehrplan und an den Aufsatzthemen der Oberstufe, über die auch in anderen Klassen diskutiert wurde. Neben gründlicher Lektüre der Klassiker kamen lebende Autoren wie Gerhart Hauptmann und Thomas Mann zu Wort, und es wurden moderne Schriftsteller wie Fritz von Unruh, Carl Zuckmayer, Bert Brecht und Erich Maria Remarque gelesen. Auch die expressionistische Malerei ist im Kunstunterricht behandelt und im Wiesbadener Museum vorgestellt worden.

Wenn ich die Eindrücke überdenke, die das politische Geschehen der letzten Jahre der Weimarer Republik bei mir hinterlassen hat, dann sind mir die Ereignisse des Jahres 1930 in der Erinnerung am lebendigsten geblieben. Der Tod Stresemanns und der Ausbruch der Weltwirtschaftskrise im Oktober 1929 hatten zwar manche Hoffnungen getrübt. Aber der neue Reichskanzler, der Zentrumsführer Heinrich Brüning, der am 30. März 1930 von Hindenburg berufen worden war, war ein Mann ganz nach dem Herzen meiner Eltern, deren politische Meinung die Kinder teilten. Und dann kam die große Genugtuung darüber, daß als positivste Folge des sonst sehr skeptisch beurteilten Youngplans das Rheinland in der Mitte des Jahres endgültig von den Besatzungstruppen geräumt wurde.

Am 30. Juni, einem heißen Sommertag, holten morgens die Franzosen die Trikolore in ihrem letzten Hauptquartier, einem Hotel im Wiesbadener Kurviertel, in feierlicher Parade ein und marschierten zum Bahnhof ab. Wer etwas auf sich hielt, blieb diesem Spektakel fern. Aber dann sah man plötzlich, für uns Kinder ein großer Eindruck, die ganze Stadt im Fahnenschmuck. Wenig Schwarz-Rot-Gold, häufiger preußisch Schwarz-Weiß, und auf vielen Häusern wehte, wie auf der Villa des Großvaters, die blauorange nassauische Fahne.

An dem abendlichen Befreiungsfeuerwerk im Kurpark nahm ich nicht teil. Ich war mit meinem Bruder am Rhein in Biebrich, um die Illumination der Rheinufer und die Freudenfeuer zu sehen, die allenthalben entzündet wurden. Wir übernachteten zum letzten Male in dem alten Haus in der Biebricher Schloßstraße, in dem mein Urgroßvater seine Schreinerei betrieben hatte und das jetzt von einer alten Tante bewohnt war. Am nächsten Tag war die Befreiungsfeier in der Schule, in der das Deutschlandlied gesungen wurde, dann gab es schulfrei. In den Kinos lief der bis dahin verbotene Ufa-Film »Weltkrieg«.

Als offizielle Feier der Rheinlandbefreiung aber hatten Stadt, Land und Reich ein besonderes Programm ausgearbeitet. Im Norden von Wiesbaden war im Wald »Unter den Eichen« ein »Freilichttheater der Zehntausend« angelegt worden, wo vom 18. bis 20. Juli das Festspiel »Deutschlands Strom« uraufgeführt wurde, eine »Chorische Dichtung« des Reichskunstwartes Dr. Edwin Redslob, die später auch in Berlin und anderswo gespielt worden ist.

Zweieinhalbtausend Schulkinder stellten die Flüsse Oder, Weichsel, Elbe, Rhein und Donau dar. Die Buben und Mädchen trugen verschiedenfarbige wallende Gazegewänder und mußten beim Einzug ins Stadion durch Armbewegungen das Fließen der Ströme versinnbildlichen. Den größeren Gymnasiasten, wie meinem älteren Bruder, war der Aufzug peinlich. Ich konnte das Spiel bei strömendem Regen als Zuschauer beobachten. Es begann mit der Hissung der schwarzrotgoldenen Reichsflagge und dem Auftritt eines »Reichsheroldes«. Stimmengewaltige Sprechchöre, die in den Ecken des weiten Feldes postiert waren, begleiteten die Aufführung. Dirigiert wurden die Massen mit Hilfe von Megaphonen. Der Rheinstrom war von einer Kette umwunden, die gesprengt oder abgeworfen wurde; dann erscholl tausendstimmig der Ruf »Freiheit«. Glocken läuteten, und Beethovens Melodie »Freude, schöner Götterfunken« brauste über das Stadion.

Höhepunkt der Rheinlandbefreiungsfeier aber war für alle der Besuch des Reichspräsidenten von Hindenburg am Sonntag, dem 20. Juli 1930. Wenige Tage vorher noch hatte er zunächst abgesagt, weil Ministerpräsident Braun zögerte, das 1921 für die Rheinprovinz erlassene Verbot des Frontsoldatenbundes »Der Stahlhelm«, dessen Ehrenmitglied Hindenburg war, aufzuheben. In der Schule gab es darüber heiße Diskussionen. Aber Hindenburg kam, alles war auf den Beinen, auch das den Sozialdemokraten verbundene »Reichsbanner Schwarz-Rot-Gold« marschierte auf.

Ich habe den Reichspräsidenten zweimal gesehen: zuerst bei dem
Triumphzug durch die Stadt im offenen Auto mit Gehrock und Zylinder
neben seinem Sohn, der Reichswehruniform trug und, wie ich notierte, der
erste deutsche Soldat war, den wir zu Gesicht bekamen. Näher heran
konnten wir Buben uns am Kurhaus drängen, wo der Generalfeldmarschall die Veteranen von 1864, 1866 und 1870/71 begrüßte: ein uralter
Mann mit schweren Tränensäcken unter den Augen, so daß mein Bruder
meinte: »Der flennt ja!« und sich den Unwillen der Umstehenden zuzog.

Dann erschien über der Stadt, begeistert begrüßt, das majestätische
Luftschiff »Graf Zeppelin«, damals der Stolz der Nation. Das war ein
weiterer Glanzpunkt dieser für die glanzlose Republik so einzigartigen
Feier.

Schon trübten aber auch politische Sorgen die Festfreude. Am 18. Juli
war der vierte Nachkriegsreichstag aufgelöst worden, und bei den folgenden Septemberwahlen wurden die Nationalsozialisten die zweitstärkste
Partei. Erschreckend waren auch die auf die Rheinlandbefreiung folgenden Ausschreitungen gegen angebliche Separatisten und Kollaborateure
der Besatzungsmacht. Skandalblättchen veröffentlichten Namenslisten,
Wohnungen wurden vom Pöbel verwüstet. Ich sehe noch den Inhaber
einer Metzgerei, die am Schulweg lag, totenbleich mit dem Fleischmesser
in der Hand in der eingeschlagenen Ladentür stehen, um Plünderer abzu-
wehren.

In der Folgezeit bis zum Ende der Weimarer Republik standen für mich
ganz andere als politische Fragen im Mittelpunkt; vor allem galt das
Interesse des Gymnasiasten den Denkmälern der Archäologie und der
heimischen Kunstgeschichte, und dieses Interesse wurde von den Eltern
und von der Schule nachdrücklich gefördert. Ihnen bin ich zeitlebens
dafür dankbar geblieben, daß ich damals die noch in alter Pracht erhalte-
nen Städte Mainz und Frankfurt, die mehr als alle Bücher deutsche Geschichte eindrucksvoll sichtbar machten, gründlich studieren konnte.

Politik wurde zwar gespannt verfolgt, aber man dachte doch, daß sie den
Charakter verdirbt. Dieses Vorurteil schien uns bestätigt, wenn wir mit
der Schule tumultuarische Sitzungen des Stadtparlamentes besuchten
oder in den Straßen die Schlägereien zwischen Kommunisten, Nazis und
der Schutzpolizei beobachteten. Radio hatten wir zu Hause nicht. Nach
Reichstags- und Landtagswahlen trafen wir uns in der Wohnung einer
Tante, deren Rundfunkgerät dann auch von vielen anderen Hausbewoh-
nern umlagert war, über deren oft einfältige Kommentare sich die Gymnasiasten hochmütig amüsierten.

Die Hitlerjugend spielte in unserer Schule zunächst eine sehr untergeordnete Rolle gegenüber kirchlichen und bündischen Jugendgruppen. Wir durften keinem dieser Bünde beitreten und wollten uns auch gar nicht organisieren; aber der hochgestimmten Begeisterung für das »Soldatentum« konnte sich kaum ein Junge entziehen. Bald marschierte das Gymnasium mit einem Spielmannszug bei Schulfesten auf, es wurde angetreten und gemeldet, und die Oberklassen beteiligten sich an Schießübungen auf dem Stand eines Kriegervereins.

Unser letzter Schulaufsatz in der Weimarer Republik galt der Erklärung ihres letzten Reichskanzlers Kurt von Schleicher: »Ich halte die allgemeine Wehrpflicht für ein besonders erstrebenswertes Ziel.« Nur einer der etwa dreißig Obersekundaner hat eine gegenteilige Meinung bekundet.

GOTTHARD SCHETTLER

Wurde in Falkenstein am 13. April 1917 geboren. Studierte an verschiedenen Universitäten Medizin und promovierte 1942 in Tübingen. Nach seiner Habilitation (1950) war er sechs Jahre als Oberarzt der Medizinischen Klinik in Marburg tätig und übernahm danach die Direktion verschiedener Kliniken. Ab 1963 betreute er den Lehrstuhl für Innere Medizin und leitete die Ludolf-Krehl-Klinik in Heidelberg.

Seit seiner Emeritierung 1986 ist er Präsident der Heidelberger Akademie der Wissenschaften. Autor zahlreicher wissenschaftlicher Publikationen und Vorsitzender verschiedener medizinischer Gremien und Gesellschaften. Seit 30 Jahren Präsident der Kongreßgesellschaft für Fortbildung zu Berlin. Auszeichnung mit sechs medizinischen Ehrendoktoraten.

GOTTHARD SCHETTLER

Von Schülerscharmützeln und Revolutionären

Die großen Probleme der Republik im Spiegel einer kleinen Stadt

Meine ersten Erinnerungen aus der Kindheit gehen auf ein markantes Ereignis in meiner Heimat zurück. Im Jahre 1920 hatte der aus Riesa stammende, aus gesundheitlichen Gründen ins Vogtland übergesiedelte Max Hölz mit der Kommunistischen Partei in Falkenstein einen roten Vollzugsrat gegründet, der einige Monate lang dort agierte. Die Aufgabe sah diese Gruppe für sich im Kampf gegen den im Gang befindlichen »antirepublikanischen reaktionären Kapp-Putsch«. Mit seinem roten Vollzugsrat übernahm Hölz die Verwaltung der Stadt Falkenstein, einer 15 000 Einwohner zählenden Gemeinde, die überwiegend von Gewerben und Kleinindustrien lebte. Vordergründig ging es offenbar um eine Verbesserung der Unterstützungssätze für Erwerbslose und Kriegswitwen, aber es kam bald zu umstürzlerischen Aktionen, an denen sich insbesondere der Spartakusbund beteiligte. Das bürgerliche Stadtoberhaupt wurde verhaftet und in demütigender Weise durch die Stadt geführt. Bei wohlhabenden Bürgern nahm man Hausdurchsuchungen vor, Lebensmittel wurden requiriert und beträchtliche Geldsummen erpreßt. Wer nicht zahlte, wurde beschimpft, verprügelt oder mit Brandschatzung bedroht. So gingen fünf Villen von begüterten Bürgern in Flammen auf. Zu den Betroffenen gehörte der Baumeister Viktor Baumann, welcher mit der Schwester meiner Großmutter verheiratet war. Das Bild der Ankunft der vierköpfigen Familie im großväterlichen Anwesen, die nur mangelhaft bekleidet war und unter Mitnahme einiger weniger Habseligkeiten überstürzt ihr Haus verlassen mußte, hat sich mir dauerhaft eingeprägt.

Die von der Regierung mobilisierten Polizeikräfte und der Einmarsch von Reichswehr und Freikorps, die vorwiegend aus dem benachbarten Oberfranken kamen, veranlaßten den roten Vollzugsausschuß zu folgendem Aufruf:

Aufruf an die besitzende Klasse!

Nachdem uns bekannt geworden ist, daß von verschiedenen Seiten darauf hingewirkt wird, reaktionäre Truppen (Reichswehr) nach dem Vogtlande zu ziehen, um die Herrschaft der Arbeiterklasse zu brechen und die Aktionsausschüsse aufzulösen, geben wir folgendes bekannt:

Sobald uns gemeldet wird, daß Truppen im Anmarsch sind, werden wir sofort folgende Maßnahmen ergreifen:

Proklamation des Generalstreiks, Stillegung aller Betriebe, auch der lebenswichtigen. Sollte diese erste Maßnahme nicht genügen, um den Einmarsch der Truppen zu verhindern, so würden wir auch nicht davor zurückschrecken, die Maschinen in den Betrieben zu zerstören und als äußerstes und letztes Mittel würden wir gezwungen sein, die Villen, überhaupt alle Häuser der besitzenden Klasse, sowie die Gebäude der Behörden, Staatsgebäude, usw. in Brand zu setzen oder in die Luft zu sprengen.

Was dadurch heraufbeschworen würde, können sich die betreffenden Klassen selbst ausmalen. Wir warnen daher jedermann, reaktionäre Versuche zu unterstützen und machen wir für die daraus entstehenden Konsequenzen die in Frage kommenden Kreise verantwortlich.

Solange die alte Regierung und die Reichswehrtruppen nichts gegen die Herrschaft der Arbeiter unternehmen, werden wir selbst mit allen Kräften für die Aufrechterhaltung der Ruhe und Ordnung sorgen.

Achtung!

Als Maßnahme gegen den eventuellen Einmarsch der Truppen hat sich ein Brandkomitee gebildet, das beim Herannahen der Truppen sofort in Tätigkeit tritt.

Achtung!

Wenn gegen einen Vertreter der Arbeiter oder gegen einen Arbeiter überhaupt, sowie gegen den Genossen Hoelz, ein Anschlag (Attentat) usw. verübt wird, dann tritt das Rachekomitee in Tätigkeit und wird unter der besitzenden Klasse aufräumen.

Der rote Vollzugsausschuß.
Sitz: Schloß Falkenstein.

Max Hölz und seine Kombattanten setzten sich vor den einrückenden Truppen ins obere Vogtland und in die Tschechoslowakei ab. Es kam zu Schießereien. Meine Eltern flüchteten aus der Bahnhofsgegend zu den Großeltern, ich habe die hektische Situation noch gut in Erinnerung. Nach der Niederschlagung des vogtländischen Aufstandes wandte sich Hölz in das mitteldeutsche Industriegebiet um Halle und Merseburg. Hier kam es zu schweren Gefechten, die schließlich mit dem endgültigen Sieg der Staatsmacht über die Rebellen endeten. Hölz wurde gefangengenommen und wegen Aufruhrs und Mordes an einem Landwirt zu lebenslänglichem Zuchthaus und dauerndem Verlust der bürgerlichen Ehrenrechte verurteilt. Doch schon nach sieben Jahren wurde er vorzeitig entlassen und begann eine Agitationsreise durch Deutschland.

Im Gedächtnis geblieben ist mir auch die Erinnerung an seine spektakuläre Rückkehr nach Falkenstein in einem großen kommunistischen Demonstrationszug. Hölz war bei einer Saalschlacht in Bad Elster von der SA der Nationalsozialisten schwer verletzt worden und wurde mit seinen deutlich sichtbaren Wundverbänden stürmisch von den Kommunisten gefeiert. Das in Falkenstein relativ stark vertretene Reichsbanner der SPD hielt sich zurück, und die Anhänger der Nazis waren im damaligen Falkenstein noch nicht in der Lage, Gegendemonstrationen durchzuführen.

Dies geschah aber später, und so war Falkenstein bis 1933 der Ort zahlreicher schwerer Auseinandersetzungen auf der Straße und in den Versammlungslokalen. Die Demonstrationszüge der KPD und der NSDAP wurden jeweils durch auswärtige Kräfte verstärkt, und es kam fast immer zu schweren Prügeleien, die durch massiven Einsatz der Polizeikräfte aus Plauen und Zwickau beendet wurden, wobei es wiederholt Schwerverletzte gab. Die Polarisierung der Bevölkerung war in Falkenstein besonders auffällig. Es gab eine große kommunistische Gruppe unter den Arbeitern, eine weniger starke Gruppe der SPD und der Gewerkschaften und eine noch kleinere, aber durchaus wichtige Gruppe in der politischen Mitte und der Rechten. Die sogenannte besitzende Klasse neigte den nationalen Parteien, der Deutschen Volkspartei und der Deutschnationalen Partei, zu. Recht ansehnlich waren auch die Demokraten und die Staatspartei vertreten.

Bald entwickelte sich der Christlich-Soziale Volksdienst, der auch Abgeordnete in den Landtag nach Dresden entsandte. Religiöse Gemeinschaften spielten im Vogtland seit jeher eine große Rolle. Neben der evangelischen Landeskirche gab es, mit dieser teilweise lose verbunden, zahlreiche Bibelkreise, Bibelkränzchen und die Bibel-»Stündle«, die sich mehrmals pro Woche versammelten und gewisse sektiererische Züge ausweisen, was sich bis heute erhalten hat. So ist es kein Zufall, daß sich ein junger Pfarrer vor wenigen Jahren in der Falkensteiner Kreuzkirche aus Protest gegen die verkommene Gesellschaft und die herrschende politische Klasse mit Benzin übergoß und verbrannte.

Damals orientierten sich die religiös motivierten Schichten der Bevölkerung politisch eben vorwiegend zur Mitte und zum Christlich-Sozialen Volksdienst.

Der Vater, durch aktive Arbeit in Kirche und Schule mit den täglichen Problemen konfrontiert, entwickelte ein starkes Engagement, wurde als Parteiloser in den Stadtrat gewählt und hatte dort das sehr kritische

Rhythmische Turnübungen am Schwebebalken, 1926. *(Ullstein Bilderdienst)*

Szene aus einem der damals zahlreichen Turnvereine. *(Keystone)*

Referat der Wohnungsbeschaffung zu verwalten. Die Wohnungsnot war bedrückend. Tagtäglich stellten sich in unserer Wohnung Bittsteller ein, die es auch gelegentlich an Bestechungsversuchen nicht fehlen ließen. Vater wies diese energisch zurück, zum Leidwesen seiner beiden Söhne, die gerne einmal in den Genuß einer Eistorte oder eines Baumkuchens gekommen wären.

Die Verführung war für uns groß, denn die Lebensführung war recht bescheiden. Fleisch und Wurst gab es nur ein- bis zweimal in der Woche, ansonsten wurde eine gemüse- und schlackenreiche Kost bevorzugt, wie sie heute zum Beispiel in China üblich ist. Zum Frühstück gab es eine aus Magermilch und Mehl angerührte Suppe mit einem Kanten Brot, mittags meistens Gemüseeintopf, abends Pellkartoffeln mit spärlicher Beilage oder die sogenannten Spälkle, eine Art Bratkartoffel, die mit Rindertalg, Kümmel und Salz angerichtet wurden. Dazu trank man, horribile dictu, einen mit Wasser zubereiteten Kakao. Man würde diese Ernährung heute als »vernünftig und gesund« bezeichnen. Das war uns damals nicht bewußt, wir machten uns aber auch keine Gedanken über eine mögliche Änderung.

In meiner Erinnerung klafft eine Lücke bis zum ersten Schulgang. Zwei sogenannte Bürgerschulen gab es. In die ältere gingen die Kinder aus der vorwiegend von Arbeitern bewohnten Unterstadt, in die neuere zweite Bürgerschule die des mittleren und gehobenen Bürgertums. Die Parteinahme in der kleinen Gemeinde ging so weit, daß auch die Schulkinder ihre persönlichen Fehden auf einem eher politisch gefärbten Hintergrund austrugen. Vor allem die Realschüler, leicht erkenntlich an der obligatorischen roten Schülermütze, konnten es kaum wagen, in die Arbeiterviertel zu gehen, wo sie in aller Regel gründlich verprügelt wurden. Diese Schülerscharmützel zogen sich eigentlich bis 1933 hin. Sie wurden verstärkt durch die Einrichtung von jungkommunistischen, jungsozialistischen und den NS-Gruppen des Jungvolkes und der Hitlerjugend. Mit zunehmender wirtschaftlicher Not gewann diese letztgenannte Gruppe stark an Anhängerschaft. Ihre Aktivitäten reichten freilich nicht bis in die Schulgebäude, hier kamen die verfeindeten Knaben – die Mädchen hielten sich tunlichst von allen Auseinandersetzungen zurück – ganz gut miteinander aus.

In der Volksschule begann ein intensiver Musikunterricht, der bis zum Abitur anhielt und viele schöne Stunden des aktiven und passiven Musizierens auch nach dieser Zeit ermöglichte. Die musische Erziehung wurde auch in der Auerbacher Oberschule stark gefördert, in die ich nach der Konfirmation von der Realschule Falkenstein aus überwechselte. Diese Oberschule ging aus einem ehemaligen Lehrerseminar hervor, welches den Musikunterricht besonders pflegte, da Lehrer und Kantoren das kirchliche Leben der Gemeinden im wesentlichen prägten. Die instrumentelle Ausstattung der Schule war bemerkenswert. Sie verfügte über elf Übungsflügel, zwei hervorragende Konzertflügel, die nur von den Vorzugsschülern gespielt werden durften, drei Übungsorgeln und einen stattlichen Instrumentenfundus. Dem kam zugute, daß viele Schüler aus dem Oberen Vogtland, dem sogenannten Musikwinkel um Klingenthal und Markneukirchen, kamen, die ihre eigenen Instrumente mitbrachten und diese nach dem Schulabgang meist der Schule vermachten. Neben den Streichinstrumenten aller Größenordnungen und Qualitäten verfügte die Schule somit über Blech- und insbesondere die im Oberen Vogtland hergestellten Holzblasinstrumente. Mein Großvater mütterlicherseits stammte aus einer solchen Instrumentenmacher- und Musikantenfamilie.

Eine Besonderheit der Auerbacher Schule war die Aufbaustufe, welche Schüler nach Abschluß der Volksschulzeit aufnahm und nach sechs Jahren zum Abitur führte. Davon wollten die meisten später entweder im Bereich der Pädagogik oder der Theologie tätig werden. Unter den Schülern entwickelte sich eine lebhafte Konkurrenz, insbesondere auf dem Gebiete des Instrumentenspielens, da die Besten in Konzerten auftreten durften. In den jährlichen Abschlußprüfungen im Instrumentenspiel wurde Bemerkenswertes geboten, und das sachverständige Publikum der gesamten Schülerschaft nahm dabei regen Anteil.

Ich selbst trug mit einer Klassenschwester vierhändig Brahms vor und habe darüber hinaus sein »Scherzo in es-Moll« gespielt. Im Musikexamen mußten wir uns gegenseitig begleiten. Einmal hatte ich die Aufgabe, einen sogenannten »Brummer« zu unterstützen, der wegen seiner tiefen Stimmlage auf die Transposition der Originalkomposition (Schuberts Lindenbaum) angewiesen war. Für mich ein hartes Stück Arbeit.

Meine Abiturklasse bestand nur noch aus sieben »Aufrechten«, davon sind drei im Kriege gefallen. Ich selbst entging diesem Schicksal wohl nur dadurch, daß ich schon 1940 Kriegsversehrter war, so konnte ich mein Medizinstudium fortführen und abschließen.

Die großen Probleme der Republik wurden uns Kindern nur am Rande bewußt. Ich entsinne mich an die stürmischen Diskussionen und täglichen Auseinandersetzungen anläßlich zweier Wahlen zum Reichspräsidenten, die schließlich von Paul von Hindenburg, der von den meisten Jugendlichen verehrt wurde, gewonnen wurden. In den meisten Familien gab es recht kontroverse Ansichten zu den Kandidaten, so schien der Vater mehr zur Kandidatur von Marx zu neigen, sicher bin ich mir allerdings nicht.

Wir Schüler nahmen zunächst am politischen Leben nach meiner Erinnerung kaum Anteil. Dies änderte sich schlagartig mit dem Jahre 1933 und der Überführung der sehr aktiven Pfadfindergruppen, die politisch neutral waren, sowie der evangelischen Jugendverbände, die vorwiegend karitativ eingesetzt wurden, in die Hitlerjugend. Erst nach langen Jahren wurde mir bewußt, daß zwei meiner Klassenkameraden von der Schule entfernt wurden, da sie als Angehörige der bündischen Pfadfinderschaft sich nicht ohne weiteres in die Hitlerjugend überführen ließen. Sie waren gezwungen, in einer Privatschule im Thüringer Wald den Schulabschluß zu machen.

Eine im Grunde karitative Absicht verfolgten die Schülergruppen des »Vereins für das Deutschtum im Ausland« (VDA). Ihr Ziel war die Unterstützung der deutschsprachigen Minderheiten in Polen, der Tschechoslowakei, in Ungarn, Rumänien und in Südtirol. Kinder dieser deutschsprechenden Diaspora verbrachten einige Wochen in unseren Familien. Politische Ziele wurden hierbei von uns nicht wahrgenommen, sondern es handelte sich einfach um die menschliche Unterstützung der im Ausland in fremder und unterschiedlich aggressiver Umgebung lebenden Deutschstämmigen. Nach 1933 wurden diese Ziele des VDA, der dann auch von Parteiorganisationen übernommen wurde, enorm politisiert.

Unvergeßlich sind mir die Pfingsttreffen des VDA in Grenzgebieten des Deutschen Reiches, zum Beispiel in Ostpreußen, in Niederbayern, im Saarland, aber auch in Niederösterreich und in Danzig. Jugend drängte zur Jugend, und es herrschte in den großen Zeltlagern ein reges Treiben. Es oblag den Schülern, Straßensammlungen durchzuführen und Schulen und karitative Einrichtungen zu unterstützen. Sogar Pfennigbeträge aus dem spärlichen Taschengeld der Schüler wurden abgezweigt. Bei einem der letzten Treffen im Frühjahr 1933 wurde mir das blaue Halstuch von einem älteren HJ-Führer weggenommen und um die Ohren geschlagen. Das war wohl mein einziger »Beitrag« zum Thema Klassenkampf.

Das Leben in der Falkensteiner Gemeinde verlief, wenn man von der Polarisierung zwischen dem sogenannten Proletariat und den Bürgern absieht, eigentlich recht friedlich. Man würde es heute als »spießig« bezeichnen. Und doch hatte es einige bemerkenswerte Besonderheiten. Durch die Initiative des Lehrers Adler wurde ein Musikverein in der kleinen Stadtgemeinde geschaffen, welcher es verstand, internationale Künstler zu engagieren. Ich erinnere mich an hochrangige Klavierkonzerte von Ignaz Friedmann, Arthur Schnabel, Rudolf Serkin, Claudio Arrau, Jacques Cortot, an Kammerkonzerte des Strubquartetts, des Elly-Ney-Trios und hervorragender russischer und tschechischer Streichquartette. Bemerkenswert waren ferner Solokonzerte berühmter Sänger wie Heinrich Schlusnus, Tino Pattieri und Gottlob Frick, wobei ich mehrfach zum Umblättern beim Klavierbegleiter eingesetzt wurde. Unvergessen bleibt mir das Lob von Elly Ney, die mich mit einer aufmunternden Kopfnuß belohnte. Zweimal im Jahr fuhr der »Musikverein« mit Kind und Kegel mit dem Sonderzug ins benachbarte Plauen zum Opernbesuch. Danach wurden wir Jungen von begüterten Erwachsenen zu einem üppigen Abendessen eingeladen – Wiener Schnitzel und ähnliche Genüsse sind mir in angenehmster Erinnerung.

Bürgervereine gestalteten das gesellige Leben, wo man die in der Tanzstunde erworbenen Fähigkeiten faktisch umsetzen konnte. Das Taschengeld in Höhe von einer Reichsmark reichte für ein Bier für den Tänzer und einen Kaffee oder ein Mineralwasser für die Auserwählte. Wir haben es genossen, Neid und Spannungen kamen nicht auf.

Die wunderbare Umgebung des Städtchens lud zu ausgedehnten Wanderungen und insbesondere zu wintersportlichen Aktivitäten ein. Falkenstein verfügte über einen bemerkenswerten Skiclub, eine eigene Skisprunganlage und ausgedehnte Skiwanderwege. Sie führten bis ins Obervogtland, wo auch heute noch die Wintersportzentren um Klingenthal und Brunndöbra berühmt sind.

Die Obervogtländer sind ein eigenes Völkchen für sich. Ihre Vorfahren stammen aus Böhmen, weswegen sie sich schon allein sprachlich von den Süd- und Mittelvogtländern unterscheiden, die sich eher dem bayrischen Sprachraum verbunden fühlen. Aufgrund seiner Lage zwischen dem Thüringer Wald und dem Erzgebirge war das Vogtland als Durchzugsland für fremde Gruppen prädestiniert und wurde von allen Kriegen bis zur Napoleonischen Zeit außerordentlich in Mitleidenschaft gezogen.

Es war und ist nicht nur eine karge Landschaft, allerdings voller verborgener Schönheit, sondern es ist mit seiner Kleinindustrie lange ärmlich geblieben. Im Zuge der Entwicklung der Weberei, Stickerei und ihrer Anschlußindustrien, Bleicherei und Manufakturen, gelangte es dann gebietsweise zu einem gewissen Wohlstand. Schließlich haben diese Industriezweige ja sogar internationale Bekanntheit erreicht (Falkensteiner Gardinen, Plauener Spitzen, Wäsche-, Klöppel- und Posamentenprodukte). Natürlich wurden diese Industrien auch von den Wirtschaftskrisen kräftig gebeutelt, so daß um die dreißiger Jahre in manchen Familien große Not herrschte. Daher waren bei uns an den Wochenenden zwei Familien Kostgänger. Eine neigte zur KPD, die andere zur NSDAP, was am Mittagstisch aber nicht spürbar war. Die starke Hand des Familienoberhauptes und die von der christlichen Gemeindearbeit geprägte Mutter ließen wohl erst gar keine Konflikte aufkommen.

In Falkenstein gab es eine relativ große jüdische Gemeinde, die deutlich gespalten war. Nach dem Ersten Weltkrieg kamen Ostjuden aus Polen und Galizien, die ein stark ausgeprägtes Gemeindeleben führten. Beruflich waren sie Hausierer, Kleinhändler, Kleinhandwerker und so weiter. Die Kinder dieser Leute hatten auf den Spielplätzen und in der Schule keine Schwierigkeiten. Sie waren, wie man das heute sagen würde, voll integriert. Die andere Gruppe, die emanzipierten Juden, die am jüdischen Gemeindeleben kaum teilnahmen, gelangten bald zu Wohlstand als Textilkaufleute, Industrievertreter, Ladenbesitzer oder auch als Handwerker. Sie waren wichtige Steuerzahler und haben auf karitativem Gebiet Bemerkenswertes beigesteuert. Von der sogenannten gehobenen Gesellschaft wurden sie akzeptiert, sie nahmen am Vereinsleben teil, schickten ihre Kinder in die höhere Schule und später zum Studium. Politisch gehörten sie zum konservativen, nationalen Lager. Nach 1933 löste sich die jüdische Gemeinde sehr rasch auf, so daß wir die später einsetzenden Verfolgungsmaßnahmen nicht wahrgenommen haben. Die meisten Juden wanderten frühzeitig in die Tschechoslowakei, nach Österreich und Ungarn aus oder gingen nach Polen oder Rumänien zurück. Sie werden zweifellos zum Teil auch von der Katastrophe ihres Volkes erfaßt worden sein.

*

Was hat ein Knabe bis zum fünfzehnten Lebensjahr an Erinnerungen aus dieser problematischen Zeit mitgenommen?

Auch in einer kleinen Gemeinde gab es Spannungen und Ausstrahlungen der großen Politik. Welche Konflikte sich daraus entwickeln würden, war keinem bewußt. Mit einer gewissen Erleichterung wurde die sogenannte Machtübernahme durch die Nazis aufgenommen, denn fortan waren die kleinen und großen Spannungen beseitigt, und das Volk überkam eine Aufbruchstimmung, die bis etwa ins Jahr 1935 anhielt. Was dann kam, ist bekannt, aber leider noch nicht Geschichte.

Bewußt waren uns Kindern und Jugendlichen die drohenden Gefahren nicht. Daß unsere Generation entsetzliche Opfer bringen mußte, wird heute vielfach vergessen. Wir Abiturienten des Jahres 1936 wurden sofort zur Wehrmacht eingezogen, und so machten die meisten von uns neun bittere Jahre auf den verschiedenen Kriegsschauplätzen durch. Viele sind gefallen, andere gerieten in Gefangenschaft und kamen dort um. Von 27 Knaben der Sexta waren dies 19. Drei weitere verstarben an kriegsbedingten Krankheiten. Wahrhaft eine Tragödie unserer Generation!

Liselotte Funcke

In Hagen am 20. Juli 1918 geboren. Studierte Betriebswirtschaft und war von 1944 bis 1969 Abteilungsleiterin und Prokuristin einer Firma ihrer Heimatstadt. Seit 1946 Mitgliedschaft in der FDP und bis 1951 bei den Deutschen Jungdemokraten. Wurde 1964 Mitglied des Bundesvorstandes und 1968 des Präsidiums der Freien Demokraten. Von 1977 bis 1982 stellvertretende Bundesvorsitzende ihrer Partei. Von 1950 bis 1961 Landtagsabgeordnete in Nordrhein-Westfalen, danach achtzehn Jahre Bundestagsabgeordnete. 1969 erhielt sie das Amt der Vizepräsidentin des Deutschen Bundestages, das sie bis 1979 innehatte, im Anschluß daran für ein halbes Jahr das Ministeramt für Wirtschaft, Mittelstand und Verkehr des Landes Nordrhein-Westfalen. Seit 1981 ist sie Beauftragte der Bundesregierung für die Integration der ausländischen Arbeitnehmer und ihrer Familienangehörigen.

LISELOTTE FUNCKE

»Dollar und Markschein
schwammen auf dem See . . .«

Über Geld und Politik wurde nicht gesprochen –
Leitsätze einer großbürgerlichen Familie

Ich wurde im Sommer 1918 geboren und gehöre damit dem geburten-schwachen Jahrgang zum Ende des Ersten Weltkrieges an. Das erwies sich in meiner Schulzeit als Vorteil, denn anders als meine älteren Geschwister, die mit fünfzig bis sechzig Kindern in einer Klasse unterrichtet wurden, waren wir höchstens vierzig.

Meine Heimat ist die Stadt Hagen. Am südlichen Rand des Ruhrgebiets gelegen, ist sie das Tor zum Sauerland, dessen ausgedehnte Wälder unmittelbar an die Stadtgrenze heranreichen. Von den Flußtälern der Ennepe und der Volme steigen nach allen Seiten Höhen auf. Diese topographische Lage, verbunden mit der Weitsicht verantwortlicher Bürger und des Ruhrsiedlungsverbandes, haben es bewirkt, daß noch heute von jedem Punkt der Stadt aus in längstens zehn Minuten Fußweg eine Grünfläche, ein Park, ein Wald, eine Kleingartenanlage oder freies Gelände erreicht werden können.

Hagen ist eine Industriestadt. Längs der Ennepe und der Volme hat sich früh eisenverarbeitendes Gewerbe entwickelt; Hammerwerke und Sensenschmieden nutzten die Wasserkraft, die durch das Aufstauen der Flüsse gewonnen wurde.

Ich wuchs in einer Fabrikantenfamilie auf. Mein Vater leitete zusammen mit seinem Bruder die von meinem Urgroßvater 1844 gegründete *Schraubenfabrik und Gesenkschmiede Funcke & Hueck*, ein Werk, das bis 1970 in Familienhand verblieb.

Meine Eltern bewohnten mit ihren Kindern zunächst ein Haus in der Stadt, das genau zwischen den Wohnungen der beiden Großmütter lag. Der kleine Garten hinter dem Haus erschien mir als ein Paradies. Da gab es den Sandkasten, das Turnreck, die Schaukel und für jedes Kind einen Kletterbaum. Und hier erlebte ich mich – vierjährig – erstmals bewußt im

Spiegel. Es war Waschtag. Aus dem Kellerfenster strömte Dunst ins Freie. Ich war allein im Garten und spiegelte mich im Kellerfenster. Meine Diagnose: Ich bin nicht so schön wie meine Puppen. Wer bin ich? Was kann aus mir werden?

1925 bezogen wir ein neugebautes Haus am Stadtrand. Der Umzug dorthin bedeutete für mich einen Einschnitt in meinem Kinderleben. Es ging ein Stück Geborgenheit verloren. Noch heute erinnere ich mich genau an das »alte Haus«, seine Einrichtung und die Erlebnisse darin. Ich habe ihm lange Zeit nachgetrauert.

Unsere Familie bestand aus den Eltern und fünf Kindern, vier Mädchen und einem Jungen, die alle im Abstand von insgesamt sechseinviertel Jahren geboren wurden. Ich hätte als viertes Kind ein Junge werden sollen oder auch meine jüngere Schwester, doch haben wir nie das Gefühl haben müssen, falsch programmiert zu sein.

Meine ersten politischen Eindrücke gehen auf den Einmarsch der Franzosen in das Ruhrgebiet 1923 zurück.

Hagen wurde zwar verschont. Aber wer konnte das wissen, als die Franzosen unmittelbar an der Stadtgrenze standen? Da mein Vater politisch aktiv war, hatten meine Eltern vorsorglich einen Fluchtplan entwickelt. Bei einer Bauernfamilie am Stadtrand stand ein Koffer mit Kleidung und Wäsche bereit. Im Ernstfall wollten wir dorthin fliehen. Glücklicherweise kam es nicht dazu. Aber noch Jahre später spielten wir Kinder das Wettspiel »Die Franzosen kommen«, um möglichst schnell in Hemd, Hose und Kleid zu kommen.

Zu meinem sechsten Geburtstag schenkten mir meine Eltern ein Kinderfahrrad. Auf der Lenkstange war ein kleiner Bär befestigt, der eine winzige schwarzrotgoldene Fahne in seiner Pfote hielt. Stolz fuhr ich damit in den nahe liegenden Straßen umher. Doch am Abend meinte meine Mutter, ich sollte den Bär doch lieber zum Spielen abnehmen und die Fahne, weil sie verletzen könnte, lostrennen. Ich war damit einverstanden. Erst später erfuhr ich, daß deutschnationale Anwohner an der zwei Quadratzentimeter großen schwarzrotgoldenen Fahne Anstoß genommen hatten.

Mein Elternhaus war liberal. Mein Vater gehörte der Deutschen Volkspartei an und war Stadtverordneter und Provinziallandtagsabgeordneter von Westfalen. Zeitweilig kandidierte er auch für den Reichstag, doch ohne Erfolg. Zugleich war er führend in verschiedenen Wirtschaftsverbänden tätig. Wir sahen ihn oft tagelang nicht.

Der Zuschnitt unseres Hauses war großbürgerlich. Die Devise war, man solle über seinem Stand wohnen, sich entsprechend seinem Stand kleiden und unter seinem Stand essen. In der Tat war unsere Villa großzügig gebaut, sie hat später Denkmalschützer mobilisiert. Aber was die sonstige Reihenfolge betrifft, war ich anderer Meinung. Denn ich fand, daß meine Kleidung unterhalb des Standards meiner Mitschülerinnen lag. Als drittes Mädchen mußte ich die Kleider meiner Schwestern auftragen, und da meine nächstältere Schwester zwar ungemein hilfsbereit für alles Lebendige war, aber nicht gleichermaßen sorgsam mit Sachen umging, mußte ich manchen reparierten Winkelhaken oder nicht löschbaren Tintenfleck im Kleid auftragen.

Wir hatten Personal im Haus. Die Löhne waren seinerzeit denkbar niedrig. Wenn ich es richtig in Erinnerung habe, erhielt ein »Hausmädchen« neben Kost, Logis und Versicherungen 20 Reichsmark bar im Monat. Dazu kamen gelegentlich kleine Sonderzahlungen, etwa nach dem Hausputz oder zu Weihnachten. Für die Arbeitszeit gab es keine festgelegten Grenzen. Sie richtete sich nach den Erfordernissen des großen Haushalts mit zum Teil unregelmäßigen Tischzeiten des Vaters oder der Schulkinder.

Trotz dieser äußeren Bedingungen war es nicht schwer, Kräfte für den Haushalt zu gewinnen. Denn für Mädchen gab es seinerzeit nur begrenzte Möglichkeiten der Erwerbsarbeit. Besonders für diejenigen, die mit vierzehn Jahren die »Volksschule« verließen, gab es nur Ausbildungsmöglichkeiten in der Schneiderei, im damals noch zahlenmäßig begrenzten Friseurhandwerk oder in kaufmännischen Berufen. Die meisten hatten höchstens die Wahl zwischen Verkäuferin, Haushaltshilfe (damals Dienstmädchen genannt) oder Fabrikarbeiterin. In die Fabrik zu gehen, scheuten sich aber viele, denn der Ton, insbesondere Frauen und Mädchen gegenüber, war damals sehr rauh, und entsprechend galt der Ruf von Fabrikarbeiterinnen als gefährdet.

Geld aber mußten die meisten jungen Mädchen verdienen, einmal um die Eltern zu entlasten, besonders auch solche aus Sozialschichten, die durch die Inflation ihren finanziellen Rückhalt verloren hatten; zum anderen aber, um für die spätere Heirat die Aussteuer zu ersparen; denn es galt seinerzeit als üblich, daß der Mann seinen kontinuierlichen Lohn, die Frau die Haushaltseinrichtung in die Ehe einbrachten.

Meine Mutter war sparsam und mußte es sein. Denn als persönlich verantwortlicher Gesellschafter haftete mein Vater für alle betrieblichen Verbindlichkeiten mit seinem gesamten Vermögen. Das wurde in der Wirtschaftskrise nach 1929 zu einem beängstigenden Problem, da niemand wissen konnte, ob die Firma gerettet werden könnte. Ich erinnere mich, daß ich damals von meiner Mutter eine Ohrfeige bekam, als ich für

Die Autorin, das Mädchen mit der Haarschleife neben der Lehrerin,
im Kreise ihrer Mitschüler, 1926.

Liselotte Funcke im Kreise ihrer Geschwister, links Wilma und Erika,
rechts Gerda und Oskar.

meine ständig wachsenden Füße neue Schuhe forderte, sie dafür aber kein Geld ausgeben wollte.

An die Inflation bis 1923 erinnere ich mich kaum noch, doch sangen wir das Lied mit, das damals überall zu hören war und uns von den älteren Geschwistern beigebracht wurde:

»Dollar und Markschein
schwammen auf dem See,
Markschein ging unter,
Dollar in die Höh'.
Kam ein großer Haifisch,
fraß den Markschein auf,
und nun hört das Steigen,
des Dollar nicht mehr auf.«

Zu Beginn des Jahres 1923, als ich viereinhalb Jahre alt war, wurden meine ältere Schwester Wilma und ich in einen nahe gelegenen Kindergarten geschickt. Dieser Versuch endete für mich noch am selben Tag, denn ich erklärte, es sei nicht schön da, man sänge keine Weihnachtslieder. So wenig stichhaltig diese Begründung auch im Januar war, man akzeptierte meinen Entschluß, zu Hause bleiben zu wollen. Mag sein, daß man meine Zähigkeit im Wollen und Verweigern kannte, wahrscheinlicher ist, daß meine Mutter ganz froh war, daß meine jüngere Schwester nicht allein zurückblieb. Später, als meine Schwester mit allerlei Bastelarbeiten vom Kindergarten zurückkam, habe ich es wohl etwas bereut, so schnell aufgegeben zu haben, doch habe ich meine Entscheidung nicht rückgängig gemacht.

Mit fünfdreiviertel Jahren wurde ich, wie zuvor meine Geschwister, in eine Privatvorschule (Grundschule) geschickt, in der schon meine Eltern das Einmaleins gelernt hatten. Sie bot für die Jungen die Möglichkeit, bei ausreichenden Schulleistungen und bestimmter Förderung bereits nach drei Jahren auf das Gymnasium überzuwechseln. Offenbar hielt man Mädchen für weniger begabt, denn eine entsprechende Vereinbarung mit dem Lyzeum gab es nicht.

Die Schule war für mich kein tiefgreifend neues Erlebnis, kannte ich doch von den Erzählungen meiner Geschwister nicht nur die Namen der Lehrer, sondern auch ihre Erziehungsmethoden und die Lerninhalte. So soll ich, wenn wir zu Hause »Schule« spielten, die Lehrerin gewesen sein, weil ich die Fragen und Rechenaufgaben schon nennen konnte, ohne die Antworten und Ergebnisse zu wissen. Ich merkte ja aus der Reaktion der

Geschwister, ob diese richtig oder falsch waren, und konnte entsprechend Lob und Tadel verteilen.

Zu Beginn meiner Schulzeit hörte ich zum erstenmal etwas vom Streik. Die Lehrer an den öffentlichen Schulen streikten, und da durften sich die Privatschullehrer nicht ausschließen. Zuerst dachte ich, es handele sich um einen Hörfehler, denn ich kannte lediglich das Wort »Streit«. Nur mühsam begriff ich, was »Streik« bedeutete.

Sonst hörten wir von Politik wenig. Es galt das Gebot, daß über Geld und Politik bei Tisch nicht geredet wurde. Zudem war meine Mutter politisch wenig interessiert, und mein Vater, wenn er da war, schwieg zumeist.

Doch es gab Streiflichter. Ich erinnere mich, daß meine Großmutter uns Kinder vom Fenster wegriß, als ein Zug Kommunisten mit Musik die Straße heraufzog. Auch bewegte mich das Schicksal der Arbeitslosen zu Beginn der dreißiger Jahre sehr, so daß ich – zwölfjährig – meinen ersten literarischen Preis mit einer Weihnachtsgeschichte in der Zeitung errang, in der am Heiligen Abend ein Arbeitsloser Arbeit fand. Die Geschichte wurde mit ein paar Schlittschuhen honoriert, doch hat mich seitdem die soziale Frage nicht mehr losgelassen, so daß ich sie zum Thema des Wahlfachs Geschichte im Abitur wählte.

Zu Beginn der dreißiger Jahre gab mein Vater seine vielfältigen Ämter und Funktionen im wirtschaftspolitischen Raum auf. Es war nicht abzusehen, ob sich die Firma in der Krise würde halten lassen. Und da es unter Kaufleuten als unehrenhaft galt, zum Konkursrichter gehen zu müssen, wollte er die Wirtschaftsverbände nicht belasten. Für uns Kinder bedeutete es, daß der Vater häufiger zu Hause war, aber sorgenvoll und einsilbig, zumal als die politischen Ereignisse auf eine Berufung Hitlers zum Reichskanzler zuliefen.

1932 diskutierten wir im Geschichtsunterricht lebhaft über Politik. Unser Studienrat, der vermutlich SPD wählte, hielt sich zurück. Die bescheidene Munition von uns Obertertianerinnen war das, was wir an Argumenten von zu Hause oder aus der Zeitung mitbekommen hatten: deutschnationale, liberale, nationalsozialistische. Der Streit hat unserer Freundschaft keinen Abbruch getan, doch unsere Diskussionsfreudigkeit gestärkt. Mit vierzehn Jahren fühlt man sich auf jeden Fall im Recht.

Als die Weimarer Zeit zu Ende ging, war ich in der neunten Klasse. Es stand für mich fest, das Abitur zu machen. Meine Eltern machten keinen Unterschied in der Schul- und Berufsausbildung zwischen Jungen und Mädchen, obwohl sie – wie wir Schwestern – davon ausgingen, daß wir einmal heiraten und Hausfrauen sein würden. So hatten wir freie Hand in der Entscheidung über unseren späteren Beruf.

Als am 30. Januar 1933 Hitler zur Macht kam, wurde wenige Tage später mein Vater von der Polizei abgeholt und in »Schutzhaft« genommen. Sie sollte wohl weniger dem Schutz seiner Person vor Nationalsozialisten in Siegesstimmung sein als eine vorsorgliche Disziplinarmaßnahme, um die Macht des neuen Regimes zu demonstrieren. Zu unserer Erleichterung kehrte er jedoch am nächsten Tag zurück.

Insgesamt haben wir eine glückliche und zumeist unbeschwerte Jugendzeit erlebt, in der uns die Eltern Schwierigkeiten möglichst fernhielten. Sie legten zugleich mit ihrer liberalen Erziehung den Grundstock zu eigener Urteilsbildung und Entscheidungsfähigkeit, die uns jedoch nicht davor bewahrte, zunächst beeindruckt von den Anfangserfolgen der Nationalsozialisten in der Arbeitsbeschaffung, in der Überwindung der Arbeitslosigkeit und – altersgemäß – von den Idealen der Gemeinschaft und der Einordnung zu sein. Sie waren für eine Weile der Maßstab unserer Beurteilung des politischen Geschehens, bis sich im Laufe der Zeit immer mehr Zweifel einstellten.

WERNER DOLLINGER

Kam in Neustadt an der Aisch am 10. Oktober 1918 zur Welt. Studierte Wirtschafts- und Staatswissenschaften (1937–1942) und wurde nach dem Krieg Unternehmer. 1946 gründete er die CSU mit, war dann Abgeordneter des Deutschen Bundestages (1953), Vorsitzender des Arbeitskreises Finanzen, Haushalt und Steuern der CDU/CSU-Bundestagsfraktion (1957–1961), Vorsitzender der Landesgruppe der CSU und stellvertretender Vorsitzender der CDU/CSU-Fraktion (1961–1962) und übernahm 1964 den stellvertretenden Parteivorsitz der CSU. Er wurde Mitglied der Bayerischen Landessynode (1965) und der Synode der Evangelischen Kirche Deutschlands (ab 1970). Außerdem hatte er die Ämter des Bundesschatzministers (1962–1966), des Bundesministers für das Post- und Fernmeldewesen (1966–1969), des Vorsitzenden des Wirtschaftsausschusses des Deutschen Bundestags (1980) und des Bundesministers für Verkehr (1982–1987) inne.

WERNER DOLLINGER

»Nun kann niemand mehr gegen den Strom schwimmen!«

Schwarz-Rot-Gold in Neustadt an der Aisch –
Momentaufnahmen aus einer fränkischen Kleinstadt

Strahlendes Sonntagswetter. Sonntagsruhe ist aber nicht in meiner Heimatstadt. Singende Kolonnen ziehen durch die Hauptstraße am Haus meiner Eltern vorbei. Musikkapellen schmettern Marschmusik. Kolonnen über Kolonnen, viele junge Menschen. Fahnen werden mitgetragen. Das Ganze nennt sich Deutscher Tag.

Der Höhepunkt ist um Mittag. Massen, wie ich sie vorher nie gesehen habe, marschieren durch die Straßen. Auf dem Festplatz am Rande der Stadt findet am Nachmittag eine große Kundgebung statt. Es spricht Adolf Hitler. Von der Rede weiß ich nichts mehr, aber der Gleichschritt der Kolonnen, das Spiel der Kapellen und der Gesang der Menschen haben sich eingeprägt. Man hörte viel von einer neuen Gemeinschaft. Es wurde viel gesprochen von dem Wandel, der notwendig wäre.

Das Ganze spielte sich im Jahre 1923 in dem fränkischen Städtchen Neustadt an der Aisch ab.

Ich habe auch andere Erinnerungen. Im Jahre 1925 erfolgte die Einweihung des Neubaus für das humanistische Progymnasium mit Realschule. In feierlicher Form – die Prominenz mit Zylinder – wurde am Eingang eine Gedenktafel enthüllt.

Im Jahre 1928 wurde eine große Landwirtschaftsausstellung inszeniert mit Gewerbeschau und Heimatfest. Handwerk, Handel und Industrie stellten in der Turnhalle aus. Am Eingang hatte eine der örtlichen Seifenfabriken einen Stand errichtet, und als Blickfang wurde eine riesige Pyramide aus Seifenschaum gezeigt. Auf der Bühne prangte ein großer Verhandlungstisch mit ledergepolsterten Stühlen, gefertigt von einem ortsansässigen Schreinermeister für das Büro der Allgemeinen Ortskrankenkasse.

Und dann eine Tierschau in einem großen Zelt am Sportplatz. Die spannungsreiche Prämierung der landwirtschaftlichen Nutztiere. Ein Festzug, der aus vielen Gruppen und Wagen bestand, auf denen Bilder aus der Vergangenheit präsentiert wurden. Besonders eindrucksvoll waren die Ulanen hoch zu Pferd in ihren alten Uniformen. Eine Erinnerung an die Zeit, wo Neustadt an der Aisch Garnisonsstadt war.

Ich denke auch an die Einweihung des städtischen Kindergartens, der für die damalige Zeit sehr großzügig und praktisch für die Zukunft gebaut war. Die Baumaßnahme war wegen der Höhe der Kosten umstritten. Das Gebäude hat heute noch seine Funktion. Nur der damals gegebene Name »Haus Hindenburg« ist vergessen. Paul von Beneckendorff und Hindenburg, Feldmarschall und Reichspräsident, weilte während des Ersten Weltkrieges mit seinem Sonderzug einige Stunden in Neustadt an der Aisch.

Bei der Renovierung der Stadtkirche sehe ich noch heute, wie in den Turmknauf Zeitungen, Berichte über Stadt und Land, Fotos und gültiges Hart- und Papiergeld eingelegt wurden und dann ein Flaschnermeister den Knauf verlötete.

Es gab also viele beachtliche Aktivitäten, die sich positiv auswirkten und einprägten.

Ein Jahr später: die Wirtschaftskrise. Auf dem Heimweg von der Schule stehen überall Arbeitslose. Viele Betriebe am Ort, vor allem Pinsel- und Reißzeugfabriken, leiden an Auftragsmangel. Die arbeitswilligen Menschen stehen untätig herum und blicken mit Sorge in die weitere Zukunft.

Eines Tages veranstalten sie einen Protestmarsch gegen die wirtschaftlichen Verhältnisse. Die Geschäfte schließen frühzeitig. Damals gab es noch Rollos oder Läden an den Schaufenstern und Ladentüren; auch diese wurden geschlossen. Man befürchtete Ausschreitungen. Dies war verständlich. Die Not war groß. Man sah nicht nur die im Ort vorhandenen Arbeitslosen, sondern auch viele Auswärtige darunter. So gab es nun auch andere Kolonnen, die sich bewegten.

Arbeitslose aus dem Raum Nürnberg–Fürth gehen in Gruppen von dreißig bis vierzig Personen aufs Land. Sie gehen im Wechsel von Haus zu Haus. Sie bitten um ein Stück Brot, um etwas Geld und um abgetragene Kleidungsstücke. Das Auftreten der einzelnen wird verstanden. Kolonnen allerdings erregen Furcht. Angst und Sorge wachsen in der Bevölkerung. Man bangt um die Erhaltung des Progymnasiums und der Realschule. 190 Schüler bildeten die untere Grenze für den Bestand der Schule. Wirtschaftskrise und Arbeitslosigkeit verminderten den Bestand der Klassen immer mehr. Viele Schüler wurden abgemeldet und gingen zurück in die Volksschule, weil die Eltern das Schulgeld, das von 12 auf 20 Mark monatlich anstieg, nicht mehr aufbringen konnten.

Bürgersinn und Verantwortung für die Gemeinschaft führten zur Gründung eines Vereins zur Erhaltung des Progymnasiums und der Realschule. Aus den Vereinsbeiträgen wurden Zuschüsse bzw. der gesamte Betrag des Schulgeldes für Minderbemittelte finanziert. Vielen Begabten wurde dadurch der Besuch der Schule ermöglicht.

Es geht auf Weihnachten zu. Man hat Wünsche an das »Christkind«. Auch in der Schule wird das diskutiert. Die Eltern nehmen die Wünsche ihrer Kinder zur Kenntnis, dämpfen aber die Erwartungen. Die wirtschaftliche Lage ist nicht gut. In unserem Lebensmittelgroßhandel gehen die Umsätze zurück. Ich erinnere mich: Es wird weniger Kaffee geröstet, Zucker in starkem Umfang durch Süßstoff ersetzt, Obst- und Gemüsekonserven werden für viele zu teuer, Pralinen in großen Packungen sind nur noch selten gefragt.

Immer häufiger hört man von Zahlungsschwierigkeiten nicht nur bei eigenen Kunden, sondern auch bei Landwirten, bei Handwerkern und Gewerbetreibenden. Oft wird gefragt: Wie lange wird wohl die Firma »X« oder das Geschäft »Y« noch existieren? Diese Ungewißheit führt zum Nachdenken. Muß nicht die Wirtschaftspolitik radikal geändert werden? Die Nationalsozialisten sprechen von der Zinsknechtschaft, die gebrochen werden muß.

Auch ihre politischen Aktivitäten nehmen zu. Man sieht nun viele Angehörige der SA (Sturmabteilung) in ihren braunen Uniformen. Die Veranstaltungen der NSDAP finden starken Zulauf, wenn Persönlichkeiten der Partei sprechen, und darüber wird dann viel diskutiert.

Ein Höhepunkt 1930: Wiederum hält die NSDAP eine Großveranstaltung mit Adolf Hitler ab. Wenige Häuser von meinem Elternhaus entfernt findet die Veranstaltung in einem Saal statt. Wiederum großer Auftrieb, viel Begeisterung und Schwärmerei!

Auch in der Schule schlägt sich dies nieder. Ich hatte Schulkameraden, deren Väter von Anfang an bei der NSDAP waren und später das Goldene Parteiabzeichen trugen. Die Kinder sind begeistert von dem, was die Eltern sagen, und so wird auch die Schule ein Forum politischer Diskussion.

In meiner Klasse befindet sich ein Mitschüler jüdischen Glaubens. Er ist orthodox und rührt am Samstag – damals war noch Unterricht – keinen Stift an. Er erhält von mir jeweils die Hefte dieses Tages zum Nachschreiben. Es gibt ihm gegenüber viel Zurückhaltung, aber die Mehrheit der Klassenkameraden verhält sich kameradschaftlich.

Und unsere Lehrer? Es gibt Herren, die aktiv in der NSDAP tätig sind, in der Schule das Abzeichen hinter dem Rockaufschlag tragen, und es gibt Lehrer, von denen man weiß, daß sie den Sozialdemokraten zuneigen oder

Der Autor als junger Mann.

Die Vereidigung Friedrich Eberts am 11. Februar 1919 in Weimar. *(Keystone)*

kein Interesse an der Politik haben. Diese schulische Auseinandersetzung kulminiert beim sogenannten »Maifest«.

Einmal im Jahr war nachmittags schulfrei, und alle Kinder der Volksschule zogen zum Marktplatz. Dort sangen sie »Der Mai ist gekommen«, »Lobe den Herren« und die drei Strophen des »Deutschlandliedes«. Dann ging der Zug – die Buben trugen die schwarzweißen Stadtfahnen, rotweiße fränkische Fahnen und blauweiße Landesfahnen durch die Stadt zum Festplatz, wo jedes Kind ein Brötchen und eine Knackwurst bekam. Dann wurden Spiele veranstaltet, für deren Gewinner kleine Preise ausgesetzt waren.

Nun gab es in der Stadt auch Angehörige des Reichsbanners, die nicht braune, sondern grüne Hemden trugen. Eine Gruppe dieser Grünuniformierten setzte sich nach dem Aufenthalt am Marktplatz an die Spitze des Zuges mit der schwarzrotgoldenen Fahne. Damit war das Fest gesprengt. Viele Lehrer mit ihren Klassen marschierten nicht mehr weiter und scherten aus dem Zug aus. Eltern, die am Straßenrand standen, nahmen ihre Kinder aus dem Zug heraus.

Die Diskussion über diese Aktion wurde leidenschaftlich geführt. Die einen sagten, es sei unmöglich, parteipolitischen Hader auf dem »Maifest« auszutragen, andere sagten: »Warum soll nicht die Reichsflagge Schwarz-Rot-Gold dem Zug vorangetragen werden?« Der Stadtrat hatte jedoch vor dem Fest beschlossen, es sollten, wie bisher, keine schwarzrotgoldenen Fahnen im Zug mitgetragen werden.

Dieses Vorkommnis förderte eine andere Aktion im Jahre 1931. Es gab in der bayerischen Gemeindeordnung einen Passus über Volksbegehren und Volksentscheid zwecks Auflösung des Stadtrates. Die NSDAP begann mit einem Volksbegehren. Die Spannungen in der Bevölkerung nahmen zu. Wieder Wahlen! Lautsprecherwagen fuhren durch die Stadt. Zahlreiche Plakate vor den Wahllokalen. SA-Männer verteilten Flugzettel, aber nun tauchten auch schon Angehörige der HJ (Hitlerjugend) in ihren Uniformen auf. Vereinzelt sah man auch die schwarzen Uniformen der SS. In den Zeitungen war dann zu lesen, daß sich die Mitglieder der NSDAP am Abend zum Gemeinschaftsempfang der Wahlergebnisse im Parteilokal treffen würden.

Die NSDAP bekam die notwendigen Unterschriften. Dies führte zum Volksentscheid. Dieser war erfolgreich, wenn drei Fünftel der abgegebenen Stimmen mit »Ja« votierten. Die NSDAP schaffte das, und der Stadtrat wurde aufgelöst. Es gab Neuwahlen, die zu heftigen Auseinandersetzungen in der Stadt führten. Man stand noch unter dem Eindruck des Maifestes, vor allem auch unter dem Eindruck der Diskussion um die Reparationsforderungen. »Dawes- und Youngplan« waren die Schlagworte; »Versklavung der Deutschen«, Folgen des »Schandfriedens von Versailles«. Am Ende gewann die NSDAP die Mehrheit im Stadtrat.

Mein Vater, der bis zu jenem Zeitpunkt ehrenamtlicher Zweiter Bürgermeister eines Bürgerblocks gewesen war, hat danach nicht mehr kandidiert und gehörte dem Stadtrat auch nicht mehr an. Nach kurzer Zeit merkte man, welche Politik betrieben werden sollte. Der Stadtrat beschloß am 7. März 1932 mit vierzehn gegen sieben Stimmen, Hitler das Ehrenbürgerrecht zu verleihen. Es gab auch darüber viele Diskussionen in der Stadt, aber die Mehrheit der Bürger hatte ja durch die Wahl entschieden. Die Nationalsozialisten waren stolz, einen solchen Beschluß herbeigeführt zu haben.

Das Übergewicht der NSDAP war für alle deutlich geworden. Die Sozialdemokraten traten kaum mehr in Erscheinung. Die Freien Demokraten, die in der liberalen Bürgerschaft einen starken Rückhalt hatten, traten öffentlich kaum noch in Erscheinung. Als Oberbürgermeister Dr. Luppe aus Nürnberg in meine Heimatstadt kam, zeigte sich, wie weit man sich schon zurückgezogen hatte. Man traf sich in einem Café. Die Versammlung fand nur vor geladenen Gästen statt.

Wenige Tage danach eine Großkundgebung der NSDAP auf dem Festplatz. Früh Sport und Spiele der Organisationen der »Partei«, am Nachmittag Marschmusik. Kolonnen marschierten dann wieder durch die Stadt zum Festplatz. Dort waren angekündigt als Redner: Herr Bergmann, später Adjutant des SA-Chefs Ernst Röhm, und Prinz August-Wilhelm von Preußen. Tausende von Menschen strömten zusammen. Der erste Redner sprach, der zweite fehlte noch. Er traf dann mit wesentlicher Verspätung ein.

Ich sehe Prinz August-Wilhelm auf dem Podium stehen: im Braunhemd ohne Rangabzeichen, das Eiserne Kreuz an der Brust. Nach wenigen Minuten wurde ihm schon die begeisterte Zustimmung der Menschen zuteil. Er entschuldigte sein Zuspätkommen gleich zweifach: mit der Treue zu seinen SA-Kameraden, die ihn veranlaßt habe, mit ihnen durch die alte Markgrafenstadt Bayreuth zu marschieren, und mit den Straßen, die ebenso schlecht seien wie das Regime.

Tosender Beifall. Ein Kontrast sondergleichen. Die Freien Demokraten mit einem ausgezeichneten Kommunalpolitiker trafen sich, man muß fast sagen, unter Ausschluß der Öffentlichkeit. Die NSDAP begeisterte die Massen.

Wenige Tage danach sagte vor meinem Elternhaus eine frühere jüdische Klassenkameradin zu meinem Vater: »Mein Mann sagt, laßt die Hakenkreuzler (Nationalsozialisten) ran, in einem halben Jahr werden wir sie dann endgültig los sein.«

Bald war das Ende der Republik erreicht. Es war Samstag, der 28. Januar 1933. Ich gehe vom Eislaufplatz am Rande der Stadt nach Hause. Auf den Telegrammtafeln, an denen die örtliche Zeitung wichtige Meldungen anschlug, lese ich: »Reichskanzler General von Schleicher zurückgetreten.« Eine Menschentraube um die Tafel. Der Ortsgruppenleiter der NSDAP steht gleichfalls dort, und er sagt: »Dieses Mal wird ein anderer Wind wehen.«

Am Montag, zwei Tage später, ist Adolf Hitler Reichskanzler. Am Abend veranstaltet die NSDAP einen Fackelzug durch die Stadt. Die SA- und SS-Leute sind begeistert, sie sind am Ziel. Am Marktplatz endet der Zug, ein Angehöriger der Partei spricht. Begeistert von dem großen Erfolg kündigt er eine neue Zeit an, und ich vergesse nicht, wie er wiederholt sagt: »Und nun kann niemand mehr gegen den Strom schwimmen.«

Hanna Walz

In Templin/Uckermark am 28. November 1918 geboren. Studierte Rechts-
und Staatswissenschaften, promovierte 1948. War nach dem Krieg Lizenz-
trägerin für das *Sonntagsblatt*, wo sie auch zunächst in der Redaktion tätig
war. Dann arbeitete sie als Bibliothekarin am Ökumenischen Rat der
Kirchen in Genf (1950–1954). 1954 zog sie nach Fulda, wurde dort zwei
Jahre später Stadtverordnete der CDU. Von 1967 bis 1979 stellvertretende
Landesvorsitzende der CDU Hessen, 1958 Mitglied des Hessischen Land-
tags, 1969 des Deutschen Bundestages (bis 1980), des Europarates und der
Westeuropäischen Union (bis 1972). 1973 wurde sie in das Europäische
Parlament gewählt und von 1977 bis zu ihrem Ausscheiden aus jenem,
1984, war sie dort Vorsitzende des Ausschusses für Energie, Forschung und
Technologie.

Hanna Walz

»Du bist also das Mädchen«

Als »Landpomeranze« in einer Berliner Jungenklasse –
Meine Schulzeit auf dem Land und in der Stadt

»Templin, 19. Dez. 1918

Liebe Tante,
Du warst so freundlich, uns zur Geburt unseres Töchterchens zu gratulieren. Besten Dank für Dein treues Gedenken; in diesen Zeiten, da nur Niedrigkeit und Bosheit herrschen, ist man für freundliche Wünsche besonders dankbar! Zum Glück ist es Minnie und der kleinen Johanna bisher gut ergangen; ja, es ist wohl die beste Geburt gewesen, die Minnie bisher durchzumachen gehabt hat. Hätte sich ihre Mutter nicht am gleichen Tag das Bein gebrochen, so wäre alles denkbar friedlich verlaufen; so aber gab's des Aufregenden doch genug! Leider ist die Versorgung junger Mütter staatlicherseits denkbar schlecht geregelt, für Mutter und Kind gibt's täglich einen Liter Milch, sonst nichts. Aber man hat schon vieles ausgehalten, da wird auch dies noch geschafft. Wäre nur nicht die Lage des Vaterlandes so grausig hoffnungslos geworden! Es vergeht kein Tag, an dem nicht mehrere alte Schüler bei mir vorsprechen und fragen: ›Was soll nur aus uns werden?‹ Leutnants, Matrosen, Studenten usw., usw. Und was soll man den armen Jungen, die man jahrelang unterrichtet hat, jetzt raten? Ich wünschte wohl, die Verbrecher, die die Revolution gemacht haben, könnten einmal Zeuge des Elends in gebildeten Familien sein, das ich tagaus, tagein berichtet bekomme. Dabei setzen viele voraus, daß ich gute ›Beziehungen‹ besitze, weil ich geschriftstellert habe; und das ist doch durchaus nicht der Fall. Neulich wandte sich sogar ein Schulrat, der vom Arbeiterrat seines Amtes enthoben war, an mich mit der Bitte, ihm für seine Zukunft zu raten. Und all diesen Menschen steht man hilflos gegenüber. Ich arbeite zur Zeit stark in politischen Dingen; wir haben hier eine Ortsgruppe der Deutschnationalen Volkspartei aufgemacht, um zu retten, was zu retten ist. Aber wie feige und erbärmlich sind die Menschen geworden! Keiner wagt mehr, für das ›alte System‹, das keineswegs verrot-

tet war (trotz seiner Fehler!), irgend einzutreten. Ich habe nicht für möglich gehalten, daß unser Volk so erbärmlich hätte werden können. Es wird jahrzehntelange Arbeit nötig sein, um die Verkommenheit wieder zu beseitigen. Aber ich muß abbrechen ... Dein treuer Neffe, Martin Kegel.«

Dieser Brief meines Vaters, der damals Pfarrer und Studienrat am humanistischen Joachimsthalschen Gymnasium in Templin/Uckermark war, gibt die innere Einstellung und äußere Lage besser wieder, als ich dies zu tun vermag, die ich am 28. November 1918, also nach der Novemberrevolution, geboren wurde.

Mein Vater entstammte einer alten lutherischen Pfarrerfamilie, deren erster uns bekannter Vorfahr schon an Luthers Tischgesprächen mitwirkte. Sein eigener Vater war zuletzt Superintendent in der Magdeburger Börde. Er starb schon mit 57 Jahren. Die Witwe mußte unter großen Entbehrungen (auch mit Hilfe von Stipendien) das Studium der beiden Söhne finanzieren und die Ausbildung ihrer beiden Töchter zu Lehrerinnen. Es war und blieb in dieser Generation ein kaisertreues Haus, wenn auch mein Großvater bei der Entlassung Bismarcks geweint hatte und schwere Zeiten voraussah. Mein Vater war Theologe und Germanist und hat etliche Bücher geschrieben: alttestamentliche, theologische und Religionsbücher für die Schule. Er war ein gerechter und gütiger Mann mit viel Humor, aber auch mit Ironie. Leider hat er nicht wahrgenommen, daß der Reichskanzler Prinz Max von Baden die Regierungsgeschäfte auf Friedrich Ebert, der die Republik gerettet hat, übertrug und daß dieser formale Akt für die Kontinuität und Loyalität der Verwaltung eine entscheidende Bedeutung hatte.

Meine Mutter stammte aus anderen Verhältnissen. Ihr Vater war Kreissparkassenrendant. Im Laufe seines Arbeitslebens hatte er 40 000 Goldmark für seine einzige Tochter erspart, damit sie nicht heiraten »mußte« und nach seinem Tode sorgenfrei leben konnte. Mein Großvater hielt nichts von den »Männern«, da sein eigener Vater seine Familie verlassen hatte und nach Amerika durchgebrannt war. Er hatte meine Großmutter als ganz armes Mädchen geheiratet, da ihr Vater die große Domäne, die er im jetzigen Polen bewirtschaftete, durch viele Krankheiten und vielleicht auch durch Unfähigkeit verloren hatte. Mein Vater sprach deshalb manchmal von der »Gartenlaubenromantik« seiner Schwiegermutter und auch seiner Ehefrau, obwohl er selbst aus heutiger Sicht eigentlich viel romantischer war; hatte er sich doch als Abiturient auf Schul-Pforta in meine Mutter verliebt, war sieben Jahre nur über eine Schwester mit ihr in Verbindung geblieben und telegrafierte am Tag des Abschlusses seines Studiums dem künftigen Schwiegervater: »Examen bestanden. Komme morgen, um die Hand Ihrer Tochter zu erbitten.« Der Großvater weinte über das »Unglück« seiner Tochter und verstarb vor der Hochzeit, hoffentlich nicht aus Kummer.

Ich habe meine Großeltern mütterlicherseits nicht kennengelernt, und leider hat auch meine Mutter fast nichts von ihrer Familie erzählt. Sie war eine recht gut aussehende, praktische, kluge, liebevolle Frau und Mutter, die in guten und schlechten Zeiten zu ihrem Mann stand, nie klagte und alles im Haushalt, insbesondere das Kochen, hervorragend erledigte. Sie hielt meinen temperamentvollen Vater immer zur Mäßigung an, was ihm sicher, besonders im Dritten Reich, viel Ärger erspart hat. Er erzählte ihr alles, und sie hat nie ein Wort davon weitergegeben. Da ihre Schulbildung durch häufige Umzüge äußerst mäßig war, gab ihr mein Vater in den ersten Ehejahren jeden Tag zwei Stunden »Privatunterricht« in Literatur und Geschichte. Ob sie dafür besonders dankbar war, weiß ich nicht.

Ich erzähle so ausführlich von meinem Elternhaus, weil es meine Entwicklung stark geprägt hat und ich mich in ihm wohl und geborgen gefühlt habe. Wir waren drei Geschwister, ein Bruder und zwei Schwestern, ich die Jüngste, und wir hatten ein gutes Verhältnis zueinander, wobei ich als »Kleine« natürlich nicht besonders ernst genommen wurde. Wahrscheinlich hat mich das damals gestört, aber ich wußte wohl meist, was ich wollte.

Geboren wurde ich in Templin/Uckermark (Provinz Brandenburg), einer kleinen Landstadt mit damals 1452 Haushaltungen, die im Jahr 1250 von den Askaniern mit Stadtrechten versehen wurde. Sie kam durch großen Landbesitz und florierendes Handwerk früh zu Wohlstand, wurde aber fünfmal durch große Brände verwüstet und beim letzten, 1735, bis auf die mittelalterlichen Befestigungsanlagen total zerstört. Friedrich der Große baute sie wieder auf. Auf dem rechteckigen Marktplatz stand das um 1750 erbaute Rathaus, ein klassizistischer Putzbau, der zu den schönsten Rathausbauten der Mark gehörte. Der Kreis Templin war zur Hälfte mit Wald bedeckt, Buchen und Kiefern, und ein Zwanzigstel der Fläche nahmen unberührte Seen mit starkem Fischbestand ein. Es gab in Templin neben dem Joachimsthalschen Gymnasium (1912) noch den »Waldhof«, eine auf Wichern zurückgehende Anstalt für verwaiste und verwahrloste Kinder, die zu unserer Templiner Zeit von Pastor Heinrich Grueber geleitet wurde, einem Freund meines Vaters.

Für mich war natürlich der Mittelpunkt das sehr bekannte Joachimsthalsche Gymnasium, an dem mein Vater von seiner Gründung in Templin an Lehrer und Pfarrer war und achtzehn Jahre bleiben sollte. Gestiftet wurde es 1607 von Joachim-Friedrich, Kurfürst von Brandenburg, in Joachims-

Hanna Walz, geb. Kegel, als junges Mädchen und heute.

Alumnatsgebäude und Innenhof in Kemplin.

thal. Stiftungszweck war die Gründung eines protestantischen Gymnasiums mit Alumnat für 120 Knaben, die dort unentgeltlich Wohnung, Nahrung und wenn nötig auch Kleidung bekommen sollten: zehn aus bedürftigen adligen Familien der Neumark, achtzig aus den Städten des Landes, zehn Kinder armer Hofbediensteter und zwanzig Söhne unvermögender Pfarrer. Die Schule siedelte später nach Berlin um, zunächst in die Burgstraße, 1880 in die Kaiserstraße (heute Bundesallee 1–12). Nach 260jähriger Wirksamkeit in Berlin wurde sie wegen finanzieller Schwierigkeiten verkauft und in Templin neu gegründet, in der Form eines Familienalumnats, in dem Lehrer und Schüler zusammen wohnten, lebten und arbeiteten. 150 Schüler ab Quarta bewohnten sechs verschiedene Alumnate mit je 25 Mitgliedern und wurden von je sechs Hausdamen und Lehramtskandidaten betreut. Sechs Lehrer (Alumnatsinspektoren) hatten die Leitung mit abendlicher Sprechstunde für die Schüler. Diese hatten geräumige Siebenzimmerhäuser mit Gesamtzentralheizung und großen Gärten mit sehr schlechten Böden. Selbstverständlich erschien damals, daß nicht nur das Internat Personal hatte, sondern jeder Lehrer sein »Mädchen« (Hausangestellte), das vom Lande kam und meist bis zur Heirat bei ihm blieb. Mehrere Jahre wurden »Zwangsmieter« aus den verlorenen Ostgebieten in die Lehrerhäuser eingewiesen, beim Pfarrer natürlich am längsten. Es waren gemütliche Ostpreußen, deren Weihnachtslieder ich noch heute kenne.

Obwohl mein Vater schon 1918 eine örtliche deutschnationale Partei gegründet hatte, der auch H. Grueber nahestand genauso wie mancher Adlige der Umgebung (mein Vater pflegte zu sagen: »Der Adel ist das Patent auf die Dummheit der Bürgerlichen«), kann ich von den Anfangsjahren der Republik, die ich erst als Erwachsener schätzen lernte, natürlich nichts sagen: Mehrheitssozialisten, Unabhängige und Spartakusbund waren mir kein Begriff, Ebert und Scheidemann unbekannt. Vom Generalstreik am 5. Januar 1919, dem Kapp-Lüttwitz-Putsch, dem »berühmten« Marsch auf die Münchner Feldherrnhalle von Hitler und Ludendorff, der so kläglich endete, weiß ich erst seit frühestens Ende der zwanziger Jahre, obwohl es damals natürlich noch keine historischen Überblicke gab (für die Historiker war früher die Geschichte erst nach dreißig Jahren darstellbar). Mein erstes politisches Erlebnis mit fünf Jahren war die Inflation, als mein Vater sein Gehalt in Waschkörben nach Hause brachte und meine Mutter in die Stadt raste, um die nötigsten Lebensmittel zu erstehen, ehe das Geld wertlos war. Wir selbst verloren durch die Inflation fast nichts. Mein Vater hatte das gesamte Geld meiner Mutter (fragen mußte er sie nach damaligem Recht nicht!) in Kriegsanleihen angelegt – es war so gut wie weg. Größere Ersparnisse kann er mit einer fünfköpfigen Familie und »Mädchen« sowieso nicht gemacht haben, es sei denn durch die Bücher, aber eigentlich »brachten« nur Schulbücher etwas, die er erst später schrieb. Einmal hatte er allerdings doch finanziell Glück: Da eines seiner Bücher im Kriege ohne seine Erlaubnis (wie sollte er sie damals auch geben) ins Englische übersetzt worden war, bekam er auf dem Höhepunkt der Inflation dafür 20 Dollar (!). Für dieses Geld fuhr mein Vater mit meiner Mutter und mir für zwei Wochen nach Misdroy, und seit dieser Zeit liebe ich die schöne Ostsee.

Es war eine stille (abgesehen natürlich von den Schülergeräuschen), kleine, eigentlich unnatürliche Welt: weder Dorf noch Kleinstadt, bestimmt von den Wäldern und herrlichen Seen der Mark, in denen ich schon mit sechs Jahren lange allein schwamm. Sie enthielten Karpfen, Hechte und Barsche, die bei »dem« Fischer frisch eingekauft wurden. Ich höre noch das Geschrei meiner Mutter und des Mädchens, wenn sie in der Küche nach den zuckenden Fischleibern jagten, die dann auf einem Kohlenherd köstlich zubereitet wurden. Wir aßen gut, aber einfach, Butter und Marmelade auf ein Brot war verpönt. Ebenso abgelehnt wurden auch technische Neuerungen wie ein Radio – nur mein Bruder bastelte sich eins zusammen, was scheußlich quietschte – und Telefon. Ich ging oft mit meinem Vater spazieren, der mir Bäume, Vögel und die Tiere des Waldes zu erklären suchte, während ich mehr an Blumen, Pilzen und Waldbeeren interessiert war. Vor dem Nachtgebet erzählte er meist eine Geschichte oder las vor; als ich größer war, spielten wir Sonntag nachmittags gemeinsam Mühle, Halma, Mensch ärgere dich nicht oder Poch. Aber nachdem auch ich lesen konnte und mich zu einer wahren Leseratte entwickelte, hörte das bald auf.

Zur Volksschule ging ich bei Wind und Wetter in die Kleinstadt in den großen Backsteinbau am Rande des Sees, in der ich endlich andere Kinder als Lehrers- und Kalfaktorenkinder (Kalfaktor hießen die Essensträger des Gymnasiums) traf. Freundschaften wurden aber kaum geschlossen, denn die Wege waren weit, und für das Fahrrad war ich noch zu klein. Wir waren eine gemischte Klasse, die Lehrer erschienen uns streng, aber gerecht, und letzteres war für mich die Hauptsache. Mein Vater hielt nichts von der damals neuen vierjährigen Volksschule, und so ließ er mich, mit amtlicher Genehmigung, die dritte Klasse überspringen. Wir wurden nach Zensuren gesetzt. Als ich auch in der vierten Klasse bald die Erste war und dies meiner Mutter an der Haustür stolz verkündete, sagte sie nur: »So? Du kommst spät. Wasch dir bitte die Hände, und komm zum Essen.« Natürlich enttäuschte mich diese Reaktion. Aber so war es: Gute Schulleistungen waren selbstverständlich und wurden ohne Aufheben zur Kenntnis genommen. Nie haben mir meine Eltern bei den Schularbeiten geholfen.

Ihre Erziehung war liebevoll, aber Disziplin wurde verlangt. Dreimal wurde ich in meiner Kindheit verdroschen: einmal, weil ich mich weigerte, Spinat zu essen (ungerecht); einmal, weil ich das Schlüsselbund meiner Mutter mit sämtlichen Schlüsseln in den Lokus geworfen hatte (gerecht); und einmal, weil ich mich mit dem Kalfaktorsjungen vier Stunden im Walde versteckt hatte und Lehrer und Schüler mit Trupps nach uns suchten (auch gerecht). Meine Schwester erhielt einmal Schläge (milde), denn sie hatte mit Schulkameraden auf dem Schulgelände ein paar Erdbeeren »gestohlen«. Pfarrerskinder durften das nicht, wie der Hausmeister grollend zu meinem Vater sagte. Ich nahm mir damals vor, nie einen Pfarrer zu heiraten.

Die Lehrer des Joachimsthalschen Gymnasiums hatten das Privileg, auch ihre Töchter auf diese sonst reine Jungenschule zu schicken. So konservativ mein Vater war – es war für ihn selbstverständlich, daß seine Töchter dieselbe Ausbildung bekamen wie sein Sohn. So ging ich für ein Jahr auf das Proreformrealgymnasium in Templin, ebenfalls in eine gemischte Klasse. Die Schüler, die ab Quarta das Joachimsthalsche Gymnasium besuchen wollten, erhielten zusätzlichen Lateinunterricht bei einem sehr begabten, aber dem Alkohol leicht zugeneigten Lehrer, den ich sehr schätzte. An diese Schule kann ich mich kaum erinnern, außer daß ich bei 28 Grad Kälte auf dem Gut einer Klassenkameradin zum Kindergeburtstag eingeladen war und wir von der Bahnstation mit einem offenen Pferdewagen abgeholt wurden. Außerdem im Gedächtnis geblieben ist mir, daß sich vor der Schule ein Süßigkeitenladen befand, in dem Lakritzen mit Liebesperlen auslagen. Da ich nur zwanzig Pfennig Taschengeld im Monat hatte, mußte ich jeweils vier Wochen warten, ehe ich für fünf Pfennig eine solche Lakritze erstehen konnte, damals ein hoher Genuß.

Insgesamt war meine Kindheit in Templin eine schöne, ruhige und sorgenlose Zeit, in der ich wenig bis nichts über die verschiedenen Reichsregierungen, die große Arbeitslosenzahl, das Anwachsen des Einflusses von Kommunisten und Nationalsozialisten, die Reparationszahlungen und die *Golden Twenties* wußte, die, wenn überhaupt, ja auch höchstens von 1924 bis 1929 golden gewesen waren. Mein Vater sprach zwar viel von Politik, hielt von Hugenberg wenig, dafür aber Graf Westarp, der sich mit der Republik versöhnen wollte, für den weit Besseren. Ich hörte gern zu, begriff aber nichts, weil das lauter Abstrakta für mich waren.

Nach achtzehn Jahren Joachimsthalschen Gymnasiums (eine erstaunlich lange Zeit damals für jemand, der alle Examina und Doktorate glänzend bestanden hatte) erhielt mein Vater einen Ruf an das Konsistorium Berlin/Brandenburg, das zu dieser Zeit im alten Kammergericht untergebracht war. Er wurde dort bald Vorsitzender des wissenschaftlichen Prüfungsamts und Personalreferent.

Nach Berlin zu ziehen war damals wegen der großen Wohnungsnot gar nicht einfach. Wir freuten uns alle darauf. Eingeprägt hat sich mir, daß meine Mutter, als sie die Tür der Etagenwohnung hinter sich zuzog, »Gott sei Dank« sagte, der Templiner Haushalt hatte sie offensichtlich sehr angestrengt. Es war üblich, daß der neue Mieter an den alten fünf- bis zehntausend Mark »Abstand« zu zahlen hatte, eine große Summe für die allermeisten Akademiker. Wir jedoch hatten das Glück, die Wohnung in der Bochumer Straße, zehn Minuten vom Bahnhof Bellevue entfernt, im sogenannten »alten Westen«, von einem Kollegen meines Vaters zu bekommen, der nur die Umzugskosten wollte. Es war eine sehr ruhige Straße, die Wohnung besaß sechs Zimmer mit Zubehör und Zentralheizung. Zu dem Haus gehörte noch ein Portier, der einstmals Lehrer gewesen war und eine zu junge Schülerin zu schön gefunden hatte. Für den Weg zur neuen Schule, dem Berlinischen Gymnasium Zum Grauen Kloster in der Klosterstraße, brauchten meine Schwester und ich eine knappe halbe Stunde unter Benutzung der S-Bahn von Bellevue bis Alexanderplatz. Sie war für uns Landpomeranzen ein Wunder, das sich alle zwei Minuten wiederholte. Anfangs hat sie mir in Berlin am meisten imponiert, und ich habe sie gründlich abgefahren.

Ich war damals elf Jahre alt und fing an, mich für Politik zu interessieren. Im Herbst 1929 fielen die Kurse an der New Yorker Börse ins Bodenlose, ein allgemeines Wirtschaftschaos setzte ein. Deutschland wurde von dieser Krise mit am stärksten betroffen, schon Ende 1929 gab es wieder 14,6 Prozent Arbeitslose, 1930 waren es bereits 22,7 Prozent, im Jahre 1932 gar 44,4 Prozent. Bei den Wahlen im September verneunfachte sich der Stimmenanteil der NSDAP, die Kommunisten gewannen fast 50 Prozent dazu. Natürlich wurde bei uns zu Hause bei bald jeder Mahlzeit von Politik gesprochen, und ich begann, regelmäßig die Zeitung zu lesen, den *Berliner Lokalanzeiger*, ab Untertertia auch die Leitartikel. Wenn ich etwas nicht verstand, was oft der Fall war, fragte ich meinen Vater und wurde natürlich in seinem Sinne belehrt. Er hatte zwar große Angst vor einer Bolschewisierung Deutschlands, hielt aber auch niemals etwas von dem »Anstreicher«, dessen dämonische Fähigkeiten er trotzdem unterschätzte. Nach der brutalen Ermordung eines kommunistischen Bergarbeiters durch zwei SA-Leute, die Hitler telegrafisch beglückwünschte, hieß er bei ihm der »Mörder von Potempa« und seine fanatische Gefolgschaft die »braune Pest«.

Sosehr ich später die deutschnationalen Vorstellungen meines Vaters bei mir korrigieren mußte, so dankbar bin ich ihm noch heute, daß der Nationalsozialismus nie eine Versuchung für mich war, wie übrigens auch für die ganze engere Verwandtschaft nicht.

Mein Vater meldete mich mit Sondergenehmigung für die Quinta des humanistischen Gymnasiums zum Grauen Kloster an, das bis einschließlich Quarta eine reine Knabenschule war. Das Gymnasium, 1574 auf dem Gelände eines alten Franziskanerklosters feierlich eröffnet, besaß noch die Klosterkirche, einen um 1300 in altgotischem Stil errichteten Backsteinbau, das Kapitelhaus und das Langhaus, in dem zu meiner Zeit die Studienanstalt für Mädchen untergebracht war.

Mit etwas Bangen betrat ich Ostern 1930 mit elf Jahren die Jungenschule, war ich doch das einzige Mädchen, das diese aufzuweisen hatte. Mein Vater hatte es nicht für nötig befunden, mich zu begleiten. So stand ich unsicher vor der Klasse, aus der der Lärm von 51 Jungen tönte. Der Klassenlehrer Heinecke nahm mich bei der Hand – »Du bist also das Mädchen« – und machte die Klassentür auf. Ein lautes Gejohle empfing mich, das der Lehrer mühelos dämpfte. Er war ein feiner, gütiger Mann von großer Gelehrsamkeit, die ihn nur in der Religionsstunde vom Hundertsten ins Tausendste führte. Er hatte kaum Disziplinschwierigkeiten, obwohl die Hälfte der Schüler das Gymnasium nur bis Quarta einschließlich besuchen wollten. So mancher Handwerker und kleinere Geschäftsmann wollte sagen können: »Mein Sohn hat auch das Graue Kloster besucht«, die Schule, an der Bismarck 1832 sein Abitur recht mäßig bestanden hatte.

So war die soziale Herkunft sehr gemischt, und es gab auch mehrere jüdische Mitschüler, die natürlich zu den intelligentesten zählten. Ich habe mich in dieser Klasse sehr wohl gefühlt. Nachdem die Jungen gemerkt hatten, daß sie mich nicht hereinlegen konnten, was sie selbstverständlich versuchten, war das Verhältnis zu den meisten gut, zu einigen sehr gut. Zugute kam mir, daß das Joachimsthalsche Gymnasium einen Sportplatz besaß, auf dem ich Laufen, Springen, und das Turnen an Barren, Reck und Kletterstange geübt hatte, so daß ich im Sport konkurrieren konnte. Es war eine gute Kameradschaft, und ich erinnere mich nicht an unangenehme Szenen, die in der Pubertät ja leicht möglich gewesen wären.

An Wandertagen mußten wir bis zu 30 Kilometer in der Umgebung Berlins laufen. Diese ist sehr schön, aber die 30 Kilometer erschienen meinen Eltern doch etwas übertrieben, wenn ich dann völlig erschöpft heimkam. Wir hatten 36 Stunden Unterricht die Woche, wobei ich Latein, Deutsch und Geschichte bevorzugte. Dazu kamen sechs Stunden Fahrzeit und zehn Stunden Schularbeiten, wenn man sich an die Regeln hielt. Ich tat es nicht, weil ich sehr viel las: die Bücher meiner fünf Jahre älteren Schwester und die eigenen. War ein Buch sehr spannend, las man es in der Schule unter dem Pult weiter. Wir waren nach Noten gesetzt und hatten unter den ersten vier die Verabredung getroffen, demjenigen, der aufgerufen wurde, richtig vorzusagen. Ich erinnere mich noch an das einzige Mal in der Schule, bei dem ich vom Lehrer durchgeschüttelt wurde: Ein Mitschüler hatte mir die lateinische Form falsch vorgesagt, die Herr Heinecke schon seit einer Viertelstunde bekämpfte. Aber, wie gesagt, im allgemeinen kamen wir gut miteinander aus. Ich verließ das Jungengymnasium mit Abschluß der Quarta ungern, aber die Sondergenehmigung war nur für zwei Jahre erteilt.

Unter dem Direktorat von Dr. Arnold Reimann, der ebenso als Historiker bekannt war wie durch seine Verwaltungtätigkeit als Stadtschulrat, wurde die Angliederung der Studienanstalt für Mädchen vollzogen, um der abnehmenden Schülerzahl Einhalt zu gebieten. Er wies den Mädchen das Primanerhaus (Langhaus) zu, was diese anfangs wohl nicht sehr erfreute. Reimann führte die »Monatsvorträge« ein, bei denen die Lehrer über Gebiete referierten, die nicht unmittelbar zum Lehrstoff gehörten, aber ihren Spezialinteressen entsprachen. Da er selbst ein hochgebildeter Mann war, ging er mit gutem Beispiel voran, und seine Kunstvorträge haben sich mir gut eingeprägt. Da das Gymnasium aus den Streitschen Stiftungen neben einer 50 000 Bände umfassenden Bibliothek als besondere Schätze Canalettos und Amigonis besaß, die heute in den West-Berliner Museen hängen, waren auch die nicht kunstbegeisterten Schüler durch die Bilder in der Aula zum Schauen angeregt.

Auch die »Studientage« richtete Reimann ein, zu denen sich interessierte Schüler mehrerer Klassen einmal im Monat zur Bearbeitung verschiedener Wissensgebiete zusammenfanden. Sie waren eine gute Vorbereitung für die selbständige Arbeit im Studium, das die meisten nach der Schulzeit beginnen wollten. Das Graue Kloster hatte noch eine Besonderheit für sangesfreudige Chormitglieder: die »Sängerfahrten« drei Tage vor Pfingsten, 1821 eingeführt und bis heute erhalten. Einmal machte ich eine durch die Lüneburger Heide mit, deren Schönheit sich mir damals erschloß. Im Schlafsaal der Jugendherberge sprang plötzlich ein Mäuschen aus einem Rucksack und veranlaßte die meisten meiner Mitschülerinnen zu echter Furcht und einem hysterischen Geschrei. Manche kletterten gar auf die oberen Betten.

Die Studienanstalt, die bis zum Abitur das gleiche humanistische Pensum zu vermitteln hatte wie die Jungenschule, bildete die Schülerinnen aus, die zuvor die Berliner Lyzeen besucht und Englisch oder Französisch als erste Sprache gelernt hatten. Sie begann mit Latein (sechs Stunden pro Woche), Englisch und ab Untersekunda Griechisch (acht Stunden pro Woche). Ich war in einer netten, begabten Klasse, in der Freundschaften geschlossen wurden, die lebenslang hielten.

Den Lateinunterricht, der sehr gut war, empfand ich als strohlangweilig, und ließ das leider auch erkennen. Leider, weil mein Klassenlehrer gleichzeitig der Lateinlehrer war und ich als Klassensprecherin sechs Jahre mit ihm zu verhandeln hatte. Ich weiß noch, daß er, als ich das erstemal mit Herzklopfen eine Brille (ich fand sie so häßlich!) aufsetzen mußte, zu mir sagte: »Laß den Unsinn, und nimm die verdammte Brille ab.« Trost fand ich dann bei dem Mathematiklehrer, einem vorzüglichen Pädagogen. Er war ein bekannter Meeresbiologe, und wenn wir genug von der Mathematik hatten, die er glänzend erklären konnte, brachte ihn jemand durch eine Zwischenfrage auf die Meeresbiologie, ein Trick, der immer klappte.

Auch diese Klassengemeinschaft war gut. Unter anderem hatten wir eine jüdische Schulkameradin und eine, die Mitglied der Roten Falken war und ein Stipendium besaß. Deshalb ging sie als einzige sofort zu den Nazis über, sicher aus Angst, ihr Stipendium zu verlieren. Ich habe mich immer gefragt, ob eine später bekannte Funktionärin in der DDR diese Lucy war, habe es aber nie herausbekommen.

Gerne erinnere ich mich an die Sportnachmittage, an denen ich nicht zum Essen nach Hause fahren konnte. Ich bekam 1,20 Mark mit für die Elektrische und das Mittagessen bei Aschinger. Dort gab ich höchstens 45 Pfennig für die Bockwurst mit den berühmten Brötchen aus, die Hälfte des Geldes sparte ich für das Ufa-Theater, das um 15 Uhr jugendfreie Filme zu 50 Pfennig anbot. Aber ich sah damals natürlich nicht das »Testament des Dr. Marbuse«, »Metropolis«, den »Blauen Engel« oder »Mädchen in Uniform«, sondern Heimatfilme, »Fridericus Rex« und sonstige Schwarten, die mich als Kind begeisterten. Ein Freund meines Vaters, der Schauspieler Ernst Legal, stellte gelegentlich Opern- und Theaterkarten zur Verfügung. Er war für mich der interessanteste unserer Gäste, die sonst aus Kollegen und Professoren bestanden. Auch mit dem früheren Direktor von Templin, Karl Kappus, der nun das Arndt-Gymnasium in Dahlem leitete, standen wir in enger Verbindung. Eine »Gesellschaft« bei uns war stets ein großes Ereignis für meine Mutter. Wir Kinder bekamen vorher die Aufregung zu spüren und nachher die Reste zu essen.

Wie früher schon in Templin mußte ich auch jetzt fast jeden Tag mit meinem Vater durch den Bellevue-Park und den Tiergarten spazierengehen, wozu ich gar keine Lust hatte. Der Samstagnachmittag war dem

Grunewald gewidmet, der zwar sehr schön ist, aber als Pflichtübung viel seines Reizes verliert. Ich hätte viel lieber gelesen, aber mein Vater war ein großer Anhänger der »frischen Luft« und ging jeden Morgen um 7.15 Uhr zu Fuß in das Konsistorium. Da er ein sehr gebildeter Mann war, habe ich bei den Gesprächen mit ihm viel gelernt, auch wenn ich das damals noch nicht so zu schätzen wußte.

Inzwischen wurden die politischen Verhältnisse in Deutschland immer gefährlicher. Die Parteien unterhielten Privatarmeen, die sich in Straßenkämpfen befehdeten und aufgrund der steigenden Arbeitslosenzahl dauernd neuen Zulauf bekamen; erhielt man hier doch Kleidung und Nahrung. Der Kanzler Heinrich Brüning versuchte mit drakonischen Wirtschaftsmaßnahmen, die alle, am meisten jedoch die Arbeitslosen trafen, das Blatt noch zu wenden, aber der Reichspräsident von Hindenburg zog mit Hilfe des Artikels 48 der Verfassung die Macht immer stärker an sich. Er hielt zwar damals noch nichts von der Kanzlerschaft des »Gefreiten«. Nachdem aber auch der Windhund von Papen und der General von Schleicher gescheitert waren, übertrug er am 30. Januar 1933 einer Koalition aus NSDAP und DNVP mit Hitler an der Spitze die Regierungsgewalt. Hitler war legal an die Macht gekommen.

Wie hat sich diese Situation auf unser Schulleben ausgewirkt, von dessen Perspektive ich sie ja allein beurteilen kann, da ich damals erst vierzehn Jahre alt war? Von den Straßenschlachten merkten wir wenig, da wir nur bis mittags am Alexanderplatz waren, und in unserer Straße zu Hause war es sowieso still. Wir lasen darüber in der Zeitung und hatten trotzdem nicht das Gefühl der Bedrohung. Aber daß sich die Lage zuspitzte, daß unendlich viele Menschen ein Leben unter dem Existenzminimum führen mußten, das wußten und das sahen wir. In meiner Klasse war allerdings keiner der Väter arbeitslos. Doch wie häufig klingelte es an der Haustür, und ein Arbeitsloser erbat alte Kleidung, etwas zu essen, ein wenig Geld. Was mußte das für ein Staat sein, der seinen Bürgern und ihren Kindern nicht das einfachste Leben garantieren konnte.

In der Schule sprachen wir wenig über Politik. Die Eltern meiner Mitschülerinnen, soweit ich sie kannte, waren wohl Deutschnationale, freie Demokraten und Anhänger des Zentrums, jedoch war fast keine meiner Schulkameradinnen katholisch. Die einzige Ausnahme war die rote Lucy. Sie hielt sich in dieser Klasse zurück, das Lernen fiel ihr schwer, und sie hatte, da sie älter war als wir, es wohl nie leicht mit uns. Natürlich nahm sie auch nicht am Konfirmandenunterricht teil wie meine Freundin und ich beim Pastor Schwebel an der Nikolaikirche, einem Berliner Original. Er konnte während der Predigt rufen: »Liebe Frau da in der fünften

Reihe, schlafen Sie nicht, und hören Sie das Wort Gottes!« Und das verkündigte er einfach und lebensnah, so daß seine Kirche immer voll war.

Sowenig, wie wir über Politik redeten, so sehr hielten sich die Lehrer zunächst politisch zurück. Erst nach der Machtergreifung wurde von zweien das Parteiabzeichen stolz getragen, dem Musiklehrer und der Turnlehrerin. Den Musiklehrer hatte ich angehimmelt, aber damit war es nun vorbei. An sich war es typisch: Diese beiden hatten es sicher an einer Schule mit humanistischem Hochmut nicht leicht gehabt, nun konnten sie, nach ihrer Meinung, die ersten sein, die Stellung bezogen.

Der 30. Januar 1933 war für die Nazis der große Freudentag, und ihre jubelnden Anhänger zogen in Uniform mit Fackeln durch das Brandenburger Tor. Wir saßen zu Haus und warteten auf meinen Bruder, der damals Assistent am Kaiser-Wilhelm-Institut für Internationales Privatrecht war. Er kam durch die Menschenmengen nicht durch, und als er erschien, war sein erstes Wort: »Hitler ist zum Kanzler berufen. Das bedeutet Krieg.« Ich wußte damals nicht, was »Krieg« wirklich beinhaltet, aber ich habe es nie vergessen. Mit diesem Ereignis war meine Kindheit zu Ende, es begannen die Jahre der Schreckensherrschaft, der es jedoch gelang, die entsetzliche Arbeitslosigkeit in Griff zu bekommen. Ich weiß, mit welchen Mitteln, aber dennoch, die Menschen hatten wieder Arbeit und damit ein neues Selbstwertgefühl, das man nun leicht verführen konnte.

Ich möchte mit einer Erinnerung an den Reichstagsbrand schließen: Er ist mir unvergeßlich und hat meine Berufswahl bestimmt. Ich fuhr auf dem Schulweg im Zug an dem Flammenmeer vorbei, die Menschen im Wagen waren sprachlos und verängstigt. Da ich den Nazis alles Böse zutraute, hielt ich sie für die Brandstifter mit irgendwelchen finsteren Motiven, die sich schon noch zeigen würden. Ich nahm mir damals vor: »Wenn du einmal groß bist und diese Pest verschwunden ist, dann wirst du in diesem Haus sitzen und bessere Politik machen.« Ein abenteuerlicher Wunsch für eine Vierzehnjährige, aber so war es.

Als ich dann, etwa 35 Jahre später, tatsächlich im Reichstag stand, blickte ich auf die Mauer hinunter, auf das Berlin jenseits der Mauer, wo meine Schule stand und die Nikolaikirche. Es war kein Gefühl der Genugtuung, nur einer tiefen Trauer. In den letzten Monaten hat sich die Mauer für eine gemeinsame Zukunft endlich geöffnet.

Eugen Loderer

Am 28. Mai 1920 in Heidenheim an der Brenz geboren. Erlernte den Beruf des Metallgewebemachers nach dem Berufsbild Schlosser. Nach Ableistung des Wehrdienstes wurde er 1945 Betriebsratsvorsitzender der Metalltuchfabrik Oberdorfer in seiner Heimatstadt (bis 1947). In den folgenden Jahren hatte er verschiedene Funktionen und nahm an Weiterbildungsmaßnahmen teil. 1972 wurde er zum Ersten Vorsitzenden der IG Metall gewählt und Mitglied des Bundesvorstandes und des Bundesausschusses des DGB und des Gewerkschaftsrates der SPD. Ein Jahr darauf erfolgte die Wahl zum Präsidenten des Internationalen Metallgewerkschaftsbundes (IMB). Gleichzeitig fungierte er als Mitglied mehrerer Aufsichtsräte bzw. als deren stellvertretender Vorsitzender (zum Beispiel bei der Mannesmann AG und der Volkswagen AG). Es folgte 1979 die Wahl ins Europäische Parlament. 1983 schied er aus der IG Metall aus.

Eugen Loderer

Barfuß zur Schule – von Mai bis September

Der Vater war Taglöhner, die Mutter Zigarrenmacherin –
Eine Arbeiterfamilie in Heidenheim an der Brenz

Für den Sohn aus einer einfachen Arbeiterfamilie mit drei Kindern waren die Jahre von 1918 bis 1933 alles andere als »golden«. Der Erste Weltkrieg war gerade zu Ende gegangen, als ich am 28. Mai 1920 in Heidenheim an der Brenz in Nordwürttemberg geboren wurde. In diesem Jahr mußte das junge demokratische Deutschland seine erste große Bewährungsprobe bestehen.

Rechtsradikale Kreise unter Führung des Generallandschaftsdirektors Kapp und des Generals von Lüttwitz putschten mit Freikorpsverbänden gegen die Reichsregierung, die unter dem Druck der Verhältnisse von Berlin zunächst nach Dresden und dann nach Stuttgart in das liberale Württemberg übersiedelte. Dem Generalstreik des Allgemeinen Deutschen Gewerkschaftsbundes unter Führung von Carl Legien war es vor allem zu danken, daß dieser Versuch, die Demokratie zu stürzen, scheiterte.

Die gleiche Kraft und Entschlossenheit brachten die demokratischen Organisationen zwölf Jahre später in der Zeit der Massenarbeitslosigkeit nicht mehr auf, um Hitler von der Machtübernahme fernzuhalten.

In mein Geburtsjahr fiel auch die Massendemonstration gegen das erste Betriebsrätegesetz in Deutschland. Während dieses Protestes gegen ein Gesetz, das den Arbeitern nur geringe Mitbestimmungsrechte gewährte, kam es vor dem Reichstag in Berlin zu heftigen Zusammenstößen. Die Polizei schoß in die Menge, und über Berlin wurde der Ausnahmezustand verhängt.

Ein besonderer Vorgang in meiner Heimatstadt paßt genau in dieses Bild: der sogenannte »Kirschenkrieg« in Heidenheim, der landesweit Aufsehen erregte.

Wegen zu hoher Preise protestierten die Hausfrauen auf dem Wochenmarkt. Plötzlich bedrohte ein Kirschenverkäufer die einkaufenden Frauen mit geladenem Revolver. Diese alarmierten ihre Männer in den Betrieben, die umgehend die Arbeit niederlegten und in Kolonnen zum Ort des Geschehens marschierten. Alle großen Industriebetriebe standen still. Die aufgebrachten Arbeiter demolierten die Einkaufsstände, warfen die Waren, besonders Körbe voller Kirschen, zu Boden und zertrampelten sie mit den Füßen.

Der Aufstand eskalierte. Arbeiter zogen zum Rathaus, protestierten gegen die überhöhten Preise, setzten den Oberbürgermeister ab und warfen vom Rathausbalkon städtische Akten auf die Straße. Die damals existierende Bürgerwehr wurde entwaffnet und in der Stadt eine Arbeiterwehr aufgestellt, die auf den städtischen Höhen Maschinengewehre in Stellung brachte; die ehemaligen Kriegsteilnehmer waren darin ja geübt. Heidenheim war damit in den Händen einer Arbeiterwehr. Die Folge war, daß am nächsten Tag Polizeitruppen und Reichswehrverbände die Stadt besetzten, die Versammlungs- und Pressefreiheit einschränkten und ein nächtliches Ausgehverbot verhängten.

Der Kirschenkrieg endete mit Anklagen und Urteilen wegen Landfriedensbruch gegen eine Reihe von Rädelsführern, wie sie genannt wurden. Darunter waren geachtete Bürger, vor allem Mitglieder der Sozialdemokratischen Partei.

Solche und viele andere Ereignisse im damaligen Deutschland bezeugen bis heute, daß viele dem kaiserlichen Obrigkeitsstaat nachtrauerten und die ungeliebte Demokratie bekämpften. Für diese Zeit und ihre Verhältnisse steht ein Wort unseres Bundespräsidenten von Weizsäcker, der nach seiner ersten Wahl sagte: »Die Weimarer Demokratie ist nicht deshalb zugrunde gegangen, weil es von Anfang an zu viele Nazis gab, sondern weil von Anfang an zuwenig Demokraten diese Republik stützten.« Das ist auch an wichtigen Wahlergebnissen festzumachen. Hatte zum Beispiel die SPD 1919 noch etwa 38 Prozent der Stimmen und so mit anderen demokratischen Parteien zusammen eine gute Zweidrittelmehrheit, erreichte sie 1920 nur noch knapp 22 Prozent der Wählerstimmen.

Nicht auszurotten waren auch andere längst überholte Zustände aus der Kaiserzeit. Damals waren die Sozialdemokraten in Deutschland von jeder Beteiligung am öffentlichen Leben fast ausgeschlossen gewesen. Sie hatten deshalb zwangsläufig eine Art von Parallelgesellschaft entwickelt, die ein eigenständiges kulturelles Leben führte, was sich in zahllosen Arbeitergesang-, Kultur- und Turnvereinen niederschlug. Ja – es gab sogar Arbeiterolympiaden.

Meine Eltern waren einfache Leute. Sie stammten aus dem schwäbischen Oberland der Kreise Biberach und Ehingen. Mein Vater war gelernter Bierbrauer. In seinem Elternhaus wuchsen vierzehn Kinder auf. Die älteren Geschwister erzogen die jüngeren, weil die Eltern ihrer Arbeit nachgehen mußten. In einem Haushalt mit vierzehn Kindern wurde nicht viel Federlesens gemacht.

Mein Vater verließ zwanzigjährig das Elternhaus. In Ulm lernte er meine Mutter kennen, die als Küchenhilfe in einer Brauereigaststätte beschäftigt war. Eine neue Heimat fanden sie in Heidenheim, wo mein Vater Hilfsarbeiter in einer großen Maschinenfabrik wurde. Man nannte diese Arbeiter zur damaligen Zeit Taglöhner. Meine Mutter arbeitete als Zigarrenmacherin. Meine Schwester war vierzehn, mein Bruder acht Jahre älter als ich.

Nach meiner Geburt mußte meine Schwester ihre Arbeit in einer Spielwarenfabrik aufgeben, um mich zu betreuen. Sicher ist dies meiner Mutter sehr schwergefallen. Aber der Zwang der Verhältnisse bestimmte den Lauf der Dinge. Nur weil die Mutter einige Mark mehr verdiente als ihre Tochter, ging sie weiter »auf Arbeit«, und die Tochter mußte das Kleinkind hüten. Meine Mutter hatte nur nach Feierabend und am Wochenende Zeit für mich. Und die Wochenenden waren sehr kurz, da an Samstagen noch bis 13 Uhr gearbeitet wurde.

Meine frühesten Erinnerungen kreisen um die Jahre der Inflation, als das Geld nichts mehr wert war, die Nahrungsmittel knapp wurden und die Menschen hungern und frieren mußten, besonders die anständigen. Ein ganzes Leben lang machte mein Vater sich Vorwürfe, daß er nach dem Ersten Weltkrieg ein kleines Haus, das ihm angeboten worden war, nicht gekauft hatte, nur weil er sich scheute, Schulden zu machen. Hätte er den Mut dazu aufgebracht, hätte er nach der späteren Geldentwertung gut dagestanden. Aber meine Eltern brachten nie den Mut auf, etwas zu riskieren, was für sie nicht überschaubar war.

In diesen Inflationsjahren war auch unser Lebensstandard sehr mickrig. Als ich drei Jahre alt war, mußte meine Schwester wieder arbeiten, um die Haushaltskasse aufzubessern. Von da an begann für mich eine Leidenszeit, die ich bereits bewußt wahrgenommen habe. Wohin mit dem Kind? So die ständige Frage der Mutter. Die Großeltern waren tot, also brauchte man eine Genehmigung des Stadtpfarrers, den Dreijährigen in den Kindergarten bringen zu dürfen. Jeden Tag mußte mich mein Bruder in einem Leiterwagen dorthin fahren, um mich wie ein Paket dort abzugeben, bevor er zur Schule ging. Um 16 Uhr wurde der Kindergarten geschlossen. Wenn der Bruder länger in der Schule war, mußte ich warten, bis der Vater aus der Fabrik kam und mich abholte. Da saß ich oft zwei Stunden mutterseelenallein im großen Kindergartensaal und spielte mit Bauklötzen.

Eugen Loderer als Kommunionkind, 1931.

Demonstration der Metallarbeitergewerkschaft in Berlin, September 1926. *(Keystone)*

Die Kinderschwester war eine liebe Frau, aber mit ihrer großen Kopf-
haube und in ihrer schwarzen Schwesterntracht war sie für mich eine
Erscheinung, die ich fürchtete. Als ich mit vier Jahren erstmals alleine zum
Kindergarten ging, bekam ich einmal drei Pfennige, um mir auf dem Weg
bei einem Bäcker eine Brezel kaufen zu können. Sonst trug ich ein Vesper-
täschchen um den Hals, jeden Tag ein Doppelstück Brot mit Marmelade.
Auf der Brust an einer Schnur baumelte der Hausschlüssel, für den Fall
aller Fälle. Wenn der Begriff »Schlüsselkind« auf jemanden anzuwenden
war, dann bestimmt auf mich.

Ein großer Tag im Jahr war immer der Stadtrundgang der Kinder. Dazu
gab es im Kindergarten Soldatenhelme und einen Gürtel, an dem ein
Säbel hing; natürlich auch Helme und Mützen, wie sie die Offiziere
trugen, um die sich die Kinder dann schlugen – als ob es fünf Jahre nach
einem grausamen Weltkrieg notwendig gewesen wäre, Kleinkinder schon
wieder mit Waffen und Uniformen vertraut zu machen!

Das Kinderspielzeug war meist auch von dieser Art. Ich selbst hatte
billige Bleisoldaten, die einen als Deutsche, die anderen als Franzosen
bemalt. Wenn ich unter dem Tisch mit ihnen spielte, ging ich zwangsläufig
davon aus, daß Deutsche und Franzosen Feinde seien. Später, in der
Schule, wurde im Unterricht viel Zeit darauf verwendet, im Geschichtsunterricht die Kämpfe des Ersten Weltkrieges darzustellen.

Wir wohnten in einer Dreizimmerwohnung in einem Wohnblock der
Gemeinnützigen Baugesellschaft. Die Miete betrug 25 Reichsmark monatlich. Die Wohnung hatte zwei Feuerstellen, einen Ofen im Wohnzimmer und einen Herd in der Küche. Die Familie fror sich durch lange und
harte Winter. Es gab kein Bad und auch keine Wasserspülung. Im Winter
mußte jeden Abend die Wasserleitung abgestellt werden. Wenn sie trotzdem einfror, wurde sie mühsam mit brennenden Kerzen aufgetaut.

Bis zum Jahre 1925 hatten wir nur Gaslicht, erst danach wurden die
Wohnungen mit elektrischem Licht ausgestattet. An langen Winternach-
mittagen, sofern schulfrei war, drückten wir Kinder uns auf abschüssigen
Straßen herum. Ich hatte ein wahres Monstrum von Schlitten, uralt, aber
immer wieder zusammengenagelt, und beneidete die Kinder aus besserem
Haus um ihre schnittigen neuen Schlitten. Wenn ich dann völlig durchge-
froren war, ging ich nach Hause, um den Ofen am Brennen zu halten. Das
Gaslicht durfte ich aus Sicherheitsgründen nicht anzünden, sondern nur
eine kleine Petroleumlampe. Meist schlief ich dann auf dem Sofa ein.
Wenn die Familie beisammen war, gab es ein kurzes Abendessen und ein
»Marsch ins Bett«.

Als ich zur Schule ging, durfte ich länger aufbleiben. An diesen Abenden genoß ich das Familienleben. Man saß rund um den Tisch, Freunde meines Bruders kamen oft, um zu singen, begleitet von Gitarren und Zitherspiel. Man spielte auch »Mensch ärgere dich nicht«. Mutter und Schwester bügelten, flickten Wäsche oder stopften Strümpfe – stundenlang. Vater saß am Ofen und trank seinen selbstgekelterten Most, denn zu einer Flasche Bier jeden Abend reichte das Geld nicht. Im gußeisernen Ofen summten die Bettflaschen, die dort aufgeheizt wurden, und es roch nach gebratenen Äpfeln. Daran erinnere ich mich heute noch gerne.

Bei uns gab es noch kein Rundfunkgerät. Diesen Luxus leistete sich nur eine Familie in der Straße. Einmal durften wir Kinder nachmittags dorthin, um Kinderstunde zu hören. Erstmals vernahm ich aus dem Äther Stimmen und Musik, allerdings von einem starken Rauschen und sonstigen Störungen begleitet. Der stolze Besitzer dieser Rundfunkanlage ließ in seinen Garten, 30 Meter vom Haus entfernt, einen Holzmast mit einer Antenne setzen, um den Empfang zu verbessern. Das war ein erstes Erlebnis mit dem Rundfunk.

In unserer Familie gab es erst 1934 ein Radio: einen Volksempfänger, wie die Nazipropaganda diese Geräte nannte, kleine schwarze Kästen, etwa 30 mal 30 Zentimeter groß, in der Mitte ein mit Stoff bespannter Lautsprecher, Preis 35,– Mark. Mein Vater, schwerhörig, saß jeden Abend vor diesem Kasten, das Ohr nahe am Lautsprecher, denn für ihn und uns alle war so ein Apparat ein wahres Wunder. Mit diesen billigen Rundfunkgeräten haben die Nazis einen beachtlichen Teil ihrer Politik unter das Volk gebracht.

Ein Sparbuch oder gar ein Girokonto gab es bei uns ebenfalls nicht. Die Garderobe war bescheiden; man unterschied fein säuberlich zwischen Sonntags- und Werktagskleidung. Frauen, die werktags einen Hut trugen, gehörten zu den »besseren Leuten«. Ich selbst hatte nur ein Paar Schuhe, und so war es selbstverständlich, daß ich von Ende Mai bis Anfang September barfuß ging, wie auf dem Klassenbild des Jahres 1931 zu sehen ist.

Bei uns wurde gekauft, was man eben so bezahlen konnte. Meist mußte ich die meinem Bruder zu klein gewordenen Kleidungsstücke abtragen. Gab es für mich mal etwas Neues, ging meine Mutter mit mir zu einem Schneidermeister, bei dem die Arbeiterleute von der Stange kauften. Der wußte, was meiner Mutter vorschwebte. Wenn schon etwas Neues, dann aber so, daß es möglichst lange hielt.

So erhielt ich nur Hosen und Jacken, in die ich erst hineinwachsen mußte – also zwei Nummern zu groß. Der Schneidermeister spielte dabei mit. Er griff zur Brust, zog das Jackett nach vorne, drehte mich dabei um und sagte zu meiner Mutter: »Hinten sitzt es ganz prima.« Danach raffte er das Jackett hinten zusammen, drehte mich wieder um und sagte. »Gucket se, vorne sitzt es auch.«

Die Hosen reichten selbstverständlich bis unter die Knie, denn »der Bub wächst ja noch hinein«. Solche »Kniehosen« waren für mich das Schlimmste, was es damals in dieser Beziehung gab. Kurze Hosen, kniefrei, schöne Kniestrümpfe und Halbschuhe, möglichst mit Randnägeln wie an den Bergsteigerschuhen, waren mein Traum. Dazu hat es aber nie gereicht.

Entsprechend bescheiden war auch unsere Wohnung eingerichtet. Die Eltern hatten noch die Schränke, die sie in die Ehe mitgebracht hatten. Aus Tannenholz, dunkel gebeizt. Im Wohnzimmer ein Tisch, vier Stühle, eine Kommode, ein Blumenständer, ein Sofa und für den Vater ein Korbsessel. Wandschmuck war eine alte Uhr, daneben hingen Fotos von Vater und Mutter: Vater in Soldatenuniform und Mutter in schwarzer Bluse – zugeknöpft bis unter das Kinn.

Wir lebten buchstäblich von der Hand in den Mund. Die Eltern erzogen uns gut katholisch; jeden Sonntag ging man zur Kirche. Nach dem Sonntagsessen gab es – für uns Kinder damals das höchste der Gefühle – einen Schokoladenpudding mit Vanillesauce. Bohnenkaffee kannten wir nicht. Jeden Tag Malzkaffee – und damit dieser auch schön schwarz aussah, mit einer gehörigen Portion Zichorie.

Der bescheidene Lebensstandard wurde durch die Erträge eines Gartens am Hause etwas aufgebessert. Für den Winter wurde Vorrat angelegt. Vor allem Kohlen, Kartoffeln, Äpfel, selbstgemachtes Sauerkraut und in Wasserglas eingelegte Eier. Mein Vater hielt auch Kaninchen, oft zwei Dutzend, die, zum Sonntag geschlachtet, den Mittagstisch bereicherten. Fleisch gab es ohnehin nur am Sonntag und für die Kinder immer nur einen Bissen.

An meinen ersten Schultag erinnere ich mich lebhaft, da sich weder mein Vater noch meine Mutter zwei Stunden von der Arbeit freimachen konnten, um mich zu begleiten. So war ich der einzige »Erstkläßler«, der ohne Beisein der Eltern eingeschult wurde. Meine Mutter hatte nicht den Mut, ihren Meister um eine Stunde Freizeit zu fragen.

Sie konnte auch nicht nein sagen, als dieser kurze Zeit danach von ihr verlangte, mich zu verpflichten, seiner Frau täglich die Botengänge zu machen. Damit begann für mich eine wahre Leidenszeit. Bald kam ich mir vor wie ein Leibeigener. Es blieb nicht bei den Botengängen. Dazu kamen Wohnungputzen, Abstauben, Gartenarbeiten, Holzsägen und Helfen beim Waschen. Überall wurde ich umfassend eingesetzt. Am schlimmsten war für mich, wenn ich während meiner Schulferien beim Arzt im Wartezimmer für die Meisterin den »Platzhalter« spielen mußte.

Für das ganze »Drum und Dran« – und das über sechs Jahre hinweg – bekam ich außer einem täglichen Vesperbrot im Monat zwei Mark »Taschengeld«, die ich zu Hause abliefern mußte. Meine Mutter war in dieser Hinsicht unnachgiebig. Meine vorsichtig vorgetragenen Beschwerden nutzten nichts. Wahrscheinlich ließ sie sich von dem Gedanken leiten: Solange der Junge beschäftigt ist, treibt er sich nicht auf der Straße herum.

Ungewollt wurde ich schon sehr früh mit politischen Zusammenhängen konfrontiert. Im selben Wohnblock, Wand an Wand mit uns, wohnte eine Familie mit vier Kindern, von denen drei einige Jahre älter waren als ich. Die Eltern waren beide in der Kommunistischen Partei aktiv. Der Vater war sogar mehrere Jahre Vorsitzender der KPD-Ortsgruppe Heidenheim. Die Nachbarskinder klärten mich sozusagen politisch in ihrem Sinne auf. Sie malten Hakenkreuze auf Papier und erklärten mir, daß die Nazis die Kommunisten an den Haken des Hakenkreuzes aufhängen wollten, die Kommunisten aber die Nazis dort selbst aufknüpfen würden. Spiel mit ernstem Hintergrund, denn mit zunehmender politischer Konfrontation gab es tatsächlich unzählige Opfer.

Die SPD hatte ihre jüngeren Parteimitglieder im *Reichsbanner* organisiert. Sie grüßten mit dem Gruß »Freiheit« und hoben dabei den rechten Arm mit geballter Faust. Drei schrägstehende Pfeile waren ihr Abzeichen.

Die Kommunisten zogen mit dem Kampfgruß »Rot Front« durch die Straßen. Sie grüßten sich mit angewinkeltem Unterarm, die Hand ebenfalls zur Faust geballt. Mit ihren Schalmeienkapellen erregten sie großes Aufsehen. In braunen Hemden mit Hakenkreuzarmbinden und braunen Sturmmützen dekorierten sich die Nazis und riefen »Sieg Heil« oder »Heil Hitler«.

Ich habe lebhafte Erinnerungen an Straßenschlachten der politischen Gegner. In meiner Straße, im Arbeiterviertel unserer Stadt, wurde eines Abends ein SA-Mann mit einer Friseurschere niedergestochen. Die Nazis verliehen ihm nach seiner Wiederherstellung ihren »Blutorden«.

Die Kommunisten taten sich bei Wahlkämpfen besonders hervor. »Wählt KPD«, stand eines Morgens in mannshoher Schrift an der Heidenheimer Schloßmauer und sogar an einem der höchsten Fabrikschornsteine. Eine Woche später flatterte die rote Fahne mit Hammer und Sichel auf dem 61 Meter hohen Turm der Pauluskirche. Es war viel Aufregung in der Stadt ob dieser waghalsigen Aktionen, die wir Kinder natürlich bewunderten, wie wir überhaupt am Straßenrand alle Aufmärsche begleiteten. Ich erinnere mich, einen Großaufmarsch des *Reichsbanners* in der Stadt miterlebt zu haben – und eine riesige Abschlußkundgebung, auf der Kurt Schumacher, der spätere Vorsitzende der SPD, sprach.

Die Arbeitslosigkeit nahm immer mehr zu. Meinem Vater blieb dieses deprimierende Schicksal zwar erspart, aber extreme Kurzarbeit und kärgliche Kurzarbeiterunterstützung schränkten den Lebensstandard der Familie noch mehr ein. Er arbeitete monatelang nur einen Tag in der Woche. Beim Sonntagsspaziergang reichte es für den Vater gerade zu einem Krug Bier, während meine Mutter mit mir eine Flasche Limonade teilte.

In der Schule wurde es zunehmend kritischer, als die ersten Schüler in der Uniform des Nazijungvolkes in die Schule kamen. Ich selbst gehörte der katholischen Pfadfinderschaft St. Georg an, die mein Bruder anführte. Selbst am Tage der Sonnenwendfeier im Sommer 1933, veranstaltet von allen Jugendformationen, glaubten wir immer noch, daß für uns im »neuen Deutschland« Platz wäre. Das war ein großer Irrtum. Tage danach ließ uns die Hitlerjugend in unserem eigenen Jugendheim »hochgehen«. Ein »Führerbild« wurde mit einem Reißnagel an die Wand geheftet mit dem deutlichen Hinweis, das sei der Führer und wir hätten hier nichts mehr zu suchen.

Auch in der Konfessionsschule, die ich besuchte, wurde der Druck immer stärker. Mein Gewerbelehrer, ein Altnazi, attackierte mich zunehmend, weil ich der Hitlerjugend nicht angehörte. Dieser »Pädagoge« kam nur in Uniform zur Schule. Im Geschichtsunterricht beschimpfte er den ehemaligen Zentrumsabgeordneten Matthias Erzberger als einen »Erzfetzen«, der Deutschland verraten habe. Dafür habe er seinen »Lohn« erhalten.

Noch heute sind mir auch die Wahlplakate von damals in Erinnerung: »Der Bolschewik geht um«, hieß eine ihrer Parolen. Daneben gab es fratzenhaft verzerrte Gesichter von Juden und von Asiaten auf Plakaten mit der Unterschrift »Hitler – unsere letzte Hoffnung«. Aber auch Plakate mit Hitler und dem Päpstlichen Nuntius im Zusammenhang mit dem Konkordat sind noch im Gedächtnis.

Die Kommunisten priesen die Diktatur des Proletariats, und neben den Nazis waren für sie die Sozialdemokraten die Hauptgegner. Ihre Losung hieß: Schlagt die Sozialfaschisten, wo ihr sie trefft. Gemeint waren die Sozialdemokraten. Die Weimarer Republik war am Ende. Als am 30. Januar 1933 Hindenburg Hitler zum Reichskanzler ernannte, brach die braune Welle über ganz Deutschland herein. Mit riesigen Fackelzügen wurde auch bei uns in Heidenheim diese Machtergreifung gefeiert. Monate später brannten wieder Feuer, als die Bücher verbrannt wurden, später dann die Synagogen, die Geschäfte und Wohnhäuser der Juden. Und schließlich flammten die verheerenden Feuer des Zweiten Weltkrieges auf.

Ich bin nun siebzig Jahre alt und habe in meinem Leben drei politische Systeme erlebt. Was ich für das Wichtigste halte, ist – trotz mancher Abstriche – die Tatsache, daß wir in Europa seit 1945 Frieden haben. Es möge so bleiben.

Heinrich Windelen

Geboren am 25. Juni 1921 in Bolkenhain/Schlesien. Machte nach Kriegsende eine kaufmännische Ausbildung und gründete 1949 einen eigenen Elektrohandel. Schon 1946 trat er in die CDU ein. Elf Jahre später wurde er Mitglied des Bundestags und 1969 Bundesvertriebenenminister. Von 1971 bis 1985 saß er im Verwaltungsrat des WDR, zwischenzeitlich nebenher (1977–1983) auch in dem der Deutschen Bundespost. Ebenfalls während dieser Zeit fungierte er zwei Jahre als Vizepräsident des Deutschen Bundestags (ab 1981). 1983 wurde er als Bundesminister für innerdeutsche Beziehungen vereidigt (bis 1987).

HEINRICH WINDELEN

Als »Die Weber« stempeln gingen …

»Schmierkolonnen«, »Abreißer« und Wahlpartys am Anodenradio

Daß die Jahre seit meiner Geburt bis zum 30. Januar 1933 als »Weimarer Republik« in die Geschichte eingehen würden, konnte ich damals nicht ahnen, aber das Ende dieses Zeitabschnittes erlebte ich als elfjähriger Realschüler in meiner Heimat, der niederschlesischen Kleinstadt Bolkenhain, sehr bewußt.

Meine Eltern waren am Ende des Ersten Weltkrieges vom Rheinland, aus dem deutsch-niederländischen Grenzgebiet, nach Schlesien gekommen. Hier hatte mein Vater im Alter von 26 Jahren von seinem ausgezahlten Erbteil eine Lederfabrik gekauft, nachdem er vorher geheiratet hatte. Er war von Hause aus eingefleischter Zentrumsmann, Republikaner und überzeugter Katholik.

Bolkenhain war zu zwei Dritteln evangelisch und stark von den überwiegend sozialdemokratisch und kommunistisch eingestellten Arbeitern einer großen mechanischen Leinenweberei geprägt. Gerhart Hauptmanns sozialkritisches Drama *Die Weber* hätte sich auch hier abspielen können. Das katholische Zentrum hatte nicht viele Anhänger. Die Handwerker und Kaufleute der Stadt wählten eher liberal oder deutschnational. Es gab aber schon seit 1925 eine Ortsgruppe der NSDAP, die zu den ältesten in ganz Schlesien gehörte. So war mein Vater bald der Motor der örtlichen Zentrumspartei und unser Haus Mittelpunkt dieser Aktivitäten. Deswegen wurde ich schon sehr früh mit den politischen Auseinandersetzungen jener Jahre konfrontiert, ohne sie zu begreifen.

Wir waren eine große Familie. Als drittes Kind und einziger Junge wuchs ich unter zwei älteren und fünf jüngeren Schwestern auf, von denen die zwei jüngsten erst nach 1933 geboren wurden. An die ersten Kindheitsjahre habe ich nur gute Erinnerungen. Das große Haus, der schöne Garten, das »Kinderfräulein«, die Köchin, ein zahmes Reh und viele

Freunde, die sich gern mit uns die Zeit vertrieben, mit Spielen, die inzwischen ausgestorben sind: »Schippeln« (Murmelspiel), »Kästelhopsen« oder »Seilchenspringen«. Dann gab es noch einen großen Sandkasten, eine Schaukel, eine »Turnstange« (Reck) und viele Obstbäume. Im Winter konnten wir Schlitten fahren, denn meine Heimatstadt lag im Boberkatzbachgebirge, einem Vorgebirge des Riesengebirges.

Später sammelte ich auch erste Bühnenerfahrungen. In meiner kleinen Heimatstadt, die sonst wenig Aufregendes bot, blühte das Amateurtheater. Ich debütierte dort als Mohr beim Krippenspiel, stieg dann über den »Gestiefelten Kater« zum Riesen beim »Tapferen Schneiderlein« auf. Das war mein erster, großer Publikumserfolg. Weil ich meine Rolle schlecht gelernt hatte, mußte ich improvisieren. Das gefiel dem Publikum sehr, aber meine Mutter wäre vor Scham am liebsten im Boden versunken.

Später setzte ich diese Laufbahn auf der Freilichtbühne der Bolkoburg fort – als Statist in Goethes *Goetz von Berlichingen*, in Gerhart Hauptmanns *Versunkener Glocke*, in dem Volksstück von August Hinrichs *Wenn der Hahn kräht* und vor allem in dem Schauspiel *Bolko* unseres Heimatdichters Fedor Sommer. Für jeden dieser Auftritte gab es 50 Pfennig, viel Geld für uns damals. Dafür bekam man zehn kleine Eis oder gleich viel saure Gurken, ein halbes Pfund Pfefferminzbruch, Hütchenpralinees oder eine Riesentüte mit kandiertem, buntem »Puffreis«.

Die Wirren jener ersten Nachkriegsjahre, Währungsverfall und Inflation, erreichten uns Kinder noch nicht. Allenfalls erinnere ich mich noch der täglichen besorgten Frage nach dem Stand des Dollars. Das meiste Wissen über jene Zeit stammt wohl aus späteren Erzählungen.

Das wurde anders, als ich 1927 in die Grundschule kam. Die vierklassige katholische Volksschule lag direkt unterhalb der alten Piastenburg, der schon erwähnten Bolkoburg, die mit ihrem hohen Turm die Stadt krönte und früher mit ihrer Stadtmauer auch vor Überfällen geschützt hatte. Der Schulweg führte mich durch die ganze Stadt, durch die Arkaden der »Nieder- und Oberlauben«, vorbei am Rathaus und der siebenhundert Jahre alten Kirche, in der ich getauft worden bin. Sie war der heiligen Hedwig geweiht, die in Andechs in Bayern geboren war und als Gattin von Herzog Heinrich I. viel Gutes tat. Sie liegt in Trebnitz bei Breslau begraben und wird als Patronin Schlesiens von Deutschen und Polen gleichermaßen verehrt.

Die meisten meiner Mitschülerinnen und Mitschüler waren Kinder der Weber; oder der »Fabriker«, wie man sie nannte. Viele von ihnen wohnten in den webereieigenen Mietkasernen, »Familienhäuser« genannt. Ich war häufig mit Schulfreunden dort und bekam einen ersten, aber nachhaltigen

Eindruck davon, daß die meisten meiner Mitschüler nicht so angenehm lebten wie wir zu Hause.

Aber auch bei uns änderten sich die Zeiten bald. Die Vorboten der heraufziehenden Wirtschaftskrise meldeten sich. Das Geschäft wurde schwerer, Geld immer knapper, die Arbeitslosigkeit wuchs und mit ihr die Not. Kundenverluste brachten Sorgen ins Haus, die auch an uns Kindern nicht vorübergingen. Mein Vater mußte seine Schuhfabrik, die er mit viel Mühe und Geld neu eingerichtet hatte, wieder schließen, weil sie nicht mehr zu halten war.

Er entwickelte statt dessen neue Artikel, besonders für die beginnende Motorisierung, denn er war selber ein begeisterter Autofan. So erfand er für die oft quietschenden und brechenden Autofedern eine Schutz- und Schmiergamasche und gegen die vielen Nagelpannen durch Hufnägel in den Autoreifen eine nagelsichere Einlage. Später kam noch ein synthetisches Leder (Kunstleder) aus zerfaserten Lederabfällen hinzu. Aber diese Entwicklungen waren teuer, und der Erfolg war, bei der ständig wachsenden Rezession, begrenzt.

Im Jahre 1929, nach dem »Schwarzen Freitag« in Amerika, wurde es auch bei uns kritisch. Die Zinsen für Bankkredite stiegen steil an. Ich erinnere mich noch, daß mein Vater sagte, er müsse jetzt über 20 Prozent Zinsen aufbringen. Er wußte manchmal nicht, woher er das Geld nehmen sollte. Einmal hat er sogar unsere Spardosen leeren müssen, um einen fälligen Wechsel einlösen zu können. So etwas vergißt man nicht.

Meine Mutter mußte damals in ihrem großen Haushalt mit fünf Reichsmark pro Tag auskommen. Da wir »kinderreich« waren, bekamen wir verbilligte Margarine für 32 Pfennig das Kilo. Dafür gab es besondere Bezugsscheine. Ich schämte mich immer, wenn ich sie, als Kind eines Fabrikanten, beim Kaufmann einlösen mußte. Schließlich mußte auch die Gerberei verpachtet werden. Sie brachte mit allen Gebäuden und Maschinen nur zweihundert Mark im Monat, das deckte kaum die Kosten. Doch bei all unseren Sorgen – vielen ging es schlechter als uns.

Um zusätzliche Einnahmen zu erzielen, hatte mein Vater alle entbehrlichen Räume im Betrieb und in Nebengebäuden vermietet. Einer der Mieter war das Arbeitsamt, das bei uns eine Nebenstelle eingerichtet hatte. Die Menschenschlangen der Arbeitslosen, die dort jeden Tag zum Abstempeln ihrer Karten antreten mußten, damit sie einmal wöchentlich die kümmerliche Unterstützung, das »Stempelgeld«, bekamen, wurden immer länger.

Unser Garten lag direkt neben der »Stempelstelle«, und so konnten wir Kinder diese abgehärmten, ärmlich gekleideten Menschen nicht nur se-

Heinrich Windelen, ganz rechts, im Kreise seiner Geschwister, Anfang 1924.

hen, sondern auch ihr Schimpfen über das erbärmliche Arbeitslosengeld hören, das später noch durch Notverordnung gekürzt wurde. Die Frauen vieler »Stempelbrüder«, so nannte man sie abschätzig, warteten in der Nähe, um die paar Mark, die sie so dringend für ihre Familien brauchten, in Sicherheit zu bringen, denn der Weg vom Arbeitsamt nach Hause führte an zwei Destillen und mehreren Gasthäusern vorbei.

So gab es oft Streit und Krawall, auch mit politischem Hintergrund, den die Polizei dann schlichten mußte. Es kam aber auch vor, daß Männer ihre Frauen verprügelten, wenn sie sich gestört fühlten oder ihr Geld nicht rausrücken wollten.

Die Not war so groß, daß »Volksküchen« für die Notleidenden eingerichtet werden mußten, um ihnen wenigstens eine warme Mahlzeit am Tag zu sichern. Meine Mutter ging dort helfen wie viele andere Bürgerfrauen auch. Für Kinder von Arbeitslosen gab es »Patenschaften«. Auch zu uns kamen damals regelmäßig »Essenkinder« an den Familientisch.

Viele Familien konnten die Miete für ihre Wohnungen nicht mehr bezahlen. Schuhe trugen die meisten Arbeiterkinder nur im Winter. Im Sommer kamen sie barfuß oder mit Holzsohlen, die nur von einem Lederriemen über den Spann gehalten wurden, den »Klapperlatschen«, in die Schule. Viele hatten noch Schulden, an deren Rückzahlung nicht zu denken war. Mein Vater hatte viele solcher Schuldner unter seinen Arbeitern, die wegen irgendwelcher Notlagen auf Vorschuß lebten. Da das Bargeld nicht reichte, mußten viele Frauen ihre Einkäufe in den Lebensmittelgeschäften »anschreiben« lassen, das heißt auf Kredit kaufen.

Unvergessen sind mir die Aufmärsche der Arbeiter zum 1. Mai, die, von den Kommunisten organisiert, an unserem Hause vorbeiführten. An der Spitze marschierte eine Schalmeienkapelle, die die »Internationale« schmetterte, dahinter, mit hochgereckten Fäusten, die Arbeiter, zum Teil mit Frauen, die ihre kleinen, oft schreienden Kinder auf den Armen trugen. Auf dem »Ring« (dem Marktplatz) war dann »Kundgebung«, anschließend, besonders in den letzten Jahren vor 1933, gab es eine Straßenschlacht mit den »Nazis«. Wir Kinder verfolgten das mit Interesse, aber auch mit dem nötigen Sicherheitsabstand.

Dieser respektvolle Abstand empfahl sich auch dann, wenn wir Kinder Milch bei unserem Bauern am Rande der Stadt holten. Dort in der Nähe wohnten nämlich, in Baracken, besonders radikale Kommunisten, die uns, die Fabrikantenkinder, natürlich kannten. Wenn wir auch vor Handgreiflichkeiten verschont blieben, Pöbeleien und Drohungen blieben uns nicht erspart, und wir waren froh, wenn wir mit unserer Milch wieder heil zu Hause ankamen.

Unser Elternhaus war Treffpunkt nicht nur der örtlichen Zentrumsanhänger. Die meisten kamen aus der katholischen Sozialarbeit und der christlichen Gewerkschaft. Ich kann mich an einige von ihnen noch erinnern. Da war Dr. Hönig, Studienrat aus der Provinzhauptstadt Liegnitz und Mitglied des preußischen Landtages, der noch mehr Kinder hatte als wir damals, da waren die Reichstagsabgeordneten Dr. Buddenböhmer und Dr. Johannes Schauff. Schauff war damals das jüngste Mitglied des Reichstages und im Bereich der christlichen Siedlung tätig. Nach 1933 ging er nach Brasilien und gründete dort die deutsche Gemeinde Rolandia. Auch Prälat Kaas, als Vorsitzender der Zentrumsfraktion im Reichstag, und Reichskanzler Wirth waren Gast in unserem Haus, wenn sie meine Heimatstadt zu Wahlversammlungen besuchten. Diese endeten meist in Krawallen mit rechten und linken Gegnern. Mein Vater wurde bei diesen Gelegenheiten als »schwarzes« oder »schwarzrotgoldenes Ferkel« beschimpft.

Ich sagte schon, daß Katholiken und Zentrum in Bolkenhain in der Minderheit waren. Vielleicht gerade deswegen gab es dort eine sehr aktive Gruppe, meist jüngere Leute, wie Studenten, stellungslose Lehrer und Angestellte, die sich kämpferisch mit den politischen Gegnern auseinandersetzten: als Diskussionsredner und Zwischenrufer in den Versammlungen, als »Schmierkolonne« (Plakatkleber) oder auch als »Abreißer«. Dabei gab es häufig Zusammenstöße, die in Prügeleien endeten. Da das Werbematerial, die Plakate, die Leitern und der Kleister in unserem Betrieb gelagert wurden, kam ich schon sehr früh mit diesen Dingen in Berührung. Als ich größer wurde, durfte ich ab und zu mitgehen und den Kleistereimer tragen, solange es ungefährlich war.

Die »Zentrumsidee« war auch bei uns besonders in den katholischen Standesverbänden und im »Volksverein für das katholische Deutschland« zu Hause. Treffpunkt für viele dieser Aktivitäten war die Benediktinerabtei in Grüssau, ein einmalig schönes, siebenhundert Jahre altes Barockkloster, etwa 20 Kilometer von Bolkenhain entfernt. Da wir ein Auto hatten, damals noch eine Seltenheit, war Grüssau für die ganze Familie ein beliebtes und häufiges Ausflugsziel. Der persönliche Kontakt zum Konvent und dessen Abt Albert Schmidt und Pater Nikolaus von Lutterotti, einem gebürtigen Südtiroler, war freundschaftlich. Er überdauerte auch das »tausendjährige Reich«, als die Grüssauer Patres vertrieben wurden und 1947 in Bad Wimpffen am Neckar aufgenommen wurden.

Nicht weit von Grüssau verlief die Grenze zur ČSR. Wir fuhren, besonders nach 1933, oft am Wochenende auf die »böhmische Seite« zu den »Grenzbauden« im Riesengebirge. Dort konnte mein Vater die deutschsprachige schweizerische Emigrantenzeitung *Das deutsche Wort* lesen. Das war, außer Radio London, die einzige Möglichkeit, sich über die Vorgänge im »Hitlerdeutschland« etwas umfassender zu informieren.

Bolkenhain war, wie schon gesagt, stark von der Arbeiterschaft der Weberei geprägt. An wirklich »reiche Leute« kann ich mich nicht erinnern. Sicherlich gab es einige wohlhabende Geschäftsleute, Ärzte und Unternehmer, sicher auch einige Inflationsgewinner. Aber die große Mehrheit der Mittelständler (Handwerker und Kaufleute) mußte ihr Geld zusammenhalten.

Auch die vier jüdischen Familien, die in unserer Stadt lebten, gehörten zum Mittelstand: ein Konditor, mit dessen Töchtern meine Schwestern befreundet waren und der noch rechtzeitig nach Haifa/Israel auswandern konnte. Ein Textilkaufmann, dekorierter Offizier des Ersten Weltkrieges, der sich nach seiner Emigration mühsam in der Schweiz durchschlagen mußte. Der Inhaber eines großen Aussteuergeschäftes, das bei der Landbevölkerung besonders beliebt war. Die Seniorchefin war sehr wohltätig und ging öfters in die katholische Kirche; nach jedem Besuch war dann ein größerer Geldschein im Opferstock. Und schließlich ein Altwarenhändler, bei dem wir Kinder für ein paar Pfennige die Bälge der Hasen verkaufen konnten, die uns die Bauern der Umgebung, mit der Eichenrinde für die Gerberei, gelegentlich anlieferten. Alle vier jüdischen Familien waren angesehene Mitbürger. Ressentiments gegen sie vor 1933 sind mir nicht in Erinnerung.

Als nach 1933 der Samstag für die Mitglieder der Hitlerjugend schulfrei wurde, mußten alle »Nichtorganisierten«, so auch ich, die Schulbank drücken, bis 1935 die HJ Staatsjugend und die Mitgliedschaft obligatorisch wurde. Außer mich betraf dies vor allem meine jüdischen Mitschüler und die Kinder von Sozialdemokraten und Kommunisten. Ich gestehe freimütig, daß mir das damals sehr mißfallen hat und daß ich lieber, wie die meisten meiner Schulkameraden, an diesen Samstagen Geländespiele und Sport gemacht hätte.

Allerdings war der Geist an meiner Realschule sehr tolerant. Der Chef, Studienrat Reichel, war überzeugter Deutschnationaler. Er blieb es auch nach 1933 und wurde deswegen strafversetzt. Von den drei Lehrerinnen war die eine ebenfalls deutschnational, eine glühende Verehrerin der Königin Luise. Die zweite schien eher links zu stehen und verstand sich gut mit dem »Mathelehrer«, der militanter SPD-Mann war. Die politische Einstellung der dritten Lehrerin blieb mir verborgen.

Mathelehrer Paul Görlich, der überzeugte, kämpferische Sozialdemokrat, war eng mit meinem Vater befreundet, und diese Freundschaft blieb bis zu seinem Tode in Westdeutschland erhalten. Für mich war diese enge Beziehung eher nachteilig, weil auf diese Weise meine Eltern all meine Streiche und Missetaten an der Schule sofort erfuhren.

Später kam noch ein weiterer Lehrer hinzu. Er war Nationalsozialist und im Kollegium wie bei uns Schülern gleichermaßen gefürchtet und unbeliebt.

Die Verbundenheit zwischen meinem Vater, dem Zentrumsmann, und meinem sozialdemokratischen Mathematiklehrer bestand auch auf politischer Ebene; die beiden begründeten in Bolkenhain das überparteiliche, republikanische »Trutz-Bündnis Reichsbanner Schwarz-Rot-Gold« zur Abwehr des Rechtsradikalismus. Mein Vater, Engelbert Windelen, und mein Lehrer, Paul Görlich, waren auch führend in der »Eisernen Front«, einer Kampfgemeinschaft gegen den aufkommenden Nationalsozialismus, tätig. Weitere Gemeinsamkeiten gab es im Hindenburg-Wahlkomitee, als im Jahre 1932 SPD und Zentrum sich auf die gemeinsame Unterstützung der Wiederwahl Hindenburgs zum Reichspräsidenten gegen Adolf Hitler und den Kommunisten Ernst Thälmann geeinigt hatten.

Mein Vater hatte, sehr zum Ärger seiner Gegner von rechts und links, ein riesiges Hindenburg-Transparent über ein ganzes Haus am Marktplatz angebracht, dazu eine Großlautsprecheranlage auf dem Dach, die immer wieder eine Hindenburgrede von einer Schallplatte mit großer Lautstärke ausstrahlte. Höhepunkt dieser Hindenburg-Wahlkampagne in Niederschlesien war eine Großkundgebung, die für den »Tannenbergsieger« beziehungsreich auf dem Schlachtfeld der Mongolenschlacht von 1241 in Wahlstatt bei Liegnitz organisiert worden war. In Wahlstatt hatte Hindenburg auch seine Kadettenzeit verbracht.

Mein Vater war an jeder Art moderner Technik interessiert. Das habe ich wohl von ihm geerbt. Er war das, was man einen »Tüftler« nennt, mit vielen neuen Ideen und mehreren patentierten Erfindungen. Er fuhr regelmäßig zu den technischen Messen nach Leipzig, meist mit dem Auto, was damals noch ein Abenteuer war. Von dort brachte er dann Neuheiten mit, die ihm für den Betrieb, das Büro und den Haushalt geeignet erschienen.

So hatten wir auch schon sehr früh ein Radio, als erstes ein Gerät mit Kopfhörer, den wir meist zu zweit benutzten. Später folgte dann eines mit großem Trichterlautsprecher. Oben auf dem Empfänger waren die Röhren angebracht und die beweglichen Spulen. Wenn man sie verstellte, gab es ein fürchterliches Pfeifen, die »Rückkopplung«. Zur Stromversorgung brauchte man einen Akku, der immer wieder aufgeladen werden mußte, und eine Anodenbatterie, so groß und so schwer wie zwei Backsteine. An den Abenden der zahlreichen Kommunal-, Landtags- und Reichstagswahlen versammelte sich in unserem Wohnzimmer, in dem das Radio stand, der örtliche Zentrumsvorstand, um die Wahlergebnisse abzuhören, die auch damals schon im Rundfunk übertragen wurden. Da es noch keine Demoskopie, keine Hochrechnungen und keine Computer gab, war die Spannung viel größer als heute, und sie hielt bis zum frühen Morgen an. Lange Listen waren vorbereitet worden, um die eingehenden Einzelergebnisse einzutragen, die mit Jubel oder Enttäuschung aufgenommen wurden.

Wenn ich die politischen Zusammenhänge damals auch noch nicht begriff, so ist mir die Atmosphäre und die Spannung dieser Abende bis heute in Erinnerung geblieben.

Daß ich davor bewahrt blieb, dem Nationalsozialismus auf den Leim zu gehen, verdanke ich kaum eigenen Einsichten, denn 1933 wurde ich erst zwölf Jahre alt. Es war vielmehr die klare Haltung meines Elternhauses. Ich kann aber sehr gut verstehen, daß damals, bei sechs Millionen Arbeitslosen, dem Massenelend und der Hoffnungslosigkeit, viele den Versprechungen der Radikalen von rechts und links glaubten. Und so wurden diese zusammen schließlich stärker als die Parteien der Mitte, die den Staat von Weimar trugen und dann durch die totalitären Parteien von rechts und links zerrieben wurden.

Sicherlich haben mich die Erlebnisse meiner Kindheits- und Jugendjahre geprägt, auch wenn ich damals vieles noch nicht verstehen konnte. Die Erinnerung an jene Jahre hat gelehrt, wie wichtig es ist, den Anfängen zu wehren. Gewiß, damals herrschten bittere Not und unvorstellbares Massenelend. Davon kann bei uns heute, trotz vieler ungelöster Probleme, nicht gesprochen werden. Aber offenbar sind gute materielle Verhältnisse keine Garantie gegen Verführung und Verhetzung. Es scheint so, daß wir uns heute mit unseren Wohlstandsproblemen ähnlich schwertun wie die Verantwortlichen der Weimarer Republik mit den Notstandsproblemen damals.

FIDES KRAUSE-BREWER

In München am 1. August 1919 geboren. Betätigte sich von 1949 bis 1962 als freie Mitarbeiterin bei verschiedenen Rundfunkanstalten. Anfangs schrieb sie vor allem über sozialpolitische Themen, wandte sich aber später mehr und mehr der Wirtschaftspolitik zu. Ab 1962 arbeitete sie als Korrespondentin für Wirtschafts- und Sozialpolitik im Bonner Studio des ZDF. Von 1985 bis 1988 arbeitete sie wieder als freie Journalistin für die ZDF-Reihe »Sonntagsgespräche«. Heute ist sie als Kolumnistin für den *Rheinischen Merkur/Christ und Welt,* für »Die Politische Meinung« und für den Deutschlandfunk tätig.

FIDES KRAUSE-BREWER

Wenn Dernburgs »zum Frühstück« luden ...

Zwischen Hochfinanz und Boheme –
Große Welt und kleine Welt in einer Bankiersvilla in Berlin-Grunewald

Weil es damals Mode war, ließ meine Mutter sich für ihre fünfjährige Tochter bei einem berühmten Astrologen ein Horoskop stellen. Das Ergebnis war eigentlich großartig – nur dem unguten Einfluß irgendeines Aszendenten sei es zuzuschreiben, daß ich nicht mindestens Kaiserin von China werde. Der Aszendent hat gehalten, was er versprach, aber er konnte nicht verhindern, daß ich mit der Wahl der Familie, in die ich hineingeboren wurde, ausgesprochenes Glück gehabt habe. Denn es handelte sich dabei um eine besonders günstige Mixtur aus Politik, Finanzen, Literatur und Musik.

Mein Großvater Bernhard Dernburg, der in seiner großzügigen Bankiersvilla in Berlin-Grunewald meinen Eltern eine Achtzimmerwohnung zur Verfügung stellte, um seine Lieblingstochter Dorothea in seiner Nähe zu haben, war um die Jahrhundertwende ein erfolgreicher Bankier. Als Reichskanzler von Bülow nach mehreren fruchtlosen Versuchen, mit hochfürstlichen Herren die deutschen Kolonien rentabel zu machen, einen Praktiker suchte, verfiel er 1906 auf meinen Großvater. Er war der erste Bürgerliche in einem Kabinett des deutschen Kaisers, und er hat in den Kolonien so segensreich gewirkt, daß unlängst selbst der *Stern* in einer beißend kritischen Serie über die deutsche Kolonialpolitik keinen Fehl an ihm finden konnte. Ebendarum brachten ihn 1910 die Rechtsparteien im Reichstag zu Fall. Die deutschen Siedler, vor allem in Südwestafrika, die dahintersteckten, nahmen Anstoß an seinem Leitsatz, daß das größte Kapital in den Kolonien die Menschen seien und daß man sie folglich anständig behandeln müsse.

1919 wurde der liberale Politiker Dernburg Reichsfinanzminister und Vizekanzler des Deutschen Reiches. Gleichzeitig damit begann für meine Familie die Weimarer Zeit. Für meinen Großvater allerdings endete sie

bereits im selben Jahr, jedenfalls was seine Regierungsbeteiligung anbelangte. In der Erkenntnis, daß der Versailler Vertrag für Deutschland eine
Katastrophe werden würde, weigerte er sich, nach der Unterzeichnung
wieder in ein Kabinett einzutreten. So blieb er zwar bis 1930 Abgeordneter
der Deutschen Demokratischen Partei, aber er war in dieser Zeit für seine
Partei eher ein hochgeschätzter Finanzexperte als ein politischer Kopf.

Ich erinnere mich gut daran, daß ich den Großvater gelegentlich mit
dem Auto zum Reichstag begleiten und draußen mit dem Chauffeur
warten durfte, bis er wiederkam. Das können keine langen Sitzungen
gewesen sein.

Sein Abtritt von der großen politischen Bühne hatte für mich erhebliche
Vorteile. Denn der Großvater widmete sich mit Liebe und Umsicht der
Erziehung seiner Enkelin. Im Treppenhaus der Dernburgschen Villa gab es
eine Klingel; wenn sie dreimal ertönte, hieß das für mich: Großvater ruft:
»Fidi, komm runter, wir wollen uns gebildet unterhalten.« Das war für das
sieben- bis achtjährige kleine Mädchen jeweils das Signal für eine interessante Stunde. Der Großvater regte irgendein Thema an, und er wußte es
mit Hilfe der gewaltigen Atlanten, die in seinem Arbeitszimmer auf einem
wuchtigen Barocktisch lagen, und mit *Meyers Konversationslexicon* höchst
unterhaltsam zu gestalten. Er brachte mir, so klein ich war, seinen geliebten Goethe nahe, dessen *Faust* er auswendig konnte.

Daß bei diesen Gesprächen hier und da auch die Politik drankam, ist
wohl sicher, denn sie spielte naturgemäß in unserem Haus eine große
Rolle, wenn ich auch in meiner Kinderphantasie oft eine recht abstruse
Vorstellung davon hatte. So erinnere ich mich, daß ich, als Hindenburg
1925 zum Reichspräsidenten gewählt wurde, in lautes Weinen ausbrach.
Hindenburg war Generalfeldmarschall, und »General« bedeutete für mich
Krieg. Diese Erkenntnis verdankte ich allerdings wohl weniger meinem
Großvater als vielmehr sozialdemokratisch gesinnten Mitgliedern des
zahlreichen Personals, das den großelterlichen Haushalt bevölkerte. Zum
Trost für das Ungemach der Wahl Hindenburgs schenkte mir die Groß-
mutter einen dunkelblauen Mantelstoff, von dem ich mich trotz meiner
politischen Ängste natürlich bestechen ließ.

Daß ich mit diesen Ängsten schließlich gar nicht so falsch gelegen hatte,
hat sich sehr viel später leider herausgestellt.

Nicht nur in Sachen Hindenburg schöpfte ich meine Informationen
über aktuelle Ereignisse bei den Dienstmädchen. So entsetzte ich zum
Beispiel meine Mutter mit der perfekten Rezitation des damals gängigen
Gassenhauers »Warte, warte nur ein Weilchen, bald kommt Hamann auch
zu dir, mit dem Hackehackebeilchen macht er Schabefleisch aus dir«. Dies

bezog sich auf den Massenmörder Hamann aus Hannover, der damals in aller Munde war.

Auch von respektablen politischen Persönlichkeiten hatte ich reichlich abwegige Vorstellungen, so zum Beispiel von Gustav Stresemann. Er war zwar Mitte der zwanziger Jahre nicht mehr Reichskanzler, aber er wurde noch so tituliert. Und so geriet ich in helle Panik, als es hieß, »der Reichskanzler« käme zu einem Gartenfest in unser Haus. Kurz zuvor hatte ich die Oper »Schwanda, der Dudelsackpfeifer« gesehen. Darin erschien ein Scharfrichter mit einem roten Umhang mit furchterregenden Augenlöchern. So ähnlich müßte ein Kanzler aussehen, meinte ich und flehte den Vater an, als er sich vor dem Spiegel die Frackschleife band, doch nicht zu dem schrecklichen Mann herunterzugehen.

Meine Mutter versuchte mich zu beruhigen. Wenn ich zu heulen aufhöre, werde sie kommen und mir Stresemann von unserm Balkon aus zeigen. Der lag direkt über der großen Terrasse, die sich in den Garten schwang und auf der Tische mit Rosengebinden und silbernen Leuchtern eingedeckt waren. So geschah es. Mein Erstaunen war groß, als ich den nicht sehr großen Mann mit der Halbglatze dort mit anderen Gästen friedlich reden sah – ein bißchen enttäuscht war ich auch. Ein wenig blutrünstig hätte so ein Reichskanzler doch wohl sein sollen.

Überhaupt, diese Feste im Hause Dernburg. Der Großvater war in der Berliner Gesellschaft der zwanziger Jahre immer noch ein gefragter Mann. Sein schönes Haus, ganz mit antiken Möbeln, Gobelins und kostbaren Bildern ausgestattet, mitten in einem Park direkt am Halensee, war der Ort vieler Begegnungen: kleiner politischer Zirkel wie großer Gesellschaften. Politiker, Diplomaten, Chefredakteure, Literaten, Fürstlichkeiten, Bankiers, kurz alles, was damals die »gute Gesellschaft« ausmachte, kam, wenn Dernburgs zum Beispiel »zum Frühstück« geladen hatten.

Da gab es nun keineswegs nur Kaffee und Brötchen. Es handelte sich bei solchen Einladungen vielmehr um eine solenne Gasterei, die gegen 12 Uhr begann und bis zum Nachmittag dauerte. In der großen Küche im Souterrain übernahm eine Kochriege von Kempinski mit ihren hohen weißen Kochmützen das Kommando. Meine Cousine, die nebenan wohnte, und ich durften dort eigentlich nicht hinein, aber wir nahmen doch, soweit es irgend ging, Anteil an den umfangreichen Vorbereitungen zu einem Fest für mindestens hundert Personen.

Bei solchen Festivitäten war auch »Friedrich« immer dabei, der alte Diener meines Großvaters, der ihn schon auf seinen Inspektionsreisen in Afrika betreut hatte, aber mittlerweile eine Lohndienerei betrieb. Er wußte genau, wo alles war, wieviel silberne Bestecke, wieviel vergoldete Kaviar-

Jugendliche Sportlerinnen um 1926. *(Bildarchiv Preußischer Kulturbesitz)*

messer, wieviel Hummergabeln, wie viele Teller und Tassen von dem schönen KPM-Geschirr vorhanden sein müßten. Und jedesmal hatte er meiner Großmutter einen Fehlbestand zu melden. Bei zehn- bis sechzehn Mann (und Frau) Personal konnte das nicht ausbleiben. Übrigens mußte auch die Bettwäsche bei F. V. Grünfeld, dem renommierten Leinengeschäft Berlins, jedes Jahr bis zu 50 Prozent ergänzt werden.

War das Fest im Gange, mußten wir Kinder artig guten Tag sagen. Die dazu nötigen verhaßten Knickse und Handküsse wurden vorher am Familientisch eingeübt. Dann hatten wir zu verschwinden. Das Beste an solchen Festivitäten war das Reste-Essen am nächsten Tag.

Feste gab es aber nicht nur für die Großen. Es war in Berlin üblich, Kindergesellschaften zu geben. Ich verabscheute diese organisierten Kuchen- und Würstchen-mit-Kartoffelsalat-Veranstaltungen, bei denen eine Schar von mitgelieferten Kindermädchen und Mademoiselle oder Misses Spiele inszenierten, die ich nicht ausstehen konnte. Einmal war ich zu einem solchen Kinderfest zur Familie Petscheck eingeladen. Die Petschecks gehörten dank ihrer Kohlengruben in Böhmen zu den wohlhabendsten jüdischen Familien der Stadt. »Deine Sorgen und Petschecks Geld möchte ich haben!« war in den Tagen der Wirtschaftskrise ein in Berlin wohlbekannter Stoßseufzer. Die Familie hatte ein wunderschönes Haus am Wannsee. In einem Innenhof sprudelte ein Springbrunnen, und weitläufige Terrassen führten zum Seeufer hinunter. Dieses Haus wurde später der Tatort eines der dunkelsten Kapitel deutscher Geschichte, denn hier fand in der Nazizeit die berüchtigte Wannseekonferenz statt, auf der die »Endlösung« für die Juden Europas beschlossen wurde.

In meiner Kindheit spielten gerade die jüdischen Freunde meiner Eltern und Großeltern eine große Rolle. Sie waren interessant, amüsant und sehr gastfreundlich. Da gab es zum Beispiel Onkel und Tante Abramczick, die eine Villa im Grunewald bewohnten. Er hatte eine Textilfabrik in Ost-Berlin, und seine Frau lud meine Cousine, meine zwei Vettern und mich zu wahren Kuchenschlachten ein, weil sie so gern Kinder um sich hatte. Da gab es dann hochgetürmte Cremetorten, Kristallschüsseln voller Schlagsahne, Konfekt und in einer riesigen Silberschale exotische Früchte, die wir noch nie gesehen hatten. Neben jedem Gedeck lag zudem Nützliches aus der Textilfabrik. Wenn der Chauffeur uns Kinder nach Haus fuhr, fühlte ich mich wie die Boa constrictor, die ein Kalb verschlungen hat.

Abramczicks hatten auch eine Synagoge im Haus, die wir ehrfurchtsvoll bestaunten. Und nach dem traditionellen jüdischen Laubhüttenfest, dem israelischen Erntedankfest, durften wir die auf dem Balkon aufgebaute grüne Laube plündern, denn sie war mit Süßigkeiten aller Art ausge-

schmückt worden. Mein Vater mußte, wenn er mit der Mutter bei Abramczicks eingeladen war, einen Hut mitbringen, denn in frommen jüdischen
Familien wurde mit dem Hut auf dem Kopf gegessen.

Ganz anders vollzog sich die Geselligkeit bei meinen Eltern. Meine
Mutter schrieb Feuilletons für die *Vossische Zeitung*, für die *Dame* und den
UHU. Das waren anspruchsvolle Magazine, die etwa dem Niveau des
heutigen *New Yorker* entsprachen. Mein Vater war Musikkritiker des
Berliner 12-Uhr-Blattes, des größten Berliner Boulevardblatts der zwanziger
und dreißiger Jahre. Beide Elternteile steuerten also das künstlerische
Element zu meiner »Menschwerdung« bei. Beide scharten einen großen
Kreis von Persönlichkeiten um sich, die damals »in« waren. Sie verkehrten
mit Käthe Dorsch und der Bergner, mit Opernstars wie Maria Müller,
Helge Rosswaenge und Willy Domgraf-Fassbender, mit Kabarettisten wie
Werner Finck, mit Malern und Männern der Feder. Von ihnen hat Kurt
Tucholsky einen bleibenden Eindruck bei mir hinterlassen. Meine Mutter
besuchte ihn oft in seinem winzigen Büro im Ullsteinhaus. Da saß der
dickliche Mann an seinem Schreibtisch, und ehe meine schöne Mutter
auch nur die Tür hinter sich zugezogen hatte, warf er ihr irgendeine
Bemerkung zu, die für meine Kinderohren sicherlich nicht geeignet war.

Bei den völlig informellen Partys meiner Eltern – sie fanden meist am
Sonntagnachmittag statt – war jeder willkommen, der gerade vorbeikam.
Das »Komm doch mal vorbei« (oder: »Komm doch mal mit ran ...«) war
damals in Berlin eine gängige Formel – man wartete nicht darauf, förmlich
eingeladen zu werden; man war eben da. Es gab Tee und einfache Kuchen,
die bei einer russischen Emigrantin um die Ecke eingekauft wurden.

Meist schloß sich ein fideler Abend an, nachdem einige Gäste in die
Kneipen nach Halensee ausgeschwärmt waren und Siphons mit Bier sowie
Platten mit Brötchen mitgebracht hatten. Das war nötig, denn ungeachtet
der feudalen Assiette, in der meine Eltern in dem Hause meiner Großeltern lebten, ging es ihnen selbst finanziell nicht besonders gut. Von der
Musikkritik konnte man damals kaum leben, und so mußte mein Vater
nebenher noch als Redakteur bei einigen Fachzeitschriften Geld verdienen. Vielleicht war gerade dies der Reiz der elterlichen Geselligkeit – die
Mischung aus Hochfinanz (denn mein Großvater genoß es dabeizusein)
und einer Boheme, die sich finanziell mehr schlecht als recht durch die
Wirtschaftskrise schlug.

Es war die Zeit der sportlichen jungen Frauen, der Gamin-Typen mit
möglichst wenig Busen, kurz geschnittenen Haaren, auf »Windstoß« fri-
siert und oft noch angelackt; die Zeit der Charlestonkleider, der Fransen,
Perlen und Topfhüte. Man gab sich frech, spritzig und ungezwungen. Die

Ära der vollbusigen Weiblichkeit der Reichsfrauenführerin Scholz-Klink war Gott sei Dank noch weit entfernt.

Die moderne Zeit brach aber auch in einer weit weniger angenehmen Erscheinungsform über uns herein. Am äußeren Ende des Halensees entstand der »Luna-Park«, eine Art ständiges Oktoberfest, das mit seinem dauernden Gedudel bis in die späte Nacht hinein die Ruhe der vornehmen Villenkolonie im Grunewald zerstörte. Mein Großvater hat jahrelang gegen den »Luna-Park« Prozesse geführt – ohne Erfolg.

Für mich allerdings war dieser Ruhestörer eine Quelle steten Vergnügens, denn es gab jeden Abend ein großes Feuerwerk, das ich von unserem Balkon aus bewundern konnte. Der »Luna-Park« ist dann in der Rezession von selber kläglich eingegangen. In dieser Zeit allerdings hatte ich bereits sehr viel ernsthaftere Abendbeschäftigungen.

Von meinem zehnten Lebensjahr an durfte ich den Vater in viele Konzerte und in die Premieren zahlreicher Opern begleiten. Dieses Privileg habe ich dann während meiner ganzen Backfischzeit intensiv genossen. Ich hörte die herrlichen Sonntagskonzerte von Furtwängler, ich sah die berühmte Inszenierung der »Zauberflöte« von Gustaf Gründgens in der Staatsoper Unter den Linden, ich sah Richard Strauss seinen »Rosenkavalier« dirigieren und hörte den jungen Yehudi Menuhin als Wunderknabe in kurzen Hosen spielen.

Das Berliner Musikleben stand in den zwanziger Jahren in höchster Blüte. In der Saison gab es Abend für Abend Konzerte großer Interpreten, und oft bin ich mit meinem Vater von einem Konzertsaal zum anderen gewandert – manchmal nur um festzustellen, ob das Konzert, über das er eine Kritik schrieb, überhaupt stattfand. Auch wenn die wirtschaftliche Lage am Ende der zwanziger Jahre immer schlechter wurde und Millionen von Menschen als Arbeitslose an den öffentlichen Suppenküchen anstehen mußten – das künstlerische Berlin blieb so lebendig wie zuvor. Und dank meiner Eltern bekam ich ein gerüttelt Maß davon ab, obwohl ich noch nicht trocken hinter den Ohren war.

Die große Wirtschaftskrise mit dem Börsenkrach von 1931 und dem Zusammenbruch der Darmstädter und Nationalbank, deren Vorsitzender der Großvater vor dem Krieg einmal gewesen war, erlebte ich als Zwölfjährige, und ich habe sie lebhaft in Erinnerung. Denn sie führte meinen Großvater noch einmal ins Rampenlicht der Finanzpolitik. Um zahlungsfähig zu bleiben, waren die Banken 1931 auf Kredite von der Reichsbank angewiesen. Es fehlte ihnen jedoch an reichsbankfähigen Wechseln, die drei Unterschriften haben mußten. Ich sehe meinen Großvater in seinem Lehnstuhl sitzen – mit geschlossenen Augen, wie es seine Art war – und

sagen: »Mein Kind, was brauchen wir? Wir brauchen eine Unterschrift.«
Diese Unterschrift durch die neu zu gründende Akzept- und Garantiebank
zu beschaffen, das war die Idee von Bernhard Dernburg. Der alte »Sani-
tätsrat« – sein Spitzname als erfolgreicher Sanierer maroder Unternehmen – war also noch einmal in Anspruch genommen worden. Der Trick
mit der dritten Unterschrift gelang, die Währungskrise wurde langsam
überwunden.

Im Zuge dieser Operationen konferierte der Großvater häufig mit
Reichskanzler Brüning, zu dem sich ein Freundschaftsverhältnis entwik-
kelte. Ich habe ihn mehrfach in unserem Haus gesehen, das letztemal an
einem dunklen Herbsttag nach der Machtübernahme durch die Nazis.
Brüning kam, um sich zu verabschieden. Er ging in die Emigration, mein
Großvater blieb, obwohl er Halbjude war. Er konnte und wollte sich von
seinem Haus, seiner Familie, von seinen Freunden nicht trennen. Im
dunklen Hausflur sagten sich die Freunde Lebewohl – beide mit Tränen in
den Augen.

Ich hatte mich am oberen Treppengeländer postiert, denn ich hatte
es mir zur Gewohnheit gemacht, von diesem Ausguck aus interessante
Gäste meiner Großeltern zu beobachten. Nach 1933 bestand dazu nicht
mehr viel Gelegenheit. Immer mehr Freunde verließen Deutschland. Die
Zeit der Feste, die große Zeit der Berliner Gesellschaft in der Weimarer
Republik war im Sog der braunen Spießbürgeratmosphäre endgültig untergegangen.

Der Großvater sah das alles mit steigender Bekümmerung und Besorgnis. Er war ein unverbrüchlicher Patriot, und er konnte und wollte
sich nicht vorstellen, was die Nazis aus seinem Vaterland machen würden.
1937 starb er buchstäblich an gebrochenem Herzen.

ANTONIUS JOHN

Wurde 1922 in Ahlen/Westfalen geboren. Wirtschaftsjournalist und Honorarprofessor für Politikwissenschaften an der Universität Koblenz-Landau. War seit 1948, nach der Heimkehr als Artillerie- und Panzeroffizier aus dem Zweiten Weltkrieg, Journalist in Bonn für das *Handelsblatt* und den *Rheinischen Merkur*. 1972 Beginn mit eigenem »Bonner Redaktionsbüro für Wirtschaft und Politik«. Obwohl Mitwirkender am Ahlener Programm, gehörte er zum engeren Freundeskreis Ludwig Erhards. Er war Sprecher des Deutschen Bauernverbands (1972–1986) und Mitglied des ZDF-Fernsehrates (1978–1990), arbeitet in nationalen und internationalen Expertengremien. Veröffentlichte zahlreiche Publikationen über historische, wirtschaftswissenschaftliche und wirtschaftspädagogische Themen.

Antonius John

Weimar vor Ort – In Ahlen in Westfalen

Unsere kleine Stadt im Münsterland: 1918 bis 1933 –
Von der Scham der Niederlage und der »Schande von Versailles«

So vielgesichtig wie die Zeit, von der hier die Rede ist, so unterschiedlich, ja sogar gegensätzlich erweisen sich auch die Objekte der Erinnerung nach sechs Jahrzehnten.

Es sind vor allem drei Erlebnisbereiche, die sich für mich in jener Zeit auftun, sich zum Teil überschneiden und widersprechen. Da ist zum einen das Leben in der Geschlossenheit einer intakten Familie in einer münsterländischen Kleinstadt, gleichzeitig der Raum für verklärende Rückbesinnung. Der zweite Bereich hängt mit der Geschichte der ersten Republik zusammen: Die Zaungastrolle, die durch die politische Aktivität des Vaters gegeben war, läßt noch im nachhinein das Gefühl entstehen, irgendwie »dabeigewesen« zu sein. Der dritte Bereich ist mehr traumatisch strukturiert und am ehesten mit den Worten Angst und Scham zu umschreiben: Angst vor dem kommunistischen Terror und Scham über Versailles und dem dort entstandenen unglücklichen Staat.

Als die Republik von Weimar unterging, war ich noch keine elf Jahre alt. Die Frage ist berechtigt, ob man es überhaupt wagen kann, unter diesen Umständen Erinnerungen an »damals« zu beschwören. Ich bejahe das ausdrücklich, weil es eine Reihe von Ereignissen gegeben hat, die sich tief in das kindliche Gemüt einprägten und sowohl das persönliche Meinungsbild als auch spätere Verhaltensweisen bestimmten. Hinzu kam, daß das Elternhaus sehr offen war; der Vater betätigte sich im »Zentrum« und im kirchlichen Bereich, was dazu führte, daß »die Leute bei uns aus und ein gingen«. Mein Erinnerungsbild hat seit 1927 feste Konturen, die einzelnen Daten ordnen sich zu einem Gesamtbild. Für das Jahr 1925 kann ich aber schon punktuell Einzelereignisse registrieren, aufleuchtend wie Blitze in der Nacht. Für 1926 gibt es dann eine Vielzahl von Vorgängen, die haftengeblieben sind, zum Beispiel der Tod des Großvaters und die Anschaffung eines Lautsprecherradios, nachdem ein Jahr zuvor ein Verwandter uns mit Kopfhörer und Detektor vertraut gemacht hatte.

*

Ich wuchs im westfälischen Ahlen auf, in einem Elternhaus, in dem ich mich wohlbehütet fühlte. Sparsamkeit und kluge Haushaltsführung verhinderten, daß ich spüren mußte, wie knapp das Wirtschaftsgeld war. Wir lebten genügsam und ohne große Ansprüche, was es ermöglichte, hin und wieder ein paar Groschen auf die Seite zu legen. Diese kamen nicht zuletzt dem Weihnachtsfest zugute, für das man ein ganzes Jahr lang sparte. Aber auch Bücher, Zeitschriften und Zeitungen sowie das später unerläßliche Rundfunkgerät waren ein »Luxus«, der bedächtiger Vorfinanzierung bedurfte. Alte Anzüge und Mäntel wurden gewendet, und der Filius erhielt daraus seine neue Ausstattung. Als die Not groß war, kehrte auch bei uns Schmalhans als Küchenmeister ein. Wir mußten uns sehr einschränken. Aber gehungert haben wir nicht. Der große Garten ermöglichte eine Teilautarkie, und vom großelterlichen Bauernhof kam praktische Ernährungshilfe.

Das Haus war von einem Onkel meiner Mutter erbaut worden, der als Unternehmer einer der Pioniere der deutschen Emailleindustrie geworden war und dank eifriger Erfindungen gut im Rennen lag. Nach einer Italienreise vor der Jahrhundertwende hatte er das Haus gründlich renoviert und ihm eine südländische Fassade vorgesetzt, die heute unter Denkmalschutz steht. Für unsere Familie war das Haus eigentlich viel zu groß. Da die Instandhaltung teuer war, mußten zeitweise Mieter hineingenommen werden. Wenn wir keine Mieter hatten, konnte Vater seinen Neigungen nachgehen. Er war ein anerkannter Naturschützer, und die Größe von Haus und Garten erlaubten ihm, kranken und verletzten Tieren Zuflucht zu schenken, bis sie wieder freigesetzt werden konnten.

Mein Vater, aus Thüringen stammend, war in der Provinz Posen junger Schulleiter gewesen und nach dem Ersten Weltkrieg, den er im Osten mitgemacht hatte, von den Polen ausgewiesen worden. Er war ein engagierter Lehrer und ein ebenso engagierter Zeitungsleser. Er bewältigte ein großes Pensum. Er las das Zentrumsblatt *Germania*, die *Frankfurter* oder die *Kölnische Zeitung*, die *Ahlener Volkszeitung* und viele Zeitschriften. Dann und wann kam die *Berliner Illustrirte* auf den Tisch. Vater hielt aber mehr von den illustrierten Beilagen der *Germania* und der *Glocke*. Er studierte vor allem die Parlamentsberichterstattung. Damals war es noch üblich, daß die großen Blätter mehrseitige Reichstagsprotokolle abdruckten.

Meine Mutter, die auf einem münsterländischen Bauernhof zu Hause war, konzentrierte sich auf die *Ahlener Volkszeitung* und die *Glocke,* las regelmäßig kirchliche Blätter und insbesondere den monatlich in München erscheinenden *Deutschen Hausschatz – Sonntag ist's.* Auch mich interessierte diese Zeitschrift, weil sie in jeder Ausgabe eine interessante Bildübersicht über die wichtigsten Monatsereignisse brachte. Manche Bilder sind mir bis heute im Gedächtnis geblieben. Zeitweise kam auch die *Gartenlaube* auf den Tisch.

Als ich zur Schule ging, hatte auch ich meine eigene Zeitschrift. Sie hieß *Dideldum* und wurde alle vierzehn Tage vom Kaufhaus Althoff gegen Legitimationskarte als Werbegabe vergeben. Die Hauptgeschichten waren »Muck und Puck und Adelheid – das Katzenjammer-Kleeblatt«, »Max und Micky« und »Käpten Bidebux« mit seinen Matrosen »Stange« und »Stöpsel«. Eine weitere Lektüre war der *Jugendhort,* eine Beilage des in Dülmen erscheinenden *Katholischen Missionblattes.* Meine erste Buchlektüre waren Märchen, *Robinson Crusoe* und *Sigismund Rüstig.*

Als Spielzeug besaß ich eine Eisenbahn (mit Uhrwerk), Märklin-Baukästen und eine Märklin-Dampfmaschine, an deren Finanzierung Großmutter wahrscheinlich tatkräftig mitgeholfen hat. Dieses Spielzeug durfte ich aber erst am 15. Oktober vom Boden holen, wo es während des Sommerhalbjahres wohlverpackt verwahrt wurde. Am 31. März wurde es wieder hinaufgeschafft.

Aber die Zeit ohne die Märklin-Erzeugnisse ist mir nie lang geworden. Im Umgang mit Schulkameraden und Nachbarjungen waren der Phantasie keine Grenzen gesetzt. Dazu bedurfte es keines großen Aufwandes. Aus alten Lumpen bauten wir Zelte, aus alten Brettern und Balken ein Floß mit Segel. Wir schnitzten Schiffe und betätigten uns in Spielen, die man gar nicht mehr kennt. Wer weiß heute noch etwas von Schlagball? Für uns gehörte das damals zum Tagespensum. Ja, wir kannten noch das Glück, Freude an einfachen Dingen zu haben. Aus dem Fahrwerk alter Kinderwagen bauten wir kurios aussehende Gefährte, Vorläufer der späteren »Seifenkisten«. In der Dunkelheit hatten sie sogar eine Beleuchtung. Wir verwendeten dazu ausgehöhlte Futterrüben und bestückten diese mit einer Kerze, die wir meist selbst aus alten Kerzenresten produzierten.

Alles in allem, es war eine schöne Zeit; selbst wenn sie sich nostalgisch verklärt hat, bleibt darin doch so viel Realität, daß mir unsere oft übersättigten Kinder heute manchmal leid tun.

Von der Bescheidenheit der Haushaltsführung war schon die Rede. Fleisch gab es in der Woche nur einmal, höchstens zweimal. Trotzdem holten die Eltern in der Not der großen Arbeitslosigkeit um 1932 an jedem Mittag Kinder aus Arbeitslosenfamilien zu uns an den Tisch.

An der Kleidung sieht man's: Der Kleinstädter und die Cousine aus der Großstadt.

Requirierungen durch französische Besatzungstruppen in Dortmund, etwa 1923.
(Stadtarchiv Dortmund)

Kleidung wurde sorgfältig geschont. Es verstand sich von selbst, daß nach der Schule die Textilien gewechselt wurden. Bis zu meinem siebten Lebensjahr mußte ich, wie die meisten Kinder, eine Schürze tragen: ein schreckliches Kleidungsstück. Schließlich hatten die Eltern ein Einsehen. Ich gehörte zu den ersten in meiner I-Männchen-Klasse, die von ihr befreit wurden. Einer meiner Mitschüler hatte diese Sorge nicht. Er war der Sohn eines klassenbewußten Kommunisten, für den die Schürze ein inakzeptables bürgerliches Requisit war. Ich bin heute noch dankbar, daß ich damals keine Holzschuhe zu tragen brauchte wie viele meiner Mitschüler. Die machten allerdings aus der Not eine Tugend: Holzschuhe eigneten sich vorzüglich zur Selbstverteidigung, im Winter zum Rutschbahnfahren.

Im übrigen hatte unsere Jungenkleidung ihren eigenen Stil, der die kleinstädtische Herkunft signalisierte. Die schwarzen, langen Wollstrümpfe waren mit einem gelochten Gummiband an einem »Leibchen« befestigt. Die Hose hatte hinten eine Klappe, was nicht einmal so unpraktisch war, aber doch den Jungen vom Lande kennzeichnete. Erst Anfang der dreißiger Jahre trat hier langsam eine Wandlung ein.

Ich gehörte zu dem letzten Schuljahrgang, der noch in den Genuß der amerikanischen Hilfsspeisungen nach dem Ersten Weltkrieg kam, der sogenannten Hooverspeisung (benannt nach dem damaligen US-Präsidenten). Nach dem Zweiten Weltkrieg partizipierte ich als Kriegsveteran und Bonner Student erneut an der Hooverspeisung, nach zwanzig Jahren, in denen sich alles verändert hatte. Ich hatte später Gelegenheit, den Expräsidenten Herbert Hoover in den USA zu besuchen. Ich erzählte ihm von meiner Doppelbetreuung durch ihn und schloß mit einem »Thank you, Mister President!« Er schüttelte mir die Hände, als ob wir seit Jahrzehnten befreundet wären.

*

Für meine Entwicklung war es von nicht geringer Bedeutung, daß ich oft und längere Zeit auf dem Bauernhof meiner Großeltern lebte. Der Vater meiner Mutter war ein kerniger münsterländischer Großbauer, äußerlich eine Mischung aus Bismarck und Graf Zeppelin. Ein Bild des Luftschiffgrafen hing über seinem Stehpult, neben einem Konterfei des alten Burenpräsidenten Paul Krüger. »Ohm Paul« hatte es ihm besonders angetan. Von Bismarck keine Spur. Der Kulturkampf war noch nicht vergessen.

Sein Hof konnte sich sehen lassen. Die Einrichtung des Wohntraktes stammte aus der Biedermeierzeit. Möbel und Porzellan waren sicherlich sehr wertvoll. Aber es gab noch uralte rustikale Gewohnheiten. Im Winter zum Beispiel – wenn gerade wieder ein Schwein geschlachtet war – wurde das »Möppkenbrot«, eine münsterländische Spezialität, frisch gebraten auf den Tisch gestellt und direkt aus der Pfanne gegessen. Eine andere Spezialität war der »Knabbel«; mit Kaffee und Milch übergossen und in sogenannten »Kümpgen« gereicht, diente er morgens als erste Wegzehrung auf den nüchternen Magen.

Manchmal fuhr Großvater mit mir in einem Landauer in die Stadt. Der Wagen war innen mit blauem Samt ausgeschlagen. An den Türen befanden sich kristallene Aschenbecher. Mir wurde in dem Wagen immer feierlich zumute. Der Kutscher auf dem Bock war ein Mann, der mindestens drei Jahre bei der Kavallerie gedient haben mußte.

Angesichts der Größe und Tradition seines Hofes ließ sich Großvater von Grafen und Baronen nicht sonderlich beeindrucken, doch kam er gut mit ihnen zurecht, da er von ihnen akzeptiert wurde. Der münsterländische Adel fühlte sich sowieso dem Bauerntum eng verbunden. Die Großmutter stammte von einem fast tausend Jahre alten Hof. Sie war eine zarte, empfindsame und sehr fromme Frau, die viel Gutes tat. Sie war es auch, die die Religiosität unserer Familie prägte. Ich sage ausdrücklich »prägte« und nicht »bestimmte«; denn sie wirkte durch ihr Beispiel, das auch bei anderen das Bedürfnis nach Religion und Kirche weckte.

Einmal im Monat – immer am ersten Freitag – kam sie von ihrem Bauernhof für drei Tage nach Ahlen, im Mai sogar mehrfach, um die Maienandacht zu besuchen. Als ich, acht Jahre alt, anfing, Maialtäre zu bauen, entstand bei ihr insgeheim der Wunsch, daß ich Priester werden möge. In einem Nebensatz hat sie es einmal meiner Mutter gegenüber erwähnt. Sie war aber nicht enttäuscht, als ich einen anderen Weg ging.

Die Vorfahren meines Vaters waren thüringische Bauern und Forstleute, deren soziale Situation ständig wechselte. Mal lebten sie in relativem Wohlstand, dann wieder in großer Armut. Aber alle waren große Geschichtenerzähler. Wenn ich in den zwanziger und Anfang der dreißiger Jahre in den Ferien bei den thüringischen Großeltern war, kam dort die ganze dörfliche Verwandtschaft zusammen. Man saß dann auf der Bank vor der Tür und erzählte von den Bauernkriegen, an dem einige Johns beteiligt gewesen waren, von Räubern, Landesfürsten und Bischöfen.

Auch über die Kommunistenaufstände in Thüringen wußte man schaurige Dinge zu erzählen. Eines Abends sagte Onkel Julius, ein Bruder meines Vaters: »Die Kommunisten werden wiederkommen, sie werden unser Land regieren. Wir alle werden im Gefängnis sitzen.« Gut fünfzehn Jahre später wurde das damals fast Unvorstellbare Wirklichkeit.

Onkel Julius war ein grüblerischer, in sich gekehrter Mensch, der viel über den Lauf der Welt nachdachte. Viele seiner Worte klangen wie Prophezeiungen. In der Weimarer Republik sah er vornehmlich ein Land im moralischen Auflösungszustand. Berlin war für ihn ein »Sodom und Gomorrha«, über das eines Tages Pech und Schwefel fallen würden.

*

In meinen Erinnerungen an die Weimarer Republik nimmt aber nicht nur die kleinstädtische Idylle wieder Gestalt an, werden nicht nur Eltern und Großeltern, Verwandte und Freunde wieder lebendig, auch das politische Geschehen jener Jahre meldet sich nachdrücklich zurück, mit ihm ein immer noch nachwirkendes Gefühl der Beklemmung, in dem Angst und Scham, Hoffnungslosigkeit und ohnmächtiger Zorn eine merkwürdige Verbindung eingegangen waren.

Wir empfanden den Friedensschluß von Versailles als eine Schande, und wir schämten uns des verlorenen Krieges und erst recht des Staates, der daraus hervorgegangen und nur in Gestalt ständigen Parteigezänks gegenwärtig war. Wer hatte uns diese Scham gelehrt, dieses Schandegefühl beigebracht? Ich weiß es nicht. Der Vater und das Elternhaus waren es gewiß nicht.

Auch mein Vater empfand Versailles als ein Unrecht. Er selbst war ja aus dem Osten vertrieben worden. Er hat mich aber immer wieder über historische Zusammenhänge aufgeklärt. Er glaubte an die Republik, glaubte an das Vaterland. Es waren wohl eher Gespräche mit den Schulkameraden, mit Leuten auf der Straße und die in der Öffentlichkeit überall anzutreffende intensive Propaganda, die so starke Wirkung auf uns ausübten. Es gab auch Lehrer, die kräftig in diese Kerbe schlugen. Wir wußten zwar nichts Genaues über Versailles. Wir kannten aber die Fakten, die wir als Schande zu empfinden hatten.

Es gab allerdings auch konkrete Ereignisse, die diese Gefühle noch intensivierten; eines davon geht wahrscheinlich in das Jahr 1925 zurück.

Die Franzosen waren 1923 in das Ruhrgebiet einmarschiert. 1925 fuhr ich mit meinem Onkel aus dem unbesetzten Gebiet (meiner Heimatstadt Ahlen) in das unter französischer Kontrolle stehende Dortmund, wo er mit seiner Familie wohnte. (Oder war es das besetzte Essen, das wir aufsuchten? Ich weiß es nicht mehr in diesen Details. Genau gesagt war es so: Das Ruhrgebiet war bis 1925 besetzt. Dortmund wurde allerdings schon 1924 von den Besatzungstruppen geräumt. Das schloß aber nicht aus, daß auch hier französische Streifen und Patrouillen bis 1925 auftauchten.) Auf dem Bahnhof mußten wir die französische Militärkontrolle passieren. Für mich war das eine völlig neue, unverständliche Welt. Zwei Dinge fielen mir auf.

Die Soldaten in ihren taubenblauen Uniformen trugen »so komische Mäntel«. Ich fragte meinen Onkel, ob die Mäntel wohl »kaputt« seien. Meine Frage bezog sich auf die französische Kleiderordnung, nach der die Soldaten die vorderen Mantelzipfel nach oben geschlagen hatten, so daß die Knie und die mir bis dahin unbekannten Wickelgamaschen frei blieben.

Als nächstes prägte sich der Eindruck der »langen Messer« auf den Gewehren ein, die sehr bedrohlich aussahen – und es dann auch wurden. Mein Onkel trug, gut in Packpapier verpackt, einen herrlich gefiederten ausgestopften Fasanenhahn mit sich, dessen langer Stoß hinten aus dem Paket hervorragte. Plötzlich kam einer der Soldaten mit vorgestrecktem Gewehr und »langem Messer« auf uns zu, sprach meinen Onkel barsch an und stach mehrmals in das Paket und den präparierten Vogel, so daß Papier und Federn umherstoben.

Ich hatte wahnsinnige Angst. Man hatte mir zwar gesagt, daß Franzosen keine »guten Menschen« seien, aber so schlimm hatte ich mir sie nicht vorgestellt. Mein Onkel ertrug die Demütigung (was ich nach Jahren erst recht nicht verstand, weil ich vor dem hochdekorierten Offizier des Ersten Weltkrieges großen Respekt hatte). Aber eines blieb hängen: Franzosen waren für mich fortan Menschen mit »kaputten Mänteln«, »langen Messern« und Wickelgamaschen, die anderen Leuten ohne Grund ihre Fasanen zerstechen. Ich schämte mich, daß wir sie ertragen mußten.

Noch mehr erlag ich dieser Vorstellung, als ich wenig später in die Schule kam. Nun wurde mir endgültig klar, daß die Franzosen die Deutschen haßten und daß sie Deutschland für Generationen der »Ausbeutung« und der »Zinsknechtschaft« (was das war, wußten wir natürlich nicht) unterworfen hatten. Man habe uns nur ein paar schlechtbewaffnete Soldaten gelassen, habe uns ganze Provinzen entrissen und obendrein dafür gesorgt, daß sich die Deutschen im Zank der Parteien gegenseitig am Boden hielten.

Mein Vater versuchte zwar immer wieder, Hintergründe aufzuzeigen, um solche Äußerungen zu relativieren. Aber das wollten wir Jungen gar nicht hören. Im dritten Schuljahr konnten wir alle territorialen Verluste Deutschlands aufzählen, einschließlich des Hultschiner Ländchens, der Karolineninseln und Tschingtaus. Mit zehn Jahren kannten wir die Einwohnerzahlen und die Flächengröße aller abgetretenen Gebiete. Wir waren darüber aufgeklärt, daß die Kolonien mehr als fünfmal so groß gewesen wären wie das Mutterland und daß ihre zehn Millionen Einwohner Tränen vergossen hätten, als die Deutschen gingen. Und wir waren darüber traurig und hatten eine Mordswut auf die Franzosen.

Und dann die Zustände im Lande selbst. Wir Jungen um 1930 oder 1932 suchten nach dem »Vaterland«, das aber schien sich abgemeldet zu haben. Es gab nichts, was einen Jungen damals im »patriotischen« Sinn hätte – wie man heute sagt – motivieren können.

Wie abwesend dieses Deutschland war, erhellt ein besonderes Schulerlebnis. In Münster hatte (ich nehme an: 1930) ein Flugtag stattgefunden, in dessen Mittelpunkt die Landung des Zeppelin-Luftschiffes LZ 127 gestanden hatte. Am folgenden Tag, wir hatten gerade Rechenstunde, vernahmen wir ein seltsam melodisches Motorengeräusch, das stärker und stärker wurde. Wir horchten hin, es gab eine Rüge wegen der entstehenden Unaufmerksamkeit, und plötzlich rief, nein, schrie mein Mitschüler Hermann Stichling: »Das ist der Zeppelin!«

Und dann geschah etwas Unglaubliches. Die ganze Klasse sprang auf und stürmte auf den Schulhof, gegen jede Ordnung und Disziplin. Und auf dem Schulhof sahen wir das Wunder am Himmel näher kommen. Das Luftschiff wurde immer größer, immer greifbarer. Unser Zeppelin! Und als er über unseren Schulhof hinwegflog und wir in Staunen verharrten, begann Hermann Stichling mit lauter Stimme »Deutschland, Deutschland über alles« zu singen, und wir alle fielen ein und sangen ergriffen unsere Nationalhymne.

Ich habe den Vorgang erst später begriffen. Hier hatte die Sehnsucht nach Vaterland und Nation endlich einmal ein konkretes Objekt gefunden. Endlich einmal gab es die Möglichkeit, sich mit dem zu identifizieren, was man unter Deutschland verstehen konnte. Und wir nutzten die Chance, einmal stolz auf unser Land zu sein.

Es hat auch noch einige andere Ereignisse gegeben, die Wirkung erzeugten, wenn auch nicht in dieser Intensität. Ich denke vor allem an die Atlantiküberquerung durch den deutschen Fliegerhauptmann Köhl (er hielt in meiner Heimatstadt einen Vortrag) oder an den propellergetriebenen »Schienenzepp« des Ingenieurs Kruckenberg, der an einem Sonntag in rasender Geschwindigkeit unseren Bahnhof passierte.

Ein anderes Objekt nationaler Erbauung war das Dornier-Flugboot DO X, ein Wunderwerk der damaligen Luftfahrttechnik und einzigartig in der Welt. Da wir es selbst leider nicht in Augenschein nehmen konnten, beschafften wir uns Konstruktionspläne, nach denen man es in kleinen und großen Formaten nachbauen konnte. Ein großes Holzexemplar mit einer Spannweite von fast einem Meter hing an der Decke des Kinderzimmers meines Freundes Paul Hinteler.

Ich erinnere mich sehr genau an die Befreiung des Rheinlandes von den Franzosen. 1929 wurde die Zone um Koblenz und 1930 die Zone um

Mainz (und damit das ganze Rheinland) frei. In der Schule wurde aus diesem Anlaß eine Feierstunde veranstaltet. Vater hielt eine Rede. Das erfüllte mich mit großem Stolz, obwohl ich nicht begriff, was er sagte. Die offiziellen Befreiungsfeiern fanden im Juli 1930 in Koblenz statt. Ich erlebte sie mit meinen Eltern. Ich war überwältigt und stolz darauf, daß die Schutzpolizei demonstrativ für das nicht vorhandene deutsche Militär in der entmilitarisierten Zone auftrat.

Hindenburg war gekommen, auf einem Rheinschiff. Ich selbst habe ihn nicht gesehen, aber immerhin den Dampfer. Doch wenn ich an diesen Tag denke, dann erinnere ich mich hauptsächlich an etwas anderes, an Schrekken und Panik. Denn bei den Feierlichkeiten stürzte die Rheinbrücke ein. Es gab siebzig Tote. Die Feier wurde sofort abgebrochen. Die Katastrophe überdeckte alles. Die Eltern waren bestürzt, wie ich sie selten gesehen hatte. Wir reisten sofort ab.

Bei der Verfassungsfeier 1932 waren mir politische Feinheiten schon bewußter als in den Jahren zuvor. Mein Schulfreund Lothar Pennekamp mußte ein Gedicht aufsagen, das folgenden Wortlaut hatte:

Deutschland, und wenn dich das Elend umnachtet,
Wir haben dich lieb wie nur je zuvor.
Ein Schelm, der seine Mutter verachtet,
weil sie Glanz und Reichtum in Not verlor!
Deutschland, du kannst in der Welt nicht vergehen!
Wir glauben an dich, getreu bis zum Tod.
Solang deine Kinder noch zu dir stehen,
wirst du stärker gebaut in Nacht und Not.
Es glüht ein Morgen! Die Welt soll es wissen:
Wenn der Sandbau des Hasses zusammenfällt,
wirst du die Fahne des Friedens hissen,
du, über alles geliebt in der Welt.

Es war mein Vater, der dieses Gedicht einer gewissen Ilse Franke ausgesucht hatte. Es war an die gerichtet, die die Republik schmähten. Auch wir Jungen waren angesprochen, und einige wurden nachdenklich. Trotzdem, unsere »Scham« blieb.

Wie die Zeppelinrunde über Ahlen und die Befreiungsfeier in Koblenz war es nur ein spontanes Aufbegehren gegen die Realität. Wer hatte uns das nur eingetrichtert?

*

Die andere Wurzel des bedrückenden Traumas war die Angst, vor allem die Angst vor den Kommunisten. Vielleicht war dieses Phänomen bei mir stärker ausgeprägt als bei anderen. Die Entstehung dieser Angst hing mit Ereignissen zusammen, die schon länger zurücklagen, aber in unserer Familie immer gegenwärtig blieben. In den späteren Jahren verdichteten sich die Erzählungen darüber bei mir geradezu zu einem Komplex.

Im Zusammenhang mit dem Kapp-Putsch im Jahre 1920 wurde der Generalstreik ausgerufen, der wesentlich – wenn auch nicht ausschließlich – zum Scheitern dieser Revolte rechtsmilitanter Kräfte geführt hatte. Im Ruhrgebiet nahm die radikale Linke den Putsch und den Generalstreik zum Anlaß, so etwas wie einen Sowjetstaat zu etablieren. Die Kommunisten bildeten eine »Rote Armee«, die schließlich eine Stärke von rund 100000 Mann hatte (es gibt Schätzungen, die sogar von 140000 sprechen). Die Aufständischen verfügten zunächst nur über Handfeuerwaffen und Maschinengewehre, später auch über Artillerie, Minenwerfer und Panzerwagen. Die Rebellion richtete sich vornehmlich gegen Reichswehr und Freikorps, die im Dienste der von Sozialdemokraten geführten Regierung standen. Der Bürgerkrieg im Ruhrgebiet wurde von beiden Seiten mit äußerster Erbitterung und Grausamkeit geführt. So weit die historischen Fakten.

Und nun zum familiären Aspekt. In der Zeit dieser Wirren erschien eines Tages ein rundes Dutzend bewaffneter Rotarmisten auf dem Bauernhof meines Großvaters, um Verpflegung, Geräte, Wagen und Pferde zu requirieren. Mein Großvater wurde in einem Keller eingesperrt und mißhandelt, als er sich weigerte, auf die Forderungen einzugehen. Er konnte jedoch entfliehen und, mit einem Jagdgewehr bewaffnet, verhindern, daß die Scheune in Brand gesetzt wurde. Aus einem mir unbekannten Grunde zogen die Rotarmisten ab. Vermutlich befürchteten sie das Anrücken der Bauernwehr. Bei ihrem »Rückzug« schossen aber zwei von ihnen auf meinen Großvater, der hinter einem Kastanienbaum Schutz suchte. Noch Jahre später konnte man die Einschüsse in dem Baum erkennen. Dieser Anblick hat mich bis in die Träume verfolgt.

Wenig später rückte eine ganze Kompanie von Rotarmisten gegen den Hof (der von zwei Seiten durch eine Gräfte geschützt war, die damals hohes Wasser führte) vor. Als sich diese Kompanie – sie nannte sich Kompanie Spannagel – in der Stadt versammelte, war ein Jungbauer vom Nachbarhof meines Großvaters Zeuge ihrer Vorbereitungen. Er hörte auch, daß man den Hof »stürmen« werde, es seien dort Maschinengewehre verborgen, überhaupt sei er ein »Hort der Reaktion«: lauter frei erfundene Behauptungen. Der Nachbarbauer alarmierte per Fahrrad die legale Bauernwehr, die sich, mit Jagdgewehren ausgerüstet, im Hof des Großvaters verbarrikadierte. Es kam zu einem regelrechten Feuergefecht. Die Kompanie Spannagel hatte sich inzwischen durch weitere Angehörige der Arbeiterwehr verstärkt, so daß schließlich, Neugierige und Mitläufer eingerechnet, laut Polizeibericht 1500 bis 2000 Menschen mit von der Partie waren. Bei dem Gefecht wurde der zuvor erwähnte Bauernsohn erschossen, und die Rotarmisten vergingen sich noch an seiner Leiche, wie meine Mutter beobachten konnte.

Nach einem »Waffenstillstand«, den Bürgermeister und Polizei vermittelten, rückte einige Tage später das Freikorps Epp heran und beendete den Terror.

Wie gesagt, ich habe diese Ereignisse nicht miterlebt, aber sie waren immer Gegenstand von Erzählungen. So setzte sich in mir der Eindruck fest, daß Kommunisten Unmenschen seien. Dieser Eindruck wurde noch verstärkt, als ich am 1. Mai 1929 miterlebte, wie unsere Schule von Kommunisten gestürmt, die rote Fahne aufgezogen und wilde, furchterregende Hetzreden vom Stapel gelassen wurden. Mein Vater erzählte mir später, daß in diesen Reden furchtbare Rache angekündigt worden sei für den Tag, an dem der Kommunismus in Deutschland die Herrschaft erkämpft habe.

Drei Jahre später habe ich von einem anderen Kommunisten selbst Ähnliches gehört. Wenn Deutschland kommunistisch sei – und das werde nicht mehr lange dauern –, werde man die Klassenfeinde zu Hunderttausenden hinter Stacheldraht stecken. Und man würde sich schwertun, ausreichend Balken für die Galgen zu beschaffen, an denen sie baumeln würden.

Um 1950, in der Zeit des Ersten Deutschen Bundestages, habe ich einmal mit dem Fraktionsführer der KPD, Heinz Renner, mit dem ich mich recht gut verstand, über diese Äußerung gesprochen. Er gab zu, daß innerhalb der KPD tatsächlich Pläne bestanden hätten, nach einer Machtübernahme Konzentrations- und Arbeitslager zu errichten. Er tat das aber als Jugendsünde politischer Hitzköpfe ab.

Das kann natürlich sein. Aber den zehnjährigen Schüler in der Weimarer Republik haben solche Erlebnisse tief bewegt. Die Angst vor kommunistischem Terror konnte sich nachts zu panischem Entsetzen verdichten – an Schlaf war dann nicht mehr zu denken.

*

Das alles wird aber nur verständlich, wenn man bedenkt, daß meine Heimatstadt Ahlen – im Kern die typisch deutsche Ackerbürgerstadt –

damals bereits stark industrialisiert war. Im letzten Drittel des vergangenen Jahrhunderts hatten sich eine Reihe von Emaillierwerken hier nieder-
gelassen und Arbeitskräfte aus der näheren und weiteren Umgebung
angezogen. Die Menschen kamen durchweg aus den ärmlicheren Regio-
nen Westfalens. Sie waren sehr fleißig und brachten es meistens zu einem
eigenen Häuschen und Garten. Politisch bildeten sie in der Regel den
linken Flügel des Zentrums. Kirchlich waren sie im katholischen Arbeiter-
verein, gewerkschaftlich bei den Christlichen Gewerkschaften organisiert.

Die zweite Phase der Industrialisierung begann vor dem Ersten Weltkrieg mit der Etablierung der Großzeche »Westfalen«. Die zuziehenden
Arbeiter kamen vor allem aus den Ostprovinzen des Reiches, zum Teil
auch aus dem Ausland, und zogen durchweg in »Kolonien« am Stadtrand
ein, die von der ansässigen Bürgerschaft als Fremdkörper angesehen und
mehr oder weniger ignoriert wurden. Das wiederum rief auf der anderen
Seite eine starke politische Radikalisierung hervor. Damit war die Stadt
zweigeteilt. Im Kern der Stadt wohnten die »Paolbürger«, dort, in den
»Kolonien«, die »Fremden«, unter ihnen eine große Zahl von Kommunisten. Das wiederum führte zu der lapidaren Einstellung, daß die Kolonien
Kommunistenhochburgen seien.

In der Wohngegend meiner Eltern tat man so, als ob unsere Stadt immer
noch die alte Ackerbürgerstadt des 19. Jahrhunderts war. Wenn die Realität dann plötzlich anders ausschaute, paarten sich Verdrängungsgefühle
mit Empörung und Ängsten. In der Tat vollzog sich bei uns das Leben noch
nach Ritualen, die in Jahrhunderten vorher entstanden waren. Da gab es
die traditionellen Schützenfeste und andere Veranstaltungen des Froh-
sinns und bürgerlichen Selbstbewußtseins. Aber in den zwanziger Jahren
bildeten sich in den Randgebieten ebenfalls Schützenvereine und brachen
das bürgerliche Monopol. Ähnlich war es bei den Gesangvereinen.

Auch das kirchliche Leben im dominierend katholischen Umfeld lief bei
uns nicht viel anders ab, wie es das schon vor Jahrhunderten tat, mit streng
eingehaltenen Fasten- und Abstinenzzeiten, Prozessionen, kirchlichen Festen. Beicht- und Kommunionunterricht unterschieden sich in nichts von
dem der Eltern. »Drei Könige«, »Peter und Paul« und »Maria Empfängnis«
waren noch staatlich anerkannte Feiertage.

Eine Besonderheit war der Karfreitag. Im Mittelpunkt dieses Tages stand
die Karfreitagsprozession am frühen Nachmittag, die über die ehemaligen
Wälle, jetzt Promenadenwege, führte. Anlaufpunkte waren die Kreuzi-
gungsdarstellungen an den Stellen, an denen einst die Stadttore gestanden
hatten. Bis mittags wurde allgemein gearbeitet. Die Zeit nach der Prozes-
sion gehörte der Bestellung des häuslichen Gartens, in dem Kartoffeln und

Gemüse für die Küche produziert wurden. Es gab nicht wenige Zeitgenossen, die bei dieser Gelegenheit Jauche auf die Beete fuhren, um die evangelischen Mitbürger zu provozieren, denen der Karfreitag einer der höchsten Feiertage war. Diese revanchierten sich dann an Fronleichnam auf ihre Weise.

So war denn die geteilte Stadt »Ahlen« mit ihren Katholiken, Protestanten und Kommunisten ein Abbild der Zerstrittenheit von Staat und Gesellschaft überhaupt.

Ich empfinde es heute als seltsam, wie wenig ich mich an die Sozialdemokraten erinnern kann. Dabei besaßen sie eine große Anhängerschaft. Für viele war die Sozialdemokratie jedoch eine Art Vorstadium zum Kommunismus. Das hing wohl damit zusammen, daß es unter den Sozialdemokraten zahlreiche Freidenker und kämpferische Atheisten gab. Vater hat der These von der Kommunistennähe der SPD immer widersprochen. Er hatte zum Beispiel großen Respekt vor dem Reichspräsidenten Ebert.

*

Heute läßt sich der Radikalismus und Extremismus der Weimarer Zeit leicht verurteilen. Man sollte aber nicht vergessen, daß die Not am Ende der Republik stark genug war, Konventionen aus den Angeln zu heben. Daß dabei Agitatoren die Notlage nutzten, um die Demokratie und die Republik selbst zu treffen, ist eine historische Wahrheit. Sie ändert aber nichts am Ausgangspunkt.

Die Zahl der Diebstähle und die allgemeine Kriminalität nahm Ende der zwanziger Jahre auch in meiner Heimatstadt ständig zu. Arbeitslose Bergarbeiter zogen in Gruppen auf die Getreidefelder der Bauern, schnitten reife Ähren vom Halm und droschen sie oft schon an Ort und Stelle. Das geschah in der Weise, daß sie die mitgeführten Fahrräder »auf den Kopf stellten«, die Pedale mit der Hand bedienten und die Ähren in die Speichen des Hinterrades hielten. Die Körner wurden in Tüchern oder Decken aufgefangen.

Häufig wurde den Bauern auch das Vieh auf der Weide geschlachtet. Das geschah zunächst durch hungernde Arbeitslose. Später änderte sich die Szene. Organisierte Banden, die kriminelle Metzger aus der Gegend von Dortmund zusammengestellt hatten, machten regelrecht Jagd auf weidende Kühe, um dann das Fleisch zu »Vorzugspreisen« zu verkaufen. Da die Täter oft auch Kommunisten waren oder dieser Partei nahestanden, waren für die meisten Bürger solche Rechtsverletzungen Taten der Kommunisten. Nicht ganz zu Unrecht, denn diese selbst rühmten sich bisweilen solcher Diebstähle nach der Devise: »Not kennt kein Gebot.«

Die Bauern schickten zwar Wachposten auf die Weiden. Die hatten aber gegen die auf Selbstverteidigung eingerichteten »Gangs« kaum eine Chance. Zudem fanden die Diebstähle immer dort statt, wo sie gerade nicht Posten bezogen hatten. Allerdings gab es auch eine positive Seite, für uns Jungen jedenfalls. Wir sammelten nämlich die Häupter der geschlachteten Tiere, legten sie in einen Ameisenhaufen und verwendeten die abgenagten blanken Schädel bei unseren Indianerspielen.

Die Bürger unserer Stadt waren damals sehr schnell bei der Hand, berechtigte Demonstrationen und Rechtsbrüche in einen Topf zu werfen. Dabei verwischten sich die Unterschiede zwischen Arbeitslosen, radikalen Bergleuten und politischen Einpeitschern der äußersten Linken. Den politischen Agitatoren der KPD lag auch gar nichts daran, daß hier differenziert wurde. Sie setzten Terror bewußt als politisches Mittel ein.

Nicht nur der frühere Reichstagspräsident Paul Löbe, sondern auch der Fraktionsführer der KPD im Ersten Bundestag, Heinz Renner, haben mir bestätigt, daß diese Absicht viele verschreckte Bürger in das Lager der Nazis gejagt habe.

Über die wirkliche Lage der Bergarbeiter, aus denen sich die KPD besonders stark rekrutierte, wußten wir nur wenig. Wir hatten keine Ahnung von der Schwere der Arbeit in 1200 Meter Tiefe, in Hitze, Dreck und schlechter Luft. Als ich siebzehnjährig während der Ferien selbst auf der Zeche Westfalen als Hilfsarbeiter über Tage beschäftigt war (Stundenlohn 61 Pfennig), gingen mir die Augen auf, wenn ich nach Schichtwechsel die erschöpften Männer nach Hause trotten sah, wo Garten, Stall und Tauben auf sie warteten. Verbitterung und Aggressionen konnten da nicht ausbleiben. Mir wurde klar, daß die in der Weimarer Republik umgehenden Ängste Kinder von Hoffnungslosigkeit und Verzweiflung waren.

Die politische Agitation hatte es hier einfach. Und wenn dann der Zorn aufwallte und sich Luft machte, dann kam es zu Erscheinungen, die mit einem normalen politischen Protest nichts mehr zu tun hatten. Aufbegehren und Gewalt trafen dann meist auch noch den Falschen, nämlich den »kleinen Mann«.

*

In meiner Erinnerung stellt sich der Alltag in der Weimarer Republik, allen materiellen und politischen Sorgen zum Trotz, dennoch als eine außerordentlich farbige Zeit dar. Da war etwa der Besuch des Königs von Afghanistan in Deutschland, der erste Staatsbesuch nach dem Ersten Weltkrieg. Er wurde so hochgejubelt, daß wir Kinder dieses Ereignis noch Jahre später unter dem Motto »Hindenburg und Aman Ullah« nachspielten. Dazu gehörte auch eine Parade mit Holzsäbeln und Holzgewehren.

Begeisterung brach bei uns auch aus, als der Boxer Max Schmeling 1930 Weltmeister im Schwergewicht wurde. Ich erinnere mich aber nicht, daß wir es als nationale Katastrophe empfanden, als er den Titel 1932 wieder verlor. Ohnehin waren die täglichen Fußballspiele der konkurrierenden lokalen Vereine für uns wichtiger. Hier waren wir Sympathisanten des »richtigen« Vereins; wer dieser war, bestimmte die Straßenclique.

Ende der zwanziger Jahre entwickelte sich das Sammeln von »Zigarettenbildern« zu einer Manie. Auch ich sammelte ganze Serien, obwohl in unserem Haus nur Zigarren und Pfeife geraucht wurden. Da gab es zum Beispiel die Alben *Deutsche Volkstrachten* oder *Berühmte Filmstars*. Daß ich auch die Serie *Die schönsten Frauen der Welt* sammelte, hielten die Eltern für weniger passend. Aber nicht nur Zigaretten (die zwischen 3 ⅓ und 6 Pfennigen kosteten) buhlten mit Bildern um die Gunst des Käufers. Die Sanella-Margarine brachte das *Handbuch des Sports* heraus, die Homann-Margarine in Dissen *Aus Technik und Verkehr* und später *Das schöne Deutschland*. Für jedes halbe Pfund Margarine gab es ein Großbild. Ich hatte damals den Butterverzehr völlig eingestellt, um in den Besitz von »Margarinebildern« zu gelangen.

Und dann das Kino – für viele schon damals ein Betäubungsmittel, das über die drückende Wirklichkeit hinwegtäuschte. Wir Kinder besangen die Kinosucht der Erwachsenen mit dem weitverbreiteten Vierzeiler:

Mama is' in Kino,
Papa is' in Bett.
Kinder lieg'n in'n Kohlenkasten
und fressen Brikett.

Der Eintrittspreis lag zwischen 40 Pfennig und einer Mark. Dafür gab es jeweils einen Hauptfilm, einen etwas kürzeren Nebenfilm, einen Kulturfilm und eine »Tönende« Wochenschau. Dazu natürlich Kinoreklame. Die Eintrittskarte berechtigte zum Dauerbesuch, der am frühen Nachmittag begonnen und bis zur Schließung des Theaters zu nächtlicher Stunde ausgedehnt werden konnte. Es waren nicht wenige Menschen, die, vor allem in der Winterzeit, gleich in die erste Vorstellung gingen, um dort bis zum späten Abend zu bleiben. Dort saß man wenigstens warm. Vor allem Arbeitslose, die auf den Eintrittspreis noch Rabatt erhielten, machten von dieser Möglichkeit Gebrauch.

Einmal besuchten Vater und ich den Film »Kreuzer Emden«, vor dessen Vorführung ein überlebendes Mitglied der Besatzung einen Einführungsvortrag hielt. Wir schauten uns auch »Die elf Schillschen Offiziere« an: ein

Werk der patriotischen Filmindustrie, in dem wir nacherleben konnten (und sollten), wie treue deutsche Menschen unter den Kugeln der Franzosen den Tod fanden. Manchmal ging ich auch ohne Wissen der Eltern ins Kino, meist in Begleitung meines vier Jahre älteren Freundes Ferdi Mönnig. Jugendverbot gab es zwar schon, wurde aber kaum praktiziert. Schwierig war lediglich die Finanzierung solcher Kinobesuche. Aber Ferdi Mönnig wußte immer eine Lösung. Er verkaufte Bleirohre unbekannter Herkunft an die bei uns in der Nachbarschaft befindliche Rohprodukten-handlung Kramer. Der Erlös reichte für die Eintrittskarten.

Eines Tages sagte er: »Da ist ein Film, den müssen wir uns ansehen.« Er war damals vierzehn, ich zehn Jahre alt. Es handelte sich um den »Blauen Engel«. Ich verstand den Film nicht und fand ihn sehr blöd. Ferdi dagegen hatte wohl schon Gespür fürs Erotische.

*

Bisweilen wurde das Leben im Elternhaus unmittelbar von der Politik berührt. Das spürte auch der Junge in seinem kindlichen Umfeld. Das politische Engagement des Vaters färbte auf ihn ab und weckte sein Interesse, diesen oder jenen *in natura* in Augenschein zu nehmen, wenn sich die Gelegenheit dazu bot.

Der Höhepunkt war eine Begegnung mit Exkanzler Heinrich Brüning kurz vor den Novemberwahlen 1932, ob in Essen oder Münster, weiß ich nicht mehr. Jedenfalls hatte der Vorsitzende der Zentrumspartei West-falens, der Oelder Fabrikant Bernhard Raestrup, meinen Vater, dessen Freund Fritz Krabbe und den späteren Vorsitzenden des bundesdeutschen Zentrums, Johannes Brockmann, zu dem Treffen eingeladen. Und ich durfte dabeisein und dem Exkanzler die Hand geben.

Es war ein großer Augenblick, einem Mann gegenüberzustehen, dessen Bild ich als Wahlplakat schon oft auf Mauerwände geklebt hatte. Ich genierte mich ein wenig, aber Brüning gab einem Adlatus die Anweisung, mich zu »versorgen«. Die Order wurde durch die Beschaffung einer Limo-nade und eines Nappo-Blocks vollzogen; noch heute sehe ich Nappo-Blocks vor mir, wenn ich an Brüning denke.

Als kleiner Junge hatte ich geglaubt, ein Kanzler sei so eine Art Kaiser und müsse auch so auftreten. Nun wurde mir klar, daß diese Vorstellung ganz an der Realität vorbeiging. Dennoch spürte ich das Besondere der Persönlichkeit Brünings. Er war ein »feiner Herr«, und ich kannte von dieser Spezies nicht allzu viele.

Hier muß ich ergänzen, daß ich in den vielen Wahlkämpfen von 1931/32 fleißig für die Zentrumspartei Wahlplakate geklebt habe, obwohl ich dazu eigentlich wenig Lust hatte. Die Zentrumsleute waren zwar durchweg recht umgänglich, aber die vom »Stahlhelm« gefielen mir und meinen Kameraden doch besser. Sie präsentierten sich in schönen Uniformen und mit einer noch schöneren Fahne (der alten Reichskriegsflagge), und die Fahnengruppe trug sogar richtige Stahlhelme. Das faszinierte uns ungemein.

Als mein Vater mich aufklärte, daß Brüning als Führer einer MG-Kompanie ein hervorragender Offizier gewesen sei und das Eiserne Kreuz Erster Klasse erworben hätte (das er übrigens bei feierlichen Anlässen trug), wurde mir das Zentrum weitaus sympathischer. Auch das erwähnte Kleben von Plakaten. Die drei oder vier Hauptakteure waren meist zwischen achtzehn und zwanzig, doch liefen in der Regel auch ein oder zwei Zehn- bis Elfjährige mit, die für jeden Einsatz zehn Pfennig »Sold« erhielten. Davon gingen fünf Pfennig in die Spardose, für den Rest kaufte man sich eine Stange Lakritz – geradezu ein Wohlstandssymbol in jener Zeit.

Bei einer solchen Aktion rissen einige von uns Plakate der Konkurrenz ab, unter anderem ein kommunistisches Plakat, das einen handfesten Proletarier zeigte, der einem dicken Kapitalisten mit einer Mistgabel in das Hinterteil stach, um ihn auf einen Dunghaufen zu werfen. Darunter stand zu lesen: »Ausmisten, wählt Kommunisten!« Opfer wurde auch ein Hitlerplakat, das den Naziführer als letzte Rettung anbot.

Die Wahlkämpfe und die Wahlen selbst sind mir in übler Erinnerung geblieben. Die oft randalierenden Parteiakteure waren eine schlechte Werbung für die Demokratie und die Republik. Gleich bei uns nebenan, in einer Schule, befand sich das zuständige Wahllokal. So wurde ich Zeuge der Belästigung durch Parteidemonstranten, die bis zur Stimmabgabe versuchten, die Wähler einzuschüchtern. »Die vom Zentrum« erfüllten ihre Wahlpflicht meist nach dem Besuch des sonntäglichen Gottesdienstes. Sie kamen dann in großen Gruppen zu den Wahllokalen und wurden von den Nazis und Kommunisten mit Gejohle »begrüßt«.

Andere Prominente der Weimarer Zeit, die bleibenden Eindruck hinterließen, waren Karl Severing und Otto Braun.

Vater hatte vor Karl Severing, dem preußischen Innenminister, der zeitweilig auch Reichsinnenminister war, großen Respekt, weil er (»obwohl Sozialdemokrat«) dem Links- und Rechtsextremismus entschlossen entgegentrat und im Marxismus keineswegs eine unumstößliche Doktrin sah. Vater meinte, daß er richtig gehandelt habe, als er 1932 vor einem Feldwebel Papens kapitulierte: Widerstand hätte angesichts der Gesamtlage zu einem schrecklichen Bürgerkrieg geführt. Zehn Jahre später sah mein Vater die Situation anders.

Severing war mehrmals in unserer Stadt, ich habe ihn aus unmittelbarer Nähe erlebt; auch Otto Braun, den langjährigen Ministerpräsidenten in Preußen. Ich war dabei, als er am Bahnhof unserer Stadt empfangen und begrüßt wurde. Ein langer Zug von Menschen geleitete ihn zu dem Kundgebungslokal, dem Schützenhof. Den Kern der Begleitung bildete das »Reichsbanner«, das mit Musik und in Uniform angetreten war. Das »Reichsbanner« verstand sich als Schutzorganisation der Parteien der alten »Weimarer Koalition«. Die Sozialdemokraten dominierten zwar, aber in meiner Heimatstadt gehörten ihm auch eine größere Zahl von Zentrumsmitgliedern an. Als der Zug vom Bahnhof her an der großen Eisenbahnbrücke in die Beckumer Straße einschwenkte, gab es Krawall. Es wurde gejohlt und gelärmt, Holzstücke und Latten flogen durch die Luft (in der Nähe befand sich ein Holzlager). Bei den lärmenden Opponenten handelte es sich um SA-Leute in Zivil. Ich hörte dann, daß auch Kommunisten kräftig mitgewirkt hätten.

Ich machte den Zug bis zum Schützenhof mit und eilte dann nach Hause. Dort fiel mir ein, daß ich die obligate Klavierstunde versäumt hatte. Es gab ein schlimmes Donnerwetter. Das hatte ich nun dem preußischen Ministerpräsidenten und seiner schwarzrotgoldenen Schutzgarde zu verdanken.

*

Daß es in unserer Stadt Nationalsozialisten gab, habe ich erstmals 1929 zur Kenntnis genommen. Das waren »die mit dem Hakenkreuz«. Bei irgendeinem Wahlkampf hatten sie mit Teer ihr Emblem in Metergröße an die Wand eines Nebengebäudes unseres Hauses geschmiert. Es wurde später mit der Lötlampe weggebrannt, doch ließen sich die Spuren trotz Überstreichens nie ganz beseitigen.

Die Realität des Nationalsozialismus wurde mir aber erst ein Jahr später richtig bewußt. Mit meinen Eltern verbrachte ich die Sommerferien des Jahres 1930 im Ostseebad Graal-Müritz, nachdem der Amtsarzt dem »etwas schwächlichen jungen John« einen Aufenthalt am Meer verordnet hatte. Die meisten Sandburgen am Strand hatten auf ihren Wällen Wimpel aufgezogen. Nahezu die Hälfte schwarzweißrote »Feldzeichen«, mehr als ein Drittel Hakenkreuzfähnchen. Nur wenige Mutige riskierten, Schwarz-Rot-Gold zu hissen. Die aber mußten befürchten, daß ihnen ihre Wimpel heruntergerissen wurden. Von einem Strandaufseher hörte ich damals erstmals das böse Wort »Schwarz-Rot-Mostrich«.

Hier in Graal-Müritz erzählte mir mein Vater dann auch Näheres über die Hitlerleute, die es in unserer Stadt schon seit fünf oder sechs Jahren gebe. Er erklärte mir die Symbolik des Hakenkreuzes und sagte, daß die

»Hakenkreuzler« ebenso schlimm seien wie die Kommunisten. Beide hätten es sich zum Ziel gesetzt, den christlichen Glauben auszurotten.

Die »Nazis« in Ahlen waren zu dieser Zeit schon keine Splittergruppe mehr, trotz starker Rivalitäten innerhalb der Partei, nicht zuletzt zwischen SA und SS. Wenn es darum ging, im »Heessener Busch« zwischen Hamm und Ahlen (wo heute die »Westfalenkasernen« stehen) über die von der »Wallfahrt nach Pelkum« heimkehrenden Kommunisten herzufallen, waren sie sich jedoch einig. Die Kommunisten begingen alljährlich den Tag der »Schlacht um Pelkum«, in der ihre Genossen 1920, während des kommunistischen Ruhraufstandes, durch Regierungstruppen unter Einsatz von Artillerie, Panzerwagen und sogar Flugzeugen (trotz Verbot von Versailles) zusammengeschossen worden waren. Die »Schlacht um Pelkum« war der Anlaß für die jährlichen Zusammenkünfte der Kommunisten am Ort des Geschehens. Von einem Überfall der vereinten SA und SS auf die »Heimkehrer« habe ich selbst noch 1932 gehört.

SA-Führer in Ahlen war Karl Jackstien, ein ehemaliger Busfahrer, der es bis zum SA-Standartenführer brachte, militärisch ausgedrückt: bis zum »Oberst« der braunen Truppe. Im Ruhrkampf gegen die Franzosen hatte er der Schlagetergruppe angehört, die Lippe durchschwimmend, den Franzosen aber entwischen können. Dabei schleppte er den durch eine französische Kugel tödlich getroffenen Ludwig Knickmann mit, auch ein Mann des sogenannten »aktiven Widerstandes«, nach dem während der Hitlerzeit in mehreren deutschen Städten Straßen benannt wurden.

Jackstien war der ewige Landsknecht, der keiner Schlägerei aus dem Wege ging. Wenn er in Wirtshäusern auftauchte, verließ manchen, der vorher noch lautstarke Sprüche getan hatte, der Mut. Zu uns Kindern konnte er anbiedernd leutselig sein, und sein Schlageterimage wußte er wohl zu pflegen. Es war für ihn die Eintrittskarte in den Kreis der rechtsstehenden Bürgerprominenz; denn Schlageter galt als Nationalheld.

Einmal (wahrscheinlich 1932) hat er mir einen tiefen Schock versetzt. Mit einigen Freunden von einer sommerlichen Wanderung zurückgekehrt, hatten wir eine Gartengaststätte aufgesucht, um uns zu erfrischen. Unter den schattigen Bäumen saßen etwa zehn Männer, die sich sehr lautstark unterhielten und sichtlich schon große Mengen Alkohol genossen hatten. Unter ihnen Karl Jackstien, der sich dann erhob und so etwas wie eine Parteirede hielt, immer wieder von dröhnendem Beifall unterbrochen. Und dann hörte ich den Satz, den ich nie vergessen habe und der etwa so gelautet haben könnte: »Eines sage ich euch, wir lernen von Stalin. Der Schweinehund macht es in seinem Lande doch goldrichtig.«

Wir hatten in Schule, Religionsunterricht und Jugendgruppe gehört,

daß Stalin in seinem Land alle gläubigen Christen verfolgte und die
Menschen zu Hunderttausenden umbrächte. Dieser Stalin also sollte ein
Vorbild dafür sein, wie mit Menschen in unserem Lande umzugehen sei!
Ich konnte es nicht fassen. Josef Savelsberg, der Älteste unserer Gruppe,
meinte beschwichtigend: »Die waren doch alle besoffen.« Als ich die Sache
später meinem Jugendkaplan Enste und meinem Vater erzählte, machten
beide sehr ernste Gesichter.

*

Die verhängnisvollen Monate zwischen Herbst 1932 und Januar 1933 sind
mir mein ganzes Leben gegenwärtig geblieben. Die Arbeitslosigkeit hatte
ihren Höhepunkt erreicht. Von den Vätern meiner Mitschüler ging jeder
dritte »stempeln«, wie man sagte. Ich habe damals Menschen gesehen, die
in Küchenabfällen nach Essensresten suchten. Gestandene Handwerks-
meister kamen an die Haustür und fragten nach einfachen Arbeiten.
Installateure und Maurer überschlugen sich vor Dankbarkeit, wenn sie
einen kleinen Auftrag erhielten.

»Stillegungen von Fabriken, Entlassungen, Kurzarbeit, Massenarbeits-
losigkeit, Hunger – das alles bestimmt unseren Alltag . . . Auch bei uns wird
sparsam mit dem letzten Pfennig umgegangen. Vor allem das Heizen der
Wohnräume und die Beleuchtung werden auf ein Mindestmaß reduziert,
Fenster und Türen mit Tüchern abgedichtet . . .« So schrieb Vater in einem
Weihnachtsbrief an seinen Bruder in Amerika.

Im November löste General Schleicher Papen als Kanzler ab. Vater gab
ihm keine große Chance. »Der wird sich nicht lange halten«, sagte er.

Viel wurde in jenen Tagen darüber gesprochen, daß Hitler an die Macht
kommen könnte. Genauso besorgt redete man aber auch von einem
möglichen Aufstand der Kommunisten.

Ich sehe noch die Überschriften der Zeitungen über den Wahlkampf in
Lippe, der sich ja nicht allzuweit von uns abspielte. »Hitler geht auf die
Dörfer«, hieß es. Vater sagte: »Der Hitler marschiert über Lippe-Detmold
nach Berlin zum Hindenburg.« Eine Formel, die die nachfolgenden Ereignisse, wie sich zeigte, genau wiedergab.

Revolution und Bürgerkrieg – das war nun unser ständiges Gesprächs-
thema! Wer die Revolution machen würde, war allerdings nicht ganz klar.
Ich wußte nur, daß etwas Schreckliches bevorstand, und hatte Angst.

Die Kommunisten in Ahlen waren in den Januartagen 1933 recht aktiv.
Meine Mitschüler aus den östlichen Stadtteilen wußten von schlimmen
Dingen zu berichten. Dabei waren Wirklichkeit und Legende nicht immer
auseinanderzuhalten. Überall herrschten Unsicherheit und Furcht.

In der Januarausgabe meiner »Dideldum«-Kinderzeitung gab es eine Bilderkurzgeschichte. Unter dem ersten Bild, das eine Vogelscheuche auf dem kahlen Acker zeigte, war zu lesen: »Die Vogelscheuche steht im Frei'n. Ich glaub', heut nacht wird's sicher schnei'n.« Auf dem zweiten Bild war Schneegestöber. Darunter stand: »Der Huberbauer kommt und lacht, wer hat den Schneemann hier gemacht?« Aus der Scheuche war ein kompletter Schneemann geworden. Ich hatte daran einen Mordsspaß und zeigte die Bilder meinem Vater. Seine Reaktion hat mich tief enttäuscht, ich habe die Geschichte deshalb auch nicht vergessen. »Wenn die Kommunisten kommen, ist es mit deinem ›Dideldum‹ vorbei, und Hitler wird ebenfalls Schluß damit machen.« Er sagte das mit einer Gereiztheit, die ihm sonst fremd war. Das kennzeichnet die Stimmung jener Tage.

Dann kam der 30. Januar. Es war Nachmittag. Der Vater sagte, daß er sich mit Freunden treffen wolle. Großmutter, die bei uns zu Besuch weilte, war mit meiner Mutter nach Dortmund gefahren. Ich spielte mit meiner Eisenbahn und dem Märklin-Baukasten. Dabei geschah es, daß ich Spiritus auf dem Boden verschüttete. Es entstand ein kleiner Brand, den ich sofort löschen konnte. Immerhin blieb eine verbrannte Stelle in Größe eines heutigen Zweimarkstückes zurück. Das war sehr schlimm, denn Vater war in dieser Hinsicht sehr pingelig. Ich kroch ins Bett und erwartete voller Angst seine Rückkehr.

Etwa eine Stunde später vernahm ich, wie er das Haus betrat und ins Wohnzimmer ging, wo ich den Schaden angerichtet hatte. Ich hörte, wie er das Zimmer gleich wieder verließ und in mein Zimmer kam. Ich stellte mich schlafend, das unumgängliche Strafgericht erwartend. Er weckte mich, stieß einen Seufzer aus, und ich hörte ihn mit veränderter Stimme sprechen: »Ich wollte dir nur sagen, daß die Hakenkreuzler an der Regierung sind.« Dann ging er wieder fort, schleppenden Schrittes.

Noch deutlicher steht mir die Situation von damals wieder vor Augen, wenn ich die Briefe lese, die mein Vater in jenen Wochen seinem Bruder Otto in New Jersey geschrieben hat.

In seinem Weihnachtsbrief vom 4. Dezember 1932 heißt es zum Beispiel: »Sofort nach dem Fest werde ich für einige Tage nach Thüringen fahren. Viel Stimmung verspüre ich diesmal nicht. Was wir früher an Innigkeit und Beschaulichkeit in den weihnachtlichen Wäldern am Karnberg erlebt haben, können wir nicht zurückholen. Aber die verlorene Jugend ist es nicht, was mich bedrückt. In unserem Lande ist es dunkel geworden, vielleicht kommt schon bald die Finsternis. Auch hier in Ahlen wird das Elend immer größer, auf den Straßen stehen immer mehr Arbeitslose herum. Mord und Totschlag gehören zum Alltag. Was wir hier in

Deutschland im letzten Jahr erlebt haben, kannst Du Dir nicht vorstellen. Selbst hier in Ahlen sind Schlägereien und Überfälle an der Tagesordnung. Wenn die Kommunisten die Macht bekommen, gehen alle Kirchen in Flammen auf. Das sagen sie ganz öffentlich ... Aber die Hitlerbanden sind auch nicht besser. Obwohl die Kirche ihren Gläubigen nahegelegt hat, nicht in die Hakenkreuzpartei zu gehen, laufen doch viele über. Wie die das verantworten wollen, weiß ich nicht ... Die Zentrumspartei hier in Ahlen macht mir auch Sorgen. Es gibt Rote und Rechte und ›Österreicher‹, die bei uns einen Staat bauen wollen, wie er in Österreich angestrebt wird.« (In dieser Briefpassage wird offensichtlich die Aufsplitterung des Zentrums in einen rechten und linken Flügel sowie eine Gruppe, die einer autoritär-berufsständischen Staatsidee anhing, angesprochen.)

In einem Brief vom 2. März 1933 heißt es dann: »... Die Hitlerleute haben ihr Ziel erreicht, es war am vorletzten Januartag. Ich war an diesem Tag mit Freunden ... zusammen. Wir konnten uns nicht einig werden, wie wir uns verhalten sollten, wenn die Hitlerleute in Deutschland herrschen. Kollege Krabbe, den Du ja vor einigen Jahren bei uns kennengelernt hast, meinte, daß es kein Paktieren mit diesen Leuten geben könne. Er hat im Grunde recht. Aber viele Bürger stellen die Frage, ob wir den Kampf gegen die Kommunisten führen können ohne die Hilfe Hitlers ...«

Der Brief schließt mit der Feststellung, daß man in Deutschland einen Mann wie Brüning, den ehemaligen Reichskanzler, brauche. Aber das war wohl eher ein Treuebekenntnis ohne realpolitischen Hintergrund. Denn in diesem Brief heißt es auch: »Inzwischen haben hier bei uns schon viele Leute ihr Hemd gewechselt, auch solche, die noch vor einiger Zeit für Heinrich Brüning die Fahne hielten. Selbst an den Röcken von Lehrerkollegen kann man jetzt schon Hakenkreuzabzeichen sehen ...«

Wir Jungen von elf bis vierzehn Jahren waren in jenen ersten Monaten des Jahres 1933 begeistert von dem, was sich in unserem Vaterlande tat. Die braunen Uniformen mochten wir zwar nicht, aber da waren eben noch die anderen feldgrauen Monturen der Stahlhelmleute mit der großartigen alten Reichskriegsflagge.

Wir zogen auf den Straßen mit, trugen Fackeln. Ich kaufte mir ein Stahlhelmabzeichen. Vater warnte, wir ließen uns nicht beeindrucken. Wir sahen, was wir sehen wollten.

Erst als die neuen Machthaber sich gegen die Kirche wandten, ahnte ich, wo mein Platz war. Es war nicht die Vorstellung von Rechtsstaatlichkeit, Freiheit und Gerechtigkeit, die die Kurskorrektur bewirkte, sondern die religiöse Bindung. Heute weiß ich, daß das zuwenig war.

Meine innere Kurskorrektur 1933/34 kam genauso zu spät wie die

Einsicht der großen Masse über das Wesen des Nationalsozialismus. Sie hätte vor 1933 erfolgen müssen. Nach der »Machtübernahme« war an dem Ablauf der Katastrophe kaum noch etwas zu ändern.

Sieben Jahre nach meiner Jungeneuphorie des Jahres 1933 forderten die Machthaber deren Einlösung – als ich Soldat wurde. Drei Jahre später – also zehn Jahre nach 1933 – blieben meine Freunde in Stalingrad. Und vom Holocaust wußte ich damals nichts, trotz meines Vaters, der unter dem Regime viel erleiden mußte.

Wäre uns das politische Weimar doch nicht so fremd geblieben! Es hat leider nicht verstanden, die Köpfe und die Herzen der Menschen anzusprechen. Das Ende war die Finsternis – auch in meiner kleinen Stadt.